Reisen in Dänemark

Kopenhagen

Kopenhagens Hinterland

West- und Südseeland, Lolland, Falster, Møn

Fünen und Inseln

Bornholm

Jütland

Serviceteil

In diesem Buch werden die dänischen Sonderzeichen Æ/æ, Ø/ø und Å/å verwendet und, wie in Dänemark üblich, als die letzten Buchstaben des Alphabetes behandelt. Å/å entspricht dem Doppelbuchstaben Aa/aa, wird aber bei Ortsnamen nicht einheitlich verwendet, so heißt es manchmal Åbenrå und manchmal Aabenraa. Schreibweisen geographischer Namen richten sich in diesem Buch nach der aktuellsten Karte des ›Geodætisk Institut‹, des staatlichen Vermessungsamtes. Bei Eigennamen einiger Museen und anderer Institutionen wurden zugunsten der Lesbarkeit des deutschen Textes bestimmte Artikel auch dann angefügt, wenn der dänische Name einen angehängten bestimmten Artikel (-et oder -en) hat (z. B. die Kopenhagener Fußgängerzone Strøget).

Verzeichnis der Karten und Stadtpläne

Küsten und Kultur-
landschaften

Von Gedser Odde bis Grenen, von Blåvands Huk bis Christiansø – Dänische Landschaften und Städte

Ein See erstreckt sich durch ein langgezogenes Tal, dichte Wälder breiten sich über die Hänge der umliegenden Hügel aus, ein Raddampfer zieht seine Bahn über das spiegelglatte Wasser – das ist Dänemarks Seenhochland rund um die Stadt Silkeborg, ein Dänemark, wie es nicht jeder kennt und wie es nicht den üblichen Erwartungen entspricht.

Ebenfalls nicht unbedingt typisch für ein oberflächliches Dänemarkbild sind die Heide- und Moorlandschaften, die sich allen Kultivierungsmaßnahmen der letzten 150 Jahre zum Trotz insbesondere im zentralen Jütland erhalten haben. Schließlich ist Dänemark auch ein Land großer Staatsforste – Buchenwälder sind typisch für das natürliche Landschaftsbild. Aber die Not, die der Sandflug über weite Küstenstriche gebracht hat, machte einige Förster erfinderisch. Sie ließen Bäume aus anderen Ländern anpflanzen, um den Sand zu befestigen – Kiefern und Fichten stehen heute in manchem Wald am Meer.

Doch letztendlich sind diese Landschaften nur Beigaben für das Ziel, das die meisten Urlauber ansteuern: die Küste. Insgesamt über 7474 km ziehen sich Meeresufer um die große Halbinsel Jütland, Dänemarks kontinentalen Teil, sowie um mehr als 400 Inseln, Inselchen und sogar einige Schären, die man rund um das felsige Bornholm ganz im Osten findet. Und wären da nicht die mageren 67,6 km Landgrenze zu Schleswig-Holstein, Dänemark wäre gänzlich ein Inselstaat.

Unendlich erscheinende Strände, Nordseewellen auf der einen, ein breiter Dünengürtel auf der anderen Seite, das ist das bekannteste Dänemark auf fast 400 km entlang der Westküste Jütlands zwischen Rømø Südstrand und der Landspitze Grenen bei Skagen. Strömungen haben diese Küste zu einem langen, weich geschwungenen Band ›ausgeglichen‹, wie es in der Fachsprache heißt. Schmale Landstreifen – Nehrungen – haben Buchten und Fjorde von der offenen See abgetrennt, nirgendwo ausgeprägter als am Ringkøbing Fjord mit dem 35 km langen Dünenwall Holmsland Klit. Diese Westküste ist aber längst nicht einheitlich, erst recht nicht eintönig und schon gar nicht überall flach, wie meist angenommen wird: Lehm- und Kalksteinklippen unterbrechen spektakulär das Dünenband: Bovbjerg, Bulbjerg und Rubjerg Knude. Kontrast zu diesen ›herausragenden‹ Plätzen ist das unendlich flach erscheinende Wattenmeer in Südwestjütland, eine der ökologisch bedeutendsten Landschaften Europas, beherrscht vom ständigen Wechsel der Gezeiten.

Unterbrochen wird Dänemarks Nordseeküste von der Öffnung des Limfjord nach Westen. Dieser Zwitter aus Meer und Binnengewässer zieht sich über rund 180 km quer durch Jütland, groß und salzig, aber doch überschaubar und mit vielen geschützten Stellen und flachen Stränden – ein Paradies für Wassersportler, vor allem für solche, die es erst richtig werden wollen. Doch scheinbar wollen sich Dänemarks Landschaften nirgendwo verallgemeinern lassen: Auch am Limfjord gibt es Steilküsten, auf Fur und Mors zum Beispiel.

So ist Dänemark überall abwechslungsreicher, als man nach dem ersten Eindruck erwartet: Folgen Sie einmal der Ostküste der dänischen Inseln vom absoluten Südzipfel des Landes, Gedser Odde auf Falster, nach Norden. Zuerst zeigt sich das Ufer so flach, daß man es sicherheitshalber mit kräftigen Deichen geschützt hat. Dann ein kurzer Sprung, und man kann von den Kreideklippen Møns über 100 m steil nach unten auf die Ostsee schauen. Oder Bornholm: Im Süden feinste Sandstrände, im Norden Badebuchten, die sich zwischen Granitfelsen zwängen, und zum Anhängsel Christiansø gehören die einzigen Schären Dänemarks.

Überhaupt die Inseln: Je nach Zählweise sind es zwischen 400 und 500 – etwa 100 davon bewohnt – von Watt umgebene Strand- und Düneninseln an der südlichen Nordsee, von der Landwirtschaft und idyllischen Dörfern geprägte Inseln rund um Fünen oder die beiden Kattegatperlen Anholt, ein strandumsäumter Aussichtshügel mit angehängter Wüste, sowie Læsø, mit flachen Stränden und Marschland. Und es gibt Seeland und Fünen, die großen Inseln, die man kaum als solche wahrnimmt. Sie sind jede für sich facettenreich wie ein kleines Land, mit Städten und Dörfern, Dünen und Steilküsten, Seen und Hügeln, Wäldern und Feldern.

Wer Dänemark bereist, wird auch die Städte sehen wollen. Die sind nach mitteleuropäischen Maßstäben zwar klein, bemühen sich aber alle um die Menschen, drängen, wenn es irgendwie geht, Autos aus den Zentren, bewahren Altes, wo es greifbar ist, und zeigen sich dank großzügiger Kulturförderung moderner Kunst aufgeschlossen. So manche Provinzstadt, deren Name außerhalb des Landes längst nicht geläufig ist, birgt Attraktionen aus Kunst und Geschichte von mehr als nationalem Niveau in ihren Mauern, etwa die Altstadt von Ribe mit dem ehrwürdigen Dom oder Holstebro, wo seit 1966 eine der hageren Figuren des Alberto Giacometti in der Fußgängerzone steht.

Eine Stadt aber ist weit über Dänemarks Grenzen bekannt: Kopenhagen, eine überschaubare Metropole mit allem, was zu einer kleinen Weltstadt gehört: großartige Museen, urige Kneipen- und ein ehrwürdiges Regierungsviertel, schöne Parks, malerische Kanäle, Schlösser aus verschiedenen Epochen, die alternative Freistadt Christiania mit ihren Mythen und ›Tüten‹, das weltbekannte Tivoli mit seinem romantischen Charme und Strøget, eine der bekanntesten Einkaufsstraßen Europas. Die Kleine Meerjungfrau, das Wahrzeichen, hat Symbolcharakter für den Lebensstil der Stadt: freizügig, aber nicht aufdringlich.

Kopenhagen ist *die* Stadt in Dänemark, andere daran zu messen wäre unfair, obwohl sie selbst immer wieder die Konkurrenz zu suchen scheinen. Den Besucher freut es – gerade das kulturelle Angebot kann sich überall sehen lassen: Århus schickt ein prächtiges Konzerthaus ins Rennen und veranstaltet dort Festwochen auf internationalem Niveau, Odense kontrastiert die idyllisierenden H.-C.-Andersen-Gedenkstätten mit einem lebendigen, modernen Kunst- und Kulturzentrum in einer alten Kleiderfabrik im Herzen der Stadt, Ålborg weist selbstbewußt auf sein herausragendes Museum für moderne Kunst hin und vergißt nie, die ungewöhnlich vielen Restaurants und Kneipen der Stadt zu erwähnen.

Dänemarks Landschaften lassen sich nicht auf Strand und Dünen reduzieren, die Städte nicht auf Fachwerkbauten und Renaissanceschlösser. Es lohnt sich, die Vielfalt des Landes zu entdecken.

Dänemark im Schnelldurchgang

Fläche: 43 092 km^2
Einwohner: ca. 5,12 Mio. (= 120/km^2)
Hauptstadt: Kopenhagen
Sprache: Dänisch

Wenn hier von Dänemark die Rede ist, dann ist der Staat Dänemark gemeint, nicht das Königreich Dänemark, zu dem auch die Außenbesitzungen Grönland und Färöer gehören, die einen Status als teilautonome Gebiete haben.

Flagge: Der Danebrog – dänisch *Dannebrog* – zeigt ein weißes Kreuz auf rotem Grund und fiel der Sage nach 1219 während der Schlacht von Lyndanisse in Estland vom Himmel. Sie wurde aber erst unter Erik von Pommern (reg. 1412–39) Reichsflagge. Der Danebrog ist weit verbreitet und populär, das Hissen unterliegt aber strengen Regeln. Das Aufziehen nichtskandinavischer Nationalflaggen, z. B. an Ferienhäusern, ist verboten und wird von der Polizei verfolgt.

Geographie und Gliederung: Die dänische ›Gipfelliste‹ ist international kaum konkurrenzfähig: Yding Skovhøj 173 m, Ejer Bavnehøj 171 m (beide Jütland) und Rytterknægten 162 m (Bornholm). Die Gesamtlänge der Küsten des Landes wird mit 7474 km angegeben, die einzige Landgrenze, die zur Bundesrepublik Deutschland, ist 67,6 km lang. Die Zahl der namentragenden Inseln liegt bei knapp über 400, die genaue Anzahl schwankt, durch die mal formende, mal zerstörerische Kraft der Meere. Knapp 100 Inseln sind bewohnt. Üblich ist eine Trennung in Landesteile östlich (Seeland, Lolland, Falster, Møn und umliegende Inseln) und westlich des Großen Belt. Eine Sonderstellung nimmt die Ostseeinsel Bornholm ein, die näher an Schweden (37 km) oder am ostdeutschen Rügen (80 km) als am nächsten Flecken Dänemarks, den Kreidefelsen von Møn (ca. 135 km) liegt. Das Land gliedert sich in 14 Regierungsbezirke *(amt, amter)* und zwei selbständige Städte (Kopenhagen und Frederiksberg). Jedes *amt* besitzt mehrere Kommunen, die wiederum aus mehreren, unselbständigen Gemeinden bestehen können.

Bevölkerung: Mehr als ein Viertel der Gesamtbevölkerung lebt in der ›Metropolitan area‹ von Kopenhagen. Die anderen größeren Städte – Århus (Jütland) 270 000, Odense (Fünen) 180 000, Aalborg (Nordjütland) 155 000, alle anderen unter 100 000 – zählen deutlich weniger Einwohner. Auf der Insel Seeland, die 17,3 % der Fläche Dänemarks ausmacht, leben ca. 2,14 Mio. Menschen, fast 42 % der Bevölkerung. Rund 96 % der Gesamtbevölkerung sind Dänen, knapp 2 % gehören der deutschen Minderheit in Nordschleswig/Sønderjylland an, etwa 0,5 % sind Schweden. Jeder 9. Däne ist Mitglied der evangelisch-lutherischen *Folkekirke* (dt.: Volkskirche), die in der Verfassung als Staatskirche verankert ist.

Regierungsform und Politik: Die Regierungsform ist eine parlamentarisch-demokratische konstitutionelle Monarchie. Die parlamentarische Seite besteht aus einem Einkammerparlament, dem Folketing, die monarchische aus einem Erbkönigreich. Staatsoberhaupt ist seit 1972 Königin Margrethe II. Nach der Verfassung nimmt sie repräsentative Aufgaben wahr, muß aber formell als Vorsitzende des Staatsrates alle Gesetze unterschreiben und bei Regierungswechseln den Politiker mit der Regierungsbildung beauftragen, der die besten Chancen hat, nicht abgewählt zu werden. Dies ist keine leichte Aufgabe, da seit Beginn des Jahrhunderts nie eine Partei die absolute Mehrheit besaß, und seit 1971 gerade einmal für eineinhalb Jahre eine Mehrheitskoalition das Land führte. Seit 1973 sind immer etwa 8–10 Parteien im Folketing vertreten, hinzu kommen je zwei Abgeordnete der Färöer und aus Grönland, die sich in der Praxis meist befreundeten dänischen Fraktionen anschließen. So gilt als oberstes Prinzip dänischer Politiker: Es regiert, wer keine Mehrheit gegen sich hat. Regierungswechsel während einer Legislaturperiode oder vorgezogene Neuwahlen sind eher Regel denn Ausnahme. Der Sozialdemokrat Poul Nyrup Rasmussen regiert z. Zt. mit einer Drei-Parteien-Minderheitskoalition. Dabei führten die Mehrheitsverhältnisse schon mehrfach zu Pattsituationen, bei denen die Stimme des Jacob Haugaard ausschlaggebend wurde: Haugaard, Komiker und Entertainer, schaffte 1994 als parteiloser Einzelkandidat – Premiere im dänischen Parlamentarismus – den Sprung ins Folketing mit Versprechen wie ›kürzere Kassenschlangen in Supermärkten‹, ›schönere Weihnachtsgeschenke‹ und ›Rückenwind auf allen dänischen Radwegen‹ sowie der Forderung nach ›weniger Sex in Lehrerzimmern‹. Haugaard, der jahrelang mit bitterbösen Kabarettprogrammen Politiker und ihre Wahlkampf-Verlogenheit aufs Korn nahm, schaffte nach persönlichen Stimmen sogar Platz 7 in der Rangliste aller Folketing-Kandidaten und landete damit gleich hinter dem amtierenden Regierungschef.

Wirtschaft: Dänemark ist ein moderner Industriestaat mit einer starken exportorientierten Nahrungsmittelindustrie, die sich auf die gut entwickelte, aber zur Zeit krisengeschüttelte Landwirtschaft und Fischerei stützt. Die Exportstatistik des Landes, das bis in die frühen 80er als rohstoffarm galt, wird inzwischen von Erdöl angeführt: Dänemark ist heute das drittgrößte Ölförderland in Europa. Die Öl- und Gasfunde unter der Nordsee waren ein Segen für den dänischen Staatshaushalt. Da aus diesen Quellen der Eigenbedarf gedeckt werden kann, hat sich die noch Anfang der 80er Jahre katastrophale Außenhandelsbilanz positiv entwickelt, die Staatsschulden sind weitgehend abgebaut, und das, obwohl das Land zwar Einschnitte in das anerkannt gute soziale Netz erlebte, aber längst keinen so brutalen Sozialabbau hinnehmen mußte wie im Nachbarland Schweden oder in Deutschland. Der Dienstleistungssektor bietet die meisten Arbeitsplätze, darunter im Bereich des Tourismus etwa 110 000 mit steigender Tendenz. Die bei internationalen Vergleichen immer ganz oben rangierenden Steuersätze – Einkommensteuer-Mindestsatz ca. 50 %, Mehrwertsteuer 25 % – dürfen nicht ohne die Leistungen gesehen werden, die damit abgegolten sind, so medizinische

Grundversorgung, Volksrente für jeden älteren Menschen, hervorragende Verkehrsinfrastruktur sowie ein ungemein breites Kultur- und Bildungsangebot auch in der Provinz. In der Industrie überwiegen kleine und mittlere Betriebe, Großindustrie gibt es kaum. Die wichtigsten Handelspartner sind die Bundesrepublik Deutschland, gefolgt von Schweden und Großbritannien.

Bündnisse: Dänemark war 1960 Gründungsmitglied der Freihandelszone EFTA und wechselte 1973 zusammen mit seinem damals wichtigsten Handelspartner Großbritannien in die EU. Dort und in der NATO gelten die Dänen als zuverlässige, aber kritische Partner. Internationales Aufsehen erregten die Wahlerfolge erklärter EU-Gegner bei allen bisherigen Europawahlen und die Ergebnisse bei Volksabstimmungen im Rahmen der EU-Zugehörigkeit. Zu diesen zwingt die Verfassung, wenn das Folketing der Abtretung von Souveränitätsrechten nicht mit einer politisch unrealistischen Fünfsechstelmehrheit zustimmt. Die kritische Haltung der Dänen gegenüber der EU gründet in der Angst, die eigenständige Kultur und nationale Identität in einem Moloch Europa zu verlieren.

Grönland: Dänischer Name Grønland (= grünes Land), grönländischer Name Kalaallit Nunaat (= Land der Menschen). Seit 1979 teilautonomes Staatswesen im Königreich Dänemark. Mit 2 175 600 km² Fläche die größte Insel der Welt, geographisch zu Amerika gehörend. Etwa 85 % der Oberfläche sind vereist, das sog. ›Inlandeis‹ ist maximal 3 km dick und bis 800 km breit. In Grönland leben knapp 55 000 Grönländer, gut 85 % davon im Lande geboren. Als Urbevölkerung gelten die von asiatischen Völkern abstammenden, über Alaska und Kanada eingewanderten Inuit. Über 90 % der Bevölkerung leben in Südwestgrönland, wo auch die Hauptstadt Nuuk (13 000 Einw.) zu finden ist, ihr dänischer Zweitname ist Godthåb. Amtssprachen sind Dänisch und Grönländisch, das zu den Inuit-Sprachen gehört. Die Wirtschaft ist einseitig auf Fischerei ausgerichtet – Exportanteil ca. 95 %, fast zur Hälfte Krabben. Hoffnungen liegen in der Erde: Öl, Erze und Edelmetalle. Z. Zt. rechtfertigen geringe Weltmarktpreise aber keine Explorations- und Abbaukosten unter arktischen Bedingungen.

Färöer-Inseln: Dänisch Færøerne, färöisch Føroyar (= Schafsinseln), seit 1948 teilautonomes Gebiet im Königreich Dänemark, Hauptstadt Tórshavn (ca. 14 000 Einw.). Die 1399 km² große Inselgruppe auf halbem Weg zwischen Schottland und Island besteht aus 18 Inseln und zahlreichen Schären, 16 davon von etwa 43 000 Färingern bewohnt; 1989 waren es noch 48 000. Die dramatische Emigration ist die Folge einer Wirtschaftskrise (s. S. 34). Große Hoffnungen setzen die Färinger jetzt auf Ölvorkommen, die im Off-Shore Bereich ihrer Inseln vermutet werden, aber es besteht Uneinigkeit mit Irland und Großbritannien, wem die vielversprechendsten Seegebiete gehören. Dänisch und das im 19. Jh. im Zuge nationaler Erweckung vom Altwestnordischen abgeleitete Färöisch sind gleichberechtigte Amtssprachen. Die Färinger sind Nachfahren nordischer Siedler der Wikingerzeit.

Geschichte

Zeugen aus dem Moor – Dänemarks Vorgeschichte

Die Funde grob behauener Feuersteine sowie einige aufgeschlagene Hirschknochen lassen die sporadische Anwesenheit erster Menschen auf dem Gebiet des heutigen Dänemark seit ca. 250 000 Jahren ahnen. Aber erst Mitte des 9. Jt. v. Chr. verbessern sich die Lebensbedingungen nachhaltig und lassen die Bevölkerungszahlen nennenswert steigen. Zu diesem Zeitpunkt erstreckt sich eine feste Landmasse von Schweden bis zu den Britischen Inseln, zergliedert von mächtigen Flußsystemen.

Im 6. Jt. v. Chr. erwärmt sich das Klima, anschließend formt das Zusammenspiel von Landhebungen im Norden und Landsenkungen im Süden mit dem Ansteigen des Meeresspiegels langsam das Dänemark, das wir heute kennen. Fundgruben für Archäologen sind Hausmülldeponien dieser Zeit. Eine Müllhalde mit Küchenabfällen (dän.: *køkkenmøddinger*), beim Dorf Ertebølle (s. S. 260) am Limfjord entdeckt, hat gar einer ganzen Kultur den Namen gegeben: Gegen Ende dieser Ertebølle-Kultur (5200–4000 v. Chr.) beginnen die Menschen, Tiere zu domestizieren, statt sie nur zu jagen, und Pflanzen zu kultivieren, statt nur deren Früchte zu sammeln. Die skandinavische Geschichtsschreibung registriert den Wandel von der Jäger- *(jægerstenalder)* zur Bauernsteinzeit *(bøndestenalder)*, entsprechend Älterer und Jüngerer Steinzeit.

Etwa ab 3500 v. Chr. bestatten die Menschen ihre Toten immer repräsentativer. Die Zeit der Dolmen-, Kammer- und Hügelgräber beginnt und endet erst um das Jahr 800 v. Chr, mitten in der jüngeren Bronzezeit. Um monumentale Findlinge, zu Grabkammern zusammengestellt, wird außen bis zu ihrem oberen Rand Erde angeschüttet und die ganze Anlage mit Randsteinen umgeben. Zu-

Das Dolmengrab Troldkirchen bei Nibe im Himmerland

erst entstehen runde Anlagen – Runddolmen oder *runddysse* – in der Regel mit nur einer Grabkammer, später längliche – Langdolmen oder *langdysse* – mit mehreren Gräbern. Der größte dänische Langdolmen, Lindeskov im Osten der Insel Fünen, ist fast 170 m lang. Dolmengräber wie die monumentale Trold-

plare nachgewiesen sind, aus einer aderen europäischen Megalithkultur übernommen wurde. Durch meterlange, schmale und flache Gänge sind die eigentlichen Grabkammern zu erreichen. Sie können bis zu 12 m lang sein – so im Kong Svends Høj im Osten von Lolland – und besitzen in einigen Fällen auch

Der Sonnenwagen von Trundholm (Nationalmuseum, Kopenhagen)

kirken bei Nibe (s. S. 261) hoch über dem Limfjord, die sich heute als freistehende Steinkonstruktionen zeigen, sind von Regen und Wind freigelegte zentrale Grabkammern solcher Anlagen. Gut 4700 von einst etwa 20 000 Gräbern dieses Typs sind erhalten.

Mit der Zeit werden die zentralen Grabkammern größer, bekommen Seiteneingänge und dienen nicht mehr einem einzelnen Toten als letzte Ruhestätte. Archäologen streiten noch, ob die Steinzeitler ihre Dolmengräber um 3000 v. Chr. dann zu Kammergräbern (dän.: *jættestue*) perfektionieren oder ob dieser Grabtyp, von dem etwa 700 Exem-

Nebenkammern. Die großen Steinplatten, die diese prähistorischen Mausoleen bilden, sind aufwendig bearbeitet, Zwischenräume sorgfältig zugemauert. Alles wird schließlich mit einem oft bis heute haltbaren Grabhügel überdeckt.

Die Landschaft prägende Vorzeitzeugen sind auch die Hügelgräber, die in der Bronzezeit etwa um 1000 v. Chr. ihre Blüte erleben und oft in exponierter Lage auf Anhöhen entstehen. Sogar Dänemarks höchster Gipfel, der 173 m hohe Yding Skovhøj, schafft diese Position nur mit Hilfe eines Hügelgrabs aus der Bronzezeit, ohne das er seinem schärfstem Konkurrenten, dem 171 m hohen Ejer Bavnehøj, um ein paar Zentimeter unterlegen wäre. In einigen Bronzezeithügeln sorgt die Schichtung für eine Konservierung der Überreste der Begrabenen und der Grabbeigaben bis in unsere Zeit, so bei der jungen Frau, die etwa um 1400 v. Chr. in Egtved (s. S. 217) bestattet wurde. Aus den Jahren, als sie lebte, stammen die ältesten Opfergaben, die in den Mooren Dänemarks gefunden wurden, so der Sonnenwagen von Trundholm (s. S. 141). Auf etwa 1000 v. Chr. werden die bronzenen Hörnerhelme von Viksø in Nordseeland datiert. Hier muß man einmal ganz genau auf die Zeit achten: Die Hörnerhelme stammen aus der Bronzezeit, das sind gut 1600 Jahre, bevor die Wikinger, denen sie in populistischen Darstellungen immer wieder aufgesetzt werden, in der Geschichte auftauchen. Bis dahin erlebt Dänemark noch rund ein Jahrtausend Eisenzeit, das erst von keltischen Einflüssen geprägt ist (ca. 500 v. Chr. bis 0), dann von römischen (ca. 0 bis 400 n. Chr) und erst zum Schluß eine eigenständige, germanische Prägung bekommt (ca. 400 bis 800 n. Chr.).

Faszinierend gut erhaltene Moorleichen – nach heutigem Stand wissenschaftlicher Diskussion Menschenopfer und nicht, wie früher angenommen, Verbrecher oder gar, wie von den Nazis behauptet, hingerichtete Homosexuelle – sind die Zeugen dieser Epoche: die Männer aus Tollund (s. S. 241) und Grauballe (s. S. 229) starben vor gut 2000 Jahren. Daß die Götter aber nicht nur mit Menschenopfern gütig zu stimmen waren, zeigen Funde wie die prächtige Silberschale von Gundestrup (s. S. 260) aus der keltischen Eisenzeit und die durch einen dreisten Diebstahl Anfang des 19. Jh. für immer verloren gegangenen Goldhörner von Gallehus (ca. 450 n. Chr.; s. S. 287f). Diese Goldhörner waren

eindeutig nordischen Ursprungs, und wer die Rekonstruktionen sieht, die heute im Nationalmuseum von Kopenhagen und im Vorgeschichtlichen Museum in Moesgård bei Århus gezeigt werden, kann ahnen, welchen Stand das Kunsthandwerk in diesem Teil Europas Mitte des 1. Jt. erreicht hatte.

Reliefdetail von der Silberschale, die in Gundestrup (Jütland) gefunden wurde (heute im Nationalmuseum, Kopenhagen)

Beruf: Wikinger

Wenn der Mönch Alcuin, Chronist der Ereignisse, korrekt berichtet, dann legten am 8. Juni 793 heidnische Krieger aus dem Norden das Kloster Lindisfarne auf dem Inselchen Holy Island vor der Küste Nordenglands in Schutt und Asche; die Mönche wurden je nach Warenwert versklavt oder erschlagen. Damit ist der Beginn der Wikingerzeit mit Mord und Raub markiert. Allzuoft werden die Menschen, die um die letzte

Jahrtausendwende im Norden gelebt haben, auf diese Begriffe reduziert. Daß sie mehr als Plünderer und Krieger waren, beweisen Funde von Schmuck und reich verzierten Holzgeräten und natürlich ihre Schiffe, von denen fünf in Roskilde zu besichtigen sind (s. S. 121).

Die Wikinger? Kein anderer Begriff aus der Vergangenheit des Nordens ist geläufiger und aktueller, wie viele moderne Geschichtszentren beweisen, kaum einer ist aber mit so vielen falschen Vorstellungen belastet. Ein Volk sind die Wikinger auf keinen Fall. Wikinger zu sein sei ein Handwerk, hat es ein bekannter Skandinavist definiert, und offensichtlich gar ein steuerpflichtiges, denn so kann man Adam von Bremen interpretieren, eine der wichtigsten zeitgenössischen Quellen über die Länder des Nordens. Er schreibt: »Hier sieht man reichlich Gold, das durch Raub zusammengetragen wurde. Diese Piraten, die hier Wikinger heißen und bei uns Eschenmänner, leisten dem König der Dänen Tribut, damit sie auf ihre Beutezüge fahren dürfen.«

Wikinger – und das sind ausschließlich Männer – sind Krieger, Eroberer, Plünderer, Piraten und Räuber, die unter Führung einzelner Häuptlinge und Schiffseigner Meere und Küsten unsicher machen, oft mit einem einzelnen Schiff, gelegentlich in kleinen Verbänden. Sie rekrutieren sich aus den Reihen der Nordleute, aus nordgermanischen Stämmen im Gebiet der heutigen Königreiche Dänemark, Schweden und Norwegen.

Viel ist darüber spekuliert worden, was aus den Bauern des Nordens Wikinger gemacht hat: Sicher trieb eine Überbevölkerung vor allem jene in die Fremde, die auf elterlichem Besitz nicht erbberechtigt waren. Darüber hinaus ist Wikinger aber auch ein Zweitjob neben

dem des Hofbesitzers, eine spannende Art, in den Sommermonaten etwas für die Familienkasse zu tun; Raub und Plünderung in fremden Ländern werden durchaus als legitimer Erwerb angesehen. Hinzu kommen individuelle Faktoren wie die Lust am Abenteuer und das Streben nach Ruhm.

Schon ein bis zwei Jahrhunderte vor dem Überfall auf das Kloster Lindisfarne, aber auch noch danach, sind längst nicht alle Nordleute, die auf den Meeren und an fremden Küsten auftauchen, automatisch Männer auf ›Wiking‹, wie sie die Beute- und Plünderungsfahrten nennen. Immer wieder starten Siedler und Händler mit ihren Booten, mal auf der Suche nach einem Platz für einen Neuanfang, mal zu einer Handelsfahrt. Es zieht sie in den Norden Schottlands, nach Ostengland und nach Irland, auf die Färöer-Inseln und nach Island, später auch nach Grönland, und um das Jahr 1000 landen sie schließlich an der Ostküste des amerikanischen Kontinents. Sie handeln an den Küsten des Baltikums, sie gründen erste Reiche in den Weiten des heutigen Rußlands und befahren dort die großen Flüsse bis zum Kaspischen und Schwarzen Meer.

Auch Frauen spielten in der damaligen Gesellschaft eine wichtige Rolle. Oft lastet die ganze Verantwortung eines Hofes auf ihren Schultern, während die Männer auf Europa-Tour sind. Und oft wird übersehen, daß die wichtigsten schriftlichen Quellen über die Wikingerzeit, die Geschichts- und Sagatexte aus dem alten Island, nicht nur Männer in Führungspositionen nennen: »Audr, die Tochter von Ketil Flachnase, siedelte im Westen am Breidafjord«, heißt es an einer Stelle, und diese Audr führt eine Einwanderergruppe, der immerhin 20 freie Männer angehören. Nur an den Raub- und Plünderungszügen scheinen

Zum Thema Wikinger: Fundstätten und Museen

Die Wikinger sind wieder wer. Überall in Dänemark befassen sich Museen, modern konzipierte Geschichtszentren oder Freilichtspiele mit ihrer Zeit.

Funde und Fundstätten

- Roskilde Wikingerschiffshalle: fünf vom Grund des Roskilde Fjords geborgene und hervorragend restaurierte Wikingerschiffe verschiedener Typen (Seeland; s. S. 123f.).
- Trelleborg: rekonstruierte Ringburg, Nachbau eines Wikingerhauses, Wikingerzentrum mit Vorführung alter Handwerkstechniken und vielen Kinderaktivitäten, 2. Juliwochenende Wikingermarkt (bei Slagelse, Westseeland; s. S. 134).
- Glavendrup: Runenstein mit der längsten Inschrift Dänemarks, Steinsetzung (Nordfünen; s. S. 175).
- Ladby: einziges bekanntes Schiffsgrab in Dänemark; interessante, sehr authentische Präsentation des Fundes (Nordostfünen; s. S. 174).
- Jelling: Runensteine, Kirche und Grabhügel an Dänemarks erstem Königssitz (Mitteljütland; s. S. 233f.).
- Fyrkat bei Hobro: gut rekonstruierte Ringburg, Erlebniszentrum mit großem Hof (Nordjütland; s. S. 257).
- Lindholm Høje: großes Gräberfeld mit vielen Steinsetzungen in Schiffsform, daneben ein modernes Museum (bei Aalborg, Nordjütland; s. S. 255f.).
- Aggersborg: größte der Wikingerburgen, Minimuseen, bisher nur wenige Ausgrabungen (am Limfjord; Nordjütland; s. S. 261).
- Bangsbomuseum in Frederikshavn: der einzige Wikingerschiffsfund in Jütland (Nordjütland; s. S. 263).

Museen und Geschichtszentren

- Nationalmuseum: fast alle wichtigen Funde, wenn nicht im Original, dann in Kopien oder Modellen (Kopenhagen; s. S. 76).
- Fyns Oldtid – Hollufgård: vorgeschichtliches Schwerpunktmuseum für die Insel Fünen (Südrand von Odense; s. S.165f.).
- Forhistorisk Museum Moesgård: das wichtigste Museum zur Vorgeschichte außerhalb Kopenhagens, u. a. große Runenstein-Sammlung (bei Århus; s. S. 229).
- Vikingemuseet Århus: im Keller einer Bank Originalfundamente einer Wikingersiedlung (s. S. 226).
- Ribes Vikinger: 1995 eröffnetes Museum, Präsentation mit Hilfe modernster Medientechnologie (Westjütland; s. S. 292).
- Ribe Vikingecenter Lustrupholm: ›lebendes Museum‹ vor den Toren der ältesten Stadt Dänemarks, deren Anfänge hier wiedererstehen sollen (Westjütland; s. S. 291).

Wikingerspiele und Märkte
s. S. 389

Wikinger

21

Frauen nicht teilzunehmen: Wikingerinnen gibt es nicht.

Die große Stärke der Nordleute ist ihre Beweglichkeit auf dem Wasser. Sie beherrschen Grundzüge der Navigation wie sonst niemand und sie haben ab dem 7. Jh. die seetüchtigsten Schiffstypen auf allen Weltmeeren zur Verfügung, denen sich erst die Koggen der Hansekaufleute sechs Jahrhunderte später als überlegen erweisen.

Das Knarr ist das Arbeitspferd der Siedler und Händler. Es ist stabil und schnell. Bei geringer Wasserverdrängung rutscht es förmlich auf seinem flachen Rumpf über das Wasser, angetrieben von einem breiten, viereckigen Rahsegel, aufgezogen am einzigen Mast in der Mitte des Schiffes. Mit Nachbauten hat man problemlos den Atlantik überquert und dabei Spitzengeschwindigkeiten um 15 Knoten erreicht, etwa so schnell wie die Reisegeschwindigkeit moderner Kreuzfahrtschiffe. Als Kampf-

schiff dient das Langboot, das zwar nicht so hochseetüchtig wie das Knarr ist, aber wendiger und schneller. Ruderer können es bei Bedarf zusätzlich beschleunigen, und es ist flach genug, auf Stränden aufgesetzt zu werden. Dies bringt jenen entscheidenden Zeitvorteil, der wesentlich für die Erfolge der Wikinger ist: Sie tauchen an Küsten oder entlang der großen Flüsse auf, landen und sind blitzschnell einsatzbereit, noch ehe sich Widerstand organisieren kann. Hamburg und Paris, Lissabon und Pisa, Cadiz und London, Nantes und Köln – eine illustre Sammlungen bekannter Städte macht auf diese Weise üble Erfahrungen mit den Wikingern. Sie werden geplündert, kaufen sich später immer häufiger frei oder lassen sich durch Zahlungen von Schutzgeldern von der einen Wikingertruppe gegen die nächsten schützen. Die Wikinger eilen aber längst nicht von Sieg zu Sieg: Überall dort, wo sich Ihnen organisierter Widerstand entgegenstellt, ziehen sie

Rekonstruktion eines der am Grund des Roskilde Fjords gefundenen Schiffe

nicht selten den kürzeren und schnell wieder ab.

Die Wikingerzüge sind in erster Linie Aktionen kleiner Gruppen und Verbände. Wikingerheere und -flotten, die für eine zentrale Macht strategisch geordnet nach Mittel- oder Westeuropa vorrücken, gibt es nicht, sieht man einmal von Führerpersönlichkeiten ab, die eine mehr oder minder große Zahl von Gefolgsleuten mit eigenen Schiffen hinter sich bringen und dort Machtstrukturen errichten, wo sie auf politisch ungefestigte Verhältnisse treffen, so in der Normandie, rund um die Irische See, auf den schottischen Inseln und in Ostengland sowie auf den bis zu ihrer Ankunft unbesiedelten Inseln im Nordatlantik. Wo sie auf eine ansässige Bevölkerung treffen, erweisen sich die Nordleute als Assimilationskünstler, die sich schnell mit ihr – meist mit der Oberschicht – arrangieren und oft in ihr aufgehen, nicht aber ohne deutliche Spuren in Gesellschafts- und Rechtsordnungen zu hinterlassen.

Parallel zum Handwerk Wikinger entwickeln sich in den ursprünglichen Siedlungsgebieten der Nordleute erste Königreiche, von denen sich auf dem Gebiet des heutigen Dänemark Mitte des 10. Jh. das als das stärkste erweist, dessen Zentrum in Jelling (s. S. 233f.) liegt. Als Dänenkönige 1013 bis 1042 auch die englische Krone tragen, ist der Beruf des Wikingers längst out: An den Küsten hat man sich auf die Überfälle eingestellt, vielerorts in Europa beenden Kopien von Knarr und Langboot in den Händen der potentiellen Opfer die Überlegenheit zur See, und schließlich sind die Nordleute Christen geworden, und da ziemt es sich einfach nicht mehr, die Klöster zu plündern, die für die Anhänger der alten Götter die liebsten und ertragreichsten Ziele waren. Die Geschichte, die dann folgt, ist auch nachzulesen – mit dem Kreuz kommt die Schrift in den Norden.

Mal Sieger, öfter mal Verlierer – Auf und Ab eines Königreichs

Gorm den Gamle – der Alte – ist ein großer unter rivalisierenden Kleinkönigen und herrscht Mitte des 10. Jh. über ein Gebiet im mittleren Jütland. Rund 400 Jahre später vereint Margrete I. den Norden der bekannten Welt vom Rand des amerikanischen Kontinents bis ans Ufer des Ladoga-Sees im Norden des heutigen Rußland. Wieder 600 Jahre später ist in unserer Zeit Margrethe II. Regentin eines kleinen 5-Millionen-Volkes am Nordrand Mitteleuropas und zweier Völker auf Inseln im Atlantik. Von Gorm bis Margrethe II. erleben insgesamt 51 Männer und zwei Frauen auf dem Dänenthron dieses Auf und Ab. Und vor Gorm gab es noch einige: Erste Könige sind durch Berührungen mit dem Frankenreich bekannt, mehr weiß man über sie nicht.

Während Gorm (ca. 940–50) heute als Urvater des dänischen Königshauses gilt, sorgt sein Sohn Harald Blåtand (Blauzahn; ca. 950–85) mit guter Öffentlichkeitsarbeit dafür, daß er als Einiger und Christianisierer Dänemarks in die Geschichte eingeht. In den großen der beiden Runensteine von Jelling läßt er den Satz einschlagen: »König Harald ließ diesen Gedenkstein für seinen Vater Gorm und seine Mutter Thyra errichten, der Harald, der ganz Dänemark und Norwegen unterwarf und die Dänen zu Christen machte.«

Harald und sein Sohn Svend Tveskæg (Gabelbart, 985–1014) herrschen auch über das südliche Norwegen und von 1013 bis 1042 regieren Dänenkönige mit kurzen Unterbrechungen über ein vereintes Königreich Dänemark-England. Enge Verbindungen zur Insel bestehen zu diesem Zeitpunkt schon lange: In Ostengland haben Nordleute mehr als ein Jahrhundert zuvor ein Staatswesen mit ihrer Rechtsordnung derart dominiert, daß es einfach ›Danelag‹ – Dänenrecht – genannt wurde. Der Einfluß der Dänen in England endet mit der Eroberung der Insel durch die Normannen 1066. Es gibt aber auch eine natürliche Ursache: Mit der Versandung der Limfjordöffnung zur Nordsee, geht der bequemste Seeweg zwischen beiden Reichsteilen verloren.

Die frühen Dänenkönige müssen ihrerseits den Begehrlichkeiten des Römischen Reichs Deutscher Nation trotzen. Zwar besteht eine erste Grenzsicherung nach Süden schon seit 737, aber 100prozentige Sicherheit bietet der Schutzwall Danevirke nicht: Zwei Quellen aus dem Mittelalter erzählen von einem Feldzug des Deutschen Kaisers Otto II. quer durch Jütland bis zum Limfjord.

Wichtig für die Eigenständigkeit des jungen Königreichs ist 1104 die Trennung der dänischen Kirche vom Erzbistum Hamburg-Bremen und die Gründung einer eigenen Diözese im damals dänischen, heute schwedischen Lund. Dieses Ereignis fällt in eine ansonsten sehr unruhige Zeit, in der der Dänenthron einem Schleudersitz ähnlich ist: Nach dem Tod von Svend Estridsen (1047–1074) erlebt das Land zwischen 1074 und 1157 insgesamt zehn Regenten aus seiner vielköpfigen Nachkommenschar, sechs von ihnen fallen Gewalttaten zum Opfer. Der Überlebende – im wahrsten Sinne des Wortes – ist schließlich Valdemar den Store (der Große; 1157–1182). Der stellt sich mit Kirche und Adel gut, baut im Inneren eine starke Staatsgewalt auf und dehnt Dänemarks Machtbereich bis ins Balti-

kum aus. Ihm zur Seite steht als zweite starke Figur der Gründer Kopenhagens, Bischof Absalon von Roskilde, mit dem zusammen die Halbwaise Valdemar groß geworden ist.

Valdemar II. Sejr (der Sieger; 1202–41) feiert zu Beginn seiner Regentschaft noch große Erfolge im Osten bis hin zur Eroberung Estlands. Außenpolitisch entwickelt sich der Sieger aber bald zum ›Looser‹, und Dänemark verliert den Einfluß im Ostseeraum wieder. 1332 bis 1340 bleibt der Thron verwaist, das Land ist an holsteinische Grafen verpfändet, die das Land rücksichtslos ausbeuten. Erst ein Tyrannenmord bringt die Wende: In Randers tötet der junge Gutsbesitzer Niels Ebbesen den Pfandherren über Jütland, Graf Gerhard den Kahlen von Rendsburg.

Diese Tat wirkt wie eine Initialzündung: Valdemar Atterdag (wieder Tag; 1340–75) gelingt es, Dänemark aus der Dunkelheit wieder ans Licht zu führen und die alte Macht zu restaurieren, nur im Ostseeraum bietet ihm die einflußreich gewordene Hanse Paroli. Nach Valdemars Tod stellt seine Tochter die Weichen neu: Margrete, mit dem norwegischen König Håkon VI. verheiratet, vereint einen untrüglichen Machtinstinkt mit großem diplomatischem Geschick. Sie sorgt dafür, daß ihr erst sechsjähriger Sohn im Wahlkönigreich Dänemark zum Nachfolger ihres Vaters gewählt wird, und als 1379 auch ihr Mann stirbt, fällt dem kleinen Oluf im Erbkönigreich Norwegen automatisch dessen Krone zu. Die dänisch-norwegische Doppelmonarchie, zu der auch Norwegens atlantische Besitzungen Grönland, Färöer-Inseln und Island gehören, hat zur Folge, daß in Dänemark lange vor der formellen Einführung 1660 das Erbkönigtum Realität wird, da jede von der direkten Erbfolge abweichende Königswahl die Union der beiden Reiche gefährdet. Über die norwegische und dänische Krone hinaus besitzt der junge Oluf einen vagen Anspruch auf den schwedischen Thron, von dem sein zweiter Großvater 1364 vertrieben worden war. Als 1389 in Schweden ein Machtvakuum entsteht,

Christian II. (reg. 1513–23)

nutzt Margrete die Gunst der Stunde und gewinnt unter Hinweis auf die Thronansprüche ihres inzwischen verstorbenen Sohnes auch die dritte Krone des Nordens. 1397 wird in der Kalmarer Union die dänische Herrschaft über alle drei nordischen Länder formal besiegelt, um den Preis, daß Margrete einen Neffen, Erik VII. von Pommern (1397-1439), offiziell zum König der drei Reiche krönen lassen muß. Die Fäden der Macht hält sie aber bis zu ihrem Pest-Tod 1412 in den Händen. Was Margrete, eine der bedeutendsten Frauen der Weltgeschichte, zusammenfügt, lassen ihre männlichen Nachfolger in wenigen Jahrzehnten wieder zerrinnen. Die Kal-

marer Union besteht praktisch nur bis zum Tod von Christoffer III. (1440–48). Seine Nachfolger werden jeweils nur noch für kurze Perioden als Könige in Schweden anerkannt. Christian II. (1512-23) macht sich 1520 durch die Hinrichtung von 80 schwedischen Adeligen äußerst unbeliebt, der folgende Volksaufstand bringt 1523 Gustav Vasa auf den Schwedenthron – das endgültige Ende der Kalmarer Union. Mit dem unabhängigen Schweden erwächst in den nächsten Jahrhunderten ein Erzrivale, mit dem die Dänen insgesamt 130 Jahre Krieg führen und an den sie alle Provinzen östlich von Kattegat und Øresund verlieren, ausgenommen Bornholm.

In Dänemark selbst kommt es in der ersten Hälfte des 16. Jh. zu heftigen Auseinandersetzungen zwischen Adel und Bürgertum, die Könige sitzen zwischen den Stühlen: Der glücklose Christian II. wird vom Adel gefeuert, sein Onkel Frederik I. (1523–33) auf den Thron gesetzt. Dessen Sohn Christian III. (1534–59) restauriert anschließend die Macht des Adels und hält sich dafür an den Reichtümern der katholischen Kirche schadlos – die Reformation kommt so 1536 endgültig in den Norden, die Güter der Kirche fallen an die Krone.

Christian IV. (1588–1648) entwickelt sich dann zum profiliertesten König, der im Laufe der Geschichte den Dänenthron besteigt. Er gründet, von den Idealen der Renaissance begeistert, überall in seinem Reich Städte, darunter Glückstadt an der Elbe und Christiania, das heutige Oslo, in Norwegen. Als Bauherr drückt er besonders Kopenhagen seinen Stempel auf – die Börse, Schloß Rosenborg, neue Hafenanlagen und das Stadtviertel Christianshavn gehen auf seine Initiative zurück. Als Feldherr und Möchtegern-Seeheld im Dreißigjährigen Krieg erweist sich Christian IV. dagegen als Fehlbesetzung: Am Ende seiner Regentschaft ist das Land ruiniert, und Schweden hat endgültig die Führungsrolle im Norden übernommen.

Frederik III. (1648–70) schafft es 1660, den Adel zu entmachten und den Absolutismus einzuführen. Sein Versuch mit Gewalt außenpolitisch den von seinem

Frederik VI. (reg. 1808–39)

Vater verlorenen Boden wieder gut zu machen, bringt jedoch erneut eine bittere Niederlage und Landverluste an Schweden.

Im 18. Jh. macht das Land eher mit Skandalen als mit großer Politik auf sich aufmerksam. Vor allem die Affäre um Johann Friedrich Graf von Struensee ist dank immer neuer literarischer Aufbereitung bis in unsere Tage unvergessen: Der Modedoktor aus Altona wird Leibarzt des geistesverwirrten Christian VII. (1766–1808), gewinnt sein Vertrauen und regiert bald mit futuristischen Ideen das Reich, die ihm aber mehr Feinde als

Freunde bringen. Als er schließlich zum Geliebten der jungen Königin Caroline Mathilde avanciert und in dieser Funktion dem Königspaar sogar zu einer Tochter verhilft, nutzen seine Gegner das zu einem Putsch: Nach nicht einmal anderthalb Jahren, in denen Struensee am Kopenhagener Hof frei schalten und walten kann, wird er im Januar 1772 entmachtet und drei Monate später enthauptet und geviertelt.

Für Dänemark folgt ein Jahrzehnt konservativer Restauration, ehe 1784 der 16jährige Frederik VI. (1808–1839), geleitet von fortschrittlichen Lehrern und Beratern, seiner Krönung um gut ein viertel Jahrhundert vorgreift und seinem geisteskranken Vater die Regentschaft abnimmt. In Frederiks Zeit fällt das Ende der Leibeigenschaft der Bauern, aber auch ein glückloses Engagement an Frankreichs Seite in den Napoleonischen Kriegen. Die Siegermächte lösen 1814 die dänisch-norwegische Doppelmonarchie auf, nur die von Norwegen in die Union eingebrachten Atlantikkolonien bleiben bei Dänemark.

Der geographischen Schrumpfung folgt der politische Machtverlust der Krone: Frederik VII. (1848–63) unterschreibt am 5. Juni 1849 eine bürgerliche, mit Änderungen und Ergänzungen bis heute in Grundzügen gültige Verfassung, aus der absoluten wird eine konstitutionelle Monarchie. Die bürgerliche Revolution verläuft unblutig, von Frederik ist in der Satz überliefert: »Auf meine Untertanen schießt man nicht.«

Das Ende des Absolutismus fordert aber doch Opfer: Nationale Kräfte sowohl im Königreich als auch in den Herzogtümern Schleswig und Holstein nutzen die politische Unruhe für ihre jeweiligen Interessen aus, zwei Kriege und ein traumatischer Landverlust an Preußen, der erst 1920 durch einen

Volksentscheid zum Teil revidiert wird, sind die Folge.

In Dänemark entwickelt sich derweil eine parlamentarische Demokratie, die 1901 erstmals eine Regierung an die Macht bringt, die sich auf die Mehrheit des Volkes stützen kann. Die Schrumpfung des Königreichs ist aber noch nicht zu Ende: Als sich Island 1918 von einer dänischen Kolonie zu einem formal selbständigen Staat wandelt, bleibt Christian X. (1912–47) noch Staatsoberhaupt auf der Nordmeerinsel, aber auch diese Personalunion wird in den Wirren des Zweiten Weltkrieges von den Isländern einseitig aber rechtmäßig aufgekündigt, als sie am 17. Juni 1944 die unabhängige Republik ausrufen. Frederik IX. (1947–72) und dessen Tochter Margrethe II. (ab 1972) sind somit noch Regenten in einem Königreich, das sich auf das eigentliche Dänemark sowie auf zwei teilautonome Gebiete im Nordatlantik erstreckt, auf die Färöer-Inseln und Grönland (s. S. 30ff.).

Die Zeit der deutschen Besetzung 1940–45

Von Wolfgang Zank

Am Morgen des 9. April 1940 erklärte Cecil von Renthe-Fink, der deutsche Gesandte in Kopenhagen, dem dänischen Außenminister Per Munch, dem Deutschen Reich lägen Beweise vor, daß England sich Stützpunkte in Norwegen und Dänemark verschaffen wolle. Deshalb rückten gerade deutsche Truppen in Dänemark ein. Binnen kurzem würden deutsche Bombenflugzeuge über Kopenhagen erscheinen, vorläufig jedoch ohne Bomben abzuwerfen. Deutschland wolle nur die Sicherung der dänischen Neutralität. Widerstand sei aussichtslos.

Am Morgen des 9. April überschritten motorisierte Truppen die Landgrenze in Jütland. Gleichzeitig landeten deutsche Einheiten in mehreren Hafenstädten und nahmen das Kopenhagener Kastell im Handstreich; am Flugplatz in Ålborg und an der Storstrøms-Brücke landeten Fallschirmjäger. Die schwachen und unvorbereiteten dänischen Streitkräfte wurden fast überall überrumpelt; nur in Jütland und in Kopenhagen kam es zu längeren Feuergefechten. Die Regierung beschloß nach kurzer Beratung unter dem Dröhnen deutscher Bombenflugzeuge, den militärisch aussichtslosen Widerstand einzustellen.

Unter den von Deutschland besetzten Ländern nahm Dänemark lange Zeit eine Sonderstellung ein, offiziell galt es nach wie vor als neutral. Regierung, Justiz, Polizei, selbst die Streitkräfte existierten weiter. Der Rundfunk stand allerdings bereits von Anbeginn der Besetzung unter deutscher Aufsicht. Es herrschte eine delikate Balance: Im Rahmen der sogenannten ›Verhandlungspolitik‹, kamen die dänischen Stellen den deutschen Interessen sehr weit entgegen, allerdings unter der Voraussetzung, daß man sich so wenig wie möglich in die innerdänischen Angelegenheiten mischte. Insbesondere die Justiz sollte in dänischen Händen bleiben, die Einführung der Todesstrafe oder die Entrechtung der Juden kamen unter keinen Umständen in Frage.

Das deutsche Vorgehen war zunächst recht behutsam. Die Wehrmacht ließ Flugplätze und Bunker bauen, darüber hinaus ließ man die Dänen weitgehend in Ruhe. Symbolfigur dieser eher pragmatischen Politik wurde der SS-Obergruppenführer Werner Best, seit November 1942 Reichsbevollmächtigter in Dänemark. Sein wichtigster dänischer Partner war Erik Scavenius, seit Juli

1940 Außenminister und ab November 1942 Premierminister. Bis heute wird in Dänemark diskutiert, ob Männer wie Scavenius opportunistische Anpassung betrieben, oder ob sie durch eine zwar unheroische, aber kluge Realpolitik völlig sinnlose Opfer verhinderten.

Zumindest äußerlich blieb die Lage in Dänemark lange Zeit ruhig. Die langen, einsamen Ritte König Christians X. durch die Straßen Kopenhagens wirkten als stumme Demonstrationen, und die meisten Dänen praktizierten eine Politik der ›kalten Schulter‹, offener Widerstand schien jedoch unmöglich zu sein. Immerhin belieferte der dänische militärische Nachrichtendienst ab November 1940 die Engländer mit Informationen. In der Nacht zum 22. Juni 1941, Datum des Angriffs auf die Sowjetunion, ordnete die dänische Regierung dann auf deutschen Druck hin die Verhaftung der führenden dänischen Kommunisten an. Am 25. November 1941 trat Dänemark dem Antikominternpakt bei. Dies führte zur ersten Massendemonstration gegen die als zu nachgiebig empfundene Regierungspolitik. Einige Hundert Studenten der Kopenhagener Universität zogen zum Schloß Amalienborg. Im Anschluß an die Demonstration kam es zu Unruhen, bei denen die Polizei hart durchgriff.

Im Sommer 1942 formierten sich die ersten Sabotagegruppen. Die Widerstandsarbeit war zunächst eine Angelegenheit der Kommunisten und der nationalen Rechten. Der britische Geheimdienst lieferte dringend benötigten Sprengstoff und technische Instruktionen. Die Regierung verurteilte die Sabotage scharf, und die dänische Polizei bekämpfte die Saboteure nach Kräften. Nachdem weitaus die meisten Dänen lange Zeit zu ihrer Regierung gestanden hatten, brach die Verhandlungspolitik

im Sommer 1943 zusammen. Die Wehrmacht hatte den Nimbus der Unbesiegbarkeit verloren, und immer mehr Dänen verlangten, daß ihr Land unzweideutig Farbe bekennen solle.

Ende Juli 1943 begann in Odense eine Streikwelle, die binnen weniger Wochen die meisten Provinzstädte erfaßte. Es kam zu Demonstrationen, Kollaborateuren wurden die Fensterscheiben eingeworfen und Wehrmachtspatrouillen handgreiflich attackiert. Zwar bescheinigten dänische Historiker der Wehrmacht ein insgesamt besonnenes Auftreten, aber in Ålborg beschossen deutsche Soldaten einen Demonstrationszug mit Maschinenpistolen – ein Ereignis, das im dänischen Bewußtsein haften blieb.

Als die dänische Regierung die ultimative Forderung der deutschen Führung ablehnte, den Ausnahmezustand zu erklären und die Todesstrafe auf Sabotage einzuführen, verhängte die Wehrmacht am Morgen des 29. August 1943 das Kriegsrecht. Während sich die Flotte selbst versenkte, wurde die dänische Armee nach kurzem Widerstand entwaffnet. Die Regierung demissionierte, die Verhandlungspolitik war offiziell beendet.

In der Nacht zum 2. Oktober 1943 starteten Gestapo und die deutsche Ordnungspolizei eine umfassende Jagd auf die dänischen Juden. Aber sie trafen kaum jemanden an. Mit Bests Billigung hatte sein Schiffahrtssachverständiger Georg Ferdinand Duckwitz dänische Politiker von der bevorstehenden Aktion in Kenntnis gesetzt, so daß Tausende von Helfern ihre jüdischen Mitbürger nach Schweden in Sicherheit bringen konnten.

Um die verschiedenen Widerstandsaktivitäten zu koordinieren, hatten Vertreter von sechs Organisationen im September den ›Freiheitsrat‹ gegründet, der rasch breite Autorität im Lande erwarb. Dies zeigte sich spätestens beim Kopenhagener ›Volksstreik‹: Nachdem Best am 25. Juni 1944 ein nächtliches Ausgangsverbot über Kopenhagen verhängt hatte, gelang es, eine umfassende Streik- und Demonstrationswelle auszu-

Bunker an der Westküste von Jütland

lösen. An vielen Stellen wurden Barrikaden errichtet und die Patrouillen der Besatzer angegriffen. Deutsche Soldaten machten häufig von der Schußwaffe Gebrauch. Nach einer dramatischen Eskalation, bei der die Deutschen sogar die Gas-, Wasser- und Stromversorgung abschalten ließen, wurden die Ausnahmebestimmungen aufgehoben und das verhaßte Schalburg-Korps (eine Truppe dänischer Nazis in deutschen Diensten) aus der Stadt abgezogen. Der Volksstreik hatte etwa 100 Todesopfer und über 600 Verletzte gefordert.

Als Repressalien gegen die dänischen Sabotageakte verübten deutsche Spezi-

altruppen und dänische Nazis in steigendem Umfang Sprengstoffanschläge, sog. *Schalburgtagen*, gegen Zeitungsredaktionen oder den Kopenhagener Tivoli. Außerdem ermordeten sie bekannte Dänen wie den Priester und Schriftsteller Kaj Munk als Vergeltung für die Liquidierung von Gestapo-Spitzeln. Gefangengenommene Saboteure wurden gefoltert und erschossen, Tausende anderer Widerstandskämpfer in Konzentrationslager verschleppt. Zuletzt wurden auch die dänischen Polizisten am 19. September 1944 in einer Blitzaktion gefangengenommen und interniert.

Als am Morgen des 5. Mai 1945 die deutsche Kapitulation für Holland, Nordwestdeutschland und Dänemark in Kraft trat, begrüßten die Dänen die Befreiung durch Läuten der Kirchenglocken und Demonstrationen überall im Lande. Widerständler begannen nach sorgfältig vorbereiteten Listen mit der Festnahme von Kollaborateuren. Trotz mancher Übergriffe verliefen Verhaftung und Bestrafung der Kollaborateure und Geschäftemacher im Vergleich zu Frankreich in relativ geordneten Bahnen.

Gemessen an anderen Ländern kam Dänemark glimpflich durch den Krieg. Dennoch haben die Besetzung, die Erschießungen und die Schalburgtage tiefe Spuren hinterlassen. Auch wenn es den Deutschen gegenüber selten direkt zum Ausdruck gebracht wurde, so prägte lange Zeit dennoch tiefe Skepsis, teilweise massive Ablehnung die Haltung der Dänen gegenüber ihren südlichen Nachbarn. Dies hat sich zwar in den letzten Jahren zu einem Teil gelegt, doch bei allzu forschem Auftreten deutscher Touristen oder unklugen Äußerungen deutscher Politiker zu sensiblen Fragen wie den europäischen Grenzen bricht dieses Mißtrauen leicht wieder auf.

Zwischen Karibik und Nordmeer – Kolonialmacht Dänemark

Die ehrwürdige »Queen Elizabeth 2«, die traditionsreiche »Norway«, und die Mega-Schiffe der »Royal Caribbean Cruise Line« – sie alle besuchen regelmäßig Charlotte Amalie auf St. Thomas. Die zumeist amerikanischen Kreuzfahrer schlendern durch Gassen und Straßen mit Namen wie Kongensgade oder Dronningen Tværgade, oder sie besichtigen Fort Christian, 1672 als westlichste Verteidigungsanlage des dänischen Reiches gebaut. St. Thomas gehörte einst zur dänischen Westindischen Kolonie auf jener Inselgruppe östlich von Puerto Rico, die die Dänen Jomfru-øerne nannten und nennen, die aber unter ihrem englischen Namen Virgin Islands weitaus bekannter ist.

Eine Kapriole der Geschichte: Die meisten Luxusschiffe, die heute hier vor Anker gehen, fahren unter der Flagge einer anderen ehemals dänischen Kolonie, unter der Norwegens. Rund ein viertel Jahrtausend wehte über St. Thomas, St. Jan und St. Croix offiziell der Danebrog, ehe die Inseln 1917 für 25 Millionen Dollar an die Vereinigten Staaten verschachert wurden. Vorangegangen war eine recht hitzige Debatte mit abschließender Volksabstimmung in Dänemark – die Betroffenen auf den Inseln wurden nicht gefragt. Die Dänen segelten im Kielwasser der Spanier, Franzosen, Engländer und Holländer in die Karibik, ihre Westindische Kolonie war in erster Linie eine multikulturelle Handelsniederlassung, in der sich Dänisch nicht einmal als Sprache der weißen Bevölkerung durchsetzen konnte – Niederländisch und Kreolisch dominierten. Wenn die großen Mächte miteinander im Clinch lagen, erfreuten sich die Inseln unter der Dänenflagge einer gewissen Beliebtheit, in Friedenszeiten wurden sie dagegen gern als Piratennester gebrandmarkt und ausgeräuchert.

Die Jomfrue-øerne waren ein Pfeiler im sogenannten Dreieckshandel: Gebrauchte Waffen, Alkohol, Kleidung, Glasperlen wurden an die afrikanische Westküste gesegelt und dort gegen Sklaven getauscht. Die füllten die Frachträume auf dem Weg über den Atlantik und mußten, sofern sie den Trip überlebten, auf Zuckerplantagen schuften oder wurden auf den amerikanischen Kontinent weiterverkauft. Zucker, Tabak und Rum füllten dann auf dem Heimweg nach Dänemark die Schiffsbäuche. Die Geschäfte liefen nie so gut wie erhofft, und da fiel es den Dänen nicht schwer, schon 1793 per Gesetz als erste Kolonialmacht überhaupt den Sklavenhandel zu untersagen, die Sklavenhaltung in den Kolonien wurde aber erst 1848 verboten.

Gewürze und kostbare Stoffe waren Grundlagen des Ostasienhandels, an dem sich Dänen auf Betreiben von Christian IV. ab 1624 ebenfalls in bescheidenem Umfang beteiligten. Trankebar an der ostindischen Koromandelküste war dort ihre Kolonie, bis sie 1848 an Großbritannien verkauft wurde.

So gering der Einfluß in fernen Welten war, um so größer und beständiger war und ist der dänische Kolonialismus in der skandinavischen Nachbarschaft: Norwegen geriet 1380 unter den Einfluß der dänischen Krone und wurde fast viereinhalb Jahrhundert von Kopenhagen aus regiert. Noch heute ist eine

Weiterentwicklung des Kolonialdänisch die meistgesprochene der zwei norwegischen Amtssprachen. Mit Norwegen zusammen kamen seine atlantischen Besitzungen unter dänische Herrschaft: Grönland, die Färöer und Island. Hätten einige Jahrhunderte zuvor die ersten weißen Amerikaentdecker unter Leif Eriksson mit ihrer Vinland-Siedlung, die inzwischen an Kanadas Ostküste archäologisch nachgewiesen ist, mehr Erfolg gehabt, hätte zweifelsohne auch Nordamerika mit dazugehört. Aber die nautische Mobilität und der Entdeckerdrang der Wikingerzeit waren Ende des 14. Jh. verflogen. Selbst nach Grönland bestand praktisch kein Kontakt mehr, und so konnten sich Nachfahren der Nordleute, die unter Erik Rauða 985 die größte Insel der Welt besiedelt hatten, Mitte des 15. Jh. unbemerkt aus der Geschichte stehlen. Als der eifrige Pastor Hans Egede ihnen 1721 im Auftrag der Krone die Kunde der Reformation bringen wollte, fand er ausschließlich die von Westen eingewanderten Inuit, reaktivierte aber trotzdem das alte Kolonialverhältnis.

Grönland, Färöer und Island blieben auch 1814 bei Dänemark, als Norwegen in der Folge der Napoleonischen Kriege Schweden zugesprochen wurde, dann aber schnell den Weg in die Unabhängigkeit fand. Die Isländer, die sich nach 1849 zäh, aber friedlich ihre Selbständigkeit erstritten und ab 1918 nur noch durch die Person des Königs als gemeinsames Staatsoberhaupt mit Dänemark verbunden waren, brachen in den Wirren des Zweiten Weltkriegs alle Verbindungen ab und erklärten am 17. Juni 1944 ihr Land zur souveränen Republik. So sind nur die Färöer und Grönland als Relikte der Kolonialzeit bis heute Teile des Königreichs Dänemark, dies aber mit gewaltigen statistischen Folgen: Aus dem nur 43 075 km² großen Kern-Dänemark wird inklusive der bei-

Grönland – die größte Insel der Welt gehört als teilautonomes Gebiet zu Dänemark

Nordische Flaggenkunde

Immer wieder stehen Dänemark-Besucher vor den Flaggenstangen eines Hotels oder eines öffentlichen Gebäudes und wundern sich. Da flattert Bekanntes und Unbekanntes im Wind. Von den in nordischer Eintracht aufgezogenen Nationalflaggen erkennt man meist die von Norwegen, Schweden und Finnland sofort und den rotweißen Danebrog der Dänen sowieso. Manche wissen bei dem roten Kreuz mit weißem Rand auf blauem Grund noch, daß hier Islands Fahne weht. Dann aber wird es ungewöhnlich. Der Norden kennt acht offizielle Flaggen: die der fünf selbständigen Staaten und die dreier teilautonomer Gebiete. Die zu Finnland gehörenden, schwedischsprachigen Åland-Inseln haben ein blaues Tuch mit dem traditionellen skandinavischen Kreuz in rot mit gelbem Rand; die zum dänischen Königreich gehörenden Färöer-Inseln zeigen auf weißem Grund ein rotes Kreuz mit blauem Rand; gänzlich unnordisch ist schließlich die Flagge des ebenfalls zum dänischen Königreich gehörenden Grönland: die untere Hälfte ist rot, die obere weiß und – etwas versetzt zum Masten hin – darin jeweils ein Halbkreis in der anderen Farbe.

Während der Danebrog nach einer Sage am 15. Juni 1219 in der Schlacht von Lyndanisse (Estland) vom Himmel auf dänische Truppen fiel und Anfang des 15. Jh. Reichsflagge wurde, tauchte das färöische Tuch erstmals 1919 im Zuge früher Unabhängigkeitsbestrebungen des Inselvolkes auf und darf seit 1940 offiziell wehen. Die junge grönländische Flagge ist das Resultat eines langen Streites der beiden großen politischen Lager auf der Insel: Pro-Dänen wollten am Danebrog des Mutterlandes festhalten, wenigstens aber eine nordische Kreuzflagge, die Anti-Dänen, die sich schließlich durchsetzten, wollten eine Flagge, die deutlich die Sonderstellung ihres Landes dokumentiert. Die grönländische Urbevölkerung, die Inuit, sind kein Volk nordeuropäischer Abstammung und ihre Heimat gehört nicht zu Skandinavien, ja nicht einmal zu Europa, sondern zu Amerika. Am 11. Juni 1985 legte sich das grönländische Parlament per Gesetz auf die jetzige Flagge fest, die zwar die dänischen Farben Rot-Weiß aufnahm, aber nicht die Form des Kreuzes. Als das Gesetz in Kraft trat, reduzierte sich der offizielle Geltungsbereich des Danebrog um gut 98 Prozent.

den Außenbesitzungen ein Riesenreich – das elftgrößte Land der Erde. Allein auf dem grönländischen Inlandeis ließe sich das neue Deutschland problemlos fünfmal kaltstellen, und auf den eisfreien Rest der Insel paßt es noch einmal komplett. Bei den Färöer-Inseln spielen die 1399 km² fester Boden – gerade einmal doppelt soviel wie das Bundesland Hamburg – keine große Rolle, wohl aber das Drumherum: ca. 300 000 km² Fischereischutzzone.

Entsprechend zweier Selbstverwaltungsgesetze sind aus den beiden ehemaligen Kolonien ›sich selbstverwaltende‹ (Färöer) bzw. ›eigenständige‹ (Grönland) Volksgemeinschaften innerhalb des dänischen Reiches geworden. Der Weg dahin war recht unterschiedlich: Die Färöer verloren ihren kolonialen Status schon im Zuge der Auflösung der absoluten Monarchie im Mutterland Mitte des 19. Jh. 1856 fiel das Handelsmonopol auf den Inseln. Schließlich ertrotzten sich die Färinger in der Folge des Zweiten Weltkriegs – die Inseln waren 1940–45 von englischen, das Mutterland von deutschen Truppen besetzt – ihr Selbstverwaltungsrecht und haben damit seit 1948 formal den bis heute gültigen Stand ihrer Emanzipation erreicht. Zu dem Zeitpunkt war den Grönländern noch nicht einmal der freie Handel erlaubt, das Monopol fiel erst 1950. Nicht vor 1979 – 31 Jahre später als die ›weißen‹ Färinger – bekamen auch sie ihr Selbstverwaltungsgesetz und erst 1987 wurde mit dem Grønlandministerium in Kopenhagen ein letztes peinliches Symbol der alten Kolonialverwaltung abgeschafft.

Das Verhältnis der beiden Außenbesitzungen zur Europäischen Union verdeutlicht das unterschiedliche Tempo auf dem Weg zur Selbstbestimmung. Anfang der 70er Jahre waren Färinger und Grönländer gegen einen Beitritt in die EG, während die Mehrheit der Dänen diesen Schritt akzeptierte. Die Menschen auf den Inseln im Nordatlantik hatten kein Interesse, zukünftig im fernen Brüssel über ihre wichtigsten Ressourcen, die Fischbestände, zu verhandeln. Sie wollten im eigenen Land darüber entscheiden. Die endlosen Querelen um Quotenregelungen in der EG- bzw. EU-Fischereipolitik haben in den vergangenen Jahren mehr als einmal gezeigt, wie recht sie hatten.

Während die Färöer der EU fernblieben, mußte Grönland entgegen dem Willen der Bevölkerung zunächst als Teil Dänemarks beitreten. Erst das Selbstverwaltungsgesetz von 1979 erlaubte eine Revision dieses Schritts: Nach einer eindeutig ausgefallenen Volksabstimmung meldete sich die Insel am 1. Februar 1985 als Vollmitglied aus der Gemeinschaft ab, nicht ohne vorher Fischereiabkommen vereinbart zu haben, die dem Land jährlich mehrere hundert Millionen Kronen aus der Brüsseler Kasse sicherten.

Nach außen besitzen die Färöer und Grönland heute fast alle Symbole nationaler Eigenständigkeit, wie international anerkannte Flaggen, Wappen, KFZ-Kennzeichen (FR und GR) und selbständige Postverwaltungen, die bei Sammlern begehrte Briefmarken herausgeben. Die Färinger haben sogar eigene Banknoten: Die Färöer Krone ist gleichberechtigt zum Kurs 1:1 neben der dänischen Krone offizielles Zahlungsmittel im ganzen Königreich.

Parlamente – das *Løgting* auf den Färöer und das *Landsting* in Grönland – sowie Regierungen mit je einem Ministerpräsidenten sind heute die politischen Entscheidungsträger, während Margrethe II. als Staatsoberhaupt die gemeinsame Klammer der ›Reichsgemeinschaft‹ darstellt. Darüber hinaus werden in beiden atlantischen Gebieten je zwei Abgeordnete für das Kopenhagener Folketing gewählt, während im Gegenzug die Krone je einen ›Reichsombudsmann‹ als höchsten Repräsentanten auf die Inseln entsendet, der vor allem auf die Einhaltung der Kompetenzverteilung zwischen Reichs- und Selbstverwaltungsangelegenheiten zu achten hat.

Als Kolonialmacht hat Dänemark nie Kriege gegen die von ihm beherrschten Völker geführt. Fehlerfrei war die Kolonialpolitik dennoch nicht: Unübersehbar sind die sozialen Probleme in Grönland, für die die Weichen mit einem erzwungenen Sprung in eine moderne (Fisch-)Industriegesellschaft noch in den 60er Jahren dieses Jahrhunderts gestellt wurden. Es ist eine traurige Tatsache, daß fast 15 Prozent aller Todesfälle auf der Insel Selbstmord als Ursache haben.

Als problematisch gilt auch die enorme wirtschaftliche Abhängigkeit der atlantischen Gebiete vom Mutterland. Die dänischen Steuerzahler unterstützen die beiden Länder mit erheblichen Finanzmitteln: In Grönland stammen etwa 45 Prozent des Staatshaushaltes aus Dänemark, auf den Färöern rund ein Viertel. Dänemark ist auch mit Abstand der wichtigste Handelspartner, und dänische Banken beherrschen den Finanzsektor. In Grönland stellen aus Dänemark ›Angeworbene‹ fast 50 Prozent aller Angestellten bei Privatunternehmen und etwa 30 Prozent aller Vollzeitkräfte im öffentlichen Dienst – trotz größter Anstrengungen im Ausbildungssektor mangelt es immer noch an einheimischem Fach- und Führungspersonal.

Auf den Färöern führte während der 80er Jahre wirtschaftspolitisches Mißmanagement zu einer völlig überhitzten Konjunktur. Als die gewohnten Fischfänge Anfang der 90er Jahre ausblieben, kollabierte das System. Die gesamte Produktion des Landes ging um fast 30 Prozent zurück, und aus einem jahrelangen Arbeitskräftemangel wurde Arbeitslosigkeit für fast ein Viertel aller Erwerbsfähigen. Die Krise vertreibt die Menschen von den Inseln, insbesondere die jungen: Seit 1990 emigrieren jährlich 1–2 Prozent der Gesamtbevölkerung, ein Verlust, den Geburtenüberschuß und Einwanderungen längst nicht ausgleichen – Kopenhagen gilt inzwischen als die Stadt, in der die meisten Färinger leben.

Eine hohe Pro-Kopf-Verschuldung, die selbst südamerikanische Verhältnisse in den Schatten stellte, brachte 1993 de facto einen Staatsbankrott und erlaubte dem Kolonialismus den Wiedereinzug durch die Hintertür: Mehrfach konnten nur Sonderzahlungen, Milliardenkredite und hohe Bürgschaften aus Kopenhagen die ärgsten Löcher im färöischen Staatshaushalt stopfen. An die Zahlungen knüpften die Dänen weitreichende Forderungen, die mit den Autonomievereinbarungen kaum mehr in Einklang stehen: Steuererhöhungen, Privatisierungen oder Schließung von Staatsunternehmen, ja sogar eine Wahlrechtsreform.

Kritische Stimmen konstatieren das Ende der färöischen Selbständigkeit und den Rückfall in Kolonialismus und Imperialismus. Die Inseln seien wieder zu einem dänischen Amt geworden, stöhnen sie, und die Färinger hätten ihren Stolz verloren, weil sie bei den alten Kolonialherren betteln mußten. In Zeiten, in denen immer mehr Völker in Europa und der Welt ihr Selbstbestimmungsrecht einfordern, wahrlich ein Anachronismus. Für Dänemark ist die Kolonialzeit noch nicht zu Ende.

Umwelt und Tourismus

Europas Sünden an Dänemarks Stränden

Giftgas aus dem Zweiten Weltkrieg vor Bornholm, Killeralgen im Kattegat, das große Robbensterben Ende der 80er Jahre – auch Dänemark macht hin und wieder negative Schlagzeilen mit Umweltproblemen. Zwar fehlt mit der Großindustrie ein wichtiger Verursacher für die Verschmutzung der Umwelt, aber auch viele kleine Schweine machen Dreck: Die Probleme der intensiven Landwirtschaft, insbesondere bei der Beseitigung der Rückstände aus der Fleischproduktion, sprich der Gülle, bereiten Sorgen. Nitratverunreinigungen im Wasser und Überdüngung des Meeres sind die Schlagworte. Und damit wäre man beim zweiten Hauptthema, wenn es um Umwelt- und Naturschutz in Dänemark geht, nämlich beim Meer. Und das ist auch das Thema, das Dänemarks Gäste am meisten interessiert, denn die Mehrheit von ihnen fährt an die Strände von Nord- und Ostsee.

Für ein Land, das fast 7500 km Küstenlinie aufweist, wird das Meer zwangsläufig zu einem bestimmenden Bereich: Hier ist am meisten zu tun, und hier wird auch am meisten getan. Das Hauptproblem ist jedoch nicht hausgemacht: Die meist von Westen kommenden Winde und die an der Küste entlangstreichenden Meeresströmungen, die in vergangenen Jahrhunderten den Strandbauern im Westen Jütlands einen guten Nebenverdienst durch angeschwemmtes Strandgut gebracht haben, importieren heute Industrieabfälle und -verunreinigungen aus anderen Ländern, z. B. aus Großbritannien, das

Die Dünenzonen hinter den Stränden sind empfindliche Lebensräume

seit langem ein Nordseeschutzabkommen verzögert, oder aus Deutschland – die großen Flüsse, die dort in die Nordsee münden, wie Elbe und Weser, sorgen für Nachschub weit aus Mitteleuropa heraus. Augenfällig wird die Verschmutzung durch nicht verrottbare Flaschen, Teile von Fischernetzen, Eimer, Kisten und anderen Kunststoffmüll, den man oft nach schweren Stürmen an den Stränden findet. Unsichtbar bleiben Chemierückstände.

Fester Müll wird gesammelt, eine aufwendige Arbeit, die die Küstengemeinden viel Geld kostet, und bei allen Mühen kann ein kräftiger Weststurm binnen einer Nacht wochenlange Anstrengungen wieder unter neuem Dreck begraben. Hier sind auch die Urlauber gefordert: Melden Sie örtlichen Behörden oder dem nächstliegenden i-Büro auf jeden Fall, wenn Sie am Strand Gegenstände oder Behälter finden, die nicht unter normales Strandgut fallen und von denen eine Gefahr für andere, insbesondere für Kinder, ausgehen könnte.

Was die Verunreinigung durch Chemikalien betrifft, so werden überall in Dänemark den ganzen Sommer hindurch Wasserproben genommen und untersucht. Die Ergebnisse gehen in eine Gewässerkarte ein, die in jedem Jahr neu aufgelegt wird und zeigt, wo man baden kann und wo nicht. Werden bei den laufenden Untersuchungen Verunreinigungen festgestellt, scheuen sich die Behörden nicht, dies publik zu machen und auch während der Saison Badeverbote auszusprechen. Dabei muß man Dänemark zugute halten, daß die Kontrollen systematisch und flächendeckend vorgenommen werden – wo viel gesucht wird, wird auch viel gefunden! Das relativiert vielleicht einige Schlagzeilen: Die Chance, daß in Däne-

mark eine Meeresverschmutzung bekannt wird, ist größer als in Ländern, an deren Stränden das Wasser zwar nicht sauberer, vielleicht sogar schmutziger, aber auf jeden Fall unkontrolliert ist. Im internationalen Vergleich schneidet Dänemarks Wasserqualität hervorragend ab. In der Regel bestehen Badeverbote nur im Breich von Hafeneinfahrten und im Umfeld weniger Industrieanlagen – dank strenger Wasserschutzmaßnahmen mit rückläufiger Tendenz.

Umweltschutz beinhaltet aber nicht nur Schadenabwehr durch Behörden, sondern auch Pflichten des einzelnen: Zahlreiche Vogelbrutgebiete und die Reviere, in denen Robben ihre Jungen zur Welt bringen, sind Schutzgebiete. Jedes Elterntier, das von seinen Jungen oder einem Nest vertrieben wird, ist eines zuviel. Gerade Wassersportler sollten dies bedenken und auch einmal einen Bogen machen, selbst wenn irgendwo eine einsame Insel oder Sandbank lockt. Wer übrigens mit einem Boot oder als Surfer die Grenzen eines Naturschutzgebietes verletzt, wird streng bestraft und dabei hilft die Ausrede, diese Grenze nicht gekannt zu haben, wenig, denn hier gilt immer der Grundsatz: Unwissenheit schützt vor Strafe nicht.

Ein anderes sehr empfindliches, aber gerade bei Urlaubern beliebtes Stück Dänemark ist der Dünengürtel entlang der Westküste Jütlands. Er ist zu einem ›Naturschutzdünengürtel‹ erklärt worden, der sich teilweise auf mehreren hundert Metern Breite an der Küste entlangzieht. Kindern mag es nicht sehr gefallen, aber in dieser Zone ist jedes Graben und Rutschen in und auf den Dünenhängen verboten, und auch auf der Suche nach dem einsamsten Plätzchen sollte man nur gekennzeichnete Wege oder deutlich sichtbare Pfade benutzen. Steht der Strandhafer in Reih und Glied und besteht gar noch aus kleinen Pflanzen mit wenigen Halmen, dann ist ganz besonders Vorsicht angesagt: Er ist zur Befestigung der Sandmassen frisch angepflanzt.

Sandflug, der von ungeschützten Dünen ausgehen kann, war vom 17. bis weit ins 19. Jh. hinein die Ursache für die Verödung und Verarmung weiter Gebiete in Dänemark, und auch heute noch ist der Schutz und die Befestigung der Dünen als natürlicher Deich für einige Küstenstreifen lebenswichtig. Sind z. B. Zäune aufgestellt, sollte man sie beachten, selbst wenn dahinter nur eine öde Sandfläche zu liegen scheint: Vielleicht ist gerade hier eine Stelle, an der die Menschen der Umgebung beim nächsten Wintersturm einen Durchbruch befürchten. Und noch etwas ist gerade in den Dünen und insbesondere in Dünenwäldern wichtig: Was hier wächst, muß mit wenig Wasser auskommen und ist im Sommer oft knochentrocken. Somit ist offenes Feuer ebenso wie das Rauchen überall in den Dünen und den dort angepflanzten Wäldern grundsätzlich verboten.

Die dänische Küche

Ganz ohne Klischees läßt sich wohl nicht in nationale Kochtöpfe schauen: Als charakteristisch für die dänische Alltagskost gilt die dichte, alles überdeckende braune Soße, die bei einigen Gerichten auch weiß gelassen wird, ohne daß dies etwas am nicht vorhandenen Geschmack ändert. Unter brauner Soße verbergen sich oft Frikadellen und Kartoffeln, nicht selten aber auch Geflügel, meist Huhn; sein spezielles *kylling*-Rezept scheint jeder Däne zu haben. Beilagen sind oft süßsauer eingelegte Gurkenscheibchen, Rotkohl oder Rote Bete.

Aber keine Angst, die in Soße ertränkten Gerichte essen die Dänen eher zu

Smørrebrød – Hier hat man die Qual der Wahl

Kleine Verführungen am Straßenrand

Ein Kunstwerk sui generis‹ nannte ein Kollege einst das dänische Würstchen. *Pølser*, wie sie auf Dänisch heißen, sind aber auf keinen Fall elitäre Kunst, ganz im Gegenteil. Gehandelt wird mit dieser Kunst überall, aber wer sie typisch genießen will, kauft sie an einem *pølsevogn*, einem Würstchenwagen, vor den eine Art halber Motorroller montiert ist, damit er den Brennpunkten des Lebens folgen kann.

Man findet sie strategisch immer gut plaziert auf und an Plätzen, in Fußgängerzonen, an Bahnhöfen, an großen Busstationen, an den Zugangswegen zu Festivals, an den Parkplätzen beliebter Strände. 1912 knatterte der erste *pølsevogn* durch Kopenhagen, in großer Zahl tauchten sie dann in den Jahren zwischen den Weltkriegen auf, sind ein Stück im Puzzle eines typischen Dänemarkbildes geworden und haben sich allen Unkenrufen zum Trotz seit den 70er Jahren gegen die Angriffe amerikanischer Fastfood-Kultur behauptet, wenn auch mit dem Kompromiß, daß heute einige sogar Hamburger auf der ›Karte‹ haben oder – bei entsprechendem Nationalbewußtsein – *frikadelleburger*.

Während die Filialen der Hamburger-Multis Futterkrippen der Teens und jungen Twens sind, kommen beim schnellen Würstchen Junge wie Alte, Arbeiter wie Intellektuelle, Yuppies wie Punks,

Hause. Auf den Speisekarten im Lande tauchen sie nur am Rande auf. Dort dominieren zwar auch die Fleischgerichte, aber häufig Gegrilltes oder in der Pfanne Gebratenes: Steaks und *hakkebøffer* – ausgezeichnete magere Hacksteaks vom Rind mit geschmorten Zwiebeln. In vielen Restaurants gibt es dazu Folienkartoffeln und frische Salate, letztere meist von einer Salatbar zur Selbstbedienung, Nachschlag inbegriffen. Für Freunde deftiger Kost ist *flæskesteg* eine gute Empfehlung: Ein Schweinebraten mitsamt Schwarte wird im Ofen so kroß gebraten, daß die mit Salz und Pfeffer eingeriebene Fettkruste zu einem besonderen Knabbervergnügen wird.

Natürlich steht auch *Fisch* oft auf der Karte und gerade dabei hat die moderne Küche eine ungeheure Zubereitungsvielfalt gebracht. Eines haben alle Fischgerichte gemeinsam: Sie werden aus hochwertiger und besonders frischer Rohware zubereitet. Kein Wunder, verweisen die Dänen doch immer wieder darauf, daß kein Fleckchen ihres Landes weiter als 52 km vom Meer entfernt ist. Auch die Bemerkung eines Kellners zum ungläubigen Staunen einer älteren Dame, der er gerade eine über den Tel-

Hip-Hopper und Alt-Hippies zusammen – ›demokratisch‹ seien ihre *pølser*, sagen viele Dänen.

Und selbst in Sachen Geschwindigkeit übertreffen Würstchenbuden die Fast-food-Tempel aus Amerika: Man hat als Ausländer kaum »en pølse og en brød meg begge dele« artikuliert, da liegt das Würstchen mit dem angetoasteten Brötchen und je einem Ketchup- und Senfklecks schon auf der Theke, gleiches gilt für die Grillversion *risted pølse* oder für die amerikanisierte Fassung, den *Hot dog*, bei dem lediglich das Würstchen im Brötchen verschwindet und das mit seinem internationalen Namen dem Fremden eher die Chance gibt, die Bestellung unmißverständlich aufzugeben.

Bis dann die Papp- oder die stilechtere Pergamentpapierunterlage im nächsten Papierkorb verschwinden kann, vergehen auch nur Augenblicke – auf den Burger würde man wahrscheinlich immer noch warten. Schließlich sind *pølser* heute auch modern und einer Industriegesellschaft angemessen: Sie bestehen längst nicht mehr aus reinem Fleisch, oft sind sie knallrot eingefärbt, die Brötchen werden von Konservierungsmitteln wochenlang frisch gehalten und die knalligen Farben von Senf und Ketchup sprechen auch für sich – natürlich scheinen nur die rohen oder die gerösteten Zwiebeln zu sein, mit denen man sich seinen Snack garnieren lassen kann.

Bewundernswert ist, wie aus den wenigen Grundbestandteilen eine ungeahnte Vielfalt entsteht: Bis zu einem Dutzend verschiedener Würstchen hält eine gut sortierte Bude parat, die mindestens mit Senf und/oder Ketchup, oft auch noch mit Remoulade oder anderen Saucen kombiniert werden können, und dazu darf der Gast rohe und/oder geröstete Zwiebeln und/oder süßsauer eingelegte Gurkenscheiben wählen.

Eine ganze Mahlzeit werden *pølser* aber nie ersetzen, sie sind ein Happen für zwischendurch. Aber niemand behauptet wohl ernsthaft, daß sie einen anderen Anspruch hätten.

---

lerrand hinausgewachsene, mit Krabben und Krebsen reich garnierte Scholle serviert, spricht für sich: »Tja, wir sind ein kleines Land, aber wir haben große Fische!«. Gekochter *torsk*, Dorsch, mit Kartoffeln und Senfsoße ist ein Gericht für die, die Fisch einmal traditionell zubereitet probieren möchten.

An was hätten Sie aber beim Thema ›dänische Küche‹ zuerst gedacht? An *smørrebrød*? Diese legendären ebenso kunstvoll wie üppig belegten Schnittchen sind zweifelsohne Dänemarks bekanntester Beitrag zur Küche der Welt. Das *smørrebrød* – auf Deutsch profan ›Butterbrot‹ – ist etwas Rein- und Urdänisches. Auf eine dünne Scheibe Graubrot kommt ein Salatblatt, darauf möglichst dick Schinken, Leberpastete, Roastbeef, ein halbes Täubchen, ein kleines Fischfilet, Krabben oder Hummer. Nichts hindert daran, eine korrespondierende zweite Lage zu schichten oder ein Spiegelei, gedünstete Champignons, vielleicht Trüffeln oder gern herzhaft salzige Anchovis. Passend zur jeweiligen Unterlage werden das ein oder andere Gürkchen, ein paar Zwiebelringe, ein dicker Klecks Remoulade oder Meerrettich, ein Sahnehäubchen, ein Streifen von jener Art Aspik, die man im Lande *sky* (sprich skü) nennt, oder ein Schlag kalorienreicher Salat auf der Spitze des Ganzen plaziert. Das Brot, das ganz zuunterst liegt, ist dabei längst auf die Funktion reduziert, die Auflagen zusammenzuhalten.

In einigen Restaurants bekommen Sie neben der normalen Karte einen speziellen *smørrebrødseddel*, mit dem die Schnittchen bestellt werden: Zwei Fallen bereitet dieser ›Butterbrotzettel‹: Die ewig Hungrigen, erwarten nur Schnittchen, bestellen ordentlich und sind spätestens nach dem dritten *smørrebrød* pappsatt. Die ewig Sparsamen lesen etwas von ›Fischfilet mit Salat und Remoulade‹ oder ähnlichem, freuen sich über den günstigen Preis, bestellen ein Exemplar und sitzen anschließend frustriert vor einem riesigen Teller, auf dem sich zwischen großen Salatblättern ein einzelnes Schnittchenkunstwerk verbirgt.

Im Dunkel der kulinarischen Geschichtsforschung liegt, wann und wo genau die dänische Edelstulle das Gesicht der Welt erblickte. Zwei entscheidende Daten sind aus den 80er Jahren des 19. Jh. bekannt: 1883 ließ Emil Bjørn, Kellner im Kopenhagener Offiziersclub, den ersten *smørrebrødseddel* drucken, weil er es schlichtweg satt hatte, ewig seinen Gästen alle Schnittchenvarianten runterzubeten – sie brauchten fortan nur noch Kreuzchen in einer Liste zu machen.

Der kulinarische Durchbruch erfolgte 1888, als ein gewisser Oskar Davidsen die Schankrechte für ein kleines Lokal in Kopenhagen bekam. Da man bekanntlich auf eine solide Grundlage um so mehr schütten kann, verlangten die Gäste auch nach fester Nahrung. Die Räumlichkeiten waren so beengt, daß für eine richtige Küche kein Platz war,

der reichte nur, um ein paar Butterbrote zu schmieren. Die Kaltmamsell, die dafür zuständig war, erwies sich als Glücksgriff für den Herrn Davidsen: Mit viel Phantasie kreierte sie die ersten *smørrebrød* der Luxusklasse. Die wurden ein Renner und aus der kleinen Weinkneipe das angesehene Restaurant ›Oscar Davidsen‹, das in den 60er Jahren sogar den Sprung ins Guinness Book of Records schaffte: Auf sage und schreibe einhundertvierzig Zentimetern *smørrebrødseddel* wurden 178 Kreationen angeboten, die mit einem Butterbrot noch so viel Ähnlichkeit hatten wie ein Lachs-Soufflé mit einem Fischstäbchen. Da konnte der Gast von der Stulle mit Frikadellen und Kapern bis zum Toast mit pochiertem Ei, gedämpften Champignons und frischem Hummer wählen, oder je nach Hunger sich bei den Krabben für eine von vier Belag-Varianten entscheiden: Normal (ca. 25 Stück) oder doppelt belegt (ca. 45–55 Stück), ›Krabben im Gedränge‹ (ca. 80–100 Stück) oder in der ›Pyramidenbelegung‹ mit 180–200 Stück. Die Davidsen-Dynastie ist übrigens seit vier Generationen dem *smørrebrød* treu geblieben: Das Restaurant Ida Davidsen in Kopenhagens Store Kongegade 70 gehört einer Urenkelin des alten Oscar.

Ein *smørrebrød* kommt ›mal so zwischendurch‹ oder zum *frokost* auf den Teller, bzw. ißt man es direkt aus der Pappschachtel, in der man es aus den speziellen Smørrebrød-Läden mitnimmt. *Frokost* – direkt übersetzt ›Frühstück‹ – essen Dänen paradoxerweise in der Mittagszeit. Die Sprache ist hier den Eßgewohnheiten nicht gefolgt: Ursprünglich war es ein zweites Frühstück im Laufe des Vormittages. Seit aber kaum noch um fünf oder sechs in der Früh' mit der Arbeit begonnen wird, ist *frokost* zur Mahlzeit in der Mittagspause geworden. Ein ordentliches *frokost* besteht immer aus mehreren Bestandteilen, kann *kolde og lune retter* – kalte und lauwarme Gerichte – mit Fleisch und Fisch umfassen, in edlen Varianten auch Krabben oder die im Dänischen *jomfruhummer* genannten Kaisergarnelen; niemals aber gehört dazu ein warmes Hauptgericht. Spezielle *Frokost*-Lokale, deren Küchen nur in der Mittagszeit öffnen, bieten *Frokost*-Buffets, andere kombinieren Leckereien zu diversen Frokost-Tellern: *frokost-anretning* ist eine gute Wahl für die, die sich nicht entscheiden können, sie verspricht von vielem etwas: Brot, Heringe, Aufschnitt, vielleicht ein kleines Filetchen und etwas Fisch. Gern runden dann *snaps* – dänischer Aquavit – und *Øl* – Bier – die Gaumenfreuden ab.

Um Verwirrungen zu vermeiden, sollte man sich besser nicht näher mit den Namen der dänischen Mahlzeiten befassen. Das ›Frühstück‹ zum Mittag ist nicht die einzige sprachliche Falle. Aber alles der Reihe nach: *Morgenmad* ist das wirkliche Frühstück. Dänemarkurlauber erleben es in Hotels und Pensionen meist als üppiges Buffet. Ungewohnt sind hier die für Nicht-Dänen wenig vertrauenerweckende knallrote Wurst, die sich *salami* nennen darf, *rullepølse*, ein traditioneller und wahrlich nicht fettarmer Kalbs- oder Schweineaufschnitt, der als gewürzte Roulade entsteht und anschließend in einem Holzkasten zu einer viereckigen Wurst gepreßt wird, sowie häufig die diversen Sorten eingelegter Heringe. Ist es ein spätes oder ein festliches Feiertagsfrühstück, dann wundert sich niemand, wenn es mit einem Gammel Dansk, einem bitteren Kräuterlikör, beendet wird.

Das schon vorgestellte *frokost* hat das *middag* – direkt übersetzt ›Mittag‹ – von seinem angestammten Platz verdrängt.

Diese warme Hauptmahlzeit gibt es jetzt meist am Abend zwischen 18 und 20 Uhr. Ein *middag* kann sehr edel werden und ist dann am treffendsten mit dem englischen Dinner zu vergleichen – *giver en middag* heißt es, wenn zwischen Gedser und Skagen zu einem Festmahl geladen wird. Ein *aftensmad*, ein einfa-

Pølsevogn im Zentrum von Kopenhagen

cheres Abendessen, gibt es aber auch noch, nur gehört es eher in den Alltag als das *middag*.

Soweit die Hauptgerichte. Was aber, wenn zwischendurch der Hunger zwackt? Ein Stopp an der nächsten Würstchenbude wäre die herzhafte Alternative, die süße wäre der Gang zum nächsten Bäkker oder in ein Café. Für die Plunderteilchen ist Dänemark so berühmt, daß sie fast in der ganzen Welt ›Kopenhagener‹ oder ›Danish Pastry‹ heißen, nur nicht im eigenen Land, da ist ein *wienerbrød* zu bestellen. Aber schauen Sie sich einmal in einer Bäckerei um. *Wienerbrød* ist nur ein kleiner Teil dessen, was den Mund dort wässerig macht. Treffend ist beim Anblick einer gefüllten Bäckereitheke eigentlich nur der abgedroschene Spruch »Wer die Wahl hat, hat die Qual« – sicher aber eine süße Qual.

Reisen in Dänemark

Kopenhagen

Kopenhagen – Millionenstadt mit 465 000 Einwohnern

■ (Übersichts-Stadtplan s. hintere Umschlagklappe; Adressen und Tips s. S. 337 ff.) Kopenhagen, nach der offiziellen Stadtgeschichte 1167 von Bischof Absalon durch den Bau einer Burg gegründet, ist Dänemarks unumstrittene Metropole – mehr als ein Viertel aller Dänen lebt direkt in der Hauptstadt oder in ihrem Dunstkreis. Hier residieren seit 1417 die dänischen Könige und Königinnen, hier tagen Parlament und höchstes Gericht, hier findet man die größte Universität und die wichtigste Bibliothek des Landes, hier erscheinen fast alle Zeitungen von nationaler Bedeutung, hier sind der einzige landesweite Radio- und der größte Fernsehsender zu Hause, ebenso die bedeutendsten Museen, Theater und Musicalbühnen sowie das Königliche Ballett – eine Institution von Weltruf. Kurzum: Kopenhagen ist *das* Politik-, Kultur- und Wirtschaftszentrum im Königreich. Und auch auf skandinavischer Ebene spielt die Stadt eine wichtige Rolle als Verkehrsknotenpunkt und Korrespondentenplatz internationaler Medien. Die Dominanz geht so weit, daß politisch begründete und finanziell großzügig geförderte ›Verbannungen‹ dafür sorgen müssen, daß sich nicht alle Institutionen aus den Bereichen Kultur, Gesellschaft und Verwaltung hier ansiedeln – Dezentralisierung ist das Stichwort.

Wie groß ist Kopenhagen, wie groß die dänische Hauptstadt? Ist es eine Millionenstadt? Fragen, auf die die Statistik mehrere Antworten parat hat: Kopenhagen ist keine Millionenstadt, die dänische Hauptstadt auch nicht, aber der Hauptstadtbereich. Verwirrend? Na, dann für Freunde der Statistik alles im Detail: *Københavns kommune,* die Gemeinde Kopenhagen, hat etwa 465 000 Einwohner, die auf 88 km² leben. Das Stadtgebiet umschließt gänzlich die selbständige Gemeinde *Frederiksberg kommune* (86 000 Einw., 8,7 km²). Das Umland von Kopenhagen und Frederiksberg, aber ohne die beiden Städte selbst, bildet den Regierungsbezirk *Københavns amt* mit knapp über 600 000 Einwohnern auf 526 km². Zur Millionenstadt mutiert Kopenhagen als *Hovedstadsområdet,* der Hauptstadtbereich, bestehend aus Kopenhagen, Frederiksberg und 16 weiteren Gemeinden des *Københavns amt:* Hier leben fast 1,35 Millionen Menschen auf 990 km². Wer es gern noch etwas größer mag, dem bieten die Statistiker *Hovedstadsregionen* (die Hauptstadtregion), bestehend aus den Städten Kopenhagen und Frederiksberg sowie den Regierungsbezirken Kopenhagen, Fredensborg und Roskilde, also fast ganz Nord- und Ostseeland zwischen Øresund und Isefjord.

Die einzelnen Gemeinden des Hauptstadtbereichs haben recht unterschiedliche Bevölkerungsstrukturen, und unterschiedlich sind die politischen Verhältnisse. *Københavns kommune* ist arm und links, das Durchschnittseinkommen liegt am unteren Ende der dänischen Skala, die Steuersätze am oberen. Knapp tausend Meter westlich des Rathauses betritt man das traditionell konservativ regierte Frederiksberg – hier rangiert das Durchschnittseinkommen weit oben im innerdänischen Vergleich. Die am besten verdienenden Dänen findet man in den Hochburgen der Konservativen und Rechtsliberalen im sogenannten ›whiskybælte‹, dem Whisky-Gürtel, nördlich

Kopenhagen baut um

ie Ehre, Europas Kulturhauptstadt 1996 zu sein, hat Kopenhagen verändert. Dem Jubeljahr ging eine muntere Bau- und Renovierungstätigkeit voraus, aber manches wurde auch ›in den Stil gestoßen‹, ohne rechtzeitig fertig zu sein. Der Rathausplatz hat es gerade noch geschafft, zeigt sich wieder mit dem geschwungenen Muschel-Grundriß seiner ursprünglichen Gestaltung und so verkehrsberuhigt wie noch nie.

Paradoxon zu dieser Rückbesinnung auf den alten Schick ist der schwarze Kasten auf der Westseite des Platzes, dem historisierten Rathaus als moderner Kontrast entgegengesetzt. Dieses von den Kopenhagenern im Kulturjahr meistkritisierte Gebäude soll auf Dauer als Schalterhalle des Busbahnhofs dienen. Die Forderung nach baldigem Abriß wurde schon lautstark gestellt – man darf gespannt sein, denn das neue Gebäude mit seinen klaren Linien bildet einen spannenden Kontrast zum Rathaus.

Einen großen schwarzen Kasten – der schwarze Diamant – soll auch ›Det Kongelige Bibliotek‹ als Erweiterungsbau Richtung Hafenfront bis 1998 bekommen. Umstritten ist dagegen noch, ob in der Nachbarschaft das lange geforderte Musikhaus entsteht –

die Kopenhagener haben seit 1982 daran zu knacken, daß Århus eines besitzt. Überhaupt sind Nutzung und Gestaltung der vielen Freiflächen am Hafen ein Dauerbrenner in den Hauptstadtzeitungen. Pläne werden fast jeden Monat neu vorgestellt.

Ganz sicher ist die großzügige Erweiterung des Statens Museum for Kunst durch einen modernen Anbau; geplant ist die Einweihung für das Frühjahr 1998, dann mit einem modernen, erlebnisorientierten Museumskonzept und einem speziellen Kindermuseum; 1997 bleibt das Museum geschlossen.

Eine Erweiterung steht auch ›Det Kongelige Teater‹ ins Haus, und das wird in absehbarer Zeit nicht die einzige Baustelle am Kongens Nytorv sein: In seinem Untergrund soll eine Station der neuen Metro entstehen, die zur Jahrtausendwende vom Zentrum an der Universität vorbei auf die Insel Amager in die dort geplante Ørestad führen wird. Hier verschmelzen dann Vergangenheit und Zukunft: Von den Grabungen am Kongens Nytorv erhoffen sich die Archäologen Erkenntnisse über die ersten Befestigungen des kleinen Dorfes Havn, noch bevor Bischof Absalon 1167 jene Burg baute, an der die Gründung Kopenhagens festgemacht wird.

des Zentrums entlang der Øresundküste zwischen Ordrup und Rungsted. Hier wohnen die Leute, die nach Ansicht der normalen Kopenhagener ständig Whisky statt proletarischem Bier trinken und die man auch nie nach dem nächsten Tennisplatz oder Schwimmbad zu fragen braucht, da sie doch nur in ihren eigenen Garten zeigen würden. In Gentofte, Hørsholm und Søllerød wird durchschnittlich fast doppelt soviel verdient wie im eigentlichen Kopenhagen. Da man guten Steuerzahlern nicht so tief in die Tasche zu greifen braucht, um das Stadtsäckel zu füllen, liegen die Mindeststeuersätze, die in Dänemark neben den Staats- auch gesonderte Amts- und Kommunalsteuern enthalten, im *whiskybælte* bis zu sieben Prozent günstiger. Wen wundert's, daß hier regelmäßig kurz vor dem für die Jahressteuererklärung maßgeblichen Stichtag die Einwohnerzahlen um ein paar hundert Neubürger ansteigen, um dann nach ein paar Wochen wieder zu sinken: Innere Steuerflucht auf Dänisch! Und wen wundert's angesichts leerer öffentlicher Kassen, daß der Reichtum der Gemeinden im *whiskybælte* Begehrlichkeiten in der eigentlichen Hauptstadt weckt: Dort fordern Politiker eine Gebietsreform, um auch die Schönen und Reichen einzugemeinden, damit man nicht nur die Habenichtse als Steuerzahler hat.

Rückblicke und Perspektiven – Kopenhagen zwischen Gestern und Morgen

Heute findet man Kopenhagen in einer geographischen Randlage ganz im Nordosten Dänemarks, direkt am Øresund, dem schwedischen Ballungszentrum Malmö-Landskrona-Lund gegenüber. Diese Position überrascht bei einem Blick in die Geschichte nicht: Das heutige Südschweden war bis ins 17. Jh. dänisch, und Kopenhagen lag damals weitaus zentraler im Reich als heute. Die Verbindungen zur anderen Seite sind eng geblieben, mehrmals pro Stunde kreuzen Katamaranschnellboote über den Øresund, und Zukunftsplaner malen sich schon eine skandinavische Supermetropole auf beiden Seiten der Meerenge aus. Einen Namen hat sie schon: ›Ørestaden‹.

Im Osten Kopenhagens laufen längst die Arbeiten für den Lebensnerv der zukünftigen Drei-Millionen-Metropole auf Hochtouren: die nicht unumstrittene, insgesamt 16 km lange ›Øresundforbindelse‹. Im Sommer 2000 sollen eine vierspurige Autobahn und eine zweigleisige Eisenbahnlinie über die neue Trasse ins schwedische Malmö führen, direkt vorbei am internationalen Flughafen Kastrup, der auf diese Weise Anschluß an die Bahnnetze Schwedens und Dänemarks erhält, dann über eine künstliche Halbinsel, durch einen fast vier Kilometer langen Tunnel, über zwei mit einer Flachbrücke verknüpfte künstliche Inseln und als Höhepunkt über eine gut 7,5 km lange Brücke, die in der Mitte an zwei 200 m hohen Pylonen hängen wird. Alle 10 oder 15 Minuten, so die Pläne, werden Regional- und InterCity-Züge zwischen Kopenhagen und Malmö pendeln – Fahrzeit rund 30 Minuten.

Und die Planer träumen weiter: Wo sich heute südlich des Kopenhagener Universitätscenters Brachflächen ausbreiten, soll sich Mitte des kommenden Jahrhunderts ein neuer, langgestreckter Stadtteil quer über die Insel Amager legen: innovativ, experimentell und zukunftsweisend. Natürlich gibt es bei einem Projekt solcher Größenordnung auch Kritiker, zumal die Zukunftsstadt ökologisch wertvolle Nischen zerstören

wird. Aber längst ist eine Entwicklungs-
gesellschaft an der Arbeit und ein hoch-
dotierter Architektenwettbewerb weltweit ausgeschrieben, um die Großen
der Zunft für das Projekt zu gewinnen.

Mit diesen Zukunftsvisionen scheint
Kopenhagen nachzuholen, was der
Stadt lange verwehrt war – die Ausdeh-
nung in die Breite: Bis weit ins 19. Jh.
hinein igelte sie sich hinter einem Ring
von Befestigungsanlagen ein. Der zog
sich vom Kastellet einmal um das heutige Zentrum; im Stadtteil Christianshavn sind die alten Wälle und Bastionen
noch gut erkennbar – Teile der Freistadt
Christiania haben sich darauf ausgebreitet. Im Westen sind die Parks Østre
Anlæg, Botanisk Have, Ørsteds Parken
und schließlich Tivoli Reste der historischen Schutzanlagen. Der Straßenzug
aus Øster-, Nørre- und Vester Voldgade
– Östliche, Nördliche und Westliche
Wallstraße – markiert die alten Stadt-
grenzen. Erst als die Stadt im wahrsten
Sinne des Wortes aus allen Nähten
platzte, drei verheerende Brände in den
engen Gassen gewütet hatten und eine
Seuche nach der anderen zwischen den
Wällen ihre Opfer fand, durften ab Mitte
des 19. Jh. außerhalb, in den sogenannten Brückenvierteln – Vesterbro, Nørrebro und zuletzt Østerbro –, Wohnungen
gebaut werden, rechtzeitig, um das in
immer größerer Zahl nach Kopenhagen
strömende Proletariat der frühen Industrialisierung aufzunehmen. In diesen
Brückenvierteln findet man heute noch
viel von der ursprünglichen Bausubstanz, auch wenn Stadtsanierer etliche
Schneisen durch die Hinterhofbebau-
ung geschlagen haben. Wer dieses Kopenhagen erleben will, sollte in Nørrebro einmal durch die Straßen rund um
den Blågårds Plads schlendern, der im
Volksmund nur der ›Rote Platz‹ heißt –
wohl weil hier eine Hochburg der Linken

ist oder auch nur, weil die meisten Häuser in der Umgebung rotes Mauerwerk
zum Platz hin zeigen.

Kopenhagen heute

Was aber ist Kopenhagen heute, ohne
Blick in die Vergangenheit und ohne Zukunftsvisionen? Wenn man Dänemarks
Kapitale ›die südlichste Hauptstadt
Skandinaviens‹ nennt, bezieht sich dies
nicht nur auf die geographische Lage,
sondern auch auf das Lebensgefühl. An
schönen Sonnentagen und in lauen
Nächten widerspricht die Stadt gera-
dezu allen Klischees vom kühlen, zu-
rückhaltenden Norden. Wenn sich
Straßencafés füllen, wenn das Leben
auf den Plätzen und in den Parks pulsiert, wenn die Vorortstrände an
Øresund und Køge Bugt die Metropole
zum Badeort machen, dann scheinen
die Worte Kopenhagen und Nordeuropa
kaum mehr zusammenzupassen.

Kopenhagen kann märchenhaft bie-
der sein oder swinging frech. Die Stadt
hat auf jeden Fall mehr Gesichter als das
der kleinen Meerjungfrau und mehr
Straßen als Strøget, jene Fußgängerzone, die sich quer durch das Zentrum
zieht. Kopenhagen hat wenig Grün im
Zentrum, aber man erreicht in allen
Richtungen mit ein paar Schritten einen
Park – der grünlose Kern hat einen grünen Ring. Kopenhagen ist eine Bier-
stadt, aus der zwei Weltmarken – ›Carlsberg‹ und ›Tuborg‹ – stammen, und in
ihren Grenzen gibt es eine selbster-
nannte Freistadt, in deren ›Pusher
Street‹ weiche Drogen zwar nicht ganz
legal, aber offen angeboten werden:
Christiania (s. S. 84ff.). Kopenhagen
trauert einer Zeit als große Hafenstadt
nach und sieht in den freigewordenen
Arealen am Hafen eine große Chance

Straßencafé in der Fußgängerzone Strøget

für die Zukunft. Kopenhagen hat Grachten wie Amsterdam, Viertel wie Kreuzberg, Schlösser und Schwulentreffs, Internet-Cafés und Nightclubs, Kneipen und Kirchen, Techno-Fetisch-Parties und eine weltberühmte Jazz-Szene, Insider-Treffs, die mit jeder Modewelle Outfit und Musikrichtung wechseln, und Szene-Institutionen, an denen Jahrzehnte scheinbar spurlos vorübergehen. Kopenhagen ist eben eine Weltstadt, eine kleine, überschaubare zwar, aber mit allem, was dazu gehört.

Shopping und Show auf dem ›Strich‹

Strøget – deutsch: der Strich – ist *die* Straße in Kopenhagen. Von ihr heißt es mal, sie sei bei der Verbannung der Autos am 15. November 1962 die erste Fußgängerzone überhaupt gewesen, mal, sie sei mit ihren 1,8 Kilometern die längste auf Erden. Egal ob diese Angaben einer Überprüfung standhalten würden oder nicht, ein Erlebnis ist Strøget allemal. Er ist Einkaufsstraße mit alteingesessenen Läden und modernen Boutiquen, Kaufhäusern, Cafés und Kneipen und ein paar Nischen für fliegende Händler. Er ist Flanierpromenade der lärmenden Cliquen ebenso wie der umschlungenen Paare, und er ist nach Geschäftsschluß Show-Arena für Straßenmusiker, Gaukler, Pantomimen und Jongleure. In lauen Nächten ist Strøget bis in die frühen Morgenstunden die Straße des Sehens und des Gesehenwerdens, ein Treffpunkt der Kopenhagener und ihrer Gäste aus der dänischen Provinz wie aus aller Welt. Er ist eine Straße, die man immer wieder auf und ab gehen kann, bis sie vertraut erscheint, aber doch nie langweilig wird. Strøget zieht sich quer durch Kopenhagens Zentrum, und sein Leben dringt immer weiter in die Nebenstraßen vor, von denen sich viele auch des Autoverkehrs entledigt haben. Gerade in diesem Netz von Fußgängerzonen und verkehrsarmen Gassen etwas abseits der großen Shoppingmeile haben viele kleinere Szeneläden vor den horrenden Strøget-Mieten Zuflucht gesucht und verdienen Beachtung.

Nachdem jahrelang Besucher auf der Suche nach Strøget über Strøget geirrt sind, hat die Stadt Kopenhagen inzwischen diesen ›Rufnamen‹ neben den offiziellen Straßenschildern anbringen lassen: Genaugenommen besteht der ›Strich‹ aus den vier mehr oder minder kurzen, namentlich kaum geläufigen Straßenabschnitten Frederiksberggade, Nygade, Vimmelskaftet und Østergade sowie den beiden Plätzen Amagertorv und Gammeltorv, deren Namen schon eher bekannt sind.

Der **Amagertorv** 1, ein langgestreckter Platz auf halber Strecke zwischen Rådhus Pladsen und dem Kongens Nytorv, ist das Zentrum des Strøget wie auch des gesamten Fußgängerzonennetzes. Hier war lange ein Knotenpunkt der wichtigsten Straßen, die von den Stadttoren ins Zentrum führten, hier hielten die Bauern von Amager – daher der Name – ihren Markt ab, und hier gab es 1828 Kopenhagens ersten Droschkenhalteplatz. 1993 bekam der Amagertorv ein neues Outfit mit einem Mosaik-Boden, entworfen vom Multikünstler Bjørn Nørgaard: Beim Bummeln über den Platz tritt man auf verschiedenfarbige Granitplatten aus Afrika, Finnland, Sardinien, Norditalien und Portugal. Als der Platz nach der Neugestaltung eröffnet wurde, jubelte der Architekturkritiker der Hauptstadtpostille »Politiken« über den neuen »zentralen Treffpunkt in Dänemark, die gute Stube der Nation«. Vor allem der 1894 aufgestellte Storchenbrunnen, das Wahrzeichen des Platzes, auf dem dem Namen zum Trotz Reiher statt Störche ihre Flügel ausbreiten, war auch ohne diese journalistischen Weihen schon immer ein markanter wie populärer Treffpunkt und während der Hippiezeit oft Schauplatz bürgerschreckender Happenings.

An warmen Sommertagen geben Straßencafés rechts und links des Brunnens der Szenerie ein nahezu südländisches Flair, selbst wenn, den Namen der Cafés nach, hier der Norden und Europa zusammentreffen. Originelles bietet aber auch der Untergrund: Die öffentliche Toilettenanlage unter dem Platz dient seit dem 16. Januar 1902 nicht nur der Erleichterung der Strøget-Passanten, museale Verkaufsausstellung der weltbekannten Königlich Kopenhagener Porzellanmanufaktur (Nr. 6) inklusive dem Café ›Royal Copenhagen‹, das Kaffee und Kuchen auf dem edlen Geschirr des Hauses serviert, und schließlich die Silberschmiede ›Georg Jensen‹ (Nr. 4),

Spaziergang über Strøget *1 Amagertorv 2 Helligånds Kirke 3 Caritasbrunnen 4 Vor Frue Kirke 5 Universität 6 Sankt Petri Kirke 7 Kulturzentrum ›Huset‹ 8 Nikolaj Kirke 9 Museum Erotica 10 Haus des Films 11 Altes Postamt 12 Rundetårn 13 Regensen*

sondern ist mit ihrer Jugendstileinrichtung ein sehenswertes Kleinod.

Der Amagertorv wäre nicht ein Teil des Strøget, wenn hier nicht Shopping vom Feinsten möglich wäre: Auf der Westseite liegen Seite an Seite ›Illums Bolighus‹ (Nr. 10) mit dem Besten, was das dänische Design bietet, daneben in einem 1616 entstandenen, prächtigen Renaissancebürgerhaus die fast schon

deren Handwerk sogar mit einem eigenen ›Georg Jensen Museum‹ (in Nr. 6) gewürdigt wird. Gegenüber auf der Ostseite in Nr. 9 ist für hochwertige Pfeifen und Pfeifentabake seit mehr als einem Jahrhundert W. Ø. Larsens Tabakhandel die Top-Adresse, und weil in dem Traditionsgeschäft irgendwann alles wie im Museum aussah, ist es inzwischen zum Teil auch eines geworden.

Zwischen Amagertorv und Kongens Nytorv erstreckt sich der feine Teil des Strøget, die **Østergade**. Geschäfte haben hier Tradition, und das nicht erst, seit 1824 Kopenhagens erstes Schaufenster an eben dieser Østergade für Furore sorgte. Die Namen an den Läden lesen sich wie ein Who's Who der gehobenen dänischen Handwerkskunst. Außerdem findet man in der Østergade Herren- und Damenausstatter – mit der Betonung auf ›Ausstatter‹ –, Parfümerien und Schuhgeschäfte, fast alle in der gehobenen Klasse. Und wer nach den Kollektionen der Top-Modedesigner aus aller Welt Ausschau hält, sollte sich in diesen Geschäften sowie in den Boutiquen entlang Ny Østergade, Grønnegade und Ny Adelgade umschauen.

Ebenfalls Anlieger der Østergade ist gleich an der Ecke zum Amagertorv das Edel-Kaufhaus Illum, das man – mit kleinen Abstrichen – in eine Reihe mit dem Berliner KaDeWe oder Harrods in London stellen kann. Hier muß man einmal stöbern und schauen und sich dabei bis zur Dachrestauration hocharbeiten – Kaffee, Kuchen, *Frokost*-Gerichte und Pasta in einer kulinarischen Erlebniswelt, aber vor allem die tolle Aussicht über die Stadt lohnen den Aufstieg. Die vermeintliche, aber konzernverbundene Konkurrenz ›Magasin‹, laut Eigenwerbung Skandinaviens größtes Warenhaus, liegt ein paar Schritte abseits an der Lille Kongensgade.

Hat man sich durch die edle Østergade geshoppt und macht sich anschließend vom Amagertorv Richtung Rådhus Pladsen auf, um die andere Seite des Strøget kennenzulernen, dann folgt man der historischen Entwicklung dieser Einkaufsmeile: Man kommt in den jüngeren Teil – in doppeltem Sinne.

Dort, wo der Amagertorv immer schmaler wird und unmerklich in Vim-melskaftet übergeht, liegt die **Helligånds Kirke** 2, die Heiliggeist-Kirche. Sie entstand in der heutigen Form nach einem Stadtbrand 1728, zeigt aber noch einige interessante Elemente ihrer Vorgängerinnen, so das Waffenhausportal aus der Zeit von Christian IV. Auf den Bänken vor dem schmiedeeisernen Gitter, das den Kirchhof – die einzige grüne Lunge am Strøget – vom Amagertorv abgrenzt, lassen sich gern Straßenhändler und -musiker nieder, wohl wissend, daß hier einer der wenigen Abschnitte der Strøget ist, an dem sie während der Geschäftszeit keinen Eingang eines Ladens blockieren.

Zum Treff am jungen Strøget hat sich einer der ältesten und – falls nicht gerade durch Vandalismus verstümmelt – schönsten Springbrunnen der Stadt entwickelt, der verspielte **Caritasbrunnen** 3, ein Werk der Renaissance, das in fast vier Jahrhunderten aber viele Veränderungen erleben mußte – Puritanismus verlötete sogar für einige Jahrzehnte die Wasserdüsen in den Brüsten der Caritas, und auch der Junge, den sie an der Hand hält, mußte sich solange das Wasserlassen verkneifen. Da der Brunnen ursprünglich der Wasserversorgung der umliegenden Viertel diente, fühlen sich ihm die Kopenhagener Wasserwerke immer noch eng verbunden und demonstrieren hier jeweils am Geburtstag von Margrethe II., am 16. April, ihre ganze Königstreue: kleine, glattpolierte Goldkugeln, Äpfel symbolisierend, werden zu Ehren der Regentin auf die obere Brunnenwanne gelegt und tanzen dann auf den Wasserfontänen.

Der umliegende **Gammeltorv,** der Alte Markt, ist der älteste Platz Kopenhagens, auf dem schon Markt gehalten wurde, bevor Bischof Absalon 1167 mit dem Bau seiner Burg die eigentliche Gründung der Stadt vollzog. Der Gam-

Blick vom Rundetårn, vorne rechts die Vor Frue Kirke, ganz hinten der Rathausturm

meltorv ist, entgegen dem Anschein, ein kleiner Platz. Dort, wo sich die Massen der ›Strich‹-Besucher entlangschieben, ist er zu Ende und geht direkt in den Nytorv über. Kopenhagens erstes Rathaus – im Pflaster ist der Grundriß markiert – trennte früher die beiden Plätze, bis der Stadtbrand 1795 für die zusammenhängende Freifläche sorgte. Ein neues Rathaus im seinerzeit populären klassizistischen Stil entstand im hinteren Teil des Nytorv, leicht an der Fassade mit den großen Säulen zu erkennen; heute ist hier das Amtsgericht untergebracht.

Der Gammeltorv überbrückt die wenigen Meter, die an dieser Stelle den Strøget von Skinder- und Vestergade trennen. Diese bilden zwar einen der ältesten Straßenzüge Kopenhagens, sind aber des Nachts auch einer der lautesten und lebendigsten. Dabei lockt die Skindergade mit der großen Kellerkneipe ›Vin og Ølgod‹ gleich um die Ecke vom Gammeltorv eher volkstümlich orientierte Gemüter an, während an der Vestergade dem Zeitgeist gehuldigt wird, spätestens seit mit dem ›Krasnapolski‹ hier Anfang der 80er eine bis heute populäre Institution die Tore öffnete. Die umliegenden Kneipen und Diskos scheinen nicht so beständig wie der Szenetreff im Bistro-Look und wechseln häufiger Namen und Stil – da muß man schon selbst hinhören, was aktuell auf die Straße schallt.

Hinter diesen beiden Straßen breitet sich das ›**Latinerkvarter**‹ aus, das alte Universitätsviertel, in dem mehrere Straßen ebenfalls Fußgängerzonen sind. Dort haben sich zahlreiche kleine Läden eingerichtet, die bedeutend mehr Abwechslung bieten als die Boutiquen entlang dem jungen Strøget: Exzentrische Modegeschäfte, Secondhandshops, Plattenläden, ein paar Szene-Cafés und Restaurants und vor allem viele Antiquariate, in denen auch manches deutschsprachige Werk billig zu erstehen ist. Modebewußte sollten sich in der Larsbjørnsstræde oder der Peder Hvitfeldsstræde umsehen, Bücherwürmer in der Fiolstræde oder der Skindergade und Kinder sowie andere Schleckermäuler im Hof der Nørregade 36 – dort produziert die uralte Bonbonfabrik ›Sømond's Bolcher‹ und läßt Besucher dabei zuschauen. Und unter der Adresse Dyrkøb 7, gleich neben der klassizistischen Vor

Frue Kirke, gibt es einen ganz speziellen Laden: ABIS, das letzte von einst mehreren hundert Kondom-Fachgeschäften. ABIS ist seit mehr als 9 Jahrzehnten im Familienbesitz und verkauft in diesem Laden, der fast schon ein kleines Museum ist und an eine alte Apotheke erinnert, eine ganze Palette der kleinen Gummis unter eigenem Label.

Die **Vor Frue Kirke** 4 ist Kopenhagens Domkirche, 1829 fertiggestellt, nachdem der Vorgängerbau zusammen mit großen Teilen des umgebenden Viertels von einer englischen Flotte 1807 in Brand geschossen worden war. Sie gilt als Hauptwerk des bekanntesten Architekten des Klassizismus, Christian Frederik Hansen, dessen Vorliebe für klare geometrische Formen und dorische Säulen man auch beim schon erwähnten Amtsgericht am Nytorv nicht übersehen kann. In und an der Kirche sind verschiedene Arbeiten klassizistischer Bildhauer zu sehen, darunter als Altarfigur ein segnender Christus – eines der berühmtesten Werke von Bertel Thorvaldsen.

Auf der dem Zentrum abgewandten Seite des Doms erstrecken sich zwischen Frue Plads und Krystalgade über den ganzen Block Bauten der **Universität** 5. Viele Institute sind aber schon lange in ein modernes Uni-Center im Osten der Stadt, jenseits des Hafens, umgezogen.

Die **Skt. Petri Kirke** 6 an der Ecke Nørregade/Skt. Peders Stræde ist die älteste Kirche Kopenhagens. Sie entstand ursprünglich 1304, wurde bei Stadtbränden mehrfach zerstört und anschließend wieder aufgebaut. Nach der Reformation war sie Kanonengießerei, bis sie 1585 der deutschen Gemeinde überlassen wurde, die sie heute noch nutzt.

Auf der anderen Seite des Strøget, vom Gammeltorv über den Nytorv hin-

Alle Jahre wieder – *julemærker*

Im Dezember 1903 steckt Einar Holbøll bis über beide Ohren in Arbeit, aber irgendwo bleibt in seinem Kopf noch Platz für eine Idee, die einmal in über einhundert Ländern kopiert werden soll – und dies ganz im Sinne des Erfinders. Holbøll arbeitet im Postamt an der Købmagergade, und in jedem Jahr vor Weihnachten erstickt er in einer Flut von Karten, Briefen, Päckchen und Paketen mit Festtagsgrüßen und Geschenken. Einar Holbøll ist zudem in Kinder vernarrt und weiß, welche Not unter ihnen herrscht, besonders in den engen Hinterhofquartieren der Arbeiterviertel am Rande der Hauptstadt. Angesichts der Massen an Post, die in der Vorweihnachtszeit zu bewältigen sind, spielt er den Gedanken durch, was wohl zusammenkäme, wenn auf jeder Sendung nur eine kleine Marke im Wert von 2 øre zusätzlich kleben würde, mit deren Erlös man Kindern in Not helfen könnte.

Ein Jahr später ist die Idee in die Tat umgesetzt: Ein *julemærkekomité* gibt 1904 die erste Weihnachtsmarke der Welt heraus. Auflage: sechs Millionen Stück. In Schwarz und Violett gehalten, zeigt sie ein Bild der Königin Louise, umrahmt von einem Blumenornament. Als Einar Holbøll im Frühjahr 1905 Kassensturz macht, hat die Aktion 73 950 Kronen erbracht, damals eine immense Summe. Nach sechs Jahren ist das erste Ziel erreicht: Das Geld für einen Klinikbau ist da. Tuberkulosekranke Kin-

der beziehen 1911 am Ufer des Kolding Fjord in Südjütland das Julemærke-Sanatorium, das der nationalen Vereinigung zur Tuberkulosebekämpfung übergeben wird.

Inzwischen hat sich Einar Holbølls Idee im ganzen Norden verbreitet. Schon 1905 erscheinen im damals noch mit Dänemark vereinten Island Weihnachtsmarken, ein Jahr später in Norwegen, 1909 in Schweden und im Jahr nach der Sanatoriumseröffnung in Kolding folgt Finnland. Zum 90jährigen Jubiläum 1994 kann das Weihnachtsmarkenkomitee auf weit mehr als hundert Länder verweisen, in denen vergleichbare Marken herausgegeben werden, darunter seit 1974 auch Grönland und seit 1976 die Färöer-Inseln.

Wird die Klinik in Kolding nach dem Bau noch in andere Hände gegeben, betreibt das Julemærkekomitee seit 1912 selbst Kindererholungsheime. Heute werden vier solcher Heime mit insgesamt 140 Therapieplätzen aus dem Markenverkauf finanziert, darunter eines auf der dänischen Seite der Flensburger Förde speziell für asthmakranke Kinder. Darüber hinaus spiegeln die Arbeitsschwerpunkte der *julemær-kehjemme*, der ›Weihnachtsmarkenheime‹ die Entwicklung der Gesellschaft wider: Steht am Anfang die Tuberkulosebekämpfung im Vordergrund, werden später allgemein unterernährte, schwächliche Kinder ein paar Monate lang ›aufgepäppelt‹. Heute, in einer Zeit, in der in Dänemark niemand mehr hungern muß und in der der Staat für ein ordentliches Gesundheitswesen sorgt, gilt die Arbeit vorrangig Kindern mit psychischen und sozialen Problemen, Kindern, die am Ende sind, weil sie in einem Umfeld leben, mit dem sie nicht fertig werden.

Mitte der 90er Jahre kommen jährlich etwa 17 Millionen Kronen aus dem Verkauf der aktuellen *julemærker* zusammen, von denen jeweils rund 40 Millionen gedruckt werden. Weil dies noch nicht reicht, alle Ausgaben für die vier Heime zu decken, erscheinen seit Mitte der 70er Jahre regelmäßig Reprints älterer Marken. Denn längst zieren *julemærker* nicht mehr nur die Weihnachtspost der Dänen, sondern sie werden auch fleißig gesammelt. Am begehrtesten ist die Marke von 1906 mit dem Bild König Christian IX.: Sammler zahlen für einen Bogen davon gut 20 000 Kronen, im Erscheinungsjahr hat er eine Krone gekostet.

Gibt es bis 1950 immer nur eine offizielle *julemærke* pro Jahr, von der jeweils 50 auf einen Bogen gedruckt werden, wird es danach abwechslungsreicher. Mal zeigt ein Bogen 50 verschiedene Motive, mal erstreckt sich ein Motiv über mehrere Marken, eine Reihe oder sogar über das ganze Blatt. Die Entwürfe kommen von Bekannten und Unbekannten: So liefert 1968 der Designer Bjørn Wiinblad, der mit seinen verspielten Porzellanskulpturen Weltruhm erlangt hat, fünf Bilder vom Weihnachtsmann auf seinem Rentier, ein Jahr später malen Kinder der ersten

drei Klassen einer Volksschule Weihnachtsengel, und 1970 stammen die ›Weihnachtsvorbereitungen in der Himmelsburg‹ von einer jungen Frau namens Margrethe, die zwei Jahre später Königin von Dänemark wird und deren Porträt im Krönungsjahr zusammen mit dem ihres Mannes die Marke ziert.

Bietet sich ein besonderes Jubiläum an, nehmen die *julemærker* darauf Bezug. So kann man 1974 zum 350jährigen Geburtstag der dänischen Post 50 Postbeamten bei der Arbeit zusehen, die sich mit Weihnachtspäckchen und -briefen abmühen, und im hundertsten Todesjahr H. C. Andersens zeigen die Marken Scherenschnitte, die von seiner Hand stammen.

Haben Sie, Leserin oder Leser, jetzt eine Absicht bemerkt, warum dieser Artikel über die *julemærker* in diesem Buch erscheint? Weil es ein Phänomen ist, das seinen Ursprung in Dänemark hat? Sicher, aber nicht nur. Ich will Sie auch zum Geldausgeben verführen: Falls Sie in der Vorweihnachtszeit einmal in Dänemark sind, gehen Sie doch in irgendein Postamt, vielleicht sogar in das an der Købmagergade in Kopenhagen, wo die Idee 1903 geboren wurde und das es immer noch gibt. *Julemærker* sind ein schönes Souvenir, und Sie helfen durch den Kauf zudem Kindern, die es nötig haben. Und ob die Marken anschließend auf einem dänischen, einem deutschen, einem Schweizer oder einem österreichischen Weihnachtsbrief kleben, ist doch völlig egal, Hauptsache ist, sie kleben darauf – ganz im Sinne des Einar Holbøll.

weg, gelangt man in ›Snarens & Strandens kvarter‹, zwei zusammengewachsene Viertel mit viel liebevoll restaurierter alter Bausubstanz zwischen der Shoppingmeile und jenem Kanal, der das Zentrum von der Schloßinsel trennt. Unter der Adresse Rådhusstræde 13 findet sich das Jugend- und **Kulturzentrum Huset** 7 mit mehreren Bühnen, einem Kino, Restaurant, Internet-Café und einer speziellen Touristeninformation für junge Erwachsene, mit dem Namen ›USE IT‹.

Gleich um die Ecke ist die Magstræde wohl die schönste Gasse des Viertels. Die ältesten Häuser (Nr. 17–19) stammen aus dem 16. Jh. und haben sowohl die großen Brände der Stadt 1728 und 1795 als auch das Bombardement der Engländer 1807 so gut wie unbeschadet überstanden. Vor 1520 plätscherte hier das Meer ans Ufer und danach erst rückte die Stadt durch Aufschüttungen weiter vor. Kraß gesagt, stehen die Häuser der östlichen Straßenseite auf der Scheiße des Mittelalters. Der Name Magstræde stammt von einem Toilettenhäuschen, das an dieser Stelle auf Pfeilern über das Wasser gebaut war, ›Mag‹ genannt.

Von der Magstræde aus sind es jeweils nur Minuten Fußweg zur Schloßinsel mit ihren Sehenswürdigkeiten, zum Nationalmuseum und zur Ny Carlsberg Glyptotek, aber auch der Amagertorv, das Zentrum des Zentrums, ist schnell wieder erreicht. Ein Weg dorthin führt über **Gammel Strand,** mit seiner pittoresken Häuserfront, vor der die Hafenrundfahrtboote anlegen, vor der es einen kleinen Fischmarkt gibt und ein Denkmal an die legendären Fischfrauen erinnert, wo man unter Nr. 38 eines der bekanntesten Kopenhagener Fischrestaurants findet – ›Krogs Fiskerestaurant‹ – und wo unter Nr. 48 das zum

Kulturjahr 96 aufwendig renovierte Ausstellungshaus der ›Kunstforeningen på Gammel Strand‹ residiert: Wechselnde Kunst- und Fotoausstellungen auf hohem Niveau lohnen hier einen Blick in aktuelle Programme.

Ein anderer Weg folgt Læder- und Kompagnistræde zum Amagertorv – **Strædet** wird dieser ruhige, fast idyllische Straßenzug genannt. Hier finden sich kleinere Cafés, Restaurants und Läden, darunter Antiquitätengeschäfte und der berühmte Secondhandshop Adam II (Kompagnistræde 17), in dem Gebrauchtes vom Feinsten an den Mann gebracht wird.

Strædet mündet neben dem ›Café Europa‹ auf den Amagertorv, der sich hier Richtung Schloß Christiansborg zum **Højbro Plads** öffnet, einem kleinen Platz mit markantem Reiterstandbild, das einen axtschwingenden Bischof Absalon zeigt, den Gründer Kopenhagens. Neben der Højbro, der Brücke, die hinüber zur Schloßinsel führt, sollte man einen Blick in die Tiefen des Kanals werfen. Dort erkennt man – so sie denn nicht wieder einmal von Algen verdreckt und von ›entsorgten‹ Klau-Fahrrädern überschüttet ist – Kopenhagens einzige Unterwasserskulptur ›Agnete und der Wassergeist‹, 1992 von Suste Bonnén geschaffen.

Gegenüber der Strædet-Einmündung sind es vom Højbro Plads nur ein paar Schritte durch die Kirkestræde zur **Nikolaj Kirke** 8 mit einem der markantesten Türme in der Innenstadt. Das ursprünglich mittelalterliche Gotteshaus fiel dem Stadtbrand 1795 zum Opfer, nur der Turm blieb als Feuerwache erhalten. Anfang unseres Jahrhunderts wurde auch der Rest der Kirche wieder aufgebaut, konnte sich als Gemeindekirche aber nicht mehr etablieren und dient heute der Stadt Kopenhagen für Kunst-

Højbro Plads mit den Reiterstandbild des Stadtgründers Bischof Absalon

ausstellungen, Lesungen und kleinere Konzerte.

Vom Amagertorv zweigt schließlich die **Købmagergade** ab, eine weitere große und lebendige Fußgängerzone. Hier und in benachbarten Gassen stößt man neben vielen Boutiquen und einem Heißhunger hervorrufenden Käseladen auch auf einige Museen zu Spezialthemen wie Post und Telegrafie, Spielzeug, historische Puppentheater und Musikinstrumente. Im **Museum Erotica** 9 dreht sich alles um Sexualität und ihre Darstellung von der Antike bis zur Gegenwart. Thema ist auch die Sexwelle ab Ende der 60er Jahre, als Dänemark und Schweden eine Vorreiterrolle bei der Liberalisierung der Pornographie innehatten und sich entlang Strøget die Sex-Supermärkte reihten. Mitte der 80er Jahre verließen die letzten von ihnen die gute Stube der Stadt; inzwischen ist der sichtbare Teil dieser Branche auf einen kümmerlichen Rest im Viertel hinter dem Bahnhof geschrumpft.

Zum Kulturjahr 96 bekommen auch Cineasten ihr Mekka, ein **Haus des Films** 10, das wie ein Symbol für den Wandel in der Medienwelt wirkt: Filmhuset ist in ein umgebautes Verlagshaus zwischen Vognmager- und Gothersgade eingezogen und besitzt drei Kinos, eines davon speziell für Kinderfilme, Präsenzvideothek mit Vorführkabinen, Archiv, Museum und Café.

In dem Dreieck, das Købmagergade und Amagertorv zusammen mit der Skindergade bilden, findet man den schönsten und im Sommer lebendigsten Platz der Innenstadt, den **Gråbrødretorv**, umringt von alten Bürgerhäusern aus dem 18. und 19. Jh. Im Laufe der Jahre sind hier immer mehr Restaurants und Kneipen eingezogen, darunter eine Kopenhagener Eß-Institution, das Restaurant ›Peder Oxe‹.

An schönen Sonnentagen bekommt man auf dem Gråbrødretorv kaum einen Sitzplatz auf dem Pflaster, geschweige denn in einem der Straßencafés oder gar auf einer der Bänke, die um den meterdicken Stamm der herrlichen alten Platane gruppiert sind, die den Platz überragt. Mit etwas Pfadfindergeist entdeckt man eine romantische Verbindung zwischen Gråbrødre- und Amagertorv: **Kringlegangen**, ein winkeliger Gang durch einen engen Hinterhof zwischen

Gråbrødrestræde 17 und der Valkendorfsgade mit der schon erwähnten Helligånds Kirke.

Geht man, vom Amagertorv kommend, die Købmagergade weiter hinunter, passiert man bald das älteste **Postamt** 11 der Stadt, seit 1780 als solches genutzt. Irgendwann zieht dann der **Rundetårn** 12 die Blicke auf sich, der die Straße überragt: Als eine der ungewöhnlichsten Hinterlassenschaften des rührigen Renaissancekönigs Christian IV. entstand er 1637–42 als Turm der angrenzenden Trinitatis Kirke, der Studentenkirche, deren Dachgeschoß auch die erste Universitätsbibliothek beherbergte und jetzt als Ausstellungsraum dient. In der Turmspitze wurde zudem ein kleines Observatorium eingerichtet, und da dort immer noch Geräte zur Himmelsbeobachtung stehen, darf es sich das älteste in Europa nennen – im Winterhalbjahr kann hier jeder dienstags- und mittwochs abends nach den Sternen schauen. Im Inneren des Rundetårn windet sich ein über 200 m langer, stufenloser Gang genau siebeneinhalbmal um den hohlen Kern zur Spitze hinauf, von Staatsgästen in alten Zeiten auch mal zu Pferde oder im Kutschwagen benutzt; der Blick von der Aussichtsplattform knapp 35 m über der Købmagergade auf Kopenhagens Dächer lohnt den Aufstieg aber auch zu Fuß.

Dem Turm gegenüber stößt **Regensen** 13 mit seiner Arkade an die Købmagergade, das älteste Studentenwohnheim der Stadt – es dient seit der Zeit von Christian IV. diesem Zweck. Von der Store Kannikestræde kann man durch eine schwere, grün gestrichene Tür in den Innenhof gelangen, in dem eine einzelne Linde aufragt – eine unerwartete Idylle. Von hier hat man den besten Blick auf den geheimnisvollen, vergoldeten Rebus außen am Rundetårn, der von Christian IV. eigenhändig skizziert wurde: Lateinische Brocken, hebräische Zeichen, ein Schwert, ein leuchtendrotes Herz, das Königsmonogramm und die Jahreszahl der Turmfertigstellung bilden nach gängiger Interpretation den Spruch: »Herr, lenke Glauben und Gerechtigkeit im Herzen des gekrönten Christian IV. 1642«.

Die Fußgängerzone führt weiter zum gemütlichen, im Sommer von Straßencafés geprägten Kultorvet, dem Kohlen-Platz, und darüber hinweg zur **Nørreport Station**, der geschäftigsten S-Bahn-Station der Stadt. Hier schließt der Spaziergang ›Zu Kronjuwelen, Kunstschätzen und Kartoffelreihen‹ (s. S. 70ff.) an.

Antrittsbesuch bei der Dame am Wasser – Spaziergang zur Meerjungfrau

»Meine Damen und Herren, unsere nächste Station ist Kopenhagens bekannteste Frau, das Wahrzeichen der Stadt – die kleine Meerjungfrau.« Unzählige Male werden tagtäglich diese Worte in Mikrophone gesprochen, an einen Bus voll mehr oder minder aufmerksamer Touristen gerichtet. Unzählige Male, in der Sonne, im Regen, am Abend angestrahlt oder im Winter von Eis eingeschlossen wird die **Lille Havfrue** 1 besucht, die Frau mit dem Fischschwanz, einer Figur aus einem Märchen von H. C. Andersen nachempfunden.

›Die kleine Meerjungfrau‹ – in direkter Übersetzung fehlt ihr die Jungfräulichkeit – entstand 1913, wie so viele Kunstwerke in Kopenhagen, mit dem Geld der Bierbrauerdynastie Jacobsen (Carlsberg). Die Frage, wer Modell für sie saß, erregte damals die Gemüter: die Angetraute des Bildhauers Edvard Eriksen oder eine Primaballerina des Königlichen Balletts? Will man die Meerjungfrau gern für sich allein haben, ist die beste Zeit ganz früh am Morgen oder spät am Abend – zwischen 10 und 17 Uhr wird bei der Frau aus Bronze nur in größeren Gruppen Hof gehalten.

Es ist aber längst nicht nur die kleine Frauenskulptur, für die man sich auf den Weg zur Langelinie machen sollte, es ist allemal ein schöner Spaziergang. Ausgangspunkt sei hier der **Kongens Nytorv**, der Königliche Neumarkt, am edlen Ende des Strøget. Der Platz wurde unter Christian V. im 17. Jh. als Stadtmittelpunkt angelegt. Im Inneren entstand die kleine Grünanlage ›Krinsen‹ mit einem Reiterstandbild, das Christian V. als römischen Kaiser zeigt – zur Blüte des damaligen Barock ganz en vogue.

Rund um den Platz wurden im Laufe der Jahrhunderte dann etliche Prachtbauten errichtet. Den Anfang machte 1672–83 im Stil des holländischen Barock das vierflügelige **Charlottenborg** 2, Kopenhagens unscheinbarstes Schloß, das eine Front zum Platz zeigt und eine zum Nyhavn. Seit 1754 beherbergt es die dänische Akademie der Schönen Künste; regelmäßig bereichern hier Kunst-, Architektur- oder Design-Ausstellungen von hohem Niveau das Kopenhagener Kulturangebot.

Folgt man den Fassaden am Kongens Nytorv im Uhrzeigersinn, blickt man bald auf ›**Det Kongelige Teater**‹ 3, das Königliche Theater. Das heutige Ge-

Spaziergang zur Meerjungfrau *1 Lille Havfrue (Kleine Meerjungfrau) 2 Charlotten-*
borg 3 Det Kongelige Teater 4 Thotts Palæ 5 Den Kongelige Afstøbningssamling
(Kgl. Abgußsammlung) 6 Gefionsbrunnen 7 Kastellet 8 Kunstindustrimuseet (Kunst-
gewerbemuseum) 9 Marmorkirke 10 Schloß Amalienborg

bäude entstand 1872–74 mit Rückgriffen
auf die Renaissance. Die beiden Herren,
die das Portal flankieren, sind zwei frühe
Heroen der dänischen Literatur: Rechts
der im norwegischen Bergen geborene
Historiker und Komödiendichter Ludvig
Holberg (1684–1754), links der deutsch-
stämmige Adam Gottlob Oehlenschlä-
ger (1779–1850), Vater der dänischen
Nationalromantik und Texter der Natio-
nalhymne »Der er et yndigt Land«
(»Dort ist ein lieblich Land«). Oehlen-

schläger stand selbst einige Jahre auf
der Bühne des Königlichen Theaters,
ehe er zur schreibenden Zunft wechselte. Für seine ehemaligen Schauspie-
lerkollegen lieferte er vor allem Dramen
mit altnordischen Stoffen.

Die Tordenskjoldsgade führt links am
Theater vorbei Richtung Hafen unter
einem Anbau des Theaters hindurch,
der seit seiner Eröffnung im Volksmund
nur *stærekassen,* der ›**Starenkasten‹,**
heißt und immer umstritten war, zumal

er nicht unbedingt mit dem Hauptgebäude harmoniert. Stærekassen zählt zu den wenigen Art-Deco-Bauten Kopenhagens, 1929–31 nach Plänen von Holger Jacobsen gebaut und in einer konzertierten Aktion von 30 Künstlern der Zeit für die Kammerspiele ›Den Nye Scene‹ gestaltet.

Als Theaterleute in den frühen 90er Jahren den ›Starenkasten‹ wegen seiner Enge und der technischen Unzulänglichkeiten seiner Bühne abreißen und durch einen Neubau ersetzen wollten, gründete sich ein illustrer Fanclub von Kulturschaffenden aus ganz Dänemark, die als ›Freunde des Starenkastens‹ für seinen Erhalt kämpften: Der ›Starenkasten‹ kam unter Denkmalschutz, wird mit großem Aufwand restauriert und innen auf den neuesten technischen Stand gebracht. Darüber hinaus wird das Königliche Theater großzügig erweitert, so daß sich das Bild des Kongens Nytorv hier grundlegend ändern wird.

Um die Jahrhundertwende entstanden auf der zum Zentrum gewandten Seite des Kongens Nytorv die markanten Fassaden des **›Magasin du Nord‹**, und des **›Hotel d'Angleterre‹**. Hinter der einen verbirgt sich eines der größten Warenhäuser Skandinaviens. Die andere gehört zu einer der traditionsreichsten – 1755 gegründet – und edelsten Herbergen der Stadt. Im Dreieck Kongens Nytorv – Gothersgade – Store Kongensgade ist mit dem ›Boltens Gård‹ ein alter Häuserkomplex zu einer Konsum- und Kulturpassage saniert worden, u. a. betreibt das Königliche Theater hier eine Experimentierbühne.

Im Haus Kongens Nytorv 6 hat die Europäische Umweltschutzbehörde Quartier genommen, mit der Dänemark 1994 endlich auch seine Europabehörde bekam. Der Kreis schließt sich mit **Thotts Palæ** 4 an der Ecke Kongens

Nytorv/Bredgade, dessen Bauherr der Marineoffizier Niels Juel war, 1677 siegreicher Held einer legendären Seeschlacht in der Bucht von Køge gegen die Schweden und dafür mit diesem Grundstück belohnt. In dem 1686 fertiggestellten Palais hat sich heute die Französische Botschaft eingerichtet.

Vom Kongens Nytorv aus sind die Fassaden, die Straßencafés und die Masten der vielen Oldtimer-Schiffe am **Nyhavn** nicht zu übersehen. Bunte alte Häuser, in fast jedem eine Kneipe, ein Café oder ein Restaurant, säumen die Fußgängerzone am Nordufer des kleinen Stichkanals, der 1671–73 als Hafenerweiterung ausgehoben wurde. In den warmen Monaten des Jahres reiht sich Straßencafé an Straßencafé, und alles, was sich sonst zum Sitzen eignet, wird von ›Selbstversorgern‹ mit Beschlag belegt, Plastiktüten mit verräterischem Klirreffekt zu Füßen.

Etwas von seiner ursprünglichen Atmosphäre hat das *Nyhavnkvarter* verloren, seit die Schickeria – die Schönen und die Reichen, wie der adäquate Begriff im Dänischen heißt – diese Ecke entdeckt und mit Beschlag belegt hat. Das Milieu, zu den großen Zeiten des Kopenhagener Hafens hier zu Hause, hat sich nur noch wenige Schlupflöcher bewahrt. Aber dem Alten weint wohl nur nach, wer es noch selbst erlebt hat. Zu denen gehörte im vergangenen Jahrhundert der Märchendichter H. C. Andersen, der die Atmosphäre liebte und mehrmals am Nyhavn wohnte, in Haus Nr. 18, 20 und 67.

Die Szenerie mit dem historischen Touch wird von den hypermodernen Katamaranfähren kontrastiert, die von der Ecke, an der der Nyhavn in den großen Hafen mündet, in kurzen Abständen ins schwedische Malmö starten. Dem Anleger der Katamarane gegenüber, dort wo das Romantic Hotel ›Nyhavn 71‹ in einem alten Speicher eingerichtet ist, wendet sich der Weg zur Meerjungfrau nach Norden. Gleich neben den Anlegern der Jumbo-Fähren, die Kopenhagen mit Bornholm und der norwegischen Metropole Oslo verbinden, ragt eines der schönsten Hotels der Stadt auf, das ›Copenhagen Admiral Hotel‹, mit knapp 400 Zimmern der Luxusklasse in einem Kornspeicher von 1780.

Hier beginnt die **Hafenpromenade,** die von Jahr zu Jahr ein attraktiveres Schmuckstück Kopenhagens wird. Bald passiert sie einen modernen Park mit Wasserspielen, ein sicher steuersparendes Geschenk an die Stadt von der A. P. Møller Gruppe, dem Konzern hinter Mærsk-Lines, der größten Privatreederei der Welt. Die Grünanlage wird von Schloß Amalienborg (s. S. 68) überragt, das auf dem Rückweg näher betrachtet werden soll – es sei denn, es ist gerade 12 Uhr, dann dürfen Sie sich die Wachablösung nicht entgehen lassen.

Statt auf Uniformierte, die für die Königin strammstehen, treffen Sie an der Hafenpromenade auf einen wohlgeformten Nackten: Die sechs Meter hohe Bronzekopie von Michelangelos David ist schon seit 1897 in Kopenhagen, wurde wegen seiner unverhüllten Männlichkeit aber fast ein Jahrhundert in einer dunklen Parkecke neben der Kunstgalerie versteckt. Seit 1993 darf David nun vor dem Westindischen Packhaus stehen, das 1781 im Zuge des dänischen Kolonialengagements in der Karibik (s. S. 30f.) entstand und heute von ›**Den Kongelige Afstøbningssamling**‹ **5** genutzt wird. Diese in der Welt einzigartige Königliche Abgußsammlung vereint über 2300 Gipskopien berühmter Skulpturen und Reliefs aus 4000 Jahren Kunstgeschichte, vom alten ägyptischen Reich über die Antike bis

zur mittel- und nordeuropäischen Renaissance. Mehrere Jahrzehnte in Vergessenheit geraten, ist sie seit 1995 wieder für das Publikum zugänglich.

Wenn man sich anschließend am Zollmuseum und dem repräsentativen Verwaltungsbau der Mærsk-Lines vorbeigeschmuggelt hat, versperrt der Anleger der Polenfähre den weiteren Weg am Wasser entlang. Durch ein Tor geht man auf die **Skt. Albans Kirke** zu, schon äußerlich unzweifelhaft als englische Kirche Kopenhagens zu erkennen. Direkt daneben zieht der **Gefionsbrunnen 6** Blicke auf sich, das größte Einzeldenkmal der Stadt. Gefjon, die seit 1908 den von vier Stieren gezogenen Pflug durch das aufspritzende Wasser lenkt, ist eine der zahlreichen Göttinnen der nordischen Mythologie. Vom Obergott Odin zur Landsuche geschickt, pflügte sie nach einer Wette mit Schwedenkö-

Gefionsbrunnen

Reihenhäuser des 18. Jh.: die Nyboder

nig Gylfi die Insel Seeland, auf der Kopenhagen liegt, aus dessen Reich heraus. Vor ihren Pflug hatte sie vier Söhne gespannt, die sie zu diesem Zweck in Stiere verwandelt hatte. Die Geschichte von Gefjon und den rauhen Sitten der alten Götterwelt hat der Isländer Snorri Sturluson, einer der genialsten Literaten des nordeuropäischen Mittelalters, in einer Saga überliefert.

Gleich neben Kirche und Brunnen wird im **Frihedsmuseum** an die Zeit des Widerstandes während der Besatzung Dänemarks durch die Truppen Nazi-Deutschlands im Zweiten Weltkrieg erinnert.

Über die äußeren Wallanlagen des Kastells, der alten Hafenbefestigung, sind es dann nur wenige Meter bis zur **Meerjungfrau.** Die Promenade ist bei ihr aber noch nicht zu Ende: Richtung Hafeneinfahrt streckt sich der **Langelinie Kaj,** an dem von Jahr zu Jahr mehr Kreuzfahrtschiffe festmachen. Die Kai-

anlagen entstanden inklusive dem noch erhaltenen Packhaus Ende des 19. Jh. nach Plänen von Vilhelm Dahlerup, der auch so bekannte Kopenhagener Bauten wie die Glyptothek, die Nationale Kunstgalerie und das Königliche Theater geschaffen hat. Da verwundert es nicht, daß für eine anstehende Neugestaltung ein mindestens ebenso berühmter dänischer Architekt der Gegenwart die Pläne liefern soll: Jørn Utzon, der dem australischen Sydney mit seiner Oper eine unverwechselbare Silhouette gab. Aber auch das, was man heute schon an alter und neuer Architektur im Wettstreit sehen kann, ist beeindruckend: Ein Kornsilo von 1903 mit zwei markanten Türmen – Spitzname ›Domkirche‹ – am gegenüberliegenden Ufer des Søndre Frihavn bietet heute 200 Büroarbeitsplätze auf sieben Etagen, und auf der Spitze des alten Kornkaj ragt wie eine Trutzburg das neue Hauptquartier eines Multis auf.

Je weiter man die Promenade Richtung Hafeneinfahrt hinausgeht, desto deutlicher sieht man dort **Trekroner,** 1787 als älteste der drei Seefestungen in Dienst gestellt, die bis weit ins 20. Jh. hinein den Kopenhagener Hafen militärisch sicherten.

Für den Rückweg ins Zentrum bietet sich ein Schlenker durch das zum Kulturjahr 96 restaurierte **Kastellet** 7 an. Die im Auftrag von Frederik III. 1662–63 gebaute und vom Barock geprägte Festungsanlage mit fünf Bastionen war praktisch eine kleine Stadt, darauf ausgelegt, längere Belagerungen autark zu überstehen – erobert wurde sie nur einmal, am 9. April 1940 durch die deutsche Wehrmacht.

Auffälligstes Bauwerk neben der holländischen Mühle ist Kastellets Kirche von 1704 mit einem direkt daran angebauten Gefängnis, in dem u. a. der berühmte Medicus Struensee 1772 die letzten Tage vor seiner Hinrichtung verbrachte. Die Gefangenen konnten durch Löcher in den Wänden Gottes Worten lauschen.

Ursprünglich sollte ›Citadellet Frederikshavn‹, so der historische Name, noch ein Königsschloß aufnehmen, aber Frederik III. verzichtete darauf, nachdem Kopenhagener Bürger aus Sorge um die Bedeutung ihrer Stadt dagegen protestiert hatten. Die Wälle, ein Weg zwischen den beiden Haupttoren sowie der zentrale Platz zwischen Kommandantur und Kirche sind öffentlich zugänglich, die anderen Kasernengebäude – *stokke* genannt – nicht, sie werden noch immer vom Militär genutzt.

Militärische Hintergründe führten auch zum Bau der **Nyboder-Reihenhäuser.** Nein, es waren nicht, wie in den 50er Jahren eine amerikanische Zeitung lobend schrieb, gut angelegte Finanzmittel aus dem Marschallplan, sondern

über 300 Jahre zuvor Gelder aus dem Verteidigungsetat von Christian IV. Der hatte es satt, in jedem Frühjahr aufs Neue überall im Lande Männer für seine Schiffe anwerben zu müssen und ließ ab 1632 die ersten Nyboder-Häuser bauen, um Seeleuten seiner Flotte Heime zu schaffen. Die ursprünglich einstöckigen Häuser mit über 600 Wohnungen wurden im 18. Jh. aufgestockt, außerdem kamen in mehreren Bauphasen neue Reihen hinzu, zuletzt 1787. Die älteste Reihe, noch aus der Zeit Christians IV., findet sich in der Skt. Paulsgade mit den Hausnummern 20 bis 40. Am Rande der Siedlung, wo die Borgergade in die St. Kongensgade mündet, erinnert ein Denkmal an die letzte große Seeschlacht, die die dänische Marine siegreich überstand: Vor Helgoland trieb sie ein österreichisches (!) Flottengeschwader in die Flucht.

In der Bredgade 66–72 beherbergt ein Rokokobau, der unter Frederik V. Mitte des 18. Jh. als Krankenhaus entstand, das **Kunstgewerbemuseum** 8 (Kunstindustrimuseet). Es zeigt europäisches und fernöstliches Kunsthandwerk vom Spätmittelalter bis zur Gegenwart; ein Schwerpunkt ist modernes dänisches Industrie- und Möbeldesign, von Wegners Stuhlklassikern bis zur B & O HiFi Anlage. Darüber hinaus gilt die Sammlung japanischen Kunsthandwerks als die beste außerhalb des Ursprungslandes. Grønnegården, der malerische Innenhof des Museums dient im Sommer traditionell für interessante Konzerte von der Klassik bis zu anspruchsvoller moderner Musik.

Richtung Zentrum fallen drei goldene, wahrlich undänische Zwiebeltürme auf. Sie gehören zur russisch-orthodoxen

Blick von Amalienborg zur Marmorkirke

Alexander Newsky Kirke, 1881–83 nach der Heirat von Zar Alexander III. mit einer Tochter des Dänenkönigs Christian IX. – auch als ›Europas Schwiegervater‹ bekannt – erbaut. Wenige Schritte weiter öffnen sich die Häuserfronten der Bredgade: Links Schloß Amalienborg, rechts die Kuppel der Frederikskirche, geläufiger unter dem Namen **Marmorkirke 9**. Sie sollte der höchste Kuppelbau Europas werden, nach ersten Plänen aus Sandstein, doch dann entschied sich Frederik V. für Marmor, und daraufhin reichte das Geld nicht mehr – Jahrzehnte als pittoreske Bauruine folgten. 1894, genau 145 Jahre nach der Grundsteinlegung, wurde die Kirche dann doch fertig, aber auf weniger als zwei Drittel der geplanten Größe geschrumpft – mit fast 46 m Deckenhöhe noch immer gewaltig – und weitgehend aus Kalkstein statt aus Marmor gebaut. Umgeben ist sie von Standbildern bekannter Glaubensverfechter. Finanziert hatte den Weiterbau der Bankier und Industrielle C. F. Tietgen, der sein Vermögen in der Telekommunikations-Branche gemacht hatte – schon im 19. Jh. offensichtlich eine lukrative Branche.

Die Entwürfe der ersten Marmorkirche stammten von Nicolai Eigtved (1701–54), der die letzten acht Jahre seines Lebens Hofbaumeister und für das umliegende Viertel der prägende Architekt war. Sein Hauptwerk sind zweifelsohne die vier fast baugleichen, um den achteckigen **Amalienborg Schloßplatz 10** gruppierten Rokoko-Palais. Sie entstanden zwischen 1749 und 1760 für Familien des Hochadels, nach denen sie heute noch benannt werden. 1794 übernahm die durch ein Feuer auf Christiansborg obdachlos gewordene Königsfamilie die Anlage, und seitdem haben Dänemarks Regenten hier ihren Hauptwohnsitz. Königin Margrethe II. wohnt im südöstlichen, dem Palais Schack, ihre Mutter Ingrid nördlich davon im Palais Brockdorff und Kronprinz Frederik im Palais Levetzau, auch Christian-VIII.-Palæ genannt. Er muß seine großzügige Junggesellenbude aber mit dem 1994 eröffneten ›Glücksburger-Museum‹ teilen. Das setzt die Sammlung königlicher Erinnerungszimmer von Schloß Rosenborg fort, die dort bis zur Epoche von Frederik VII. reichen und hier mit Christian IX. (1863–1906), dem ersten König aus der bis heute regierenden Glücksburger Linie, weitermachen.

Ist die Königin anwesend, wird das mit einer gehißten dänischen Flagge (Danebrog) über dem Schack-Palais angezeigt, und dann findet um 12 Uhr auf dem Schloßplatz eine große Wachablösung statt – ist die Monarchin abwesend, gibt es eine *light*-Version. Ob mit großem oder kleinem Zeremoniell, die Garde marschiert auf jeden Fall ab 11.30 Uhr touristengerecht von der Rosenborgkaserne durch die Innenstadt – u. a. Købmagergade und Østergade – zum Schloß. Ob beim Wachwechsel alles seine Ordnung hat, beobachtet seit 1768 Frederik V., der hoch zu Roß mitten auf dem Platz steht – der Franzose J. F. Saly schuf das pompöse Reiterstandbild.

Unter der hölzernen Kolonnade hindurch, die Margrethes Wohnsitz mit dem für Repräsentationszwecke genutzten Palais Moltke verbindet, sowie über die von Eigtveds Architekturstil geprägte Amaliegade und den boulevardesken Skt. Annæ Plads ist schnell der Kongens Nytorv erreicht, Ausgangspunkt dieses Rundgangs.

Mit Kids und Teens in Kopenhagen

Tivoli und **Bakken,** die beiden traditionsreichen Vergnügungsparks, sind für Kinder wie für Erwachsene Attraktionen. Bakken wird mit seinen grelleren Fahrgeschäften bei Jugendlichen sicher mehr Punkte machen, hinzu kommt an warmen Tagen die Nähe zum Strand. Für Eltern ein weiterer Vorteil: Im Gegensatz zum Tivoli kostet Bakken keinen pauschalen Eintritt.

Das **Experimentarium** in Hellerup will Kindern und Jugendlichen die Naturwissenschaften nahebringen und schafft das mit spannenden Experimenten und vielen Aha-Erlebnissen. Leider gibt es bisher nur unzureichende Erklärungen in Deutsch, ohne Englisch- oder Dänischkenntnisse sinkt der Erlebniswert.

Guinness World of Records Museum (Strøget) und **Ripley's Believe it or not Museum** (Rådhus Pladsen) sind in erster Linie fun-orientiert: Nach dem Motto größer, höher, dicker werden Absonderlichkeiten aus aller Welt präsentiert. Man kann staunen, die Sinne werden getäuscht, und man wird auch schon mal, wie im Ripley's, zum Gespött der anderen Besucher gemacht – aber wie genau, das sei hier nicht verraten. Deutschsprachige Erklärungen gibt's an der Kasse.

Louis Tussauds (im Tivoli-Schlößchen) kopiert das bekannte Original in London. Wer das nicht kennt, hat hier

Spaß mit Gekrönten und Gewählten, Geliebten und Gehaßten, Gefeierten und Gefallenen – auch Teens finden ihre Stars.

Der Kopenhagener **Zoo** in Valby ist natürlich ein Klassiker ebenso wie **Danmarks Aquarium** in Charlottenlund. Das **Tycho Brahe Planetarium** fesselt Teens vor allem dann, wenn altersgemäße Filme in Omnimax Projektion laufen (aktuelles Programm in der Tagespresse oder beim Touristenbüro).

Spezielle Abteilungen für Kinder bieten das Louisiana (s. S. 106) und das Nationalmuseum (s. S. 76) sowie mit Fertigstellung des Erweiterungsbaus 1998 auch die Nationalgalerie.

(Adressen und Öffnungszeiten s. ab S. 343)

Zu Kronjuwelen, Kunstschätzen und Kartoffelreihen – Nordöstlich vom Zentrum

Ausgangspunkt dieses Spaziergangs in die nordöstlichen Randbezirke der Stadt ist der Bahnhof Nørreport; hier halten unterirdisch fast alle S-Bahn-Linien sowie die Züge der Küstenbahn nach Helsingør – also ein möglicher Startpunkt für viele Ausflüge in die nördliche Umgebung (s. S. 93f.).

In der Nachbarschaft des Israels Plads mit seinem munteren Marktleben – samstags auch Flohmarkt – stößt man in der Rømersgade auf das **Arbeitermuseum** [1]. Arbejdermuseet steht in enger Verbindung zur Gewerkschaftsbewegung und befaßt sich in Themenausstellungen mit Kultur und Leben der Arbeiterklasse von der Industrialisierung bis zur Gegenwart. Zu den Ausstellungen bietet die Bierhalle im Ambiente der Jahrhundertwende in der Regel zeittypische Speisen und Getränke – nur die Preise sind von heute.

Gleich nördlich der Nørreport Station kreuzen Nørre und Øster Voldgade die Gothersgade. An der Kreuzung liegt der Haupteingang des Botanisk Have, des 1874 auf den ehemaligen Wallanlagen eröffneten **Botanischen Gartens.** Neben naturgemäßer Blütenpracht ist das alte **Palmenhaus** [2] aus Glas und Gußeisen ein Schmuckstück, zu finden im Nordwestteil des Parks.

Schloß Rosenborg [3] auf der gegenüberliegenden Seite der Øster Voldgade entstand in drei Bauphasen zwischen 1606 und 1634. Ursprünglich als Lustschlößchen konzipiert, wurde es letztendlich ein solides Renaissanceschloß – was hätte man von Christian IV. anderes erwartet. Hier werden heute die Kronjuwelen gezeigt sowie Gedenk-

räume, die in chronologischer Folge an alle Regenten vom Bauherrn, der 1588 den Thron bestieg, bis zu Frederik VII., der 1863 starb, erinnert; die Fortsetzung dieser Sammlung bis zum 1947 verstorbenen Christian X. ist im Christian-VIII's-Palæ auf Amalienborg (s. S. 68) zu sehen. Der Richtung Zentrum an Rosenborg anschließende **Kongens Have,** unter Christian IV. königlicher Gemüsegarten und heute ein wunderschöner alter Park mit zahlreichen Skulpturen, ist vor allem im Sommer ein beliebter Pausenplatz der City-Angestellten.

Das größte Kunstmuseum im Lande ist das 1896 eröffnete **Statens Museum for Kunst** [4], die Nationalgalerie, an der Kreuzung Sølvgade/Øster Voldgade. Dokumentiert werden nordirische und internationale Malerei und Bildhauerei vom 15. Jh. bis zur Gegenwart anhand von Werken aller wesentlichen Kunstrichtungen; einen Schwerpunkt bildet natürlich die dänische Kunst ab ihrer Selbstfindung mit Nicolai Abraham Abildgaard (1743–1809) Ende des 18. Jh. In der Zeit davor kamen Gemälde fremder Künstler mehr oder minder ohne System in die Königliche Kunstkammer, die Vorläuferin der heutigen Nationalgalerie, darunter Arbeiten von Rubens, Rembrandt, Andrea Mantegna, Tizian, Tintoretto und Frans Hals. Systematischer sieht es mit der klassischen Moderne aus: Die französische Kunst des frühen 20. Jh. ist gut vertreten, darunter – dank des Vermächtnisses eines Privatsammlers – Henri Matisse besonders umfassend mit über zwei Dutzend Arbeiten aus verschiedenen Phasen. Mit Edvard Munch und dem in

Spaziergang nordöstlich vom Zentrum

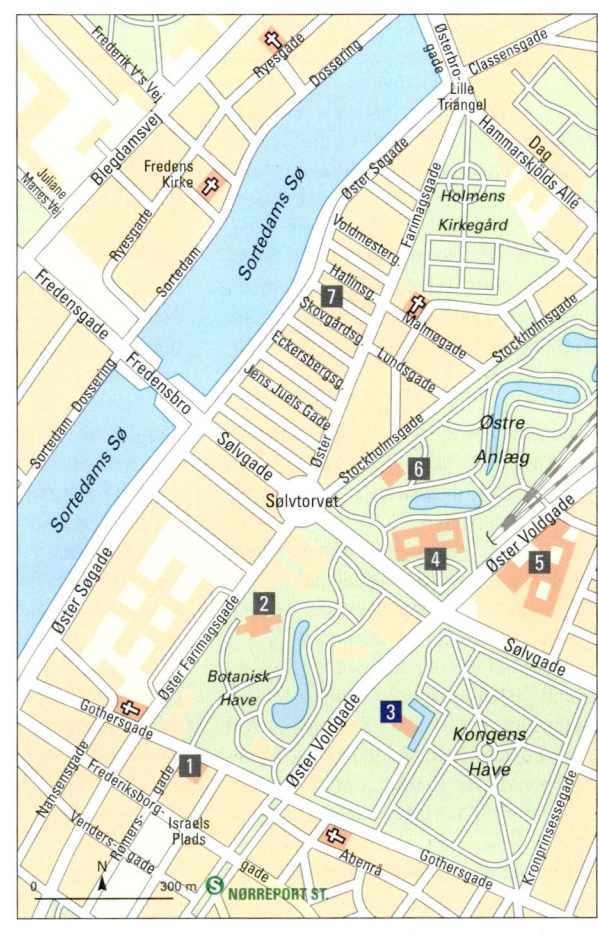

Südjütland geborenen Emil Nolde werden auch die führenden Vertreter des Expressionismus im Norden gewürdigt. Ein Bonbon für Kenner ist schließlich die umfangreiche Kupferstichsammlung ›Den Kongelige Kobberstiksamling‹, aus der immer interessante Exponate zu sehen sind. Ab Herbst 1996 wird das Museum um einen neuen Flügel erweitert und voraussichtlich bis Anfang 1998 geschlossen bleiben. In dieser Periode werden 22 andere Kunstmuseen in Dänemark Ausstellungen aus dem Fundus der Nationalgalerie bestücken.

Zu den kaum bekannten Sehenswürdigkeiten Kopenhagens gehört die alte **Polytechnische Lehranstalt** 5 ein Stückchen weiter die Øster Voldgade hinunter in Nr. 10, in der einige naturwissenschaftliche Institute der Universität untergebracht sind. Eine Attraktion bekam das Gebäude 1993, als bei einer Renovierung in der Rotunde ein klassisches physikalisches Experiment installiert wurde, ein Foucaultsches Pendel, durch einen Umberto-Eco-Roman vor gar nicht langer Zeit wieder berühmt geworden. Eine 130 kg schwere Kugel schwingt an einem 25 m langen Klavierdraht langsam durch die Raummitte und bei jedem Schwung schlägt sie etwas weiter nach rechts aus – ein Nachweis der Erdrotation.

Im Schatten der Nationalgalerie stößt man am Rande des Parks Østre Anlæg auf einen neoklassizistischen Bau, Heimstatt der **Hirschsprungske Samling** 6. Der Tabakfabrikant Heinrich Hirschsprung (1836–1908) legte den Grundstock für diese exzellente Sammlung dänischer Malerei des 19. Jh. vom sog. Goldenen Zeitalter (1. Hälfte) bis zu den Skagen- und Fünen-Malern (2. Hälfte): Købke, Krøyer, Rørbye, Hammershøi, das Ehepaar Ancher, Johannes Larsen usw.

Der weitere Weg führt nun aus dem typischen Touristen-Kopenhagen heraus, zuerst einmal zwischen die Reihenhäuser der **Kartoffelrækkerne** 7. Die ›Kartoffelreihen‹, heute eine der beliebtesten Wohngegenden junger Intellektueller in Kopenhagen, entstanden 1873–89 als Wohnsiedlung der ›Arbeiter-Baugenossenschaft‹, mit der die Arbeitervereine bürgerlichen Wohnungsspekulanten den Kampf ansagten. Durch die Kartoffelrækkerne-Sträßchen hindurch ist man schnell am Sortedams Sø, dem nördlichsten der Seen, die Kopenhagen im Westen umringen, und auf denen ein vielfältiges Vogelleben existiert, wie man es in den Grenzen einer Großstadt kaum erwartet. Auf der Promenade ziehen Jogger ihre Bahnen, und ein Spaziergang am Ufer entlang ist eine beliebte Sonntagsbeschäftigung der Menschen aus den umliegenden Vierteln.

Jenseits des Sees und zweier anschließender Häuserreihen breitet sich **Fælledparken** aus, eine riesige Grünanlage, die für die Menschen aus Nørrebro und Østerbro Spiel- und Bolz-platz, Liegewiese und Konzertarena, Aufmarschplatz der Arbeiter am 1. Mai und vieles mehr ist. Mitten im Park bietet ein Pavillon-Café Gelegenheit, sich für den Rückweg zur Stadt zu stärken, am Nordrand ragt ›Parken‹ auf, das Nationalstadion, in dem die dänische Fußballelf zu allen wichtigen Heimspielen antritt, und in der östlichsten Ecke des Parks, am Ausgang zum Verkehrsknoten Trianglen – mit guten Busverbindungen –, erinnert ein **Wiedervereinigungsdenkmal** an ein spezielles Kapitel deutsch-dänischer Beziehungen, nämlich an die Rückkehr Südjütlands – aus deutscher Sicht Nordschleswigs – in ›Mutter Dänemarks Schoß‹.

Auch ein Blick in das Brumleby-Viertel, das sich im Dreieck zwischen Fælledparken, Parken und Østerbrogade versteckt, lohnt. Brumleby entstand in der zweiten Hälfte des 19. Jh. auf Initiative von Medizinern, die in den katastrophalen hygienischen Verhältnissen einiger Arbeiterviertel die Ursache für eine gerade umgehende Choleraepidemie erkannten. Hauptsächlich aus Spenden kam das Geld zusammen, mit dem Reihenhäuser gebaut wurden, die zwar nach heutigen Maßstäben sehr beengt und einfach waren, damals aber gegenüber den Hinterhofwohnungen von Nørrebro und Vesterbro ein wahres Paradies darstellten. Heute gehören Wohnungen in **Brumleby** gerade bei jungen Kopenhagenern zu den begehrtesten Bleiben in der Stadt. Ausschlaggebend dafür ist sicher das bekannt gute Zusammenleben der Bewohner, die bis vor wenigen Jahren ihre Heimat immer wieder gegen eine geplante Abrißsanierung verteidigen mußten – mit Erfolg, wie man sieht.

Auch **Østerbro** erlebt wie die anderen ›Brückenviertel‹ seit einigen Jahren einen kulturellen Aufschwung – Mann und Frau bleiben auch am Abend in ihrem *kvarter,* in Szenekneipen und Bistro-Cafés, die man beispielsweise rund um den Platz Trianglen und Lille Triangel findet.

Relativ junge Kultur-Institutionen in alten Bauten sind ›Kannonhallen‹ und ›Krudttønden‹ am Serridslevvej, am Ostrand des Fælledparken, mit einem bunten Programm von Kabarett über intime Konzerte bis zu großen Bühnenstücken und am Rande eines Industriegebietes an der Nyborggade das ›Østre Gasværk Teater‹, wie der Name schon ahnen läßt ein altes Gaswerk und heute Spielstätte für Musical-Produktionen der Größenordnung von »Les Miserables« oder »Miss Saigon«.

Schloß Rosenborg

Rund um Rathausplatz und Tivoli

Ein wichtiger Knotenpunkt des städtischen Verkehrs ist Rådhus Pladsen, der Rathausplatz. Er erlebte zum Kulturjahr 96 ein durchgreifendes Facelifting (s. S. 47), wobei sich die Stadtplaner an seinem ursprünglichen Aussehen vom Anfang des Jahrhunderts orientierten, und das wiederum orientierte sich am Campo von Siena. Kein Wunder, denn auch das **Rathaus** ❶ entstand 1892 bis 1905 mit deutlichen Anleihen an die gotische Architektur des berühmten Palazzo Pubblico der italienischen Stadt, wobei aber der Kopenhagener Rathausturm, der bestiegen werden kann, mit 105,6 m sein Vorbild in der Toscana um gut drei Meter überragt.

Über dem Hauptportal des Rathauses zeigt eine vergoldete Skulptur den Stadtgründer Bischof Absalon, ein Schwert in der rechten und den Bischofsstab in der linken Hand – ein offensichtlich streitbarer Kirchenfürst. Im Inneren ist eine astronomische Weltuhr, Jens Olsens Verdensur, Attraktion (bis September 1996 zur Restaurierung), und es lohnt der Blick in die Festhalle, ein glasüberdachter Innenhof mit Arkadengängen, der an eine italienische Piazza erinnert.

Steht man vor der Rathausfront, sieht man rechts neben dem Gebäude am Rande einer kleinen Grünanlage den Märchendichter H. C. Andersen in Bronze gegossen sitzen. Das blankgescheuerte Knie zeigt deutlich, wo Touristen am liebsten zum Andenkenfoto Platz nehmen.

Den Kommunalpolitikern sitzt die ›vierte Gewalt‹ recht nah auf der Pelle: Dem Rathaus schräg gegenüber im Eckhaus Vestervoldgade/Vestergade sind

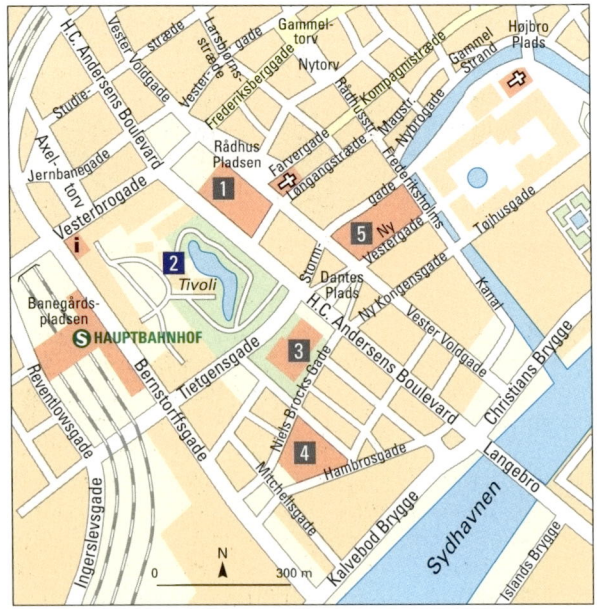

Rund um Rathausplatz und Tivoli

1 Rathaus
2 Tivoli
3 Ny Carlsberg Glyptotek
4 Politigården
5 Nationalmuseum

»Politiken« und »Ekstra Bladet« beheimatet, die eine die größte Tages-, die andere die größte Boulevardzeitung des Landes; sobald es dunkel wird, sieht man am Dach des gemeinsamen Verlagshauses die Schlagzeilen des nächsten Tages entlangflackern. Dies ist nur eine der vielen Leuchtreklamen, die Rådhus Pladsen des Nachts zum buntesten Platz von Kopenhagen machen.

Auch das **Tivoli** 2, (s. S. 77 ff) einer der bekanntesten Vergnügungsparks der Welt und mit Abstand Dänemarks meistbesuchte Sehenswürdigkeit, trägt mit dem malerischen Tivolischlößchen zu dieser nächtlichen Illumination bei. Hier residieren unter einem Dach das ›Louis Tussaud's Wax Museum‹ und das ›Tivoli Museum‹, das sich der Park 1993 zum 150. Geburtstag selbst schenkte – so ist auf jeden Fall die Geschichte des Tivoli ganzjährig zu erkunden, während der Park selbst seine Tore traditionell nur von Ende April/Anfang Mai bis Mitte September sowie zu einem Weihnachtsmarkt im Dezember geöffnet hält.

Was ist das Tivoli? Hier kann man sich in modernen Karussells herumschleudern lassen, auf der Achterbahn die Belastbarkeit des Magens testen, einarmigen Banditen die Hand schütteln, an Schieß- und Wurfbuden sein Glück versuchen oder Stars und Sternchen lauschen, die regelmäßig auf der großen Open-air-Bühne stehen. Die Anziehungskraft des Tivoli erwächst aber aus dem verspielten, an vielen Stellen exotisch anmutenden Park mit seinen unzähligen Blumen, Springbrunnen und 110 000 Glühbirnen – aber nicht einer Neonröhre.

Tivoli ist ein Stück Kopenhagen, mit seiner urdänischen Stimmung aus der Stadt nicht wegzudenken, und doch ist es eigentlich ein Stilmix in historischen und kosmopolitischen Dimensionen:

Wenige Schritte sind es vom maurisch geprägten Basargebäude zum chinesisch inspirierten Pfauentheater, auf dessen Bühne die 400 Jahre alte italienische Kunst der Commedia dell'Arte gepflegt wird, und ein chinesischer Turm ragt am gleichen See auf, an dem der urdänische Fährkro mit seinem Fachwerkgemäuer steht und auf dem der Nachbau einer historischen Fregatte dümpelt – alle drei beherbergen je eines der fast drei Dutzend Tivoli-Restaurants, die alle Preisklassen vertreten.

Für die Kopenhagener ist das Tivoli auch eine wichtige Kulturstätte: Berühmt und von vielen Traditionen der 150jährigen Geschichte geprägt sind die Tivoli Konzerte, die es seit der Eröffnung des Parks 1843 gibt. Hausorchester ist ›Tivolis Symfoniorkester‹, ein ungemein professionelles Ensemble, das vor allem für seine Flexibilität berühmt ist: Es bewältigt Jahr für Jahr ein umfangreiches und in stilistischer Hinsicht vielfältiges Programm mit immer neuen Gastdirigenten und Solisten, das von April bis September über die Bühne des parkeigenen Konzertsaals geht. Die Kopenhagener können sich in dieser Zeit auf weit mehr als 100 Veranstaltungen freuen: Volkstümliches, Veranstaltungen mit Orchestern und Solisten. Rund die Hälfte aller Konzerte kann zum normalen Eintrittspreis für den Park besucht werden, nur bei großen Namen wird ein Zuschlag verlangt.

Die im Osten an das Tivoli angrenzende **Ny Carlsberg Glyptotek** 3 ist eine der vielen Kunst- und Kulturstätten Kopenhagens, die ohne Unterstützung der Bierbrauerdynastie Jacobsen-Carlsberg undenkbar wären. Die Glyptothek beherbergt die größte und bedeutendste Sammlung antiker Skulpturen nördlich der Alpen sowie eine ausgezeichnete Abteilung mit französischer Malerei des

19. Jh. Aber auch die Gegenwartskunst ist vertreten, so z. B. der Porträtmaler Niels Strøbek (geb. 1944) mit seinen zehn überdimensionalen Frauenbildern im Festsaal. Strøbek ermalte sich einen Namen mit Porträts der Königsfamilie sowie bekannter Politiker und Wirtschaftsbosse.

Architekturfans sollten einen kleinen Abstecher die Niels Brocks Gade hinunter zum Hauptquartier der Kopenhagener Polizei machen. **Politigården** 4 ist ein übersehenes Meisterwerk des Neoklassizismus der 20er Jahre: unnahbar, uneinnehmbar und von ungewöhnlicher Strenge – eigentlich allen Dänemark-Klischees wider- und eher einem totalitären Polizeistaat entsprechend. Beeindruckend sind die Innenhöfe, der große kreisrund und mit einem von 44 Säulenpaaren gebildeten Arkadengang, der kleinere rechteckig und bis auf ein Oberlicht geschlossen. Hier steht in einer Nische ein gut vier Meter hoher Schlangentöter – ein Mahnmal für die unter deutscher Besatzung umgekommenen Polizisten.

Von der Ny Carlsberg Glyptotek über den Dantes Plads hinweg erreicht man das **Nationalmuseum** 5, dessen Haupteingang in der Ny Vestergade 10 zu finden ist. Dieses bedeutendste Museum des Landes wurde zu Beginn der 90er Jahre nach modernsten Konzepten umgestaltet. Es leitet die Besucher durch die dänische Geschichte und ihre Kulturepochen, bietet aber mit einer völkerkundlichen Abteilung auch Einblicke in fremde Kulturen. Hier bildet das zum dänischen Königreich gehörende Grönland und die Welt der dort lebenden Inuit einen Schwerpunkt. Ein Teil des Museums ist speziell für Kinder konzipiert.

In der Ny Carlsberg Glyptotek

Im Tivoli

Nun bin ich schon so häufig im Tivoli gewesen. Als ich noch ein Kind war und in einer kleinen, dänischen Provinzstadt wohnte, mindestens einmal im Jahr. Jetzt, erwachsen und als Kopenhagenerin, gehe ich während des Sommers wöchentlich hin, sei es, um nach der Arbeit an leise plätschernden Springbrunnen zu entspannen, oder sei es, um in der Achterbahn mir den ganzen Frust aus dem Leibe zu schreien; nach einem Besuch in diesem himmlischen Garten kehre ich immer mit einer eigenartigen Mischung von innerer Ruhe und prickelnder Aufregung nach Hause zurück. Obwohl ich das Tivoli schon so lange kenne, habe ich mich erst in letzter Zeit gefragt, wodurch, ja, wodurch nur, dieser dänische Park der Freude sich von anderen Vergnügungsparks der Welt unterscheidet. Denn eins ist sicher: Etwas Schöneres, etwas mit mehr Liebe Angelegtes, kann es einfach nirgendwo geben!

Wußte Georg Carstensen, was er der Stadt schenkte, als er am 15. August 1843 die Türen zu seiner Anlage im Herzen der Stadt öffnete und die Kopenhagener aufforderte, ihr Tivoli in Besitz zu nehmen? Was dann die Besucher im Garten erwartete, war ein Stück verwirklichter Phantasie eines in Algier geborenen Dänen, der dem König Christian VIII. das für seine Baupläne erforderliche Grundstück mit den Worten abschwatzte: »Wer sich amü-siert, der politisiert nicht!« Worauf der König, von dieser Weisheit überzeugt, dem Weltmann Carstensen prompt die Privilegien für sein Vorhaben gewährte. Wer sich amüsiert, der politisiert nicht ... – man könnte es auch so formulieren: Wer sich im Tivoli nicht amüsiert, der intellektualisiert zu viel. Für Große, für Kleine, für Spielfreudige, für Hungrige, für Alberne, für Rasante, für Freunde des Cabarets, des Balletts, für sie alle bietet der Park das Passende – sie alle kommen reichlich auf ihre Kosten. Tivoli ist Lebensfreude und Amüsierlust, in Kitsch und Klischee und dann auch ein Stück Dänemark im Originalton: Im berühmten Schunkel-Wirtshaus *Færgekroen* geht es derb und gemütlich und gar nicht kitschig zu, wie immer, wenn Dänen bei einem Faßbier zu klönen beginnen.

Der Nachmittag, den ich für mein Interview mit drei alten Mitgliedern der ›Tivoli-Family‹ reserviert habe, ist warm und schön. Ich bin etwas zu früh und schlendere zum Zeitvertreib an Eisdielen, Riesenrädern, blühenden Büschen, Kastanienbäumen, Spielhallen, kleinen bunten Booten, orientalischen Türmchen, ›Fliegenden Teppichen‹, einem Meer von Blumen und Lämpchen vorbei, nicht zu vergessen die Achterbahnen, aus denen in regelmäßigen Abständen ein kollektives Geschrei in den Garten dringt. Kinder kämpfen sich mit ihrer Zuckerwatte ab, Eltern versuchen ihre Kleinen, die sich weder sattessen, sattsehen noch sattspielen können, zu beruhigen. Ganz Kopenhagen, und die halbe Welt noch dazu, ist an diesem Wochenende unterwegs, vom Säugling im Kinderwagen bis hin zu den Omas und Opas, die sich bei Saisonbeginn immer gleich eine Dauerkarte holen und dann keinen Tag verstreichen lassen, ohne ›ihrem‹ Garten einen Besuch abgestattet zu haben.

Die Bürotür von Steen Lebech ist kaum auszumachen, sie verschwindet fast in der unscheinbaren blaugrünen Bretterwand. Ich stehe davor und klopfe, einige Male vergeblich. Über mir, eine halbe Treppe höher, stehen tätowierte Männer und stopfen routiniert ihre Münzen in die gefräßigen Schlitze des Spielautomaten, etwas weiter weg Frauen im Rentenalter am Roulettetisch, die mit gespannt-konzentrierten Gesichtern den Zirkelbewegungen der kleinen Kugel folgen.

Steen Lebech erwartet mich mit seinen beiden Freunden und ehemaligen Kollegen, Asger und Max, in seinem Büro. An den Wänden Photos von berühmten Menschen, die das Tivoli besucht haben. Er sei fast ins Tivoli hereingeboren, sagt Steen stolz und bestimmt. Schon sein Vater und Großvater arbeiteten hier. Max war 20 Jahre mit einem Wanderzirkus unterwegs, ehe er vor 30 Jahren eine Anstellung bei Steens Vater bekam. Der über Siebzigjährige läßt dem weit jüngeren Steen das Wort und hält sich bescheiden zurück.

»Doch, so etwas wie eine Tivoli-Dynastie sind die Lebechs schon«, unterbricht der 81jährige Asger, früher leitender Angestellter im riesigen Tivoli-Betrieb, das Gespräch, »doch, doch, das ist schon richtig!« Steen hält ihn zurück, aber sein Versuch, den Eindruck eines bescheidenen Mannes zu ma-

chen, gelingt nicht ganz. Plötzlich ein höllischer Lärm, der ganze Raum wird in Schwingungen versetzt, Flaschen und Gläser poltern über den zitternden Tisch, dann wieder Ruhe. Die drei Männer sehen mein erstauntes Gesicht und lachen: »Ach das! *Det er rutschebanen,* die Achterbahn ist das. Wir haben uns an den Lärm schon gewöhnt!« Nur eine dünne Wand trennt uns also von der Achterbahn, die auf dem letzten Stück in wildem Tempo durch dunkle Tunnel rast und alle Passagiere laut kreischen läßt.

Was die Tivoli-Leute eigentlich im Winter tun, wenn der Garten für acht Monate dichtmacht, will ich wissen. Asger schmunzelt: »Die Leute meinen immer, wir würden die Hände in die Hosentaschen stecken und uns von Stund an um gar nichts mehr kümmern«. Steen: »Mit der eigentlichen Knochenarbeit geht es erst im Oktober los. Wenn erstmal alles abgebaut und für den Winter hergerichtet ist, reisen wir in der Welt herum, besuchen Messen und orientieren uns. Mit unseren Einkäufen sind wir immer sehr vorsichtig. Die Spiele müssen zum Garten passen, was die Form wie die Farben betrifft, es darf hier nichts aus der Reihe tanzen! Der Tivoli-Gedanke muß erhalten bleiben – Neonlichter und dergleichen, das gibt es hier einfach nicht.«

Und wie ist es im Winter mit den Finanzen, wie schlägt man sich ohne Einnahmen durch? Bei dieser Frage ist Steen kurz angebunden, meint lediglich: »Mit einer guten Bank ist alles möglich, aber gerade reich wird man in diesem Gewerbe natürlich nicht.« Asger wirft ein: »Nee, ich wüßte auch keinen, dem das geglückt wäre.« Hinzu komme der ständige Kostenanstieg, und man könne ja auch nicht dauernd die Eintrittspreise erhöhen! Ich zögere einen Moment, mache ihn darauf aufmerksam, daß ein Tivoli-Besuch für eine Familie schnell zu einem teuren Spaß werden kann. Steen kennt dieses Argument, aber beeindrucken kann es ihn nicht: »Überlege Dir doch mal, was man für sein Geld hier alles kriegt. Ehrlich gesagt, ich findet das nicht teuer.« Dann reden wir über die Einzigartigkeit des Tivolis. »In der Welt hat es viele Versuche gegeben, unser Tivoli nachzuahmen, zum Beispiel dieses Disneyland in den USA, aber alle Versuche sind schlicht und ergreifend mißglückt«, erklärt Steen wieder mit fester Stimme. »Warum?«, frage ich und schaue der Reihe nach auf die drei Tivolianer am Tisch. »Die ganze Atmosphäre«, sagt Asger mit ruhigem Enthusiasmus und schiebt sich ein Stück aus seinem Sessel hervor – und nach einer kleinen Denkpause: »... die kann man nicht einfach so mir nichts, dir nichts auf einen x-beliebigen Park übertragen.« Steen hakt schnell ein: »Das Tivoli ist ein Garten mit 150jähriger Tradition, und das will schon etwas heißen. Wir sind natürlich nicht die einzigen auf der Welt, aber die einzigen mit dieser Atmosphäre, mit diesem Charme und mit diesem gebündelten Maß an Gemütlichkeit sind wir schon.«

Ja, er hat recht, die Atmosphäre wird es sein, ganz einfach die Atmosphäre, denke ich, als ich den Garten hinter mir lasse und wieder in den Wirbel einer anderen Welt hineingerate.

Bettina P. Oesten

Slotsholmen und Christianshavn

Insel der Macht – Slotsholmen

Gleich neben dem Nationalmuseum trennt der Frederiksholmskanal das Festland von Slotsholmen, der Schloßinsel. Die Ny Vestergade endet direkt an der **Marmorbro,** der Brücke, die ihren Namen zum Trotz 1775 weniger aus Marmor denn aus sächsischem Sandstein entstand. Über die Brücke und die anschließende Reitbahn – im Sommer gern als Open-air-Konzertarena genutzt – bietet sich der beste Blick auf Schloß Christiansborg. Hier fing alles an mit Kopenhagen, und hier ist heute alle Macht des Staates konzentriert.

Als Bischof Absalon 1167 das Dorf Havn durch eine Burg schützen wollte, wählte er als Standort eine der Küste vorgelagerte kleine Insel; die heutigen Kanäle sind die Reste der alten Sunde, im Laufe der Jahrhunderte immer mehr reduziert von der Stadt, die auf aufgeschüttetem Land immer näher heranrückte.

Fundamente von ›Absalons Borg‹ sind im Keller unter dem markanten, von drei Kronen in der Spitze gezierten Turm des heutigen **Schloß Christiansborg** ■1■ zu besichtigen. Es entstand erst zwischen 1907 und 1928 als fünfter hochherrschaftlicher Bau an dieser Stelle: Absalons erste Burg wurde 1369 von Lübecker Rittern eingenommen und zerstört, eine Nachfolgerin aber bald gebaut und von Erik af Pommern 1417 zur königlichen Residenz erhoben – immerhin dreihundert Jahre erfüllte die zweite Burg diesen Zweck, zum Schluß eher schlecht als recht. Christian VI. ließ sie schließlich 1732 abreißen und durch ein repräsentatives Barockschloß ersetzen,

das erstmals den Namen Christiansborg trug. 1794 brannte die Pracht, und seitdem residieren Dänemarks Regenten auf Amalienborg. Vom Feuer verschont blieben die Gebäude rechts und links der ›Christiansborg Ridebane‹, der Reitbahn. Dort sind in den Königlichen Ställen das ›Karetmuseum‹, eine Kutschenausstellung, und direkt daneben im ehemals Königlichen Hoftheater das ›Teatermuseum‹ untergebracht. Auf dieser Bühne traten die Ballettschüler Hans Christian Andersen und Johanne Louise Pätges zusammen in einem Stück auf. Sie blieb der Bühne treu und wurde als Johanne Louise Heiberg Dänemarks führende Schauspielerin des 19. Jh., während er sich bekanntermaßen aufs Schreiben verlegte.

Das zweite Christiansborg nach Plänen von C. F. Hansen, dem Kopenhagen viele klassizistische Bauten zu verdanken hat, war 1828 fertig und brannte 1884 ab. Wieder überstanden die Gebäude neben der Reitbahn das Feuer, aber auch die Schloßkirche, Christiansborg **Slotskirke.** Dieser klassisch klassizistische Bau brannte dafür Pfingsten 1992, ist inzwischen aber restauriert. Das dritte und aktuelle Christiansborg, ein neobarocker Klotz aus Bornholmer Granit, wurde 1928 bezogen. Die Außenmauern des untersten Geschosses bestehen aus verschiedenen Steinquadern, aus jeder dänischen Gemeinde einer.

Auf Slotsholmen, insbesondere im Schloß Christiansborg, ist die ganze Macht des modernen Dänemark konzentriert: das Parlament, viele Ministerien, das höchste Gericht und die Empfangsräume der Königin. Das Parlament, Folketing, zugänglich über die

Slotsholmen und Christianshavn *1 Schloß Christiansborg (mit Parlament Folketing) 2 Thorvaldsens Museum 3 Det Kongelige Bibliotek 4 Tøjhusmuseet (Zeughausmuseum) 5 Börse 6 Holmenskirke 7 Gammel Dok 8 Orlogsmuseet (Marinemuseum) 9 B & W Museum 10 Christianskirke 11 Vor Frelsers Kirke (Erlöserkirche)*

Freitreppe an der Rigsdagsgade, und seine Nebenräume können während der sitzungsfreien Zeit im Rahmen von Führungen besichtigt werden. Tagt das Parlament, ist eine Besuchertribüne über eine Treppe im Turm des Schlosses Christiansborg zugänglich. Die Königlichen Empfangsräume im Nordflügel sind ebenfalls Ziel von Führungen. Zwischen Volksvertretung und Königin hat der Regierungschef seine Büros.

Christiansborg dominiert zwar Slotsholmen, aber das Schloß ist beileibe nicht das einzige Gebäude auf der Insel. Der Stadt und der malerischen Häuserfront am Gammel Strand zugewandt, liegt gleich neben der Schloßkirche **Thorvaldsens Museum** 2. Es fällt mit seinen ockergelben Wänden, seiner an klassisch ägyptische Formen angelehnten Architektur und mit seinem Bildfries

auf den Außenmauern aus dem Rahmen. Das Museum entstand 1839–48 zu Ehren von Bertel Thorvaldsen, der im Innenhof in einem für seine Kunstauffassung sicher sehr schlichten Grab bestattet wurde. Thorvaldsen, der gebürtige Kopenhagener isländischer Abstammung, lebte fast 40 Jahre im künstlerischen Exil in Rom und erlebte dort seine größten Erfolge. Erst als er auch in der Heimat Anerkennung fand, kehrte er zurück und vermachte seine eigenen klassizistischen Arbeiten und seine Sammlung antiker und zeitgenössischer Werke einem Museum, das in Kopenhagen stehen sollte. Thorvaldsens Rückkehr wurde zu einem triumphalen Empfang, dargestellt auf den Außenwänden des Museums. Dort sind unter den Zuschauern zahlreiche Kulturgrößen des sogenannten ›Goldenen Zeitalters‹, der Blüte dänischen Geisteslebens in der ersten Hälfte des 19. Jh., zu entdecken, darunter der junge H. C. Andersen. Im Herbst des Kulturjahres 1996 soll der Vorplatz des Museums eine neue Großplastik des Bildhauers Svend Wiig Hansen bekommen, der schon mit seiner gigantischen Skulpturengruppe ›Menschen am

wurde zur Zeit des lesebegeisterten Frederik III. (1648–70) gelegt, und seit 1793 ist sie offen für jeden Bürger; viele Bücher können im Gegensatz zu anderen Nationalbibliotheken sogar entliehen werden.

Zu den Gebäuden aus der Zeit von Christian IV. (1588–1648), die den Biblio-

Die Fassade der Börse

Meer‹ in Esbjerg (s. S. 297) Aufsehen erregte.

Zwischen Christiansborg und dem heutigen Binnenhafen ließ Christian IV. einen Kriegshafen anlegen. Der wurde ab 1868 nicht mehr benutzt und zugeschüttet. Über der Einfahrt entstand 1898–1906 **Det Kongelige Bibliotek** 3, und dort, wo früher Kriegsschiffe Proviant und Munition bunkerten, liegt heute der Bibliotheksgarten, eines der ruhigsten Plätzchen im Zentrum von Kopenhagen.

Der Grundstock für die Sammlung der Bibliothek, die größte Skandinaviens mit weit über vier Millionen Büchern, fast einer viertel Million Notenblättern und über 50 000 Handschriften,

theksgarten einrahmen, gehört ein ehemaliges Waffen- und Munitionslager, in dem heute das Zeughausmuseum, **Tøjhusmuseet** 4, mit großen Waffen- und Uniformsammlungen untergebracht ist.

Das bekannteste Bauwerk aus der Epoche Christians IV. ist unzweifelhaft die 1640 fertiggestellte **Börse** 5, einer der schönsten Renaissancebauten Kopenhagens mit einem charakteristischen Turm, den vier Drachen mit ihren Schwänzen bilden. Äußerlich ebenfalls von der Renaissance geprägt ist die **Holmenskirke** 6, von der Börse und der Schloßinsel durch den Holmenskanal getrennt. Die Kirche war ursprünglich Ankerschmiede, ehe sie unter Christian IV. zum Gotteshaus umgebaut wurde. Im reich ausgestatteten Inneren – Schmuckstücke: Barockaltar und Kanzel von Abel Schrøder, Skulpturen von Bertel Thorvaldsen – sind zahlreiche Sarkophage bekannter Künstler und Marinestrategen aufgestellt, darunter die der legendären Seehelden Niels Juel und Peter Tordenskjold. Übrigens kann man immer noch in der Krypta der Holmens Kirche beigesetzt werden – eine Ehre, die sich Kopenhagens Geldadel ordentlich etwas kosten läßt: Der Verkauf von Grabplatzrechten macht die Gemeinde, der die Kirche gehört, zur reichsten des Landes.

Zu Außenministern und Aussteigern – Christianshavn

An der Börse vorbei fließt der Verkehr über die Knippelsbro, eine Klappbrücke von 1937, hinüber auf die Insel Amager, auf der die neue Universität und etwas weiter entfernt der internationale Flughafen sowie der idyllische Hafenort Dragør (s. S. 96) liegen und wo die Zukunftsstadt Ørestaden entstehen soll (s. S. 48).

Gleich auf der anderen Seite des Hafenbeckens breitet sich Christianshavn aus. Obwohl dieses Viertel erst auf Betreiben des rührigen Christian IV. im frühen 17. Jh. entstand, hat es mehr Altes zu bieten als das viel ältere Zentrum: Der Hafen bildete bei den drei großen Feuerkatastrophen 1728, 1795 und 1807 einen natürlichen Brandschutzgraben gegenüber dem Zentrum, das in Schutt und Asche fiel.

Ein Schmuckstück von Christianshavn sieht man schon von vielen Stellen des Zentrums aus: die Hafenfront mit ihren Speichern. Darunter sind Originale, aber auch viele Nachbauten, die

nur die alten Formen aufgreifen, so das **Außenministerium** direkt neben der Knippelsbro. In einem der wirklich alten Speicher ein paar Schritte nördlich an der Strandgade 27B ist das Ausstellungsgebäude für Architektur und Design **Gammel Dok** **7** untergebracht, direkt daneben der Neubau des Hauses der Architektur.

Hinter der Hafenfront stößt man auf ein Klein-Amsterdam mit unzähligen liebevoll restaurierten Häusern entlang der Kanäle, die in Renaissancezeiten die beste Infrastruktur für die Kaufmannschaft boten: Anleger und Warenumschlagplatz direkt vor dem Kontor. Sieht man einmal von der Torvegade ab, der Verlängerung der Knippelsbro, dann sind die meisten Gassen und Sträßchen von Christianshavn ruhig, idyllisch und laden zum Bummeln ein, besonders entlang der Kanäle. An einem davon findet man auch **Orlogsmuseet** **8**, das Museum der Königlichen Marine, u. a. mit einer großen Sammlung von Schiffsmodellen.

Ein zweites Museum mit maritimem Bezug liegt weiter südlich in der Strandgade: das **B & W Museum** **9**. B & W steht für Burmeister & Wain, eine 1843 in Christianshavn gegründete und später auf die nördlich gelegene Refshaleøen umgezogene Traditionswerft. In den 50er Jahren arbeiteten hier über 8000 Menschen, Ende 1995 noch 1400, und das endgültige Ende war bei Redaktionsschluß dieser Auflage so gut wie sicher – die Werftenkrise hat vor Kopenhagen nicht haltgemacht. B & W war viele Jahre auch einer der führenden Schiffsmotorenhersteller der Welt, ehe dieser Zweig – der noch besteht – 1980 an die deutsche MAN verkauft wurde.

Gleich neben dem Museum diente die im Innenraum einem Theater ähnliche **Christianskirke** **10** im 18. und frühen

Christiania – Traum und Realität vom Anderssein

Vieranddreißig Hektar Land- und Wasserfläche in Kopenhagen, auf denen das dänische Recht ausgesetzt scheint, keine fünf Minuten mit dem Stadtbus der Linie 8 vom Folketing entfernt. Nach dem Willen der rund 850 Bewohner ein fremdes Territorium in den Grenzen der Stadt, nur ein paar hundert Meter neben dem dänischen Außenministerium. Anarchie? Utopie? Christiania!

Was ist ›Fristaden Christiania‹, die Freistadt Christiania? Der Name steht auf jeden Fall für Freiräume: »Die Aufgabe von Christiania ist es, eine selbstverwaltete Gesellschaft aufzubauen, in der jedes Individuum frei sich selbst entwickeln kann und für die Gemeinschaft als Ganzes verantwortlich ist«, heißt es in einer der ersten Erklärungen, in denen sich Ende 1971 eine Organisation der ›Christianitter‹ manifestiert.

Was war passiert? 1971 zogen Soldaten aus einem Kasernengelände im Kopenhagener Stadtteil Christiania aus. Auf rund 90 000 m² Bodenfläche blieben etwa 170 Gebäude zurück, Hütten, Baracken, Hallen, Häuserblocks. Hinzu kam ein idyllisches Seengebiet, Teil historischer Wallanlagen. Da die Stadt weder Geld noch Pläne für eine Sanierung hatte, blieb die Ex-Kaserne leer und begann zu verfallen. Bald zogen ›Slumstormer‹ ein, wie damals die Hausbesetzer hießen, organisierten sich und dachten nicht daran, vor der

Staatsmacht zu kuschen. Die wiederum war kopflos, weil niemand den seinen hinhalten wollte: Hat die Stadt Kopenhagen den Ärger am Hals, weil das Gelände in ihren Grenzen liegt, oder das Sozialministerium, weil schnell klar wird, daß Christiania Ventil für zahlreiche soziale Probleme ist, oder bleibt das Verteidigungsministerium in der Pflicht, weil es die Anlagen noch nicht in andere Hände gegeben hat? Man einigte sich auf die letzte Variante, und so sind bis heute Beamte, die sich eher mit Panzern und Raketen auskennen, formal Verwalter des größten sozialen Experiments, das Dänemark je erlebt hat – so der Status, mit dem sozialdemokratische Regierungen Christiania ein legales Mäntelchen überhängten.

Die Freistadt hatte vom ersten Tag an viele Freunde, insbesondere unter Linken, Künstlern, Intellektuellen und jungen Leuten, und fast ebenso viele Feinde in bürgerlich-konservativen Kreisen. Die Freunde organisierten die Bewegung ›Støt Christiania‹ (Unterstütze Christiania), die Feinde versuchten auf immer neuen Wegen die Schließung und Räumung der Freistadt sowie einen Abriß der Gebäude zu erreichen. Mit geschickter Öffentlichkeitsarbeit schafften es die Christianitter innerhalb weniger Jahre, mehr als die Hälfte der dänischen Bevölkerung für ein Fortbestehen ihres Projektes einzunehmen, so auf jeden Fall Ergebnisse von Meinungsumfragen Mitte der 70er Jahre.

Danach hatten 95 Prozent aller Dänen nicht nur von Christiania gehört, sondern zeigten sich auch über die politische Entscheidungslage um die Freistadt informiert – eindrucksvoller Beleg für die Rolle, die das Thema zu dieser Zeit im Leben des Landes spielte. Die Akzeptanz der Freistadt in der breiten Öffentlichkeit garantierte später auch ihr weitgehend unbeschadetes Überstehen der Epoche bürgerlich-konservativer Regierungen zwischen 1982 und 1993.

Dabei bietet Christiania genügend Reizthemen. Ein kleines ist die Tatsache, daß man sich lange nicht um Bauordnungen kümmerte. Dadurch entstehen faszinierende Bauten, die heute Architekturklassiker sind, aber auch viel Wildwuchs, der grüne Nischen zerstört und die Umwelt belastet; inzwischen ordnet ein Minimum an Regeln diesen Bereich, so die Pflicht, jedes Gebäude an das Abwassersystem anzuschließen.

Immer wieder Anlaß zu großem Streit mit der Staatsgewalt bietet das Thema Drogen: Christianitter vertreten den Standpunkt, Cannabisprodukte sind nicht so gefährlich wie der Alkohol der Gesamtgesellschaft und gehören folglich legalisiert, also kann in der Freistadt Haschisch frei verkauft und konsumiert werden. In der Gasse mit dem bezeichnenden Namen ›Pusher Street‹ gehören die von den Idealisten als Profitmacher zwar nicht geliebten, aber der Idee zuliebe tolerierten Händler mit Haschischplatten dick wie Blockschokolade und der obligatorischen Federwaage zum Alltag. Das läßt bürgerliche Politiker natürlich erschauern, bietet der Polizei immer wieder Anlaß, den Frieden in der Freistadt zu stören, und führt sogar zu internationalen Komplikationen: Im benachbarten Schweden, wo den Bürgern seit Jahr-

zehnten der ›richtige‹ Umgang mit Alkohol eingebleut werden soll, regt man sich besonders gern über den unkontrollierten Haschischmarkt vor der Haustür auf, und in das gleiche Horn blasen Politiker in Finnland und Norwegen. Bei einem geschätzten Jahresumsatz von rund einer viertel Milliarde Kronen wechseln täglich rund 15 kg weiche Drogen in Christiania den Besitzer, jeder siebte Kunde ist danach ein Schwede, jeder zwanzigste ein Norweger: »Wir müssen die Hälfte Skandinaviens mit Shit beliefern«, stöhnen denn auch Christianias Händler über ihre verantwortungsvolle Aufgabe gegenüber den Brudervölkern. Anders aber als Haschisch und Marihuana sind harte Drogen von Kokain bis Heroin seit einem Gemeinschaftsbeschluß von 1979 tabu. Junkies werden notfalls auch im Widerspruch zur sonst propagierten Gewaltfreiheit aus der Freistadt vertrieben. Dieses System funktioniert und beweist auch, daß die Ursachen des dänischen Drogenproblems nicht im Cannabishandel von Christiania liegen, denn die Junkie-Szene existiert unabhängig von der Freistadt in anderen Stadtteilen weiter.

Im Inneren organisiert sich Christiania basisdemokratisch und dezentral in zehn Bezirken mit je einer beschlußfassenden Versammlung; nur bei seltenen Anlässen wird ein Gemeinschaftstreffen aller Christianitter einberufen. Funktionärslos ist das Leben aber längst nicht: Ein Info-Büro macht – exzellente – Öffentlichkeitsarbeit, und in jedem Bezirk versucht ein Kassierer die sogenannte Gebrauchsabgabe einzusammeln, einheitlich pro Kopf und Monat ohne Rücksicht auf Einkommen und Wohnsituation knapp 1000 Kronen. Ein Wirtschaftsrat sorgt anschließend für die Verteilung dieser Finanzmittel, zu denen noch Gewinnabgaben der Christiania-Betriebe kommen – Mitte der 90er Jahre alles in allem ein Haushalt von rund 10 Millionen Kronen. Damit werden ein anerkannt gutes Gesundheitswesen, Kindertagesstätten, soziale Dienste, eine Müllabfuhr, ein eigener Radiosender und die Instandhaltung der Infrastruktur wie Wasserleitungen, Stromkabel, Straßen, Wege und Brücken finanziert. Und schließlich müssen die Christianitter für Leistungen der Stadtwerke und ähnliche Abgaben ein paar Millionen Kronen pro Jahr aufbringen.

Dieses Finanzierungssystem sorgte viele Jahre regelmäßig für Ärger, denn mangels Zahlungsmoral mußte das Verteidigungsministerium immer wieder offene Rechnungen Christianias bei anderen Behörden, insbesondere bei den Stadtwerken, begleichen, was dann Anlaß für Räumungsdrohungen gab. Die Christianitter hatten aber kein schlechtes Gewissen. Ihr inzwischen von offiziellen Stellen als zutreffend anerkanntes Argument: Staat und Stadt sparen große Summen an Steuergeldern, weil ihnen die Sorge für eine Vielzahl von Sozialfällen abgenommen ist. Aus gleichen Gründen war es für Christianitter lange verpönt, selbst Steuern zu zahlen, was aber auch manchen Profiteur anlockte.

Inzwischen hat sich Christiania selbst in diesem Punkt mit der Außenwelt arrangiert: Läden und andere Unternehmen, die nur innerhalb Christianias tätig werden, zahlen eine symbolische Steuer, wer in Gemeinschaftsinstitutionen der Freistadt arbeitet, zum Beispiel in den drei Kitas, erhält einen steuerfreien Christianialohn, der sich am Mindestlohn minus Steuern in der Außengesellschaft orientiert, aber alle, die mit dem Rest der Welt Handel treiben, zahlen ganz normal Abgaben an Staat und Kommune. Letzteres trifft immerhin für rund 70 Unternehmen zu, einige mit Millionenumsätzen, darunter ›Spiseloppen‹ gleich neben dem Haupteingang, eines der besten Kopenhagener Restaurants, was die kulinarischen Qualitäten angeht. Inzwischen gibt es sogar Fir-

men, die in Christiania ihre Wurzeln haben, dann aber aus unterschiedlichen Gründen die Produktion nach Dänemark verlagerten. So fertigt die Fahrradfabrik Pedersen ihre avantgardistischen High-tech Hochräder inzwischen in Jütland, und ›Christiania Smeden‹ ihre soliden, dreirädrigen Lasten-Fahrräder auf dem strukturschwachen Bornholm – beides Produkte, die weit über die Grenzen Dänemarks erfolgreich sind.

Im ersten Vierteljahrhundert der Existenz Christianias sind sicher viele Utopien der Gründer den Realitäten des Alltags gewichen. Die Freistadt ist etablierter geworden, einschließlich Touristenführungen und Souvenirhandel mit den Devotionalien der Love-and-Peace-Generation sowie der Kiffer-Szene. Verwunderlich ist das nicht, denn Christiania lebt seit der Gründung in einer Symbiose mit der Großstadt Kopenhagen, profitiert von ihrer Toleranz, teilt sich mit ihr die soziale Vielschichtigkeit und leidet unter ihren Problemen.

Unbestrittenes Verdienst der Freistadt ist, daß heute überall in Dänemark selbstverwaltete Projekte zu finden sind, die hier ihre Wurzeln haben. Über die Grenzen Dänemarks hinaus spielte Christiania eine Vorreiterrolle für das alternative Leben in weiten Teilen Nord- und Mitteleuropas. Spätestens aber die ›BZ'er‹, die Kopenhagener Hausbesetzer der 80er Jahre, die sich außerhalb der Freistadt organisierten, zeigten die Grenzen ihrer Integrationskraft auf. Die Anarchistenrepublik, wie der Skandinavienkorrespondent der »Frankfurter Rundschau« Christiania einst nannte, mag zwar in konservativen Augen noch immer eine Provokation sein, aber sie ist längst nicht mehr das einzige Symbol des Andersseins in Dänemark.

19. Jh. der recht aktiven deutschen Gemeinde des Viertels als Gotteshaus. Christianskirken ist Kopenhagens einzige Rokokokirche, vom Amalienborg-Architekten Nicolai Eigtved entworfen. Eine Krypta ist vom Kirchhof aus zugänglich, ein gespenstischer Raum, vollgestellt mit Särgen und Urnen aus den letzten drei Jahrhunderten.

Möchten Sie sich einen Überblick über Christianshavn im besonderen und Kopenhagen im allgemeinen verschaffen, dann ist der 90 m hohe Turm der **Vor Frelsers Kirke** 11, der Erlöserkirche, ein Muß: Außen um die Turmspitze dieser 1696 gebauten Barockkirche wendelt sich eine Treppe in luftige Höhen fast bis an die weithin sichtbare, vergoldete (Welt)kugel heran, auf der ein Christus mit einer Wetterfahne steht – höher hinaus kann man nur auf dem Rathausturm. Die Kirche wird bis ca. 1998 renoviert, der Turm bleibt zugänglich.

Von dort oben hat man einen guten Blick auf ein Stück Kopenhagen, das eigentlich gar nicht dazugehören möchte, die **Freistadt Christiania**. Sie existiert seit 1971 auf Teilen der Befestigungsanlage Nyværk, die Christianshavn im Osten umringt. Das von Hausbesetzern und Aussteigern gegründete Christiania ist heute eine alternative Kleinstadt mit rund 850 festen Einwohnern, wird aber leider oft mit einem Zoo verwechselt, in dem Touristen anders Lebende und Denkende anschauen können – immerhin zählt Christiania nach Tivoli und Meerjungfrau zu den meistbesuchten Attraktionen Kopenhagens. Die fairste, weil für die Christianitter erträglichste und zudem für die Gemeinschaftskasse profitabelste Art, die Freistadt zu erkunden, ist die Teilnahme an den Führungen, die Christianias Infogruppe – wirkliche Insider – im Sommer täglich um 15 Uhr ab dem Haupteingang an der Prinsessegade anbietet. Eine Warnung: Entgegen anderslautenden Behauptungen und entgegen dem Anschein in der ›Pusher Street‹, wo Cannabisprodukte offen angeboten werden, ist deren Besitz in Dänemark nicht legal! Mit Razzien und Kontrollen vor den Toren der Freistadt ist immer zu rechnen.

Für den Weg zurück ins Zentrum bietet sich Bus Nr. 8 an, der nahe Christianias Haupteingang abfährt, alternativ gelangt man am ›Stadtrand‹ von Christiania entlang zur **Frederiks Bastion** mit einem sehr engagiert geleiteten Ausstellungs- und Veranstaltungshaus – inclusive Café – in einem ehemaligen Pulvermagazin. Im Sommer fahren von hier aus regelmäßig Boote einer der Kanalrundfahrtgesellschaften Richtung Nyhavn.

In die andere Stadt – Vom Rathaus nach Frederiksberg

Von Rådhus Pladsen führt die Tag und Nacht lebendige Vesterbrogade nach Westen. Dem Haupteingang des Tivoli gegenüber passiert sie den modern gestalteten Platz **Axeltorv** mit dem Springbrunnen ›Solen‹, die Sonne und eine Reihe von Bronzekrügen mit interessanten Details, die die Planeten symbolisieren – ein Werk von Mogens Møller (geb. 1934). An der Ecke zur Vesterbrogade lockt das grell-laute Kneipen-, Kino- und Spielhallen-Center ›Scala‹ konsumfreudiges Jungpublikum. Auffälligstes Gebäude ist das **Kinocenter ›Palads‹** 1 mit seiner poppigen Fassadenbemalung. Es bietet Platz für gut 2500 meist junge, action-verliebte Gäste in 19 Räumen vom Saal bis zum Schuhkarton – einer der größten und traditionsreichsten Kinopaläste Europas. Vor dem Palads eine Großplastik aus Stahl und Granit: **›De Syv Axler‹**

vom Altmeister der Moderne, Robert Jacobsen 1988 geschaffen. Wer Bühne oder Manege der Leinwand vorzieht, kommt gegenüber im **Cirkusbygning** 2, dem Zirkusgebäude, auf seine Kosten. Der schmucke Kuppelbau aus der Zeit der Jahrhundertwende dient, wie der Name ahnen läßt, als Zirkusmanege, aber ebenso für Konzerte und aufwendige Bühnenproduktionen.

An der nächsten Querstraße stadtauswärts ist eines der wenigen Kopenhagener Hochhäuser, das **›Radisson SAS Royal Hotel‹** unübersehbar, eine Arbeit des Architekten und Designers Arne Jacobsen, der 1960 nicht nur das Gebäude, sondern auch die Inneneinrichtung bis hin zum Besteck und den Gläsern entwarf.

Vom Zentrum kommend, sind direkt hinter dem Hauptbahnhof entlang der Vesterbrogade und der Istedgade sowie

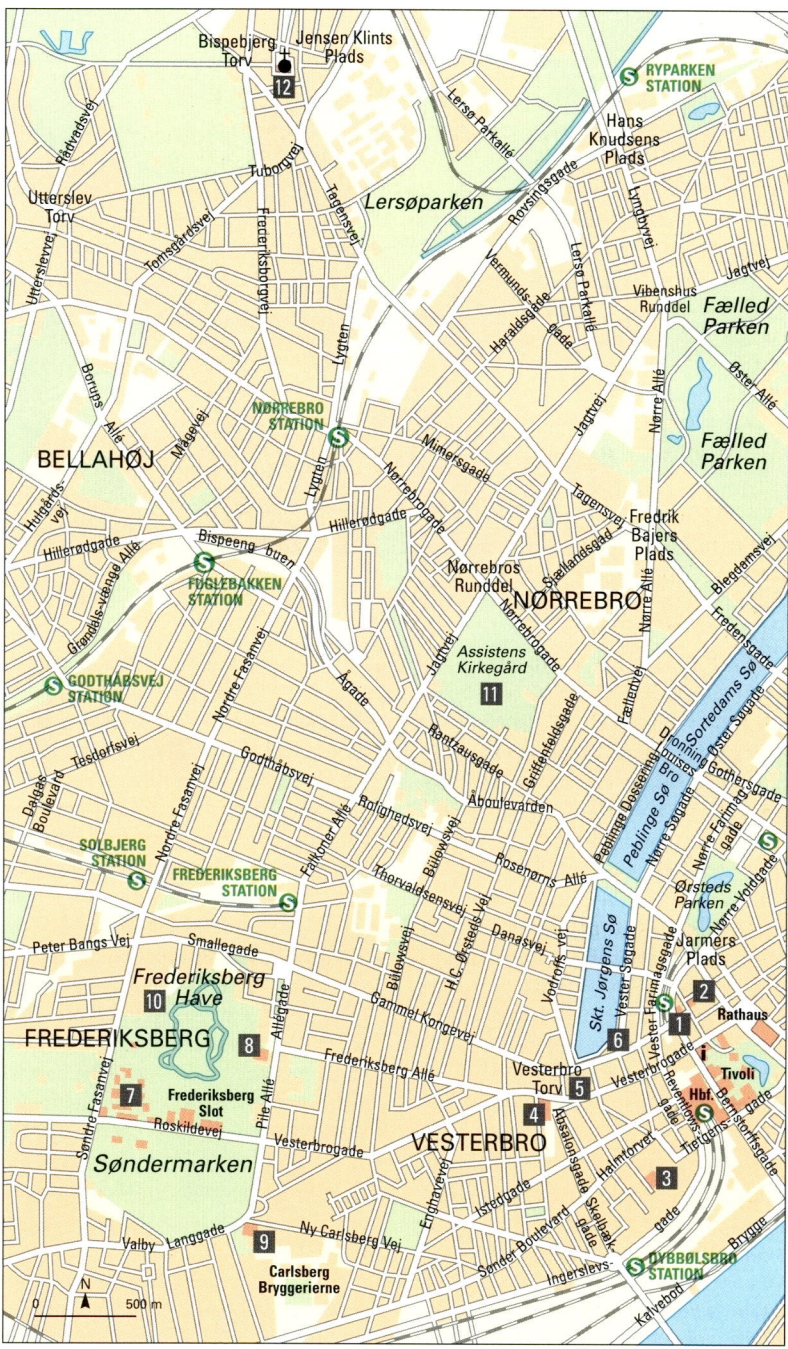

Der Rathausplatz

in den dazwischen liegenden Querstraßen die meisten Kopenhagener Touristenhotels angesiedelt. Die Istedgade ist gleichzeitig letztes, bescheidenes Refugium der einst weltbekannten Kopenhagener Pornoindustrie und eine der beiden Verkehrsadern des Viertels **Vesterbro**, noch Kopenhagens Problemviertel Nummer eins, eine Mischung aus Kiez und Kreuzberg. Extrem hoch ist der Anteil junger Bewohner – mehr als 50 Prozent sind zwischen 19 und 39 Jahre alt – und überdurchschnittlich hoch sind die Zahlen der Arbeitslosen und der Sozialhilfeempfänger: Fast jeder vierte Vesterbro-Bewohner bezieht ›Stütze‹. Vesterbro hat aber auch eine subtile Kunst- und Kulturszene. Die bekam zum Kulturjahr 96 sogar einen neuen Mittelpunkt: die zum Mehrzweckraum umgestaltete **Øksnehallen** 3 am Halmtorvet, eine über 5000 m² große, 1901 gebaute Viehmarkthalle der ehemaligen *Kødby*, der ›Fleischstadt‹, wo bis zur

Mitte unseres Jahrhunderts Kopenhagens Schlachthöfe zu Hause waren und die anschließend den Namen behielt, als sich hier ein Straßenstrich etablierte. Die Sanierung der schlimmsten Slumquartiere und die Umwandlung der *Kødby* in einen gigantischen Kultur- und Sportpark soll aus dem Problemviertel ein Schmuckstück machen – ob es gelingt, wird sich zeigen müssen.

Kobenhavns Bymuseum 4 vermittelt einen Überblick über die Stadtgeschichte und einen Eindruck vom Kopenhagen vergangener Tage. Zum Stadtmuseum gehört auch eine permanente Ausstellung über den bekanntesten Philosophen des Landes, Søren Kierkegaard (1813–55). Im Vorhof ist die mittelalterliche Stadt im Modell aufgebaut. Die angrenzende **Absalonsgade** zeigt sich im Outfit des vergangenen Jahrhunderts mit alten Straßenlaternen, Feuermeldern, Briefkästen und einer Telefonzelle, wie sie seit 1896 zum Stadtbild gehörte. Es ist eher schon ein Telefonkiosk, sechseckig und fast neun Meter hoch, mit gußeisernen Jugendstilverzierungen und einem Kupferdach. Das Programmkino ›Vester Vov Vov‹ in der Absalonsgade ist Kopenhagens Cineasten-Tempel und besitzt auch ein nettes Café.

Det Ny Teater [5], das eine kleine Verbindungsstraße zwischen Vesterbrogade und Gammel Kongevej überspannt, ist ein (Alp)Traum aus Stuck und Plüsch, Putten und Pilastern, Gold und Marmor und einem Querschnitt durch die antike Säulenvielfalt. 1908 gebaut – Asta Nielsen stand am Eröffnungsabend auf der Bühne –, 1991 vom staatlichen Subventionstopf abgenabelt und beinahe zu einem Parkhaus umgebaut, wurde es 1994 mit großem Engagement als privates Musiktheater wiedereröffnet. Es setzt beim Programm immer auf Nummer sicher, denn die Kasse muß stimmen: Strauß, Mozart und Broadway-Erfolge.

Im **Tycho-Brahe-Planetarium** [6] am Ufer des Skt. Jørgens Sø werden der Weltraum, der Sternenhimmel und auch irdische Naturphänomene den Zuschauern mit modernster Film- und Diaprojektionstechnik nahegebracht. Das Planetarium verfügt über eine Anlage zur Omnimax-Filmvorführung – Rolling-Stones-Fans sollten aufpassen, der legendäre Konzertfilm »Rolling Stones at the Max«, der nur in diesem Format gezeigt werden kann, steht immer wieder mal auf dem Programm. Darüber hinaus informiert eine Mini-Ausstellung über den Namenspatron, den dänischen Astronomen Tycho Brahe (1546–1601).

Wenige Meter westlich von Planetarium und Stadtmuseum betritt man die selbständige Stadt Frederiksberg. Dort ist Frederiksberg Have, ein Park mit dem als Militärakademie genutzten Schloß

Frederiksberg und dem **Zoologisk Have** [7], einem klassischen, 1859 gegründeten Stadtzoo, am Rande, ein beliebtes Erholungsgebiet der Kopenhagener und Frederiksberger: im Sommer zum Bötchenfahren und im Winter zum Rodeln und Schlittschuhlaufen. Eine urdänische Einrichtung sind die Gartenlokale entlang der Pile Allé, am Rande des Parks. Wer hier sein eigenes Picknick auspackt, wird nicht schief angesehen, auf jeden Fall nicht, solange er dazu ordentlich Getränke bestellt.

Der schönste Weg von Kopenhagen zum Park führt über die Frederiksberg Allé, eine oft übersehene Prachtstraße, die auf beiden Seiten von einer Doppelreihe Linden und ansehnlichen Bürgerhäusern der Jahrhundertwende gesäumt wird. Nahe Frederiksberg Have haben einige Boulevard-Theater ihr Domizil, und ganz am Ende, am Frederiksberg Runddel, stößt man auf zwei Museen mit sehr dänischen Themen: **Morskabs-Museet** befaßt sich mit leichter Unterhaltung, vor allem mit den in Dänemark so populären volkstümlichen Revuen, und ›**Storm P. Museet**‹ [8] erinnert an den Maler und Karikaturisten Robert Storm Petersen (1882–1949), ein Kopenhagener Original.

Im Süden setzen sich die Grünanlagen des Frederiksberg Have im Park Søndermarken fort, und daran schließt – schon wieder auf Kopenhagener Gebiet – das Gelände der **Carlsberg Brauerei** [9] an. Sie sollte man nicht nur wegen der Führungen besuchen, bei denen abschließend die Produkte des Hauses probiert werden können, sondern auch wegen der Gebäude: Nirgendwo in Kopenhagen gibt es schönere Beispiele für Industriearchitektur des 19. und 20. Jh. Auf mehr als 20 Bauten der Brauerei haben Denkmalschützer ein Auge geworfen, und bei einem Rundgang merkt man schnell, warum: Man beachte nur einmal den Schornstein von 1900, der das Gelände überragt. Wahrzeichen der Brauerei ist das Tor mit vier mächtigen Elefanten aus Bornholmer Granit, das den Ny Carlsbergvej überspannt. An diesen Elefanten und an vielen Exponaten im brauereieigenen Museum fällt manchem Besucher das alte Carlsberg-Markenzeichen ins Auge und weckt unangenehme Erinnerungen: das Hakenkreuz. Carlsberg verzichtete aber schon gleich, nachdem die Nazis in Deutschland die Macht übernommen hatten, darauf, Produkte des Hauses mit diesem Symbol zu kennzeichnen.

Carlsberg – seit langem mit dem vermeintlichen Konkurrenten Tuborg zu ›De forenede Bryggerier‹ fusioniert – ist eines der größten Unternehmen Dänemarks und besitzt weltweit eigene Brauereien und Beteiligungen, in Hong Kong ebenso wie in Birmingham, in Hanoi ebenso wie in Mönchengladbach – dort ist die Hannen-Brauerei eine 100 %ige Tochter.

Zu einer anderen Fabrikbesichtigung muß man noch einmal quer durch Frederiksberg Have, zur Nordwestecke des Parks. Dort produziert seit 1884 **Den**

Kgl. Porcelainsfabrik 🔟 – heute in Anbiederung an die amerikanischen Kunden ›Royal Copenhagen‹ – Porzellan. Einstündige Fabrikführungen gibt's je nach Saison drei- bis fünfmal an allen Werktagen, und in einem Zweite-Wahl-Laden an der Ecke Søndre Fasanvej/Smallegade kann man vielleicht ein Schnäppchen machen. Übrigens brauchen Sie aus Porzellantassen kein Bier zu trinken, um eine Verbindung zwischen Carlsberg und Royal Copenhagen herzustellen: Die Brauer sind seit Jahren Mehrheitseigner an dem Kunstgewerbekonzern, zu dem neben der Königlich Kopenhagener Porzellanmanufaktur längst auch der ehemalige Konkurrent Bing & Grøndal, die Glasmanufaktur Holmgaard und die Silberschmiede Georg Jensen gehören.

Zurück ins Zentrum kommt man u. a. ab der Carlsberg Brauerei (Valby Langgade) mit Bus Nr. 6 und ab der Porzellanmanufaktur mit Bus Nr. 1 und 14. Eine interessante Alternative: Eine Fahrt mit Bus Nr. 18 bis Nørrebros Runddel und von dort ein Bummel über den Assistens Kirkegård und mitten durch das bunt-proletarische Nørrebro zurück Richtung Zentrum.

Der Eingang zur Ny Carlsberg Brauerei

Abstecher außerhalb des Zentrums

Ein Abstecher ca. 1,5 km ab der Nørreport Station stadtauswärts (mit Bus 5 oder 16) führt zum schönsten Friedhof der Stadt, dem parkähnlichen **Assistens Kirkegård** , von den Bewohnern des umliegenden Nørrebro gern als Naherholungsgebiet genutzt. Hier liegen zahlreiche Größen des dänischen Geistes- und Kulturlebens unter der Erde: H. C. Andersen, der Arbeiterdichter Martin Andersen Nexø, der Philosoph Søren Kierkegaard, der Maler C. W. Eckersberg, die Bildhauer Johannes Wiedewelt und H. W. Bissen, die Naturwissenschaftler H. C. Ørsted und Niels Bohr sowie der 1993 verstorbene Dan Túrell, ein Multikünstler, scharfzüngiger Gesellschaftskritiker, Krimiautor und Kopenhagener Szene-Original. Der Friedhof wurde Mitte des 18. Jh. als Armenfriedhof angelegt und erst im 19. Jh. vom gehobenen Bürgertum ›entdeckt‹, gerade als der Neoklassizismus in Kopenhagen eine Blüte erlebte – vielen Gräbern sieht man dies an. Die interessantesten Grabstätten liegen in der Nähe des Haupteingangs am Kapelvej.

Knapp 5 km sind es bis zur **Grundtvigskirke** im Stadtteil Bispebjerg (På Bjerget; Bus 5 oder 16 ab Nørreport bzw. Assistens Kirkegård bis Nørrebro Station, ab dort Bus 19 oder ab/bis Statens Museum for Kunst an der Sølvgade Bus 10). Das ungewöhnliche Gotteshaus, 1920–40 gebaut, ist ein monumentales Denkmal für den Theologen und geistigen Vater der Volkshochschulbewegung N. F. S. Grundtvig. Architekt Jensen Klint, der zehn Jahre vor Vollendung seines Hauptwerks starb, griff die Formen mittelalterlicher dänischer Landkirchen auf, aber in kathedrale Dimensionen vergrößert. Für Innen- wie Außenwände verwendete er gelben Ziegel, ein urdänisches Baumaterial, das auch in den Mauern der umliegenden Wohnhäuser wieder auftaucht, die mit ihrer geduckten Bauweise das Monumentale

Die Grundtvigskirke

der Kirche nur unterstreichen. Markenzeichen der Grundtvigskirke ist die nach Westen gewandte Fassade des Turms, die an eine gewaltige Orgel erinnert. Sie setzt den donnernden Schlußakkord des individuellen Historismus, jener Strömung dänischer Architektur, die mit Rückgriffen auf die Vergangenheit um die letzte Jahrhundertwende viele bekannte Bauten im Lande schuf: Während auf Bispebjerg noch Neogotisches gemauert wurde, hatte längst der Funktionalismus in Dänemark Einzug gehalten, man denke nur an Arne Jacobsens Wohnanlage Bellavista in Klampenborg von 1934 (s. S. 102).

Kopen-
hagens
Hinterland

In die Vororte und die Umgebung von Kopenhagen

Amager – Kontraste pur

Bei oberflächlicher Betrachtung merkt man es als Kopenhagenbesucher kaum: Der Hafen der Stadt ist eigentlich ein Sund, der die große Insel Seeland mit dem Stadtzentrum von der Nachbarinsel Amager trennt, u. a. mit Kopenhagens Stadtteil Christianshavn (s. S. 83f.), aber auch mit den selbständigen Gemeinden Tårnby und Dragør. Amager ist statistisch nicht einmal unbedeutend: Unter den mehr als 400 dänischen Inseln belegt es Platz 14 nach der Größe und Platz 4 nach der Einwohnerzahl.

Kopenhagens Universität ist mit den meisten Instituten schon vor Jahren nach Amager gezogen, das Messe- und Kongreßzentrum ›Bella Center‹ ist hier zu Hause sowie der internationale Flughafen Kastrup, ein skandinavisches Luftdrehkreuz und einer der geschäftigsten Airports in Europa. Hier erwartet man kaum Badeidylle, aber etwas vom Touch ruhigerer Zeiten hat der **Amager Strandpark** 1 mit der traditionsreichen Badeanstalt ›Helgoland‹ bewahrt: Am Ende eines langen Stegs steht sie auf hölzernen Pfeilern im Øresund.

Der Amager Strandpark ist von Ende Mai bis Ende August auch immer wieder Schauplatz der 5-øren – gesprochen: femmøhren – Konzerte. Samstags nachmittags sowie an einigen Feiertagen stehen hier dänische, andere skandinavische und gelegentlich international bekannte Rockmusiker auf der Bühne. Der Bierverkauf bringt das meiste Geld ein, und so ist die Hälfte der Veranstaltungen gratis, für die restlichen wird geringer Eintritt kassiert; zu Auftritten bekannter Stars kommen schon mal über 100 000 Fans, zum Teil sogar mit dem Boot. Ein kleiner Jachthafen, Kastrup Havn, ist gleich in der Nähe. Hier kann man sich in der ›**Øresund Udstilling**‹ über Planung und Stand der Bauarbeiten an der festen Verbindung informieren, die einen Katzensprung entfernt zur Jahrtausendwende hinüber nach Schweden führen soll. Amager verändert dadurch zur Zeit nachhaltig sein Gesicht: Quer über die Insel legen sich Zufahrts-Trassen mit Autobahn und Schienenstrang, und auf den Brachlandflächen im Westen der Insel soll bald das ambitionierteste Städtebauprojekt Skandinaviens realisiert werden: Ørestaden (s. S. 48).

Hat man die Landebahn des Flughafens Kastrup in einem Tunnel unterquert, befindet man sich plötzlich in einer anderen Welt, auch wenn der Lärm startender und landender Jets noch an die moderne Großstadt erinnert: **Store Magleby** 2 ist ein Dorf. Es war lange das Zentrum der Besiedlung von Amager durch Holländer, die von dänischen Königen immer wieder als Baumeister und -arbeiter ins Land geholt wurden. Das volkskundliche *Amagermuseet* erinnert an diese Einwanderer und die Kultur, die sie mitbrachten.

Zum bäuerlich ländlichen Store Magleby bietet das benachbarte **Dragør** 3 die maritime Ergänzung. Das Städtchen ist ganz idyllischer Fischerort mit verwinkelten, malerischen Gassen, in denen Stockrosen bunte Farbtupfer vor den gelbgetünchten Wänden der kleinen Häuser bilden – ein Dänemark wie aus einem Märchen von H. C. Andersen. Am Hafen erinnert ein *Heimatmuseum* an

*Südlich
von Kopenhagen*

vergangene große Tage: Dragør war im Mittelalter Hochburg der Heringsfischerei, wurde später Heimathafen einer bedeutenden Segelschiffflotte und hatte als erste offizielle Lotsenstation Dänemarks große Bedeutung für die Schiffahrt auf dem Øresund. Und noch ist Dragør ein wichtiger Fährhafen für den Verkehr nach Schweden.

Sandstrände und Kunst im Süden von Kopenhagen

Amagers Süden stößt an die Køge Bugt. Sie war am 1. Juli 1677 Schauplatz jener legendären Seeschlacht, in der Niels Juel eine unterlegene dänische Flotte mit genialer Strategie zu einem heroischen Sieg über eine schwedische lenkte und damit Dänemark vor einer drohenden Invasion bewahrte. Für Juel eine lohnende Angelegenheit: Der König bedankte sich mit Thotts Palæ am Kongens Nytorv in Kopenhagen (s. S. 63) und Valdemars Schloß auf Tåsinge (s. S. 186f.).

Heute sind Segler in der Køge Bugt gern gesehen, vor allem in den vier Marinas der 7 km langen Küstenlandschaft ›Strandparken‹, die »Copacahaga« vor den Toren der südlichen Vororte Brøndby, Vallensbæk, Ishøj und Hundige mit künstlichen Lagunen, Dünen und weißen Stränden. Würden im Norden nicht Kraftwerksschlote in den Him-

mel ragen und am Horizont die Kopenhagener Türme zu ahnen sein, man
wähnte sich wahrlich nicht eine viertel
Auto-Stunde vom Zentrum einer Millionenstadt entfernt, sondern irgendwo
an Jütlands Küste.

Inmitten der Dünen, nur wenige
Schritte vom Strand und der Marina

Bahn-Netzes. Køge lebt seit dem Mittelalter – Stadtrechte ab 1288 – von einem
guten Hafen. Zur Orientierung von See
her diente seit frühgotischer Zeit der
Turm der wuchtig wirkenden *Skt. Nikolai Kirche*, die im Inneren ein reiches Inventar aus Renaissance und Barock besitzt.

›Arken – Museum for Modern Kunst‹

Fachwerkidylle in Køge

›Ishøj Havn‹ entfernt, bekam Kopenhagen zum Kulturjahr 1996 eine neue Attraktion: **›Arken – Museum for Modern Kunst‹** 4. Dieses schon architektonisch exzentrische Museum versteht
sich als ›Arche‹ für zeitgenössische
Kunst und nicht als Konkurrenz, sondern
als Ergänzung zum Louisiana (s. S. 106),
das in seiner Sammlung zur Moderne
weiter zurückgeht und international orientiert ist.

Namengebend für die Køge Bugt ist
das Städtchen **Køge** 5 (s. S. 346), süd-
lichster Punkt des Kopenhagener S-

Die um die Kirche und den weitläufi-
gen Marktplatz Torvet – der größte in
der dänischen Provinz – liegende Altstadt lockt zum Bummeln. Schmuckstücke der reichlich vorhandenen Fachwerkarchitektur sind der Kaufmannshof
aus der Renaissance gleich am Anfang
der Nørregade, der seit 1909 das *Køge
Museum* beherbergt, sowie die Häuser
Nørregade 31, Kirkestræde 10, Brogade
16 und 23 – alle aus der ersten Hälfte des
17. Jh. Älter ist das kleine Häuschen
neben der Kirche in der Kirkegade 20,
das von der städtischen Bibliothek ge-

nutzt wird: Es stammt aus dem Jahre 1527 und ist damit das älteste datierte Stadthaus im ganzen Lande.

Auf der anderen Seite der Kirche findet man an der Nørregade in einer ehemaligen Schule *Kunstmuseet Køge Skitsesamling*. Es dokumentiert die Entstehung von Kunstwerken, Denkmälern sowie moderner Ausschmückungen öffentlicher Bauten und besitzt darüber hinaus ein schnuckeliges Café sowie einen gut ausgestatteten Museumsshop, an dem vor allem Hobbymaler ihre Freude haben dürften.

Wo Gott am Abgrund steht: die Halbinsel Stevns

Von Køge ist die **Halbinsel Stevns** (s. S. 360) mit Auto oder Rad leicht zu erkunden, einige Highlights erreicht man auch stündlich mit Privatbahnen, deren Fahrpläne auf den S-Bahn-Verkehr ab bzw. bis Kopenhagen abgestimmt sind.

Das schmucke Renaissanceschloß **Vallø** 6 im Süden von Køge diente seit über 250 Jahren als Adeliges Damenstift; unverheiratete Frauen aus blaublütigen Familien fanden hier einen Alterswohnsitz in ›angemessenem‹ Umfeld.

Über **Store Heddinge** 7, bekannt für seine ursprünglich romanische, aber im 19. Jh. stark umgebaute Kirche mit einem in Dänemark ungewöhnlichen, achteckigen Schiff, gelangt man in den Osten von Stevns. Hier endet die Halbinsel abrupt an den 15 km langen und bis zu 41 m hohen Kreideklippen **Stevns Klint** 8. Deren unterste Schicht aus weicher Schreibkreide ist über 65 Mio. Jahre alt. Über ihr breitet sich eine nur 10–15 cm dicke Lage *fiskeleret* (Fischton) aus, ein Objekt intensiver Forschung, von der Erkenntnisse über das Ende der Dinosaurier und zahlreicher anderer Tierarten an der Schwelle von der Kreidezeit zum Tertiär erhofft werden, jener Zeit, als diese Tonart abgelagert wurde.

Die Klippen sind reich an Versteinerungen, die sich mit geübtem Auge finden lassen: Versteinerte Stacheln und Körper von Seeigeln sowie Muscheln sind die häufigen Trostpreise, Fische, Amphibien oder gar Reptilien seltene Hauptgewinne. Bei Højerup thront die sagenumwobene **Højerup gamle Kirke** über den Klippen: Ein Schiffer soll sie Mitte des 13. Jh. als Dank für Rettung aus Seenot gebaut haben. Seitdem rückt sie in jeder Weihnachtsnacht einen Hahnentritt weit landeinwärts. Einige Jahrhunderte reichte das Tempo, dann obsiegten die Fakten über die Fiktion: Unter der Kirche hatte das Meer sich in die Klippen gefressen. 1928 stürzte der Chor ab. Der Rest ist inzwischen sorgfältig untermauert. Eine Treppe führt zum Ufer hinab und bietet ungewohnte Perspektiven auf das Gotteshaus. Neben der Kirche zeigt Stevns Museum Historisches und Volkskundliches aus der Region.

In **Rødvig** 9 ist ein eigenwilliges Bauwerk Wahrzeichen am Hafen: ein ehemaliger Hochofen, der zum Brennen von Feuersteinen als Glasurrohstoff für die Steingutherstellung diente. Von hier führt ein geologischer Lehrpfad, neben dem man die oben beschriebene Schichtung der Klippen sehr deutlich erkennen kann, an der Küste entlang zu dem alten Kalkbruch Boesdal.

Entlang der Südküste von Stevns liegen einige Strände, die bekanntesten bei Rødvig und bei **Fakse Ladeplads** 10, das um einen Hafen entstanden ist, in dem seit Jahrhunderten Kalk aus den landeinwärts gelegenen Brüchen von Fakse verladen wird. Diese sind für Sammler von Versteinerungen ein Eldorado. Wer selbst nichts findet, kann sich im örtlichen Museum einige schöne Exemplare anschauen.

Weit über Dänemarks Grenzen hinaus ist Fakse durch die lokale Brauerei bekannt, die eine alte Schreibweise des Ortsnamens verwendet : ›Faxe‹. Das Bier wurde auf dem nationalen Markt durch einen Geniestreich im Marketing berühmt: Während die beiden großen Kopenhagener Brauereien stolz mit dem Titel ›Lieferant des Königlich Dänischen Hofes‹ protzen, läßt die Faxe-Brauerei auf ihre Flaschenetiketten den Spruch drucken: ›*Leverandør til det danske Folk*‹ – ›Lieferant des Dänischen Volkes‹.

Die ›dänische Riviera‹:
An der Øresundküste nach Norden

Von Kopenhagen nach Norden reihen sich lohnende Ausflugsziele wie Perlen auf der Schnur an der Øresundküste entlang. Sie sind mit dem Auto oder dem Rad über die Küstenstraße Strandvejen sowie meist auch mit der S-Bahn, die bis Klampenborg fährt, oder mit der DSB-Küstenbahn, die mehrmals pro Stunde bis Helsingør verkehrt, zu erreichen (s. S. 337ff.).

Gleich im Norden Kopenhagens schließt an das Stadtviertel Østerbro der Vorort **Hellerup** an. Ein wichtiger Arbeitgeber ist dabei, diese Gegend, die er 100 Jahre geprägt hat, zu verlassen: die Tuborg Brauerei. Die Weltmarke ist nicht etwa pleite, es war nur im Rahmen der Konzernpolitik der Vereinigten Brauereien kein Platz für zwei Bierfabriken in Kopenhagen. Die Entscheidung fiel für Carlsberg (s. S. 91), wo jetzt auch Tuborg Øl in den Kesseln gärt. In Hellerup wird nur noch Sprudelwasser abgefüllt.

In eine der alten Brauereihallen ist das **Experimentarium** 1 eingezogen, das mit spannenden naturwissenschaft-

lichen Experimenten Aha-Erlebnisse vermittelt (s. S. 69).

Ein kurzes Stück landeinwärts liegt am Tuborg Vej ›**Mindelunden i Ryvangen**‹ 2, die zentrale dänische Gedenkstätte für die Opfer nationalsozialistischer Gewaltherrschaft, mit einem Friedhof für die während der deutschen Besatzung umgekommenen Männer und Frauen des dänischen Widerstands. Direkt neben der heutigen Gedenkstätte hatte die Gestapo einen Hinrichtungsplatz.

Im Zeitalter digitaler Telekommunikation mit immer neuen Innovationsschüben bekommt ein bisher kaum beachtetes Museum im Zentrum von Hellerup nostalgischen Wert: Das ›**KTAS Telefonmuseum**‹ 3 am Svanemøllevej befaßt sich mit dem Telefon von seiner Erfindung bis zur Gegenwart. Wahrzeichen in den warmen Zeiten des Jahres: Vor dem Museum arbeitet ein Telefonarbeiter an einem Masten.

Nördlich von Kopenhagen

Je weiter man nun an der Küste entlang nach Norden fährt, desto edler werden Orte und Häuser – man durchquert den sog. *whiskybælte* (s. S. 46f.). Hier geht man auch gern mal zum Pferderennen: In Klampenborg haben die Galopper ihre Bahn, viel häufiger aber – rund ums Jahr jeden Sonntagnachmittag – sind die Traber auf ihrem Oval am Rande des Schloßparks von Charlottenlund unterwegs – es darf auch gewettet werden.

Nur ein paar Schritte entfernt sind Fische aus aller Welt – darunter ein elektrischer Aal – in **Danmarks Akvarium** 4 zu beobachten; einen Schwerpunkt bildet natürlich die heimische Meeresfauna. Gleich auf der anderen Seite des Strandvejen ist der Strandpark von Charlottenlund an heißen Sommertagen ein populärer Badeplatz.

In Ordrup, einem der etwas landeinwärts gelegenen Villenviertel, ist **Ordrupgaard** 5 zu finden, Ex-Wohnsitz eines Wirtschaftsmagnaten und heute Kunstmuseum mit Schwerpunkt französischer Impressionismus und Postimpressionismus. Eine besondere Rolle spielt Paul Gauguin, der, mit einer Dänin verheiratet, einige Jahre in Kopenhagen lebte. Zwei Söhne aus dieser Ehe, Pola und Jean Gauguin, waren ebenfalls künstlerisch tätig. Ordrupgaard ist kein pompöses Museum, sondern eine Idylle im Grünen und verspricht eine ruhige Art, Kunst zu erleben.

Folgt man der Küste, dann kann man von Strandvejen, der zwischen Charlottenlund und Klampenborg zu einer richtigen Uferpromenade wird, die schöne Aussicht auf den vielbefahrenen Øresund genießen. Auf halbem Wege liegt der Jachthafen **Skovshoved** 6 und neben seiner Zufahrt eine unter Denkmalschutz stehende Tankstelle aus dem Jahre 1937. Ihr Architekt Arne Jacobsen

(1902–71) zählt zu den bedeutendsten Vertretern des skandinavischen Funktionalismus, sein Werk prägte der Bauhausstil.

In **Klampenborg** 7 kann man eine weitere Jacobsen-Arbeit sehen, den Wohnkomplex Bellavista aus den frühen 30er Jahren, der zusammen mit dem etwas später entstandenen Bellevue Teater eine gelungene architektonische Einheit bildet. Auch hier ein populärer Badeplatz: Bellevue Strandbad. Ein paar Meter landeinwärts, gleich jenseits von Strandvejen und dem Bahnhof von Klampenborg – eine S-Bahn- und Küstenbahnstation – breitet sich **Dyrehave** aus, ein rund 1000 ha großer Wildpark. Seine Anfänge lassen sich bis 1669 zurückverfolgen, in die Zeit von Frederik III. 1763 entstand auf einem Hügel mitten im Dyrehave das Rokokojagdschloß Eremitagen, das ausschließlich für Empfänge diente und noch bei besonderen Anlässen dafür genutzt wird. Seit Mitte des 18. Jh. ist Dyrehave für das ›gemeine‹ Volk zugänglich und eines der beliebtesten Naherholungsgebiete im Raum Kopenhagen. Wander-, Rad- und Reitwege erschließen den Park mit seinem mehrere hundert Jahre alten Baumbestand und etwa 2000 freilebenden Hirschen. Direkt neben dem Bahnhof Klampenborg warten regelmäßig Pferdekutschen, die man für eine Tour durch den Park mieten kann.

Nur knapp zehn Minuten Fußweg von der Klampenborg Station liegt der Vergnügungspark Dyrehavsbakken, meist nur **Bakken** 8 genannt, dessen Restaurants und Kneipen, Achterbahnen und Karussells, Theaterzelte und Schießbuden von Anfang April bis Ende August offen sind. Bakken ist im Vergleich zur städtischen Konkurrenz Tivoli volkstümlicher und älter, nach der Eigenwerbung der älteste Vergnügungspark der Welt.

Seine Ursprünge lassen sich bis ins 18. Jh. zurückverfolgen: Am Westrand liegt ein kleiner See, der von einer Quelle gespeist wird, der Kirsten Pils Kilde. Ihre angebliche Heilkraft zog Heilsuchende wie Geschäftemacher gleichermaßen an, Zelte und Buden wurden aufgebaut und mit der Zeit zur ständigen Einrichtung. Daß Bakken trotz aller Traditionen auch offen für Modernes ist, beweist die 1995 zur Saisoneröffnung neu gestaltete Freilichtbühne. Die Pläne lieferte der bekannte Plakatkünstler Per Arnoldi.

Im Dyrehave liegen die traditionsreichen Ausflugslokale ›Peder Lieps Hus‹, ›Kongekilden‹ und ›Studenterkilden‹ – alle in der Nachbarschaft des Vergnügungsparks – sowie der ›Rådvad Kro‹ mit anerkannt guter Küche am Nordausgang, direkt an der Mølleå, die hier den Park durchfließt.

Von Klampenborg weiter nach Norden wird die Bebauung merklich lichter, jetzt sind einzelne Orte schon eher erkennbar als in der unmittelbaren Nachbarschaft Kopenhagens. Eine Ausstellung mit den etwa 7000 Jahre alten Grabfunden von Vedbæk wird auf dem ehemaligen Gutshof **Gammel Holtegaard** 9 in einer Abteilung des Søllerød Museum gezeigt.

In **Hørsholm** 10 stand im 18. und 19. Jh. eines der schönsten Schlösser Nordseelands, Hirschholm Slot, von dem nur noch die Parkanlagen mit einer neoklassizistischen Kirche zu sehen sind. Von den Museen der Stadt hat das Jagd- und Forstmuseum ›Jagt- og Skovbrugsmuseet‹ überregionale Bedeutung, es zeigt Waffen und Trophäen von der Eiszeit bis heute aus Dänemark und seinen atlantischen Besitzungen, vor allem aus Grönland.

Obwohl Hørsholm als eine Hochburg des *whiskybælte* gilt und wahrlich keiner proletarischen Tradition verdächtig ist, steht in der Gemeinde das einzige dänische Lenin-Denkmal, ein Geschenk der UdSSR aus dem Jahre 1986, aufgestellt auf dem Gelände der linksorientierten Volkshochschule ›Tidens Højskole‹, etwas westlich des Ortes.

Im benachbarten Küstenort **Rungsted** 11 war der Landsitz Rungstedlund das dänische Zuhause der wohl bekanntesten Schriftstellerin des Landes im 20. Jh., Karen Blixen (1885–1962), die in Deutschland als Tanja Blixen und im englischsprachigen Raum als Isak Dinesen veröffentlichte. In den 80er Jahren brachten zwei Oscar-prämierte Kinoerfolge ihrem Werk eine Renaissance: »Jenseits von Afrika«, eine Hollywoodverfilmung mit Meryl Streep, Robert Redford und Klaus Maria Brandauer nach ihrem autobiographischen Afrikaroman »Afrika, dunkel lockende Welt« aus den 30er Jahren und »Babettes Fest«, eine äußerst erfolgreiche dänische Produktion, nach einer gleichnamigen Novelle. Mit den Lizenzerträgen aus den Filmen und den dadurch wieder reichlich verkauften Büchern konnte auf dem alten Besitz ein lange geplantes Museum realisiert werden. Im Park hinter dem Haus hat Karen Blixen in einem schlichten Grab unter einer Buche ihre letzte Ruhe gefunden.

Vor Rungsted liegt die kleine Insel **Hven** 12 im Øresund, einst dänisch, heute schwedisch und immer ein lohnendes Ausflugsziel (s. S. 104ff.).

Nivå 13, das nächste Küstenörtchen, besitzt auf Gut Nivågård eine der bedeutendsten privaten Kunstsammlungen des Landes mit Malerei der italienischen und holländischen Renaissance sowie des dänischen ›Goldenen Zeitalters‹ im frühen 19. Jh.

Höhepunkt entlang der Øresundküste ist zweifelsohne aber das Museum für

Wo der Himmel Form annahm –
Insel Hven

Die Fahnen, die überall auf der kleinen Insel wehen, sind blau-gelb: Ven, nur wenige Kilometer nördlich von Kopenhagen mitten im Øresund gelegen, gehört seit 1658 zum Königreich Schweden. Aber kaum ein Flecken Schwedens ist so dänisch – geblieben – wie Hven. Na! Ein Schreibfehler? Ven – Hven. Nein: Ven ist die schwedische, die amtliche Schreibweise, Hven die ältere, die dänische, und die des stillen Protestes. Der richtet sich gegen »… die in Stockholm, die uns dauernd bevormunden und uns bei jedem Bier ein schlechtes Gewissen einreden wollen«, wie ein Ven-Fischer im Minihafen von Kyrkbacken vor sich hin brummelt. Er hat als Heimathafen das dänische ›Hven‹ auf das Heck seines Kutters gepinselt, direkt unter der Stange, an der die blau-gelbe Flagge hängt. Dann zeigt er auf die nahe dänische Küste und nölt weiter: »Die dort drüben sind doch genau solche Leute wie wir, dürfen aber viel mehr machen, was sie wollen. Wir sind doch keine Kinder, auf die man dauernd aufpassen muß.«

Dieser skurrile Protest hätte allein wahrscheinlich nicht ausgereicht, der kleinen schwedischen Insel Raum in diesem Buch über Dänemark zu verschaffen. Dafür sorgt aber ein Mann, der heute als Denkmal, den Blick in den Himmel gerichtet, mitten auf Ven steht: Tyge Brahe, besser unter seinem lateinischen Vornamen Tycho bekannt.

Viele, die mit diesem Namen etwas anzufangen wissen, werden ihn eher mit Prag in Verbindung bringen als mit der Insel im Øresund. Dabei hat Tycho Brahe nur seine letzten zwei Lebensjahre in der Stadt an der Moldau gearbeitet, hat dort Johannes Kepler zu seinen Assistenten gezählt, ist dort gestorben und liegt dort begraben. Auf Ven aber hat er 21 Jahre gewirkt, der Insel seinen Stempel aufgedrückt, genauer sogar zwei: Uranienborg und Stjerneborg – schwedisch Uraniborg und Stjärneborg.

Um die Abwanderung des Star-Sterne-Guckers nach Basel zu verhindern, gab Dänenkönig Frederik II. seinem Hofastronomen Brahe 1576 die Insel zum Lehen. Der richtete sich auf dem bäuerlichen Ven feudal ein und lebte wie ein Kleinkönig – nicht gerade förderlich für seine Beliebtheit bei der einheimischen Bevölkerung.

Uranienborg entstand im Stil der Renaissance. Das Hauptgebäude war Villa und Observatorium zugleich, mit zwei Beobachtungstürmen und Außengängen am Dachgeschoß konsequent für die astronomischen Studien des Hausherren geplant – ein Novum für das damalige Europa. Ein geometrisch exakt durchgeplanter Garten umgab das Haus, eine Papiermühle, eine Druckerei und die Werkstatt für Brahes Instrumente schlossen an. Brahes Ansprüche stiegen, und schon bald mußte ein reines Observatorium gebaut werden, Stjerneborg – die Sternenburg. Damit die Instrumente auf solidem Grund standen – daran hatte es in den Türmen von Uranienborg gehapert – baute man die neue Anlage in die Erde.

Tycho Brahe machte Ven zu einem europäischen Zentrum der Astronomie. Gelang ihm selbst auch nicht der große Wurf, wie Kopernikus – der vor ihm

Tycho Brahe (1546 – 1601)

lebte, – Galilei, Kepler oder Newton, so war er doch der große Handwerker und Systematiker. Ohne die von Brahe entwickelten Instrumente und ohne seine präzisen Beobachtungen des Sternenhimmels, hätten die ihm folgenden Großen der Astronomie den Sprung vom geo- zum heliozentrischen Weltbild wohl noch nicht geschafft.

Ende des 16. Jh. fiel Brahe bei Hofe in Kopenhagen in Ungnade. Frederiks Nachfolger Christian IV., sonst bestimmt nicht zimperlich im Geldausgeben, drehte den Geldhahn zu. Ohne die Unterstützung aus Kopenhagen kapitulierte der Astronom, verließ seine Insel und kam über Rostock nach Prag. Vens Tage im Rampenlicht waren gezählt. Uranien- und Stjerneborg verfielen.

Wer heute – am besten mit einem der vielen Leihfahrräder – das siebeneinhalb Quadratkilometer große Ven erkundet, kann den Erinnerungen an Tycho Brahe nicht entgehen. An dem Hauptweg, der quer über die Insel führt, kommt man unweigerlich zu dem kleinen Museum, 1929 gegründet, in dem Brahes astronomisches Werk und sein Wirken auf Ven in Grundzügen dargestellt sind.

Anschließend stolpert man über die Reste der Grundmauern und Wälle von Uranienborg, und man stockt fast angesichts von Stjerneborg: Sollten die Mauern des Observatoriums vier Jahrhunderte schadlos überstanden haben? Nein. Was aus der Ferne wie ein sehr gut erhaltenes Originalgebäude aussieht, ist nur eine Betonrekonstruktion aus den 50er Jahren, errichtet über den ausgegrabenen Fundamenten, die durch Luken zu sehen sind.

Über die Tycho-Brahe-Erinnerungen hinaus bietet Ven noch eine landschaftlich sehr schön gelegene mittelalterliche Kirche, drei kleine Sandstrände und viel ländlichen Charme, den man zwar von einer Insel dieser Größe mit nur knapp 280 Einwohnern erwartet, aber kaum in solcher Nähe zum größten Ballungsgebiet Nordeuropas: Rund um Ven, in einem Umkreis von nicht einmal 50 Kilometern, leben immerhin fast drei Millionen Menschen auf beiden Seiten des Øresund.

Ven wird täglich mehrmals von Kleinfähren vom schwedischen Landskrona aus angelaufen. Dorthin, aber auch nach Ven direkt, gibt es in jedem Jahr Fähr- oder Schnellbootverbindungen ab Kopenhagen. Aktuelle Informationen dazu bieten das Kopenhagener Touristenbüro sowie die einschlägigen Reedereien an der Kopenhagener Havnegade.

moderne Kunst **Louisiana** 14 in Humlebæk (s. S. 335), eines der bedeutendsten seiner Art in Europa. Es entstand nach 1958 in mehreren Bauabschnitten um einen Landsitz aus dem vergangenen Jahrhundert. Dessen Bauherr, Alexander Brun, hatte das Kunststück fertiggebracht, drei Frauen vor den Traualtar zu führen, die alle Louise hießen und nach denen er den Besitz ›Louisiana‹ nannte. Die alte Villa und die modernen, vom skandinavischen Funktionalismus geprägten Ausstellungsräume bilden trotz der Kontraste eine gelungene architektonische Einheit, die sich beispielhaft mit der umgebenden Natur verbindet. Ein Besuch im Louisiana ist somit gleichermaßen Kunst- und Naturerlebnis. Immer wieder kann der Blick von der Kunst durch die großen Panoramafenster ins Grüne schweifen, in den Park oder vom Nordflügel auf den kleinen, baumumstandenen Humlebæk Sø. Der zeigt sich heute mehr als idyllisch, hat aber eine kriegerische Vergangenheit als Versteck kleiner Kaperschiffe während der Napoleonischen Kriege.

Schwerpunkt der eigenen Sammlung des Louisiana ist dänische und internationale Kunst seit dem Zweiten Weltkrieg. Erwähnenswert sind die langgezogenen Figuren und Köpfe des Schweizer Bildhauers Alberto Giacometti, die Werke der amerikanischen Pop-Art-Vertreter Lichtenstein und Warhol oder die deftigen Environments von Edward Kienholz.

Regelmäßige Ausstellungen moderner Werke und der Kunst alter Kulturen ergänzen den eigenen Bestand. Man sollte sich zumindest einen halben Tag Zeit für einen Besuch nehmen, bei schönem Wetter kann man auch Badezeug mitbringen, denn direkt ›zu Füßen‹ vom Louisiana gibt es auch einen kleinen Strand.

Helsingør

■ (s. S. 331) Helsingør, die neben Kopenhagen größte Stadt Seelands, bewacht die schmalste Stelle des Øresund und besitzt einen der geschäftigsten Fährhäfen Nordeuropas, dessen Einfahrt vom Renaissanceschloß **Kronborg** 1 überragt wird.

Eine erste Burg, ›Krog‹ genannt, ließ König Erik von Pommern auf der Landzunge nördlich des Hafens schon um 1410 errichten. Das heutige Schloß entstand dann durch einen groß angelegten Umbau während der Regierungszeit von Frederik II. zwischen 1574 und 1585. Für die architektonischen Anklänge an die niederländische Renaissance sorgten die beiden verantwortlichen flämischen Baumeister. Da der Geschmack von Christian IV. damit schon getroffen war, erklärt sich, warum unter seiner Regie die Schäden eines Großbrandes 1626 ohne nennenswerte bauliche Veränderungen beseitigt wurden. Shakespeare machte Kronborg als Schauplatz seines Hamlet in aller Welt bekannt. Immer wieder gibt es Gastspiele berühmter Hamletdarsteller vor der Kulisse des Schlosses, darunter 1938 Gustaf Gründgens mit Marianne Hoppe als Ophelia an seiner Seite.

Von den zugänglichen Räumen auf Kronborg sind die königlichen Gemächer mit prächtigen Kaminen und Türeinfassungen hervorzuheben, außerdem der 62 m lange und 11 m breite Festsaal und die seit über 400 Jahren unveränderte Schloßkirche. Als Höhepunkte der Innenausstattung gelten die erhaltenen ›Kronborgtapeten‹, leichte Gobelins mit Bildern früher dänischer Könige des Flamen Hans Knieper (1581–85). Im Nordflügel bringt ein Handels- und Seefahrtsmuseum den Besuchern Dänemarks Kolonialgeschichte,

Schloß Kronborg in Helsingør

Helsingør 1 Schloß Kronborg 2 Skt. Olai Kirke 3 Karmeliterkloster mit Skt. Mariæ Kirke 4 Gammel Færgestræde 5 Schloß Marienlyst 6 Verkehrshalle und 7 Hauptgebäude des Technikmuseums

Schiffsbau, Navigations- und Leuchtfeuerwesen nahe. Die Kasematten unter dem Schloß können bei einer Führung besucht werden, dort schlummert in einer Nische der sagenumwobene Holger Danske: Der gigantische Krieger wird aufwachen, wenn Dänemark einmal in Not gerät; die wichtigste dänische Widerstandsgruppe im Zweiten Weltkrieg benannte sich nach ihm.

Strategische Bedeutung hatten Eriks Burg und das spätere Schloß zwischen ca. 1425 und 1857, als jedes Schiff, das den Øresund durchfuhr, einen Sundzoll bezahlen mußte. Diese einträgliche Geldquelle sprudelte bis 1771 in die königliche Privatschatulle, anschließend in die Staatskasse. Der Øresund – und mit ihm untrennbar verbunden die Stadt Helsingør – galt dadurch lange als ein

Huhn, das goldene Eier legt: In guten Jahren kamen hier fünf bis zehn Prozent des dänischen Staatshaushaltes zusammen. Auch die Stadt profitierte vom Sundzoll und wurde reich, direkt durch die Beamtenschaft, die den Zoll eintrieb, und indirekt, weil die meisten Schiffe, die anlegten oder auf Reede gingen, um ihre Abgabe zu zahlen, die Gelegenheit nutzten, Proviant aufzufrischen oder Reparaturen von örtlichen Handwerkern vornehmen zu lassen.

Die Stadt wuchs ab der Einführung des Sundzolls mit großer Geschwindigkeit. Der schachbrettartige Stadtplan des Zentrums legt den Schluß nah, daß dies mit einer Art Bauordnung geschah. Nur die **Skt. Olai Kirke** 2 bricht aus dieser Ordnung deutlich aus, denn ihr Kern stammt schon aus der ersten Hälfte des 13. Jh. und ist damit das älteste Bauwerk der Stadt.

Etwa zeitgleich mit der ersten Burg am Øresund entstand im 15. Jh. am Rande des heutigen Zentrums in der Skt. Annægade ein **Karmeliterkloster** 3, das sich in katholischer Zeit zu einem der mächtigsten Klöster Dänemarks entwickelte; nach der Reformation wurde es Hospital. Zu dem rundum gotischen Komplex gehört auch das ehemalige Armenhaus des Klosters, das heute die historische Abteilung des städtischen Museums *Helsingør Bymuseum* beherbergt, sowie die Skt. Mariæ Kirke, in der ab 1660 der Komponist Dietrich Buxtehude Organist war, ehe er 1668 nach Lübeck ging; Buxtehude hatte später starken Einfluß auf das Werk von J. S. Bach.

Die *Skt. Mariæ Kirke* besitzt interessante Kalkmalereien aus dem 15. Jh., so im Ostschiff Stationen aus der Lebensgeschichte Jesu. Die Abendmahlsszene zeigt dabei einen Schweinebraten auf dem Tisch – der Maler hat sich wohl mehr an einem heimischen Festmahl orientiert als an der Bibel. Und auch Hans Pothorst, der oberhalb des mittleren Pfeilers in einer Blume verewigt ist, ist keine biblische Figur, sondern belegt nur Frühformen des heute so beliebten Kultursponsering – der Großkaufmann bezahlte die Malerei. Manchmal mußten die Künstler bei ihrer Arbeit auch auf ganz praktische Dinge Rücksicht nehmen, wie man ebenfalls gut sehen kann: Figuren umschließen mit dem Mund und in einem Fall mit dem Bauch – links über dem Altar – die Löcher einer mittelalterlichen Entlüftungsanlage in der Kirchendecke.

In den Straßen und Gassen nahe dem Hafen hat Helsingør seine Altstadt mit vielen Häusern aus dem 16., 17. und 18. Jh. sehr gut bewahrt. Unübersehbar bunt, manchmal direkt schrill sind hier die Läden, die mit ihrem Angebot die unzähligen Tagesbesucher und Transitreisenden aus Schweden bedienen, vor allem mit dem, was drüben auf der anderen Seite des Øresund teuer oder schwieriger zu bekommen ist: In erster Linie Alkoholisches. Die Altstadt ist besonders in den Abendstunden sehr lebendig, wenn viele Schweden auf den ein oder anderen Schluck über den Øresund kommen. Bei dem Trubel übersieht man leicht die Gasse **Gammel Færgestræde** 4, die sich hinter einem Holzportal an der Hafenpromenade Stranden versteckt und schon in den jüngsten Tagen der Stadt die Stengade mit dem Strand, wo die Fährleute ihre Boote liegen hatten, verband. Mitte des 18. Jh. sperrten Anlieger die Gasse und nutzten sie als Schweinestall und Kloake. Dies entpuppte sich als durchgreifendes Denkmalschutzprogramm, denn keine andere Gasse der Stadt zeigt sich in so geschlossenem mittelalterlichem Outfit. An den Fassaden lassen sich sogar noch Elemente aus der Gotik erkennen.

Nordwestlich des Zentrums liegt Helsingørs Stadtteil Marienlyst. Das frühklassizistische Lustschloß gleichen Namens, **Schloß Marienlyst** 5, mit seiner ursprünglichen Einrichtung vom Ende des 18. Jh. und der Gemälde- und Silbersammlung des Stadtmuseums dient auch als Rahmen für Sonderausstellungen. Hinter dem Schloß erreicht man über einen kleinen Serpentinenweg eines von drei in Dänemark vorhandenen, angeblichen ›Hamlet-Gräbern‹.

Als weitere Attraktion von Helsingør muß **Danmarks Tekniske Museum** erwähnt werden, das nationale Technikmuseum. Es verteilt sich auf zwei Abteilungen westlich des Zentrums: die **Verkehrshalle** 6 mit Oldtimern von der Straße, der Schiene und aus der Luft im Südwesten am Ole Rømersvej sowie das **Hauptgebäude** 7 mit Ausstellungen zur Entwicklung von Wissenschaft und Technik im Nordwesten am Ndr. Strandvej, der Straße, die aus der Stadt heraus an die Nordküste Seelands führt (s. S. 116ff.).

Alternative zur Küstenstraße: Durch das grüne Herz Nordseelands

Die meisten Ziele entlang dieser ›Alternativstrecke‹ von Kopenhagen nach Helsingør lassen sich mit öffentlichen Verkehrsmitteln – S-Bahn, Privatbahnen, Ausflugsboote im Linienverkehr – bequem und recht preiswert (s. S. 337ff.) verbinden.

Kongens Lyngby ist Zentrum einer 50 000-Einwohner-Kommune im grünen Norden Kopenhagens, von dort leicht und schnell zu erreichen mit der S-Bahn. Wer damit in der Lyngby Station, Teil einer modernen Beton-City, ankommt, mag nicht glauben, welche romantischen Winkel sich ein paar hundert Meter weiter nördlich finden, gleich hinter der mittelalterlichen, reich mit Kalkmalereien geschmückten Kirche, die unübersehbar auf einem Hügel thront.

Gegenüber dem Kirchenhügel legen die romantischen, teils über 100 Jahre alten Ausflugsboote ab, die zwischen Mai und September auf der Seenwelt westlich von Lyngby herumschippern,

auf dem Lyngby Sø, dem Bagsværd Sø und dem Furesø mit seinem Anhängsel Vejlesø. Ziele sind u. a. das malerische Ausflugslokal **Nybro Kro** 1, das ebenso pittoreske Schleusenwärterhäuschen ›Strømhuset‹ an der Mølleå im **Frederiksdal** 2 – an beiden Stellen Kanuverleih – und die **Villa Sophienholm** 3 am Ufer des Bagsværd Sø, gleich neben Dänemarks wichtigster Ruderregattastrecke.

1802 bekam Sophienholm das heutige Aussehen im italienischen Landhausstil von dem bekannten französischen Architekten Joseph-Jacques Ramée verpaßt. Bauherr war der in Wismar geborene Großkaufmann Constantin Brun. Seine Frau Frederikke schrieb Lyrik und Reisebeschreibungen und gehörte zur Crème der europäischen Bohème, eng befreundet mit Germaine Staël und bekannt mit A. W. Schlegel, Goethe, Schiller, Herder und anderen Geistesgrößen. Freunde aus dem Künstlermilieu hatte sie auch gern auf Sophienholm zu Gast, und so besaß die Villa eigentlich immer einen Bezug zur Kunst. Heute ist sie ein attraktives Ausstellungszentrum, umgeben von traumhaften Parkanlagen mit Blick auf den Bagsværd Sø. Zu den wenigen permanenten Kunstwerken zählt *Cobra loftet,* die Cobra-Decke. 1949 hatten sich CoBrA-Künstler in einem Wochenendhaus zu einem ›Kongreß‹ getroffen und dabei die Hütte komplett ›ausgeschmückt‹. Die Seitenwände sind zwar verloren, aber die Zimmerdecke, in der 17 Felder zwischen den Balken bemalt sind, konnte aus der inzwischen verfallenen Hütte gerettet und restauriert werden. Es ist das einzige Kollektivwerk der CoBrA Künstler, an dem u. a. Asger Jorn, Carl-Henning Pedersen, Anders Österlin und Mogens Balle beteiligt waren.

Gleich nördlich von Lyngby liegt **Schloß Sorgenfri** , das unter verschiedenen Regenten als königliche Sommerresidenz diente und zuletzt Wohnsitz eines Onkels der Königin war; der Park ist zugänglich. Er grenzt an die Mølleå. Von der alten Mühle Lyngby Mølle, die man kurz vor Schloß Sorgenfri am Ortsausgang von Lyngby passiert, zieht sich das Mølleådal, das Mühlbachtal, als grünes Band bis zum Øresund. Die namensgebende Mølleå bildet den Abfluß der Seen westlich von Lyngby zur Ostsee und kann auf ganzer Länge mit Kanus befahren werden.

Das Mølleådal ist die Wiege der dänischen Industrie. Viele frühindustrielle Bauten am Rande des Bachs stehen unter Denkmalschutz, und das Tal selbst ist inzwischen zu einem naturgeschützten Naherholungsgebiet mit vielen idyllischen Flecken geworden, erschlossen von einem ausgezeichneten Wander- und Radwegenetz.

Nördlich von Lyngby – schön ab der S-Bahn-Station Jægersborg mit einer gemütlich daherzuckelnden Privatbahn

Im Seengebiet bei Kongens Lyngby

Alternativroute durchs Landesinnere und die Küste von Nordseeland

zu erreichen – findet man eines der populärsten Bildungs- und Ausflugsziele der Kopenhagener: die ehemalige Textilfabrik **Brede** 5, heute eine Abteilung des Nationalmuseums mit den Schwerpunkten Textilien und Industrialisierung sowie Schauplatz großer Sonderausstellungen.

Brede wurde 1370 erstmals als Kornmühle erwähnt, zwischenzeitlich wurde Schießpulver hergestellt, später Kupfer- und Messingprodukte. 1832 zog schließlich eine Textilfabrik auf das Gelände. Nach 1887 entwickelte sich Brede unter dem sozial verantwortungsbewußten Fabrikanten Daverkosen zum Paradebeispiel für eine funktionierende Gemeinschaft, in der Lebens- und Arbeitsraum fast eine Einheit bildeten. Sämtliche Arbeiter wohnten in unmittelbarer Nachbarschaft der Fabrik in Werkswohnungen, von denen noch ein Block erhalten ist, und wurden auf dem Werksgelände verpflegt – in der Kantine von 1891 findet man heute das Edelrestaurant ›Brede Spisehus‹. In den 30er Jahren zählte die Siedlung an der Brede Fabrik gut 1000 Bewohner, dann begann der langsame Niedergang, und 1956, als die Produktion aufgegeben wurde, kam der Komplex als Industriedenkmal in den Besitz des Nationalmuseums. Die 1795 für den damaligen Fabrikbesitzer Peter von Hampel gebaute Villa von Brede ist ebenfalls zugänglich, das perfekte Abbild eines großbürgerlichen Haushalts aus der Zeit der Wende vom 18. zum 19. Jh. 1805 machte von Hampel Konkurs, und sein gesamter Besitz kam unter den Hammer, aber erst, nachdem minutiös registriert und beschrieben war, was sich im Haus befand. Auf der Basis dieser Listen wurden später die

Räume rekonstruiert und wieder möbliert.

Von der Brede-Fabrik sind es nur wenige Meter zu einem Seiteneingang des **Volkskundlichen Freilichtmuseums Sorgenfri** 6. Es zeigt vor allem die Lebensbedingungen ländlicher Regionen im 18. und 19. Jh. Zur Zeit entsteht aber auch ein komplettes Dorf mit Häusern von 1880 bis 1960. In dieser Epoche prägte die Genossenschaftsbewegung das dänische Landleben so stark, daß sie allgemein *andelstiden,* die Genos-

senschaftszeit, genannt wird. Neben dem neuen Dorf, das einmal 16 Gebäude haben soll, gibt es auf dem 36 Hektar großen Freigelände mehr als 70 Bauernhöfe und Nebengebäude aus allen Teilen Dänemarks, von den Färöer-Inseln sowie aus den ehemals dänischen Provinzen in Südschweden und Deutschland. Auf einigen Höfen werden alte Haustierrassen gehalten, und im Sommer wird immer wieder traditionelles Handwerk gezeigt. Zu den Höhepunkten zählen ein Hof von der Insel

Læsø mit einem typischen Dach aus Seetang, ein großer Vierkanthof von der Insel Bornholm, ein kleiner Hof mit Nebengebäuden von den Färöer-Inseln und ein mächtiger Eiderstedter Haubarg.

Von Lyngby ist es auf einer gut ausgebauten Schnellstraße ebenso wie mit der S-Bahn oder mit der Kombination Boot bis Holte und ab dort S-Bahn nur ein Katzensprung in das Städtchen **Hillerød** 7 (s. S. 332) im Herzen Nordseelands. Fast im Zentrum, am Rande eines

Sees ist *Schloß Frederiksborg* unübersehbar. Über den kleinen Slotssø tuckert im Sommer eine Passagierfähre das kurze Stück vom Marktplatz Torvet zum Schloß und bietet dabei eine der imponierendsten Perspektiven auf die Renaissanceanlage, die sich über drei Inselchen verteilt. Sie geht, wie viele großartige Bauten des frühen 17. Jh., auf Christian IV. zurück, nur war sein Vater Frederik II. mit dem weitaus bescheideneren Vorgängerbau der Namenspatron.

Seit 1878 ist auf Frederiksborg *Dänemarks Nationalhistorisches Museum* eingerichtet. Mit mehreren tausend Exponaten, verteilt auf mehr als 40 Räume sollen Geschichte und Kultur Dänemarks bis zur Gegenwart vermittelt werden. Außerdem lernt man in der nationalen Porträtgalerie so gut wie alle wichtigen Dänen kennen, die je gemalt oder fotografiert wurden. Die schönsten Räume sind ein königlicher Audienzsaal von 1688, der Rittersaal mit prächtiger Kassettendecke und die Schloßkirche, mit ihrer Ausstattung aus dem frühen 17. Jh. Sie stand im November 1995 im Focus der Weltregenbogenpresse, als sich vor ihrem Altar Prinz Joachim und Alexandra Manley in Anwesenheit des europäischen Hochadels das Ja-Wort gaben. Die Kirche ist noch im Original erhalten, während große Teile des übrigen Schlosses nach einem verheerenden Brand 1859 rekonstruiert wurden, mit reichlicher Unterstützung der Kulturstiftung der Carlsberg-Brauerei.

Eine andere Rekonstruktion ist ein Kind des Kulturjahres 1996: Der *Schloßgarten* mit seinen imposanten Wasserkaskaden, der sich in der Achse des Schlosses nördlich des Slotssø ausbreitet, erhielt sein barockes Aussehen zurück, so wie er 1720 im Auftrag von Frederik IV. angelegt worden sein dürfte.

Sechs Kilometer westlich von Hillerød zeugen die Ruinen des Augustinerklosters **Æbelholt** 8 vom reichen Kulturleben in der Region schon während des Mittelalters. 1175 gegründet, war es eines der größten Klosteranlagen des Nordens, wurde aber nach der Reformation abgerissen. Ein kleines Museum neben der Ausgrabungsstelle zeigt u. a. Beispiele der vielen Skelettfunde, an denen sich eine umfangreiche medizinische Tätigkeit der Mönche nachweisen läßt.

Gleich nördlich der Ruinen in den Flußauen **Alsønderup Enge** 9 nahe dem gleichnamigen Dorf haben Ornithologen ihr Eldorado: Nirgendwo sonst brüten in Dänemark so viele Vogelarten – 110 zählte der Vogelschutzbund zuletzt.

Eigentlich ist die Natur rund um Hillerød überall nah, vor allem wenn man sich nach Norden in den **Gribskov** aufmacht: Der mit über 5600 Hektar größte Wald Seelands – und der zweitgrößte Dänemarks – bildet ein traumhaftes Gebiet für Wanderungen und Radtouren. Wege sind gekennzeichnet, und man kommt ab Hillerød mit den Zügen der *Gribskovbanen* sogar umweltschonend mitten ins Grüne, z. B. zur Station am Store Gribsø.

Im Osten grenzt der Gribskov an den großen Esrum Sø, auf dem eine kleine Flotte von Ausflugsbooten im Sommer die Sehenswürdigkeiten am Ufer miteinander verbindet. Neben zwei Anlegern am Gribskov – Kongens Bøge und Dronningens Bøge – gehört dazu selbstverständlich Skipperhuset, ganz in der Nähe von **Schloß Fredensborg** 10 (s. S. 327). Der Name ›Friedensburg‹ drängte sich auf, als der Bau 1722 fertig wurde: Zwei Jahre zuvor hatte das kriegsmüde Land nach zwanzig Jahren endlich das Ende des Großen Nor-

Im Freilichtmuseum Sorgenfri

dischen Krieges erlebt. König Frederik IV. war der ursprüngliche Bauherr, mehrere seiner Nachfolger ließen aber umbauen, und so sind neben dem dominierenden Barock auch architektonische Anklänge an Rokoko und Klassizismus erkennbar.

Unter Christian IX., der wegen seiner familiären Bande zu den Herrscherhäusern Griechenlands, Englands, Rußlands und Norwegens als ›Europas Schwiegervater‹ galt, erlebte Fredensborg Ende des 19. Jh. seine muntersten Tage, wenn hier große Familientreffen arrangiert wurden. Zar Alexander III.

von Rußland, mit Christians Tochter Dagmar verheiratet, besaß sogar eine Villa am Rande des Parks.

Dem jetzigen Königspaar dient das Schloß als Frühjahrs- und Sommerresidenz – mit Ausnahme des Monats Juli, dann sind sogar Innenräume auf Führungen zu besichtigen. Ist das Schloß königlich bewohnt, ist der Zugang beschränkt, dafür entschädigt dann eine große Wachablösung. Immer geöffnet sind große Teile des wunderschönen Parks zwischen Schloß und Seeufer. Im Marmorgarten stehen unzählige Vasen, Säulen, Amphoren und

Skulpturen, die prächtigsten von Johannes Wiedewelt aus der Mitte des 18. Jh. Im ›Nordmandsdalen‹, dem Nordleutetal, zeigen insgesamt 69 Sandsteinfiguren einfaches Volk – Bauern und Fischer – aus den damaligen dänischen Kolonien Norwegen, Färöer und Island.

Das barocke Gesamtbild von Fredensborg unterstreicht seit 1992 die nach alten Plänen restaurierte Schloßstraße – ein Silberhochzeitsgeschenk der Dänen an das Königspaar. Und das wird weiter fleißig beschenkt: Eine moderne Königsbrücke, von älteren Anlegern an gleicher Stelle inspiriert, ragt in den Esrum Sø hinein und ist ein Geschenk für den Prinzgemahl Henrik zu seinem 60. Geburtstag im Jahr 1994.

Die Küste von Nordseeland

Die Nordküste Seelands zwischen Helsingør und Hundested wird oft vereinfachend als Kattegatküste bezeichnet, obwohl sie eigentlich zweigeteilt ist: Östlich des Gilbjerg Hoved bei Gilleleje zieht sie sich am Øresund entlang, und nur westlich von diesem Klippenhügel stößt sie an das Kattegat. Die ausgeprägte Küstenlandschaft mit Dünen, schönen Sandstränden, Abschnitten mit Steilküsten und großen Strandwäldern, die den zerstörerischen Sandflug bremsen sollen, ist in erster Linie Naherholungsgebiet für die Hauptstadtregion – viele Kopenhagener besitzen hier Sommerhäuser. Aus deutscher Sicht gilt das Gebiet im Vergleich zu Westjütland als noch recht unentdeckt, obwohl auch hier viele Ferienhäuser vermietet werden und Strand, Natur und Kultur in einer Nähe vereint sind, wie sonst nirgendwo im Königreich: Nordseeland selbst ist mit Schlössern, Museen und anderen Attraktionen reich bestückt, und das Angebot der Metropole Kopenhagen liegt ein bis zwei Stunden mit dem Auto oder öffentlichen Verkehrsmitteln entfernt. Hundested, Tisvildeleje und Gilleleje sowie alle Küstenorte östlich von dort sind durch Bummelzüge mit Helsingør bzw. Hillerød verbunden.

Am Hafen von Hornbæk

Straße 237, die weitgehend den Verlauf des alten Strandvej aus dem 16. Jh.
folgt, verläßt Helsingør nach Westen
vorbei an vielen mehr oder minder großen Strandvillen. Im Örtchen **Ålsgårde**
11 sollten Gourmets nach dem Sommer-
lokal ›Jan Hurtigkarl & Co.‹ Ausschau
halten, eines der Top-Restaurants des
Landes, direkt am Wasser mit Blick auf
die schwedische Küste (s. S. 332).

Das erste richtige Seebad ist dann
Hornbæk **12**, mit großer Marina und
einem Hauch bewahrter Fischerroman-
tik am Hafen. 2 km landeinwärts von
Dronningmølle **13** (s. S. 330) und seinen schönen Stränden findet man in
karger Heide – Rusland heißt das Gebiet
– das bunkerähnliche *Rudolf Tegner*

Museum von 1938, das ein Kritiker als
»Stanley-Kubrickscher Monolith in einer
versandeten Landschaft« beschrieb. Rudolf Tegner (1873–1950), Symbolist und
vornehmlich in den ersten Jahrzehnten
des 20. Jh. tätig, wurde wie seinem Bruder im Geiste, dem Jüten Niels Hansen
Jacobsen, lange die Anerkennung in Dänemark verwehrt, aber die sprunghaft
steigenden Besucherzahlen in seinem
Museum zeigen, daß er jetzt plötzlich
entdeckt wurde.

Die *Villa Munkeruphus,* westlich
Dronningmølle, dient als Ausstellungshaus für aktuelle Kunst und Kunsthandwerk, ein Stopp lohnt schon wegen des
netten Cafés im Grünen. Einkehren kann
man auch im Restaurant neben dem

Am Strand von Tisvildeleje

Nakkehoved Øster Fyr kurz vor Gilleleje. Der denkmalgeschützte Leuchtturm wurde ursprünglich mit Kohle befeuert und ist einer der wenigen seiner Art, die in Europa erhalten sind.

Gilleleje 14 (s. S. 330), ein munterer Fischer- und Badeort, bietet seinen Gästen schöne Strände und besitzt einen geschäftigen Hafen. Da der Hochsommer für die Fischindustrie längst nicht die einträglichste Zeit ist, nutzt man während der Hauptsaison eine dann leerstehende Heringsfabrik für Kunstausstellungen und gelegentlich für Konzerte. Hochseeangelfahrten werden ganzjährig angeboten, dabei haben die Angler die Wahl zwischen Kattegat und Øresund, denn die Grenze zwischen den beiden Seegebieten verläuft ganz in der Nähe des 33 m hohen **Gilbjerg Hoved** 15, dem nördlichsten Punkt Seelands, hinüber zur Landspitze Kullen am schwedischen Ufer. ›Gilbjergstien‹, ein schmaler Spazierpfad, führt oberhalb der Steilküste entlang zu schönen Aussichtspunkten und einem Gedenkstein, der an den Lieblingsplatz des Philosophen Søren Kierkegaard (1813–55) – Vater des modernen Existentialismus – erinnert, der Gilleleje oft besuchte.

Erst 1994 öffnete ›**Nordsjællands Sommerpark**‹ 16 im Hinterland von Rågeleje seine Tore, zeigt aber auch manch historisches Vergnügungsgerät: Mit großem Einsatz wurden alte Kirmeskarussells zusammengetragen und restauriert. Daneben kann man durch die nordische Mythologie und die Wikingerzeit wandeln oder sich dem High-tech-Kino ›Spaceworld‹ hingeben, in dem die Sitze computergesteuert die visuellen Reize von der Leinwand unterstützen.

Ein weiterer populärer Badeort an der Kattegatküste ist **Tisvildeleje** 17 (s. S. 362) mit ausgezeichneten Stränden beiderseits des Ortes. Im Osten zieht sich der Strand über mehrere Kilometer zu Füßen einer Steilküste entlang, während nach Westen einer der schönsten Wälder Nordseelands ans Ufer anschließt, Tisvilde Hegn, ein im 19. Jh. angepflanzter Dünenwald. Hier wachsen Bäume, die mit extrem tiefen Wurzeln die meterdicke Sandschicht bis in die nährstoffreichen, im 16. Jh. verschütteten Ackerböden durchdringen können. Mehrere Wanderwege, für die es im örtlichen i-Büro Karten gibt, sind gekennzeichnet.

Gut 4 km landeinwärts liegt im Südostzipfel des Tisvilde Hegn die kleine **Tibirke Kirke** [18], letztes Überbleibsel eines Dorfes, das vom Flugsand verschüttet wurde. In der äußerlich unscheinbaren Kirche überrascht ein reich verzierter gotischer Flügelaltar, außerdem ist der Chor im Verhältnis zum Rest der Kirche überproportioniert – Zeichen für den jähen wirtschaftlichen Abstieg der Gemeinde, als der Sand kam. Nahe der Kirche liegen die fast 60 m hohen Dünen Tibirke Bakker mit guten Aussichtsplätzen, und im Moorgebiet Ellemosen ist ein rund 150 m langes Stück *Oldtidsvejen* ausgegraben worden, ein gepflasterter Weg aus der Eisenzeit.

Auf dem schmalen Landstreifen zwischen Dänemarks größtem See Arresø und dem Roskilde Fjord wartet die älteste Industriestadt des Landes, **Frederiksværk** [19] (s. S. 329), auf ihre Entdeckung durch Touristen. Zahlreiche Relikte erinnern an die Kindertage der Industrialisierung. Die Eisen- und Kupferverarbeitung sowie Schießpulverherstellung sind Themen des Stadtmuseums und der aktiv betriebenen Werkstätten im ›Krudtværksmuseet‹, dem Pulverwerkmuseum.

Der wichtigste Fischereihafen Nordseelands, **Hundested** [20] (s. S. 335), breitet sich auf der Spitze einer Landzunge aus, die Roskilde Fjord, Isefjord und Kattegat voneinander trennt. Ein bekannter Aussichtsplatz ist der *Leuchtturm Spodsbjerg* hoch über dem Kattegat, nicht weit von ›Knud Rasmussens Hus‹, dem dänischen Domizil des in Grönland geborenen Polarforschers Knud Rasmussen (1879–1933). Im Haus erinnert ein mit viel Engagement geführtes Museum an den Kartographen, Ethnologen und Archäologen sowie seine Expeditionen, auf denen er u. a. den magnetischen Nordpol entdeckte.

Direkt vom Hafen in Hundested bietet eine Fähre über die Mündung des Isefjord nach Rørvig die Option, Rundfahrten auf die schmucke und kulturträchtige Halbinsel Odsherred (s. S. 140ff.) auszudehnen, während südlich der Stadt vom Anleger Sølager die Mini-Fähre nach Kulhuse auf der anderen Seite der schmalen Mündung des Roskilde Fjords verkehrt und eine Weiterfahrt Richtung Jægerspris, Selsø und Roskilde erlaubt.

Rund um den Roskilde Fjord

Zwar sind Frederikssund im Norden und Roskilde sowie Lejre im Süden dieser kleinen Route mit S-Bahnen bzw. den Zügen der DSB ab Kopenhagen leicht zu erreichen, für eine Rundfahrt um den Roskilde Fjord ist aber ein individuelles Verkehrsmittel wie PKW, Motorrad oder Fahrrad notwendig.

Sowohl mit der S-Bahn als auch auf der Straße bietet sich auf dem Weg Richtung Frederikssund in **Måløv** [1] ein Stopp an, vorausgesetzt mittelalterliche

Kirchenkunst interessiert: In der Måløv Kirke finden sich Fragmente romanischer Kalkmalereien aus dem 12. und 13. Jh., die zu den ältesten in Dänemark gehören, darunter eine berühmte Madonnendarstellung in einer Altarnische. Anfang der 80er Jahre wurden die Fresken umfangreich restauriert und von späteren Übermalungen und Zusätzen befreit.

Frederikssund 2 (s. S. 328) ist in jedem Sommer Schauplatz der traditionsreichsten dänischen Wikingerspiele (s. S. 389). Das *J. F. Willumsen Museum*, das bedeutendste ›Einpersonenmuseum‹ im Lande, befaßt sich mit dem Werk des Multikünstlers Jens Ferdinand Willumsen (1863–1958) sowie mit der von ihm zusammengetragenen Kunstsammlung. Willumsen erlebte in seinem langen Künstlerleben eine Entwicklung vom romantischen Naturalisten zum Realisten und Symbolisten sowie schließlich zum Expressionisten. Er war in fast allen Sparten bildender Kunst aktiv, als Maler, Grafiker und Fotograf ebenso wie als Bildhauer, Keramiker und Architekt.

Eine Brücke führt nicht weit vom Museum zur Halbinsel Hornsherred hinüber, die den Roskilde Fjord vom Isefjord trennt. In ihrem Norden breitet sich der ›Urwald **Nordskoven** mit einigen tausendjährigen Eichen aus. Auf dem Weg dorthin stößt man auf **Schloß Jægerspris** 3. Als königliches Jagdschloß errichtet, wurde es bis 1746 mehrfach erweitert. Der letzte König, der das Schloß als Sommerresidenz benutzte, war Frederik VII., der hier mit seiner dritten Frau, der Gräfin Danner, lebte. Diese Beziehung wäre heute ein gefundenes Fressen für die Regenbogenpresse: Gräfin Danner wurde 1815 als uneheliches Kind eines Dienstmädchens geboren. Der Vater gilt offiziell als

unbekannt, entzog sich aber wohl nicht gänzlich seiner Verantwortung und war auch nicht ohne Einfluß. Auf jeden Fall half jemand nach, als die elfjährige Louise Rassmussen, so ihr Geburtsname, in die Ballettschule des Hoftheaters aufgenommen wurde und dort später eine feste Anstellung bekam, als der geniale

Rund um den Roskilde Fjord

August Bournonville die Balletttruppe führte. Gleichzeitig mit der Bühnenkarriere machte sie in der Kopenhagener Gesellschaft als Geliebte des Verlegers Carl Berling und seines engsten Freundes Kronprinz Frederik Furore. Aus dieser Dreiecksbeziehung stammte ein Sohn, dessen Vorname Frederik Carl Louis die Gerüchteküche weiter anheizte. 1848 zog Louise bei Hofe ein, wurde von Frederik zur Lehnsgräfin Danner geadelt und 1850 ›zur linken Hand‹ geehelicht – Carl Berling blieb weiterhin Hausfreund. Übrigens waren trotz – oder wegen? – dieser durchaus bekannten Verhältnisse Frederik und seine Louise beim Volk äußerst populär, ganz anders als beim alteingesessenen

Adel. Nach Frederiks Tod 1863 erbte Gräfin Danner Jægerspris und vermachte das Schloß einer Stiftung zur Unterstützung armer und schlecht gestellter Mädchen. Später wurden neue Gebäude um den äußeren Schloßhof errichtet, während man im Südflügel Gedenkzimmer für Frederik VII. und die Gräfin einrichtete. Die Räume, die bei Führungen besichtigt werden können, sind ausgestattet wie in der Zeit, als das Paar hier lebte. In dem von Skulpturen und Gedenksteinen überquellenden Schloßpark ist Gräfin Danner in einem Grabhügel bestattet.

Einige Kilometer südlich, nahe dem kleinen Ort Skibby, liegt am Westufer des Roskilde Fjord ein weiteres Schloß: **Selsø** ◪ (s. S. 356). Ursprünglich im Stil der Renaissance errichtet, wurde es später dem Barock angepaßt. Selsø war von Anfang des 19. Jh. an fast 160 Jahre lang unbewohnt und ist in dieser Periode nicht verändert worden. Die Schäden, die der Zahn der Zeit hinterließ, konnten weitgehend behoben werden, und die Restaurierungsarbeiten, die, soweit möglich, das Ursprüngliche zu erhalten strebten, wurden sogar mit dem Denkmalschutzpreis ›Europa Nostra‹ ausgezeichnet. Heute herrscht im Schloß eine eigenartige Atmosphäre vergangener Zeiten, die dadurch unterstrichen wird, daß es weder elektrisches Licht noch fließend Wasser oder eine Heizung gibt. Aus dem Barock sind Säle und Salons mit marmorierten Wandpaneelen bewahrt. Ein Schmuckstück ist der Rittersaal mit reichem Deckenstuck, Schlachtengemälden von Hendrik Krock und zwei großen Versailles-Spiegeln – eindrucksvolles Ambiente für die klassischen Konzerte, die hier gelegentlich veranstaltet werden. Weniger gemütlich: der Kerker unter dem Torhaus.

Die Domkirche von Roskilde

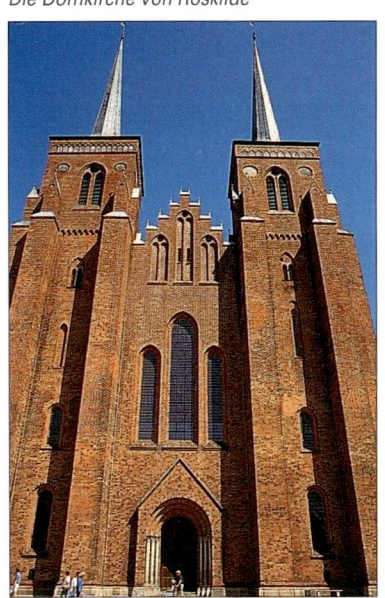

Roskilde

◫ (s. S. 356) Ganz am südlichen Ende des Roskilde Fjord, ca. 30 km westlich von Kopenhagen, liegt Roskilde, eine alte Stadt voller Traditionen, aber auch moderner Inhalte. Als bedeutender Bischofssitz und wichtiges Zentrum des Katholizismus sowie als königliche Residenzstadt – bis ins 15. Jh. – besaß Roskilde im Mittelalter alle Chancen, Dänemarks Hauptstadt zu werden, zumal es lange auch die größte Stadt Nordeuropas war. Dann erhielt aber Kopenhagen wegen des besseren Hafens den Vorzug. Die Reformation besiegelte später den Niedergang.

Die beiden spitzen Türme der Roskilde **Domkirke** sind schon von weitem zu sehen, wenn man sich der Stadt nähert. Der Bau wurde im 12. Jh. vom Kopenhagen-Gründer Bischof Absalon in

Stadtplan Roskilde

Auftrag gegeben, aber erst Ende des 13. Jh. vollendet. Diese lange Entstehungszeit sorgte schon beim Kern des Bauwerks für eine Mischung romanischer und gotischer Elemente, zehn spätere Anbauten bis in unser Jahrhundert hinein führten zu weiterer Stilvielfalt, die sich im Inneren noch differenzierter zeigt. Der Grund: 38 Regenten von Margrete I. (gest. 1412) bis Frederik IX. (gest. 1972) sowie zahlreiche Bischöfe und Adelige sind hier beigesetzt, und allen wurden zeitgeistgemäße Sarkophage, Nischen, Kapellen, Grabplatten oder wenigstens Gedenktafeln gewidmet. Eine empfehlenswerte Broschüre mit detaillierten Informationen über alle Gräber und die weitere Ausstattung des Doms ist am Eingang erhältlich.

Gegenüber dem Hauptportal des Domes liegen die schönsten Gassen der Altstadt. Zur anderen Seite verbindet ein Brückengang den Chor mit dem barokken, 1733 vom berühmten Hofarchitek-

Lützhoffs Købmandsgård in Roskilde

ten Lauridz de Thurau geschaffenen Bischofspalais, **Palæet**, das heute ein Museum für Kunst- und Kulturgeschichte beherbergt. Der Haupteingang zu Palæet befindet sich am Marktplatz Stændertorvet, auf dem mittwochs und samstags am Vormittag Markt gehalten wird. Am Westrand dieses Platzes liegt das neogotische **Rathaus** aus dem späten 19. Jh., zu einer baulichen Einheit verschmolzen mit einem wirklich spätgotischen Kirchturm aus dem 15. Jh., sein Kirchenschiff verlor er in den Wogen der Reformation.

Direkt neben dem alten Turm beginnt die Skomagergade und zieht sich als Fußgängerzone und Haupteinkaufsstraße durch das Zentrum. Nahe ihrem Westende findet man **Lützhoffs Købmandsgård**, einen alten Kaufmannshof, der vom städtischen Museum im Stil der 20er Jahre betrieben wird, und – soweit noch zu beschaffen – zeitgemäße Waren verkauft. Gleich nebenan zeigt

sich auch eine Schlachterei ganz im Outfit der 20er.

Am Ufer des Roskilde Fjord ist die Halle der Wikingerschiffe, **Vikingeskibshallen,** unübersehbar. Anfang der 60er Jahre wurden nahe der Ortschaft Skuldelev, 20 km nördlich der Stadt, nicht weit vom oben beschriebenen Schloß Selsø, fünf Wikingerschiffe auf dem Grund des Fjords gefunden, geborgen und weitgehend rekonstruiert. Sie waren wahrscheinlich um das Jahr 1000 versenkt worden, um die Zufahrt nach Roskilde für feindliche Schiffe zu behindern.

Zu sehen sind im Museum ein hochseetüchtiges, 16,5 m langes Lastschiff vom Typ Knarr, ein kleineres, 13 m langes Lastschiff für den küstennahen Handel, zwei Langschiffe von 18 bzw. 28 m Länge für kriegerische Einsätze und ein kleines, 12 m langes Schiff, wahrscheinlich eine Fähre oder ein Fischerboot. Faszinierend die Präsentation: Über die

Roskilde – Das Festival

Unter dem futuristisch orange-farbenen Zeltdach gibt eine britische Band ihr Bestes. Grelle Lichtblitze begleiten die Show, und aus gewaltigen schwarzen Türmen dröhnt Musik über eine unendlich scheinende Menschenmenge hinweg. Über den Massen wehen in lichtem Nebel aus Körperdampf, Marihuanarauch und aufgewirbeltem Staub verschiedenste Nationalflaggen neben selbstgemalten Phantasiebannern und Fahnen mit Emblemen von Brauereien und Eiscremefirmen, die Kiosken in Amsterdam, Hamburg oder Göteborg abhandengekommen sind. Dazwischen ragen ein aufgespießtes rosa Schweinchen und eine Gummipuppe aus dem Sortiment der Beate Uhse in die Höhe.

Die Menschen und Gruppen im Gewühl sind so bunt wie ihre Erkennungszeichen: Eine Clique Youngster, den Hippie-look ihrer Väter in zu deren Zeit nie dagewesener Perfektion kopierend, drängt sich an den Armen eingehakt durch die Menge. Eine blauhaarige Frau, gepierced bis zur letzten Hautfalte, schmiegt sich an ihren leuchtend gelb beschopften Lover. Ein Drei-Zentner-Rocker mit tätowiertem Dornenkranz auf dem rasierten Schädel und einem gewaltigen Ring an der Nase, an dem man wohl auch einen Bullen von der Weide ziehen könnte, streckt gutmütig grinsend die Hand nach dem Drei-Liter-Bierkanister seines nicht minder vertrauenswürdig aussehenden Kumpels.

Diese Szenerie wiederholt sich, von aktuellen Modetrends abgewandelt, seit 1971 in jedem Sommer an einem Wochenende in Roskilde. Das Roskilde Festival ist, anders als die bis zum letzten Gitarrenakkord vermarktete Legende Woodstock, immer noch quicklebendig. 1995, zum silbernen Jubiläum, überzeugten sich davon 90 000 zahlende Gäste und etwa 10 000 weitere Besucher, VIPs, Presseleute und Helfer. Hätten die Veranstalter bei dieser Zahl – gut einen Monat vor Festivalbeginn erreicht – nicht ›sold out‹ gesagt, es wären sicher noch einige Zehntausend mehr gekommen. Und die Lebendigkeit, Aktualität und Funktion als Trendsetter will das »innovativste Festival Europas«, so die TAZ, in jedem Jahr neu unter Beweis stellen, ob Jubiläum oder nicht.

»Viele Leute von heute und morgen und ein paar von gestern«, ist die Devise, nach der jedes Jahr weit über hundert Bands und Solisten ausgesucht werden, Musiker aller Stilrichtungen, Theatergruppen und Performance-Künstler. Ein Blick in alte Programmhefte spiegelt ein viertel Jahrhundert Rockgeschichte wider. Zu den großen Namen gesellen sich Exoten, grönländische Liedermacher, finnische Punks, ungarische Folkmusiker, schwedische Rap-Musiker, dänische Free-Jazzer oder auch schon mal – mit riesigem Erfolg –

ein polnisches Philharmonieorchester. Gerade für Vertreter von Musikrichtungen, die sonst eher ein Nischendasein fristen, bietet Roskilde die Chance, einmal ein großes Publikum zu erreichen. Gleiches gilt für Newcomer in den populären Sparten – und davon gibt es reichlich.

Schaut man auf das Jubiläumsjahr 1995, dann wird auch die Dimension eines einzelnen Festivaljahres deutlich: Rund 120 Bands und Solisten waren dabei. Um nicht mit leeren Ankündigungen falsche Hoffnungen zu wecken, veröffentlichen die Festivalmacher das endgültige Programm erst wenige Wochen, bevor die ersten Töne aus den Lautsprechertürmen schallen, aber die Fans haben Vertrauen: Roskilde wird gut und abwechslungsreich, so war es 25 Jahre lang, und so wird es auch weiterhin sein.

Längst kommt man nicht mehr mit einer Bühne aus, acht sind es inzwischen. Das Gelände ist groß genug, um auch dann keinen Soundwirrwarr entstehen zu lassen, wenn überall gespielt wird: 20 Hektar Publikumsareal, 55 Hektar Campinggelände, fast 40 Hektar Parkplätze – Summa summarum mehr als ein Quadratkilometer.

Auf dem Hauptplatz können sich gut 60 000 Zuhörer unter freiem Himmel tummeln und Großbildleinwände sorgen bis auf die hintersten Plätze für visuelle Eindrücke von der Bühne. Über der schwebt, an drei Masten aufgehängt, jenes orangefarbene Zelt, das der Roskildefonds 1978 den Rolling Stones nach einer Europa-Tournee abkaufte. Als die charakteristische Plane fünf Jahre später verschlissen war, war sie längst Wahrzeichen des Festivals, und es gab nur eine Entscheidung: Eine originalgetreue Kopie mußte her.

Während hier nur die Musiker vor Wind, Wetter und dem sprichwörtlichen Festivalregen geschützt sind, bieten allein vier andere Zeltbühnen jeweils acht- bis fünfzehntausend Menschen Schutz, darunter eines, in dem sich die Dance-scene Schweiß und Seele aus dem Leib tanzen kann. Kleinere Zelte mit Platz für zwei- bis dreitausend Zuhörer bilden Plattformen für Folk, Jazz und alles, was unter einen weitgefaßten Kleinkunstbegriff paßt.

Allen Erfolgen zum Trotz bleiben die Festival-Macher mit beiden Beinen auf dem Boden: Ihr wichtigstes Ziel ist das ›positive Erlebnis der Besucher‹ und nicht der maximale Gewinn – lieber weniger Fans, die alle wiederkommen und anderen etwas vorschwärmen, als ein überfülltes Gelände mit Leuten, die genervt vom Gedränge und Geschubse im folgenden Jahr einen Bogen um Roskilde machen. Hintergrund dieses Rezeptes ist wohl die Tatsache, daß nie private Kommerzinteressen Motor des Festivals waren, sondern der gemeinnützige Verein ›Roskildefonden‹ als Veranstalter fungiert. Er fördert Jugendarbeit und humanitäre Organisationen mit den Festivalgewinnen und darf nach dänischem Recht keine Krone behalten, nicht einmal als Reserve fürs nächste Jahr.

So flossen Mitte der 90er Jahre nach jedem Festival zweistellige Millionenbeträge an diverse Organisationen. Die stellen ein Heer freiwilliger Helfer, ohne die von der Eingangskontrolle über die Rettung ohnmächtiger Fans und die Reinigung von Duschen und Toiletten bis zum nächtlichen Platzfegen nichts läuft. Nur wo Spezialisten gebraucht werden, greift man auf Profis zurück, bei Sound und Licht zum Beispiel. Auch für die Verpflegung der Besucher sorgen ausschließlich Vereine, Bürgerinitiativen, Umweltschutzgruppen, Frauenorganisationen und Vertretungen von Minderheiten oder multikulturelle Freundschaftsgesellschaften. Sie schlagen ihre Zelte und Stände an den Wegen zwischen den Bühnen auf, bilden die Marktplätze einer fast rund um

treiben die Rockfans die Besucherstatistik der Attraktionen von Roskilde in die Höhe. Einmütig erklären die Damen, die an der Domkirche und an der Wikingerschiffshalle den Eintritt kassieren, daß sie viele hundert Besucher vom Festival haben: »Man sieht halt, wo sie

Auf dem Roskilde Festival

die Uhr von Menschen wimmelnden Stadt, die nur für ein langes Wochenende existiert.

Die Freiwilligen, viele aus der Region, sind auch Garanten für die Verbundenheit zwischen Festival und Stadt. Das Rockspektakel ist längst feste Größe im Jahresablauf von Roskilde. Sogar Senioren nutzen reichlich den traditionell freien Eintritt für Rentner am letzten Festivaltag zu einem Sonntagsspaziergang auf dem Gelände. Im Gegenzug

herkommen, aber sonst benehmen sie sich lieb und sind oft sogar interessierter als die normalen Touristen.«

Das Roskilde Festival findet in der Regel von donnerstags bis sonntags am ersten Juliwochenende statt. Tickets kosten im Vorverkauf ca. 180 DM für vier Tage und sind bei vielen Vorverkaufsbüros in Deutschland erhältlich. Information: Roskilde Festival, Havsteensvej 9, DK-4000 Roskilde, ☎ 04 31 / 57 70 59.

Schiffe hinweg blickt man durch eine Glasfront auf den Roskilde Fjord, wo meist der ein oder andere Nachbau der ausgestellten Exemplare dümpelt.

Will man den Fjord näher kennenlernen, besteht dazu an Sommerwochenenden die Möglichkeit bei Fahrten mit dem Dampfer »S/S Skjelskør«, der seinen Stapellauf schon 1915 erlebte. Eine gute Aussicht auf den geschichtsträchtigen Meeresarm bietet sich vom Viertel **Skt. Jørgensbjerg** mit seiner romanischen Kirche, nicht weit von der Wikingerschiffshalle. Hier glaubt man sich eher in einem Fischerdorf als in der elftgrößten Stadt Dänemarks.

Für das moderne Roskilde steht unter anderem die Reformuniversität im Osten der Stadt, vor allem aber ist der Name Roskilde untrennbar mit Europas populärstem Rockmusik-Festival (s. S. 124 ff.) verbunden. Es findet seit 1971 in jedem Jahr statt und lockt inzwischen rund 100 000 Besucher für vier Tage auf den Festivalplatz im Süden des Zentrums.

Umgebung von Roskilde

10 km südöstlich von Roskilde geht es dann wieder ganz weit in die Geschichte zurück: Das international anerkannte prähistorische Versuchszentrum **Lejre Oldtidsbyen** 6 ist Forschungsinstitution und gleichzeitig ein sogenanntes ›lebendes Museum‹, wie man diesen Typ in Dänemark nennt. Hier versuchen Wissenschaftler und Studentengruppen, aber auch Schulklassen und interessierte Laien, zu leben und zu arbeiten wie Menschen in Vorzeitepochen, hauptsächlich wie in der Eisenzeit. Durch diese Feldversuche sollen archäologische Theorien untermauert werden: Kann man mit Geräten, die denen aus Ausgrabungsfunden entsprechen, wirklich das bauen, was Archäologen sich ausmalen? Kann man damit wirklich die Äcker so bestellen, wie die Wissenschaftler es sich vorstellen? Zeigen bearbeitete Materialien dann auch die gleichen Spuren wie tatsächliche Funde aus der entsprechenden Zeit? Nur mit Werkzeugen der Eisenzeit entstand so zum Beispiel ein ganzes Dorf.

Gleich in der Nachbarschaft des Versuchszentrums thront das Rokokoschloß **Ledreborg** 7 aus der Mitte des 18. Jh. über einem wunderschönen, terrassenförmig angelegten Park; in den Sommermonaten sind auch die reich ausgestatteten Innenräume zu besichtigen. Der monumentalste Raum des Schlosses ist ein stuckverzierter Kuppelsaal mit großen Familienporträts.

Ca. 2 km südöstlich von Lejre, an der Nebenstraße nach Øm, findet man das sehr gut erhaltene, rund 5000 Jahre alte Kammergrab **Øm Jættestuen** – Steinzeit im Original.

Für weitere Erkundungen liegt Roskilde sehr zentral, Kopenhagen ist auf vielen Wegen schnell erreicht, ebenso Køge (s. S. 98), Westseeland (s. S. 130) oder Ringsted (s. S. 132).

West-
und
Südseeland,
Lolland,
Falster, Møn

Westseeland

Westseeland ist eine typisch dänische Landschaft, gerade so hügelig, daß Radfahrer es gelegentlich in den Waden merken, ohne aber je darüber stöhnen zu müssen. Die Region besitzt viele gute Strände, zwar nicht so breit wie an der Nordsee, aber doch mit viel Sand und, vor allem zum Kattegat hin, auch mit kleinen Dünen.

Westseeland ist mit wenigen Ausnahmen von der Landwirtschaft geprägt, von kleinen Dörfern, viele vom Typ ›Hier ist die Zeit stehengeblieben‹. Ein malerisches Beispiel ist Reersø auf der naturschönen Halbinsel gleichen Namens, die auf halbem Weg zwischen Kalundborg und Korsør wie ein Tropfen in den großen Belt hineinragt.

Überall in Westseeland stößt man auf Hinterlassenschaften der Geschichte, von steinzeitlichen Dolmen- und Kammergräbern über die berühmte Ringburg Trelleborg aus der Wikingerzeit bis zum größten Bauprojekt der Neuzeit in Dänemark: die kombinierte Brücken-Tunnel-Verbindung über den 18 km breiten Storebælt, den Großen Belt zwischen Seeland und Fünen. Vor allem der Norden von Westseeland ist darüber hinaus für die Kalkmalereien in seinen Kirchen berühmt.

Westseeland ist seit alters her ein Transitgebiet auf dem Weg zwischen der Hauptstadtregion und den westlichen Landesteilen. Von mehreren Hafenorten verkehren Fährlinien nach Fünen und Jütland sowie zur Insel Samsø; nur ein Teil davon wird die Eröffnung der festen Verbindung über den großen Belt – voraussichtlich 1998 – überleben. Die gut ausgebauten Straßen- und Bahnverbindungen von Kopenhagen in diese Hafenstädte ermögli-

chen auch ein bequemes Reisen zwischen West- und Ostseeland, und mit etwas Organisationstalent kann man einzelne Attraktionen durchaus mit öffentlichen Verkehrsmitteln erreichen: Von Kopenhagen führen vielbefahrene Hauptstrecken der DSB nach Kalundborg und nach Korsør. Davon zweigen Privatbahnstrecken ab, u. a. von Holbæk quer über die Halbinsel Odsherred nach Nykøbing Sjælland.

Zu Fantasy World und Wikingerburg: Durch das zentrale Seeland

In gut einer Stunde kann man auf der Autobahn E 20 von Kopenhagen aus Korsør erreichen – es geht aber auch geruhsamer: Von der Hauptstadt fährt man an Roskilde und nahe an Lejre (s. S. 127) vorbei auf Ringsted zu.

Der 126 m hohe Gyldenløveshøj ist Seelands höchste Erhebung, in den Wäldern von **Gut Skjoldenæsholm** **1** gelegen. Dessen neoklassizistisches Hauptgebäude wird heute als Hotel- und Konferenzcenter genutzt. Ein benachbartes Straßenbahnmuseum lockt Fans alter Technik.

Solide Mechanik steht auch hinter ›**Fantasy World**‹ **2** am Nordrand von Ringsted. Manchem Besucher erscheint die Ansammlung von mehr als eintausend lebens- und übergroßen mechanischen Puppen wie die Werkschau eines kindgerechten Jeff Koons: Weihnachts- und Märchenszenen oder eine Begegnung mit H. C. Andersen faszinieren vor allem die Kleinen.

Der Schublade ›nur banaler Kitsch‹ entgeht die Fantasy World, wenn man

Westseeland

sich ihre Geschichte vor Augen ruft: Hans Jørgen Hansen, der geistige Vater der Anlage, gestaltete in den späten 60er Jahren als selbständiger Dekorateur Schaufenster überall auf der Insel Seeland. Auf Kundenwünsche hin entwickelte er die ersten mechanischen Puppen, meist jene populären Wichtel der Weihnachtszeit, die die Dänen *Nisser* nennen. Der Familienbetrieb in Ringsted wuchs, und Ende der 70er Jahre reichte der Heimatmarkt nicht mehr, um ausreichend Arbeit für das gute Dutzend Handwerker zu schaffen, die inzwischen bei Hans Jørgen Hansen in Lohn standen. Export war das Zauberwort, und heute gehen 90 Prozent der Figuren – nach wie vor in der Mehrzahl Weihnachtsmänner und ihre Helfer – ins Ausland. Fantasy World ist somit nicht nur ein Märchenland für Kinder, sondern auch Manifestation einer ›Vom-Tellerwäscher-zum-Millionär‹-Saga made in Denmark.

Pestwurz und Bachkantaten – Sorø und seine Orgel

Der große, schlanke Mann, der durch die Ulmenallee auf die schiefergedeckte Backsteinkirche zugeht, trägt saloppe Kleidung. Seine langen Haare sind aus dem Gesicht gekämmt, und die Falten um seine Augen sagen mehr über ihn, als daß er gerne lacht: Der Mann gehört zu den immer seltener anzutreffenden Menschen, die auf die Frage nach ihrer Arbeit, ihrem Beruf nicht angewidert das Gesicht verziehen. Knut Vad ist Musiker, Organist in der ehemaligen Klosterkirche von Sorø, einem Städtchen in der Nähe von Kopenhagen, über das Hans Christian Andersen schrieb: »Am glücklichsten war ich, wenn ich an einem Sonntag im Sommer eine Wanderung nach Sorø machen konnte.«

Viel hat sich seitdem nicht verändert. Die sanft gehügelte Kulturlandschaft rund um Sorø steht unter Naturschutz, und so baden noch immer Fasane ihr Gefieder auf den Wegen zwischen den Kornfeldern, beschatten die riesigen Blätter der Pestwurz die von keiner Flurbereinigung eingezwängten Ufer der Bäche. Und noch immer gehört die Orgel von Sorø zu den besten in Skandinavien. »Zugegeben, durch all die Umbauten und Renovierungen in den letzten 800 Jahren beeindruckt unsere Kirche nicht durch einen einheitlichen Baustil, aber die hervorragende Akustik, für mich natürlich das Wichtigste, hat sich erhalten. Viereinhalb Sekunden beträgt der Nachhall – ideal!«

Ringsted 3 (s. S. 355) war im Mittelalter eine der bedeutendsten Städte Dänemarks und Schauplatz der seeländischen Thingversammlungen – die Thingsteine am Rathaus erinnern daran. Die im Kern romanische und in der Gotik umfangreich vergrößerte *Skt. Bendts Kirke* entstand um 1170 als Teil eines Benediktinerklosters auf Fundamenten einer älteren Tuffsteinkirche. Ungewöhnlich für die dänische Kirchenarchitektur sind die fünf nach Osten weisenden Apsiden, eine am Chor und je zwei an den Kapellen der Querschiffarme.

Die Skt. Bendts Kirke diente als Grabkirche der Könige – 27 Königsgräber –, bevor der Dom in Roskilde diese Funktion übernahm. Fresken mit geistlichem wie weltlichem Inhalt stammen teils aus dem 13. Jh., teils aber auch aus dem 20. Jh. – zuletzt malte Joakim Skovgaard 1916 ein Bild der legendären Königin Dagmar.

Zwischen Ringsted und Sorø liegen zwei Kirchen, die vom Üblichen abweichen: **Fjenneslev Kirke** 4 zählt zu den ältesten dänischen Landkirchen – etwa 1125–50 entstanden – und hat weitge-

Knut Vad gerät ins Schwärmen. Als sei er persönlich dabeigewesen, erzählt er vom Bau des Rückpositivs der Orgel im 17. Jh., berichtet von der großen Renovierung 1942, den Problemen bei der Materialbeschaffung während der Kriegszeit und der Findigkeit der Orgelbauer, die fehlende Teile damals nicht nur nachbauten, sondern manchmal auch heimlich aus anderen Orgeln ›besorgten‹. Er erläutert den italienisch beeinflußten Bau der Mensuren, schwärmt von den Zungenstimmen und der einzigartigen Klangfarbe des achten Prinzipals, das sich sogar als Solostimme einsetzen läßt ... Ich nicke zwar noch mit dem Kopf, verstehe aber nichts mehr. Plenum, Hauptwerk, Manuale, Klaviatur für die Füße – eine dänische Grammatik könnte nicht verwirrender sein.

Aber wenn Knut Vad seine Orgel intoniert, die Register zieht, die Töne unterschiedlichster Instrumente und verschiedenste Klangfarben erzeugen, kann man hören, wovon er spricht. Der Tuttiklang, mit dem die Brautpaare nach der Trauung aus der Kirche entlassen werden, ist wirklich beachtlich und die ›menschliche Stimme‹ der Orgel, das Vox Romana, das er mit einem Choralvorspiel von Bach demonstriert, klingt tatsächlich wie eine menschliche Stimme.

Nach diesem Ohrenschmaus die allererste Einschränkung: Beethoven, meint er, klänge in der Kirche von Sorø nicht ganz so herrlich wie Barockmusik. Der Nachhall sei zu lang. Allerdings – wenn sie voll besetzt sei, klänge auch ein Beethoven hervorragend.

Doch gut besucht ist das Kirchenschiff häufig, vor allem im Sommer, wenn sich die Topstars unter den Organisten der Welt beim ›Internationalen Orgelfestival‹ in Sorø treffen, das Knut Vad initiiert hat. Ob es schwierig für ihn sei, seine Orgel während des Festivals anderen Musikern anzuvertrauen, will ich von ihm wissen. Er zögert keinen Moment mit seiner Antwort. »Ja, man hat so ein bißchen das Gefühl, als ob man seine eigene Frau verleiht.« Ob Orgeln auch ein Register für feine Selbstironie haben?

Hanne Schweizer

hend den romanischen Stil inklusive zeittypischer Kalkmalereien bewahrt. An der ungekalkten Kirche ist gut die Feldsteinbauweise von Schiff und Chor zu erkennen. Ungewöhnlich ist der Doppelturm, der schon Ende des 12. Jh. aus den inzwischen bekannt gewordenen Ziegelsteinen angefügt wurde.

Auch die **Bjernede Kirke** 5 besteht aus Feld- und Ziegelsteinen, nur ist sie Seelands einzige erhaltene Rundkirche, ein mittelalterlicher Bautyp, für den sonst vor allem die Insel Bornholm berühmt ist.

In **Sorø** 6 (s. S. 359) gründeten Zisterziensermönche 1161 ein Kloster unter dem wohlwollenden Schutz des Bischofs Absalon. Erhalten aus der Gründungszeit sind das Torhaus ›Klosterporten‹ und die Kirche, in der Absalon und einige der frühen dänischen Könige bestattet sind, unter ihnen Valdemar Atterdag. Äußerlich wirkt die dreischiffige Kreuzkirche bescheiden, wohl vor allem, weil sie nur einen kleinen Dachreiter statt eines Turms besitzt. Trotzdem zählt sie zu den wichtigsten mittelalterlichen Bauten des Landes. Die erste Bauphase, unter Absalon um 1170 begonnen, war noch romanisch geprägt; bald wurden die Pläne aber geändert und die Kirche gotisch vollendet.

Vom reichen Interieur seien nur zwei Kruzifixe hervorgehoben: Das ältere aus dem späten 13. Jh. hängt im nördlichen Querhaus und zeigt romanische wie gotische Züge, während das 8 m hohe Kreuz über dem Mittelschiff mit einem deutlich leidenden Jesus ein Werk der Spätgotik ist, 1527 in der Werkstatt des Meisters Claus Berg entstanden. Die Sorø Kirche ist im Sommer regelmäßig Schauplatz bekannter Orgelkonzerte (s. S. 132f.).

Das Kloster verlor nach der Reformation an Bedeutung, wurde 1586 Internatsschule und 1623 ritterliche Akademie, ab 1849 war es wieder für Bürgerliche offen. Die meisten der heutigen Bauten stammen aus der Zeit nach 1813, als die alten Gebäude einem Brand zum Opfer fielen – imposant das klassizistische Hauptgebäude am Seeufer, 1826 eingeweiht. Die Akademie von Sorø verdankt ihre Größe vor allem einer Erbschaft: Der Komödiendichter Ludvig Holberg (1648–1754) vermachte ihr seinen Besitz. Holberg hatte seinen Lebensabend nur wenige Kilometer nördlich auf Gut **Tersløsegård** 🔳 – heute ein kleines Holberg-Museum – verbracht. Er ist übrigens auch in der Sorø Kirche beigesetzt, sein Sarkophag ist eine Arbeit des Thorvaldsen-Lehrers Johannes Wiedewelt.

Vor Klosterporten zeigt sich Sorøs Stadtzentrum um den Marktplatz Torvet recht romantisch. In der Nachbarschaft ist *Vestsjællands Kunstmuseum* zu finden, das neben mittelalterlicher Kirchenkunst und moderner Malerei eine bedeutende Sammlung mit Kunst des ›Goldenen Zeitalters‹ besitzt. Damals, in der ersten Hälfte des 19. Jh., war Sorø

ein Mittelpunkt des dänischen Geistes- und Kulturlebens.

Westlich von Slagelse erhebt sich aus der hier sehr flachen Landschaft die Ringburg **Trelleborg** 🔳 (s. S. 346). Die etwa 7 ha große Burganlage, deren Bauzeit nach den Erkenntnissen der modernen Archäologie auf die Jahre 980/81 festgelegt werden kann, zählt zu den bedeutenden Fundstätten aus der Wikingerzeit. Ihre Entstehung fällt in die Regierungszeit von Harald Blåtand, »jenem Harald, der ganz Dänemark vereinte«. Insgesamt gab es von diesem Burgtyp fünf im damaligen Dänenreich, eine davon im heutigen Südschweden; nur Fyrkat (s. S. 257) bei Hobro in Jütland ist ähnlich gut rekonstruiert.

Auch wenn bisher keine wissenschaftlich gesicherte Erkenntnis über die Bedeutung der Trelleborg und der anderen Burgen vorliegt, so ist am wahrscheinlichsten, daß sie Lager militärischer Einheiten waren, mit denen Harald Blåtand die Einigung Dänemarks erzwang. Sicher ist aber, daß in den Burgen nicht nur Soldaten, sondern auch Frauen und Kinder lebten.

Trelleborg lag in einem sumpfigen, von zwei Flüssen gebildeten Dreieck und bestand aus einem 6 m hohen und wie mit einem Zirkel gezogenen Wall von 137 m Durchmesser, auf dem eine nicht mehr vorhandene Palisadenwand für zusätzlichen Schutz sorgte. Landeinwärts – nach Osten – war die Anlage durch einen Graben gesichert, davor eine Vorburg und ein Gräberfeld. Nachgewiesen sind 16 zeittypische Langhäuser in der Haupt- und 15 in der Vorburg, alle mit überraschender Präzision gebaut; die Grundrisse sind im Boden angedeutet. Das Wikingerhaus am Eingang ist der Versuch einer Rekonstruktion aus dem Jahr 1941 unter Berücksichtigung aller damaligen wissenschaftlichen Erkenntnisse – ob die Häuser tatsächlich einmal so aussahen, ist nicht sicher.

Die neuesten Erkenntnisse der Archäologen zu Trelleborg präsentiert mit modernster Technologie ein 1995 eröffnetes Museum neben der Burg. Auf dem umliegenden Gelände finden in den Sommermonaten allerlei Aktivitäten zum Thema Wikinger statt: von Werkstätten, in denen nach mittelalterlichen Handwerkstechniken gearbeitet wird, bis zu großen Märkten.

Korsør 9 (s. S. 345) wird gemeinhin die ganze Stadt genannt, die an der Mündung des Korsør Nor in den Großen Belt liegt und Seelands wichtigster Brükkenkopf nach Westen ist. Genaugenommen heißt aber nur der Altstadtteil südlich dieser Mündung Korsør, der jüngere Teil mit den Bahnanlagen und Fähranlegern nördlich dagegen Halsskov.

Für Korsør wird sich vieles ändern, sobald *Storebæltsforbindelsen* (s. S. 136), die feste Verbindung über den Großen Belt, fertig ist, denn seit der Wikingerzeit wuchs die Stadt mit dem Fährverkehr und lebte in seinem Rhythmus. Als Überfahrten noch viel häufiger von Wind und Wetter behindert wurden, strandeten Knappen und Könige oft gleichermaßen in der Stadt. Die beste Adresse, um Stunden oder Tage bis zur Wetterbesserung zu überstehen, war ab 1761 der Gasthof ›Store Værtshusgården‹ in der Algade. Seit Mitglieder der Königsfamilie hier regelmäßig Quartier nahmen, wird er ›Kongsgården‹ genannt – heute ein Kunst- und Kulturzentrum. Die Sandsteinfiguren neben dem Hauptportal zeigen die vier Jahreszeiten.

Dänemarks Herrscher mußten auf den Gasthof zurückgreifen, nachdem ihr mittelalterliches Schlößchen am Ufer des Großen Belt Ende des 18. Jh. abgerissen worden war. Erhalten sind dort nur der Burgturm mit ältesten Teilen

Rekonstruiertes Haus in der Wikingerburganlage Trelleborg

vom Ende des 13. Jh. und einige Wirtschaftsgebäude, jetzt *Museum* zur Geschichte der Stadt und der Überfahrten.

Während die Eisenbahnfähren neben dem Bahnhof von Korsør festmachen, haben die Autofähren ihren Anleger in Halsskov etwas weiter nördlich direkt an der Autobahn E 20. Neben der hier entstehenden Zufahrt zur festen Verbindung über den Großen Belt informiert das **Storebæltsforbindelsens Udstillingscenter** 10 über die Rekordbrücke und den Tunnel. Ab Korsør Hafen werden Bootsfahrten zur Baustelle angeboten. Dort imponieren vor allem die beiden 260 m hohen Pylone, an denen die Hängebrücke aufgehängt wird – kein Berg, kein Hügel Dänemarks erreicht auch nur annähernd diese Höhe, auch keine andere Brücke dieser Welt. Die freie Spannweite zwischen den beiden Betongiganten beträgt 1624 m, ebenfalls Weltrekord. Die Durchfahrtshöhe für die Hauptschiffahrtslinie an dieser Stelle: 65 m.

Insgesamt mußten die Ingenieure 18 km Seeweg zwischen Korsør und Nyborg auf Fünen überwinden. Hilfreich war dabei die 40 ha kleine Insel Sprogø mitten im Großen Belt: Von Seeland bis Sprogø wird der Autoverkehr über die schon vorgestellte, 6,8 km lange Hängebrücke geführt, während die Bahn zwei 8 km lange Tunnel unter dem Meeresgrund nutzt. Auf Sprogø vereinen sich die beiden Verkehrsadern und bewältigen die restlichen 6,6 km auf einer Flachbrücke, die mit 18 m Durchfahrtshöhe nur kleineren Schiffen die Passage erlaubt. Mit ihren 63 Fächern von je 80 bis 110 m Breite ist sie die längste kombinierte Bahn-Auto-Brücke in Europa. Die ursprünglich veranschlagten Baukosten von ca. 18 Milliarden Kronen sind längst überschritten, die geplante Bauzeit – Fertigstellung der Brücke sollte

1996 sein – ebenfalls. Somit ist auch die Rechnung längst überholt, nach der die Kosten durch Mautgebühren in Höhe der bisherigen Fährpreise wieder hereinkommen sollen.

Eine empfehlenswerte Verbindung nach Südseeland über ruhige Nebenstraßen – als Margeriten-Route gekennzeichnet – verläßt Korsør Richtung **Skælskør** 11. Das gemütliche Städtchen am Durchfluß zwischen einem langgezogenen Fjord und dem Bodden Noret präsentiert sich mit viel maritimer Atmosphäre. Die beiden vorgelagerten Inseln **Agersø** – 684 ha, 250 Einwohner – und **Omø** – 452 ha, 170 Einwohner – erreicht man ab Stignes vielmals täglich. Sie sind beliebte Tagesausflugsziele, bieten sich aber auch für einen ruhigen Urlaub im Ferienhaus oder auf dem Bauernhof an, auf Agersø gibt es darüber hinaus einen Kro. Beide Inseln besitzen verträumte Siedlungen und schöne Strände.

Burghof und Park des hoch aufragenden und für Verteidigungszwecke eingerichteten Renaissanceschlosses **Borreby** 12 sind öffentlich zugänglich. Der Adelssitz wurde 1556 für Reichskanzler Johan Friis errichtet, eine der bedeutendsten Persönlichkeiten und auch einer der aktivsten Bauherren seiner Zeit: Gut 20 Jahre vor Borreby hatte er schon das ungewöhnliche Hesselagergård auf Fünen (s. S. 182) bauen lassen. Die frühmittelalterliche Wallfahrts- und spätere Grabkirche der Grafen von Holsteinborg, **Ørslev Kirke** 13, ist für Kalkmalereien berühmt, unter anderem zeigt ein seltener Tanzfries einen altnordischen Kettentanz, wie er heute nur noch auf den zu Dänemark gehörenden Färöer-Inseln gepflegt wird. Etwas östlich liegt das vierflügelige Renaissanceschloß **Holsteinborg** 14, einer der Lieblingsplätze des Märchendichters H. C.

Andersen, für den hier immer ein Zimmer bereitstand. Weiter im Osten sind dann bald der Badeort Karrebæksminde und die Stadt Næstved erreicht. Hier schließt die Route durch Südseeland und über die Inseln Lolland, Falster, Møn an (s. S. 143 ff).

Im Land der bemalten Kirchen: Durch das nördliche Westseeland

Holbæk 15 (s. S. 334), das Städtchen weit im Inneren des Isefjord, ist das Tor nach Westseeland, wenn man von Kopenhagen aus die nördliche Route wählt. Das kunsthistorisch-volkskundliche *Holbæk Museum* verteilt sich auf insgesamt neun, teils sehr idyllische Fachwerkbauten im Zentrum, das älteste aus der Mitte des 17. Jh. Rund 50 Oldtimer vom Kranken- bis Abschleppwagen zeigt das *Zone Redningskorpset*

Kalkmalereien in der Tuse Kirke

Museum, das an Dänemarks zweiten privaten Rettungsdienst erinnert, der 1963 vom Konkurrenten Falck geschluckt wurde. Am Südrand der Stadt würdigt das *Freilichtmuseum Nyvang*

die Genossenschaftsbewegung, die zwischen 1880 und 1960 die ländlichen Regionen Dänemarks nachhaltig geprägt hat; ein ganzes Dorf aus der Blütezeit dieser Epoche entsteht.

Drei Kirchen, die zusammen einen guten Querschnitt durch die Freskenkunst bieten, liegen im Süden von Holbæk nahe der Straße 155: **Ågerup Kirke** 16 nahe Vipperød besitzt gotische Fresken eines lokalen Meisters mit einer an naive Kunst erinnernden Bildwelt. Gegenüber dem Eingang blickt man auf Fragmente einer älteren romanischen Malerei, die deutlich beim Bau des gotischen Spitzbogengewölbes verdeckt wurde.

Tveje Merløse Kirke 17 dürfte eine der ältesten dänischen Landkirchen überhaupt sein, und keine andere zeigt sich so romanisch bis hinauf in die Spitzen des Zwillingsturms aus Tuffstein; entstanden ist sie um 1100 als kleine Kopie des damaligen Doms von Roskilde. Die ältesten Fresken aus dem 12. Jh. sind in der Apsis zu sehen und haben Vorbilder in byzantinischer Kunst.

Die **Tuse Kirke** 18 westlich der Stadt wirkt äußerlich wie eine ganz gewöhnliche dänische Landkirche, innen dagegen präsentiert sie sich als Prachtexemplar hochgotischer Kalkmalerei. Deutlich wird die gotische Angst vor dem freien Raum: Jeder Wandfleck ist mit einem Ornament, wenigstens mit einem Sternchen ausgemalt.

Weitere Beispiele für die hohe Kunst der Kalkmalerei findet man entlang der Straße 23 zwischen Holbæk und Kalundborg in den Kirchen von Søndre Asmindrup, Nørre Jernløse, Undløse, Mørkøv, Skamstrup, Bregninge, Viskinge, Tømmerup und Rørby.

Älter als die meisten Kalkmalereien sind die königlichen Privilegien des **Bromølle Kro** 19, etwa 5 km südlich

Kroer –
Immer ein Dach über dem Kopf

Dänemarks Könige gaben den Landgasthöfen, deren Dienste sie auf Reisen besonders gern nutzten, Privilegien, insbesondere die Erlaubnis, steuerfrei Branntwein zu brennen, Bier zu brauen und Brot zu backen. Darüber hinaus waren die Wirte der im Lande ›kro‹ genannten Häuser davon befreit, Soldaten einquartieren zu müssen. Der erste Kro, der diese Privilegien bekam, war 1198 unter Knud IV. der Bromølle Kro zwischen Jyderup und Slagelse.

König Erik V. Glipping befahl 1283, an allen Königswegen, auf denen er regelmäßig sein Reich zu bereisen pflegte, und an allen Fährstationen Kroer zu errichten. Makabre Fußnote der Geschichte: Erik wurde 1286 auf einer Reise in Finnerup bei Viborg ermordet, als er in einer Scheune nächtigen mußte, weil keine vernünftige Unterkunft in der Nähe war.

Margrete I. bestimmte 1396, daß alle 40 km entlang der wichtigsten Wege ein Kro entstehen sollte. Christian II. setzte Anfang des 16. Jh. diese Entfernung auf 20 km herab. 1912 bekamen die letzten Kroer unter Frederik VIII. königliche Privilegien, die heute aber keine besonderen Rechte mehr beinhalten. Dafür darf inzwischen auch jeder Mann und jede Frau in jedem Kro ein Bierchen trinken: Lange waren Kroer für die Bewohner der Nachbarschaft nämlich verbotenes Territorium – ein Versuch, die Verführungen zur Trunksucht zu verringern.

Wer heute durch Dänemark reist, findet Kroer überall, einfache, die eher Kneipe denn Gasthaus sind, ebenso wie luxuriöse à la Falsled Kro in Südfünen, Sonderho Kro auf Fanø oder Søllerød Kro in Holte bei Kopenhagen – alle sind Gastro-Highlights der Spitzenklasse.

von Jyderup, der 1198 als erster dänischer Kro überhaupt vom König das ausdrückliche Recht zum Brennen, Brauen und Backen bekam.

Kalundborg 20 (s. S. 336) ist ein wichtiger Industriestandort und eine Hafenstadt mit traditionell guten Verbindungen zur Insel Samsø und nach Jütland. Fähren sowie die schnellen ›Seacats‹ starten von hier u. a. nach Århus,

eine Route, der Experten auch in Konkurrenz zur festen Verbindung über den Großen Belt Überlebenschancen geben.

Im 12. Jh. entstand das Wahrzeichen der Stadt, die markante *Vor Frue Kirke*, deren fünf Türme bis heute ihre Silhouette prägen. Der Bau über dem Grundriß eines gleichschenkeligen griechischen Kreuzes repräsentiert eine Kirchenarchitektur, die in Dänemark einzigartig ist.

Kalundborg

Bei einem Besuch des *Heimatmuseums* im benachbarten Lindegården sollte man Darstellungen der Kirche aus der Mitte des 19. Jh. genauer betrachten: Die Vor Frue Kirke taucht dort viertürmig auf; der Mittelturm war 1827 eingestürzt und wurde erst 1871 rekonstruiert. Mit vier Türmen malte sie zum Beispiel Johan Thomas Lundbye (1818–48), das romantische Genie des ›Goldenen Zeitalters‹. Er stammte aus Kalundborg und gilt als unumstrittener Heimatmaler der Region.

In den Straßen und Gassen rund um die Kirche, so in der Præster-, Adel- und Munkegade, stehen schöne Fachwerk- und vereinzelte Backsteinhäuser aus dem späten Mittelalter. Eindrucksvoll ist das Ensemble zwischen Vor Frue Kirke und Marktplatz Torvet beiderseits der breiten Adelgade. Dort liegt direkt neben dem alten Rathaus, in dem immer noch Sitzungen stattfinden, der historische Bischofswohnsitz *Bispegården,* ein spätgotischer Backsteinbau, heute Ausstellungs- und Kulturhaus. Im *Gyths Gaard* am Torvet, einem schmukken Kaufmannshof im Empire-Stil, wurde am 20. Mai 1882 die spätere – norwegische – Literatur-Nobelpreisträgerin Sigrid Undset (1882–1949) geboren, eine Gedenktafel erinnert an sie.

Das Barockschloß **Lerchenborg** 21 wenige Kilometer südlich von Kalundborg entstand 1743–53 als Adelssitz derer von Lerche-Lerchenborg. Empfehlenswert ist ein Besuch, wenn die rund 20 000 Rosen im stilechten Barockgarten blühen. Die Innenräume, darunter ein schmucker Rittersaal, sind nur während einer kurzen Periode in der Hochsaison zugänglich.

Zu Dauerschwimmern und Wiedergängern – Abstecher über die Halbinsel Odsherred

Der abgedeichte, trockene Teil des Lammefjord, Seitenarm des Isefjord und im Mittelalter bis kurz vor Dragsholm reichend, ist mit –7,5 m vermessen: dänischer Tiefenrekord. Nördlich von hier erstreckt sich die Halbinsel Odsherred, eingerahmt von Kattegat, Isefjord und Storebælt. Viele prähistorische Gräber und Fundstätten, mittelalterliche Kirchen mit großartigen Kalkmalereien, eine fünfstellige Zahl von Ferienhäusern sowie kinderfreundliche Strände und Attraktionen machen **Odsherred** (s. S. 353) zu einem interessanten Urlaubsstandort.

Hauptort ist **Nykøbing Sjælland** 22. Am südlichen Ortsrand zeigt die private *Annebjerg Samling* Gläser und Glaskunst von der Antike bis zur Gegenwart.

Rørvig im Nordosten von Odsherred ist der Ankunftshafen der Fähren aus Hundested auf der anderen Seite der Isefjordmündung – die Verbindung zur Nordküste Seelands (s. S. 119). Nach Westen streckt sich die schmale Landzunge Sjællands Odde 22 km ins Kattegat hinaus. Die rot getünchte **Odden Kirke** 23 aus dem 13. Jh. besitzt zahlreiche Erinnerungen an die Seeschlacht vor Sjællands Odde zwischen dänischer und englischer Marine am 22. März 1808 während der Napoleonischen Kriege. So hängt ein edles Modell der »Prins Kristian Frederik« in der Kirche, Teile davon aus Planken des seinerzeit von den Engländern versenkten Linienschiffs geschnitzt. Das Original liegt auf dem Meeresboden vor **Havnebyen** 24, einem kleinen, urgemütlichen Fischerhafen; werktags um 8 in der Früh gibt's hier eine Fischauktion. Wer Meeresge-

tier lieber gut zubereitet erleben will, darf sich vom irreführenden Namen des Lokals ›*Den gyldne Hane*‹ am Vestre Havnevej nicht irritieren lassen: Im Goldenen Hahn wird Fisch vom Feinsten serviert. Auch die *Fischräucherei* auf der Westseite des Hafens sollte Beachtung finden, aber nicht nur wegen der Kulinaria, sondern auch wegen ihrer Architektur: Arne Jacobsen, der große Meister des Funktionalismus, hat sie entworfen.

Der Fährverkehr in die jütische Stadt Ebeltoft wird von seinem speziellen Anleger an der Südküste von Sjællands Odde abgewickelt. Daß es auch andere Möglichkeiten gibt, nach Jütland zu kommen, beweisen auf der äußersten Landspitze **Gniben** 25 Erinnerungssteine für die Männer und Frauen, die von hier aus geschwommen sind. In den späten 30er Jahren gab es eine regelrechte Rekordjagd beim Langstreckenschwimmen, und die ungekrönte Königin war Jenny Kammersgaard aus Horsens, die, von Sjælland Odde nach Gjerrild bei Grenaa in 29,5 Stunden und von Gedser auf Falster nach Warnemünde in 40 Stunden schaffte.

Dort wo Sjællands Odde an Odsherred ansetzt, liegt der kleine Ort **Stenstrup** 26. Er vereint zwei typische Sehenswürdigkeiten: Das Doppel-Kammergrab *Troldstuerne* und das älteste Heimatmuseum Dänemarks, *Stenstrup Museum*.

Das Dorf **Højby** 27 wird von einer frühromanischen Kirche aus den ersten Jahrzehnten des 12. Jh. überragt, die im Mittelalter auch als Seezeichen diente, denn der Højby Sø nördlich der Stadt besaß eine schiffbare Verbindung zum Kattegat. Um die Kirche rankt eine blutige Legende, die sich auf höchst unterschiedliche Quellen in Dänemark, aber auch in Norwegen und Island stützt: Anfang des 13. Jh. vergewaltigten zwei

Burschen aus der Umgebung die beiden Töchter des Ritters Ebbe, während dieser auf einer Pilgerreise weilte. Die Frauen regelten die Angelegenheit bei der nächsten Weihnachtsmesse selbst und richteten die Vergewaltiger mit Messer und Schwert, nach der Überlieferung den einen neben dem Marienaltar, den anderen neben der Kirchentür. Die Kirche wurde daraufhin mit einem päpstlichen Bann belegt, bis Vater Ebbe nach sieben Jahren mit Ablaßbriefen Gottes Statthalter in Rom erweichen konnte und die Sache ins Reine brachte. Der Legende nach blieben nur die Blutflecken unvergänglich.

Da für die Außenwände der Højby Kirche nicht in den Kalktopf gegriffen wurde, kann man gut die romanischen Feldsteinmauern und die späteren Ergänzungen mit Ziegelsteinen unterscheiden. Im Inneren ist das Gotteshaus mit Kalkmalereien reich verziert. Zu sehen ist viel gotische Bildkunst, während von der ursprünglichen, romanischen kaum etwas erhalten ist: Eine größere Sequenz an der Nordwand wurde Anfang unseres Jahrhunderts freigelegt, aber dann als zu fragmentarisch wieder überkalkt – ein heute undenkbares Vorgehen.

Südlich von Højby spricht der großzügig angelegte Vergnügungspark ›**Sommerland Sjælland**‹ vor allem Familien mit kleineren Kindern an, das Spaßbad und wenige der rund 40 Attraktionen auch Kids im Teenageralter. Der Park hat eine eigene Bahnstation an der privaten Odsherreds Jernbane, die zwischen Holbæk und Nykøbing Sjælland verkehrt.

Im Moorgelände **Trundholm Mose** westlich von Svinninge wurde 1902 der ›Trundholm Solvogn‹, der Sonnenwagen von Trundholm, gefunden (s. S. 19), das bedeutendste bronzezeitliche Kunstwerk Dänemarks. Auf sechs schmalen Rädern zieht ein Pferd eine vergoldete

Reetdachhaus auf der Halbinsel Odsherred

Sonnenscheibe. Das Original steht im Nationalmuseum von Kopenhagen, eine Kopie im UN-Gebäude von New York und eine im Heimatmuseum von **Høve** 28. Markant sind am Rande von Høve einige gewaltige Bronzezeithügel. Den höchsten, Esterhøj, ziert ein 25 Tonnen schwerer Gedenkstein zur Wiedervereinigung Dänemarks mit Südjütland, von mehreren hundert Männern und elf vorgespannten Pferden vom Strand hier heraufgebracht. Einen weiteren Hügel hat sich in den 30er Jahren einer der Väter des europäischen Films, Ole Olsen (1863–1943), als Grabkammer herrichten lassen. Die Asche des Gründers der Nordisk Film ist hier auch tatsächlich beigesetzt, mit etlichen Kunstgegenständen als Grabbeigaben versehen. Sein Vermächtnis: Zu seinem hundertsten Todestag dürfen das Grab geöffnet und die Schätze entnommen werden – da sage einer, nur Engländer seien exzentrisch.

Die ältesten Gemäuer von **Schloß Dragsholm** 29 sind fast 800 Jahre alt und bekamen 1694 durch einen Umbau ein barockes Aussehen. Früher kamen nicht alle Gäste freiwillig in den imponierenden Bau, der heute als Hotel genutzt wird: Ab 1500 Staatsgefängnis, saßen im Keller von Dragsholm vor allem die schwarzen Schafe der besseren Gesellschaft, manch einer davon auch unschuldig oder aus politischen Gründen ›aus dem Verkehr gezogen‹, wie einige katholische Würdenträger nach der Reformation. Bekanntester Insasse war in den Jahren nach 1573 Lord Bothwell, Mary Stuarts dritter und letzter Gatte. Seeräuberei und Bruch eines Eheversprechens gegenüber einer jungen Norwegerin hatten ihn hinter Gitter und den verantwortlichen Dänenkönig Frederik II. damit in eine außenpolitische Zwickmühle gebracht: Frankreich wollte ihn frei, England wollte ihn hängen sehen. Noch vor Lösung des diffizi-

In Nysted

len Problems war der Graf nach fünf Kerkerjahren wahnsinnig geworden und verstorben. Bothwell sowie eine weiße und eine graue Dame konnten sich vom Schloß aber nie richtig trennen und wandeln regelmäßig durch die Hallen – so ist es im Gästebuch nachzulesen.

Die von guten Stränden umgebene Insel **Sejerø** ist Ziel für einen ganz ruhi-gen Urlaub und begeistert Ornitholo-gen. Eine Fähre nach Sejerø verkehrt mehrmals am Tag ab Havnsø.

Südlich Havnsø breitet sich **Eske-bjerg Vesterlyng** aus, eine ungewöhn-liche Heidelandschaft direkt am Meeres-ufer, häufiges Motiv auf Bildern von Johan Thomas Lundbye aus Kalund-borg, das nicht mehr weit entfernt ist.

Zwischen Kreideklippen und Lagune

Dem Klischee vom überall flachen Dä-nemark kommt die Insel Lolland noch am nächsten – kaum mehr als 30 m ist die höchste Erhebung. Im Westen öffnet sich der lagunenähnliche Nakskov Fjord wie das Maul eines Fisches Richtung Fünen. Kontrast zu dieser Meeresbucht mit ihren flachen Stränden sind die stei-len Kreideklippen von Møn, ganz im Osten. Zwischen diesen beiden Extre-men findet sich viel gutes Bauernland mit Zuckerrübenanbau.

Die meisten der vorgestellten Sehens-würdigkeiten sind einzeln mit dem öf-fentlichen Verkehr zu erreichen, wollen Sie der Route folgen, empfiehlt sich aber ein individuelles Verkehrsmittel.

Die Bahnstrecke von Rødbyhavn und Gedser nach Kopenhagen führt über Nykøbing Falster und Næstved, hinzu kommt eine Privatbahn quer über Lol-land von Nakskov über Maribo nach Nykøbing. Darüber hinaus gibt es ein dicht gesponnenes Busnetz.

Flacher Auftakt: Durch Süd-lolland und Falster

Rødbyhavn ▆ (s. S. 357) ist der däni-sche Fährhafen der Vogelfluglinie. Direkt vom Anleger führt die fast durchgängig zur Autobahn ausgebaute E 47 nach Ko-penhagen, Fahrzeit knapp zwei Stun-den.

Gleich westlich des Hafens liegt Nord-europas größter Ferienpark ›Lalandia‹ mit weit über 3000 Betten in mehr als 600 Wohnungen am Ostseeufer. Sein tropisches Badeland unter einer Glas-kuppel verspricht ganzjährig Badefreu-den nicht nur für Hausgäste.

Das Bild von **Nysted** ▆ (s. S. 351), der kleinen Hafenstadt im Süden Lol-lands, wird von Schloß Ålholm geprägt, dem angeblich ältesten bewohnten Schloß der Welt – Teile stammen im-merhin aus der Zeit um 1300. Daß es mit Dänemarks Adel im flachen Lolland aber bergab geht, bewies besagtes Ålholm 1995: Jahrelang waren Schloß und umliegende Parks eine bis in den letzten Winkel zugängliche Touristenat-traktion, dann mußte der Besitzer Kon-kurs anmelden. Ob und in welcher Form Ålholm in Zukunft zugänglich sein wird, steht in den Sternen, die große kulturhi-storische Sammlung, mit der das Schloß eingerichtet war, wurde auf jeden Fall Anfang 1996 versteigert. Blei-ben wird vorerst, so Stand bei Redak-tionsschluß dieser Auflage, ein Oldtim-ermuseum mit rund 250 Autos aus der

Zeit vor dem Zweiten Weltkrieg, eine der besten europäischen Sammlungen.

Ca. 7 km westlich von Nysted bei Stubberup betreibt ein Verhaltensforscher das ›**Wolfscenter Egholm**‹  **3** und hält dort einige dieser Tiere. Ergänzend informiert ein kleines Museum über Wölfe und versucht zu zeigen, daß sie weitaus besser sind als ihr grausamer Ruf.

Am Guldborg Sund, der Lolland von Falster trennt, kann man tief in die Geschichte eindringen, z. B. bis in die Steinzeit bei einem Spaziergang durch den **Frejlev Skov** **4** nordöstlich von Nysted: Vier Rund- und fünf Langdolmen sowie drei Kammergräber sind die ältesten und auch markantesten Hinterlassenschaften der Vorzeit in diesem Wäldchen, außerdem gibt es rund 100 Grabhügel aus der Bronzezeit. Das eindrucksvollste Grab ist der von etwa 30 Randsteinen umgebene Langdolmen ›Kong Grøns Høj‹.

Nach soviel steinerner Geschichte im Original bietet das **Middelaldercenter** **5** am Nordrand von Sundby auf Falster am Ufer des Guldborg Sund den Kontrast: Lebendig und mit viel Programm wird hier Mittelalter nachgelebt – Geschichte zum Anfassen und Mitmachen. Auf einem großen Freigelände entsteht eine Mittelaltersiedlung mit zeitgemäßen Baumethoden. Der wissenschaftliche Aspekt: Hier werden Ergebnisse der Arbeit von Archäologen und Historikern im Feldversuch getestet. So entstand der Nachbau eines 13 m langen Schiffes, dessen Original bei Gedesby auf Südfalster gefunden wurde und als ›missing link‹ zwischen Wikingerschiff und Hansekogge gilt. In der Schmiede steht ein Ofen nach dem Vorbild einer

Kalkmalerei aus der Kirche von Stubbeköbing, rauhe Sitten des Mittelalters zeigen Bestrafungsinstrumente wie hölzernes Pferd, Pranger und Rad, und Höhepunkt im Tagesprogramm sind Schießübungen mit einer rekonstruierten, zwölf Tonnen schweren Steinschleuder, wie sie etwa von 1100 bis 1500 bei Belagerungen zum Einsatz kam. Ein Netz mit zwei Tonnen Feldsteinen dient als Gewicht und reißt den kür-

zeren Arm einer langen Stange herunter. So wird eine 15 kg schwere Kugel
auf eine Flugbahn katapultiert. Im Mittelalter kam auch mal ein Brandgeschoß
oder, als Vorläufer biologischer Krieg-
führung, ein Tierkadaver auf die Schleu-
der, um Feuer oder Seuchen in die bela-
gerten Städte zu bringen.

Jenseits des Guldborg Sund liegt Falsters Hauptort **Nykøbing** 6 (s. S. 351),
das immer mit dem Inselnamen als Zu-

satz genannt wird, damit es nicht zu Verwechslungen mit den Nykøbings in Seeland und auf der Insel Mors in Jütland
kommt. In der Stadt mit der großen Zuk-
kerfabrik sind zahlreiche alte Häuser aus
dem 16., 17. und 18. Jh., eine spätgotische Kirche, die als Teil eines Franziskanerklosters entstand, und daneben
ein Heilkräutergarten sehenswert. Will
man sich alles einmal von oben anschauen, kann man auf den 32 m hohen

Wasserturm steigen, der 1908 als erster dänischer Stahlbetonbau entstand und heute auch als Ausstellungsturm genutzt wird.

Das schöne Fachwerkhaus *Czarens Haus* – heute Restaurant – hat seinen Namen von einem unerwarteten Besuch. Am 15. Juli 1716 platzte Zar Peter der Große von Rußland in die Gaststube. Er war mit einem Flottenverband auf dem Weg zu einem Staatsbesuch nach Kopenhagen, hatte sich aber außerhalb des Protokolls bei Gedser absetzen lassen, um auf dem Landweg weiterzureisen.

Den südlichsten Flecken Falsters und auch Dänemarks – Gedser Odde – markiert der wuchtige, viereckige Leuchtturm Gedser Fyr, der bestiegen werden kann. Der benachbarte, traditionsreiche Fährhafen **Gedser** 7 (s. S. 329) ist schon seit Anfang dieses Jahrhunderts ein wichtiges Glied der Verkehrsverbindungen zwischen Deutschland und Dänemark: Warnemünde-Gedser und Travemünde-Gedser sind Linien, die vielen Nordlandfans geläufig, aber längst Geschichte sind; heute kommen die Fähren, die hier anlegen, vom Rostocker Überseehafen.

Nördlich Gedser entstand nach einem Deichbau 1906 der Badeort **Marielyst** 8 und gewann schnell auch in Deutschland Freunde. Etwa 5000 Ferienhäuser, die einen breiten Querschnitt durch die Architektur repräsentieren, liegen hier im Hinterland der flachen Sandstrände, darunter ein längerer Abschnitt als FKK-Strand ausgewiesen. Bei Bøtø By findet man als Kinderattraktion den Spaßpark ›**Sommerland Falster**‹ 9.

Im Nordosten von Falster liegt **Halskov Vænge** 10, ein Wald voller prähistorischer Fundstätten. Dolmen- und Hügelgräber sowie zahlreiche Bautasteine – unbeschriftete Gedenksteine – sind

hier zu entdecken. Der umgebende Wald steht unter Naturschutz, und die zuständigen Forstbehörden versuchen, eine Vegetationsgemeinschaft wiederherzustellen, wie sie zu der Zeit bestand, aus der die Funde stammen. Außerdem kann man über Schafe stolpern, die einer Rasse angehören, die nach Ansicht von Archäologen der am nächsten kommt, die in prähistorischer Zeit verbreitet war. Ein kleines Museum gibt zusätzliche Informationen.

Über **Hesnæs** mit seinen berühmten Reethäusern – hier sind auch die Wände aus diesem Material – ist schnell **Stubbekøbing** 11 (s. S. 360) an der Nordküste der Insel erreicht. Hier zeigt das *Motor- og Radiomuseum* über 150 alte Motorräder, Mopeds und Gespanne. 1983 bekam das Museum eine zweite Sammlung mit alten Radios, Lautsprechern und Plattenspielern geschenkt, und das nicht zufällig: Peter L. Jensen stammt aus Stubbekøbing. Anfang dieses Jahrhunderts wanderte er in die USA aus, baute eine Radiofabrik auf und erfand 1915 den dynamischen Lautsprecher, den heute meistverwendeten Typ, wenn es darum geht, Töne elektronisch wiederzugeben.

Bis 1985 war Stubbekøbing auch ein wichtiger Fährhafen für die Anreise von Süden zur Insel Møn. Mit der Fertigstellung der Farø-Brücken, die im Westen nicht zu übersehen sind, hatte die Linie eigentlich ausgedient, aber eine der schmucken Fähren ist weiter im Dienst und fährt in 12 Minuten zum Anleger nach Bogø hinüber, mehr aus Nostalgie denn aus Notwendigkeit.

Mit dieser kleinen Fährroute ist der Name Marie Grubbe untrennbar verbunden, eine der schillerndsten Frauenfiguren, die Dänemark kennt. Vier Exponenten der dänischen Literatur des 18. und 19. Jh. haben ihr Schicksal literarisch bewahrt: Ludwig Holberg in seiner 89. Epistel, Steen Steesen Blicher in ›Bruchstücke aus dem Tagebuch eines Dorfküsters‹, H. C. Andersen in ›Hühnergrethes Familie‹ und vor allem Jens Peter Jacobsen in seinem großen psychologischen Roman ›Frau Marie Grubbe. Interieurs aus dem 17. Jahrhundert‹ – auf Deutsch zuletzt 1990 aufgelegt: Marie Grubbe, Tochter aus einem jütischen Adelsgeschlecht, erlebt auf der Schwelle vom Mädchen zur Frau eine erste große, aber desillusionierende Liebe. Nach einem kurzen Rückzug in übertriebene Religiosität scheitert anschließend eine Ehe mit Dänemarks General-Gouverneur in Norwegen Ulrik Frederik Gyldenløve, Sohn von Frederik III. Marie erlebt mehrere Affären, bei denen sie mal ausgenutzt wird, mal kommt der junge Geliebte bei einem Unfall ums Leben. Eine zweite Ehe mit einem Mitglied des einfachen jütischen Adels wird zu einem 16jährigen Martyrium und schließlich ebenfalls geschieden. Nach den historischen Akten hat

sich Marie zu einer »verrohten Nymphomanin, die gesellschaftlich so tief sank, weil sie so gern Teer und Pferdeschweiß riechen mochte«, entwickelt. In dritter Ehe heiratet sie schließlich Søren Ladefoged, Ex-Knecht vom Gut ihrer Familie und Fährmann in Stubbekøbing. Dort arbeitet Marie viele Jahre als Fährfrau und Pensionswirtin.

Kalkmaler und Kalkklippen: Møn

Bogø ist mit seinen Nachbarinseln durch Dämme landfest, so seit 1943 mit Møn (s. S. 349). Diese große Insel zwischen Seeland und Falster, eine der populärsten dänischen Ferieninseln überhaupt, wird ganz in der Nähe der **Fanefjord Kirke** 12 erreicht. Sie ist eine der drei Kirchen auf Møn mit Kalkmalereien des berühmten Elmelunde-Meisters; hier hat er sogar sein größtes Werk hinterlassen. Eines der Kennzeichen aller Arbeiten dieses Meisters – oder dieser

Die Fanefjord Kirke ist für ihre Kalkmalereien berühmt

Schule, wie einige Kunsthistoriker meinen – ist die deutliche Vermischung biblischer Motive mit Szenen aus der Alltagswelt und die Darstellung biblischer Figuren in der einfachen Kleidung der Kirchgänger, für die diese Bilder Ende des 15. Jh. gemalt wurden. In Fanefjord ist ein ganz profanes Detail beachtens-

auch ›Grønjægers Høj‹ genannt – gleich südlich der Fanefjord Kirke gilt mit drei Grabkammern, 134 mächtigen Randsteinen und einer Länge von ca. 100 m als eines der größten seiner Art im ganzen Land. Einige Jahrhunderte jünger sind **Kong Asgers Høj** 13 nahe der Siedlung Sprove mit einer etwa 10 m

Die Kreidefelsen Møns Klint

wert, das bis heute einen Hauch von Aktualität bewahrt hat: Zwei Frauen sitzen auf einer Bank beim Klatsch, belauscht vom Teufel, der eifrig mitschreibt.

Bevor der Elmelunde-Meister in Fanefjord tätig wurde, besaß die Kirche schon Fresken aus der Mitte des 14. Jh. – am Triumphbogen sogar erhalten. Die reiche Ausstattung der Kirche geht auf eine längst vergangene Boomzeit Fanefjords als Heringsfängerstützpunkt und Handelsplatz zurück.

Der Südwesten Møns besitzt auch bekannte Vorzeitdenkmäler: Das rund 5500 Jahre alte Dolmengrab **Grønsalen** –

langen Grabkammer, die durch einen Gang erkrochen werden kann, und ein paar Kilometer südlich das Doppel-Kammergrab **Klekkendehøj** 14. Insgesamt gibt es auf Møn etwa 200 Vorzeitgräber.

Die größte Sehenswürdigkeit liegt ganz am anderen Ende der Insel: die Kreideklippen **Møns Klint** 15. »Wir sind Sommer für Sommer Touristen, / legen den Kopf in den Nacken / und sehen hoch zu den Kuppen der Kreidefelsen, / die Klinten heißen und dänische Namen tragen.« So schreibt Møns bekanntester regelmäßiger Sommergast, der Schriftsteller Günther Grass, in einem Gedicht über dieses Naturwunder.

Møns Klint zieht sich vom Leuchtturm Møns Fyr im Süden bis Brunhoved im Norden über 12 km um Møns Ostspitze. Fotofans müssen früh aufstehen: Die Klippen liegen nur am frühen Morgen im Sonnenlicht, schon am späteren Vormittag wird das Fotografieren wegen der vielen Schatten schwierig. Die Kreide ist rund 75 Millionen Jahre alt, voll mit Versteinerungen der Lebewesen eines Urmeeres, auf dessen Grund sie sich bildete. Nachdem die Kreideschichten während der letzten Eiszeit an die Oberfläche gedrückt worden waren, formte die Ostsee daraus in den letzten vier- bis fünftausend Jahren die Steilküste. Irgendwann wird das Meer im Zusammenspiel mit anderen Naturkräften Møns Klint aber gänzlich abgetragen haben. So stürzte das langjährige Wahrzeichen Sommerspiret im Winter 1987/88 ab, ein Schicksal, das gerade in der kalten Jahreszeit immer wieder Teile der Klippen ereilt. Aber auch große Trockenheit setzt den Felsen zu, auf tragische Weise im Sommer 1994 deutlich geworden, als ein Erdrutsch mehrere Touristen in die Tiefe riß – aktuelle Warnungen und Sperrungen sollten deshalb immer beachtet werden.

Nahe dem Hotel ›Store Klint‹, gelangt man an den imposantesten Abschnitt der Klippen mit Dronningestolen, dem Königinnenstuhl, als 128 m hohen Gipfel. Von hier kann man an klaren Abenden sogar das deutsche Pendant, die Kreidefelsen von Rügen, erkennen.

Über der Steilküste und ein Stück ins Hinterland hinein breitet sich ein wunderschöner Buchenwald aus, von Wanderwegen erschlossen; ob ein Weg an der Küste unterhalb der Klippen freigegeben ist, entnehmen Sie bitte aktuellen Sicherheitshinweisen.

Mittelpunkt der romantischen Parkanlagen von **Liselund** über dem Nordteil der Klippen ist ein reetgedecktes Minischloß von 1792. Den Gesellschaften, die sich hier vergnügten, standen darüber hinaus ein Norwegisches Haus, eine Schweizer Hütte und eine Chinesische Lustlaube für die Tête-à-têtes zur Verfügung. Heute hier zu wohnen, ist nicht mehr Frage des Standes, sondern nur noch der Urlaubskasse: Die benachbarte Villa Liselund, 1887 gebaut, wird als Schloßhotel genutzt.

Auf der Weiterfahrt landeinwärts passiert man ein exponiert liegendes Vorzeitdenkmal, den Runddolmen **Sømarkdyssen**, Beispiel für den ältesten Typ der Megalithgräber aus der Jungsteinzeit.

Nach der Kirche von **Elmelunde** 🔟, die in Teilen auf das Jahr 1080 zurückgeht und damit in die Reihe der ältesten dänischen Kirchen gehört, wurde der Elmelunde-Meister benannt. Hier waren Ende des 19. Jh. seine Fresken, die nach der Reformation übertüncht worden waren, erstmals wiederentdeckt und freigelegt worden. Abgesehen von den Kalkmalereien sind die Altartafel und die Kanzel aus der Renaissance beachtenswert: Sie kamen 1636 als Geschenk von Corfitz Ulfeldt und seiner blutjungen Frau Leonora Christine in die Kirche. Über Leonora Christine, die Lieblingstochter von Christian IV., dessen Monogramm im oberen Feld des Ädikularretabels auftaucht, wird später im Zusammenhang mit dem Dom von Maribo noch mehr zu sagen sein (s. S. 156).

Vom Elmelunde-Meister stammen auch die meisten Ausschmückungen der kleinen **Kelby Kirke** 🔟. Hier wird sehr deutlich, daß er beileibe nicht der erste und einzige Kirchenmaler auf Møn war, sondern nur deshalb so markante Spuren hinterlassen konnte, weil er zur

Kalkmalerei – Erbe des Mittelalters

Dänemarks Nationalschatz‹ nennt die Zeitung Politiken die Kalkmalerei im Lande, und das Nationalmuseum erachtet es immerhin als angemessen, ein siebenbändiges Werk diesem kulturhistorischen Erbe des Mittelalters zu widmen. In der Tat ist die Kalkmalerei in den Landkirchen Dänemarks etwas Besonderes, wenn auch nicht so einzigartig, wie es manchmal gern hingestellt wird: Schon im benachbarten Schweden kann man ebenfalls hervorragende Beispiele dieser Kunst bewundern.

Nachdem König Harald I. Blåtand (950–85) »die Dänen zu Christen machte«, wie auf dem großen der Runensteine von Jelling zu lesen ist, entstanden zuerst hölzerne Stabkirchen die man heute noch aus Norwegen kennt, von denen aber in Dänemark keine erhalten ist. Ab der Jahrtausendwende wurden dann Steinkirchen gebaut, zuerst aus mehr – in Jütland – oder weniger – in den östlichen Landesteilen – bearbeiteten Feldsteinen, ab 1170 immer häufiger aus Backstein. Um das Jahr 1250, als im Norden die große Zeit der Romanik zu Ende ging, gab es über 2000 solide Landkirchen innerhalb der Grenzen des heutigen Dänemark. Davon stehen noch knapp 1650, hinzu kommen etwa 125 aus gotischer Zeit. Manchen mag dieses Zahlenverhältnis überraschen, denn auf den ersten Blick ist selten eine romanische Kirche zu entdecken. Fast alle wurden im Laufe ihrer Geschichte umgebaut und vergrößert. Gerade in der Blüte der Gotik entstanden viele Türme, Waffenhäuser und Sakristeien an älteren Bauten. Und so wie die Kirchen äußerlich eher gotisch erscheinen, so zeigen sich auch die Ausschmückungen im Inneren: Angesichts der vielen ursprünglich romanischen Bauten ist die Kalkmalerei dieser Zeit unterrepräsentiert.

Häufiger als die großen, Ruhe ausstrahlenden Bilder der Romanik sind die mehr ins Detail gehenden, die Architektur betonenden und reich verzierten Bilder der Gotik. Sie wirken dynamischer, zeigen Momentaufnahmen, wie in den bluttriefenden Kindermordszenen von Bethlehem, die der Elmelunde-Meister bei allen seinen drei Arbeiten auf Møn malte. In der Gotik tauchen auch häufiger weltliche Motive auf, meist am Rande, eher verzierend als dominierend. Je jünger die Bilder, desto augenfälliger ist die Ausschmückung: Hier eine Ranke, dort ein Sternchen – die Fresken aus dem späten 15. Jh. in der Grabkapelle von Christian I. im Dom von Roskilde sind dafür ein anschauliches Beispiel.

Exemplarisch für die früheste Periode der Kalkmalerei im 11. und 12. Jh. sind die Wandbilder in der Måløv Kirke westlich von Kopenhagen. Dort ist in einer Nische an der Chorwand auch eines der seltenen Bilder zu sehen, das byzantinische Einflüsse zeigt: eine Madonna mit dem Kinde. Sonst haben die

Maler der Romanik in Dänemark eher italienische Vorbilder kopiert, aber wohl nicht durch Anschauungsunterricht im Ursprungsland, sondern nach Vorlagen in kirchlichen Büchern.

Die Malereien in der Måløv Kirke, bei denen man nur von großflächigen Fragmenten sprechen kann, dokumen-

In der Kirche von Elmelunde

tieren sehr deutlich, daß diese Art Kunst nicht unvergänglich ist. Immer wieder wurde Vorhandenes verändert, ergänzt, nachgezeichnet und farblich aufgefrischt. Lange Zeit galt dieses Erbe des Mittelalters als Gebrauchskunst, wurde neuen Trends angepaßt und auch schon mal komplett übermalt, wenn den Verantwortlichen ein ›Tapetenwechsel‹ geboten schien. Letzteres trifft insbesondere für die Zeit nach der Reformation zu, mit der die große Zeit der Kalkmalerei endete.

Im frühen 19. Jh. begann die Wiederentdeckung der alten Kunst mit der Freilegung der spätgotischen Fresken in der bereits erwähnten Grabkapelle von Christian I. in Roskilde, die nach der Reformation übertüncht worden waren. Griff man anfänglich noch stark in die Werke ein, um sie ›schön und komplett‹ zu machen, wie bei den 1874 neu gemalten, aus der Zeit um 1100 stammen-

den Kalkmalereien in der Jelling Kirke in Jütland, bemüht man sich heute, sie ›zurückzubilden‹, sie von späteren Zusätzen zu befreien. In der Kirche von Måløv wurde so 1982–83 die ursprüngliche romanische Malerei, »die echte Ware«, wie es der ehemalige Reichsantiquar Olaf Olsen, lange Dänemarks oberster Kulturwächter, ausdrückt, zum Vorschein gebracht. Mit ihren Techniken, alte Kalkmalereien so ursprünglich wie möglich zu bewahren, haben sich Dänemarks Restauratoren inzwischen weltweite Anerkennung erworben.

Daß sich heute regionale Unterschiede in der Quantität des Auftretens von Kalkmalerei zeigen, und daß sich nur wenige wichtige Schulen oder Einzelkünstler identifizieren lassen, wie die sogenannten Isefjord-Maler in Nordwest-Seeland oder der Elmelunde-Meister, darf nicht zu dem Schluß führen, in anderen Teilen Dänemarks sei diese Kunst nicht vertreten gewesen und es habe nur diese wenigen großen Schulen gegeben. So wie nämlich Stilarten kennzeichnend für bestimmte Maler und Regionen sein können, so sind es auch Arbeitsweisen. Von den beiden Techniken, in denen Kalkmalerei entstehen kann, hat sich aber die als relativ haltbar erwiesen, bei der auf nassen Putz oder Kalk gemalt wird, die sogenannte ›al fresco‹-Technik, so daß die Farben sich dauerhaft mit dem Wandbelag verbinden. Da haben es Restauratoren leicht, spätere, überdeckende Schichten abzutragen. Dagegen sind Werke, die auf trockenen Putz – al secco – gemalt wurden, fast alle verloren gegangen, mit einer Ausnahme: in der Hedensted Kirke nördlich von Vejle in Jütland. Ein großer Teil des ›Nationalschatzes Kalkmalerei‹ ist also erst gar nicht in die Erbmasse eingeflossen.

Verfügung stand, als in der Spätgotik die ursprünglich romanischen Balkendecken der Kirchen durch gotische Gewölbefächer ersetzt wurden. Im Chor und an den Seitenwänden der Kelby Kirke sind ältere Malereien sichtbar, zum Teil deutlich von der Gewölbekonstruktion beschnitten.

Die Landzunge **Ulvshale** [18] – Wolfsschwanz – im Nordwesten ist durch Material aufgeschüttet, das im Laufe von Jahrtausenden an Møns Klint abgebrochen und durch Meeresströmungen nach Nordwesten gespült wurde. Davor ist einer der schönsten Strände Møns entstanden. Die über einen Damm angeschlossene Insel **Nyord** ist für ihr Vogelschutzgebiet – zur Brutzeit gesperrt – und für das kleine Dorf gleichen Namens bekannt, das den Eindruck vermittelt, die 90er Jahre seien noch eine Science-fiction-ferne-Epoche – hier ist auf jeden Fall die Zeit vor vielen Jahren stehengeblieben.

Stege, Møns Hauptstadt, breitet sich auf beiden Seiten des Durchflusses von der Stege Bucht zum Bodden Stege Nor aus. Mølleporten, das Mühlentor, ist der erhaltene Rest einer mittelalterlichen Burgmauer aus dem frühen 16. Jh., die die ganze Stadt umschloß.

Zu Glasbläsern und Gardehusaren: Südseeland

In dem wunderschönen, reetgedeckten Pfarrhof aus dem frühen 17. Jh. neben der Dorfkirche von **Udby** [19] erinnert ein Gedenkmuseum an den Theologen und Pädagogen Nicolai Frederik Severin Grundtvig (1783–1872). Der spätere Vater der dänischen Volkshochschulbewegung wurde hier als Sohn eines Pfarrers geboren und war hier auch als Kaplan tätig. Seine Idee einer Schule für

das Volk entwickelte er in der ersten Hälfte des 19. Jh. aus der Überzeugung heraus, daß ein Ende des Absolutismus und ein Erfolg des Parlamentarismus nicht ohne Anhebung des Bildungsniveaus der breiten Bevölkerung möglich sei.

1844 wurde eine erste Volkshochschule nach Grundtvigs Konzepten im südjütischen Rødding (s. S. 216) eröffnet. Die Idee von der Erwachsenenbildung hat sich von dort weit über Dänemarks Grenzen hinaus ausgebreitet, im Prinzip auch auf die Volkshochschulen in Deutschland. Nur darf man diese heute nicht wegen des Gleichklangs der Namen mit den dänischen verwechseln: In Dänemark sind die derzeit über hundert *Folkehøjskoler* Heimvolkshochschulen, in denen Kursteilnehmer mehrere Wochen, manchmal mehrere Monate leben und ganztägig an verschiedenen gesellschaftspolitischen, künstlerisch-kreativen, religiösen oder sportlichen Kursen teilnehmen. Die Volkshochschulen können dabei ganz im Sinne der dahinterstehenden Organisationen agieren, von Kirchenverbänden bis zu sozialistisch orientierten Gewerkschaften. Das Lehrangebot dient laut Gesetz der Erweiterung der Allgemeinbildung und nicht einer speziellen Ausbildung, deshalb gibt es auch keine Prüfungen oder benoteten Zeugnisse.

Von Udby führt die gut ausgebaute Straße 151 wie mit dem Lineal gezogen nach Norden über Køge bis Kopenhagen, eine geruhsame Alternative zur parallel verlaufenden Autobahn E 47/E 55, zumal es viel leichter ist, zu den Sehenswürdigkeiten rechts und links abzubiegen.

Auf dem von klassizistischer Architektur geprägten Gut **Nysø** [20] (s. S. 354) im Norden von Præstø gingen in der ersten Hälfte des 19. Jh., während des

›Goldenen Zeitalters‹, Kultur- und Geistesgrößen ein und aus. Bertel Thorvaldsen hatte hier ein Atelier, heute ein Mini-Museum mit Werken des Bildhauers. Ein paar Kilometer nördlich wurde in den 50er Jahren der **Broskov Oldtidsvej** 21 freigelegt, eine gepflasterte Straße aus dem 5. Jh.

Reste einer Straße aus der Eisenzeit: Broskov Oldtidsvej

Westlich Rønnede, wo auch die Hauptstraße Richtung Næstved abzweigt, liegen drei Herrensitze wie Perlen auf einer Schnur: **Sparresholm** 22, dessen älteste Teile aus dem frühen 17. Jh. stammen, besitzt ein interessantes Kutschenmuseum, zum Renaissanceschloß **Gisselfeld** 23, das heute ein Kloster beherbergt, gehört eine der schönsten Parkanlagen Dänemarks, im englischen Stil um 1870 angelegt, und **Schloß Bregentved** 24 entstand zwar erst im späten 19. Jh. in seiner heutigen

Form, aber mit Rückgriff auf Pläne des Erbauers von Amalienborg N. Eigtved aus dem 18. Jh. und daher im Stil des Rokoko.

Aus dem Moorgebiet Holmegårds Mose nordöstlich von Næstved stammte früher der Torf, der bis 1925 in den Öfen der Glasfabrik **Holmegaard** 25 verfeuert wurde, heute sorgt hier umweltfreundliches Erdgas aus der Nordsee für die nötigen Temperaturen, um das Glas gefügig zu machen. Werksbesichtigungen sind möglich, außerdem lockt ein preiswerter Zweite-Wahl-Verkauf.

Næstved 26 (s. S. 351) ist Garnisonsstadt des königlichen Gardehusarenregiments, und jeden Mittwoch reitet zur Mittagszeit eine Schwadron in Paradeuniform durchs Zentrum. Darüber hinaus wartet die Stadt mit einigen ›ältesten-in-Dänemark‹-Superlativen auf: Im Umfeld des zentralen Akseltorv sind das älteste Gildehaus, das älteste Rathaus, die ältesten Reihenhäuser – *Stenboderne* mit einer Abteilung des Næstved Museums – zu finden, alle aus dem 15. Jh. Das *Apostelhaus* in der Riddergade verdankt seinen Namen den ins Fachwerk geschnitzten Figuren von Jesus und seinen Jüngern, eine Arbeit von ca. 1510. Von den beiden mittelalterlichen Kirchen ist die *Skt. Peders Kirke* vor allem für ihre Kalkmalereien bekannt, während die Schmuckstücke in der *Skt. Mortens Kirke* eine Altartafel von Abel Schrøder d. Jüngeren aus dem frühen Barock sowie die Renaissance-Kanzel seines nicht minder berühmten Vaters sind. *Herlufsholm* im Norden der Stadt am Ufer der Suså gelegen ist eine Internatsschule mit langer Tradition, die auf eine Stiftung des Admirals Herluf Trolle von 1560 zurückgeht. Von dem ehemaligen Benediktinerkloster ist auch die Kirche von ca. 1200 erhalten. Kleinod des Inventars ist ein Kruzifix, in der ersten Hälfte des 13. Jh. aus einem grönländischen Walroßzahn geschnitzt.

Südwestlich der Stadt steht auf einer kleinen Insel, die durch eine Brücke mit dem Festland verbunden ist, *Schloß Gavnø,* das sich sehr weit dem Tourismus geöffnet hat: Eine der größten privaten Gemäldesammlungen Nordeuropas sowie prachtvolle Möbel und andere Antiquitäten sind zu sehen, ebenso die Schloßkirche aus dem 15. Jh. Im Park blühen im Mai Hunderttausende von Tulpen, später folgen Sommerblumen, Stauden und Rosen; ein Gewächshaus ist als Schmetterlingshaus umfunktioniert. Für Kinder dürfte das ›Falckmuseum‹ interessanter als die Gemälde und Gemäuer sein: es werden Feuerwehr- und Rettungswagen ausgestellt. Von Næstved verkehrt zwischen Mai und September ein Ausflugsbötchen nach Gavnø und weiter in den Badeort Karrebæksminde.

Wer lieber selbst auf dem Wasser aktiv wird, kann auf der **Suså** stunden- oder tageweise Kanus leihen: Der Fluß, der unter Næstveds Zentrum zwar verrohrt ist, wurde in seinem Oberlauf nördlich der Stadt weitgehend im Urzustand belassen und kann auf einer Länge von etwa 50 km zwischen Næstved und Næsby Bro bei Sorø befahren werden.

Die Geschichte der Stadt **Vordingborg** 27 (s. S. 364) an der Südspitze Seelands ist eng mit drei der vier Valdemars unter den dänischen Königen verknüpft: Valdemar I. den Store (1157–82) benutzte den Ort als Stützpunkt für seine Auseinandersetzungen mit den Wenden, und er starb auch auf der damaligen Burg Vordingborg. Valdemar II. Sejr (1202–41) verkündete in der Stadt das Jyske Lov, das jütische Landrecht, ein für das Mittelalter sehr fortschrittliches Gesetzbuch, und Valdemar IV. Atterdag (1340–75) ließ die alte Burg zu einer mächtigen, zeitgemäßen Befestigungsanlage ausbauen, da er hier seine wichtigste Stellung in der Auseinandersetzung mit der Hanse sah.

Von dieser Burg sind noch Vordingborgs Wahrzeichen *Gåsetårnet,* der Gänseturm, und ein Stück Mauer erhalten, sonst nur Fundamentreste. Den Namen hat der Turm von einer goldenen Gans, die in 36 m Höhe auf seiner Spitze schnatternd die Flügel schwingt. Angeblich ließ Valdemar Atterdag das erste Exemplar schon 1368 auf der Turmspitze anbringen, um die Hansestädte, die Dänemark den Krieg erklärt hatten, als schnatternde Gänse zu verspotten. In den Grünanlagen um den Turm sind ein Heimatmuseum und ein historisch-botanischer Garten mit Heilkräutern zu besichtigen.

Der Gänseturm in Vordingborg

Die selten mehr als 1000 m breite, aber 15 km lange Halbinsel **Knudshoved Odde** westlich von Vordingborg steht weitgehend unter Naturschutz. Eine ganze Kette von Hügeln zieht sich in das Smålandsfarvandet hinein, in den Mulden dazwischen steht salzhaltiges Wasser – ein ungewöhnliches Milieu, in dem seltene Pflanzen und Amphibien sich wohlfühlen. Einziges undänisches Tier: Auf Weiden an der Spitze der Landzunge werden amerikanische Bisons gehalten. Über die Naturattraktionen hinaus lassen sich auf Knudshoved Odde verschiedene Typen von Stein- und Bronzezeitgräbern entdecken.

Nordlolland

Südlich Vordingborg überspannt die Storstrømsbro von 1937 die Meerenge Storstrømmen zwischen Südseeland und Falster. Die kombinierte Bahn-Straßen-Brücke ist 3200 m lang – mehr als einen Kilometer länger als die Golden Gate Bridge in San Francisco –, ruht auf insgeamt 49 Pfeilern und spannt sich über der Hauptfahrrinne fast 140 m frei in einer Höhe von 26 m. Der Bau war seinerzeit eine technische Meisterleistung, die dänischen Brückenbauern weltweite Anerkennung verschaffte.

1980 bis 1985 entstanden weiter östlich die beiden Abschnitte der Farø-Brücken mit zusammen 3322 m Länge. Der Südteil – zwischen Falster und der Miniinsel Farø – ist eine imposante Schrägseilbrücke. Zwischen ihren beiden fast 100 m hohen Pylonen verläuft die Hauptfahrrinne für die Schiffahrt. Der Durchlaß ist 260 m breit und 26 m hoch.

Sakskøbing 28, schon auf Lolland gelegen, ist eine Provinzstadt, die kaum

Im Freilichtmuseum von Maribo

Beachtung finden würde, hätte nicht irgendwann ein cleverer Stadtwerber die Idee gehabt, dem alles überragenden Wasserturm ein lächelndes Gesicht aufzumalen – heute das Markenzeichen der ›Stadt mit dem Lächeln‹. Blickfang auf dem Marktplatz ist das Denkmal mit den beiden polnischen Rübenmädchen. Rübenanbau und Zuckerproduktion sind bis heute eine wichtige Erwerbsquelle in diesem Teil Dänemarks, und Ende des 19. Jh. heuerten die Landwirte der Region zur Erntezeit in großer Zahl polnische Saisonarbeiter an. Viele von ihnen fanden auf Lolland und Falster eine neue Heimat, so daß in dieser Region zahlreiche Familien mit polnischen Vorfahren leben, was man auch manchmal an den Namen merkt.

Zentral auf Lolland liegt das Städtchen **Maribo** 29 (s. S. 348), eingebettet in eine Seenlandschaft. Die dreischiffige, im Inneren sehr schlicht wirkende *Domkirche* von 1470 am Ufer des Søndersø geht auf ein Doppelkloster für Nonnen und Mönche des Birgittinen-Ordens zurück; die Emporen in den Seitenschiffen waren den Nonnen vorbehalten, die dort von der Gemeinde und den Mönchen getrennt der Messe folgen konnten. Mit der Reformation verlor das Kloster seine Reichtümer und verfiel schnell, geblieben sind nur Reste der Grundmauern und die Klosterkirche. Sie wurde Ende des 16. Jh. Gemeindekirche für Maribo, Anfang des 19. Jh. Stiftskirche des neugegründeten Bistums Lolland-Falster und 1924 offiziell Dom. Der ungewöhnlich schmale Turm wurde erst 1892 auf den Fundamenten eines Vorgängers errichtet.

Rechts neben dem Chor sind in einer Gruft Leonora Christine (1621–98), Lieblingstochter von Christian IV., und drei ihrer Söhne beigesetzt. Die Treue zu ihrem intriganten Gatten Corfitz Ulfeldt

(1606–64), der sich mit Christians Nachfolger Frederik III. anlegte und wegen Hochverrats zum Tode verurteilt wurde, brachte Leonora 22 Jahre Festungshaft im Kopenhagener Schloß Christiansborg und anschließend die Verbannung aus der Hauptstadt nach Maribo ein. Ihr herzergreifendes Schicksal schrieb sie nieder und schuf damit das erste bedeutende Werk dänischer Literatur nach Ende des Mittelalters: ›Jammers Minde, Denkwürdigkeiten der Gräfin Leonora Christine Ulfeld‹.

Der Maler Kristian Zahrtmann (1843–1917) hat sich in vielen Bildern mit Leonora Christine und ihrem Schicksal befaßt, und da verwundert es nicht, daß *Storstrøms Kunstmuseum* am Jernbaneplads von Maribo einige seiner Bilder besitzt. Ein weiterer Sammelbereich des Museums ist der Kubismus, dessen wichtigster dänischer Vertreter Olaf Rude aus der Region stammt. Ein ansehnliches volkskundliches *Freilichtmuseum* mit dem Schwerpunkt Bauernkultur liegt nah dem Westufer des Søndersø; ein richtiges kleines Dorf ist dort zu erkunden.

Das 660 ha große Gelände von **Gut Knuthenborg** 30 nördlich der Stadt ist vor allem Safari- und in Ansätzen auch Vergnügungspark: Inmitten dänischer Landschaft locken etwas Afrika und etwas Asien mit Nashörnern, Giraffen und Tigern. Zufahrten zum Park sind beim Dorf Maglemer und bei Bandholm, einem kleinen Fährhafen an der Nordküste. Dorthin verkehrt im Sommer eine Museumsbahn ab Maribo.

Vom Fährhafen Kragenæs bestehen Verbindungen auf die beiden vorgelagerten Inseln **Fejø** und **Femø**, Ziele für Tagesausflüge oder für ganz ruhige Urlaubstage – außer vielleicht Anfang August, wenn auf Femø das traditionelle Jazzfestival ›Femø Jazz‹ stattfindet.

Vor Lollands Nordostspitze **Bjælke-hoved**  wurde 1991 der erste Offshore Windkraftpark der Welt mit elf der High-tech-Aggregate in Betrieb genommen, ausgelegt auf eine Jahresleistung von sechs Megawatt, was dem Stromverbrauch für 2500 Haushalte entspricht. Mit dem Ausweg aufs Meer ver-

Der Wasserturm von Nakskov

suchen Windkrafthersteller und Energieproduzenten zwei Fliegen mit einer Klappe zu schlagen: Die Energieausbeute ist etwa 50 Prozent größer als auf dem Land, und auf dem Meer fallen die zunehmenden Einwände von Anwohnern gegen die Lärmbelästigung und die ästhetische Landschaftszerstörung durch noch mehr Windkraftwerke weg.

Dort, wo die Margeriten-Route von der Straße 289 abbiegt, beginnt eine ›1 mil‹ lange Museumsstraße, das heißt, daß auf der Länge einer alten dänischen Meile von gut 7,5 km allerlei historische

Straßenmarkierungen und -schilder aufgestellt sind. Am Rande liegen auch **Kong Svends Høj**, mit 12,5 m das längste Kammergrab Dänemarks, und das von der Architektur des großen klassizistischen Baumeisters C. F. Hansen geprägte **Gut Pederstrup** 32. Ein Museum erinnert an seinen bekanntesten Besitzer, den Kanzler und engsten Berater von Frederik VI., C. D. F. Reventlow. Er machte sich als Landwirtschaftsreformer einen Namen, und seine größte Tat, die Abschaffung der Leibeigenschaft der Bauern 1788, brachte ihm den Titel ›Dänemarks Bauernbefreier‹ ein.

Letzte Station dieser Rundfahrt über Südseeland, Lolland, Falster und Møn ist **Nakskov** 33, wie viele alte Werftstandorte in Europa ein in diesen Zeiten wirtschaftlich arg gebeuteltes Städtchen.

Empfehlenswert sind ab dem Hafen von Nakskov die werktäglichen Postschiffahrten zu mehreren Miniinseln im lagunenähnlichen Nakskov Fjord. Vor dessen südlicher Einfahrt liegt **Albuen** – der Ellenbogen – mit schönen Stränden. Albuen ist einer der ganz unsicheren Kantonisten in der nationalen Statistik: Strömungen und Stürme verändern den schmalen Streifen immer wieder, und wenn die Landzunge gar zerbricht – wie im Winter 1995/96 geschehen – hat Dänemark plötzlich eine Insel mehr.

Vom Fähranleger Tårs nördlich Nakskov besteht die Möglichkeit, nach Spodsbjerg auf Langeland überzusetzen (s. S.187ff.) und von dort Fünen mit seiner Inselwelt zu erkunden.

Fünen und Inseln

»Ein Archipelagus von schwimmenden Gärten ...«

»Draussen in diesem wogenden Blau, fern im Osten und Süden, schwimmen die dänischen Inseln, über hundert an der Zahl, einige gross, andre klein, aber alle gleich üppig und grün, ein Archipelagus von schwimmenden Gärten, strotzend von Getreide und den prächtigsten Wäldern«, so schrieb 1890 Henrik Pontoppidan, Dänemarks späterer Literaturnobelpreisträger, im Auftrag ›des dänischen Turistenvereins‹ in seinen »Reisebildern aus Dänemark‹.

Fünen, oft als ›Garten Dänemarks‹ bezeichnet, ist Inbegriff dieser dänischen Inselwelt, ein reiches, altes Kulturland, übersät von Hinterlassenschaften der Geschichte aus allen Epochen. Menschen haben hier in der Steinzeit die größten dänischen Dolmen- und Kammergräber gebaut, wie die Lindeskov-Gräber im Südosten oder Mårhøj im Norden. Bei Gudme und Lundeborg zeugen Goldfunde von einem bedeutenden Handels- und Siedlungsplatz der germanischen Eisenzeit. Die Epoche der Wikinger ist mit dem Ladby-Schiffsgrab und der Schiffssetzung in Glavendrup eindrucksvoll repräsentiert, und natürlich besitzt Fünen Kirchen aus romanischer und gotischer Zeit mit Kalkmalereien und reichem Inventar.

Unübertroffen aber sind die traumhaft schönen Schlösser und Herrensitze, die in dieser Vielfalt und Vielzahl – 124 heißt es von offizieller Seite – kein anderer Landesteil bietet: Alle Stilarten sind vertreten, vom romanischen Königsschloß Nyborg bis Gut Holstenshus bei Faaborg, 1910 als eines der letzten Herrschaftshäuser des Landes in historistischem Schick entstanden. Nur wenige,

wie Egeskov, Nyborg und Valdemars Slot auf Tåsinge, sind komplett zugänglich, bei einigen mehr stehen die Parkanlagen offen, andere beherbergen Antiquitätengeschäfte wie Hindemæ bei Ullerlev, Hønnerup Hovgård bei Gelsted und Hellerup bei Ringe oder sind heute romantische Schloßhotels wie Stensgård nahe Faaborg.

Der Regierungsbezirk Fyns Amt, zu dem neben der Hauptinsel Fünen zahlreiche andere Inseln gehören, von denen Langeland, Tåsinge, und Ærø die bekanntesten und größten sind, ist knapp 3500 km² groß und hat etwa 470 000 Einwohner. Die Landwirtschaft ist ein wichtiger Erwerbszweig; die Fischerei hat heute trotz der vielen Küstenkilometer nur in wenigen Orten Bedeutung.

Fünen ist von Osten wie Westen gut zu erreichen. Quer über die Insel verläuft Dänemarks Lebensader, die Autobahn und Eisenbahn zwischen Kopenhagen und Jütland. Nach der Fertigstellung der festen Verbindung über den Großen Belt wird die Bahn noch knapp 80 Minuten von Kopenhagen bis in Fünens Hauptstadt Odense brauchen, geplant sind in wenigen Jahren Fahrzeiten von unter einer Stunde. Eine Regionalbahn verkehrt zwischen Odense und Svendborg, Busse verbinden alle wichtigen Orte auf Fünen, Tåsinge und Langeland. Die Inselwelt im Süden wird durch zahlreiche Fähren erschlossen, die meisten ab Svendborg und Faaborg. Direkte Fährverbindungen gibt es außerdem vom deutschen Gelting nach Faaborg.

Wo die Heiden Odin huldigten: Odense

■ (s. S. 352) Odense ist mit etwa 180 000 Einwohnern Dänemarks drittgrößte Stadt und das überragende Verwaltungs- und Versorgungszentrum auf Fünen. Die zentrale Lage und die guten Verkehrsanbindungen machen die Stadt zu einem günstigen Standort für die Erkundung der ganzen Insel.

1988 feierte Odense ein 1000jähriges Stadtjubiläum, obwohl Archäologen ältere Ansiedlungen nachgewiesen haben und wichtige Funktionen – Bischofssitz ab 1020, Stadtrechte 1335 – jünger sind. Das Jubiläum bezog sich auf einen Brief des deutschen Kaisers Otto III. vom 18. März 988, in dem Odense zum ersten Mal namentlich erwähnt wird. Doch Odense besitzt eine deutlich ältere Vergangenheit als eisenzeitliche Kultstätte

für den nordischen Mega-Gott Odin, und als Otto seinen Brief siegelte, bestand auch schon eine heute längst unter den Häusern der Stadt verschwundene Wikingerburg vom Typ Trelleborg (s. S. 134).

Der Mord an dem später heilig gesprochenen König Knud 1086 vor dem Altar der Skt. Albani Kirke machte Odense zu einem vielbesuchten Wallfahrtsort. Für den wirtschaftlichen Aufschwung in der Neuzeit sorgte 1804 der Bau eines Hafens mit Kanalanschluß zur Ostsee. Heute profitiert die Stadt von den Bemühungen um eine Dezentralisierung in Dänemark. So gibt es seit 1966 eine Universität, und Odense ist Standort des zweiten dänischen Fernsehkanals TV2.

Skulptur ›Oceania‹ von Svend Wiig Hansen auf dem Odenser Rathausplatz

Größter Aktivposten in der touristischen Selbstdarstellung ist der Dichter H. C. Andersen (1805–75), der bekannteste Sohn Odenses. Natürlich kann man ihn in Bronze gegossen als Denkmal sehen, und das steht, wo sonst in dieser Stadt, im H. C. Andersen Park gleich hinter der Skt. Knuds Kirke. Andersen selbst schrieb über seine Stadt und seinen Antritt auf Erden in ›Das Märchen meines Lebens‹:

»Die dänischen Inseln haben herrliche Buchenwälder, Korn- und Kleegefilde; sie sehen aus wie Gärten im großen Stil. Auf einer dieser grünen Inseln, Fünen, erhebt sich mein Geburtsort Odense, nach dem heidnischen Gotte Odin benannt, der, wie die Sage berichtet, hier lebte; dieser Ort ist die Hauptstadt der Provinz und liegt 22 Meilen [Anm. d. Verf.: 1 mil = 7,53 km] von Kopenhagen.

Im Jahre 1805 lebte hier in einem kleinen ärmlichen Zimmer ein junges Ehepaar, das sich unendlich liebte: Er, ein Schuhmacher, war kaum 22 Jahre alt, ein sehr begabter Mensch, eine echt poetische Natur; die Frau einige Jahre älter, unbekannt mit dem Leben, mit einem Herzen voll Liebe. Der junge Mann hatte selbst seine Werkstätte und sein Ehebett zusammengezimmert und zu diesem letzteren das Holzgestell verwendet, das kurz zuvor den Sarg eines verstorbenen Grafen Trampe, als dieser auf dem Paradebette lag, getragen hatte; die schwarzen Tuchreste an den Brettern erinnerten noch daran. Anstatt der gräflichen Leiche, umgeben von Flor und Kandelabern, lag hier am 2. April 1805 ein lebendes, weinendes Kind; das war ich, Hans Christian Andersen.«

Wenn denn stimmt, womit die Besucher gelockt werden, dann stand das Bett mit dem kleinen Hans Christian im Eckhaus Hans Jensens Stræde/Bangs Boder mitten im damaligen Armenviertel. Das kleine, eingeschossige Fachwerkhaus ist inzwischen Teil des **H. C. Andersen Hus** 1, das fast einen ganzen Block einnimmt, um den Buchausgaben von Andersens Märchen aus aller Welt sowie der großen Sammlung von Dokumenten, Briefen und anderen Dingen, die in irgendeiner Form einmal mit Andersen in Berührung gekommen sind oder sein könnten, Raum zu schaffen. So ist aus dem ›ärmlichen Zimmer‹ ein großes Gedenkzentrum und aus dem alten Armenviertel eine liebevoll restaurierte, romantische Umrahmung geworden.

Ganz im Stil des Armenviertels – aber kaum für arme Leute erschwinglich – präsentiert sich gegenüber dem H. C. Andersen Hus das Edelrestaurant ›Under Lindetræet‹. Gleich nebenan ist das ›**Uromagers Hus**‹, das Haus des Unruhemachers, nicht etwa die Zentrale einer revolutionären Bewegung, sondern das Geschäft des Mobile-Designers Christian Flensted, ein Odenser Original. Zur Straße hin führt ein armdickes Kabel von der Hauswand in die Erde, »weil die vielen Mobiles im Haus ständig für Unruhe sorgen und deshalb die feste Erdverbindung zur Stabilisierung des Gebäudes notwendig ist«.

Der zweite weltbekannte Odenser ist der Komponist Carl Nielsen (1865 bis 1931). Er hat wie kein anderer die klassische dänische Musik – vokal wie instrumental – beeinflußt, ja geformt. Karajan hat mit den Berliner, Bernstein mit den New Yorker Philharmonikern Nielsen-Symphonien, Benny Goodman sein Klarinettenkonzert für Schallplatten eingespielt, und seine Opern ›Saul und David‹ sowie ›Maskerade‹ gehören bis heute zum Spielplan nicht nur dänischer Büh-

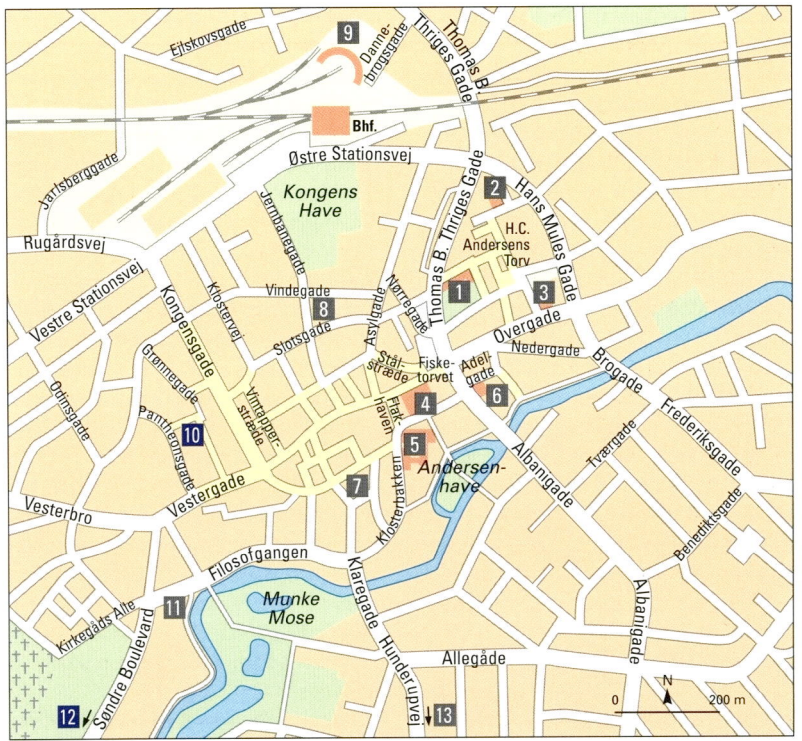

Odense   1 *H. C. Andersen Hus*   2 *Carl Nielsen Museum*   3 *Møntergården*   4 *Rathaus mit i-Büro*   5 *Skt. Knuds Kirke*   6 *Skt. Albani*   7 *H. C. Andersens Barndomshjem*   8 *Fyns Kunstmuseum*   9 *DSB Jernbanemuseum*   10 *Brandts Klædefabrik*   11 *Zoologischer Garten*   12 *Freilichtmuseum Den Fynske Landsby*   13 *Museumscenter Hollufgård*

nen. Am neuen Konzerthaus der Stadt wurde ihm zu Ehren das **Carl Nielsen Museum** 2 eingerichtet; sein Geburtshaus in Nørre Lyndelse, 12 km südlich von Odense, ist ebenfalls Museum (s. S. 173).

Vom Konzerthaus – Teil eines Kongreßzentrums, zu dem auch ein Hotel und ein Spielkasino gehören – sind es nur wenige Meter zur Overgade, von der die Sackgasse Møntestræde abzweigt. Hier sind mehrere alte Häuser, darunter Fachwerkhäuser aus der Renaissance, zu einem kulturhistorischen Komplex

verschmolzen, in dessen Mittelpunkt der **Møntergården** 3 – Münzhof – mit einem stadtgeschichtlichen Museum steht. Das alte Odense und historische Münzen sind Themen der Sammlung.

Auch schon etliche Jahre hat das Haus Overgade 23 mit ›Den Gamle Kro anno 1683‹ auf dem Buckel, ein Restaurant mit viel Atmosphäre vergangener Tage.

Autos sind aus Odenses Zentrum weitgehend verbannt, so auch vom Rathausplatz Flakhaven, auf dem Svend Wiig Hansens große Skulptur ›Oceania‹ liegt und Kinder zum Klettern reizt. Das

Rathaus 4 offenbart sich zu Flakhaven hin mit seinem ältesten Flügel von 1883 als Werk des Historismus mit deutlichen Rückgriffen auf die Gotik.

Im Süden des Platzes ragt die **Skt. Knuds Kirke** 5 auf, die Domkirche von Odense und eines der bedeutendsten gotischen Bauwerke Dänemarks. Sie besitzt als Schmuckstück einen vergoldeten Flügelaltar aus dem frühen 16. Jh., der vom Meister Claus Berg geschaffen wurde.

Zu den wenigen Reliquien in dänischen Kirchen gehören die sterblichen Überreste von König Knud dem Heiligen in der Krypta der Skt. Knuds Kirke. Lange zweifelten Anthropologen die Echtheit des Skeletts an, das in einem Glassarg aufgebahrt ist, aber jüngste Untersuchungen ergaben, daß Schädel und Knochen von ein und derselben Person stammen, und die kann im Rahmen der Meßgenauigkeit der C-14-Methode auch 1086 – das Mordjahr – gestorben sein. Außerdem fanden sich Anzeichen einer schweren Verletzung durch einen stumpfen Gegenstand im Nacken.

Für manchen Historiker war Knud, der 1080 bis 1086 das Land regierte, ein machtbesessener Despot, begierig darauf, die Herrschaft der Dänen in Ostengland zu restaurieren. Andere Chronisten waren ihm wohlgesonnener, so der mittelalterliche Geschichtsschreiber Saxo Grammaticus und der unbekannte Verfasser der Knytlingasaga, der Saga von den Dänenkönigen. Beide beschreiben Knud als großen, gottestreuen Herrscher, und bei beiden fällt er einem Bauernaufstand zum Opfer. Der Schauplatz des Gemetzels wurde bald Wallfahrtsort, und 15 Jahre später sprach der Papst den Ermordeten heilig.

Die historische Skt. Albani Kirke lag zwischen der Skt. Knuds Kirke und dem Rathaus, ein Denkmal markiert den Tatort. Nicht damit identisch ist die erst 1906–08 mit Rückgriffen auf Romanik und Gotik gebaute römisch-katholische Pfarrkirche **Skt. Albani** 6 ein paar 100 Meter östlich.

Vom Hauptportal der Skt. Knuds Kirke sind es nur wenige Schritte zur Munkemøllestræde 3–5, wo das bescheidene Fachwerkhaus **H. C. Ander-**

Flügelaltar von Claus Berg in der Skt. Knuds Kirke (Detail)

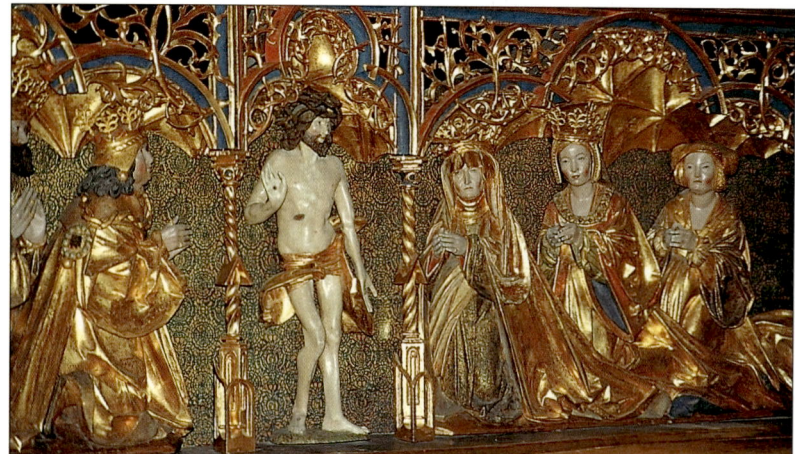

sens Barndomshjem **7** zu besichtigen ist, in dem der Märchendichter seine ärmliche Jugend vom 2. bis zum 14. Lebensjahr verbrachte.

Vom Rathaus nach Westen wird die Vestergade zur wichtigsten Geschäftsstraße der Stadt, von ihr zweigt die Jernbanegade Richtung Bahnhof ab. Auf halbem Wege passiert man **Fyns Kunstmuseum** **8**. Es zeigt neben regelmäßigen Sonderausstellungen aus der eigenen Sammlung Werke der wichtigsten Strömungen der dänischen Kunst ab dem 18. Jh.; Schwerpunkte sind die Fünen-Maler aus der ersten Hälfte des 20. Jh. und ›konkrete und konstruktive Kunst‹ der Gegenwart. Vorbei am Theater sowie am barocken Odense Schloß und durch den Park Kongens Have erreicht man den Bahnhof, hinter dem – Fußgänger können durch den Bahnhof gehen – in einem ehemaligen Lokschuppen das **DSB Jernbanemuseum** **9** zu finden ist, ein Eisenbahnmuseum. Originale und Modelle von Lokomotiven und Waggons zeigen die Entwicklung der dänischen Eisenbahn bis heute; ein Höhepunkt ist die Sammlung alter Salonwagen der Könige.

Im Westen des Fußgängerviertels liegt Odenses interessanteste Sehenswürdigkeit: das bis spät in die Nacht lebendige Kunst- und Kulturzentrum **Brandts Klædefabrik** **10**. In den Gebäuden und auf dem Gelände einer ehemaligen Textilfabrik haben Boutiquen mit Kunsthandwerk und Mode, Cafés und Restaurants, ein Programmkino, ein Theatersaal, die Freilichtbühne Amphiscenen und gleich vier Museen eine Heimat gefunden: *Danmarks Grafiske Museum/Dansk Pressemuseum* befaßt sich in der 3. Etage mit der Druckkunst und der dänischen Presse, *Kunsthallen* in der 1. und 2. Etage erregt immer wieder durch große Wechselausstellungen mit

moderner Kunst oder modernem Kunsthandwerk Aufsehen, *Museet for Fotokunst* zeigt in der 2. Etage in Ausstellungen die künstlerischen Seiten der Fotografie. Das jüngste Museum *Tidens Samling*, in einem Nebengebäude untergebracht, versteht sich als Bewahrerin der Kleider- und Wohnmoden unseres Jahrhunderts. Brandts Klædefabrik wurde 1988 als ›Europäisches Museum des Jahres‹ ausgezeichnet – sicher zu Recht.

Bootsfahrten auf der Odenser Aa ab dem Anleger am Filosofgangen ist eine romantische Alternative zu Auto oder Bus, um Attraktionen südlich des Zentrums zu erreichen, so den **Odense Zoo** **11** oder das volkskundliche **Freilichtmuseum ›Den Fynske Landsby‹** **12**. Dort bilden rund zwanzig Häuser, die aus allen Teilen Fünens und von den Inseln im Süden hierher verpflanzt wurden, ein Dorf. Dazu gehört auch der Sortebro Kro, dessen ältesten Teile von 1805 stammen. Er war früher ein Kro an der Landstraße Svendborg – Nyborg. 1945 wurde er am alten Standort ab- und anschließend im Museumsdorf wieder aufgebaut. Das heutige Restaurant ist im ehemaligen Stall des alten Kros eingerichtet.

Auf einer Freilichtbühne des Museumsdorfs finden alljährlich im Juli ›H. C. Andersen Spillene‹ statt, Aufführungen von Andersenmärchen – kindgerecht, aber in dänischer Sprache.

Fast schon an der südlich um Odense herumführenden Autobahn – etwa 8 km vom Zentrum entfernt, aber mit Bussen gut zu erreichen – liegt das ›**Museumscenter Hollufgård‹** **13** auf dem Gelände eines Herrensitzes von 1577.

Hier befaßt sich das Museum ›Fyns Oldtid – Hollufgård‹ mit der Früh- und Vorgeschichte der Insel Fünen, und in der umliegenden Parklandschaft entste-

Über (den Mißbrauch an) H. C. Andersen

Klischees transportieren, Vorurteilen verwandt, meist nur ein geringes Maß produktiver Sachlichkeit. Dies belegen immer wieder Versuche, H. C. Andersen als Werbeträger eines idyllischen Dänemark zu vermarkten und ihn auf den Märchenmann zu reduzieren. Die Gattungs- und Stilvielfalt seiner literarischen Produktion wird dabei ausgeblendet, denn als Lyriker, Dramatiker, Romancier, Reiseschriftsteller, Librettist, Autobiograph, Satiriker und Humorist wäre Andersen zu facettenreich für ein Werbekonzept.

1875 starb der nachkommenlose Junggeselle 70jährig, wohlhabend und in vorsatzgemäß erlangter Berühmtheit. Seine Herkunft: Odenser Unterklassemilieu. Spekulationen, er sei ein unehelicher Sohn von Christian VIII. oder mindestens eines Adeligen, haben sich als unhaltbar erwiesen. Der Vater arbeitete als Schuster, die Mutter als Waschfrau. Gleichwohl war es Lebensziel Andersens, die proletarische Armut und Anonymität zu überwinden und einen »Tod und Grab trotzenden ewigen Namen« zu erlangen. H. C. Andersen wollte berühmt werden; dies war ihm, wie er es selbst formulierte, ein »unerklärliches Verlangen«, ein ehrgeiziges zudem, denn im damals absolutistischen Dänemark galten Klassengrenzen als nahezu unüberwindbar. Einen der wenigen Wege bot das Königliche Theater, die bedeutendste Kulturinstitution des Landes. Was konnte auch

näher liegen nach einer Kindheit und Jugend, die weniger vom gemeinsamen Spielen mit Kameraden geprägt war als vom Puppen- und Stadttheater? Der Heranwachsende sammelte Besetzungslisten und Plakate, agierte als Statist und verbrachte viel Zeit mit Rezeption und Reproduktion von Dramen und Dramaturgie.

So wandte Andersen sich einer Bühnenlaufbahn zu – und versagte gänzlich. Keine Stimme! Keine Tänzerphysis! Ohnedies, so erkannte Andersen, konnte er durch das Königliche Theater höchstens als Bühnenfigur Bewunderung finden, kaum aber als Privatperson die gewünschte Gesellschaftsfähigkeit erlangen. Mehr Prestige mochte es einbringen, für die Bühne zu schreiben. Überhaupt: zu schreiben.

Woher nahm Andersen die Kraft, seinen Weg zum Ruhm so konsequent zu gehen? An Spekulationen fehlt es nicht. War er ein körperlich und geistig übersensibler Mann, egozentrisch bis zum Exzeß? War er ein Mensch, der über die Kunst Anerkennung anstrebte – eine Kunst, die ihm zeitgeistgemäß als Künderin des Wahren, Schönen und Guten, als prachtvoller Ausdruck göttlicher Offenbarung erschien? Oder war ihm seine Arbeit nur Mittel zur Flucht in eine Phantasiewelt oder gar Therapie eines Minderwertigkeitskomplexes, eines Identitätskonfliktes? Kunst als Selbsttherapie, als Verdrängung, als Kompensation? Solche prinzipiellen Lösungen sind verführerisch, lassen sich letztlich aber nicht beweisen.

Gewiß, Andersen wußte auch zu vereinfachen, indem er sich als des »Glückes Kind« bezeichnete, sein Leben ein »schönes Märchen, reich und glückselig« nannte, indem er die Kunst als

H. C. Andersen (1805–75), Porträt von 1850

Tante ein Bordell. Da ist die Postkutschenreise des mittellosen, aber sendungsbewußten Neukonfirmierten nach Kopenhagen; da seine frappante Gabe, in naiv-unverfrorener Kindlichkeit Rührung und Mildtätigkeit zu erwirken. Da sind Andersens jahrzehntelange materielle und emotionale Abhängigkeit von Gönnerfamilien, seine bis ins Erwachsenenalter unübersehbaren Bildungslücken, das Schulstipendium König Frederiks VI., das vom Direktorium des Königlichen Theaters vermittelt wurde, und endlich das Abitur. Da sind Militärdienst und Studium, sein Verzicht auf den Erwerb eines akademischen Grades, und – für Literaten der dänischen Nachromantik untypisch – auf einen Zweitberuf, der ihm finanziellen Rückhalt hätte geben können.

Nicht zu vergessen die Reisestipendien, die Andersen die als Krönung humanistischer Bildung angesehene Fahrt nach Italien ermöglichten, und die Staatspension, die ihn ab 1838 jeglicher Sorge um den Lebensunterhalt enthob. Da sind seine Bekanntschaften mit den führenden Köpfen des europäischen Kulturlebens, seine umworbene Präsenz in zahlreichen Königs- und Fürstensalons und seine unglücklichen Liebschaften. Da ist Andersens impertinente Aufdringlichkeit, vor Freunden und Bekannten stundenlang – vornehmlich eigene Texte – zu rezitieren.

Da sind seine Titulaturen – die Ernennung zum Honorarprofessor, zum Etats- und zum Konferenzrat – zahlreiche Orden und die Ehrenbürgerschaft in seiner Heimatstadt Odense. Da ist der Dauerfreiplatz im Hofparkett des Königlichen Theaters, seine Hotel- und Mietzimmer, die grundsätzlich nur wenige Gehminuten vom Kopenhagener Kongens Nytorv lagen, und

»Dienst an Höherem« sah und dichterische Inspiration und Kompetenz als »von Gott gegeben« verstand. Eine Vereinfachung seiner Biographie und seines Werkes zu kindgerechter Märchenidyllik rechtfertigt dies nicht.

Details aus seinem Leben und seiner Familienchronik werden nur zu gern als Versatzstücke mißbraucht: Die halb analphabetische Mutter endet als Alkoholikerin in einem Pflegeheim, der Großvater väterlicherseits ist geisteskrank, und in Kopenhagen betreibt eine

nicht zu vergessen die Räumlichkeiten, die Andersen auf Adelsgütern reserviert waren.

All dies sind zweifellos interessante Details, aber sie sind aus dem Zusammenhang gerissen. Wer macht sich schon die Mühe, Andersen-Äußerungen zu hinterfragen wie die, daß ein »Name« das einzige sei, wofür er lebe? Daß er nach Renommee trachte wie der Geizige nach dem Klang des Goldes?

Daß beide Ziele zwar schal seien, man sich für irgendetwas aber schließlich begeistern müsse, wenn man nicht in sich zusammenfallen und verfaulen wolle? War Andersens Leben ein Konflikt zweier sozialer Wirklichkeiten, der proletarischen und der bildungsbürgerlichen? Die Bedeutung dieser biographischen Konstellation verkennt, wer in Andersens onduliertem Dandytum und seinen Zwangsängsten – etwa vor Scheintod, Sexualität, Geisteskrankheit, Paßkomplikationen, Mordanschlägen, Geldverlust, Feuersbrunst, Seenot, Kritik und Kränkung – nur Anekdotenstoff sieht. Trotz ausgedehnter Aufenthalte im herrschaftlichen Ambiente des Erb- und Geldadels wußte Andersen die Selbstzufriedenheit der Oberschicht zu karikieren, ergriff er Partei für sozial Schwache. Er engagierte sich für den Studenten- wie den Arbeiterverein. Und wenn der Nachromantiker auch materialistische Anschauungen von sich

wies, huldigte er doch, wissenschafts- und fortschrittsgläubig, dem Kulturoptimismus.

So wenig sich die Person Andersen in Klischees pressen läßt, so wenig läßt sich seine Arbeit in Schlagworte fassen. ›Des Kaisers neue Kleider‹, ›Das häßliche Entlein‹, ›Die Prinzessin auf der Erbse‹ und ›Die kleine Meerjungfrau‹ sind vielgelesene Märchen, aber nur ein Bruchteil seines Gesamtwerks. Es gilt zu entdecken, daß Andersen viele seiner 13 Dutzend Märchen, nicht nur für Kinder, sondern zum Teil sogar primär für Erwachsene schrieb, daß sechs Romane zu seinem Œuvre zählen, fünf Reisebeschreibungen, drei Autobiographien und mehrere hundert Gedichte, daß Andersen sich an der Erzählung versucht hat, dem Vaudeville, dem Opern-Libretto, der Tragödie, der Komödie oder dem Singspiel; sogar Zeichnungen, Kollagen und Scherenschnitte hat er hinterlassen. Und man wird wohl oder übel akzeptieren müssen, daß Andersen längst nicht in allen Sparten, in denen er sich versuchte, ein solcher Könner war wie als Märchenerzähler und -dichter.

Andersen, ein ›Zauberer des Nordens‹? Ein ›mitten in der Debatte der streitigen Welt harmlos gebliebener, von Leidenschaft ungetrübter Mann aus dem Monde‹? Ein ›Dichterschwan‹? Ein ›Held‹, den ›Kinderstimmen preisen von Grönlands Küste bis zu den Fluren des Ganges‹? Ein ›Glücksbringer für Millionen jugendlicher Herzen‹? Eine ›Naturbegabung‹? Ein ›Genie‹? Können solche Schlagworte wirklich dazu dienen, das Phänomen H. C. Andersen zu erklären?

Harff Peter Schönherr

hen Nachbauten von Häusern aus der Bronze- und Wikingerzeit. Außerdem gibt es ein Gästeatelier für Bildhauer, und hinter dem Hauptgebäude des Herrensitzes von Hollufgård breitet sich ein Skulpturenpark aus.

Zu Dolmen, Fresken und fünischer Schlösservielfalt – Durch das mittlere Fünen

Erste Station dieser Exkursion durch Midtfyn – das mittlere Fünen – ist die **Sønder Nærå Sognekirke** 1. Die ersten Mauern wurden um 1080 aus Tuffstein gebaut, spätere Umbauten lassen die Kirche aber in einem bunten Stilmix erscheinen. Interessant ist der Besuch wegen der erhaltenen Fragmente romanischer Kalkmalereien an der Nordwand. Sie entstanden wahrscheinlich Ende des 12. Jh., allenfalls Anfang des 13. Jh. – die letzten wurden erst 1982 wiederentdeckt. In einer alten Fensternische geben eine Frau mit einer Lilie und ihr gegenüber ein junger Mann mit einem Schwert und einer Münze in den Händen Anlaß zu Spekulationen, vielleicht sieht man hier die Spender, die den Kirchenbau finanzierten. Auch das Hauptbild ist ungewöhnlich: Es zeigt, so die aktuelle Deutung, Szenen aus dem Leben und vom Tod des heiligen Thomas Becket, der 1170 vor dem Altar seiner Kathedrale in Canterbury ermordet und bald darauf heilig gesprochen wurde. Warum der englische Heilige hier auf den Bildern einer fünischen Landkirche auftaucht, ist ungeklärt, vielleicht liegt es am Motiv: ›Mord vor dem Altar‹ ist den Gläubigen auf Fünen seit der Bluttat in Odense 1086 nicht unbekannt.

Zu den weiteren Sehenswürdigkeiten bietet die Margeriten-Route, die wenige Kilometer östlich über Nebenstraßen verläuft, eine gute Orientierung: **Hel-**lerup 2, ein alter Herrensitz mit mehr Geschichten als Geschichte, dient heute als exklusives Antiquitätengeschäft; die Gebäude stammen aus dem 18. und 19. Jh. **Ravnholt** 3, eines der reichsten Güter auf Fünen, hat fast zwei Jahrhunderte mehr auf den Dachbalken und zeigt sich im Stil der Renaissance; die ansehnlichen Parkanlagen sind öffentlich zugänglich.

Weit in die Vorzeit taucht man im Wäldchen **Lindeskov** 4 östlich von Ørbæk ein: Sieben Dolmengräber verschiedenen Typs sowie ein Kammergrab dokumentieren die Grabriten der Jungsteinzeit zwischen 3500 und 3000 v. Chr., Schautafeln mit Lageplänen erleichtern vor Ort das Suchen, denn einige der Gräber liegen im Wald verborgen. Nicht so das größte nah an der Hauptstraße: Mit 168 m ist es Dänemarks längster Dolmen. Eine Grabkammer ist am Nordende sichtbar, an zwei Stellen sind außerdem große Steine zu erkennen, vielleicht Reste weiterer Kammern. Der Langdolmen besitzt noch 126 seiner ursprünglichen Randsteine.

In Gräbern dieser Art wurden vor allem Mitglieder der führenden Familien der Steinzeitgemeinschaften bestattet – Männer, Frauen und Kinder. Den Toten wurden Waffen und auch Verpflegung für die lange Reise ins Totenreich mitgegeben.

In einem naturschönen Gebiet gleich südlich stößt man auf Gut **Lykkesholm**

5, dessen Hauptgebäude um 1600 entstand, aber Spuren späterer Umbauten zeigt. Es ist eines jener Schlösser, auf denen es sich H. C. Andersen in adeliger Gesellschaft gern gutgehen ließ. »Mein Bauch sagt mir: was für eine Verpflegung erhältst Du hier auf Lykkesholm! Warmes Mittagessen, herrlichen Wein und gute Betten.« Lykkesholm geht auf die mittelalterliche Burg Magelund aus der Zeit von Margrete I. zurück, deren Wallanlagen ein Stück weiter östlich besucht werden können.

Wer den fünischen Schlössern zuliebe unterwegs ist, macht sicher gern einen Schlenker nach Osten, auch wenn dort keines der drei Schlösser am Wege fürs Publikum geöffnet ist: Vom Renaissancebau des Gutes **Ørebæklunde** **6**, Ende des 16. Jh. entstanden, kann man sogar nur einen Blick über die Felder erhaschen.

Glorup **7** war zwar ursprünglich auch ein Renaissancebau, wurde aber Mitte des 18. Jh. völlig dem Barock angepaßt und bekam gegen Ende des Jahrhunderts noch ein paar klassizistische Akzente. Hier sind die großzügigen Parkanlagen mit zahlreichen Skulpturen, Vasen und Gedenksteinen zugänglich. Teile der Grünanlagen zeigen noch deutlich die barocke Prägung ihrer Entstehungszeit. In der zweiten Hälfte des 18. Jh. wurde von Glorup zum Gut Rygård – damals hatten beide den gleichen Besitzer – eine Allee angelegt. Normalsterbliche müssen dorthin heute einen Umweg über das Dorf Langå in Kauf nehmen. **Rygård** **8** präsentiert sich als kleine kompakte Burg aus der ersten Hälfte des 16. Jh., mit deutlichen Zeichen von Verteidigungsanlagen, wie sie kurz nach der präreformatorischen ›Grafen-Fehde‹ noch üblich waren.

Mittel- und Nordfünen

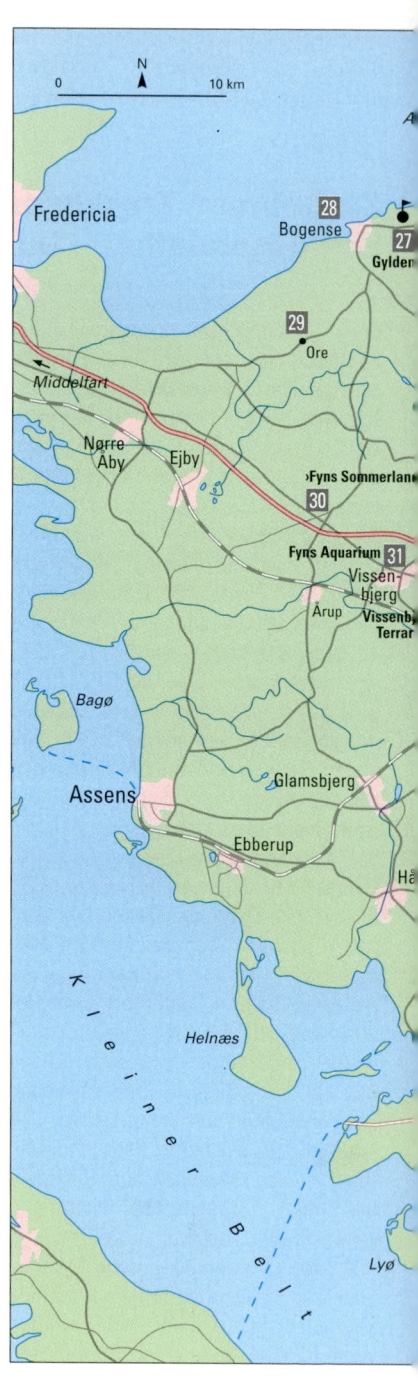

26 Flyvesandet

17 Fyns Hoved

16 Mårhøj

Hindsholm

Otterup

Enebærodde **25**

24 Glavendruplunden

Søndersø

Munkebo **13**

Ladbyskibet

19

Viby **15**

14

Hverringe

Kerteminde **18**

23

Stige

Korup

20

Ulriksholm

alderslandsbyen **22**

Næsby

Odense

21

Risinge

Langeskov

Ullerslev

Højby

E20

Nyborg

mmerup

12

Nørre

Lyndelse

Årslev

1

Sønder Nærå

Sognekirke

2

Hellerup

8

43

9

3

Ravnholt

Lindeskov

4

Ørbæk

Ringe

5

LykkeshoIm

Ørebæklunde **6**

Gislev **9**

11

Hillerslev

Kirke

10

Egeskov

Glorup **7**

8 Rygård

Hesselager

Stenstrup

Gudme

Lundeborg

Faaborg

Ollerup

Skårup

Lange-

land

Bjørnø

Svendborg

Troense

Bregninge

Avernakø

Skarø

Tåsinge

Landet

Tranekær

Gr
o
b
e
r

B
e
l
t

Die Kirche von **Gislev**  hat ihre Wurzeln in der Romanik, die reichen Kalkmalereien entstanden aber in der Spätgotik, kurz vor der Reformation – ein guter Vergleich zu den romanischen Fresken in Sønder Nærå.

Zu den schönsten Wasserschlössern aus der Renaissance in Europa zählt

sitzen sowie ein umfangreiches Flottenbauprogramm reduzierten die Wälder des Landes in einem solchen Maße, daß die Natur in den folgenden Jahrhunderten dem zerstörerischen Sandflug kaum mehr etwas entgegenzusetzen hatte.

Im Schloß Egeskov sind der Rittersaal und zahlreiche kleine Räume zugäng-

Schloß Egeskov

zweifelsohne **Egeskov** (s. S. 346) bei Kværndrup, rund 25 km südlich von Odense. Nur wenige Schloßbesitzer in Dänemark haben die Tore ihrer Anwesen so weit dem Tourismus geöffnet wie Graf und Gräfin Ahlefeldt-Laurvig-Bille – natürlich nicht, ohne Kassenhäuschen aufstellen zu lassen. Beim Bau 1554 verschwand zwar fast ein ganzer Eichenwald – dänisch Egeskov – im sumpfigen Boden, um das Fundament des neuen Schlosses zu bilden, aber dessen Name selbst ist schon älter. Egeskov steht trotzdem als ein Symbol für jene Ökokatastrophe, die die Renaissance Dänemark brachte: Die Errichtung von rund 1500 Schlössern und Herren-

lich, darunter die ›Rigborgstuen‹. Dort saß Rigborg, die Tochter eines der frühen Besitzer, fünf Jahre im Hausarrest, weil sie einem jungen Adeligen, Frederik Rosenkrantz, so nahe gekommen war, ›daß sie aus diesem Ereignis mit einem Sohn niederkam‹. Frederik mußte ehrlos ins Ausland flüchten, ist aber bis heute nicht vergessen, da er einer Figur in Shakespeares Dänendrama Hamlet seinen Namen gab. Eine Attraktion – insbesondere zur Zeit der Fuchsienblüte – ist der Park von Egeskov. Höchst Unterschiedliches kann hier bewundert werden, vom Renaissancegarten mit zu Tierfiguren geschorenen Buchsbaumbüschen über einen Bambus-Irrgarten bis zu einem uralten Kräutergarten mit biodynamischem Anbau. Darüber hinaus sind in den Wirtschaftsgebäuden landwirtschaftliche Geräte, Kutschen, Autos, Motorräder und Flugzeuge verschiedener Epochen zu sehen.

Hillerslev Kirke 11, die Grabkapelle derer von Muckadell, einem Grafengeschlecht, dem in der Umgebung mehrere Güter gehören, komplettiert die verschiedenen Epochen der Kalkmalerei auf dieser Rundfahrt. Hier stammen sie aus der Hochgotik gegen Ende des 14. Jh.

Gleich westlich davon verläuft die Straße 43, die auf dem Rückweg nach Odense in **Nørre Lyndelse** 12 am Geburtshaus des Musikers Carl Nielsen vorbeiführt, dem in Odense ein Museum gewidmet ist (s. S. 162f.).

Fünens ›Kopf‹ und Fünen-Maler – In den Nordosten der Insel

Diese kleine Tour führt von Odense in Fünens naturschönen Nordosten und kann sowohl in die Inselhauptstadt zurückführen als auch in Nyborg enden, wo ein Wechsel nach Seeland (s. S. 136 ff.) oder eine Weiterfahrt nach Südfünen (s. S. 178ff.) möglich sind.

Die Stadt **Munkebo** 13 lebt prächtig von der florierenden Lindø-Werft am Nordrand der Stadt. Eine europäische Werft florierend – gibt es das heute noch? Ja, auf jeden Fall dann, wenn sie zum gleichen Konzern wie die größte Privatrederei der Welt – Mærsk – gehört und diese für ständig volle Auftragsbücher sorgt.

Die Halbinsel Hindsholm ist ein Naturparadies mit ein paar kulturhistorischen Tupfern. Da ist der dreiflügelige Herrensitz **Hverringe** 14 aus dem Barock, da ist **Viby** 15, das schmucke Dorf mit viel Atmosphäre, von einer ansehnlichen Windmühle überragt, und da ist vor allem **Mårhøj** 16, Dänemarks größte Ein-Kammer-*Jættestue* mit einer 10 m langen, mannshohen Grabkammer, in die ein 7 m langer, enger und flacher Gang hineinführt. Mårhøj entstand als Kollektivgrab in der Jungsteinzeit um 3000 v. Chr.

Der eigentliche Grabhügel liegt auf einer natürlichen Anhöhe, und so befindet sich der Eingang etwa auf halber Höhe. 1868 stieß ein Bauer bei Ackerarbeiten durch Zufall darauf. Gleich im Eingangsbereich lagen ein Skelett sowie eine Urne, und in der Hauptkammer fanden sich weitere Überreste von Toten, aber lediglich eine Bernsteinperle – wahrscheinlich hatten lange vor Bauer Larsens Entdeckung Grabräuber hier schon einmal ›aufgeräumt‹.

Nachts müßte Mårhøj leicht zu finden sein, dann steht der Grabhügel auf glühenden Pfählen – so auf jeden Fall eine Sage. Für einen Besuch im Inneren sollten Sie aber auch am Tage etwas zum Leuchten mitbringen.

Fyns Hoved 17 – Fünens Kopf –, die Nordspitze von Hindsholm, bildet zusammen mit benachbarten Buchten und Landzungen eine der vielseitigsten Küstenlandschaften Dänemarks. Klippen und Sumpfgebiete, kleine Hügel und flache Sandbänke wechseln sich ab. Das ausgeglichene und extrem niederschlagsarme Klima sorgt für ein ungewöhnliches Biotop mit vielen Trockenheit liebenden Pflanzen, Insekten, Schlangen und seltenen Kröten. Außerdem ist Fyns Hoved im Frühjahr und Herbst ein beliebter Beobachtungsplatz für Zugvögel. Schauen Sie aber nicht nur in den Himmel: Im Meer vor der Landspitze sind oft Tümmler zu sehen.

Kerteminde 18 (s. S. 336) war bis ins 17. Jh. Odenses Handelshafen und ist heute Fünens wichtigster Fischereiort. Das Städtchen hat sich beiderseits der Mündung des Kerteminde Fjords ausgebreitet. Zum Großen Belt hin liegen schöne Strände. Im Zentrum von Kerteminde sind viele ältere Fachwerkhäuser bewahrt, darunter der 1630 entstandene *Farvergården* – der Färberhof – in der Langegade 8. Dort ist ein kulturhistorisches Heimatmuseum eingerichtet; ein Schwerpunkt: Fischerei.

Am Møllebakke, dem Mühlenhügel mit entsprechender Mühle als Orientierungspunkt am Nordrand der Stadt, zeigt das *Johannes-Larsen-Museum* vorrangig Bilder des namengebenden Landschaftsmalers und seiner Kollegen aus dem Kreis der Fünen-Maler. Sie waren in der ersten Hälfte dieses Jahrhunderts vom Impressionismus beeinflußt und in Opposition zur Kopenhagener Kunstakademie als freie Schule bekannt geworden, Johannes Larsen (1867–1961) gilt als einer ihrer bedeutendsten Vertreter. In Kerteminde geboren, schuf er sich am Møllebakken einen paradiesischen Wohn- und Arbeitsplatz, der nach seinen Tod mit nur wenigen Veränderungen zum Gedenkmuseum wurde.

Im Juli 1996 bekommt Kerteminde eine weitere Attraktion mit dem *Fjordog Bæltecenter* am Hafen. Das Meeresbiologische Zentrum präsentiert mit modernen, populärwissenschaftlichen Konzepten die Meeresflora und -fauna

der dänischen Fjorde und Sunde, u. a. wird es ein Unterwasserobservatorium geben, und man will das Skelett eines Pottwals ausstellen, der Anfang 1996 in Nordjütland tot am Strand gefunden wurde.

Südwestlich von Kerteminde, am Ufer des Kerteminde Fjord, untersuchten Archäologen 1935 einen Hügel und fanden ›**Ladbyskibet**‹ 19, Dänemarks einziges Grabschiff aus der Wikingerzeit. Es war ein 21 m langes, flaches und schnelles Boot zur militärischen Nutzung in den dänischen Binnengewässern. Erhalten ist nicht das eigentliche Schiff, sondern sein Erdabdruck, die Holzplanken sind verwittert. Die Ausgrabung und anschließende Konservierung hat ein für Laien ungewöhnliches, aber eindrucksvolles Bild bewahrt, wie es Archäologen häufiger zu sehen bekommen: Deutlich sind die Formen des Schiffes erkennbar, und Metallstücke wie Nägel und der Anker nebst Kette sind an ihrem ursprünglichen Platz erhalten, ebenso Skelettreste von elf Pferden, etwa von der Größe der heutigen Islandpferde, die als direkte Nachfahren der Pferde der Wikingerzeit gelten, und vier Hunden, die dem Toten auf die letzte Reise mitgegeben wurden. Den angemessenen Rahmen für die Ausstellung bietet der Nachbau eines Grabhügels über der Fundstelle.

Eine Alternative zur Rückfahrt nach Odense führt am Renaissance-Herrenhaus **Ulriksholm** 20 vorbei, das Christian IV. im 17. Jh. einem seiner vielen unehelichen Söhne, Ulrik Christian Gyldenløve, vermachte. Die andere ist die Fahrt an der Küste entlang südwärts von Kerteminde nach Nyborg. Auch hier liegt ein Gutshof am Wege: **Risinge** 21, ein Fachwerkbau von 1730 mit einem deutlich jüngeren, aber imposanten Mittelturm.

Zu langen Stränden und langen Runeninschriften – Fünens Nordwesten

Die Eisenzeit wird im **Jernalderlandsbyen** 22 am Rande von Odenses nordwestlichem Vorort Næsby lebendig. Viele Häuser dieser letzten Vorzeitepoche vor der Wikingerzeit sind hier gemäß den Erkenntnissen der Archäologie im Rahmen eines engagierten Schulprojekts nachgebaut worden.

Der Odense Kanal entstand 1804 und brachte den Schiffsverkehr bis an den Rand des Zentrum von Odense. Schon um 1680 waren die Bedingungen für die Schiffahrt im Odense Fjord so verbessert worden, daß **Stige** 23 Odenses traditionellem Hafenort Kerteminde den Rang streitig machen konnte. Der Kanal ist bisher nirgendwo überbrückt, aber Radfahrer können bei Stige mit der kleinsten Fähre Dänemarks übersetzen und so auf Rundfahrten zwischen Nordost- und Nordwestfünen Umwege durch das Zentrum von Odense vermeiden.

Den Mittelpunkt des Gedenkhains **Glavendruplunden** 24 nordöstlich von Søndersø bildet eine Steinsetzung in Schiffsform, die *Glavendrup skibssætning,* mit einem Runenstein aus der Wikingerzeit als Highlight. Er besitzt mit 210 Zeichen die längste im Lande bekannten Inschrift, gemeißelt zu Beginn des 10. Jh. Daneben fallen einige kleinere Vertiefungen auf, wahrscheinlich Fruchtbarkeitssymbole aus der Bronzezeit – also bedeutend älter als die Runen. Aus der Bronzezeit stammt auch ein Hügel, der das ›Heck‹ der Schiffssetzung ausfüllt.

Der Runenstein wurde 1794 entdeckt und sollte 1808 an einen Steinmetz verkauft werden – ein beherzter Hobbyarchäologe rettete ihn. Mehrere Steine der Schiffssetzung gingen aber auf diese Weise verloren. Die Anlage wurde dann im Zuge der Nationalromantik mehrfach mit Zugeständnissen an den Zeitgeist restauriert, der Runenstein rutschte dabei von der Spitze der Schiffssetzung auf eine kleine Anhöhe im Zentrum.

Naturliebhaber sollten einen Abstecher nach **Enebærodde** 25 – die Wacholder-Landzunge – machen, die sich von Westen vor die Einfahrt des Odense Fjord schiebt. Sie ist ein weitgehend von Heideland bedecktes Naturschutzgebiet und bietet kilometerlange Wanderwege. Von Enebærodde nach Westen zieht sich der beste Strand Fünens an der

Runenstein in Glavendruplunden

Frachtkahn im Hafen von Bogense

Küste entlang bis zur Spitze **Flyvesandet** 26 auf der Halbinsel Agernæs – hier gibt es richtige Dünen und einen Strandwald sowie einen äußerst populären Campingplatz. Im mittleren Stück dieses gut 20 km langen Küstenabschnitts liegen gleich hinter dem Strand einige tausend Ferienhäuser traditioneller Art, oft sehr individuell gestaltet – hier können Volkskundler wunderbar die Freizeitarchitektur des 20. Jh. studieren.

Die Landschaft zwischen der Bucht Nærå Strand und Bogense wäre ohne drastische Eindeichungsmaßnahmen seit dem 18. Jh. heute wohl nur ein nehrungsähnliches Küstengebiet mit ein paar kleinen Inseln. Besonders **Gut Gyldensteen** 27 gewann hier durch Landgewinnung an Größe. Das Renaissanceschloß, das sich heute nahe der Straße 162/327 zeigt, stammt aus von 1640.

Jean Huguetan, ein aus Frankreich emigrierter Calvinist, kaufte das Schloß später und erwarb den dänischen Namen Gyldensteen, Goldener Stein. Angeblich kanzelte Huguetan bei den Kaufverhandlungen das Argument der Anwohner, das Gut würde ihn ein Vermögen kosten, mit der Bemerkung ab: »Das macht nichts, ich habe genug Geld, um jeden Stein davon vergolden zu können.«

Bogense 28, die Stadt ganz im Nordwesten, bekam ihre Stadtrechte schon im späten 13. Jh., rund 50 Jahre vor Odense. Im Zentrum sind zahlreiche Fachwerkhäuser aus vergangenen Jahrhunderten bewahrt, sehenswert sind vor allem der Marktplatz Torvet sowie Adel- und Østergade. Gegenüber dem Touristenbüro in der Adelgade steht in einer kleinen Gartenanlage auf einer

Säule seit 1934 ein Manneken Pis, eine Kopie des bekannten Brüsseler Originals. Die Story dahinter könnte eher aus Hollywood denn aus Bogense stammen: Auf einer Fähre, die um die Jahrhundertwende Bogense mit Jütland verband, wurde ein Findelkind entdeckt, dessen Eltern nie ermittelt werden konnten. Der Junge, von einem Metzgerpaar aus Bogense großgezogen, wurde später Großkaufmann und Konsul. Er stiftete das Manneken Pis für die Stadt seiner Jugend.

Es ist zu hoffen, daß sich auch ein reicher Gönner findet, damit im Dorf **Ore** 29 Danmarks Husdyrpark überleben kann, ein Refugium alter Haustierrassen, die im landwirtschaftlichen Alltag Rationalisierung und Profitorientierung zum Opfer gefallen und vom Aussterben bedroht sind. Dieser Haustierzoo ist eigentlich spannender als jeder Exoten-Park: In hofähnlichem Ambiente kann man zum Beispiel Knapstrupper Pferde sehen, die von dänischen Weiden fast verschwunden, aber vielen Kindern als Pippi Langstrumpfs fleckiges Pferd bestens vertraut sind. Oder wußten Sie, daß viele alte Schweinerassen auffällige Halszitzen haben, zwei Auswüchse unten am Hals? Diese alten Schweinerassen sind übrigens sehr viel widerstandsfähiger als heutige Zuchtschweine: Eine dänische Buntschweinsau hält den Weltrekord mit 34 lebendgeborenen Ferkeln, eine andere mit 36 Lebensjahren den Altersrekord.

Diese Rundfahrt kann nun weiter nach Middelfart mit Übergang nach Jütland führen, oder zurück nach Odense. Auf dem Weg dorthin liegen entlang der Strecke noch Kinderattraktionen wie der Vergnügungspark ›**Fyns Sommerland**‹ 30 sowie **Fyns Aquarium** 31 (s. Odense S. 353) und **Vissenbjerg Terrarium** 32 mit allerlei Tierischem, von Haien und Zitteraalen bis zu blauen Giftkröten und Leguanen.

Und immer ist das Wasser zum Greifen nah – Fünens Süden und das Inselmeer

Eine hügelige Parklandschaft mit kleinen Dörfern und fachwerkgeprägten Städtchen, unzählige Schlösser und Gutshöfe, Steinzeitgräber und mittelalterliche Kirchen – der Süden von Fünen bietet das, was den Reiz der ganzen Insel ausmacht, in gesteigerter Form. Hinzu kommt das Inselmeer, wie der dänische Begriff ›øhavet‹ zu übersetzen wäre. Im Volksmund und ganz besonders unter Seglern wird das Seegebiet zwischen Fünen, Langeland und Ærø mit seinen vielen Mini-Inseln zur ›Dänischen Südsee‹ geadelt, ein ideales Wassersportrevier mit zahlreichen Häfen, Marinas und Ankerplätzen für Freizeitskipper. Zwischen den Inseln ist an schönen Tagen das Meer von weißen Dreiecken übersät, und Tümmler treiben im Kielwasser der Segelboote und Fähren ihr Spiel mit den Wellen.

Øhavet versteht sich als das maritime Zentrum Dänemarks, wo die traditionelle Seefahrt für jeden erlebbar werden soll: Alle größeren Hafenorte haben so nah wie möglich an ihren Zentren sog. ›Oldtimerkajs‹ eingerichtet, um etwas von der Atmosphäre einzufangen, die von den vielen alten Holzseglern ausgeht, die jeden Sommer in diesem Revier unterwegs sind. Und damit es nicht nur beim Schauen und Staunen bleibt, bemühen sich die Touristenvereine sehr um Windjammertörns für die ganze Familie: Der Schoner »Meta«, 1884 gebaut, und die zehn Jahre jüngere Galeasse »Palnatoke« starten regelmäßig zu Tageskreuzfahrten von verschiedenen Südsee-Häfen, und manchmal gesellt sich noch der Dreimast-Gaffelschoner »Fulton« dazu, ein Star unter Dänemarks Oldtimern.

Aber für die hier vorgeschlagene Route braucht man kein eigenes Boot, wohl aber ein Auto oder Fahrrad; mit Bussen und Bahnen lassen sich einzelne Sehenswürdigkeiten und natürlich die größeren Orte ansteuern. Für Ausflüge auf einzelne Inseln der Südsee sind Fahrräder ideal. Besonders Langeland mit seinem engen Netz markierter Radwanderwege ist als Radlerparadies berühmt. Alle i-Büros halten reichlich Infomaterial für Zweiradenthusiasten bereit.

Ein Tip für eine mehrtägige Radtour: Von Svendborg über Tåsinge nach Langeland, von Rudkøbing mit der Fähre nach Marstal auf Ærø, Fahrt quer über Ærø nach Søby und dort wieder auf eine Fähre nach Faaborg, zum Abschluß dann eine Tour durch den mittleren Teil Südfünens zurück nach Svendborg.

Fünen zwischen Nyborg und Svendborg

Die eigentliche Fahrt durch Fünens Süden beginnt am Westufer des Großen Belt in **Nyborg** **1** (s. S. 350). Die Stadt ist mit dem Fährverkehr zwischen den dänischen Landesteilen groß geworden und wird ebenso wie das Pendant

Südfünen und das Inselmeer

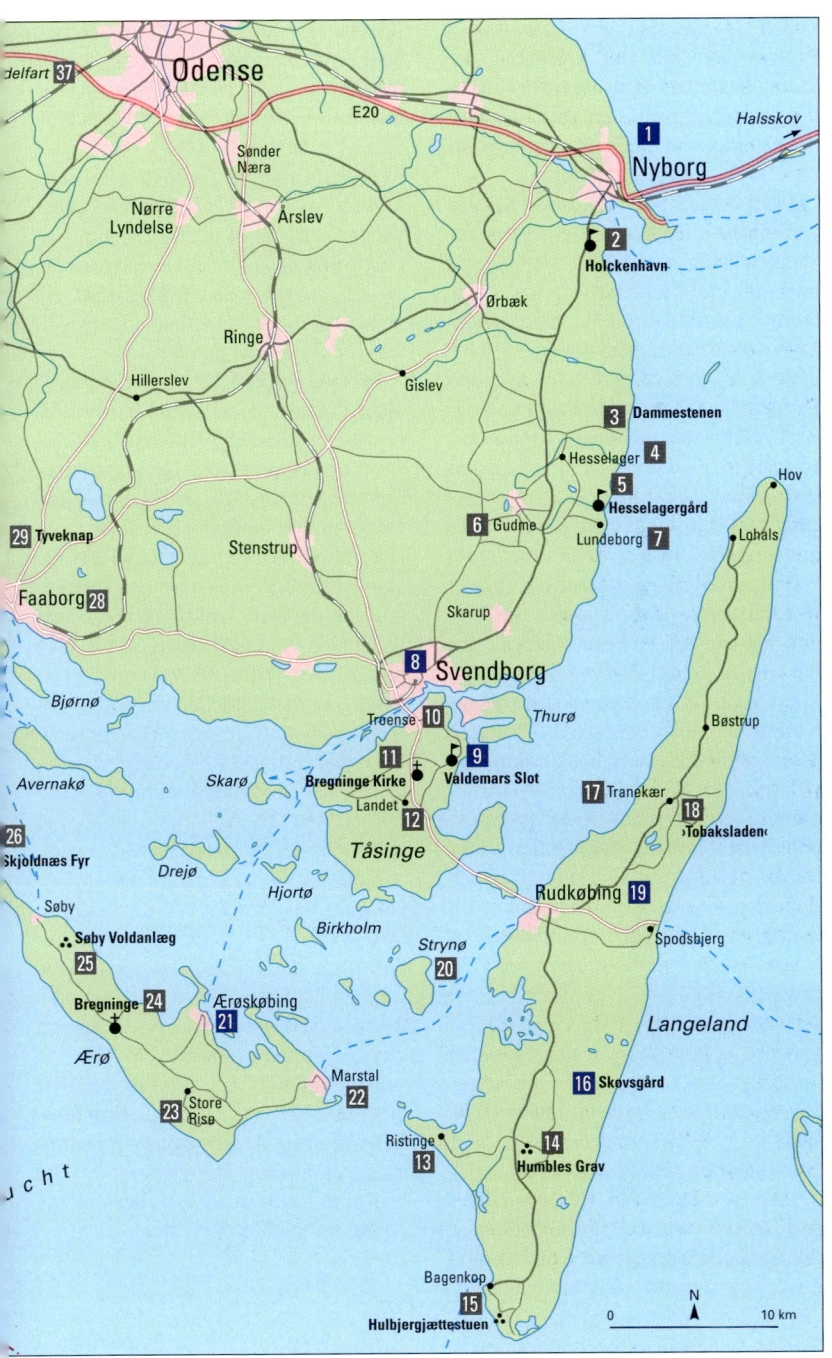

Korsør (s. S. 135) am Ostufer des Großen Belt mit der Eröffnung der Storebæltsforbindelse ihre Rolle neu definieren müssen; aus den alten Anlegern in der Stadt soll ein Fährmuseum werden.

4 km östlich des Zentrums, auf der Landspitze Knudshoved, legen bis zur Fertigstellung der festen Verbindung noch im Halbstundenrhythmus Autofähren aus Halsskov an, aber längst führt neben den Hafenanlagen die kombinierte Bahn-Straßen-Brücke auf den Storebælt hinaus zum Inselchen Sprogø, wo die Züge dann in einem Tunnel verschwinden, während sich die Autobahn über eine Hängebrücke zum anderen Ufer schwingt (mehr Details zur Brücke und ihren Rekorden s. S. 136).

Die besten Ausblicke auf die Brücke bieten sich von den Stränden nördlich von Knudshoved, etwa auf Höhe der Hotels ›Hesselet‹ und ›Nyborg Strand‹. Nyborgs Zentrum bietet einen gelungenen Kontrast zu dem modernen Brückenbau: Gleich neben dem Stadtzentrum, das sich um den Marktplatz Torvet drängt, erhebt sich das mittelalterliche Königs- und Danehofschloß *Nyborg Slot*. Vom frühen 13. Jh. bis ins Jahr 1413, als Kopenhagen feste Residenz des Königs wurde, war hier – geographisch wie politisch – ein Zentrum des dänischen Reiches, das damals noch große Teile Südschwedens umfaßte. Eine erste Festung entstand unter Valdemar den Store als Verteidigungsanlage gegen die Überfälle der Wenden, die seinerzeit den Ostseeraum unsicher machten. Was man heute sieht, ist der alte Königsflügel, der in mehreren Bauphasen zwischen 1200 und 1549 errichtet wurde. Im Inneren ist das Gebäude nur spärlich möbliert, wodurch die kubistisch anmutenden, auf den Kalk der Wände gemalten Würfelmuster in einigen Räumen besonders

faszinierend wirken. Im Erdgeschoß liegt zwischen einem großen Rittersaal und den königlichen Gemächern im ältesten Teil des Hauses der Danehof-Saal. Hier fanden bis 1413 so häufig wie nirgendwo sonst im Reich die jährlichen Treffen des Königs mit Adel und gehobener Geistlichkeit statt, ›Danehof‹ genannt. Erik Glipping hatte diesen Vorläufer des späteren Reichsrates 1282 mit einer Handfeste, Dänemarks erste Verfassung, ins Leben gerufen.

Festung und Schloß wurden während eines Krieges gegen Schweden 1658/59 schwer beschädigt, verfielen anschließend und wurden zum Teil abgerissen. Erst zu Beginn des 20. Jh. begannen Rettung und Restaurierung des Baus.

Rund um Nyborg Slot folgte der Festungsbau der militärischen Entwicklung, bis die Stadt schließlich von einem mächtigen Wall gesichert und bis 1871 nur durch *Landporten,* das mit 40 m längste Festungstor Dänemarks, zu betreten war. Auf den alten Festungswällen neben Landporten finden jeweils in der zweiten Julihälfte Aufführungen des Freilichttheaters ›Nyborg Volkspil‹ mit Operetten oder Musicals statt.

Nahe dem Schloß besitzt das Zentrum ein paar ansehnliche *Fachwerkhäuser.* Das absolute Schmuckstück ist an der Slotsgade der Bürgermeisterhof Mads Lerches Gård von 1601, der in seinen 30 Räumen das Heimatmuseum *Nyborg og Omegn Museum* beherbergt.

Am Südrand von Nyborg passiert man das Renaissanceschloß **Holckenhavn 2**, einen der edelsten Privatwohnsitze des Landes; der schöne Park ist dienstags und samstags nachmittags für Normalsterbliche geöffnet.

Hesselagergård

Als Hinterlassenschaft der letzten Eiszeit bringt **Dammestenen** 3, Dänemarks größter Findling, geschätzt etwa
1000 t Granit auf die Waage, bei 46 m
Umfang und etwa 370 m³ Volumen kein
Wunder. Der Stein liegt nordöstlich des
Dorfes Hesselager eingebettet in eine
sanfte Landschaft und wird so zu einem
beliebten Picknick-Ziel.

Der Kirche von **Hesselager** 4 merkt
man innen wie außen an, daß sie reiche
Gönner hatte: Viele Anbauten haben die
romanischen Ursprünge bis zur Un-
kenntlichkeit überlagert und edle Epitaphien sowie ein ordentlicher Flügelaltar
aus dem frühen 16. Jh. sprechen für
sich. Die Wappen unter den Kalkmalereien zeigen denn auch, woher das Geld
floß: Kirchenförderer waren die Grafen
Friis, die im 16. Jh. zu Dänemarks mächtigsten Familien gehörten, allen voran
Johan Friis (1494–1570). Er war schon
unter Frederik I. 1532 Reichskanzler und

behielt den Job auch unter dessen
Nachfolgern Christian III. und Frederik II.
Damit war Johan Friis in einer ganz
wichtigen Zeit – Grafen-Fehde, Reforma-
tionswirren, Zerschlagung der Kirchen-
und Etablierung der Adelsmacht – fast
ein halbes Jahrhundert Dänemarks füh-
render politischer Kopf.

Die Kirche von Hesselager besitzt am
Querschiff ungewöhnliche runde Giebel. Einige Kilometer südöstlich sieht
man die Vorbilder: die Rundgiebel von
Schloß **Hesselagergård** 5. Sie werden
gemeinhin als Anlehnung an die venezi-
anische Architektur des späten 15./ frühen 16. Jh. betrachtet und sind in Dänemark einzigartig. Das für die Öffentlichkeit nicht zugängliche, aber von der
Straße gut sichtbare Renaissancege-
bäude entstand 1538 ebenfalls im Auftrag von Johan Friis. Er konnte kurz vor
Baubeginn bei einer Italienreise sowie
während seines Besuchs bei Luther in
Wittenberg schöne Beispiele dieser
Rundgiebel studieren. Als Hesselagergård entstand, waren aber auch die Erinnerungen an die Grafen-Fehde, den letzten dänischen Bürgerkrieg, noch sehr
wach, und so ist der Burgcharakter des
hochaufgeschossenen Hesselagergård
nur zu verständlich.

Broholm, Tiselholt und Vejstrupgård
sind weitere Herrensitze auf den nächsten Kilometern im Süden von Hesselagergård und sprechen für den Reichtum dieser Region. Und den gibt es nicht
erst seit der Blütezeit des Adels in post-
reformatorischer Zeit, sondern schon ab
etwa 100 n. Chr., wie umfangreiche Ausgrabungen seit Ende der 80er Jahre beweisen.

Lokalpatrioten aus **Gudme** 6 fordern
gar, die dänische Geschichte neu zu
schreiben, denn ihr Flecken sei der eigentliche Mittelpunkt eines Königreichs
schon zur Völkerwanderungszeit gewe-

Dänemarks größter Findling:
Dammestenen

sen, also lange vor dem Reich Gorms des Alten in Jelling.

Was wurde entdeckt, was bewiesen? In Gudme stand zur Eisenzeit eine Halle von 47 × 9 m, wohl Königshof und tatsächlich das größte bisher nachgewiesene Gebäude dieser Zeit in Nordeuropa. Der Grundriß ist neben der neuen Mehrzweckhalle der Stadt freigelegt und auch für den Laien kenntlich gemacht. Andere Funde belegen gute Kontakte zum römischen Reich: Münzen, Gläser und Bronzegefäße. Außerdem besitzt Gudme eine Kirche, deren Größe nur damit zu erklären ist, daß das Dorf früher weit bedeutender war, und schließlich wiesen Archäologen auf den Feldern Møllegardmarken nahe der heutigen Straße 163 weit über 2000 Gräber aus der Zeit von etwa 100–400 n. Chr. nach.

Handelsplatz für Gudme war von etwa 200 n. Chr. bis zur Wikingerzeit **Lundeborg** **7**, heute ein romantischer und bei Freizeitskippern beliebter Minihafen, dessen Bild ein großer Fachwerkspeicher prägt. Nicht weit von hier wurde schon 1833 ein mehr als 4 kg schwerer Goldschatz mit Schmuck und Münzen gefunden – ein weiterer Beweis für die Bedeutung der Region.

Exponate aus den Gudme- und Lundeborg-Funden sind im Kopenhagener Nationalmuseum (s. S. 76), im Museum ›Fyns Oldtid‹ (s. S. 165) und in der vorgeschichtlichen Abteilung des *Svendborg og Omegns Museum* zu sehen. Dieses Museum ist am Rande der Innenstadt von Fünens zweitgrößter Stadt **Svendborg** **8** (s. S. 360) im Viebæltegård eingerichtet, dem ehemaligen Armenhaus. Es bestand noch bis 1974, wenn auch unter dem modernen Namen ›Fürsorgeheim‹. Neben der Vorgeschichte wird über traditionelles Handwerk und natürlich über die frühere Sozialarbeit im Hause informiert.

Nicht weit, am Nordrand des Zentrums, schaut ein Museum über den regionalen Tellerrand hinaus: *Svendborgs Zoologiske Museum* zeigt in Dioramen die Tierwelt ganz Dänemarks, insbesondere Vögel, und besitzt das imposante Skelett eines 17 m langen Wales, der 1955 auf Troense strandete.

Svendborgs hügeliges wie *hyggeliges* Zentrum lädt zum Bummeln ein: das Auto sollte man angesichts der vielen Einbahnstraßen und Fußgängerzonen schon aus eigenem Interesse am Rande stehen lassen. Altstadtidylle bietet der Marktplatz *Torvet,* auf dem samstags von 8–12 Uhr Markt gehalten wird, und der malerische Fachwerkhof *Anne Hvides Gård* von 1560, in dem die kunsthistorische Abteilung des Lokalmuseums beheimatet ist. Moderner, aber beileibe nicht unansehnlich ist Centrumspladsen mit dem Stadttheater und dem neuen *Rathaus,* in dem auch das sehr gut sortierte i-Büro für Stadt und Umland zu Hause ist.

Eisenbahngleise trennen das Stadtzentrum vom **Hafen,** wo man am Havnepladsen und den benachbarten Gassen ein kleines Restaurant- und Kneipenviertel findet. Svendborg hat lange maritime Traditionen, und die größte private Reederei der Welt, Mærsk, hat hier ihre Wurzeln, gegründet von dem 1876 in Svendborg geborenen Arnold Peter Møller. Der A. P. Møller-Konzern, heute ein weltweit operierender Multi, betreibt in Svendborg seine Ausbildungsstätten in Sachen Seefahrt und Offshore-Exploring. Die Werften, die sich vor allem auf die Insel *Frederiksø* mitten im Hafen konzentrieren, sind derzeit eher Sorgenkind denn Stolz der Stadt.

Florierend ist nur das Geschäft mit Holzschiffneubauten und -reparaturen, dafür ist Svendborg unter Insidern in

Brecht am Svendborg Sund

Bertolt Brecht fand im Juni 1933 zusammen mit seiner Frau Helene Weigel und seinen Kindern auf Thurø Unterschlupf bei Karin Michaëlis. Bald kaufte er ein Haus am Skovsbostrand ganz im Westen von Svendborg und ließ es für seine Zwecke umbauen. In dieser Zeit traf er die attraktive Schauspielerin Ruth Berlau, die später eine sehr intime Rolle in seinem Leben spielen sollte. Schließlich kam auch Brechts ständige Lektorin und Gefährtin Margarete Steffin nach Svendborg.

Was Brecht in Dänemark vermißte, war der Austausch mit Kollegen. Nur Walter Benjamin konnte er überzeugen, wenigstens eine Zeitlang in Svendborg zu leben und zu arbeiten. Ansonsten war es schlicht langweilig. Bis Brecht im März 1939 nach Schweden und von dort weiter über Finnland und die UdSSR in die USA zog, betrachtete er Svendborg als einen Stützpunkt, von dem aus er viele Monate in der noch freien Welt herumreiste. Trotzdem war er äußerst produktiv: In den Jahren des dänischen Exils entstanden u. a. eine Urfassung des ›Leben des Galilei‹, ›Furcht und Elend des Dritten Reichs‹, ›Der gute Mensch von Sezuan‹ und ›Die Gewehre der Frau Carrar‹. Besonders werden aber die ›Svendborger Gedichte‹ mit der Stadt auf Fünen in Verbindung gebracht, zu denen das ›Einheitsfrontlied‹, ›Fragen eines lesenden Arbeiters‹, aber auch ›Der Pflaumenbaum‹ gehören. Die Gedichtsammlung erschien erstmals 1939 in Kopenhagen.

»Geflüchtet unter das dänische Strohdach, Freunde/ Verfolge ich euren Kampf...« schrieb Brecht einleitend zu den Svendborger Gedichten, in denen aller Welt bekannt. Die Holzsegler, Repliken wie Oldtimer, haben ihren speziellen Kaiplatz vor dem schön restaurierten Speicher ›Det Gule Pakhus‹. Und auch wenn einige der Kleinfähren, die vom Havnepladsen zu den Inseln in der ›Südsee‹ starten, aussehen, als wären sie gerade einem Museum entkommen, ist unter den Motorschiffen M/S »Helge« der wahre Oldtimer, 1924 vom Stapel gelaufen, der im Sommer Svendborg mit Thurø und Tåsinge verbindet.

Thurø, ein Garten- und Blumenidyll, ist auch über einen Damm zu erreichen und bietet die besten Strände von Svendborg sowie viele Sommerhäuser. Übrigens ein Tip für Minigolf-Fans: Unbedingt ›Thurø Minigolf Smørmøsen‹ gleich neben dem Oststrand der Insel versuchen – hier wird nicht verraten warum, aber es lohnt.

Urgemütlich gibt sich Turø rund um den Anleger Gambøt am Nordrand der kleinen Bucht Thurø Bund, die die beier viel über die Geschehnisse in Deutschland reflektiert, aber auch über seine Situation, wie in ›Über die Bezeichnung Emigranten‹:

Immer fand ich den Namen falsch, den man uns gab: Emigranten.
Das heißt doch Auswanderer. Aber wir
Wanderten doch nicht aus, nach freiem Entschluß
Wählend ein anderes Land. Wanderten wir doch auch nicht
Ein in ein Land, dort zu bleiben, womöglich für immer.
Sondern wir flohen. Vertriebene sind wir, Verbannte.
Und kein Heim, ein Exil soll das Land sein, das uns da aufnahm.
Unruhig sitzen wir so, möglichst nahe den Grenzen
Wartend des Tags der Rückkehr, jede kleinste Veränderung
Jenseits der Grenze beobachtend, jeden Ankömmling
Eifrig befragend, nichts vergessend und nichts aufgebend
Und auch verzeihend nichts, was geschah, nichts verzeihend.
Ach, die Stille der Sunde täuscht uns nicht! Wir hören die Schreie
Aus ihren Lagern bis hierher. Sind wir doch selber
Fast wie Gerüchte von Untaten, die da entkamen
Über die Grenzen. Jeder von uns
Der mit zerrissenen Schuhn durch die Menge geht
Zeugt von der Schande, die jetzt unser Land befleckt.
Aber keiner von uns
Wird hier bleiben. Das letzte Wort
Ist noch nicht gesprochen.

Brechts Fachwerkhaus mit dem Strohdach am Skovsbostrand sollte in den 80er Jahren ein Museum über den großen Dichter und Dramatiker werden, aber mit dem Ende der DDR erstarb deutscherseits auch die Bereitschaft, das Projekt zu unterstützen. Nachdem es jahrelang leerstand, dient das Haus jetzt als Künstler- und Autorenrefugium. Die Exiljahre Brechts sind damit nur noch Teil der Geschichte des Hauses, an einer Gedenktafel ablesbar. Vielleicht visualisiert sich aber, wenn man unterhalb des Hauses am Wasser steht, die Zeile aus dem Gedicht ›Zufluchtsstätte‹: »Den Sund herunter kommen die Fähren«.

den Schenkel der hufeisenförmigen Insel einfassen. Hier macht es Spaß, einfach nur mit einem ›bayer‹ dazusitzen, wie die Dänen eine Flasche Bier mit Kosenamen nennen, und dem Treiben zuzusehen. Vielleicht sind Eltern gerade dabei, ihrem Jüngsten den Ausstieg aus der Nuckelzeit mit einem Opferritual an den Gott des Älterwerdens zu erleichtern: Der Lieblingsschnuller wird an Thurøs legendären ›Schnullerbaum‹ gehängt.

Thurø war während der ersten Jahre des Dritten Reiches für viele Emigranten aus Deutschland eine erste Station, darunter für Bertolt Brecht und seine Familie. Sie wurden von der dänischen Autorin Karin Michaëlis (1872–1950) aufgenommen, die zwischen den Weltkriegen mit Mädchenbüchern und Frauenromanen auch in Deutschland Bestseller lieferte, später während der deutschen Besatzung ihrer Heimat dann selbst zur Emigrantin wurde. Sie ist auf Thurøs kleinem Friedhof mit der schönen Aussicht begraben, dort wo auch Tom Kristensen (1893–1974) seine letzte Ruhe gefunden hat, ein Autor, dessen ›Roman einer Verwüstung‹ (dän.: ›Hærværk‹) als einer der bedeutendsten europäischen Zeitromane der 20er Jahre gilt, oft verglichen mit Döblins ›Berlin Alexanderplatz‹ und ›Ulysses‹ von James Joyce. Kristensen hatte nach Karin Michaëlis Tod deren Haus Torelund auf Thurø übernommen und dort gelebt.

Wo sich das Land im Meer verliert: Die Dänische Südsee

Das Inselmeer ist geologisch betrachtet eine versunkene Moränenlandschaft, deren erschaffender Gletscher seinen Kern am heutigen Großen Belt hatte. Spätere Landsenkungen, die weite Teile Süddänemarks prägen, haben in den letzten zwei bis drei Jahrtausenden diese maritime Welt aus einer zuvor zusammenhängenden Landmasse geschaffen.

Sie ist weiterhin ständigen Veränderungen unterworfen, deutlich zu erkennen an vielen flachen Landzungen, von Meeresströmungen aus Material aufgeschüttet, das meist dort, wo Steilküsten sind, weggerissen wird.

Von Svendborg nach Süden über die 1220 m lange Svendborgsund-Brücke mit ihren schönen Aussichten ist man auf Tåsinge. Im Osten dieser Transitinsel zwischen Fünen und Langeland liegt **Valdemars Slot** 9, weitgehend für das gemeine Volk geöffnet.

Am 1. Juli 1677 fand in der Køge Bucht vor Seeland eine Seeschlacht statt, bei der Admiral Niels Juel so viel Prisengeld gewann, daß der König ihm das damalige Gut als Teil der Entlohnung gab. 1754–56 entstand unter seinem Enkel die barocke Schloßanlage. Schon das Entree ist pompös, eine große Halle mit schwarzen und weißen Fliesen. In anderen Sälen und Gemächern sieht man vornehme Möbel, Gobelins und Gemälde. Originell ist das Gourmet-Restaurant ›Den Grå Dame‹ unter der Schloßkirche, darüber hinaus

Valdemars Slot

sorgen ein Café im alten Teepavillon mit Blick aufs Meer sowie ein Gartenlokal für einen Rundumgenuß.

Tåsinges Hauptort **Troense** 🔟 liegt an der Nordostseite der Insel am Sund gegenüber Svendborg und Thurø. Einen Besuch lohnen die malerische Grønnegade mit ihren reetgedeckten Fachwerkhäusern und das Søfartsmuseum in der alten Dorfschule von 1790, das an Troen-

In Troense

ses große Zeit als Heimatort vieler Schiffer erinnert.

Direkt an der Hauptstraße, die die Insel überquert, bietet der Turm der **Bregninge Kirke** 🔟 eine sensationelle Aussicht auf Fünen und die Dänische Südsee. Gleich nebenan erzählt ›Tåsinge Skipperhjem og Folkemindesamling‹ in einem alten Skipperhaus vom Leben der Familien mit der Seefahrt. Dort pflegt man auch Erinnerungen an ein vielbesungenes und -beschriebenes Liebesdrama, dessen Beteiligte auf dem Friedhof von **Landet** 🔟, ein Dorf weiter südlich, gemeinsam begraben liegen. Von ihren Familien verstoßen, ohne Geld, schwanger und von den Reportern der Gesellschaftspresse gehetzt, machten die gefeierte Kopenhagener Seiltänzerin Elvira Madigan und der schwedische Offizier Sixten Sparre, ein in besten Kreisen verheirateter Familienvater, an einem lauen Sommertag

1889 ein letztes romantisches Picknick zu zweit im Nørreskov, einem Wäldchen im Osten von Tåsinge. Dort wurden sie vier Tage später gefunden. Offensichtlich hatte Sparre zuerst seine Geliebte und gleich darauf sich selbst erschossen. Auf dem gemeinsamen Grab erinnert eine weiße Platte an Elvira, die mit bürgerlichem Namen Hedvig Jensen hieß, und eine schwarze an Sixten Sparre. Heute ist es Sitte, den Brautstrauß auf das Grab der beiden abzulegen, wenn man in der benachbarten Kirche geheiratet hat.

Brücken führen von Tåsinge weiter nach **Langeland** (s. S. 347), auf die mit etwa 284 km² und über 15 000 Bewohnern größte und bevölkerungsreichste Insel vor Südfünen. Von Dovnsklint im Süden bis Hov Nordstand streckt sich Langeland über 50 km und macht damit seinem Namen alle Ehre, denn in der Breite erreicht das lange Land maximal nur wenig mehr als 10 km. An den Küsten ragen zwischen kleinen flachen Stränden immer wieder steile Klippen auf, besonders im Süden und bei **Ristinge** 🔟, wo sich Langelands westlichster Zipfel nach Ærø ausstreckt – hier bieten sich reizvolle Kontraste zwischen Steilküsten und den besten Inselstränden.

So vielseitig Langelands Küsten, so vielseitig sind auch die Zeugnisse geschichtlicher und kultureller Entwicklung. Archäologen haben fast 30 prähistorische Fundstätten lokalisiert, von denen zwei im Südteil besondere Beachtung finden sollten: Der 55 × 9 m große Langdolmen **Kong Humbles Grav** 🔟 unweit der spätromanischen Kirche von Humble ist das bekannteste Vorzeitgrab der Insel und Anlaß für allerlei Spekulationen: Wer ist hier begraben worden? Die Größe des Grabes läßt auf einen Mächtigen schließen, und so entschied man sich irgendwann für jenen König Humble, von dem der mittelalterliche Historiker Saxo berichtet.

Südwestlich von Bagenkop an der Nebenstraße zur Klippenküste von Gulstav liegt bei Søgård das etwa 5000 Jahre alte Ganggrab **Hulbjergjættestuen** 15, das in den 60er Jahren restauriert wurde; nur noch zwei der fünf Decksteine sind im Original vorhanden.

Langeland ist auch eine Mühleninsel. Neben vielen modernen Windrädern (dän.: *vindmøller*), die der Stromgewinnung dienen, sind zehn alte Windmühlen erhalten, neun davon aus dem 19. Jh. Sie finden sich alle im mittleren und südlichen Teil der Insel. Eine besondere Rolle spielt die Mühle vom Gut **Skovsgård** 16 nahe Humble. Die ehemalige Kornmühle im holländischen Stil wurde Mitte der 80er Jahre restauriert und bekam einen High-tech-Kern und neue Flügel, denen man von Ferne nicht ansieht, daß sie nach neuesten Erkenntnissen geformt sind und sich heute zur Stromgewinnung drehen.

Gut Skovsgård, dessen Haupthaus ein schmuckes Neorenaisanceschlößchen aus dem späten 19. Jh. ist, kam 1971 durch eine Erbschaft in den Besitz des Dänischen Naturschutzbundes, der es als Modell-Öko-Hof betreibt. Außerdem sind ein Kutschen- und Pferdewagenmuseum sowie eine Ausstellung über Forstwirtschaft zugänglich.

In der Schloßmühle von **Tranekær** 17, 1845 gebaut, ist seit wenigen Jahren ein Mühlenmuseum eingerichtet; reicht der Wind, wird auch gemahlen. Beim Blick nach Süden thront unübersehbar auf einer Anhöhe das rot-leuchtende Tranekær Slot, dessen Geschichte bis ins frühe Mittelalter zurückgeht. Es ist einer der ältesten bewohnten weltlichen Bauten in Europa und seit 1659 Stammsitz der Familie Ahlefeldt-Laurvig – bis

heute feinster Dänenadel. Die jetzige Form geht auf einen großen Umbau Mitte des 19. Jh. zurück, bei dem auch der markante achteckige Turm angebaut wurde. Für die Öffentlichkeit ist nur der Park zugänglich, seit wenigen Jahren voll moderner Skulpturen des Kunstprojekts ›TICKON‹: Schwerpunkt ist die so-

Lotsenboot im fünischen Inselmeer

genannte Land Art, die auf natürliche Werkstoffe zurückgreift: Naturkunst ist Spannungsfeld realer Natur.

Überhaupt sind Natur und Öko zwei Schlagworte, mit denen sich das Dorf Tranekær seit einiger Zeit erfolgreich vermarktet: Neben dem Schloßmuseum, gleich gegenüber dem Schloß, kann man sich über ökologischen Gartenbau informieren, und ein hundert Jahre alter Pfarrhof ist zum grünen Hotelrestaurant ›Sundgården‹ mutiert, wo nur die pure Natur auf den Tisch kommt.

Das Dorf Tranekær By entstand zur Versorgung des Schlosses und seiner

Güter. Bis heute sind viele malerische Häuschen aus vergangenen Jahrhunderten erhalten; wer sich für diese Idylle näher interessiert, kann im Schloßmuseum für ein paar Kronen einen speziellen Dorf-Führer bekommen, in dem fast jedes Haus mit seiner Geschichte vorgestellt wird.

Wie ein Symbol für die Stellung des Volkes im Griff von Grafen und Pfaffen liegt am südlichen Dorfende, ebenfalls auf einem Hügel, Tranekær Kirke, die im Laufe der Jahrhunderte mehrere Umbauten entsprechend dem jeweiligen Zeitgeist erlebte und so das Bemühen einiger Ahlefeldts widerspiegelt, sich mit großen europäischen Fürstenhäusern zu messen und Tranekær zu einer repräsentativen Residenzstadt zu machen.

Fast wie ein Kontrapunkt zum propagierten ›Gesünder Leben‹ in Tranekær wirkt ›Tobaksladen‹ **18**, die Tabakscheune, gleich südwestlich an der kleinen Nebenstraße nach Stengade. Tabakanbau, seit dem 18. Jh. in Dänemark betrieben, hatte vor allem während der beiden Weltkriege durchaus eine wirtschaftliche Bedeutung, und das vor allem auf Fünen und Langeland. Die jetzt mit Mitteln eines großen dänischen Zigarettenherstellers restaurierte Scheune diente in den 40er Jahren zum Trocknen des Tabaks.

Rudkøbing **19** hat längst Tranekær die Rolle als Hauptstadt von Langeland abgenommen. Es ist die einzige Stadt der Insel, der wichtigste Verkehrsknotenpunkt und der bedeutendste Einkaufsort. Die meisten Geschäfte findet man an der Østergade, die sich quer durchs Zentrum zieht. Dort zeigt Langelands Museum in Nr. 25 seine maritime Sammlung ›Fiskeri- og Søfartssamlingerne‹. Zwar kommerziell, aber einem Museum sehr ähnlich, ist der Antiquitätenhandel Tingstedet unter Nr. 16 in einem Fachwerk-Kaufmannshof, dessen älteste Teile aus dem späten 17. Jh. stammen. Der Innenhof wandelt sich im Sommer zu einem urigen Café, abends oft mit Livemusik.

Rudkøbing hat insbesondere zum Hafen hin entlang der Brogade, um den Marktplatz Torvet und in den umliegenden Gassen eine malerische Altstadt bewahrt. Auf Torvet zeigt ein Denkmal den Physiker Hans Christian Ørsted. 1777 kam er als Apotheker-Sohn in jenem Haus ein paar Schritte weiter Richtung Hafen zur Welt, in dem heute ›Den gamle Apotek‹ wie eine Apotheke der Jahrhundertwende eingerichtet ist. Ørsted erlangte Weltruhm, als er den Elektromagnetismus entdeckte – ein Ereignis, das Physiker für ihre Wissenschaft mit der Erfindung des Rades gleichsetzen.

Immer einen Abstecher wert ist der Hafen, in dem meist ein paar Windjammer liegen und wo mit ›Rudkøbing Bådebyggeri og Riggerværksted‹ auch einer der dänischen Renommierbetriebe in Sachen Oldtimerschiffe zu Hause ist. Vom Hafen in Rudkøbing starten auch Fähren nach Ærø und Strynø.

Strynø **20**, (s. S. 347) die knapp 5 km^2 kleine Insel mit rund 200 Einwohnern, besitzt kaum touristische Infrastruktur, ist aber ein schönes Tagesausflugsziel. Wenn man Glück hat, gibt es im Inselkro gerade frischen Aal – eine Spezialität, für die sogar die Rudkøbinger gern einmal herübersegeln. Wer Lust hat, auf einer der für das Inselmeer typischen Jollen, ›Schmacken‹ genannt, zu segeln, kann im Øhavets Smakkecenter von Strynø ältere Exemplare dieses Bootstyps erst anschauen und dann mit einem jüngeren in See stechen.

Gleichfalls empfehlenswert für Tagesausflüge sind die bewohnten Inseln

Drejø, Skarø, Hjortø südwestlich von Svendborg, die von dort mit gemütlichen Fähren angelaufen werden, bei denen schon die maximal 1,5 Std. Überfahrt ein Erlebnis sind. Die Natur im allgemeinen und das Vogelleben im besonderen sowie die spezielle Atmosphäre dieser kleinen Inselgemein-

Wohl keine Stadt prägt das romantische, puppenstubenhafte Bild Dänemarks so wie Ærøs Inselhauptstadt **Ærøskøbing** 21 mit ihren verwinkelten Gassen, meterhohen Stockrosen, dem Marktplatz mit den beiden alten Wasserpumpen, gepflegten Fachwerkhäusern aus dem 17. und 18. Jh. und vielen reich

Das Puppenhaus in Ærøskøbing

schaften mit ihrer dörflichen Struktur machen die Reize eines Besuchs aus.

Gut 30 km lang, maximal 8 km breit und 88 km² groß bildet **Ærø** (s. S. 364) den südwestlichen Abschluß der Dänischen Südsee. Als märchenhaft und idyllisch wird die Insel immer wieder beschrieben. Dem kann man angesichts der vielen kleinen Dörfer mit reetgedeckten Häusern und der beiden malerischen Städte wohl kaum widersprechen. Darüber hinaus gibt es zahlreiche vor- und frühgeschichtliche Fundstätten und natürlich ein paar typische Landkirchen.

verzierten, bunten Türen. Das am häufigsten fotografierte Objekt ist ›Dukkehuset‹, das Puppenhaus in der Smedegade, das kleinste Haus der Stadt. Eines sollte man aber nicht vergessen, wenn man hier durch die Straßen schlendert, das Foto- oder Videogerät im Anschlag: Die Stadt ist kein Freilichtmuseum, sondern hinter den Fenstern leben Menschen und keine Ausstellungsstücke, manchmal sogar Urlauber, denn einige der Häuser werden schon als Ferienwohnungen vermietet.

Ganz in der Nähe des Puppenhauses darf man aber ausgiebig durch Glas schauen, in der *Flaschenschiffssammlung* (Flaskeskibssamlingen), Ærøs bekanntestem Museum. Hier segelt und dampft auf wenigen Quadratmetern vereint eine der größten Budelschifffflotten der Welt, das Lebenswerk des ›Flaschen Peter‹, mit bürgerlichem Namen Peter Jacobsen (1873–1960). Er kreuzte als Seemann selbst noch auf Segelschiffen über die Weltmeere und hat dann diese Welt im Kleinstmaßstab neu erschaffen. Sogar in das für sein eigenes Grab vorgesehene Zementkreuz – das aber im Museum steht – ließ er sieben Buddelschiffe ein, für jedes der Weltmeere eines. Auch wer Flaschenschiffe als Kitsch von der Küste ansieht, wird von diesen kleinen Kunstwerken im Glas fasziniert sein und vor allem wird er sich die Frage stellen: Wie kommen diese Miniaturwelten durch den Flaschenhals? Keine Sorge, es wird im Museum erklärt.

Flaskeskibssamlingen teilt sich das ehemalige Armenhaus der Stadt mit der Sammlung des Hans Billedhugger (1890–1977). Dieser ›Bildhauer Hans‹ ist die Inkarnation der These, daß die Menschen heute von den Sammlern der Vorzeit abstammen: Alles, was in seinen Augen schön war, behielt er. Immer andere Teile dieses gewaltigen Schatzes werden ausgestellt, darunter regelmäßig Paare von Porzellanhunden. Junge Frauen, die wie in allen Häfen der Welt auch auf Fünen und Ærø einsamen Seeleuten ein paar intime Stunden bereiteten, zeigten damit, ob sie frei – Hunde schauen sich an – oder bei der Arbeit – Hunde wenden sich den Rücken zu – waren. Da sie für ihre Liebesdienste keinen Lohn nehmen durften, verkauften sie als Kunstgewerbehändlerinnen ihren Kunden die Hunde postkoital.

Beide Sammlungen sind Abteilungen des Ærø Museum, weitere sind ein kulturhistorisches *Stadtmuseum* in der Brogade und das *Hammerich's Hus* gleich gegenüber. Diese ursprünglich rein private Sammlung mit kulturgeschichtlichen und volkskundlichen Exponaten – hauptsächlich 18. und 19. Jh. aus der Region Fünen und Südjütland – hat der Bildhauer Gunnar Hammerich hier zusammengetragen.

Die zweite Stadt auf Ærø ist **Marstal** 22, ein Name, der in den Zeiten der großen Segelschiffahrt Mitte des 19. Jh. auf allen Weltmeeren ein Begriff war. Marstals Handelsflotte zählte zeitweilig mehr Schiffe als die Kopenhagens, und ein bis heute unter Oldtimerfans beliebter Bootstyp von den Werften der Stadt heißt auf allen Ozeanen nur ›Marstal Schoner‹. Die Dreimast-Gaffelschoner haben einen hervorragenden Ruf als robuste, äußerst seetüchtige und sichere Schiffe. Die schon erwähnte »Fulton«, die als Schulschiff in enger Zusammenarbeit mit dem Nationalmuseum seit den 70er Jahren Tausenden dänischer Schüler die maritimen Traditionen ihrer Heimat nahegebracht hat, ist so ein typischer Marstal Schoner: 1915 gebaut, 36 m lang, mit 102 BRT vermessen und bei idealen Winden von 600 m² Segelfläche getrieben; heute hilft zur Not noch ein 180 PS starker Dieselmotor.

Bei soviel Seefahrttradition ist es nicht verwunderlich, daß es in Marstal ein bedeutendes maritimes Museum gibt: *Jens Hansens Søfartsmuseum* in der Prinsensgade. Ein Gang am Hafen entlang lohnt auch heute noch, oft sind Oldtimerschiffe zu Gast, und noch immer werden auf einer Werft Holzschiffe gebaut.

Südlich vom Marstaller Hafen liegt der beste Strand von Ærø auf der Landzunge **Eriks Hale.** Die kleinen Badehütten, die dort vor Jahrzehnten ohne jegliche Baugenehmigung entstanden, sollten eigentlich längst abgerissen werden, aber inzwischen sind sie ebenso wie ihre Pendants auf Urehoved bei Ærøskøbing zu Markenzeichen dänischer Freizeitkultur geworden, die niemand mehr missen will: Die populären Fotomotive stehen wie Symbole für die Angebote Dänemarks: Strand, Meer und Gemütlichkeit.

Aber Ærø sollte man nicht nur auf die beiden malerischen Städte und ihre Strände reduzieren, es lohnt auch, den Rest der Insel zu erkunden: Wenige Meter neben der Dorfkirche von **Store Rise** 23 liegt ein Langdolmen aus dem 4. Jt. v. Chr. mit zwei Grabkammern und 55 Randsteinen.

Die Kirche von **Bregninge** 24 ist die bekannteste der Insel. Ursprünglich romanisch, bekam sie später einen Turm und ein Waffenhaus. Im Inneren sind ein reich verzierter Flügelaltar von ca. 1530 aus der Werkstatt des Odenser Meisters Claus Berg sowie spätgotische Fresken die Höhepunkte der Kirchenkunst auf Ærø. Ein interessantes Detail der Kalkmalereien ist der Narrenkopf, aus dessen Mund früher ein Tau hing, mit dem eine Glocke auf dem Kirchendach geläutet werden konnte.

Søby Voldanlæg 25 heißen die Reste einer mächtigen Wallanlage, die von einer Burg aus der Wikingerzeit stammen. Damals reichte von der Westküste her die Bucht Vitsø Nor weit ins Land bis vor den Wall. Heute ist dieses Gebiet trockengelegt. Erste Deiche wurden schon Ende des 18. Jh. aufgeschüttet. Das Städtchen Søby ist Ærøs drittgrößter Ort und Fährhafen, mit Linien nach Faaborg sowie im Sommer nach Mommark.

Ærøs Nordspitze, die Landzunge Skjoldnæs, verspricht vor allem Naturerlebnisse, aber ganz im Norden ragt auch ein sehenswerter Leuchtturm auf.

Skjoldnæs Fyr 26 wurde 1881 aus Bornholmer Granit von schwedischen Handwerkern gebaut und kann bestiegen werden. Sehenswert ist die alte Technik im Inneren der Turmspitze mit ihrer 500-Watt-Birne.

Drei weitere Mini-Inseln der Dänischen Südsee liegen vor Faaborg und

In Ærøskøbing

sind auch von dort zu erreichen. **Bjørnø** liegt der Hauptinsel am nächsten und ist mit 1,5 km² Fläche und gut 30 Bewohnern die kleinste der drei, in 20 Minuten per Fähre zu erreichen.

Avernakø, langgestreckt und von nicht einmal mehr 100 Menschen bewohnt, besteht eigentlich aus zwei Inseln, nur haben Meeresablagerungen die beiden Teile immer näher zusammenrücken lassen, und seit 1937 verbindet ein Damm den größeren West- mit dem kleineren Ostteil. Ein Kro, ein paar Ferienhäuser und ein Laden – für einen ruhigen Urlaub reicht's, für einen Ausflug allemal.

Lyø 27 ist die größte und bevölkerungsreichste der Inseln vor Faaborg und immer eine Tagesexkursion wert – Überfahrtszeit 40 Minuten. Einen Kilometer vom Fähranleger entfernt erreicht man das Inseldorf, das ein malerisches Milieu bewahrt hat, wie man es auf dem Festland kaum mehr finden kann. Das führt aber auch zu Streit, denn die rund 140 Bewohner wehren sich vehement gegen Versuche der zuständigen Kommunalbehörden, mit einem sogenannten Lokalplan diesen Idealzustand eines romantischen Inseldorfes in fast musealer Weise zu konservieren, bis hin zu Vorschriften, was als typisch angebaut und gepflanzt werden darf.

Ungewöhnlich sind die fünf Dorfteiche, die aus Lehmgruben entstanden sind, aus denen Material für den Hausbau entnommen wurde. Ein schöner Spaziergang führt durch das Dorf nach Westen über eine von Weiden und Pappeln gesäumte Straße zum Langdolmen *Klokkestenen,* der Glockenstein, einem Häuptlingsgrab aus der Jungsteinzeit. Der mächtige Deckstein, von fünf anderen Findlingen getragen, läßt sich durch einen Schlag mit einem kleineren Stein zum Klingen bringen. Der Weg zum Klokkesten lohnt auch schon wegen seiner phantastischen Aussichten auf die gegenüberliegenden Küste von Fünen.

Die Küste der Walfänger: Von Faaborg nach Middelfart

Faaborg 28 (s. S. 329) hat im Zentrum ein idyllisches Kleinstadtbild bewahrt, dazu gehören die *Vestergade* mit einem der wenigen erhaltenen Stadttore, die es noch in Dänemark gibt, und die Holkegade mit dem Heimatmuseum *Den gamle Gård.* Einen Überblick bekommt

man vom *Glockenturm* der ansonsten verschwundenen Skt. Nicolai Kirke in der Tårngade, Faaborgs Wahrzeichen.

Unter den Museen ragt das schon durch seine neoklassizistische Architektur auffallende *Faaborg Museum for Fynsk Malerkunst* in der Grønnegade hervor. Mads Rasmussen, Konserven- und Fruchtweinfabrikant sowie Kunstmäzen, hat hier Werke der Fünen-Maler aus der Zeit um die letzte Jahrhundertwende zusammengetragen und für sie einen imposanten Rahmen geschaffen. Zu den Künstlern, die von Rasmussens Mäzenatentum profitierten, gehörte auch Kai Nielsen (1882–1924), einer der profiliertesten dänischen Bildhauer der vom Neoklassizismus geprägten Zeit nach Bertel Thorvaldsen. Faaborg verdankt Nielsen den Ymerbrunnen auf dem Marktplatz sowie eine Studie dazu im Museum. Ymer ist in der nordischen Mythologie der Stammvater aller Riesen, der von der Urkuh Audumla großgezogen wurde – Nielsens Straßenskulptur zeigt diese Szene in drastischer Nacktheit.

Nördlich von Faaborg erstreckt sich das Mittelgebirge Fynske Alper mit schönen Wanderwegen und Wäldern über mehrere parallel verlaufende Hügelketten – maximale Höhe 128 m. Selbst wenn man weiter der Küste nach Westen folgen will, lohnt es, hier ein paar Kilometer die Straße 43 nach Norden zu fahren, um den Blick auf das Inselmeer vor der Küste zu genießen, z. B. vom alten Aussichtsturm **Tyveknap** 29.

Bei der Weiterfahrt entlang der Küste sollte man einen Abstecher auf die Halbinsel Horne machen, wo in dem gleichnamigen Dorf eine der ungewöhnlichsten Kirchen Dänemarks steht: **Horne Kirke** 30 ist de facto eine der sieben dänischen Rundkirchen, aber anders als bei den vier Exemplaren auf Bornholm und den beiden, die es in Jütland und auf Seeland gibt, ist hier der Rundbau aus dem frühen 12. Jh. im späten Mittelalter mit einem langgestreckten Chor, einem flachen Verbindungsbau und einem Turm versehen worden, der im 16. Jh. schließlich Renaissancegiebel bekam, so daß heute ein äußerst eigenwilliges Gebäude auf die Kirchgänger wartet.

Wer eine Rundreise macht, kann auf den nächsten Kilometern zwischen zwei außergewöhnlichen Übernachtungsstätten wählen: ›Steensgaard Herregårdpension‹ und ›Falsled Kro‹. **Steensgård** 31 ist ein alter Adelssitz, dessen Geschichte sich bis 1391 zurückverfolgen läßt. Die ältesten Teile des heutigen Gebäudes stammen aus dem 16. Jh. Die hier eingerichtete Schloßpension besitzt nur etwas mehr als ein Dutzend Zimmer, dafür aber auch Gäste, die seit Jahrhunderten ihr Unwesen treiben: Die Wiedergänger sind Otto Emmiksen nebst seiner dritten Frau Dorthe Heesten: Sie hatte ihn vom Koch 1594 erschlagen lassen, nachdem sie feststellen mußte, daß er ihre beiden Vorgängerinnen entleibt hatte. Der Falsled Kro im Dorf **Faldsled** 32 – eine Rechtschreibreform hat die Schreibweisen auseinandergebracht – kann zwar nicht mit Geistern dienen, verspricht aber eines der besten Gastro-Erlebnisse im Lande, sowohl was die Küche als auch was die Zimmer angeht, von denen keines dem anderen gleicht. Der Kro gilt als eine Geburtsstätte der sogenannten dänischfranzösischen Küche – sprich: Französische Kochkunst gepaart mit guten dänischen Rohwaren.

Auf dem Weg nach Assens kann man sich ganz von seinen Interessen leiten lassen: Wer Leuchttürme liebt, sollte die Landspitze **Helnæs** 33 nicht auslassen, auf deren Südwestspitze ein wunder-

schönes Exemplar thront, viereckig und ein wenig an den Torre del Mangia von Siena erinnernd, den Turm der Türme der Toscana. Ländliche Volkskunde vermittelt das Museum *Vestfyns Hjemstavnsgård* in einem der schönsten Fachwerkhöfe Fünens in **Gummerup** 34 bei Glamsbjerg, und wer selbst gern im Garten arbeitet, kann sich in ›**De 7 Haver**‹ 35 4 km südöstlich von Assens Ideen holen – hier sind sieben klassische europäische Kulturgärten angelegt.

Assens 36 (s. S. 322), die Hafenstadt an der Einfahrt zum Kleinen Belt, besitzt eine sehr große Marina für Freizeitskipper. Unter diese Rubrik fällt sicher nicht der bekannteste Sohn der Stadt, der Marineoffizier Peter Willemoes. 1783 wurde er in dem edlen Fachwerkhof an der Østergade geboren, wo heute Gedenkräume an ihn erinnern, das Lokalmuseum der Stadt seine Ausstellungsräume hat und eine Kunstausstellung Werke von Heimatmalern zeigt. In seinem kurzen Leben – Willemoes fiel 1808 als 25jähriger in der Seeschlacht gegen die Engländer vor Sjællands Odde – erkämpfte er sich einen legendären Ruf als Draufgänger. Die Stadt würdigt ihn zudem mit einem klassischen Seeheldendenkmal am Hafen. Gleich daneben steht ein kleines Kochhaus, wie es früher in allen Häfen üblich war, da auf Schiffen, die an den Kais lagen, nicht mit offenem Feuer gekocht werden durfte.

Middelfart 37 (s. S. 349), der traditionsreiche Brückenkopf zwischen Fünen und Jütland, entstand um die ›mittlere Überfahrt‹ über den Kleinen Belt. Die Stadt erlebte schon in den 30er Jahren, was Nyborg und Korsør am Großen Belt jetzt vor sich haben: 1935 wurde die erste ›Lillebæltsbro‹ im Westen der Stadt fertig, eine Stahlbrücke, die eine Eisenbahnlinie und eine Straße trägt; 1970 kam eine Hängebrücke mit der Autobahn hinzu, deren 120 m hohe Pylone schon von weitem nördlich von Middelfart zu sehen sind. Das Fährzeitalter war mit der ersten Brücke für Middelfart zu Ende und nur noch Thema fürs Museum: Das befindet sich in einem der schönsten dänischen Fachwerkbauten, dem 1570 entstande-

Fischer auf Ærø

nen *Henner Friisers Hus* an der Brogade. Neben Seefahrt und Fährdienst ist Walfang ein Thema. Vor allem im Gamborg Fjord südlich der Stadt wurde bis ins 19. Jh. hinein Walfang in großem Stil betrieben, Opfer waren meist Tümmler und Kleinwale. Daß durchaus aber auch größere Exemplare hier in den Tod schwammen, zeigen die gewaltigen Kieferknochen eines 1603 gefangenen Großwals in der Sct. Nicolai Kirke.

Die kleine Tümmlerart, von der im Laufe der Jahrhunderte rund um Middelfart Tausende gefangen wurden,

heißt im Dänischen *Marsvin,* also Meerschwein. Auch wenn sie heute nirgendwo mehr gejagt wird, ist diese Art weiterhin bedroht, und zwar jetzt durch die extensive Fischerei. Nach Schätzungen dänischer Umweltorganisationen verenden allein 5000 bis 8000 dieser Meeressäuger jedes Jahr jämmerlich in den Netzen der dänischen Nordseefischer – ein Vielfaches der laut internationalen Konventionen als Beifang zulässigen Anzahl.

Middelfarts jüngste Kunstattraktion, ein *Keramik Museum,* öffnete im Herbst 1994 seine Tore. Das Museum zeigt permanent Arbeiten von rund 100 modernen dänischen und internationalen Keramikkünstlern und beleuchtet in Sonderausstellungen das Gesamtwerk einzelner Meister. Aber auch das Gebäude, in dem es untergebracht ist, und der umgebende alte Park direkt am Kleinen Belt lohnen den Besuch: Die vorbildlich renovierte Villa Grimmerhus entstand Mitte der 19. Jh. im Zuge des Historismus in Anlehnung an italienische Vorbilder aus dem 16. Jh.

Von Middelfart ist man über die Autobahn E 20 schnell wieder in Odense oder Nyborg, man kann auf die weiter oben beschriebene Rundfahrt durch Nordfünen wechseln (s. S. 169ff.) oder ›den Garten Dänemarks‹ ganz verlassen: Über die beiden Brücken ist man in wenigen Minuten auf dem ›kontinentalen Dänemark‹ an Jütlands Ostküste.

Bornholm

Parallelogramm in der Ostsee – Bornholm

■ (s. S. 324f.) Der Blick auf eine Dänemarkkarte verwirrt nur, will man sich ein Bild von der genauen Lage Bornholms machen. Mal müßte es nördlich von Seeland irgendwo im Kattegat liegen, mal südlich von Møn, in der Lübecker Bucht, und manchmal gar in der Nordsee, schräg ab vor Hanstholm oder Hirtshals. Bornholm liegt so weit vom Schuß, daß es zur Kästcheninsel auf Dänemarks Landkarten wird, dort geparkt, wo Platz ist. Erst eine Skandinavien- oder Europakarte zeigt die wirkliche Position südöstlich von Schwedens Südprovinz Schonen – 37 km ist der kürzeste Abstand. Bis zu den Kreidefelsen von Møn, dem nächstgelegenen Stück Dänemark sind es 135 km, mehr als zur polnischen Küste oder zur 80 km entfernten Insel Rügen.

Die Lage abseits der gängigen Routen läßt Bornholm nur in seltensten Fällen zur Station auf einer längeren Dänemark-Rundreise werden, dabei wäre das angesichts guter Fährverbindungen nach Kopenhagen, Südschweden und

Typische Bornholmer Räucherkamine

Deutschland nicht abwegig. Wer nun ein, zwei oder drei Wochen die Vielfalt Bornholms erleben, in die Natur eintauchen oder die Dörfer und Landschaften durchstreifen will, wird in diesem Buch sicher nicht alles finden, auf das man im Laufe eines intensiven Aufenthalts stößt, dafür gibt es andere Reisebücher, die sich ausschließlich mit der Insel befassen. Hier soll nur Lust auf Bornholm gemacht und eine erste Kontaktaufnahme erleichtert werden.

Immer etwas abseits, immer etwas anders

Die Lage in der Ostsee fern der Hauptstadt und in der Nähe zu Dänemarks Hauptfeinden vom Ende der Wikingerzeit bis zum Kalten Krieg hat die Geschichte nachhaltig beeinflußt: Bornholm hat als einziger Landesteil des heutigen Dänemark eine schwedische Periode erlebt, war zeitweilig im Besitz der Lübecker und mußte sich nach dem Zweiten Weltkrieg mit einem Jahr sowjetischer Besatzung abfinden. Daraus resultierte während des gesamten Kalten Krieges ein Sonderstatus innerhalb der NATO: Die Rote Armee zog sich nur gegen die Zusicherung von Bornholm zurück, daß Dänemark die Insel allein verteidigen könne. Jede Anwesenheit eines nichtdänischen Soldaten – und waren es nur amerikanische Militärmusiker – galt noch bis Mitte der 80er Jahre als Provokation und hatte ernste diplomatische Ost-West-Krisen zur Folge.

Bornholm hat seit Jahren wirtschaftliche Probleme, denn Landwirtschaft und Fischerei kriseln, nennenswerte Industrie ist nicht vorhanden, und der Tourismus reicht bei weitem nicht, die gut 45 000 Menschen ganzjährig zu beschäftigen und ihnen ausreichende Einkünfte

zu bescheren. So ist Bornholm auch der einzige dänische Landesteil, der seit mehr als einem Jahrzehnt einen konstanten Bevölkerungsrückgang zu beklagen hat, und dies gerade bei den jüngeren Jahrgängen, die als das Potential für die Zukunft anzusehen sind. Neben großzügigen Wirtschaftsförderungsprogrammen der Regierung versuchen Aktivisten von der Insel, Bornholms geographischer Lage endlich einmal einen positiven Aspekt abzugewinnen und hier ein Handels-, Kultur- und Tagungszentrum des gesamten Ostseeraumes zu etablieren, mit besonderem Schwerpunkt auf Kontakten zu den wiedergeborenen baltischen Staaten. Zahlreiche Projekte zielen in diese Richtung, so das Kultur- und Medienzentrum ›Svanekegården‹ in Svaneke mit seinem Atelier und seiner Keramikwerkstatt, das zu einem panbaltischen Kulturhaus werden soll. Außerdem hat sich ein jährliches Baltisches Filmfestival schon einen guten Namen in der Cineasten-Szene gemacht.

Bornholm ist ein Mikrokosmos, in dem nicht nur die Geschichte anders als im Mutterland verlief, sondern wo auch die Menschen ein ganz markantes Idiom pflegen, das jeden Bornholmer verrät, selbst wenn er statt des Inseldialekts das längst zur Alltagssprache gewordene Hochdänisch spricht. Und sogar das Wetter ist anders als im restlichen Dänemark: Statt des wechselhaften Seeklimas der westlichen Landesteile machen sich häufiger kontinentale Großwetterlagen bemerkbar, die statistisch weniger Niederschlag und mehr Sonnenstunden bringen. Dieses Klima läßt auf Bornholm üppig wachsen, was man in solch nördlichen Breiten kaum vermutet. Andererseits bremst das umliegende Meer den Ablauf der Jahreszeiten gegenüber dem Festland: Der be-

Bornholm

rühmte Frühling kommt spät, aber kurz und sehr intensiv; dafür verabschiedet sich der Sommer gern sehr langsam, sehr golden und sehr schön.

Mitte Mai blüht innerhalb kurzer Zeit alles auf einmal, was in anderen Teilen Europas über viele Wochen verteilt sprießt. Bornholm wird in rund vierzehn Tagen von einer kahlen grauen Felseninsel zu einem grünen Paradies. Berühmt sind im Blitzfrühling die blühenden Wildkirschen, von denen es ganze Wäldchen gibt und die Wochen später von Vögeln und Touristen kahlgefressen werden. Walnuß- und Feigenbäume sind gut gedeihende Exoten, auf die gerne hingewiesen wird. Blumen aus der Familie der Orchideen wachsen zahlreich an den Straßen- und Wegrändern, und Anemonen bilden leuchtende Teppiche auf dem Waldboden. Später im Sommer schließlich, schafft es die Inselpolizei kaum, für beschlagnahmte Cannabispflanzen ausreichende Lagerkapazitäten zu finden – für die entdeckten natürlich. Auch dieses ›Bornholmer Grün‹ hat weit über die Insel hinaus einen guten Ruf.

Bornholm unterscheidet sich schließlich auch geologisch markant von Restdänemark, ist eher mit Norwegen verwandt als mit Jütland: Es ist die einzige Felseninsel des Landes; nirgendwo sonst kann man in Dänemark Schären sehen. Am deutlichsten werden die Unterschiede in Nordbornholm, wo am karg bewachsenen Granithorn **Hammeren**, heute ein Naturschutzgebiet, malerisch verwildernde Steinbrüche vom Granitabbau zeugen, der bis 1971 betrieben wurde. Die Wanderwege, die am Hammeren diese vom Menschen mitgestaltete Natur erschließen, zählen zu den schönsten Dänemarks. Der Süden der Insel ähnelt dem Rest des Landes sehr viel mehr: Dort zieht sich eine flache Küste mit vielen Sandstränden entlang, deren Höhepunkt der Strand von **Dueodde** mit einem großen Dünenwald ist.

Rundkirchen, Ruinen und romantische Städte – Bornholmer Höhepunkte

Wahrzeichen Bornholms sind vier weiß gekalkte Rundkirchen aus den frühen Tagen der Christianisierung. Die größte und mächtigste ist die **Østerlarskirke** **1** in Ostbornholm. Sieben äußere Stützpfeiler geben ihren Rundungen Halt. Das Rundschiff besitzt in der Mitte einen mächtigen, von einem figurenreichen Fries verzierten Rundpfeiler, in dem sogar noch eine Taufkapelle Platz hat. Diese Stütze ist Folge eines statischen Problems bei allen Bornholmer Rundkirchen: Als sie entstanden, konnten die Baumeister noch kein Deckengewölbe so weit spannen, daß es für den ganzen Innenraum gereicht hätte.

Im Norden Bornholms dient die sehr exponiert liegende **Olskirke** **2** auch als Seezeichen. In ihrem Inneren ist eine gelungene Verbindung zwischen mittelalterlicher und moderner Kirchenkunst im Altarraum zu sehen: Bornholms einziger Keramikaltar, 1950 gefertigt, zeigte die Verkündigung der Osterbotschaft. Die **Nylarskirke** **3**, einzige Rundkirche

ohne äußere Stützmauern, ist für ihre Kalkmalereien aus dem 13. Jh. bekannt, die ältesten, die in Bornholmer Kirchen erhalten sind. Von der **Nykirke** **4** nördlich Rønne wird angenommen, daß sie größer geplant war, aber nicht ganz fertiggestellt wurde. Sie ist ein Stockwerk kleiner als die anderen und auch die jüngste der vier Rundkirchen.

Der Ursprung der Rundkirchen liegt im Dunkeln, was immer wieder zu wilden Spekulationen reizt: Heidnische Sonnentempel seien sie gewesen, oder auch Teile eines mystischen, Europa überspannenden Netzes von Bauten der Tempelritter. Sehr wahrscheinlich entstanden sie im 12. und 13. Jh. als Wehrkirchen; damals wurden Bornholms Küsten oft von den an der polnischen Küste seßhaften Wenden überfallen. Alle Kirchen besaßen ursprünglich kein Dach, bei der Ols- und der Østerlarskirche sieht man deutlich die Balkenlöcher, auf die einst äußere Wehrgänge aufgelegt werden konnten. Die markanten Spitzdächer von heute stammen aus späteren Jahrhunderten, z. B. zeigt die Wetterfahne auf der Spitze der Olskirche die Jahreszahl 1794.

Bornholm besitzt keine Schlösser und Herrensitze, nur die Ruinen zweier Burgen, auf denen aber nie Adelige residierten, sondern höchstens inhaftiert waren; die Bornholmer Bauern waren immer Freibauern, nie Leibeigene. Auf einem Felsen über der zerklüfteten Küste nahe Sandvig ragt **Burg Hammershus** **5** auf, von der Wikingerzeit bis zur Mitte des 18. Jh. von den immer wieder wechselnden Beherrschern der Insel genutzt: Hier residierten mal Vertreter des Königs, mal des Erzbischofs von Lund, mal Statthalter Lübecks, mal Schwedens. Dann diente das Gebäude den Inselbewohnern Jahrzehnte lang als Steinbruch, und heute zeigt sich die Burg

Die größte Bornholmer Rundkirche ist die Østerlarskirke

wildromantisch als größte Burgruine Skandinaviens.

Die Bornholmer Orte haben fast alle idyllische Winkel mit kleinen Gassen und vielen Fachwerkhäusern, die gern in Rot- und Gelbtönen getüncht werden. Bei der Frage nach dem schönsten Ort können Bornholmfans lange streiten. **Gudhjem** 6 an einem Hang über der Ostküste gelegen, hatte mit seinem mediterranen Charme sicher lange die Nase vorn. Inzwischen fordert die Beliebtheit ihren Tribut: Gudhjem hat sich zu sehr dem Tourismus geöffnet und leidet unter einem schwer zu lösenden Verkehrsproblem in den schmalen Gassen zwischen der Hauptstraße oberhalb des Städtchens und den Parkplätzen unten am Hafen. **Svaneke** 7, weiter südlich, liegt zwar nicht so schön, wirkt mit seinen vielen Fachwerkhäusern aber sehr harmonisch. Seit den 40er Jahren betreibt man mit strengen Bauvorschriften Denkmalschutz, 1975 mit einem eu-

ropäischen Preis belohnt. Natürlich hat auch hier der Tourismus Einzug gehalten: Gleich neben dem gemütlichen Marktplatz haben sich verschiedene Kunsthandwerker und eine Galerie an der Gasse Brænderigænget niedergelassen; ein besonderes Erlebnis bietet ein Besuch in der Glasbläserei von Pernille Bülow, wo man hautnah die Entstehung von Studioglas miterleben kann.

In der Inselhauptstadt **Rønne** 8 prägen in der sehenswerten Altstadt um die Skt. Nicolai Kirche und nordwestlich vom großen Marktplatz Store Torv viele bunte Fachwerkhäuser und ein scheinbar unendliches Gewirr kopfsteingepflasterter Gassen das Bild und damit das Image Rønnes als charmante Kleinstadt. Dabei hat Rønne – abgesehen von der zweitgrößten Inselstadt Neksø – wie keine andere dänische Stadt unter dem Zweiten Weltkrieg gelitten: Sowjetische Luftangriffe in den letzten Sekunden des Krieges sollten einen deutschen Insel-

Dünen bei Dueodde

kommandanten zur Raison bringen, der über die Gesamtkapitulation hinaus Widerstand leistete. 85 Prozent der Häuser von Rønne wurden beschädigt, über 300 schwer.

Bornholm besitzt mehr als ein Dutzend Museen und Ausstellungen. ›**Bornholms Museum**‹ in Rønne informiert über die besondere Geschichte und Volkskultur; herausragend ist die große Sammlung der *Goldgubber*, kleine gestanzte Goldplättchen, wahrscheinlich Opfergaben aus der germanischen Eisenzeit im 6. Jh.

Bei Rø an der Ostküste direkt über der spektakulären Steilküste von Helligdommen hat 1993 ›**Bornholms Kunstmuseum**‹ 9 in einem architektonisch eindrucksvollen, aber wegen seiner Kosten auf der Insel umstrittenen Gebäude eröffnet. Neben Wechselausstellungen werden Werke der Bornholmer Maler, die ihre große Zeit in der ersten Hälfte dieses Jahrhunderts hatten, und der vie-

len auf der Insel ansässigen Kunsthandwerker gezeigt.

Eine Sonderstellung – historisch und geographisch – nimmt die 40 Hektar große bewohnte Schärengruppe **Ertholmene** ein. Sie liegt knapp 20 km vor der Nordostküste Bornholms und ist ein beliebtes Tagesausflugsziel, ganzjährig ab Svaneke und im Sommer auch ab Gudhjem und Allinge mit dem Schiff zu erreichen. Von 1684 bis 1855 bestand auf den beiden größten Inseln der Gruppe eine Seefestung, die Dänemark aber nie die erträumte Herrschaft über die Ostsee einbrachte. Seit 1855 steht die gesamte Inselgruppe mit allen historischen Gebäuden praktisch unter Denkmalschutz, auch wenn eine kleine Fischer- und Künstlergemeinde von gut 120 Personen dort ganzjährig lebt: Es darf nur mit altem Baumaterial ergänzt und restauriert werden, das ist aber kaum zu haben, da auch nichts abgerissen werden darf.

Jütland

Von Flensburg bis zum Kleinen Belt – Ostjütlands südliche Fjorde

Kaum nördlich der Grenze, ist man mit einem der dunkelsten Kapitel der deutsch-dänischen Beziehungen konfrontiert: **Frøslevlejren** 1, das Lager im Forst von Frøslev, war während des Zweiten Weltkriegs ein KZ. Für etwa 1600 Dänen, vor allem aus den Reihen des Widerstands, war es Durchgangsstation auf dem Weg in Vernichtungslager. Nach dem Krieg saßen hier Dänen, denen man Kollaboration mit den deutschen Besatzern vorwarf, darunter viele Nationalsozialisten. In den gut erhaltenen Baracken sind mehrere Ausstellungen über das Lagerleben und die Kriegszeit sowie über die Arbeit humanitärer Organisationen in der Gegenwart zu sehen.

Am Ostrand der Grenzstadt **Kruså** 2 (s. S. 346) zweigt der ›Fjordvej‹ zum Ufer des Flensborg Fjord (aus deutscher Sicht die Flensburger Förde) ab. Ein lohnender Umweg, auch wenn es langsamer vorangeht als auf der Hauptstraße weiter landeinwärts, mit schönen Aussichten auf Flensburg und Glücksburg am deutschen Ufer.

Vor der Siedlung Sønderhav liegen die **Okseøer** 3 im Meer, nur einen Steinwurf vom Festland entfernt. Auf Store Okseø gibt es ein kleines Ausflugslokal – Spezialität: Aal. Will man hinübergeholt werden, muß man in Sønderhav am Fährsteg die dort aufgehängte Schiffsglocke anschlagen. Auf Lille Okseø starb 1412 Margrete I., eine der bedeutendsten Frauen der Weltgeschichte. Stimmt die gängigste Darstellung über ihren Tod, erkrankte sie während einer Seereise nach Flensburg an der Schwarzen Pest.

Das Barockschloß **Gråsten** 4 (s. S. 331) am Nordrand des gleichnamigen Ortes wirkt äußerlich unproportioniert, Folge eines Brandes 1757, der nur den Nordflügel mit der reich ausgestatteten Kirche verschonte. Beim Wiederaufbau wurde der barocken Symmetrie zuliebe der Südflügel in gleicher dreigeschossiger Höhe wie der erhaltene Nordflügel errichtet, der verbindende Hauptflügel dagegen nur eingeschossig; erst 1842 ließ Herzog Christian August die Mitte des Hauptflügels aufstocken.

1936 erhielten der damalige Kronprinz Frederik IX. und seine Frau Ingrid – Eltern von Margrethe II. – Gråsten als Sommerresidenz; Königinmutter Ingrid nutzt das Schloß bis heute. Wohnt jemand aus der königlichen Familie auf Gråsten, ist der Zugang beschränkt, sonst lohnt die Kirche einen Blick, der zuerst von der fast 8 m hohen Altartafel gefangen wird; sehenswert ist auch die säulengetragene Empore mit der Königsloge.

Ein paar Kilometer östlich ragen die fast 70 m hohen Hügel von **Dybbøl** 5 auf, ein Name, der wie kein anderer mit den kriegerischen Auseinandersetzungen zwischen Deutschland und Dänemark verknüpft ist, im Deutschen besser als die ›Düppler Schanzen‹ bekannt. Auf die zehn Schanzenanlagen rund um das Dorf hatten sich Anfang 1864 im Zweiten Schleswigschen Krieg die dänischen Truppen zurückgezogen, nachdem sie zum letzten Mal in der Geschichte des Landes versucht hatten, die Südgrenze

Von Flensburg bis zum Kleinen Belt

Grindsted

Legoland
Billund
22

21
Vorbasse

Vejle

Tørskind
Grusgrav **24**
Egtved
23

25
Øster Starup
Kirke

Bække
20

Fredericia

27 Belt-Brücken

Vejen **19**
18 ›Museet på
Sønderskov‹

Kolding
26

Middelfart

Ore

14
*Skamlings-
banken*

Fünen

17
Rødding

15 Jels

13
Christiansfeld

16
Gram **Gram Slot**

Vojens

12
Haderslev

Assens

K l e i n e r

B e l t

11
Knivsbjerg

Løgumkloster

Rødekro

Aabenraa
10

Nordborg

9 **Nørreskov**

A l s
Fynshav

Blomeskobbel
Augustenborg **8**

Mommark

Frøslevlejren **1**

4
Gråsten

Dybbøl
5 Sønderborg **6**

Kegnæs

7

2
Kruså

Okseøer
3
Broager

Padborg
Harrislee

Glücksburg

Flensburger Förde

Flensburg

0   10 km
N

Deutsche Dänen
und dänische Deutsche

Die Geschichte Südjütlands ist von fast 1000 Jahren widerstreitender deutscher und dänischer Interessen entlang der Grenze geprägt. Schon beim Namen gibt es Unterschiede: Dänen meinen mit ›Sønderjylland‹ das gleiche Gebiet wie Deutsche mit ›Nordschleswig‹.

Ab Mitte des 13. Jh. wird Schleswig dänisches Erblehen, während Holstein – ab 1474 ebenfalls Herzogtum – deutsches Lehen bleibt. Das Durcheinander und die Kriege um die Region in den folgenden Jahrhunderten haben hier ihre Wurzel: Die dynastischen Bindungen zum dänischen Königshaus sowie das doppelstaatliche Lehnsverhältnis.

Die umtriebige Margrete I. kauft Anfang des 15. Jh. einzelne Gebiete sowohl in Schleswig als auch in Holstein, die damit direkt der Krone unterstehen, darunter die Insel Amrum und das Listland im Norden von Sylt; nach 1864 sollen diese sogenannten Enklaven große Bedeutung bekommen.

Als 1448 der junge Oldenburger Christian I. den Dänenthron besteigt, wählen die Ritter ihn zwar als Person, nicht aber in seiner Funktion als Dänenkönig, zum Grafen von Holstein und Herzog von Schleswig. Christians Macht reicht damit bis Altona vor die Tore Hamburgs. Der Preis: Er muß schwören, daß die beiden Herzogtümer ewig zusammen und ungeteilt bleiben sollen. Trotz dieses Schwurs werden sie zu Spielbällen zwischen deutschen und dänischen Interessen und als Erbmasse immer wieder zerstückelt. Im 17. und 18. Jh. sieht die politische Karte der Region wie ein Flikkenteppich aus: Verschiedene Linien des Königshauses besitzen Land, dazwischen gibt es gemeinschaftlich verwaltete Gebiete und jene reichsunmittelbaren Enklaven, die Margrete I. gekauft hatte. Verwaltet werden die Herzogtümer derweil von einer ›Tyske Kancelli‹, der deutschen Kanzlei, in Kopenhagen.

Die dänische Sprache wird im Bistum Schleswig immer weiter zurückgedrängt. Deutsch ist Amtssprache und die Sprache der Oberschicht, Dänisch sprechen vor allem die einfachen Leute auf dem Lande im nördlichen Teil der Herzogtümer. Christian VIII. unterzeichnet im Mai 1840 eine Sprachverordnung, die Dänisch zur Amtssprache in den mehrheitlich dänischsprachigen Teilen Schleswigs macht. Zur Erinnerung daran wird im Mai 1843 erstmals eine Versammlung dänischgesinnter Nordschleswiger auf dem Hügel Skamlingsbanke durchgeführt, heute eine nationale Gedenkstätte (s. S. 215) voller Erinnerungen an Kultur- und Sprachkampf.

Der aufkommende bürgerliche Nationalismus des 19. Jh. und das Ende des Absolutismus in Dänemark verschärfen 1848 die Situation: Soll die dänische Verfassung, die Frederik VII. seinen Landsleuten gewährt hat, auch in den Herzogtümern gelten und diese damit

Durch Tausch der Enklaven
bei Dänemark verbliebene Gebiete

Die deutsch-dänische Grenzregion

1848–50, der am 25. Juli 1850 in einer der blutigsten Schlachten endet, die Nordeuropa je erlebte: Bei Idstedt nahe Schleswig schlagen sich 40 000 Soldaten in dänischen Uniformen mit 36 000 Deutschgesinnten. Insgesamt werden rund 10 000 Männer getötet oder verwundet; die Verluste verteilen sich dabei annähernd gleich. Die Geschichtsschreibung registriert zwar einen dänischen Sieg, aber eigentlich war es ein sinnloses Gemetzel. Frederik VII. bleibt in den Herzogtümern absoluter Regent, während in Dänemark die Monarchie konstitutionelle Züge annimmt. 13 Jahre später gibt es die Fortsetzung.

Die nationalliberale Regierung in Kopenhagen legt dem gerade inthronisierten Christian IX. im November 1863 ein Gesetz vor, das die dänische Verfassung auf Schleswig – aber nicht auf das mehrheitlich deutsche Holstein – ausdehnt. Er unterschreibt – für Preußens eisernen Kanzler Bismarck bietet das die Gelegenheit, im Norden reinen Tisch zu machen: Sein 24-Stunden-Ultimatum zur Rücknahme des Gesetzes ist einfach nicht zu erfüllen und so kommt es 1864 zum Krieg zwischen Dänemark, das ohne die erhoffte Unterstützung der anderen nordischen Königreiche auf sich allein gestellt bleibt, auf der einen und Preußen–Österreich auf der anderen Seite. Am 18. April erleiden die technisch und zahlenmäßig weit unterlegenen dänischen Truppen die katastrophale Niederlage an den Schanzen von Dybbøl. Im Frieden von Prag 1866 muß Dänemark Schleswig bis zur Kongeå an Preußen abtreten, zusammen mit ca. 175 000 dänischgesinnten Menschen. Nur dank der reichsunmittelbaren Enklaven von Margrete I., die mit grenznahen Gebieten getauscht werden, bleiben Ribe, einige Kirch-

de facto zu einem Teil Dänemarks machen? Die deutschgesinnten Schleswig Holsteiner wehren sich dagegen, sie wollen eine eigene und unter Hinweis auf den Schwur von Christian I. auch gemeinsame Verfassung für beide Herzogtümer sowie den Anschluß an den Deutschen Bund. Ihr Aufstand führt zum Ersten Schleswigschen Krieg

spiele südlich von Kolding und die Insel Ærø bei Dänemark. In den folgenden Jahren verläßt rund ein Drittel aller Dänen das Herzogtum, viele wandern nach Amerika aus. Dänische Kultur kann sich nur im nördlichen Teil Schleswigs gegen die bewußte Verbreitung des Deutschtums halten.

Der Prager Frieden bietet aber ein Hintertürchen: Mit einem Referendum soll die nationale Zugehörigkeit Schleswigs noch einmal überprüft werden, und das wird 1920 als eine der Auflagen des Versailler Vertrages unter internationaler Kontrolle abgehalten. In drei Zonen wird nach einem Domino-Prinzip abgestimmt: zuerst im Norden und nur wenn dort eine Mehrheit für den Anschluß an Dänemark zusammenkommt, wird überhaupt in der nächsten Zone zu den Urnen gerufen.

In der nördlichsten Zone entscheidet sich am 10. Februar 1920 eine 75-Prozent-Mehrheit für die Wiedervereinigung mit Dänemark. Gut einen Monat später stimmt eine ähnlich große Mehrheit in der mittleren Zone für den Verbleib im Deutschen Reich. Damit ist die Entscheidung für die seitdem unange-

tastete Grenze gefallen, und eine dritte Abstimmung erübrigt sich. Gestritten wird nur – von wenigen Ewiggestrigen bis heute – über die Einteilung der Stimmkreise und über den Abstimmungsmodus. Gern wird dabei auf Tondern gezeigt: Drei Viertel der mehrheitlich deutschstämmigen Bevölkerung der Stadt stimmt für den Verbleib im Deutschen Reich, ist aber in der von Dänen dominierten nördlichsten Zone in der Minderheit – aus dem deutschen Tondern wird das dänische Tønder. Ähnlich ist die Situation in Sonderburg und Apenrade, heute Sønderborg und Aabenraa. Andererseits könnten Städte wie Flensborg – Flensburg – und Slesvig – Schleswig – oder Nordfriesische Inseln wie Sild – Sylt – und Før – Föhr – heute auch dänisch sein, hätte es z. B. nur eine gemeinsame En-bloc-Abstimmung in beiden Zonen gegeben, denn zusammen waren bei den Urnengängen mehr Menschen für die Wiedervereinigung mit Dänemark – 88 231 – als für den Verbleib bei Deutschland – 77 053.

Grundsätzlich ist die deutsch-dänische Grenze von beiden Ländern akzep-

Dänemarks am alten Schutzwall Danevirke zu verteidigen. Schon dort waren sie aber gegen die zahlenmäßige und vor allem militärtechnische Übermacht des preußisch-österreichischen Heeres chancenlos. Am 18. April überrannten die Preußen dann die dänischen Stellungen mit einer 5:1 Übermacht. Ein verzweifelter Gegenangriff kam noch bis zur Mühle, die damit einen ungeheuren Symbolwert für diesen Krieg und die ganze dänische Geschichte des 19. Jh. bekam, und wurde dort aufgerieben.

56 Jahre später erlebten Hügel und Mühle von Dybbøl wieder einen historischen Augenblick: Am 11. Juli 1920 zelebrierten hier mehr als 50 000 Menschen zusammen mit König Christian X. die Wiedervereinigung des nördlichen Teils des Herzogtums Schleswig mit ›Mutter Dänemark‹.

Zahlreiche Gedenksteine und Heldengräber, Reste der alten Schanzenanlagen, ein pathosbeladenes Gedenkmuseum in der 1864 zusammengeschossenen, aber wieder aufgebauten Mühle

tiert und beiderseits leben Minderheiten des jeweils anderen Volkes in friedlichem Nebeneinander mit den Menschen ihrer Herbergsnation. Die Grenze wurde auch nach dem Zweiten Weltkrieg von offizieller dänischer Seite in keinem Augenblick in Frage gestellt, obwohl es während der Zeit des ›Dritten Reichs‹ große Irritationen gab: Die Infrastruktur der dänischen Volksgruppe wurde in Deutschland weitgehend zerschlagen, und in Dänemark schlossen sich viele deutsche Nordschleswiger den Nationalsozialisten an; fast 3000 wurden nach 1945 als Kollaborateure verurteilt.

Die Bonn-Kopenhagener Erklärungen von 1955 garantieren in bis heute international vorbildlicher Weise die politische und kulturelle Integrität der Minderheiten beiderseits der Grenze. Einen ganz wichtigen und im Rückblick sicher richtigen Punkt drückten die Dänen in den Verhandlungen durch: Die Zugehörigkeit zu den Minderheiten und damit die Nutzung ihrer Einrichtungen unterliegt keiner objektiv ethnischen Zuordnung und erst recht keiner Kontrolle, sondern ist Ausdruck subjektiver Empfindungen. Der einzelne Bürger braucht sich nur der jeweiligen Minderheit zugehörig zu erklären.

Beide Minderheiten besitzen eigene, von den jeweiligen Sperrklauseln befreite Parteien. Der Südschleswigsche Wählerverband (SSW), ist schon lange eine kleine, aber feste Größe im Kieler Landtag. Ähnliches gilt für die Schleswigsche Partei nördlich der Grenze auf Amts- und Kommunalebene. Die Partei der etwa 20 000 deutschen Nordschleswiger schaffte zwar seit 1979 nicht mehr den Sprung ins Kopenhagener Folketing, sie werden dort aber seit 1983 von einem deutschen Sekretariat bei Parlament und Regierung vertreten.

Beide Volksgruppen sind mit öffentlichen Finanzmitteln gut für ihre politischen und kulturellen Aufgaben ausgestattet. Auf beiden Seiten betreiben Schul- und Sprachvereine Bildungseinrichtungen und Bibliotheken ihrer Sprache im jeweils anderen Land. Auch die Tageszeitungen der Minderheiten, der deutschsprachige »Nordschleswiger« aus Aabenraa und die dänischsprachige »Flensborg Avis« können so trotz geringster Auflagen überleben.

und ein modernes, multimedial eingerichtetes Geschichtszentrum versuchen, an die Ereignisse zu erinnern und die Geschichte, die hier stattgefunden hat, versteh- und erlebbar zu machen. Die Hügel von Dybbøl sind seit 1987 Nationalpark.

Bis an die Hügel von Dybbøl reicht inzwischen die Stadt **Sønderborg** 6 (s. S. 362) heran, deren Zentrum schon auf der Insel Als liegt. Eine Klappbrücke von 1930, Christian X's Bro, schlägt die Verbindung vom Festland zur Innenstadt. Südlich davon zeigt die Altstadt eine schöne Häuserfront zum Hafen hin, und man blickt auf Schloß Sønderborg, das die Einfahrt in den schmalen Als Sund bewacht.

Schloß Sønderborg geht auf eine mittelalterliche Burg von ca. 1170 zurück, wenige Gemäuerreste stammen noch aus dieser Zeit. Der entmachtete Christian II. wurde hier 1532–49 gefangen gehalten, auf Betreiben seines Onkels Frederik I., seit 1523 Gegenkönig. Nach dem großen Nordischen Krieg Anfang

Sønderborg

des 18. Jh. fast Ruine, wurde der Bau nun äußerlich dem Barock angepaßt. Im Inneren ist die Schloßkapelle von 1570 erhalten.

Ab 1852 wurde das Schloß Kaserne, erst für dänische, ab 1864 für preußische Soldaten. Seit 1920, als Sønderjylland wieder zu Dänemark kam, beheimatet es ein Museum über Geschichte und Kultur der Region. Die historische Abteilung befaßt sich intensiv mit der deutsch-dänischen Geschichte, während die Kunstabteilung auf Malerei des Goldenen Zeitalters aus Südjütland spezialisiert ist und mehrere Werke des ›Vaters der dänischen Malerei‹ Christoffer Wilhelm Eckersberg (1783–1853) besitzt, der aus Blaakrog nördlich von Sønderborg stammte.

Im Zentrum von Sønderborg, an der geschäftigen Fußgängerzone, ist das *Rathaus* der Stadt wenigstens einen Blick im Vorbeigehen wert: Es entstand 1933 als ein letztes großes öffentliches

Gebäude Dänemarks im Zuge des Historismus – hier wurde Klassizismus in Vollendung kopiert.

Die Insel Als besitzt gute Strände und viele Ferienhäuser, vor allem auf der Halbinsel **Kegnæs** 7. Auf halbem Wege zwischen den beiden Fährhäfen Bøjden und Fynshav sind im Wäldchen **Blomeskobbel** 8 vier Steinzeitgräber – Lang- und Runddolmen – zu studieren. Weitere prähistorische Hinterlassenschaften gibt es im Wald **Nørreskov** 9 nördlich von Fynshav. Das 1776 gebaute Rokokoschloß Augustenborg und das zuletzt in den 20er Jahren grundlegend renovierte Schloß Nordborg sind imposante Bauten, aber für die Öffentlichkeit nicht zugänglich.

Aabenraa 10 (s. S. 365) besaß im 18. und 19. Jh. einen wichtigen Hafen, und die Handelsflotte des Städtchens wikkelte einen großen Teil des dänischen Ostasiengeschäftes ab. Aus dieser Blütezeit stammen etliche guterhaltene

Mit der Lanze auf Punktejagd: Ringreiten

Im Juni und Juli finden fast an jedem Wochenende in Südjütland – vor allem im östlichen Teil und auf der Insel Als – Ringreiterspiele statt, in der Bedeutung vielleicht mit Schützenfesten in einigen deutschen Landstrichen vergleichbar. Und darum geht es: Reiter müssen im vollen Galopp mit einer Lanze über ihren Köpfen aufgehängte Ringe ›abpflücken‹ und damit Punkte machen. Ein bunter Aufmarsch der Kontrahenten, die Krönung des Siegers und ein großes Volksfest umrahmen die Wettbewerbe, die auf mittelalterliche Ritterspiele zurückgehen.

Das mit Abstand größte Ringreiter-Fest – quasi die jährliche ›Weltmeisterschaft‹ dieses Sports – findet jeweils am ersten Wochenende im Juli in Aabenraa statt, weitere große Feste dieser Art an den folgenden Wochenenden in Sønderborg und Gråsten.

Häuser in Aabenraa selbst, aber auch bei Løjt im Norden, wo seinerzeit die Kapitäne ihre ansehnlichen Anwesen hatten. Das *Aabenraa Museum* geht auf die Seefahrtstradition sehr ausführlich ein.

Ein architektonisch aus dem dänischen Rahmen fallendes Gebäude entstand 1853 im Hafen: Das gelbgestrichene Haus mit dem Lastenaufzug im Giebel und dem Arkadengang wurde eigentlich entworfen, um Zollbeamte bei ihrer Arbeit vor der Sonne der Karibik zu schützen. Als nämlich in Aabenraa der Bau eines Zollamtes anstand, gingen aufgrund einer Schludrigkeit im Amt Pläne, die für Dänemarks Westindische Kolonie vorgesehen waren, versehentlich nach Südjütland – aus Kopenhagener Sicht auf jeden Fall die richtige Himmelsrichtung. Ob man sich über den ungewöhnlichen Stil beim Bau des Hauses an der Skibbroen gewundert hat, ist nicht überliefert, ausgeführt wurden sie auf jeden Fall ohne Abstriche. Und da später die Pläne auch noch an die richtige Adresse gingen, findet sich auf den heutigen Virgin Islands ein Zwilling dieses alten Zollhauses von Aabenraa.

In Aabenraa ist auch die deutsche Minderheit sehr aktiv: Davon zeugen ihr Gymnasium, ihre Zentralbibliothek und die nördlichste deutschsprachige Tageszeitung der Welt: »Nordschleswiger«. Natürlich hat Aabenraa auch einen deutschen Namen: Apenrade.

Fährt man auf der Margeriten-Route über kleine Nebenstraßen weiter nach Norden, passiert man den 97 m hohen **Knivsbjerg** 11, den traditionellen Versammlungsort der Deutschen aus Südjütland, die hier Mitte Juni regelmäßig ein großes Volksfest feiern; unabhängig davon bietet der Platz eine schöne Aussicht auf Südjütlands Küste.

Haderslev 🔢 (s. S. 331) liegt an dem längsten der für Ostjütland typischen Tunneltäler, die unter den Gletschermassen der letzten Eiszeit als Schmelzwasserabflüsse entstanden. Östlich der Stadt bildet das Tal, vom Meer überflutet, den schmalen, 16 km langen Haderslev Fjord, der vielerorts eher an einen Fluß denn an einen Meeresarm erinnert. Der anschließende Haderslev Dam, ein langgestreckter See, ist Zentrum eines populären Naherholungsgebietes mit Wassersportmöglichkeiten und guten Wanderwegen.

Møllestrømmen zwischen Haderslev Dam und Haderslev Fjord teilt die Stadt. Nördlich dieses Durchflusses dominiert die *Vor Frue Domkirke* das Ortsbild. Berühmt ist der gotische Bau für seine 16 m hohen, schmalen Chorfenster. Ungewöhnlich für eine städtische Kirche dieser Größe ist der fehlende Glockenturm. Er wurde im Dreißigjährigen Krieg zerstört; seitdem besitzt der Dom nur einen bescheidenen Dachreiter.

Um die Kirche herum breitet sich eine sehenswerte Altstadt aus mit einigen der schönsten Fachwerkbauten Südjütlands, darunter in der Slotsgade ein Kaufmannshof von 1580, mit der *Louis Ehlers Lertøjssamling*, einer umfangreichen Keramiksammlung. Nahe dem Hafen zeigt die *Slesvigske Vognsamling* in der Reithalle von 1797 des ehem. Holsteinischen Reiterregiments historische Kutschen. Einige hundert Meter nördlich bietet das archäologisch-volkskundliche *Haderslev Museum* eine ausgezeichnete Sammlung von Vorzeitfunden und ländlichen Häusern aus dem Amt Sønderjylland. Im Museumsgarten ist ein Kaiser-Wilhelm-Denkmal aufgestellt, das hier Exil fand, da es nach 1920 auf dem Marktplatz nicht mehr wohlgelitten war.

Christiansfeld 🔢 (s. S. 326) geht auf eine Gründung der Herrnhuter Brüder-gemeine im Jahre 1773 zurück. Diese pietistische Glaubensgemeinschaft, die ihren Ursprung in der Oberlausitz hat, war mit Steuerprivilegien, Garantie der freien Religionsausübung und Befreiung vom Militärdienst ins Land gelockt worden. Die schlichte, aber dadurch gerade beeindruckende *Brødremenighedens Kirke* ist in dem mit strenger Geometrie angelegten Ortszentrum zu finden. Das Gebäude mit einem langen Mittelteil von 1777 und zwei kurzen Seitenflügeln mit markanten Walmdächern von 1797 besitzt im Gemeinschaftssaal Platz für 1000 Gläubige sowie eine Orgel und eine Sängerempore, aber weder Kanzel noch Altar im klassischen Sinne, sondern nur einen Predigttisch. Nahe der Kirche stehen noch mehrere Häuser aus der Gründungszeit der ersten Herrnhuter Siedlung, darunter das frühere Witwenhaus, in dem das *Brødremenighedens Museum* über das Wirken der auch in der Missionsarbeit – u. a. in Grönland – sehr aktiven Brüdergemeine informiert. Ungewöhnlich ist der ›Gottesacker‹, der an einen Soldatenfriedhof erinnert: Im Schatten alter Linden liegen fast 3000 gleiche Grabsteine Reihe um Reihe wie mit dem Lineal gezogen auf der blanken Erde, die Inschriften, die nur Namen und Lebensdaten wiedergeben, sind zur aufgehenden Sonne ausgerichtet; Männer und Frauen werden getrennt bestattet, und die Gräber dürfen nie aufgelassen werden.

Bei aller Strenge und Askese des Glaubens kam mit den Herrnhutern aber auch eine süße Spezialität nach Christiansfeld, die hier seit 1783 in der ›Brødremenighedens Bageri – Det gamle Honnigkagebageri‹ nach Originalrezepten gebacken wird: Honigkuchen. Besonderes Gewicht legen die Christiansfelder dabei auf das *Honig*, denn auch wenn sie manchen Kuchen in

Vor dem Vejen Kunstmuseum

Herzform backen, wird daraus nie ein *Leb*kuchen, denn für den müßte man nur Sirup verwenden.

Gleich nördlich des Ortes verlief 1864 bis 1920 die Grenze zwischen Preußen und Dänemark. Daran erinnert ein *Wiedervereinigungs- und Grenzmuseum* am alten Übergang gegenüber dem Frederikshøj Kro – heute ›Den gamle Grænsekro‹ – an der Hauptstraße nach Kolding. Das Gebiet bis Kolding war auch in preußischer Zeit infolge eines Gebietsaustausches bei Dänemark geblieben, auch **Skamlingsbanken** 14, mit 113 m die höchste Stelle Südjütlands und deshalb mit einer Top-Aussicht bis Fünen gesegnet – bei gutem Wetter soll man 38 Kirchtürme sehen können. Skamlingsbanken steht mit seinen Gedenksteinen auch für den Kultur- und Sprachkampf der Dänen gegen die Deutschen (s. S. 208ff.).

Eine der größten Versammlungen seiner Geschichte erlebte Skamlingsbanken am 24. Juni 1945, als hier fast 100 000 Menschen die Befreiung von deutscher Besatzung feierten. Ein Glokkenturm, von dem dreimal am Tag jene Takte erklingen, mit denen die BBC im Zweiten Weltkrieg Nachrichten für Dänemark einleitete, erinnert an gefallene Widerstandskämpfer aus Südjütland.

Abstecher durchs Hinterland

In **Jels** 15 (s. S. 336) findet man direkt am Ufer des schmucken Nedersø eine Freilichtbühne. Sie dient in der ersten Julihälfte regelmäßig als Schauplatz der traditionsreichsten und aufwendigsten Wikingerspiele in Jütland, immer umrahmt von allerlei zeittypischen Aktivitäten. Statt Einblicken in die Vergangenheit bietet das *Orion Planetarium und Observatorium* am Søvej Ausblicke in die Sternenwelt.

Das Schloß **Gram** 16 (s. S. 330) im gleichnamigen Städtchen südwestlich Jels sollte Ziel für alle Hobbygeologen und Fossiliensammler sein: *Midtsønderjyllands Museum* ist ein geologisches Schwerpunktmuseum, das vor allem auf Versteinerungen aus einer benachbarten Lehmgrube zurückgreifen kann, in der eine gut 6 Mio. Jahre alte und hier ungewöhnlich nah an der Oberfläche liegende Schicht mit Ablagerungen eines Urmeeres zugänglich ist. Dort wurden schon Walknochen und Haifischzähne – der längste 14 cm – entdeckt. Für die inzwischen stillgelegte Lehmgrube kann man im Museum eine Such- und Schürferlaubnis erwerben.

Im Dorf **Rødding** 17, westlich Jels, wurde am 7. November 1844 die erste Folkehøjskole nach den Konzepten von N. F. S. Grundtvig (s. S. 152) eingerichtet, damals im Herzogtum Schleswig, als Bollwerk des Dänentums und der dänischen Sprache gegen den von Süden vordringenden deutschen Kulturimperialismus. Die Schule besteht noch heute.

Das kulturhistorische Museum der alten Grenzregion an der Kongeå, **Museet på Sønderskov** 18, fand südwestlich von Vejen im restaurierten Wasserschloß Sønderskov ein beeindruckendes Domizil. Im Foyer steht einer der schönsten dänischen Runensteine, ›Malt-Stenen‹. Seit seiner Entdeckung rätseln Runologen über seine Inschrift. Sie ist wohl nur mythologisch zu deuten; die Übersetzung der Runen in ihrer Buchstabenbedeutung ergibt nämlich nur wenig Sinn. In den Kellergewölben des Schlosses bietet das Restaurant ›Herregårdskælderen‹ kulinarische wie atmosphärische Genüsse gleichermaßen.

Das Städtchen **Vejen** 19 (s. S. 363) geht auf eine alte Station am Heerweg zurück, mit dem traditionellen Kongeå-Übergang südlich der Stadt verbunden.

Hærvejen verlief dort, wo noch heute Søndergade und Nørregade als Hauptstraße die Stadt von Süd nach Nord durchziehen.

In einem der ältesten dänischen Kunstmuseen außerhalb Kopenhagens, *Vejen Kunstmuseum,* wird vor allem ein lokales Genie gewürdigt: der Bildhauer, Maler und Keramikkünstler Niels Hansen Jacobsen (1861–1941). Er gilt heute als der bedeutendste Symbolist der Jahrhundertwende in Dänemark. Der Bruch mit den Idealen des Klassizismus, den er schon vollzog, als die meisten seiner Kollegen noch ›schöne‹ Skulpturen im Thorvaldsenschen Sinne modellierten, kam wohl noch zu früh, und so blieb Jacobsen die große Anerkennung zu Lebzeiten verwehrt. Man muß sich nur die Skulptur ›Militarismus‹ auf dem Weg vom Museum zum Zentrum anschauen: Das Werk ist von 1899, aber schon ein ahnungsvoller Vorgriff auf den Ersten Weltkrieg. Andere Arbeiten von Jacobsen stehen auf den Grünflächen vor dem Museum.

Steuert man als nächste Station das Dorf **Bække** 20 auf kürzestem Wege über Lærborg an, folgt man praktisch dem alten Heerweg. In beiden Orten stehen ansehnliche Runensteine vor den Ortskirchen. Nördlich von Bække an **Klebæk Høje** erheben sich rechts und links der alten Heerwegtrasse zwei Grabhügel der Bronzezeit und rahmen die Reste einer Schiffssetzung aus der Wikingerzeit.

In der Vorgeschichte Dänemarks spielte auch **Vorbasse** 21 eine wichtige Rolle: Hier bestand schon seit der Zeit um Christus ein erstes Dorf, das während der germanischen Eisenzeit im 6. Jh. auf 20 ansehnliche Höfe anwuchs. Jeweils Ende Juli findet in Vorbasse einer der größten Pferdemärkte Jütlands statt: Jahrmarkt, Flohmarkt und

Markt in Vorbasse

Viehhandel in einem. Der Markt zog und zieht viel fahrendes Volk an, zu dem auch die Initiatoren des *Gøglermuseum* gehören, die in Vorbasse seßhaft geworden sind. Ihr Museum zeigt allerlei Interessantes und Skurriles aus der Welt der Leierkastenleute und Gaukler.

Nördlich Vorbasse liegt die Kleinstadt **Billund** 22 (s. S. 323), ein Muß, wenn man mit Kindern in Jütland Ferien macht. Der LEGOLAND Park und die Attraktionen drumherum sind dann mindestens einen Tagesausflug wert.

1921 wollte ein Bauer am Westrand der Ortschaft **Egtved** 23 einen kleinen Erdhügel auf einem Feld einebnen. Er stieß dabei auf eines der besterhaltenen Bronzezeitgräber Dänemarks. In einem Sarg aus einem ausgehöhlten Eichenstamm entdeckten Archäologen die sterblichen Überreste einer 16–18jährigen Frau, die etwa um 1400 v. Chr. begraben worden war. Ein moorähnliches Milieu, das im Inneren des Grabhügels

durch die Schichtung von Grassoden entstanden war, konservierte neben Schmuck auch Haut und Haare der Toten sowie ihre Kleidung, Woll-Top und Minirock. Gleich neben dem restaurierten Grabhügel zeigt ein kleines Museum Kopien des Fundes, die Originale sind im Nationalmuseum, Kopenhagen.

Im Norden von Egtved haben der Bildhauer Robert Jacobsen (1912–93) und sein französischer Schüler Jean Clareboudt (geb. 1944) die alte Kiesgrube **Tørskind Grusgrav** 24 mit neun großen Landschaftsskulpturen aus Holz, Stahl, Steinen und Beton zu einer beeindruckenden und in dieser Form in Europa einzigartigen Verschmelzung von Kunst und Natur genutzt – genial, nicht mehr und nicht weniger. Von Jacobsens am Westrand der Grube stehender Skulptur ›Tørskind-mand‹, einem Gebilde aus Stahl und alten Eichenbohlen, hat man einen herrlichen Blick über das romantische Vejle Ådal.

Billund – eine Stadt klotzt

Billund könnte heute ein x-beliebiges Dorf in Jütland sein, hätte nicht 1932 der arbeitslose Tischler Ole Kirk Christiansen angefangen, Spielzeug aus Holz zu bauen. Dafür ersann er einen Kunstnamen, zusammengesetzt aus den zwei ersten Buchstaben der dänischen Wörter ›leg‹ und ›godt‹, zu deutsch ›spiel gut‹: LEGO.

Seit 1947 stellt das Familienunternehmen Spielzeugsteine aus Plastik her, und Mitte der 50er Jahre entwickelte der Sohn des Firmengründers das Stecksystem – die LEGO-Idee war geboren. Heute ist aus der Holzwerkstatt ein international tätiger Spielwarenkonzern mit rund 50 Tochterunternehmen und knapp 9000 Mitarbeitern in 26 Staaten der Erde geworden, aber immer noch sitzt die Zentrale mitsamt der Entwicklungsabteilung LEGO Futura, wo Hunderte von Erwachsenen spielend ihr Geld verdienen, in Billund. Und der Konzern hat das Dorf zur Stadt gemacht. Kjeld Kirk, ein Enkel des vor rund 70 Jahren noch von Tür zu Tür tingelnden LEGO-Gründers, zählt laut »Forbes« heute als einziger Däne zum kleinen Kreis der weltweiten Dollarmilliardäre, und Dänemarks führende Wirtschaftszeitung »Børsen« taxiert das Familienvermögen auf rund 30 Mrd. Kronen, gut 8 Mrd. DM. 1968 wurde das nächste Kapitel der Erfolgs-

Über Nebenstraßen gelangt man von Egtved zur **Øster Starup Kirke** 25 mit bedeutenden Beispielen der romanischen Bildhauerkunst in Jütland: An der Südtür zeigen Reliefs u. a. den Erzengel Michael im Kampf mit einem Drachen, und am Nordportal einen Löwen, der gerade einen Jüngling reißt. Von der Kirche aus ist es zwar nicht mehr weit bis Vejle (s. S. 232), aber Kolding sollte man auf keinen Fall übergehen.

Kolding

26 (s. S. 337) Im Osten Jütlands spielte bis 1864 die Kolding Å die Rolle des Grenzflusses zwischen dem Königreich Dänemark und dem Herzogtum Schleswig. Bis 1850 gab es sogar eine Zollstation an der Sønderbro, einer Brücke, die heute fast im Zentrum der Stadt Kolding liegt.

Schon 1268 ließ König Erik Gripping hier eine Burg anlegen, aus der Mitte des 16. Jh. das Königsschloß **Koldinghus** wurde, das schon von weitem am *Kæmpetårn*, dem Heldenturm, zu erkennen ist, den Christian IV. anbauen ließ, um dem Gebäude mehr repräsentative Größe zu geben. Während der napoleonischen Kriege wurde im Schloß ein Kontingent spanischer Hilfstruppen einquartiert. Wohl um im kalten dänischen

story um die Noppenklötze aufgeschlagen: In Billund eröffnete der LEGOLAND Park, den heute pro Saison rund 1,3 Mio. Menschen besuchen. Vielleicht werden es in Zukunft einige weniger sein, denn vor allem Engländer haben seit Anfang 1996 eine Alternative: Im englischen Windsor öffnete LEGOWORLD die Tore, weitere Parks nach Billunder Vorbild sollen entstehen.

Anfangs waren die Miniaturwelten aus LEGO Steinen im MINILAND die wichtigsten Attraktionen: Häuser, Schlösser und ganze Straßenzüge aus Kopenhagen stehen im Maßstab 1 : 20 verkleinert auf dem Gelände, daneben etwas Amsterdam, ein Stückchen Rheinlandschaft, Dörfer aus Norwegen und Schweden, ägyptische Tempel, eine amerikanische Raumfahrtstation und vieles mehr. Längst aber ist der LEGOLAND Park zu einem Vergnügungspark gewachsen, mit der Westernstadt LEGOREDO Town, Karussells für die Kleinen im DUPLO Land, einer

Kinderfahrschule und vielem mehr. Daneben wurden aber auch exzellente Sammlungen von Spielzeug, Puppen und Glanzbildern nach Billund geholt, darunter TITANIA'S PALACE, ein einzigartiges, gigantisches Puppenhaus, vollgestopft mit ebenso filigranen wie edlen Miniaturen. Und in jedem Jahr gibt es eine schlagzeilenträchtige Neuerung – so wollen es die Marktgesetze beim Kampf um die Besucher.

Zwar kann man im LEGOLAND Park problemlos einen ganzen Tag zubringen, aber auch das ›Center Mobilium‹ lohnt einen Besuch vor allem für große und kleine Technikfans. Das moderne Museumszentrum zeigt unter einem Dach Fliegerei und Raumfahrt in ›Danmarks Flyvemuseum‹, alles rund ums Auto in ›Danmarks Bilmuseum‹ und das Rettungswesen im ›Falck Museet‹. Wer es lieber lebendig mag, kann im ›Billund Terrarium‹ die Welt exotischer Krabbel-, Schleich- und Schlängeltiere erkunden.

März heimatliche Temperaturen zu schaffen, feuerten die fröstelnden Söldner die Kamine so kräftig an, daß ein Feuer ausbrach und die ganze Herrlichkeit niederbrannte. Ab 1890 wurden immer wieder Teile restauriert. 1972 begann schließlich eine gründliche Restaurierung. Nach 20 Jahren war eines der faszinierendsten Gebäude Europas fertig, inzwischen mit internationalen Architektur- und Denkmalschutzpreisen überschüttet. Genial ist die Verknüpfung der unbehandelten Ruinengemäuer mit einem leicht wirkenden Innenausbau aus Holz und Stahl im Ruinensaal und der alten Kapelle. Die neuen Teile inklusive Dach ruhen auf mächtigen, über

drei Stockwerke aufragenden Holzpfeilern und ließen sich auch problemlos wieder entfernen.

Nutzer des Schlosses ist das kulturhistorische *Museum på Koldinghus,* das immer wieder große Sonderausstellungen präsentiert, aber auch gute permanente Sammlungen besitzt, u. a. altes Kircheninventar und Interieurs aus allen Epochen ab Ende des Mittelalters. Weitere Themen sind die Schleswigschen Kriege und die Wiedervereinigung. Bei einem Schloßbesuch lohnt wegen der Aussicht auch der Aufstieg auf den *Kæmpetårn.* Fallen dabei unterhalb des Turms am Ufer des Slotssø architektonisch äußerst ungewöhnliche Bauten

ins Auge, dann handelt es sich um die 1994 eröffnete Ferienanlage ›Kolding Byferie‹ mit dreieckigen, achteckigen, quadratischen, runden und sternförmigen Häusern.

Vom Schloß hinunter in die autofreie Innenstadt führt die nach den pyromanischen Hilfstruppen von 1808 benannte **Spanische Treppe,** deren Neugestaltung 1995 durch die Künstlerin Lin Utzon in der Bevölkerung nicht unumstritten war: kräftige, mit einem Mosaik aus Fliesensplittern verkleidete Säulen, die in einen schmalen Durchgang gestellt sind.

Im Zentrum liegen am Axeltorv neben dem Rathaus und in der Helligkorsgade zwei gut erhaltene Beispiele für die Fachwerkarchitektur der Renaissance. Aus einer ganz anderen Zeit stammt die Attraktion am Hafen, den man durch eine Unterführung am Bahnhof leicht erreicht: Ein sowjetisches **U-Boot** der sog. ›Whisky-Klasse‹ liegt dort am Kai. Michail Gorbatschow hatte es der unkonventionellen Arbeitsloseninitiative ›Det Rullende Galleri‹ versprochen, und allen Umwälzungen zum Trotz kam es 1994 in recht gutem Zustand in Kolding an.

Ein Ausflug in die südliche Peripherie der Stadt führt zu **Den Geografiske Have:** Auf 12 ha Park sind mehrere Tausend Blumen, Büsche und Bäume aus aller Herren Länder zu sehen, jeweils nach geographischen Gesichtspunkten geordnet.

Das **Kunstmuseum Trapholt,** sehr schön über dem Nordufer des Kolding Fjord im Osten der Stadt gelegen, ist ein junges Museum mit jungen Inhalten: Moderne Kunst und Kunsthandwerk aus Dänemark ab 1900 werden gezeigt, oft in aufsehenerregenden Ausstellungen. Im Rasen des Skulpturenparks vor dem Museum gibt es eine flache Installation des ›jungen Wilden‹ Ingvar Cronhammer: Inmitten einer Fläche aus Stahlplatten und vier himmelwärts gerichteten Scheinwerfern zählt der ›Diamond Runner‹ hier in seiner elektronischen Anzeige eifrig Sekunden – bis 10 Milliarden, das soll in gut 300 Jahren erreicht sein. Neben der Kunst im klassischen Sinne widmet sich Trapholt als Schwerpunktmuseum dem dänischen Möbeldesign. Deshalb sitzt man im Museumscafé auch auf einem Stuhlklassiker von Arne Jacobsen und kann durch die großen Panoramafenster den Blick in die Natur und aufs Wasser genießen.

Der Fjord ist Koldings direkte Verbindung zum Kleinen Belt. Dieser verengt sich gleich nördlich der Fjordmündung auf weniger als 700 m und wird dort von **zwei Brücken** 27 überspannt, jede eine große Ingenieurleistung ihrer Zeit. Die 1177 m lange Stahl-Fachwerkbrücke für Straße und Schiene von 1935 war eines der Projekte, mit denen die Massenarbeitslosigkeit der 30er Jahre in Dänemark bekämpft wurde. Die sechsspurige, 1700 m lange Hängebrücke über die Autobahn E 20 wurde 1970 fertig.

Im Innern von Schloß Koldinghus

Århus – die kleinste Großstadt der Welt

(s. S. 366) Århus ist mit etwa 265 000 Einwohnern in Stadt und Umland zwar deutlich kleiner als Kopenhagen, bildet aber doch einen Gegenpol. Die Stadt profitiert davon, daß es im eigentlich sehr zentralistisch organisierten Dänemark politisch opportun ist, die Provinz kulturell und wirtschaftlich zu stärken. In dem architektonisch beachtenswerten, 1982 eingeweihten Musikhaus von Århus sind ein Symphonieorchester und die international angesehene Jyske Opera zu Hause. Ein Spielkasino der edleren Art, ein Theater mit drei Bühnen, bedeutende Museen und die Staatsbibliothek, mehrere Programmkinos und viele Spielstätten für Rock und Jazz sorgen für ein breites Kultur- und Unterhaltungsangebot. Rund 18 000 Studenten sind an Dänemarks zweitgrößter Uni eingeschrieben, weitere an der einzigen Journalistenhochschule des Landes, einer zahnärztlichen Hochschule, einem Konservatorium, einer Kunstakademie und kleineren Bildungseinrichtungen. Und sogar die Königin residiert im Sommer regelmäßig im Schloß Marselisborg am Südrand von Århus.

Der Neigung der Stadtväter, mit repräsentativen Veranstaltungen die Rolle der Stadt als Jütlands Metropole herauszustellen, hat Århus in Dänemark den Titel ›Verdens mindste storby‹ eingebracht, ›Der Welt kleinste Großstadt‹. Die Tourismuswerber nutzen diesen Titel, ursprünglich sicher etwas abschätzig gemeint, inzwischen gar zur Selbstdarstellung der Stadt: Wir sind klein und überschaubar, aber wir bieten Kultur auf Weltstadtniveau, lautet die Werbebotschaft, die auch weitgehend zutrifft – für eine Viertelmillionenstadt kann sich das Angebot wahrlich sehen lassen.

Die Stadtgründung fällt in die Wikingerzeit, um das Jahr 900. Schon 948 wird die Berufung eines Bischofs von Århus erwähnt. Das Jahr 1441 bringt dann die Stadtrechte. Im Mittelalter bereits als Handelszentrum wichtig, erlebt Århus mit der Industrialisierung nach dem Bau der transjütischen Eisenbahn im 19. Jh. einen Aufschwung wie kaum eine andere Stadt des Landes. Wichtigster Aktivposten: Der gute Hafen, heute der zweitgrößte im Lande.

Die meisten Attraktionen der Stadt kann man zu Fuß gut erreichen, aber manchmal ist der Sprung in einen Stadtbus doch hilfreich, und wenn man das Museum Moesgård (s. S. 229), etwa 10 km außerhalb, erreichen will, sogar notwendig. Wer eine intensive Erkundung der Stadt mit vielen Museumsbesuchen plant, findet mit ›Århus Passet‹, dem Århus-Paß, ein günstiges Angebot für Fahrten mit allen Stadtbussen und Eintritt in alle wichtigen Museen.

Stadtbummel

Quer durch das Zentrum ziehen sich als Fußgängerzone und Haupteinkaufsstraße die Søndergade und der Clemens Torv sowie ein kleiner Ableger jenseits des zentralen Stadtbusterminals, die ebenfalls autolose Frederiksgade. Hier und in den umliegenden Straßen finden sich die meisten ›normalen‹ Geschäfte und Kaufhäuser. Geht man in der Verlängerung des Clemens Torv über die Bispegade in das Latinerkvarter, dann stößt man in ein munteres Szene-Viertel vor, mit Institutionen wie dem ›Café Jorden‹, dem seinerzeit ersten französisch inspirierten Café in Århus, mit Trend-

Das ›Café Jorden‹ in Århus

Kneipen, Multi-Kulti-Restaurants und dem großen Kulturzentrum ›Kulturgyngen‹ in der Mejlgade sowie mit vielen Boutiquen am Rande des Zeitgeistes, die Skurriles und Originelles anbieten, oft auch Extravagantes.

Clemens Torv, Bispetorvet und Store Torv bilden eine große Einheit, an der seit Jahren herumgebaut wird. Drei Gebäude ziehen die Blicke an: Am **Hotel Royal** ◻, dem ersten Haus am Platze, schützt ein von bronzenen Frauenskulpturen getragenes Vordach die ankommenden und abfahrenden Gäste der Edelspielhalle ›Royal Scandinavian Casino‹. Am Ende des Bispetorvet dokumentiert die reichlich mit Motiven aus der dänischen Theaterwelt dekorierte Fassade des um die Jahrhundertwende entstandenen **Aarhus Theater** ◻ den schon damals ausgetragenen Wettstreit mit Kopenhagen. Vom gleichen Architekten, Hack Kampmann (1856–1920), stammt auch das auffällige, 1897 fertig-

gestellte **Toldkammerbygning** ◻ am Hafen mit seinem von burgähnlichen Türmen bewachten Portal.

Dominierendes Bauwerk am ›Dreinamensplatz‹ ist aber die gotische **Skt. Clemens Kirke** ◻, heute der Dom von Århus. Auch wenn es auf den ersten Blick nicht deutlich wird: Der Dom ist seit dem 16. Jh. ein protestantisches Gotteshaus. Aus der Bauzeit der heutigen Kirche, ca. 1450–1520, stammen die vielen Kalkmalereien, zu denen mindestens fünf Künstler ihren Beitrag geleistet haben – somit zwar kein einheitlicher, aber in seiner Menge innerhalb Dänemarks unübertroffener Bilderschatz. Er gilt ebenso als kunsthistorisch bedeutsam wie der 12 m hohe Flügelaltar des Lübecker Meisters Bernt Notke von 1479.

Die Bankfiliale am Clemens Torv 6, gleich gegenüber dem Haupteingang des Doms, dürfte eines der wenigen Geldhäuser der Welt sein, das gern

Den Gamle By – Ein Markstein in der Museumslandschaft

Freilichtmuseen nach ähnlicher Konzeption wie Den Gamle By gibt es in vielen Ländern, und gerade in Skandinavien haben sie eine große Tradition. In einem wesentlichen Punkt unterscheidet sich das Museum in Århus aber von anderen: Konsequent wurde eine Kleinstadt aufgebaut und nicht, wie sonst die Regel, eine Sammlung ländlicher Gebäude, zwischen die gelegentlich ein Bürgerhaus rutscht.

Das Museum ist auch Manifestation der These, wie sinnvoll manchmal revolutionäre Gedanken sind: Gegen massive Widerstände konservativer Kollegen, die an einer Konzeption festhielten, nach der maximal Funde bis zur Wikingerzeit museumswürdig waren und dann tunlichst in Vitrinen unter Glas gehörten, setzte Anfang dieses Jahrhunderts Peter Holm, Mitarbeiter des Museums von Århus, seine Idee von einem modernen Museumstyp um, der insbesondere von den schwedischen Volkskundemuseen Skansen in Stockholm und Kulturen in Lund entwickelt worden war.

1909 durfte Holm den Secher's Gård, einen Kaufmannshof von 1597, aus dem Zentrum von Århus auf das Gelände einer Landesausstellung im Süden der Stadt ›verpflanzen‹ und im Stil bürgerlicher Kultur vergangener Zeiten einrichten. Dabei gestaltete Holm die Räume zum Entsetzen konservativer Museumsleute mit allen nur denkbaren Hilfsmitteln, so auch mit Imitationen. Er wollte Epochen zeigen, wie sie waren, und nicht nur, was von ihnen übriggeblieben war. Fast wäre nach der Ausstellung der Hof abgerissen und vernichtet worden, hätte Holm nicht unermüdlich einen endgültigen Standort gesucht. Den fand er im Botanischen Garten, und dorthin zog das Gebäude 1914 zum zweiten Mal um. Um diesen Bau entstand dann ›Den Gamle By‹.

Da der Secher's Gård mehrfach im Besitz von Bürgermeistern war, bekam er den Namen ›Borgmestergården‹. Er wurde äußerlich auf einen ursprünglichen Zustand zurückgebaut – etwa Ende 18. Jh. – und im Inneren mit Räumen ausgestattet, die die Entwicklung der bürgerlich-städtischen Wohnkultur über den Zeitraum von ca. 1600 bis 1850 zeigen sollen.

Rund 75 Gebäude aus der Zeit vom Ende des 16. bis zum Anfang des 20. Jh. sind hier inzwischen wieder aufgebaut, die meisten aus Ostjütland, einige aber auch aus anderen Teilen Dänemarks. So hat das alte Stadttheater von Helsingør 1961 den weiten Weg nach Århus gefunden, und heute finden hier klassische Opernaufführungen statt – Höhepunkte der Saison.

Man sollte sich für das Museum einen halben Tag Zeit nehmen. Eine Cafeteria bietet empfehlenswerte *Smørrebrød,* und das Restaurant ›Prins Ferdinand‹ am Rande des Museums gehört zu den besseren Adressen in Århus.

Im Freilichtmuseum Den Gamle By

Fremde in den Keller läßt: Seit dort in den 60er Jahren Fundamentreste einer Siedlung aus der Wikingerzeit ausgegraben wurden, ist hier das **Vikingemuseet** 5 eingerichtet.

Als Kind der Frauenbewegung entstand 1984 das in Europa seinerzeit noch einzigartige **Kvindemuseet** 6, das Frauenmuseum, wo regelmäßig Ausstellungen Aspekte der Lebens- und Arbeitsbedingungen von Frauen im 20. Jh. beleuchten oder Arbeiten von Frauen aus den Bereichen Kunst und Kultur zeigen. Das feministische Museum ist in einer früheren Polizeiwache untergebracht. Im Hinterhaus, dem alten Arrestgebäude, ist ein Museum zur Besatzungszeit 1940–45 eingerichtet.

Die **Vor Frue Kirke** 7 entstand im frühen Mittelalter als Teil eines Dominikanerklosters über einer älteren, dreischiffigen Krypta von ca. 1060, die erst 1955 unter dem heutigen Chor wiederentdeckt wurde und ebenfalls zugänglich ist, die Skt. Nikolai Kryptkirke. Der reich verzierte Flügelaltar in der Hauptkirche stammt aus der Odenser Schnitzerwerkstatt des von Veit Stoß stark beeinflußten Claus Berg (ca. 1470–1532). Das Mittelfeld mischt das Kreuzigungsmotiv mit einer figurenreichen, bizarren Szenerie des Mittelalters.

Ein paar Schritte westlich der Vor Frue Kirke biegt **Møllestien** 8 von der Vestergade ab, eine malerische, kleinstädtisch wirkende Gasse mit mehreren Kunsthandwerkerläden. Noch weiter im Westen wird es dann grün: Der über 20 ha große **Botanisk Have** 9, der Botanische Garten, breitet sich aus. Sein Südzipfel bildet heute den Rahmen für das Freilichtmuseum **Den Gamle By** 10, die Top-Sehenswürdigkeit in Århus.

Auf dem Rückweg zum Zentrum stößt man auf die Anlagen der **Ceres Brauerei** 11, eine der wenigen bedeutenden dänischen Brauereien außerhalb von Kopenhagen. Sie kann an einigen Terminen besichtigt werden, nach der Führung werden ›Erfrischungen‹ aus hauseigener Produktion ausgeschenkt; Eintrittskarten gibt's für ein paar Kronen beim i-Büro im Rathaus. Auf dem Weg dorthin passiert man einen weiteren repräsentativen und von Hack Kampmanns dekorativem Stil geprägten Prachtbau aus den letzten Jahren des 19. Jh., die ehemalige Staatsbibliothek, heute das **Handelsarchiv** 12.

Ein kleiner Umweg kann zum Århus Kunstbygning in der J. M. Mørksgade führen, Heimat des **Dansk Plakatmuseum** 13, des nationalen Museums für Plakatkunst. Und da dänische Plakatkünstler, allen voran Per Arnoldi (geb. 1945), auch international zu den bekanntesten ihrer Zunft gehören, kann man interessante Ausstellungen erwarten.

Das 1982 eingeweihte **Musikhuset** 14 und gleich daneben das 1995 fertiggestellte ›Scandinavian Center‹ sind zwei jüngere Beispiele der Repräsentationsbauten, mit denen sich Århus profilieren möchte. Vor allem mit dem Konzerthaus und seiner fast das ganze Gebäude umschließenden Glasfassade ist das eindrucksvoll gelungen. Musikhuset ist weit mehr als nur ein Haus mit zwei Konzertsälen, die zusammen knapp 2000 Plätze bieten, es ist ein Kulturzentrum: Im lichtdurchfluteten Foyer werden Kunstausstellungen präsentiert, und zwischen den Palmen und Olivenbäumen gibt es ein gutes Restaurant.

An der Ecke Rådhuspladsen/Frederiksallé erwartet der kecke Schweinebrunnen, Århus' animalische Antwort auf das Brüsseler Manneken Pis, die Besucher, die sich hier dem Portal des **Rathauses** 15 nähern, das 1938–41 als Hauptwerk des Funktionalismus in Dänemark entstand, nach einem Entwurf

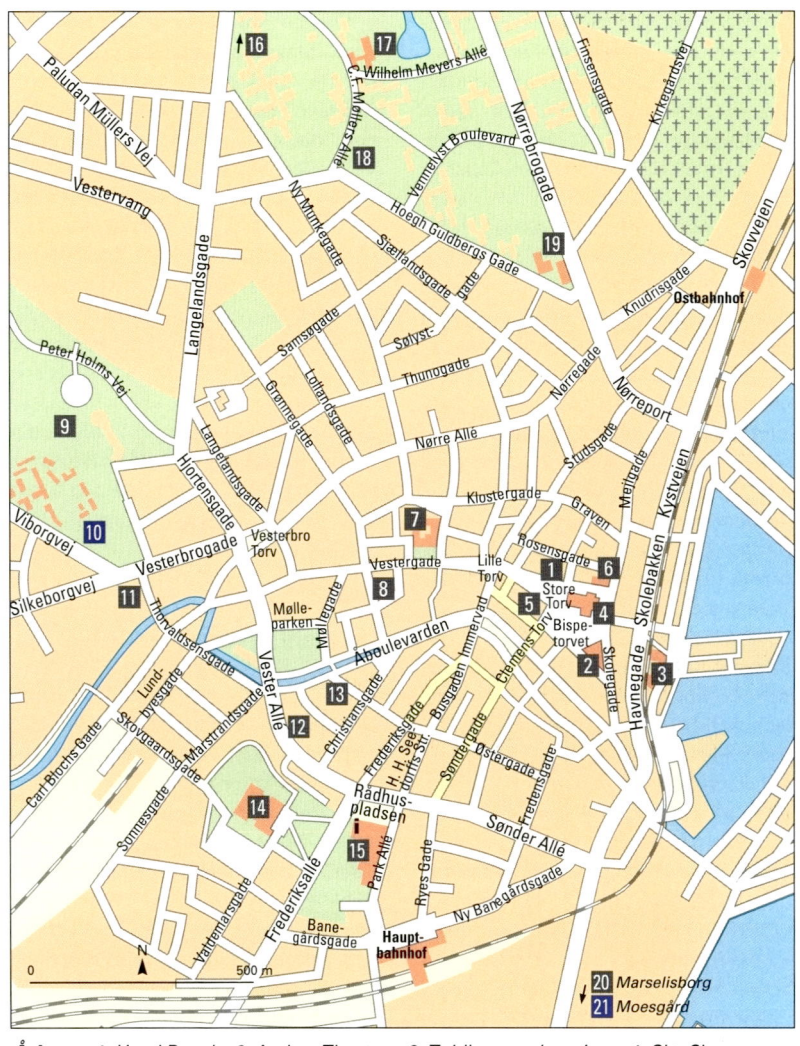

Århus　1 *Hotel Royal*　2 *Aarhus Theater*　3 *Toldkammerbygning*　4 *Skt. Clemens Kirke*　5 *Vikingemuseet*　6 *Frauenmuseum*　7 *Vor Frue Kirke*　8 *Møllestien*　9 *Botan. Garten*　10 *›Den Gamle By‹*　11 *Ceres Brauerei*　12 *Handelsarchiv*　13 *Dansk Plakatmuseum*　14 *Musikhuset*　15 *Rathaus mit i-Büro*　16 *Universität*　17 *Naturhistorisk Museum*　18 *Steno Museet*　19 *Århus Kunstmuseum*　20 *Marselisborg*　21 *Moesgård*

von Arne Jacobsen (1902–71) und Erik Møller (geb. 1909). Auch sie erlebten den Hang der Stadtpolitiker zum Repräsentativen: Die Eingangspartie zu Rådhuspladsen hin, die Verkleidung mit norwegischem Marmor, vor allem aber der 60 m hohe Turm mit der gerüstartig wirkenden Stahlbetonkonstruktion und der mächtigen Uhr entsprechen eigentlich nicht den Idealen des Funktionalismus. Sie waren im ersten Entwurf auch nicht vorgesehen, wurden aber gegen die Bedenken der Architekten angefügt. Trotzdem ist das Rathaus ein Architekturklassiker, den man auch im Zusammenhang sehen muß: Als Jacobsen und Møller den Wettbewerb für das Gebäude gewannen, hatten die Nazis in Deutschland längst die Wiege des Funktionalismus, das Bauhaus, aufgelöst. Ein ganz anderer Geist und Stil breitete sich über Europa aus. Als das Rathaus dann eingeweiht werden konnte, hatten deutsche Truppen Dänemark besetzt. Einmal pro Werktag werden Rathausführungen angeboten, die einen Blick auf die vom Design der 30er und 40er Jahre geprägte Innenausstattung erlauben und Turmbesteigungen einschließen.

Vom Rathausturm sieht man im Norden, auf der gegenüberliegenden Seite des Zentrums, einen anderen, ungewöhnlichen Turm aufragen, den fensterlosen Bücherturm der Staatsbibliothek auf dem Gelände der **Århus Universitet** ⒃. Die Campus-Uni entstand in den 30er und 40er Jahren und ist ebenfalls ein Stück moderner Architekturgeschichte, Beispiel für den frühen Funktionalismus dänischer Prägung: Neue Formen wurden mit traditionellem Material – gelber Backstein – umgesetzt.

Auf dem Uni-Gelände werden die Naturwissenschaften in zwei Museen gewürdigt: Das **Naturhistorisk Museum** ⒘ beschäftigt sich vor allem mit ökologischen Phänomenen in Dänemark, zeigt aber auch Dioramen mit Tieren aus aller Welt. Ganz populärwissenschaftlich und mit vielen hautnahen Experimenten aus Medizin und Astronomie präsentiert **Steno Museet** ⒙ Wissenschaftsgeschichte. Namenspatron des erst 1994 nach modernsten Konzepten

eröffneten Museums ist der 1638 als Niels Steensen geborene, aber unter seinem lateinischen Namen bekannte Nicolaus Steno. Als Wissenschaftler genial, machte er wichtige Entdeckungen in der Medizin und schuf die Grundlagen der modernen Geologie. Darüber hinaus war Steno ein Mann Gottes, konvertierte 1667 zum Katholizismus, wurde Priester und bald darauf Bischof von Münster. 1686 starb er in Schwerin.

Im Süden gehen Grünanlagen und Gebäude der Universität unmerklich in den Vennelystparken über, in dessen letztem Zipfel Richtung Hafen das **Århus Kunstmuseum** ⒚ zu Hause ist. Es zeigt Malerei, Skulpturen und Grafik vor allem dänischer Künstler vom 18. Jh. bis heute.

Zu Schlössern und Wäldern im Süden von Århus

Der Süden von Århus ist eine gewaltige Oase für Freizeit und Erholung: Wälder und Meer kommen hier auf Tuchfühlung. Bei schönem Sommerwetter lohnt schon der erste Stopp in einem der Cafés an der Marina von Marselisborg mit Blick auf das bunte Hafentreiben. Etwas landeinwärts liegt am Nordrand des Grüngürtels der ›**Tivoli Friheden**‹, ein Freizeitpark, der sich redlich müht, seinem bekannten Namensvetter in Kopenhagen nachzueifern – immerhin hat er auch schon über 90 Jahre auf dem Buckel und streitet sich mit Den Gamle By um den Titel ›meistbesuchte Attraktion‹ in Århus. Es locken Karussells, Riesenrad, Cafés und Restaurants sowie natürlich ein *Pjerrot*, der weiße Clown, den die Kinder so lieben. Außerdem finden regelmäßig Konzerte statt.

Seit 1912 dient **Marselisborg Slot** ⒇ als Sommersitz der dänischen Regenten. Ist Margrethe II. anwesend, gibt es um 12 Uhr mittags eine Wachablösung am Schloß, der sonst zugängliche Park ist dann gesperrt. Erkennungszeichen für die Anwesenheit der Königin: Der Danebrog weht über dem Schloß.

Unterhalb von Marselisborg zur Århus Bugt hin erinnert eine Gedenkstätte im **Mindepark** an jene mehr als 4000 jungen Dänen aus dem seinerzeit preußischen Südjütland, die im Ersten Weltkrieg zum Kriegsdienst für das Deutsche Reich gezwungen waren und dabei umkamen.

Mit jedem Meter, den man nach Süden der Küste folgt, verlieren sich die Gedanken an Dänemarks zweitgrößte Stadt, die man hinter sich läßt: Der Marselisborg Skov wird immer ursprünglicher und dichter. Inmitten des alten Buchenwaldes liegt das **Forhistorisk Museum Moesgård** 21 das neben dem Kopenhagener Nationalmuseum wichtigste Museum zur dänischen Vorgeschichte. Die Hauptperson des Museums ist gut 2000 Jahre tot: der *Grauballemand*. Er bekam um das Jahr 50 v. Chr. einen Schlag vor die Schläfe und anschließend den Hals durchgeschnitten. Die Leiche wurde dann unbekleidet in ein Moor nahe dem heutigen Dorf Grauballe bei Silkeborg geworfen, wo sie bis 1956 ungestört lag. Bei ihrem Fund war sie in einem Zustand, der eine Obduktion problemlos möglich machte, inklusive der Analyse des Mageninhalts und der Fingerabdrücke durch einen Experten der Polizei, zum anderen erlaubte sie zum ersten Mal in Dänemark eine Ganzkörperkonservierung.

Die Ergebnisse der Obduktion: Der Mann war Mitte 30, etwa 175 cm groß, dunkelhaarig – die heute hennarote Haarfärbung stammt vom Moor – und nicht an körperliche Arbeit gewöhnt. Die Grundmuster des Fingerabdruckes tau-

chen heute bei 68,3 Prozent der dänischen Bevölkerung auf. Da frische Bestandteile in seiner letzten Körnermahlzeit fehlen, dürfte er im Winter oder zu Beginn des Frühjahrs getötet worden sein. Warum? Darüber darf spekuliert werden: Wahrscheinlich war der Grauballemann Opfer in beiderlei Bedeutung des Wortes: Opfer eines Opferkultes.

Andere herausragende Exponate sind die Runensteinsammlung, darunter ein berühmter Maskenstein, und Nachbildungen der Goldhörner von Gallehus, deren Originale 1802 durch Diebstahl für immer verlorengingen. Vom Museum zum Meer führt der *Oldtidssti,* ein außergewöhnlicher Lehrpfad mit verschiedenen Grabtypen und Hausrekonstruktionen von der Stein- bis zur Wikingerzeit. Am Strand von Moesgård findet jedes Jahr Ende Juli ein großes Wikin-

Beim Wikingertreffen in Moesgård

gertreffen statt, ein Riesenfest mit Kostümen aus der Wikingerzeit. Statt Festwagen werden stilechte Schiffe benutzt.

Weitere Strände, an denen man ganz einfach nur baden, sonnen und relaxen kann, ohne vor Wikingerüberfällen Angst haben zu müssen, finden sich auf den nächsten Kilometern Richtung Süden, fast hinunter bis zu dem kleinen Hafen **Hov,** wo die Fähren nach Tunø und Samsø ablegen.

Ungleiche Nachbarn: Samsø und Tunø

Samsø (s. S. 357) ist 112 km^2 groß und von Isselhoved im Norden bis Lushage im Süden 28 km lang sowie maximal 7 km breit. Der Nord- und der Südteil werden durch einen Isthmus miteinander verbunden, der an seiner schmalsten Stelle gerade 600 m breit ist. Zur Steinzeit schwappten hier die Wellen des Kattegat, später erst wuchs Samsø zu einer Einheit zusammen. Dies gilt aber – glaubt man der Gerüchteküche – allenfalls für das Land, nicht für die Menschen: Nord- und Südsamsinger pflegen ein Verhältnis zueinander, vergleichbar dem der Ossis zu den Wessis – man mag sich nicht.

Wichtigster Erwerbszweig der wenig mehr als 4000 Einwohner ist die Landwirtschaft. Frühkartoffeln aus Samsø begeistern Gourmets im ganzen Land. Der gute, sandige Boden auf der Insel läßt sie hervorragend gedeihen. Ein weiteres wichtiges Exportgut ist Schweinefleisch; der futuristisch anmutende Hof der genossenschaftlichen ›Samsø Svinefarm‹ im Südteil der Insel bei Ørby ist eine der größten europäischen Schweinefabriken.

Sonst zeigt sich die Insel ländlich idyllisch mit kleinen Dörfern, vielen Fachwerkhöfen mit Reetdach, markanten Landkirchen und zahlreichen prähistorischen Fundstätten. Letztere sind im Südteil der Insel unübersehbar: Fast jede Hügelspitze wird dort von einem Stein- oder Bronzezeitgrab gekrönt.

Den Südwestgipfel Samsøs markiert **Vesborg Fyr,** der schönste Leuchtturm der Insel. Er thront hoch über einem Steilufer, in dem man Mauerreste einer mittelalterlichen Burg erkennen kann, deren Großteil längst ins Meer gestürzt ist. Die strategische Position des Leuchtturms nutzte Dänemarks oberstes Marinekommando noch bis Anfang 1995 als Beobachtungsposten für den Schiffsverkehr zwischen den Belten und dem Kattegat – gibt es eine bessere Referenz für die Aussicht von diesem Platz?

Die Familie Danneskjold Samsøe, die auf einen unehelichen Sohn von Christian V. zurückgeht und bis heute die reichste und mächtigste Familie der Insel ist, ließ Mitte des 19. Jh. den Gutshof **Brattingsborg** im Süden bauen; der Schloßpark ist an wenigen Tagen der Woche zugänglich, die östlich liegenden Wälder mit den schönen Spazierwegen sind es immer.

Mit nicht einmal 1000 Einwohnern ist **Tranebjerg** mitten auf Süd-Samsø schon die Inselmetropole und wichtigste Einkaufsstadt. Die Kirche am Nordwestrand des Städtchens zeigt mit den Schießscharten an ihrem wuchtigen Turm, daß hier nicht nur mit Gottes Wort gefochten wurde. In unmittelbarer Nähe stand im frühen Mittelalter eine erste Burg, von der aber nur noch bescheidenste Reste der Grundmauern zu sehen sind – sie wurde 1288 zerstört.

Das *Samsø Museum* im Museumsgården von Tranebjerg bietet mit seinen Sammlungen einen Überblick über die Entwicklung der Insel von der älteren Steinzeit bis heute.

Auf Höhe der Grenze zwischen Nord- und Süd-Samsø franst die Insel nach Osten aus: Der **Stavns Fjord** ähnelt dabei mehr einer Lagune irgendwo in der Südsee als seinen nordischen Namensvettern. Im flachen Wasser und vor dessen Mündung liegen 15 unbewohnte Inseln und Inselchen. Der Zugang zum Archipel und auf die schmale, 5 km lange Landzunge Besser Rev ist aus Naturschutzgründen den ganzen Sommer gesperrt, dies gilt besonders für Segler und Surfer. Das gesamte Gebiet ist ein in Nordeuropa einzigartiges Refugium für Enten, Seevögel und Robben.

Für jedermann zugänglich und vom Land wie von See her erreichbar ist nur der kleine Hafen **Langør,** der im Sommer von Freizeitskippern überquillt. Das ist nichts Neues für den Stavns Fjord: Er war schon vor und während der Wikingerzeit ein wichtiger Sammelplatz für Schiffe. Wahrscheinlich bedeutet der Name Samsø auch nichts anderes als *samlings öen* – Insel, an der man sich sammelt. Damit bei feindlichen Angriffen der Fjord nicht zur Falle wurde, bauten sich die Nutzer dieses Naturhafens einen Hinterausgang, den mehrere hundert Meter langen und 11 m breiten **Kanhave Kanal** durch den schmalen Landstreifen zwischen dem Fjord im Osten und der Sælvig Bugt im Westen. Er war tief genug, um die flachen Boote der Zeit hindurchzuziehen. Überraschungen brachten neuere Ausgrabungen: Die beim Bau verwendeten Bäume – Eichen, Buchen, Pappeln und Linden – sind im Jahr 726 gefällt worden, das zeigten die Jahresringe den Archäologen bei einer dendrochronologischen Untersuchung. Die Bauzeit fällt damit – ebenso wie die ersten Befestigungen an Dänemarks Südgrenze im Jahr 737 – mehrere Jahrzehnte vor die eigentliche Wikingerzeit in eine Periode, in der Karl Martell eine expansive Politik des Frankenreichs betrieb.

Von der Hauptstraße zwischen Süd- nach Nord-Samsø kann man wenige Meter nördlich des Abzweigs nach Langøre noch deutlich die grabenähnliche Vertiefung im Gelände erkennen, die einst den Kanal bildete.

Nordby, das Zentrum von Nord-Samsø, ist berühmt für sein dörfliches Milieu, vor allem rund um den Dorfteich. Fachwerk und Reetdächer prägen das Bild. Es überlebte als einziges von drei mittelalterlichen Dörfern. Sie besaßen ursprünglich in ihrer Mitte eine gemeinsame Kirche, die jetzt recht unmotiviert abseits liegt, rund 1,5 km außerhalb. Damit seine Schäflein im Dorf trotz der Entfernung laut und deutlich den Ruf des Herren vernehmen konnten, spendierte 1857 ein Pfarrer einen Extra-Glokkenturm im Ortszentrum. Seitdem wird dort zum Gottesdienst geläutet, ebenso zu Sonnenauf- und Sonnenuntergang.

Der Westen von Nord-Samsø wird von Moränenhügeln mit ausgeprägten Tälern und steilen Küstenstücken gebildet, den Nordby Bakker. Vom Aussichtsturm auf dem beinahe 64 m hohen ›Gipfel‹ **Ballebjerg** kann man sich einen einmaligen Überblick verschaffen: Natürlich über Samsø, aber auch hinüber nach Jütland im Westen, nach Djursland im Norden sowie nach Seeland im Osten.

Die Nordby Bakker sind seit den 60er Jahren Landschaftsschutzgebiet, was sie wohl vor den sonst in Dänemark allgegenwärtigen Sommerhäusern bewahrt hat. Ansonsten besitzt Samsø eine gute touristische Infrastruktur.

Das autolose und weitgehend unter Naturschutz stehende **Tunø** wird von wenig mehr als 80 Menschen bewohnt. Es bestand wie die große Nachbarinsel Samsø ursprünglich aus zwei Teilen, die nach der Steinzeit im flachen, heute bewaldeten Mittelstück zusammengewachsen sind. Wie praktisch die Menschen hier veranlagt sind, bewiesen sie schon 1801, als ihre Insel einen Leuchtturm brauchte: Der wurde kurzerhand auf die Spitze des Turms der alten Kirche von Tunø By gesetzt.

Tourismus ist heute für die Inselbewohner eine wichtige Einnahmequelle. Es gibt einen Inselkro, einen kleinen Zeltplatz, einen oft überfüllten Gästehafen und einen Kaufmann. Fahrräder können gemietet werden. Richtig voll wird es aber nur, wenn jeweils Ende Juni ein Wochenende lang das ›Tunø Jazz- und Folkfestival‹ stattfindet.

Die Verbindung: Vom Kleinen Belt nach Århus

Die nördliche Einfahrt in den Kleinen Belt bewacht die Stadt **Fredericia** 🔳 (s. S. 328), die erst nach 1650 systematisch als Festungsstadt angelegt wurde und bis 1909 diesen Status hatte. Der nach damals herrschendem Renaissancegeschmack im Schachbrettmuster angelegte Stadtkern wird von Wallanlagen umschlossen. Fredericias Wahrzeichen, das Denkmal ›Der Tapfere Landsoldat nach dem Sieg‹ von Herman Vilhelm Bissen (1798–1868) erinnert an eine Episode im Ersten Schleswigschen Krieg: Der Ausfall, mit dem am 6. Juli 1849 die Belagerung der Stadt durchbrochen wurde, ist heute noch Anlaß eines jährlichen Stadtfestes zu diesem Datum. Wie die Stadt 1849 aussah, kann man außerhalb der Wälle in einer historischen Ministadt im Nordwesten des Zentrums sehen, Teil eines großen Freizeitparks nahe der Messehallen.

Die Stadt **Vejle** 🔳 (s. S. 363) selbst schmiegt sich um das Ende des nach ihr benannten Fjords. An der Fußgängerzone Søndergade beherbergt der alte, restaurierte Fachwerkhof *Den Smidtske*

Gård neben Geschäften und dem i-Büro eine Ausstellung zur historischen Stadtentwicklung. Tiefer in die Geschichte der Region um Vejle einsteigen kann man im *Kulturhistorisk Museum*. Gleich daneben zeigt das *Vejle Kunstmuseum* neben Beispielen dänischer Malerei schwerpunktmäßig Grafik – darunter Arbeiten von Rembrandt und Dürer.

Glaubt man älteren Beschreibungen Dänemarks, dann liegt in der *Skt. Nikolai Kirke* die Wikingerkönigin Gunhild aufgebahrt. Die Fakten sagen aber: In der Kirche befindet sich die etwa 2500 Jahre alte Moorleiche einer 40–50jährigen Frau aus der keltischen Eisenzeit – also über 1000 Jahre älter als die vermeintliche Gunhild. Als die Leiche in der Hochphase der Nationalromantik 1835 in einem Moor bei Vejle gefunden wurde, fiel die Geschichte von der Wikingerkönigin auf fruchtbaren Boden, und der archäologisch interessierte Frederik VII. spendierte sogar einen angemessenen Sarg im Empire-Stil.

Die Legende von der Wikingerkönigin hat die moderne Wissenschaft also ent-

Vom Kleinen Belt nach Århus

zaubert, Rätsel bereiten ihr aber die 23 Höhlungen in der Außenmauer des nördlichen Kreuzarms, in jeder eine Schädeldecke. Sind es sterbliche Überreste einer enthaupteten Räuberbande, Zeugnis eines Aberglaubens oder eines unbekannten Bestattungsritus?

Von Vejle nach Nordosten führt die als Margeritenroute ausgeschilderte Straße 442 ins 9 km entfernte Jelling – bis dorthin kann man an einigen Sommersonntagen auch mit einer Oldtimerbahn gelangen – und 11 km weiter nach Givskud.

Vieles deutet darauf hin, daß im kleinen **Jelling** 3 (s. S. 336) nordöstlich von Vejle die Wiege des Königreiches Dänemark stand. Jener Gorm den Gamle

(s. S. 23), auf den das heutige Königshaus zurückgeführt wird, hat hier offensichtlich geherrscht und seiner Frau Thyra zum Gedenken einen Runenstein aufstellen lassen, dessen Inschrift übersetzt heißt »König Gorm errichtet diesen Gedenkstein für seine Frau Thyra, Dänemarks Zierde«. Das *tanmarkaR,* das hier für Dänemark steht, gilt trotz aller Verstümmelung als älteste schriftliche Erwähnung des Landesnamens.

Ein zweiter, größerer Runenstein, auf zwei Seiten prächtig verziert, trägt jene Inschrift, die den Beginn der dänischen Geschichtsschreibung markiert und zugleich die Christianisierung des Reiches bescheinigt. Er wird deshalb oft als ›Dänemarks Taufurkunde‹ bezeichnet. Genannt ist auch der Auftraggeber: König Harald, Gorms und Thyras Sohn. Wegen seiner schlechten Zähne ging er als Harald Blåtand – Blauzahn – in die Geschichte ein.

Eine der Bildseiten zeigt eine Christusdarstellung, die damit zu den ältesten aus dem Norden gehört. Die Figur besitzt das typisch ovale Gesicht, das in Menschenbildern der Wikingerzeit auftaucht. Christus streckt die Arme zu einer Kreuzstellung aus, scheint aber nicht an ein Kreuz geschlagen zu sein. Angenommen wird, daß der Steinmetz mit den Symbolen des Christentums noch nicht sehr vertraut war und – ohne den Hintergrund zu kennen – nur wußte, daß der neue Gott mit ausgestreckten Armen darzustellen war. Auch die beiden kämpfenden Fabeltiere auf der zweiten Bildseite erinnern eher an den alten denn an den neuen Glauben.

Die Runensteine stehen zusammen mit einer Kirche und zwei künstlichen Hügeln auf dem Friedhof von Jelling. In dem 9 m hohen nördlichen Hügel wurde eine große hölzerne, aber leere Grabkammer entdeckte und in die erste

Hälfte des 10. Jh. datiert. Der südliche, 11 m hohe Hügel ist dagegen kein Grab-, sondern allenfalls ein Gedenkhügel. Unter ihm wurden Reste einer Steinsetzung gefunden, die wahrscheinlich ein übergroßes Schiff bildete. Unter der kleinen romanischen Travertin-Kirche aus dem frühen 12. Jh. zwischen den Hügeln gibt es Reste älterer Holzkirchen, die älteste von ihnen stammt aus der Mitte des 10. Jh. Unter ihrem Boden wurden menschliche Knochen gefunden – Archäologen nehmen an, die sterblichen Überreste von König Gorm, die der zum Christentum bekehrte Harald Blauzahn aus dem nördlichen Grabhügel hier in eine erste Holzkirche umbetten ließ.

Im heutigen Gotteshaus fallen die vermeintlich romanischen Fresken sofort ins Auge, das Ergebnis sehr freier Restaurierungen des 19. und frühen 20. Jh. Dabei wurden die romanischen Originale zum Teil neu interpretiert und, wo Lücken waren, ergänzt. So gehen Fachleute davon aus, daß in den ursprünglichen Fresken Jesus nicht die Hauptperson war, sondern daß sie eigentlich Szenen aus dem Leben von Johannes dem Täufer zeigten. Vor allem die Heiligen Drei Könige an der Nordwand gelten inzwischen als Erfindung des 19. Jh.

Nach so viel Urdänischem bietet Givskud den totalen Kontrast: Im Safaripark ›**Givskud Zoo**‹ 4 (s. S. 330) tummeln sich Giraffen und richtige Affen, Löwen und andere Exoten. Bei einem Besuch wird der eigene Wagen zum Safarigefährt.

Der schnelle Weg von Vejle nach Horsens führt entweder über die Autobahn oder die Straße 170. Zeitaufwendiger, aber reizvoller ist der Schlenker über die Halbinsel Bjerre Herred mit schönen Küstenwäldern. In **Glud** 5 wuchs um das älteste datierte Bauernhaus Dänemarks

Bjørn Nørgaards ›Rote Hunde‹ vor dem Kunstmuseum in Horsens

von 1662 ein volkskundliches Freilichtmuseum mit mehreren ländlichen Gebäuden aus der Region.

Nördlich Glud ist **Snaptun** Ausgangshafen für Besuche der Inseln Hjarnø und Endelave. Während das 3,2 km² große **Hjarnø** an touristischem Service nur wenig bietet, findet man auf dem viermal so großen **Endelave** neben einem einfachen Gasthof auch rund 100 Ferienhäuser, Kaufmann, Bäcker, Fahrradverleih, Landebahn, Restaurant, Gästehafen und sogar ein kleines Heimatmuseum. Endelave gilt als

Heilkräuterparadies, etwa 300 Arten wachsen auf der Insel, z. T. kultiviert für die Arzneimittelproduktion.

Horsens

6 (s. S. 334) Touristisch wird die Fjordstadt Horsens oft übersehen. Zu Unrecht, denn es gibt dort viel zu entdekken, z. B. den bekanntesten Sohn der Stadt, der selbst ein großer Entdecker des 18. Jh. war: Vitus Bering (1680–1741). Er fand im Sommer 1741, wenige Monate, bevor er an Skorbut starb, im

Auftrag des Zaren Amerikas Hintereingang – Alaska. Schon bei einer ersten Expedition 1728–29 hatte Bering den Nordostzipfel Sibiriens umrundet und kartographiert. Sein Name ist dort unlöschbar in die Geographie eingegangen mit dem Bering Meer, der Bering Straße und der Bering Insel vor der russischen Pazifikküste, auf der er am 8. Dezember 1741 starb und wo sein Grab 1991 entdeckt wurde. Die größte Stadt der Halbinsel Kamtschatka bekam ihren Namen von Berings Expeditionsschiffen St. Peter und St. Paul: Petropawlowsk. Von der »St. Peter«, mit der Bering auf seiner tragisch endenden zweiten Expedition unterwegs war, stammen zwei Kanonen, die im **Vitus Bering Park** am Westrand des Zentrums von Horsens eine Gedenkplatte an Berings Expeditionen einrahmen. Der Park selbst ist ein Muß für alle Hobbygärtner, vor allem wenn der Rhododendron blüht.

Über den Vitus Bering Platz gelangt man zur Fußgängerzone, die man durch ein modernes **Stadttor** betritt. Dahinter bietet Dänemarks breiteste Hauptstraße, die Søndergade, neben vielen Geschäften auch interessante Häuser aus dem 17. und 18. Jh., so das vom Spätbarock geprägte **Lichtenbergsche Palais** (1744), seit dem frühen 19. Jh. schon Hotel. Das alte Rathaus mit dem i-Büro schräg gegenüber scheint auf den ersten Blick noch älter, ist aber nur ein Neorenaissancebau von 1858.

Am Ostende der Søndergade liegt die am Zwiebelturm erkennbare **Vor Frelsers Kirke** mit Ursprüngen im 13. Jh. Nach der Reformation verlor sie ihren Status als Gemeindekirche an die naheliegende **Klosterkirke,** die als Teil eines 1261 errichteten Franziskanerklosters entstanden war. Deren Ausstattung spiegelt den Reichtum der Kaufleute von Horsens im 17. und 18. Jh.

wider, die hier ihre Grabkirche hatten. Offensichtlich versuchten sich die Familien der Verstorbenen mit edlen Epitaphien, Grabplatten und anderen sichtbaren Zeichen der Erkenntlichkeit gegenüber der Kirche zu übertreffen.

Ein paar Schritte weiter im Osten befaßt sich in einem stillgelegten Elektrizitätswerk von 1906 das **Arbejder-, Handværker- og Industrimuseum** mit der Arbeit im Wandel der Industrialisierung; ganz typisch für dänische Museen wird hier nicht nur gezeigt, sondern oft auch praktisch demonstriert.

Das 1992 großzügig erweiterte **Horsens Kunstmuseum Lunden** besitzt neben dem obligatorischen Querschnitt durch die Malerei ab dem Goldenen Zeitalter eine hervorragende Abteilung mit jüngerer und jüngster Kunst – Sammelschwerpunkt ist die Gegenwart. Wahrzeichen des Museums ist in den Grünanlagen vor dem Gebäude die Skulptur ›De røde Hunde‹ – Die roten Hunde – von Bjørn Nørgaard aus dem Jahr 1983.

Nørgaards imposanteste Skulptur in Horsens, das seinen Namen vom altnordischen Wort für Pferd ableitet und lange für seinen Pferdemarkt berühmt war, ist zweifelsohne ›Apokalypsens Rytter‹, ein Denkmal in der Tradition alter Reiterstandbilder mit dem Untertitel ›Helhesten-Sleipnir‹ – das Höllenpferd-Sleipnir – neben dem zum Kulturhaus umgebauten **Tabaksgården,** einer ehemaligen Tabakfabrik im Nordwestteil der Stadt. Hier ist auch die Galerie Asbæk zu finden, Dänemarks bekannteste Kunstgalerie, zu der ein ausgezeichnetes Café-Restaurant gehört.

Einige Straßenzüge nördlich liegt das **Horsens Staatsgefängnis,** normalerweise nicht gerade eine touristische Attraktion, zumal böse Zungen sagen, die Insassen hätten das große Glück, keinen

Am Fussing Sø im Seenhochland

Ausblick auf diese architektonische Sünde aus dem Jahr 1853 zu haben. Solange aber keine anderen Räumlichkeiten gefunden sind, muß man hinter die Mauern und Gitter, wenn man ›Fængselmuseet‹, das Gefängnismuseum, besichtigen will. Hier wird allerlei Skurriles aus dem Leben der Gefangenen gezeigt, darunter viel Kunst, Kunsthandwerk und Kitsch aus den Händen der Einsitzenden, aber auch diverse Werkzeuge derer, die das nicht länger bleiben wollten. Es ist schon interessant, auf welche Ideen staatlich eingeschränkte Bewegungsfreiheit die Betroffenen bringen kann. Und da deshalb ein Gefängnis auch ein gewisses Maß an Ordnung braucht, darf das Museum nur in Gruppen auf Führungen besichtigt werden – Tickets sind vorher beim i-Büro zu kaufen.

Ins Seenhochland bei Silkeborg

Bei der Weiterfahrt nach Norden kommt man am schnellsten über die Autobahn oder die gut ausgebaute Straße 170 nach Århus.

Etwas westlich dieser Verkehrswege kann man zum Gipfelstürmer werden: In unmittelbarer Nachbarschaft liegen hier die beiden höchsten natürlichen Erhebungen Dänemarks. Offiziell hat mit 173 m **Yding Skovhøj** 7 die Nase oben, doch diese Nase ist genaugenommen ein bronzezeitlicher Grabhügel. Aber spätestens seit der herrlichen Komödie vom ›Engländer, der auf einen Hügel stieg und von einem Berg herunterkam‹ wissen wenigstens Cineasten, daß solch ein künstlicher Erdhaufen als Teil der Landschaft gilt, und so hat **Ejer**

Silkeborg

Bavnehøj 8 mit natürlichen 170,95 m –
6 cm mehr als Yding Skovhøj ohne
Grabhügel – das Nachsehen. Letztendlich kommt man auf Ejer Bavnehøj aber
doch höher hinaus: Auf ihm thront ein
13 m hoher Aussichtsturm – eigentlich
ein Wiedervereinigungsdenkmal. Aber
was soll der Streit der Hügelchen:

Gegen die 254 m hohen Pylonen der
Storebæltsforbindelse zwischen Fünen
und Seeland haben sie beim Kampf um
den Titel ›Dänemarks höchste Stelle‹
keine Chancen.

Am Südrand der Stadt **Skanderborg**
9 (s. S. 359) sind von einem einst berühmten Königsschloß, das um 1570 auf

den Mauern einer mittelalterlichen Burg entstand, nur die Schloßkirche und ein Turm erhalten, der Rest wurde 1767 abgerissen. Mit Schloß Skanderborg sind die Namen einiger bekannter Könige verknüpft. Wenn die Legende stimmt, hat hier der berühmteste von ihnen, Christian IV., als Steppke an Bord der Miniausgabe eines Kriegsschiffs auf dem Skanderborg Sø seine Liebe zur Marine entdeckt – für Dänemark, aus dem historischen Rückblick gesehen, eine teure Angelegenheit.

Statt auf direktem Weg nach Århus zu fahren, lohnt sich ein Schlenker durch das Seenhochland. Der Name verspricht nicht zuviel: Schöne Seen – die meisten von Dänemarks längstem Fluß, der Gudenå, gebildet – quetschen sich in die Tunneltäler, die die letzte Eiszeit in einem Moränenplateau hinterlassen hat, das nach dänischen Maßstäben himmlische Höhen erreicht: Der **Himmelbjerg** 10 ist mit 147 m vermessen und eine imposante Erscheinung, denn sein Gipfel steigt direkt neben dem Julsø auf. Eigentlich ist er nur ein Hang am Rande eines Tunneltals, und Wissenschaftler ohne Sinn für wahre Größe sprechen deshalb von einem ›falschen Hügel‹, aber was soll es: Da Yding Skovhøj und Ejer Bavnehøj kaum merklich aus ihrer Umgebung herausragen, galt der Himmelbjerg bis Mitte des 19. Jh. als Dänemarks höchster Berg, ehe ihn pedantische Landvermesser von der Spitze der Gipfelliste verdrängten. Trotzdem blieb er eine Art Nationalheiligtum mit einer ungeheuren Anziehungskraft auf alle Dänen.

Der Himmelbjerg ist ein Ort voller Pathos: Der jütländische Heimatdichter Steen Steensen Blicher (1782–1848) begründete hier 1839 eine Tradition großer Volkstreffen. An ihn und andere Redner erinnern Gedenksteine, ebenso wie an die Erlangung des Frauenwahlrechts 1915. Blichers Volksversammlungen am Himmelbjerg waren Teil der bürgerlichen Evolution in Dänemark, die zum ersten Grundgesetz vom 5. Juni 1849 führte. Diesem Tag und dem König zu Ehren, der das Gesetz erlassen hat, wurde 1874/75 der markante, 25 m hohe Turm auf der Spitze des Himmelbjerg errichtet, den man zur Optimierung der Aussicht besteigen kann. Der Spruch, der an diesem Turm überdeutlich zu lesen ist, heißt übersetzt: »Zur Erinnerung an König Frederik VII., den Freund des dänischen Volkes, der das Grundgesetz gegeben hat.«

Am schönsten nähert man sich dem Himmelbjerg über den Julsø auf einem der Ausflugsschiffe, die ab Silkeborg und **Ry** (s. S. 356) verkehren und zu seinen Füßen einen Anleger haben. Star darunter ist das Oldtimerschiff »Hjejlen«, ein Raddampfer, der seit 1861 seinen Dienst tut.

Wer die Seefahrt nicht mag, kommt auf dem Landweg von **Gammel Rye** 11 her zum Gipfel. Dieses verschlafene Dorf hat schon große Zeiten erlebt. Im frühen Mittelalter sorgte eine heilige Quelle für ein einträgliches Wallfahrtsgeschäft. Die örtliche Skt. Søren Kirke war vor der Reformation eine der größten dänischen Landkirchen.

1534 wählte der vom katholischen Adel beherrschte Reichsrat in dieser katholischen Wallfahrtskirche in Anwesenheit fast aller katholischen Würdenträger den Protestanten Christian III. zum Gegenkönig gegen den zwar katholischen, aber bürgerfreundlichen Christian II. und stellte damit die Weichen für einen Bürgerkrieg und die Reformation (s. S. 25). Damit begann auch der Abstieg von Gammel Rye zu einem unbedeutenden Dorf. Sogar die Kirche, in der die entscheidende Abstimmung

Kunst im Namen der CoBrA

Die Abteilung für Kunst des Silke-borg Museums konnte 1982 einen Neubau im Grünen nahe dem Ufer der Gudenå beziehen. Den ersten Eindruck prägt ein großes Puzzle aus Keramik – ›Epocké‹ – nach Skizzen von Jean Dubuffet neben dem Eingang. Vielen Besuchern mag die in diesem Titel verborgene philosophische Bedeutung – Epocké steht für die ›Aufhebung der Urteilskraft‹ – verborgen bleiben, auf jeden Fall aber signalisiert das Werk: Hier ist die Moderne zu Hause. In der Tat besitzt das Museum einen gro-ßen Fundus zur abstrakt-spontanen Kunst von ihren Ursprüngen und Quellen bis heute. Einen Schwerpunkt bildet die dänisch-belgisch-niederländische Künstlergruppe CoBrA, die drei skandalumtoste Jahre von 1948 bis 1951 bestand und mit ihrer fabulierenden, abstrakt-expressionistischen Ausdrucksweise auf die dänische Kunst bis heute Einfluß hat. CoBrA steht dabei als Kürzel für die Hauptstädte der Heimatländer der beteiligten Künstler: *Co*penhague, *Br*uxelles, *A*msterdam.

Daß eine, auch im internationalen Vergleich gesehen, so herausragende Kunstsammlung in keiner dieser Hauptstädte, sondern in der dänischen Provinz zu sehen ist, liegt an der Heimatverbundenheit des Malers, Bildhauers, Keramikers und Webkünstlers Asger Jorn (1914–73). Der erklärte Internationalist, der fast überall auf der Welt gearbeitet hat, stammte aus

Silkeborg und erlebte auch hier 1933 seine erste Ausstellung.

Jorn entwickelte über sein praktisches Werk hinaus immer wieder Denkanstöße für die Kunst und war in vielen Künstlergruppen aktiv, weil für ihn Dialog – auch über die Szene hinaus – als Motor aller Dinge galt. So gehörte er neben den Niederländern Karel Appel und

Mosaik am Kunstmuseum Silkeborg

Constant sowie den Belgiern Corneille, Joseph Noiret und Christian Dotremont zu den Gründungsmitgliedern von CoBrA und wird als ihr künstlerischer und theoretischer Kopf angesehen.

CoBrAs wichtigster Beitrag zur Entwicklung der europäischen Nachkriegskunst war der radikale Bruch mit Konventionen und Formprinzipien, ohne den die informelle Kunst der 50er und 60er Jahre – zu deren wichtigsten Vertretern Jean Dubuffet gehört – undenkbar gewesen wäre. CoBrA bezog Ideen aus Bildern und Skulpturen von Kindern und Geisteskranken ebenso wie aus der Kunst von Naturvölkern oder aus längst vergangenen Epochen wie der Wikingerzeit. Kunst sollte experimentell, sozialistisch und revolutionär sein, zu gefallen brauchte sie nicht. Und sie mußte natürlich spontan sein. Jorns Ideal: Sein Kopf sollte in dem Augenblick, in dem er den Pinsel zum ersten Mal an ein neues Werk setzte, so leer sein wie die frische Leinwand.

Jorn war auch Sammler und Ausstellungsmacher. Die letzten 20 Jahre seines Lebens arbeitete er dabei eng mit dem Silkeborg Museum zusammen, das heute Jorns Sammlung mit mehr als 5000 Grafiken, Malereien und Objekten von ihm selbst und rund 150 seiner Kollegen besitzt. Jorns Anspruch lag in der Dokumentation der abstrakt-spontanen Kunst, nicht in dem Versuch, Meisterwerke zu sammeln. Trotzdem sind in Silkeborg solche zu sehen, allen voran Jorns ›Stalingrad‹, ein Monumentalgemälde, an dem er zwischen 1957 und 1972 immer wieder arbeitete.

Arbeiten von dänischen CoBrA-Künstlern – bekannte Namen neben Jorn sind Henry Heerup, Ejler Bille, Egill Jacobsen und Carl-Henning Pedersen – findet man in fast jedem Kunstmuseum des Landes. Nirgendwo aber werden die Wurzeln und vor allem die internationalen Zusammenhänge, in denen CoBrA steht, so deutlich wie in Silkeborg.

stattfand, verfiel. Auffällig ist heute, daß ein Stück zwischen Turm und Schiff fehlt.

Eine andere Institution aus katholischer Zeit, das Zisterzienserkloster **Øm** 12 auf dem schmalen Landstück zwischen Gudensø und Mossø, verlor ebenfalls mit der Reformation an Bedeutung und wurde aufgegeben. Teile der Grundmauern sind heute freigelegt, ebenso wie zahlreiche Gräber des Klosterfriedhofs. Die dort entdeckten und in einem Museum vor Ort ausgestellten Skelette gaben zum Teil sensationelle Erkenntnisse über den Stand der Medizin im Mittelalter; sogar Operationen am offenen Schädel konnten nachgewiesen werden.

Hauptstadt und geographischer Mittelpunkt des Seenhochlandes ist **Silkeborg** 13 (s. S. 358), ein Kind der Industrialisierung ab Mitte des 19. Jh., als hier ein Wasserkraftwerk und eine Papierfabrik entstanden.

So jung die Stadt auch sein mag, sie kann vor allem entlang dem Ufer der Gudenå mit richtig anheimelnden Ecken aufwarten und im *Silkeborg Museum* mit sensationellen Vorzeitfunden, die aus einem Moor einige Kilometer westlich der Stadt stammen: 1938 wurden dort eine weibliche und fast an gleicher Stelle 1950 eine männliche Moorleiche entdeckt – ›Tollundmanden‹.

Der ›Mann von Tollund‹ war bei seinem Fund die besterhaltene Moorleiche in Dänemark überhaupt. Faszinierend gut erhalten ist der Kopf, fast jede Pore und jede Bartstoppel des wie schlafend wirkenden Mannes sind zu erkennen. Nichts in den Gesichtszügen läßt erahnen, was ein kleines Lederband und Druckstellen am Hals eindeutig beweisen: Er ist erhängt worden, wahrscheinlich als Menschenopfer. Im Original sind nur der Kopf und ein Fuß erhalten, der

Rest des Körpers wurde nach der wissenschaftlichen Untersuchung nicht konserviert.

Am Südrand der Stadt liegt im Grünen nicht weit vom Ufer der Gudenå das *Silkeborg Kunstmuseum* mit seiner großen Sammlung abstrakt-expressionistischer Kunst. Und ein kleines Stück weiter südlich findet sich die jüngste Dreisterne-Attraktion von Silkeborg: *Aqua*, ein populärwissenschaftliches Zentrum mit Museum, Aquarium und vielen Aktivitäten für Kinder rund um das Thema Süßwasser – sehr passend für eine Stadt, die von Seen und Flüssen umrahmt ist.

An der Seeuferstraße von Silkeborg zum Badeort Ry lädt am Ostrand von Svejbæk das Hotel- und Restaurantmuseum ›**Ludvigslyst**‹ 14 zu einem Stopp: Essen und Trinken wie im Jahr 1906 ist in diesem ›lebenden Museum‹ möglich – eine Ausstellung zu diesem Thema kann man aber natürlich auch besichtigen.

Als Touristenregion bietet das Seenhochland eine Vielzahl von Freizeitaktivitäten mit den Schwerpunkten Wassersport, Wandern und Radfahren. Wer es etwas extremer mag, findet in **Gjern** unter der bezeichnenden Adresse ›Lille America‹ im ›Søhøjlandets Ferie- & Aktivitetscenter‹ alles, was Herz und Muskeln begehren, inklusive tropischem Badeland, künstlicher Ganzjahres-Skipiste und einem Kletterpark. Die **Gudenå** bildet mit ihren Seen rund um Silkeborg und in ihrem weiteren Verlauf nach Norden bis zur Mündung in den Randers Fjord Dänemarks beliebtestes und größtes Kanurevier. Für dieses Gebiet gelten aus Gründen des Naturschutzes aber strenge Zugangsbestimmungen. Jeweils aktuelle Informationen zu diesem Thema kann man im i-Büro ider Stadt Silkeborg erfahren.

7000 Jahre Kultur zwischen Kattegat und Tange Sø – Die Halbinsel Djursland

Altes Kulturland von der Küste bis weit ins Landesinnere erschließt die folgende Rundfahrt von Århus über die Halbinsel Djursland nach Randers und von dort über Bjerringbro am Nordrand des Seenhochlandes zurück in die jütische Hauptstadt. Der Rundfahrtvorschlag folgt in langen Abschnitten der gut ausgeschilderten Margeriten-Route.

Im Zentrum von **Hornslet** 15 kann man sich in der alten Gutskirche schon auf den Besuch im Schloß Rosenholm einstimmen. Die Kirche ist voller Erinnerungen an die Familie Rosenkrantz, eines der berühmtesten dänischen Adelsgeschlechter. Nördlich Hornslet bietet das Renaissanceschloß **Rosenholm** 16 einen sehr harmonischen, im Stil geschlossenen Gesamteindruck; herausragend ist unter den mit vielen Gemälden und seltenen Möbeln ausstaffierten Räumen der Wintersalon, dessen Wände mit Goldleder geschmückt sind. Natürlich gehört zu einem Schloß mit dem Namen Rosenholm auch ein Garten mit rund 800 alten Rosenstöcken.

In **Thorsager** 17 sollte Jütlands einzige Rundkirche einen Stopp wert sein, um 1200 als eine der ersten Kirchen des Landes aus gebrannten Ziegeln gebaut. Eines hat die Thorsager Rundkirche mit ihren Bornholmer Pendants gemein: Auch sie war nicht nur Gotteshaus, sondern zugleich Schutz- und Trutzburg.

Nicht weit von der Kleinstadt Rønde stehen auf der über einen Damm mit dem Festland verbundenen Miniinsel Kalø die Ruinen einer wahren Burg aus dem 14. Jh.: **Kalø Slot** 18. Einigermaßen erhalten ist nur der Turm mit seinen fast 3 m dicken Mauern.

Poskær Stenhus

Zu den schönsten Landschaften ihrer Heimat zählen die Dänen die Mols Bjerge, eine Hinterlassenschaft der letzten Eiszeit, im Süden von Djursland. Hier von ›Bergen‹ zu sprechen, ist natürlich nur nach dänischen Maßstäben möglich: **Agri Bavnehøj** 19 ist mit gerade 137 m schon die höchste Stelle. ›Bavnehøj‹ ist ein Begriff, der häufiger in dänischen Gipfelnamen auftaucht und soviel wie ›Feuerhöhe‹ bedeutet. Auf solchen Gipfeln wurden in Krisenzeiten Warnfeuer entzündet, wenn Gefahr drohte. Auf der ›Feuerhöhe von Agri‹ loderten zuletzt im Ersten Schleswigschen Krieg 1848–50 die Flammen.

Eines der mächtigsten dänischen Dolmengräber, **Poskær Stenhus** 20 , liegt neben der Straße zwischen Agri und Knebel. Gut 5000 Jahre seit der Steinzeit hat es hier nur mit Glück überstanden, denn 1859 wollte ein Bauer die Steine zu Geld machen. Das beherzte Eingreifen eines Dorfpolizisten, der sich auf einen angeblichen königlichen Befehl berief, konnte eine Zerstörung verhindern. Bei Frederik VII., einem begeisterten Hobbyarchäologen, hatte die Amtsanmaßung denn auch nur eine Folge: Die Grabanlage wurde unter Schutz gestellt. Der auf fünf Tragesteinen thronende Deckstein der Kammer ist 3,5 m lang und nur eine Hälfte eines gewaltigen, auseinandergemeißelten Findlings, die andere liegt auf einem zweiten Dolmengrab westlich von Agri.

Südlich an die Mols Bjerge schließt die Halbinsel Helgenæs an. Auf dem schmalen, nur 250 m breiten Isthmus, der dort hinüber führt, sind noch Wälle der ›**Ryes Skanser**‹ zu erkennen. Hinter denen hatten sich im Ersten Schleswigschen Krieg von preußischen Truppen verfolgte dänische Einheiten unter General Rye verschanzt, ehe sie von Helgenæs aus über das Kattegat nach Fünen evakuiert werden konnten. Helgenæs war schon zuvor Schauplatz eines wichtigen geschichtlichen Ereignisses, wenn denn Saxo in seiner ›Danmarks Kronike‹ korrekt berichtet: Hier traf König Harald Blauzahn ein tödlicher Pfeil, als er gerade in einer Schlachtenpause im Gebüsch ein großes Geschäft erledigte.

Lohnende Ziele auf der kleinen Halbinsel sind der knapp 100 m hohe **Ellemandsbjerg** mit großartiger Aussicht auf die umliegenden Buchten und Sunde der Ostsee sowie der über hundert Jahre alte Leuchtturm **Sletterhage Fyr** 21 am Südende.

Fragt man Dänen nach der schönsten, gemütlichsten und typischsten Stadt in ihrem Land, dann werden oft mehrere Namen genannt, aber fast immer gehört

Ebeltoft

Ebeltoft 22 (s. S. 326) dazu. Für das Image als malerische Kleinstadt sorgen vor allem die gut erhaltenen Kaufmanns- und Handwerkerhöfe aus dem 17. und 18. Jh. an der verkehrsberuhigten Haupteinkaufsstraße Adelgade. Fachwerk dominiert das Bild, wo immer man sich in der Altstadt umschaut. Da dies natürlich viele Touristen lockt, trifft man an allen Ecken Läden mit Kunst, Kunsthandwerk und gelegentlich auch Kitsch.

Eine interessante Art, das alte Ebeltoft zu erkunden, ist ein Stadtbummel im Gefolge der Nachtwächter, die hier im Sommer allabendlich ihre Runden drehen. Man trifft die schwarzgekleideten Männer vor dem Wahrzeichen der Ebeltofter Idylle, dem urigen *Gamle Rådhus,* dem alten Rathaus am Platz Torvet. Der kleine Fachwerkbau mit dem markanten Dachreiter stammt aus dem Jahr 1789. Die Verwaltung ist längst ausgezogen, nur der Bürgermeister traut hier manchmal noch Paare, weil es so schön romantisch ist. Ansonsten hat das örtliche Heimatmuseum *Ebeltoft Museum* das alte Rathaus und umliegende Gebäude mit Beschlag belegt.

Bis zum Hafen hinunter ist es nur ein Katzensprung. Dort beherbergt das alte Zollhaus heute eines der führenden europäischen Museen für moderne Glaskunst. Das *Glasmuseum* fokussiert in der Regel mit Ausstellungen den Blick auf das Werk einzelner Glas-Künstler und Kunsthandwerker.

Gleich gegenüber dem Museum liegt am Ufer der Stolz von Ebeltoft in einem Trockendock: die Fregatte »Jylland«. 1860 lief sie als eines der letzten militärischen Holzsegelschiffe der Welt vom Stapel, das größte seiner Art, das je gebaut wurde – 71 m ist der Rumpf lang, 55 m der Großmast hoch. Voll aufgetakelt konnte die »Jylland« 1881 m² Segeltuch in den Wind bringen, war aber auch schon mit dem Vorboten einer neuen Zeit ausgerüstet, einer ca. 400 PS starken Hilfsdampfmaschine. Um die »Jylland« soll eine Sammlung alter Holzschiffe zusammengebracht werden, die ersten Exemplare sind schon vertäut.

Schiffe der jüngsten Generation, Schnellfähren, pendeln fast rund um die Uhr über das Kattegat zwischen Ebeltofts Fährhafen, 5 km südlich der Stadt, und Sjællands Odde auf der Insel Seeland (s. S. 140). Diese Verbindung bietet sich für eine große Dänemarkrundfahrt ebenso an wie für einen Ausflug nach Kopenhagen – inklusive Überfahrt ist man in gut zweieinhalb Stunden in der Hauptstadt. An der Hafeneinfahrt produzieren High-tech-Windmühlen Strom, der zur Versorgung von rund 600 Haushalten ausreicht. Als die Windkraftwerke hier 1985 aufgestellt wurden, bildeten sie den ersten Off-shore-Energiepark der Welt.

Djurslands größte und Jütlands östlichste Stadt ist **Grenaa** 23 (s. S. 330), mit Fährverbindungen u.a. auf die Kattegat-Insel Anholt. Für regen Verkehr am Hafen sorgt aber auch eine der Top-Attraktionen Jütlands: das 1993 eröffnete ›Kattegatcenter‹. Es bietet weit mehr als nur Aquarien mit Fischen des Kattegat, sondern behandelt in Experimentierecken und Ausstellungen viele Themen rund ums Meer, wie Meeresverschmutzung und Umweltschutz. Publikumsmagnet ist aber das Exotische: Im größten Aquarium tummeln sich diverse Haie aus tropischen Gewässern. In einem Panoramagang, der durch ihr Becken führt, kann man mit den gefürchteten Meeresbewohnern auf T(a)uchfühlung gehen; Fütterungszeit ist täglich um 14 Uhr.

Die 22 km² große Insel **Anholt** (s. S. 322) liegt mitten im Kattegat, ca. 45 km oder knapp 3 Fährstunden nordöstlich

von Grenaa. Bis zur schwedischen Küste ist es etwa gleich weit, und daß Anholt dänisch und nicht schwedisch ist, soll einem gut plazierten Bierhumpen zu verdanken sein: Den stellte ein dänischer Unterhändler – Anholt verdeckend – auf die Landkarte, als in den Friedensverhandlungen von Roskilde 1658 die siegreichen Schweden den unterlegenen Dänen gerade alle Gebiete östlich des Kattegat und des Øresund abnahmen. Bornholm, Skåne, Blekinge und Halland, zu dem Anholt traditionell gehörte, wurden damals schwedisch und sind es bis auf Bornholm auch geblieben. Anholt wurde übersehen und kam nicht ins Protokoll.

Die Insel ist ein Ziel für Naturliebhaber. Im Westen, wo die gut 170 Bewohner ihre Häuser haben und wo auch der Hafen zu finden ist, ragt sie etwa 50 m aus dem Meer und bietet dort schöne Aussichtsplätze über das Kattegat. Nach Nordosten erstreckt sich über 10 km Ørken, die Wüste, ein von Wind und Wellen geschaffenes Dünenland, das ca. 80 Prozent der Inselfläche ausmacht und nur von wenigen angepflanzten Strandwäldern unterbrochen wird. Der größte Teil des Inselareals steht in der ein oder anderen Form unter Schutz.

Leuchtturmliebhaber werden an dem wuchtigen Turm des Anholt Fyr ihre Freude haben. Er entstand schon 1788 mit einem offenen Feuer auf der Spitze und wurde mehrfach neuen Techniken angepaßt, ehe er 1881 seine heutige Form bekam.

Bis auf wenige Abschnitte bietet Anholt an seinen 26 Küstenkilometern hervorragende Badestrände. Den gut 50 000 Gästen, die pro Jahr kommen, stehen einige Sommerhäuser, wenige Zimmer im Inselgasthof und ein Zeltplatz zur Verfügung. Die meisten Inselbesucher bringen ihre Kojen aber selbst mit: ca. 350 Liegeplätze für Freizeitboote gibt es im Hafen.

Mit dem zu Beginn des 17. Jh. gebauten dreiflügeligen und von einem breiten Burggraben umgebenen Schloß gilt für das weiter westlich gelegene Schloß **Mejlgård** 25. Das hat so viele Umbauten erlebt, daß die ursprüngliche Renaissancearchitektur aus dem Jahr 1573 kaum noch zu ahnen ist. In den

Gammel Estrup

Sostrup 24 begegnet man bei dieser Rundfahrt dem ersten von mehreren Schlössern, die im 17. und 18. Jh. einer der mächtigsten Familiendynastien Jütlands gehörten, den Grafen Skeel. Christen (1603–59) und Mogens (1650–94) Skeel, beide Reichsräte, legten den Grundstock für das ungewöhnliche Immobilienvermögen, zu dem neben Gütern in Jütland auch Besitzungen auf Fünen und Seeland gehörten.

Sostrup wechselte ab 1807 mehrfach die Besitzer, diente nach 1945 als Flüchtlingslager und wurde 1960 Zisterzienserkloster inklusive Refugium mit Pensionsbetrieb und Ferienwohnungen in den alten Wirtschaftsgebäuden. Die Parkanlagen sind zugänglich. Gleiches

ehemaligen Pferdestall ist ein Kro eingezogen.

Nicht nur die vielen Schlösser, auch Funde wie ein 7000 Jahre alter Abfallhaufen 2 km nördlich von Mejlgård und acht sensationell gut erhaltene Schwerter aus der Bronzezeit, die erst 1993 von spielenden Kindern entdeckt wurden, belegen, daß Djursland altes Kulturland ist. Aus der jüngeren Steinzeit stammt ein Gräberfeld westlich von **Tustrup** 26, mit Resten zweier Dolmengräber, eines relativ großen Kammergrabes sowie eines hufeisenförmigen Hauses, wahrscheinlich eine Art Kulthaus oder Friedhofshalle. Nach umfangreichen Ausgrabungen in den 50er Jahren wurde die Anlage eindrucksvoll restauriert.

Nach dem Blick in die Vorgeschichte geht es mit Schlössern weiter: **Lövenholm** 27 bei Gjesing ist ein schöner Renaissancebau, in zwei Bauphasen im 16. und 17. Jh. entstanden; zugänglich sind die Parkanlagen.

Fast alle Türen stehen auf Schloß **Gammel Estrup** 28 am Ortsrand von Auning Besuchern offen. Es wurde um 1500 als Burg erbaut und Anfang des 17. Jh. ganz im Stil der Renaissance umgebaut und erweitert. 1930 wurde Gammel Estrup durch eine Schenkung zu *Jyllands Herregårdsmuseum* (Gutsmuseum). Unter den gut 20 zugänglichen Räumen sind ein Renaissancesaal mit Balken- sowie ein Rittersaal mit Stuckdecke und acht großen Gobelins bemerkenswert. Sie zeigen die Herrensitze der Grafen Skeel, die von 1662 bis 1926 auch Besitzer von Gammel Estrup waren. Im Südturm führt eine enge Treppe in eine Alchemistenküche: Einer der Herren von Gammel Estrup versuchte hier, Gold herzustellen. Im Wirtschaftshof ist *Dansk Landbrugsmuseet*, das dänische Landwirtschaftsmuseum, untergebracht. Im Sommer werden regelmäßig unter Einbeziehung der Besucher alte Techniken vorgeführt, z. B. Korndreschen und -mahlen.

Clausholm 29, 13 km südlich von Randers, ist untrennbar mit einem großen Gesellschaftsskandal des frühen 18. Jh. verbunden: König Frederik IV. traf bei einem Ball in Kolding die 18jährige Anna Sophia Reventlow und war hingerissen. 1712 ließ er sie vom elterlichen Gut Clausholm praktisch entführen und nahm sie als Frau ›zur linken Hand‹, wie solche Art Verbindungen höflich bei Hofe genannt wurden. 1721, Frederiks verstorbene erste Frau Louise war gerade einen Tag unter der Erde, heiratete er Anna Sophie offiziell und machte sie zur neuen Königin. Alle sechs Kinder des Paares starben bald nach der Geburt. Dies und andere Schicksalsschläge machten den einstigen Draufgänger Frederik zu einem frömmelnden Pietisten. Nach seinem Tod lebte Anna Sophie – von Frederiks Sohn aus erster Ehe, Christian VI., vom Hofe in Kopenhagen verbannt – als Witwe wieder in ihrem Elternhaus Clausholm, wenn auch mit höfischem Pomp. Zu den Höhepunkten des Barockschlosses gehören neben den Gartenanlagen der große Gartensalon mit ursprünglicher Möblierung und das chinesische Zimmer mit dekorierter Wandtäfelung.

Eine spannende Kombination von Naturerlebnis und Kunst garantiert der **Skulpturenpark ›Krakamarken‹** 30 neben dem Ökohof ›Brusgårds Produktionshøjskole‹. Künstler aus aller Welt können hier Werke aus vergänglichen Naturprodukten in den 27 ha großen Park setzen oder die sanfte Hügellandschaft in irgendeiner Form künstlerisch verändern. Da kann man dann eine überdimensionierte Waschmaschine in einem Hain stilisierter Bäume stehen sehen – alles aus Holz versteht sich, bewußt vergänglich und veränderlich. Auf dem Hof Brusgård gibt es eine Information zum Naturkunst-Park sowie ein Café-Restaurant.

Randers 31 (s. S. 353), heute mit knapp über 60 000 Einwohnern Dänemarks sechstgrößte Stadt, entstand schon gegen Ende der Wikingerzeit als Handelsplatz an einem Gudenå-Übergang. Dänemarks längster Fluß fließt hier kaum merklich in den Randers Fjord. Die Mündung markiert auf der Paradiesinsel gleich neben der Randersbro Mogens Møllers Skulptur einer 6 m hohen goldenen Amphore, die von einer kleinen Bronzefrau bestaunt wird.

Am Nordufer der Gudenå, etwas westlich der Brücke, bekam Randers im

Mai 1996 das derzeit jüngste Kind aus der Familie der in Dänemark so populären Wissenschafts-Erlebniswelten: ›Regnskoven‹ präsentiert unter zwei Glaskuppeln Flora und vor allem Fauna des Regenwaldes. Wer nach dieser tropischen Schwüle Durst verspürt, wird auf der nahen *Storegade,* die von der Randersbro ins Zentrum führt, nicht enttäuscht: Die Zapfhähne der Lokale an der populärsten Kneipenstraße von Randers werden über ein unterirdisches Leitungssystem aus zentralen Tanks der heimischen Brauerei Thor mit Bier versorgt.

Im Zentrum sind mehrere *Fachwerkhäuser* in das Straßenbild integriert, insbesondere im Umfeld des barocken *Rathauses.* Es hat bewegte Zeiten hinter sich: 1930 wurde es komplett um 3 m verschoben, weil es dem wachsenden Verkehr im Wege stand – zwei Granitplatten markieren die alte Position. Auf dem Rathausplatz erinnert ein Denkmal an Niels Ebbesen, Volksheld und Tyrannenmörder. Ebbesen beendete 1340 einen demütigenden Zustand für ganz Jütland, als er in Randers Gerhard den Kahlen, Graf von Rendsburg, tötete, der über Jahre hinweg als Pfandherr die gesamte Halbinsel rücksichtslos geschröpft hatte.

›Kulturhuset‹ vereint unter einem Dach neben der Stadtbibliothek und einem lokalhistorischen Archiv auch das *Kulturhistorisk Museum,* u. a. mit reich ausgestatteten Bürgerstuben verschiedener Epochen, sowie das angesehene *Randers Kunstmuseum* mit einer ausgezeichneten Sammlung von dänischer Kunst des 19. und 20. Jh.

Randers ist Mittelpunkt einer Region mit reicher Kalkmalerei in den Landkirchen. Die **Råsted Kirke** 32, 8 km nordwestlich, ist mit ihren groß angelegten romanischen Fresken von ca. 1175 eines der besten Beispiele dieser mittelalterlichen Kirchenkunst in Jütland.

Wer alte Eisenbahnen oder auch nur nostalgische Momente liebt, sollte sich unbedingt im örtlichen i-Büro nach aktuellen Fahrplänen zweier **Oldtimerbahnen** erkundigen, die in den Sommermonaten ab Randers direkt bzw. in der Umgebung verkehren: Die *Mariager–Handest Veteranjernbane* fährt in die alte Klosterstadt Mariager im Norden (s. S. 256), und die Züge der *D. F. F. D.,* für *Djursland for fuld Damp* oder auch deutsch ›Djursland unter Volldampf‹, rollen nach Allingåbro im Osten.

Ein Schlenker ins Binnenland führt westlich Randers auf der Straße 525 durch das naturschöne Gudenå-Tal. In **Ulstrup** 33 liegt wieder ein Schloß am Wege, das im 17. Jh. von der Skeel-Dynastie gebaut wurde, ein weiteres mit

Das ›El-Museum‹ bei Randers beschäftigt sich mit dem Thema Elektrizität

einem zugänglichen Park findet sich einige Kilometer nördlich der Strecke am Ostufer des Fussing Sø.

Aus neuerer Zeit stammt das größte Wasserkraftwerk des Landes, Gudenå-centralen, am Tange Sø, zu dem die Gudenå 1921 aufgestaut wurde. In den alten Kraftwerksbau aus rotem Backstein, ein schönes Beispiel für Industriearchitektur der frühen 20er Jahre, ist jetzt das ›Elmuseum‹ 34 – ›El‹ steht für ›Elektro‹ – eingezogen. Die Anlage läuft noch auf vollen Touren und kann bis in die Maschinenhalle hinein besichtigt werden. Außerdem werden – auch für Kinder und Jugendliche verständlich aufbereitet – Elektrizität und ihr Wirken erklärt, und man kann viele Experimente selbst durchführen.

Wenige Kilometer südlich der Hauptstraße 26, die nach Århus zurückführt, können Fans alter Technik noch einmal ihrer Liebe huldigen: Das ›**Jysk Automobilmuseum**‹ 35 in Gjern präsentiert knapp 150 auf Hochglanz polierte Personenwagen, Lastwagen und Motorräder – Schwerpunkt der Oldtimersammlung ist die erste Hälfte des 20. Jh.

Wo der Kontinent sich nach Norden reckt – Nordjütland

Nordjylland, wie Nordjütland im Dänischen heißt, bezeichnet formal ein Amt, also eine regionale Verwaltungseinheit, aber auch einen Landesteil, dessen Grenzen etwas weiter gefaßt sind und mit der Region Thy und der Limfjord-Insel Mors auch Teile des Viborg Amt einschließt.

Unumstrittene Hauptstadt Nordjütlands ist Aalborg, an einer engen Stelle des Limfjords gelegen, der Jütland von der Nordsee bis zum Kattegat durchzieht und aus Thy, Hanherred und Vendsyssel praktisch die zweitgrößte dänische Insel macht, 4685 km² groß und von etwas mehr als 300 000 Menschen bewohnt..

Landhebungen haben hier Grund und Boden seit der letzten Eiszeit langsam, aber stetig aus dem Meer steigen lassen. Das Land um Skagen scheint regelrecht auf einem geologischen Fahrstuhl zu liegen – um 13 m hob es sich in den letzten sechs Jahrtausenden. Hügel, Anhöhen und Steilklippen von heute waren einst Inseln im sog. ›Steinzeitmeer‹, während alle flachen Gebiete dazwischen erst wenige tausend Jahre trockenliegen.

Dies hat angenehme Folgen: Mit ein paar Ausnahmen zum Kattegat hin ist die gesamte Küstenlinie Nordjütlands ein durchgehender Badestrand. Ganz speziell ist das Strandangebot in der Umgebung von Skagen, wo man mal an der Nordsee, mal an der Ostsee baden kann. Im Vergleich zur Nordsee gelten die Strände an der Ostsee und am Limfjord als kinderfreundlich, weil flach abfallend und mit deutlich weniger Strömungen.

Zwar ist das Auto in Nordjütland das bequemste Transportmittel, aber es gibt Alternativen. Die Region besitzt ein ausgezeichnetes Netz von Radwanderwegen. Allein der nordjütische Teil der nationalen Radroute 1, ›Vestkyststien‹, mißt von der Limfjordmündung bis Skagen gut 240 km und führt zu allen Attraktionen entlang der Küste.

Und selbst der öffentliche Transport ist touristenfreundlich: ›Nordjyllands Trafikselskab‹, die regionale Verkehrsgesellschaft, läßt speziell für Urlauber in den Sommermonaten mehrmals täglich Linienbusse auf regelrechten Touristenrouten verkehren.

Mehr als nur Akvavit – Aalborg

■ (s. S. 365) Mit etwa 155 000 Einwohnern in Stadt und Umland – wozu auch das eingemeindete Nørresundby nördlich des Limfjord gehört – ist Aalborg Dänemarks viertgrößte Stadt. Um gleich einen Grund für Irrtümer auszuräumen: Ålborg mit dem ›Å‹ in vielen älteren Karten meint die gleiche Stadt. Aalborg wehrte sich am vehementesten gegen die Folgen einer Rechtschreibreform in den 50ern, die aus dem Aa das Å machte und darf jetzt auch ganz offiziell wieder die alte Schreibweise benutzen.

Am Nordufer des Limfjords, der hier kaum mehr als einen halben Kilometer breit ist, lag nachweislich schon in der Eisenzeit eine Siedlung, und auch das eigentliche Aalborg auf der Südseite des Fjords ist seit dem frühen 11. Jh. nachgewiesen. Reich wurde die Stadt durch Handel, der von der günstigen Lage am Limfjord und den guten Hafenbedingungen profitierte; 1342 erhielt Aalborg die ersten nachweisbaren Privilegien. Während der Grafenfehde, 1533–36, litt die Stadt wie keine andere in Jütland, erlebte aber wenige Jahrzehnte später eine Blütezeit, die sich in herrlichen, großbürgerlichen Renaissancebauten widerspiegelt.

Lange war Aalborg die zweitgrößte Stadt Dänemarks und entwickelte sich im späten 19. Jh. zu einem bedeutenden Industriestandort, u. a. mit Zement-, Tabak- und Schnapsfabriken, Webereien und Werften. Die weltweit bekanntesten Aalborger Produkte sind die Kümmelschnäpse Aalborg Akvavit – Rød Aalborg – und die verfeinerte Edelvariante Aalborg Jubilæum.

Alkoholisches wird aber nicht nur produziert, sondern auch reichlich konsumiert: Keine andere Stadt in Dänemark hat einen so eindeutigen Ruf als Kneipenstadt, und nirgendwo findet man Bars, Bierlokale, Restaurants und Diskotheken so komprimiert wie in der und um die nur knapp 200 m lange Jomfru Ane Gade mitten im Zentrum von Aalborg. Gut zwei Dutzend Lokale reihen sich dort aneinander, von der Burger-Bude über ›Fru Jensen‹, eine Kneipe, in der Musik oft live zu hören ist und die samstags zum Mittag ein bekanntes und spottbilliges Heringsbuffet aufdeckt, bis zum edlen Restaurant mit französisch inspirierter Küche. Am Nordende, gleich um die Ecke, gibt es sogar ein Spielkasino.

Und da Aalborg sich angesichts der Jomfru Ane Gade als längste Theke Dänemarks schon den Vergleich mit Düsseldorf gefallen lassen muß, sollte es nicht überraschen, daß die Stadt auch eine Karnevalshochburg ist. Nur hat Straßenkarneval in Dänemark keine lange Tradition, sondern ist in den 70er Jahren als spontaner Ulk aus der Studentenbewegung entstanden, mit vielen Anleihen an südamerikanische Sambafeste. In Aalborg hat er sich gut gehalten und scheint Tradition geworden zu sein. Übrigens: Der Aalborger Karneval findet über Pfingsten statt.

Stadtbummel

Parallel zum Limfjord zieht sich ein Netz von Fußgängerzonen mit zahlreichen Geschäften quer durch die Innenstadt. Südlich der Haupteinkaufsstraße Bis-

In der Altstadt von Aalborg

pensgade findet sich, mit einem kleinen Durchgang verbunden, der C. W. Obels Plads, den schmucke Fachwerkhäuser säumen und auf dem im Sommer umliegende Kneipen und Restaurants ihre Gäste unter freiem Himmel bedienen. Das **Helligåndskloster**  – das Heiliggeistkloster – stößt im Westen an den Platz. Da sich schon die ersten Mönche hier um die Betreuung von Alten und Kranken kümmerten und noch heute Altenwohnungen in der Anlage untergebracht sind, gilt es als die mit Abstand älteste soziale Einrichtung des Landes.

Die **Skt. Budolfi Kirke** 2, Aalborgs Dom, wurde Anfang des 15. Jh. über den Resten einer romanischen Kirche gebaut und später immer wieder verändert, zuletzt in den 40er Jahren unseres Jahrhunderts, als der Chorraum um etliche Meter erweitert wurde; die markante barocke Turmspitze stammt von 1779. Namenspatron der Kirche ist der englische Seefahrer-Heilige Botulphus,

der im frühen Mittelalter dank der guten Beziehungen zur Insel auch in Dänemark populär war.

Das spätbarocke **Rathaus** 3 gleich neben dem Dom am Gammel Torv stammt von 1762 und zeigt über dem Hauptportal Wappen und Wahlspruch – »Prudentia & Constantia« (Umsicht und Beständigkeit) – von Frederik V. Das Alte Rathaus wird von Dänemarks schönstem Bürgerhaus aus der Renaissance überragt, dem **Jens Bangs Stenhus** 4. Das fünfstöckige Gebäude entstand 1623/24 im Auftrag des Großkaufmanns und Reeders Jens Bang. Der war nicht nur reich, sondern offensichtlich auch ein unangenehmer Zeitgenosse: Eine der Fratzen, die von der Südwand mehr als deutlich in Richtung Rathaus ihre Zunge ausstreckt, trägt seine Züge. Bang war wütend, weil er nie Ratsherr und Bürgermeister wurde.

Die Vorderfront des Jens Bangs Stenhus zeigt zur Østerågade, und das ›å‹ im

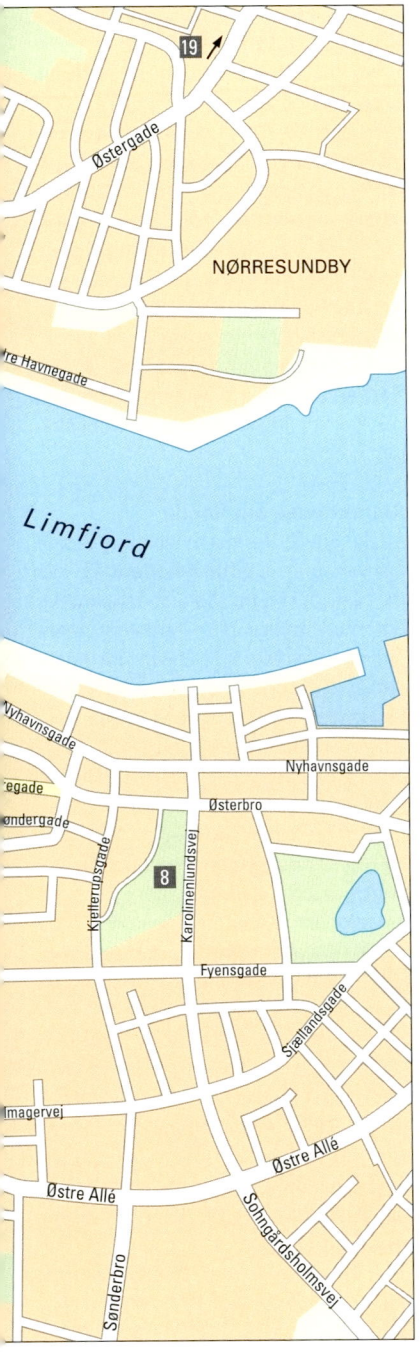

Aalborg 1 Helligåndskloster 2 Skt. Budolfi Kirke 3 Rathaus 4 Jens Bangs Stenhus 5 Jørgen Olufsens Gård 6 Schloß Aalborghus 7 Vor Frue Kirke 8 ›Tivoliland‹ 9 Historisk Museum 10 Cimbrertyren 11 Gåsepigen 12 Aalborghallen 13 Nordjyllands Kunstmuseum 14 Aalborgtårn 15 Zoo 16 Danmarks Tekniske Museum 17 Søfarts- og Marinemuseum 18 Lindholm Høje 19 ›Tropisk Sommerfugle Farm‹

Namen deutet auf einen kleinen Fluß hin. In der Tat floß hier – heute unterirdisch verrohrt – ein Arm der ›Östlichen Aa‹. Die bildete ein Mündungsdelta von fünf bis ins 19. Jh. hinein schiffbaren Wasserläufen, die Aalborg in mehrere Inseln teilte und der Stadt den Beinamen ›Venedig des Nordens‹ einbrachte. Die Handelshäuser an der Østerå hatten ihre Anleger direkt vor der Tür, so z. B. ein Stück Richtung Limfjordufer der **Jørgen Olufsens Gård** 5 unter Nr. 25, Aalborgs zweite große bürgerliche Hinterlassenschaft aus der frühen Renaissance. Der Kaufmannshof entstand zwischen 1580 und 1616 für einen Bruder von Jens Bang. Zur Østerågade zeigt das Gebäude eine Backsteinfassade mit prächtigen Sandsteinarbeiten, darunter direkt über der Tür eine Frauenfigur, ›Aalborgpigen‹, das Aalborg-Mädchen. Der benachbarte Hamborggård unter Nr. 25 ist nur wenige Jahre älter als Jørgen Olufsens Gård, aber gänzlich in Fachwerkbauweise entstanden.

Weitgehend Fachwerk zeigt auch **Schloß Aalborghus** 6, das sich am Limfjordufer ein paar Schritte gen Osten hinter einem wuchtigen Torhaus versteckt. Die ältesten Teile entstanden kurz nach der Grafenfehde. In dem Vorgängerschloß hatte sich 1534 ein aufständisches Bauernheer unter dem legendären Skipper Clement verschanzt, das von königstreuen Truppen aufgerieben wurde. Heute ist Aalborghus Sitz von Regionalbehörden. Innenhof und Garten sowie ein Verlies sind zugänglich.

Die **Vor Frue Kirke** 7 ersetzte 1878 die baufällig gewordene romanische Kirche eines ansonsten gänzlich verschwundenen Benediktinerinnen-Klosters. In den Neubau wurden einige reliefverzierte Mauerteile des alten Gotteshauses integriert, deutlich zu sehen am Westportal zur Peder Barkes Gade hin. Diese Gasse ist das romantische Schmuckstück des Viertels rund um die Vor Frue Kirche mit vielen Häusern aus dem 17., 18. und 19. Jh. Hier wird bewußt ein historisches Kleinstadtmilieu als lebendiger Teil einer modernen Stadt erhalten.

Hält man sich nach Osten, führen mehrere Wege zum ›**Tivoliland**‹ 8. In diesem Versuch, das Kopenhagener Tivoli zu kopieren, wirkt alles greller und lauter als beim Original; der Name allein kann eben die Atmosphäre des Vorbildes nicht erzeugen. Also geht man besser in westliche Richtung: Vor der Vor Frue Kirche zieht sich eine muntere Fußgängerzone mit vielen kleineren Boutiquen und Shops über die Nørregade, die Bredegade und die Algade bis zur Østerågade, gleich neben dem Alten Rathaus.

Geht man die Algade dann jenseits der Østerågade weiter, passiert man noch einmal den Dom und stößt gleich dahinter auf ein schmuckes Haus, das wie ein ländlicher Herrensitz aussieht: die Hauptpost, ein Werk des Historismus der Jahrhundertwende. Nebenan zeigt das **Historisk Museum** 9 wirklich Historisches, u. a. ›Aalborgstuen‹, einen Raum, wie er zur Blütezeit der Renaissance Anfang des 17. Jh. in einem der reichen Kaufmannshöfe der Stadt ausgesehen haben dürfte. Daneben be-

sitzt das Museum eine ausgezeichnete Sammlung historischer Gläser.

Ist die Straße Vesterbro erreicht, blickt man in Richtung Fjordbrücke auf das gesenkte Haupt des **Cimbrertyren** 10, des Cimbrischen Stiers, der mitten auf der Straße an eines der Ur-Völker erinnert, die vor der Völkerwanderungszeit im Norden Jütlands gesiedelt haben sollen: die Kimbern. Die Skulptur von Anders Bundgård (1897–1976) stammt aus den 30er Jahren, ebenso wie zur anderen Richtung hin **Gåsepigen** 11, das Gänsemädchen, ein Aalborger Pendant zur kleinen Meerjungfrau in Kopenhagen.

Attraktionen am Rande

An der Straße Vesterbro Richtung Süden passiert man ›**Aalborghallen**‹ 12, wo im Mai, Juni und August regelmäßig Sommerkonzerte des Aalborger Symphonieorchesters stattfinden. Im Kildeparken daneben stehen zahlreiche Skulpturen, darunter Arbeiten des Klassizisten Bertil Thorvaldsen (1770–1844) und des Naturalisten Carl F. Bonnesen (1868–1933).

An der Kong Christians Allé liegt **Nordjyllands Kunstmuseum** 13. Es zeigt moderne dänische, aber auch internationale Kunst vornehmlich des 20. Jh. Vor allem, was die dänische Malerei betrifft, bekommt man hier einen ausgezeichneten Überblick über die verschiedenen Strömungen in diesem Jahrhundert: Vom Künstler des modernen Durchbruchs J. F. Willumsen (1863–1958) über Surrealisten, Konstruktivisten und die CoBrA-Gruppe bis zur Fluxus-Bewegung, die mit Arbeiten von Arthur Köpcke (1928–77) repräsentiert wird. In den Skulpturenpark vor dem Museum locken Eisenskulpturen von Robert Jacobsen (1912–93) und Mogens Møller (geb. 1934) sowie Bjørn

Nørgaards (geb. 1947) phantasieanregendes Traumschloß. Das lichtdurchflutete Museumsgebäude, eingebettet in eine Grünanlage zu Füßen eines Hügels und 1972 eingeweiht, ist selbst längst ein Stück klassisch gewordener moderner Architektur. Hauptschöpfer ist der Finne Alvar Aalto (1898–1976).

Auf dem Hügel hinter dem Museum ragt der **Aalborgtårn**  auf, dessen Aussichtsplattform, 105 m über dem Meeresspiegel, einen phantastischen Blick über die Stadt und den Limfjord bietet. Schöne Aussichten von nicht ganz so schwindelerregenden Höhen, aber ohne Eintritt, hat man auch bei einem Spaziergang durch die benachbarten Grünanlagen des Mølleparken.

Weiter gen Süden findet man **Aalborg Zoologiske Have** , einen der größten Tierparks in Skandinavien, und schließlich **Danmarks Tekniske Museum** am Riihimäkivej, das sich in der eigenen Sammlung auf Kommuni-

kationstechnik von antiken Schreibgeräten bis zum Satelliten-TV spezialisiert, aber auch Ausstellungen zu anderen Themen aus Technik und Naturwissenschaften zeigt.

Der maritimen Technik hat sich das **Søfarts- og Marinemuseum** am Westrand des Zentrums direkt am Limfjord verschrieben. Das Museum setzt stark auf die Faszination von Kriegsgerät und präsentiert, mit allerlei Effekten zum virtuellen Erlebnis gesteigert, das letzte in Dänemark gebaute U-Boot sowie ein Torpedoschnellboot, beides ausgemusterte Originale.

Um eine der größten Attraktionen Aalborgs und eine der wichtigsten historischen Sehenswürdigkeiten Dänemarks zu sehen, muß man den Limfjord überqueren. Am Rande des eingemeindeten Nørresundby liegt **Lindholm Høje** , der Großfriedhof einer Siedlung der Eisen- und Wikingerzeit (etwa 500 bis 1050 n. Chr.). 682 Gräber – die meisten

Das Marinemuseum in Aalborg

Brandgräber – sind hier lokalisiert, etwa 150 mit Steinsetzungen, viele davon in Schiffsform, wie es zur Wikingerzeit bis etwa 900 n. Chr. Mode war. Neben den Gräbern wurden auch Hausfundamente und ein versteinerter Acker ausgegraben. Alles ist so gut bewahrt, weil Lindholm Høje ab Mitte des 11. Jh. sein ureigenes Pompeji-Erlebnis hatte: Die Vorzeit-Nekropole nebst Siedlung versank zwar nicht unter der Asche eines Vulkanausbruchs, aber unter einer ebenso konservierenden Flugsanddüne: Die Gräber und Siedlungsreste waren zum Teil von einer 4 m hohen Sandschicht bedeckt.

Gleich neben dem Gräberfeld werden im *Lindholm Høje Museum* Funde aus der Germanischen Eisenzeit und der Wikingerzeit gezeigt, und das ganze Gelände ist Ende Juni regelmäßig Schauplatz eines großen Wikingermarktes, zu dem sich alle Beteiligten im Dress der Zeit kleiden.

Mitten in einem Gewerbegebiet am Nordoststrand von Nørresundby nahe der Autobahn E 45 wird es dann ganz exotisch: Ein mehrere hundert Quadratmeter großes Treibhaus ist die Heimat der ›Tropisk Sommerfugle Farm‹ **19**. Mit *Sommerfugle* meint das Dänische Schmetterlinge, und hier flattern unter Glas in tropischer Vegetation Hunderte meist sehr bunte, manchmal aber auch geschickt getarnte Exemplare herum.

Rund ums Himmerland

Das sanft gewellte und waldreiche Himmerland wird im Norden und Westen vom Limfjord umschlossen, im Osten vom Kattegat und im Süden vom Mariager Fjord. Die Landgrenze beschränkt sich auf 30 km westlich von Hobro. Von Aalborg beginnt die Rundfahrt am Südufer des östlichen Limfjords ent-

lang, der hier Langerak heißt und bis Aalborg hinein von Hochseeschiffen mit einem Tiefgang von knapp über 10 m befahren werden kann – ein interessanter Anblick, wenn plötzlich ›große Pötte‹ durch die Felder ziehen.

Zwischen Egense und Hals an der Mündung des Fjords in das Kattegat bietet eine Kleinfähre noch einmal die Chance, nach Norden abzubiegen, sonst fährt man erst einmal an der Küste entlang südwärts auf altem Meeresboden. Erst die allgemeine Landhebung Norddänemarks nach der Steinzeit machte hier aus einem flachen Ostseeausläufer ein Stück Festland. Nur die Mulbjerge waren schon immer trockenes Gebiet, sie ragten als Inseln aus den Fluten und bieten heute bei einer Maximalhöhe von 48 m schöne Aussichtsplätze auf Küste und Hinterland. Landeinwärts liegt bald das **Lille Vildmose** **1**, das ›Kleine Wildmoor‹. Als es diesen Namen bekam, mag es ein kleines Moorgebiet gewesen sein, heute, da viele andere Moore kultiviert sind, ist es mit 5000 ha das größte im Lande. Teile stehen unter Naturschutz. An der Küste, in **Øster Hurup** **2**, konzentriert sich das Badeleben im Osthimmerland. Hier gibt es den besten Strand der Region, sowie einen großen Ferienpark, dessen tropisches Badeland das ganze Jahr hindurch Badefreuden garantiert.

Bei Als biegt man wieder nach Westen und muß sich in Hadsund entscheiden, auf welcher Seite des Mariager Fjord man weiter fahren will. Die Empfehlung: Wechsel an das landschaftlich ungemein schöne Südufer, denn dort lohnt die Stadt der Rosen, **Mariager** **3**, einen Stopp. Romantisch, idyllisch, typisch dänisch, wie im Märchen – all das sind Beschreibungen, die bei diesem Städtchen in den Sinn kommen. Die ehemals gotische Kirche eines

Lindholm Høje, ein Gräberfeld aus der Eisen- und Wikingerzeit

Birgittenklosters fiel im späten 18. Jh. einer durchgreifenden Restaurierung anheim, die Chronisten wie der dänische Reisebuchautor Jens Fleischer schlicht als ›Vandalismus‹ bezeichnen. Bekanntes Inventar der Kirche sind zwei spätbarocke Christusfiguren, Requisiten ehemaliger Passionsspiele.

Der Name der Stadt Hobro am Ende des 30 km langen und sehr schmalen Mariager Fjord wird meist zusammen mit der Wikingerburg **Fyrkat** 4 (s. S. 333) genannt, die 3,5 km südwestlich des Zentrums in schöner Landschaft eingebettet am Rande eines Flußtals zu finden ist. Nach Erkenntnissen der Archäologie gehörte Fyrkat zu vier großen Kasernenanlagen, die unter der Regentschaft von Harald Blåtand um 980 entstanden. Innerhalb der Burg mit ihrem Durchmesser von 120 m standen 16 Langhäuser zu vier Gruppen, alle identisch, wie aus dem Reihenhauskatalog gebaut. In drei der Viertel des Innenho-fes sind die Grundrisse der Häuser mit Zement kenntlich gemacht, das letzte Viertel harrt noch einer Ausgrabung: Hier haben Archäologen ganz bewußt ein Feld für eventuell besser ausgerüstete Nachfolger unbearbeitet gelassen. Funde aus der Burg sind im *Hobro Museum* in der Stadt ausgestellt. Das Haus, das heute am Eingang zur Anlage steht, ist eine Rekonstruktion, ebenso wie der Wikingerhof, der im Sommer mit buntem Leben in zeitgemäßer Kostümierung gefüllt ist.

Nördlich von Hobro, etwa auf halbem Wege nach Aalborg, bildet der **Rold Skov** (s. S. 355) mit fast 9000 ha das größte zusammenhängende Waldgebiet Dänemarks. In **Rold** 5, am Südrand des Waldes, ist im ehemaligen Winterquartier eines traditionsreichen dänischen Zirkus das ›Circus Museum‹ eingerichtet.

Am Nordrand liegt Dänemarks ältester Nationalpark, **Rebild Bakker** 6, ein von tiefen Tälern durchzogenes Hei-

S k a g e r r a k

Tannis Bugt

Kandestede
Råbjer
Mil

Råbjerg Kirke
Hirtshals   Tannisby   **28**   **31**   O
33   Tuen   **29**   re

Uggerby   **32**   Bindslev
30

Lønstrup   **35**   Hjørring   **34**
36   Rubjerg
Knude

37   Børglum-
Løkken   kloster
38   Vrå   **39**

Blokhus   **40**

Jammerbugten

Store   **20**   **Voe**
Vildmose   **22**

Tranum   Åbybro   Hjallerup   Dronninglund
Strand   **21**
Slettestrand

Fjerritslev   **16**   Brovst   Lindholm
Husby   **19**   Høje
18   Kokkedal Slot   Hals
17   Hvissehøj   Gjøl Bredning   Ålborg
Løgstør   **Aggersborg**   Sønderholm   **15**
Bredning   Nibe   **Troldkirken**   Lille
Løgstør   **12**   **14**   Vildmose   Egense
Skarp   **1**
Limfjorden   Salling   **13**

Ertebølle   Thingbæk   **2**   Øster Hur
11   **10** Års   **7** Kalkmine   Als
Rebild   **6**
5 Bakker   Hadsund   Mar
Ålestrup   Fj
9   Rold

Hobro   Mariager
Klejtrup   **8**   **Fyrkat**   **4**   **3**
Sø

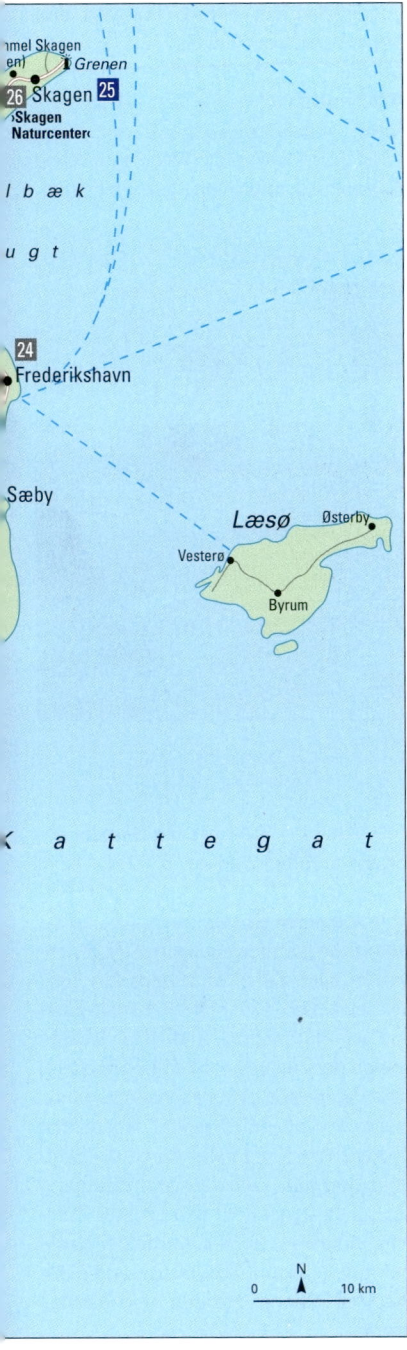

deplateau. Der Nationalpark geht auf eine Schenkung von Nachfahren dänischer Auswanderer in den USA zurück. An deren Schicksale erinnert ein Auswanderermuseum, untergebracht in einer Nachbildung des Blockhauses, in dem Abraham Lincoln seine Jugend verbrachte, ›Lincoln Log Cabin‹. Die Rebild Bakker bilden auch in jedem Jahr am 4. Juli den Rahmen für das größte und traditionsreichste Fest zum amerikanischen Unabhängigkeitstag in Europa. Steile Abhänge führen in die Täler hinab und Wanderwege erschließen einen urtümlichen Buchenwald. Um den Zauberwald Troldeskov, in dem sich Baumstämme eigenartig verformt haben, rankt mancher Aberglaube: Werden Kinder durch die Löcher zwischen zusammengewachsenen Stämmen gehoben, schützt es sie vor Krankheiten.

Westlich des Nationalparks ist nahe der Straße 180 die ›**Thingbæk Kalkmine**‹ **7** zu besichtigen: Zwei Minensysteme, in denen Kalk abgebaut wurde, bilden tief unter der Erde einen der ungewöhnlichsten Kunstausstellungsräume des Landes. Hier stößt man auf Modelle bekannter Skulpturen wie des Cimbrertyr aus Aalborg (s. S. 254) und des Gefionsbrunnens aus Kopenhagen (s. S. 64).

Etwa 12 km südwestlich von Hobro stößt man auf den **Klejtrup Sø** **8**. Am Seeufer ist eine Weltkarte von der Größe eines halben Fußballfeldes zu ›begehen‹. 27 cm auf dieser Karte entsprechen in der Realität 111 km – keine der großen Sehenswürdigkeiten, aber eine jener kleinen, die Dänemarks Charme ausmachen; ein Familienausflugsziel.

In **Aalestrup** **9** zeigt ›Danmarks Cykelmuseum‹ anhand von mehr als 150

Modellen die Entwicklung des Zweirads von eisenbeschlagenen Holzesel bis zum modernsten Drahtesel – an traditionsreichem Ort: Bis 1960 stand in Aalestrup die größte dänische Fahrradfabrik.

In **Aars** 10 befindet sich das archäologisch-volkskundliche *Vesthimmerlands*

Fundstellen der älteren Steinzeit entdeckt, eine etwa 6000 bis 7000 Jahre alte Müllhalde – genannt *køkkenmøddinger* (Küchenabfälle) – mit Flint-, Knochen-, Horn- und Keramikgegenständen. Der Fund, über den vor Ort heute eine kleine Ausstellung informiert, gab einer gan-

Das Limfjordmuseum in Løgstør

Museum, in dem u. a. bronze- und eisenzeitliche Funde aus den umliegenden Mooren ausgestellt sind; einer der wertvollsten davon ist eine teilweise mit Blattgold belegte Silberschale keltischen Ursprungs – nach dem Bezirk des Fundortes ›Gundestrupkarret‹ genannt (s. S. 19). Wahrscheinlich kam die mit Bildreliefs von figurenreichen Kampfszenen und Götterporträts geschmückte Schale etwa um 100 v. Chr. als Opfergabe in das Moor; das Original ist heute im Nationalmuseum von Kopenhagen, eine Kopie aus Silber im Museum von Aars.

Westlich Aars liegt direkt am Limfjord die Siedlung **Ertebølle** 11. Hier wurde schon im 19. Jh. eine der ergiebigsten

zen Kultur der Steinzeit den Namen, der Ertebølle-Kultur von ca. 5200 bis 4200 v. Chr. (s. S. 17).

In **Løgstør** 12 informiert das volkskundliche ›Limfjordmuseum‹, eingerichtet im alten Kanalwärterhaus am 1861 eingeweihten Frederik-VII.-Kanal, über die Limfjordregion und das frühere Leben dort, insbesondere über Fischerei und Fährwesen. Der 4,4 km lange Kanal, heute vor allem Liegeplatz, sollte den Fjordschiffern die Fahrt durch die Strömungen und Untiefen am Übergang zwischen Aggersund und Løgstør Bredning ersparen. Gebaut wurde der Kanal nur mit Schaufel, Schubkarre und Manneskraft, ohne großes technisches Gerät.

Für die Weiterfahrt haben Sie mehrere Alternativen: Die erste führt über **Skarp Salling** 13, wo Mitte des 12. Jh. eine in der dänischen Landkirchenarchitektur außergewöhnliche Quadersteinkirche entstand, die bis heute turmlos blieb: die Miniaturausgabe einer dreischiffigen, romanischen Basilika mit drei Apsiden. Zur Entstehungsgeschichte gibt es nur eine Legende, danach waren drei reiche Jungfrauen, die sich den Kirchweg verkürzen wollten, die Stifterinnen.

Nibe 14 wurde im Mittelalter durch Heringsfang und -verarbeitung reich, drei der silbernen Fische im Stadtwappen und ein Heringsfängerboot als Votivschiff in der Ortskirche erinnern daran. Mit dem Ausbleiben der Heringsschwärme kam der tiefe Fall. Ein paar malerische Winkel entlang Fjordgade und Strandgade haben ein altes Fischermilieu bewahrt.

Troldkirken 15 ist ein ansehnliches Dolmengrab mit freistehender Grabkammer aus sechs Trage- und einem gewaltigen Deckstein und gut 50 Randsteinen, nördlich der alten Landstraße zwischen Sønderholm und Frejlev. Der Weg zu diesem Monument der Bauernsteinzeit, das auf einer Anhöhe thront, lohnt schon wegen der Aussicht nach Norden auf den Limfjord, auf sein Nordufer und über weite Teile der Region Hanherred.

In diese Region hinein führt die nördliche Alternative für den Abschluß dieser Route. Nahe Løgstør sorgt die moderne Aggersund-Brücke für einen reibungslosen Wechsel ans Nordufer des Limfjord. Von der Brücke bis zu schönen Nordseestränden wie Grønnestrand, Slettestrand und Tranum Strand oder zum traditionsreichen Svinklov-Badehotel vor dem über 50 m hohen Svinklov Plateau, sind es nur 15 bis 20 km. Auf halbem Weg dorthin liegt **Fjerritslev** 16, die Hauptstadt von Hanherred. 1885 entstand hier ein Brauhaus, in dem heute ein Brauereimuseum über die Herstellung von Bier nur noch informiert.

Die vorgeschlagene Route hält sich nah am Limfjord: Wo er sich zu seinem schmalen Ostteil verengt, lag auf einer Landspitze schon im 10. Jh. die **Aggersborg** 17, eine Ringburg vom Typ Trelleborg (s. S. 134) und Fyrkat (s. S. 257). Die Aggersborg war die größte mit einem Durchmesser des Ringwalls von 240 m – das Doppelte der anderen Ringburgen. Sie bot Platz für 48 Langhäuser von je 32,5 m Länge. Diese Größe belegt auch die Bedeutung des Limfjords in der Wikingerzeit. Von der Burg sind heute nur bescheidene Reste erkennbar; sie soll in den kommenden Jahren archäologisch umfangreich untersucht werden. Eine kleine Ausstellung informiert vor Ort über die Anlage, von der nur bescheidene Reste erkennbar sind.

Ein eindrucksvolles und in Dänemark einzigartiges Grab der Steinzeit ist **Hvissehøj** 18 bei Attrup: Von der Hauptkammer sind noch zwei Nebenkammern zugänglich; für einen Besuch unbedingt eine Lampe mitbringen!

Will man das nahe **Kokkedal Slot** 19 besuchen, braucht man dagegen nichts mitzubringen, hier sorgen nämlich die Gastgeber für alles, und man kann sich rundum verwöhnen lassen: Auf dem Herrensitz von 1560 wird heute ein Schloßhotel der edlen Art betrieben, mit einem bekannt guten Weinkeller. Über Brovst, wo sogar das lokale i-Büro in einem Schlößchen aus dem 16. Jh. residiert, und Aabybro ist dann bald Aalborg erreicht.

Ganz nach Norden: Fahrt um Dänemarks Nordkap

Dänemarks Nordkap Grenen bei Skagen ist das Ziel dieser Rundfahrt, die in Aalborg beginnt und endet.

Hjallerup 20, ein Straßendorf an der E 45, ist seit 1744 jeweils am ersten Juniwochenende Schauplatz des bekanntesten und auch traditionsreichsten Pferdemarktes in Dänemark. Der Viehhandel bietet den Rahmen für ein großes Volksfest. Das zieht auch immer eine große Zahl *bisserne* an, jene Tramps der dänischen Landstraße, die mit einem Leierkasten oder einem Kinderwagen, in dem Hab und Gut verstaut sind, durch das Land ziehen. Ihr Markenzeichen ist ein schwarzes Jackett, wenn möglich ein Smoking, dessen Brust von oben bis unten mit Stickern, Buttons und anderen Ehrenzeichen übersät sein muß.

Einige Kilometer östlich erstreckt sich die bewaldete Hügelkette Jyske Ås von Dronninglund nach Øster Vrå und wird von einem guten Netz markierter Fahrrad- und Wanderwege erschlossen, darunter der ca. 30 km lange Jyske Åsstien. Über das ganze Gebiet informiert eine Ausstellung am Südende auf dem Gelände von **Schloß Dronninglund** 21. Dort und in den i-Büros der Umgebung bekommt man Faltblätter mit Kartenskizzen für Touren.

Dronninglund war im frühen Mittelalter Benediktinerinnenkloster. Der letzte katholische Bischof von Nordjütland, der legendär berüchtigte Stygge Krumpen (1480–1551), hatte aber schon vor der Reformation dafür gesorgt, daß kaum noch eine Nonne hier lebte: Vor Stygge war kein Rock sicher, und die Dienerinnen Gottes suchten lieber das Weite als seine Nähe. Heute zeigt sich Dronninglund im Stil des Barock, Folgen

einer durchgreifenden Renovierung Mitte des 18. Jh., und bietet sich als Schloßhotel für romantische Übernachtungen an.

Während der Reformationsunruhen hatte Bischof Stygge Krumpen zusammen mit seiner Mätresse Elisabet Due vor den aufständischen Bauern unter Skipper Clement auf dem nahen, zur Trutzburg ausgebauten Gut **Voergård** 22, 3 km östlich von Flauenskjold, Zuflucht gesucht. Heute wird das äußere Bild ganz von dem Ende des 16. Jh. im Stil der niederländischen Renaissance gebauten Ostflügel mit seinem zwei Ecktürmen geprägt, die Voergård zu einem der schönsten Schlösser seiner Zeit in Jütland machen. Gesimsbänder und zahlreiche Reliefs mit Figuren und Fratzen verzieren das Mauerwerk; Höhepunkt ist das Portal im Stil eines Triumphbogens. Was die Bauherrin Ingeborg Skeel den abgabepflichtigen Bauern auf ihren riesigen Ländereien abpreßte, verpraßte sie für äußere Prachtentfaltung; die Grabkapelle, die sie für ihren Mann und sich in der nahen Voer Kirke bauen ließ, spricht Bände.

Die Pracht, die man heute im Inneren des Schlosses auf Führungen sehen kann, kam erst später mit Ejnar Overbech Clausen nach Voergård: Der Bauernsohn, durch Heirat zu Reichtum und Adelstitel gelangt, kaufte 1955 das Gut als Alterssitz. Unter den vielen Kostbarkeiten seiner Sammlung sind Gemälde von El Greco, Rubens, Raffael, Goya und Frans Hals, flämische Gobelins und kunstvolle chinesische Möbel.

Ein weiterer, etwas bescheidenerer Adelssitz aus der Renaissance, Sæbygård, liegt am Westrand des Städtchens **Sæby** 23 (s. S. 361). Es hat seine Ursprünge in der Wikingerzeit, weil schon damals die Mündung der Sæby Å einen guten Naturhafen bildete. Im Zentrum sieht man viele schmucke Fachwerkhäuser aus dem 17. Jh., vor allem rund um die gotische Skt. Marie Kirke, die für ihre Kalkmalereien mit Marienmotiven bekannt ist. Das ›Sæby Museum‹ zeigt u. a. ein Pensionszimmer aus den Kindertagen des Tourismus, und die sind in Sæby durch einen Literaturklassiker unsterblich geworden: Hermann Bang (1857–1912) beschreibt einen dieser Tage in seinem impressionistischen, fast schon pointillistischen Roman ›Sommerfreuden‹.

Nähert man sich von Sæby aus **Frederikshavn** 24 (s. S. 328), dann kann man die Stadterkundung gleich im Süden mit einem Besuch im kulturhistorischen *Bangsbomuseum* beginnen, das hier, von einem schönen Park umgeben, in einem Gutshof aus der Mitte des 18. Jh. untergebracht ist; Schmuckstück der Sammlung ist das Ellingå-Schiff, ein Wikingerschiff aus dem 12. Jh. Ungewöhnliche Exponate sind Miniaturkunstwerke aus Menschenhaar.

Überhaupt scheint man in Frederikshavn die Kunst im Kleinen zu lieben: Das *Frederikshavn Kunstmuseum* an der Rådhus Allé im Zentrum besitzt eine umfangreiche Exlibris- und Kleingrafik-Sammlung.

Das Stadtzentrum schiebt sich nah an den Hafen heran, einen der bedeutendsten Dänemarks sowohl für die Fischerei als auch für die zivile und militärische Schiffahrt. Regelmäßige Fährverbindungen bestehen nach Læsø sowie nach Norwegen und Schweden. Sie waren jahrzehntelang Motor des Handels in der Stadt, denn sie brachten neben den normalen Reisenden tagtäglich auch Tausende von Tagestouristen aus den nordischen Nachbarländern zum Einkauf nach Frederikshavn.

Bis weit ins 19. Jh. hinein wäre jeder bei dem Versuch, den Schweden den Zugang in die Stadt zu erleichtern, umgehend des Hochverrats bezichtigt worden: Frederikshavn – bis 1818 noch Fladstrand genannt – war von 1690 bis 1864 Festungsstadt des vereinigten Königreiches Dänemark-Norwegen gegen den ewigen Gegner Schweden. Nur der *Krudttårnet,* der Pulverturm, am Havnepladsen hat die Zeiten überstanden, heute ein militärhistorisches Museum. 1974–75 mußte der 4500 t schwere Bau einer benachbarten Werft weichen und wurde in einem Stück um 270 m verschoben.

Anfang des 18. Jh. hatte der Kaperkapitän Peter Tordenskjold (1690–1720) in der Festung seinen Stützpunkt. Noch unter seinem bürgerlichen Namen Peter Wessel – er war gebürtiger Norweger – richtete er im Großen Nordischen Krieg (1700–21) gegen Schweden mit dreisten Husarenstückchen das arg angeschlagene Selbstbewußtsein der nicht sonderlich erfolgreichen Dänen auf, wurde zum Idol seiner Generation, zum Traum aller Mädchen und Frauen und mit 26 Jahren als Peter Tordenskjold – Donnerschild – in den Adelsstand erhoben. Vier Jahre später starb er bei einem Duell in Hildesheim. Heute ist er einer der am meisten abgebildeten Personen der dänischen Geschichte: Sein Lockenkopf ziert die Mehrzahl aller dänischen Streichholzschachteln, außerdem ist er als Namenspatron für Kneipen und Discos nicht nur in Frederikshavn populär.

Im Zweiten Weltkrieg befestigte die deutsche Marine in Frederikshavn den Hafen unter anderem mit einem Hochbunker am Nordrand der Stadt, nicht weit vom Kattegatufer. Er ist heute als *Bunkermuseet* eingerichtet und informiert über die deutsche Besatzungszeit 1940–45, die Befestigung Nordjütlands sowie den Alltag in einer solchen Bunkeranlage.

An das nichtmilitärische Fladstrand des 18. Jh. erinnert noch das alte, aber sorgfältig restaurierte Fischerviertel *Fiskerlyngen* um Gammel Torv, Fiskergade und Strandgade nördlich des Zentrums.

Ab Frederikshavn sind die Insel **Læsø** (s. S. 348), 28 km südöstlich, und die von nicht einmal mehr zehn Menschen bewohnte und gänzlich unter Naturschutz stehende Inselgruppe **Hirsholmene**, 7 km nordöstlich, per Schiff zu erreichen. Beide sind geologisch jung, heben sich noch immer langsam, aber stetig aus dem flachen Meeresgebiet heraus und werden wohl nicht allein bleiben: Nur einige Jahrzehnte alt ist Stokken, eine langgezogene Düneninsel vor Læsøs Westspitze, und ein paar Seemeilen weiter streckt seit Anfang der 90er Jahre eine Sandbank die Nase so weit aus dem Kattegat, daß sie inzwischen als namentragende Insel in der Statistik geführt wird: Lille Knot.

Angaben über die aktuelle Größe von Læsø schwanken – mal wird sie mit 101 km², mal mit 116 km² angegeben – angesichts der ständigen Veränderungen an den Küsten ist das auch kein Wunder. Weite Teile der Insel sind unbebautes, unter Naturschutz stehendes Heide- und Moorgelände sowie ein Staatsforst, der seit 1929 systematisch angepflanzt wird und das Dünengelände Højsande mit den höchsten Stellen der Insel umschließt. Im Süden franst Læsø dann in das Gebiet Rønnerne aus, eine flache Strandwiesenlandschaft mit Sandbänken und Inselchen, die bei Flut teilweise unter Wasser steht, Brut- und Rastgebiet für viele See- und Watvögel und deshalb während der Brutzeit nur beschränkt zu-

gänglich. Für Ornithologen steht ein Beobachtungsturm zur Verfügung.

Neben dem Turm kann man den Nachbau einer historischen Salzsiederei besichtigen, in der während der Sommersaison das alte Siedehandwerk täglich demonstriert wird. Die Anlage an dieser Stelle hat natürlich einen Hintergrund: Læsø war von der Wikingerzeit bis Mitte des 17. Jh. ein Zentrum der Salzgewinnung, die zeitweilig industrielle Züge annahm. Entlang der Südküste von Læsø gab es rund 2000 solcher Siedeplätze. Sie bestanden aus einer Grassodenhütte, in der über einer Feuerstelle in großen Eisenpfannen Salzwasser eingedampft wurde.

Im Hafen von Skagen

Das fürs Sieden benötigte Brennmaterial wurde ohne Rücksicht aus den Wäldern der Insel geholt, bis im 17. Jh. der Holzvorrat erschöpft war. Ein Siedeverbot 1652 half auch nichts mehr; die ökologische Katastrophe war längst da: Sandflug zerstörte weite Teile der verbliebenen Vegetation und im Osten sogar einen ganzen Ort, an dessen Kirche noch ein Gedenkstein erinnert: Hals.

Bekannt ist Læsø für seine Häuser mit einem Dach aus Seetang. Dieser für Dänemark einzigartige Dachtyp ist auch eine Folge des ökologischen Raubbaus: Als es nicht einmal mehr genug Reet auf der Insel gab, um Hausdächer dicht zu bekommen, griffen die Bewohner auf Seetang aus dem Meer zurück. Heute existieren noch etwa ein Dutzend dieser Dächer, ein sehr schönes ziert das Heimatmuseum ›Museumsgården‹ in Byrum, ein vierflügeliger Fachwerkbau, dessen älteste Teile aus dem frühen 18. Jh. stammen; davor steht die letzte auf Læsø erhaltene Bockwindmühle.

Byrum wurde im 12. Jh. von Zisterziensermönchen gegründet, die auch die Ortskirche bauen ließen. Ihr Turm ist nicht der einzige in Byrum: Ein Dorforiginal, der Schuster Thorvald Hansen, baute 1927 eigenhändig eine 17 m hohe Leuchtturmkopie in seinen Garten: Læsø Tårnet, heute als Aussichtsturm zugänglich.

Während Byrum die Bauern- und Verwaltungsgemeinde auf Læsø ist, sind Østerby im Osten und Vesterø Havn im Nordwesten die beiden Fischereiorte, das Rückgrat der Inselwirtschaft; allein in Østerby Havn sind noch rund 60 Kutter registriert. Kaisergarnelen, oder *jomfruhummer,* wie die kleinen Verwandten des großen Hummers in Dänemark genannt werden, sind das wichtigste Exportgut.

Nahe dem Fähranleger von Vesterø zeigt ›Fiskeri- og Søfartsmuseet‹ die maritime Erwerbsseite Læsøs. Vesterø Havn ist ein junger Ort, das älteste Haus, in dem heute das Fischereimuseum untergebracht ist, stammt von 1872. Von einer älteren Landgemeinde zeugt noch die rostrot getünchte Vesterø Søndre Kirke aus dem frühen 13. Jh., einsam im Westen der Insel gelegen und für ihre spätgotischen Kalkmalereien berühmt.

An der Kirche vorbei gelangt man zu Læsøs populärstem Strand, der genaugenommen aber nicht mehr auf der Insel liegt, sondern auf dem langgestreckten Düneneiland Stokken: ›Der Stock‹ ist durch einen schmalen Sund, den man je nach Stand von Ebbe und Flut mehr oder minder mühsam durchwaten muß, zu erreichen. Weitere gute, flache Strände ziehen sich mit kurzen Unterbrechungen um die ganze West- und Nordküste Læsøs.

Nördlich von Frederikshavn zieht sich die Küste mit schönen Strandabschnitten und vielen Ferienhäusern im Hinterland in einem weiten Schwung entlang der Ålbæk Bugt bis nach **Skagen** 25 (s. S. 358) hinauf. Der Name steht für die nördlichste Stadt Dänemarks und die gesamte Halbinsel, auf der sie liegt. Und Skagen bietet eine Besonderheit: Es ist eine Stadt an zwei Meeren. Am Kattegat findet man das eigentliche Zentrum und am Skagerrak den Edel-Vorort *Gammel*

Skagen, manchmal auch Højen genannt, einst Fischernest, aber heute mondäner Schickeriatreff mit Restaurants der gehobenen Preisklasse, teuren Hotels und edlen Appartementhäusern auf Time-share-Basis.

Skagen ist in der Hochsaison einer der lebendigsten Badeorte in Dänemark mit einem internationalen, vor allem skandinavischen Publikum. Das Nachtleben bietet eine breite Palette von urig ursprünglichen Fischerkneipen bis zu Discos und Edelrestaurants – und die Bürgersteige werden beileibe nicht mit Einbruch der Dunkelheit hochgeklappt.

Darüber hinaus ist die Stadt aber auch ein wichtiger Fischereistandort mit einer großen Fangflotte, modernen Anlagen zur Fischverarbeitung und einer Auktionshalle, wo Frühaufsteher werktags dem hektischen Auktionsgeschäft folgen können.

Ein ganz munterer Flecken ist dort zu finden, wo sich Lifestyle und traditionelle Lebensgrundlage der Stadt begegnen: am *Fiskehuskaj*, zwischen Jacht- und Fischereihafen. Zwar existieren in den rostrot und weiß gestrichenen Fischpackhäusern noch Fischgeschäfte und Läden, die Schiffsausrüstung verkaufen, aber längst sind hier auch Kneipen und Restaurants eingezogen. Die Gebäudezeile wurde 1907 nach Plänen von Thorvald Bindesbøll (1846–1908) fertig, der sich von alten Hafenbauten in norwegischen Fjordstädten inspirieren ließ.

Der Architekt Skagens – und der wichtigste Jütlands in seiner Zeit – war aber Ulrik Plesner (1861–1933). Ihm gelang es, den traditionellen Stil der alten Fischersiedlung für die Repräsentationsbauten der Boomzeit Skagens Anfang des 20. Jh. zu idealisieren, und die Neubauten damit in das vorhandene Milieu einzupassen: Das Hafenamt 1904–07,

Grenen – Dänemarks nördlichster Zipfel

das Postamt 1909, die königliche Sommervilla Klitgården und der Bahnhof 1914, das Hauptgebäude der Skagens Bank 1918 und natürlich seine beiden Hauptwerke Brøndums Hotel, das in mehreren Abschnitten zwischen 1891 und 1909 entstand, sowie nebenan Skagens Museum 1928.

Parallel zum Hafen zieht sich eine Altstadt quer durch Skagen, kaum breiter als ein oder zwei Häuserreihen, dafür aber über 2 km lang. Sie beginnt im Südwesten – in der Vesterby – nahe dem Freilichtmuseum *Skagen Fortidsminder*, mit seinen Erinnerungen an das alte Skagen und das Leben in der Fischergesellschaft von einst, und schlängelt sich am Skagen Museum vorbei bis fast zum *Skagen Vippefyr*, der Rekonstruktion eines Leuchtfeuers aus dem 17. Jh., am Nordostrand der Østerby.

Manch diabolischen Fluch und manches Stoßgebet wird die See um Skagen schon gehört haben. Die Halbinsel war und ist Seeleuten ein Greuel: Strömungen und Untiefen machen sie unberechenbar, ganz besonders vor Grenen. Mit der Zunahme des Schiffsverkehrs begann auch die Zeit der unzähligen Strandungen rund um die Halbinsel. Nicht von ungefähr wurde daher 1560 das erste dänische Leuchtfeuer auf Skagen errichtet. Die frühesten solcher Konstruktionen bestanden aus einem Holzbalken auf einem Stativ, an dessen einem Ende eine mit Kohlen befeuerte Eisenschale hing. Zum Nachlegen der Kohle wurde die Schale auf den Boden gelassen und dann wieder in die Höhe gewippt.

Ganz in der Nähe des *Vippefyr* ragt der erste richtige Skagener Leuchtturm auf, **Hvide Fyr**, 1748 fertiggestellt, knapp über 20 m hoch und heute vom Skagener Kunstverein als aussichtenreiches Ausstellungsgebäude genutzt. Von seinen modernen Kollegen unterscheidet sich dieser Turm durch den Eisen-

Faszination einer Katastrophen-landschaft: Skagen und seine Maler

Eigentlich sind wir ein Katastro-phengebiet«, lautet einer der lieb-sten Werbesprüche von Bent Ha-dervig, dem langjährigen Turistenchef von Skagen. Was sich auf den ersten Ton gar nicht werbewirksam anhört, er-gänzt er sofort: »Aber gerade das macht den Reiz unserer Landschaft aus!« Und er hat recht.

Nichts symbolisiert den Zwiespalt aus Katastrophe für die Bewohner von gestern und Reiz für die Besucher von heute so sehr wie das Wahrzeichen Skagens, der Turm der versandeten Sct. Laurentii Kirke. Malerisch ragt er in den inzwischen bewaldeten Dünen im Süden der Stadt auf. Die Kirche war im Mittelalter ein mächtiger Bau, der größte im weiten Umkreis. Die Katastrophe begann um das Jahr 1600: Sandflug kam wie ein Fluch über das schmale Land zwischen Nord- und Ostsee und wurde erst ab 1888 durch konsequente Bepflanzung wieder eingedämmt.

Noch heute breitet sich am Südrand der Halbinsel die Wanderdüne Råbjerg Mile aus, eine zwei Kilometer lang und fast einen Kilometer breite Walze aus Sand. Jedes Leben erstickend, hat sie sich von der Nordsee schon fast bis zur Mitte der Halbinsel vorgeschoben. Acht bis zehn Meter im Jahr, bei viel Wind auch mal 20 m. Hinter sich läßt sie eine ungewöhnliche, karge Steinebene zu-rück, Råbjerg Stene.

Über die Ursachen des großen Sand-flugs kann man nur spekulieren. Da ist

die rücksichtslose Abholzung der schüt-zenden Wälder. Da erlebt der Norden Anfang des 17. Jh. eine Zwischeneis-zeit, die die Eismassen in den Polarge-bieten wachsen und den Meeresspiegel sinken läßt. Und da ist die allgemeine

Die versandete Kirche bei Skagen

Landhebung, die um Skagen herum das Land immer weiter aus dem Meer heraushebt. Je weiter das Wasser zu-rückgeht, desto mehr Sand liegt an den Küsten frei und kann vom Wind land-einwärts getrieben werden.

Mitte des 18. Jh. erreicht eine Wanderdüne Skagen und die Laurentius-Kirche. 1795 kapitulieren die Skagener – inzwischen nicht einmal mehr 1000 – und machen ihre Kirche dicht. 1810 versteigern sie das Inventar und reißen den Bau ab – bis auf den Turm, der als Seezeichen noch eine Zweitfunktion hat. Skagen ist am Ende. Öde das Land. Verarmt die Bevölkerung. Ein gottverlassenes Nest.

Gerade das aber war ein Milieu, das dem Naturalismus Mitte bis Ende des 19. Jh. in Dänemark entgegenkam. Oft wird der Maler und Dichter Holger Drachmann (1846–1908) als der Entdecker Skagens für die Künstlerszene genannt, der 1871 zum ersten Mal dort arbeitet. Doch schon Martinus Rørbye (1803–48) malt in den 30er und 40er Jahren des 19. Jh. Skagener Fischer, und sein Schüler Vilhelm Melbye (1824–82) schafft 1848 ein Bild, das die ganze Trostlosigkeit der damaligen ›Wüstenstadt‹ Skagen zeigt: Ein paar einsame Strandhaferhalme ragen aus den Sanddünen um den tief versunkenen Turm der Laurentius Kirche, im Hintergrund Sand, Sand und nochmals Sand, dazwischen versteckt ein paar Häuser.

Eines nur bewirkt Holger Drachmann wirklich: Mit seinem Auftauchen kommt ›Leben in die Bude‹. Bohèmiens aus Kopenhagen nehmen das versandete Nest in Besitz. Bis ins frühe 20. Jh. ist Skagen künstlerischer Kontrapunkt zur dänischen Hauptstadt mit ihrer etablierten Kunstszene und der allmächtigen, aber unflexiblen Kunstakademie. Skagen ist *die* Künstlerkolonie des Nordens – neben Dänen leben und arbeiten hier auch Norweger und Schweden.

Die mehrheitlich vom französischen Impressionismus geprägten Skagenmaler werden die bekannteste Malergruppe, die Dänemark bis heute hervorgebracht hat. Der unumstrittene Star ist Peter Severin Krøyer (1851–1909), gebürtiger Norweger, der nach einer Ausbildung in Kopenhagen und -Studien in Frankreich, Spanien und Italien 1882 nach Skagen kommt. Dort arbeitet er bis zu seinem Tod, die letzten Jahre aber immer häufiger von tiefen Depressionen und Verfolgungswahn gebremst. Seine Bilder sind heute auf dem internationalen Kunstmark mehr gefragt als die aller anderen Maler dieser Schule.

Ein Krøyer-Werk im Skagen Museum steht wie kein anderes für die Bilder aus Skagen: Zwei Frauen – Krøyers Ehefrau Marie und Malerkollegin Anna Ancher – im blauschimmernden Licht eines Sommerabends am Strand. Dieses Bild vereint mehrere für die Skagenmaler typische Elemente: Menschen, zumal solche, die der Künstlergruppe angehören oder ihr nahestehen, das Meer und jenes ungewöhnliche Licht, das es nur auf diesem entlegenen Zipfel Jütlands gibt.

Mittelpunkt der Künstlerszene von Skagen wird das Hotel der Familie Brøndum. Anne Brøndum, eine Tochter der Hoteliersfamilie, wird die einzige Einheimische unter den Skagenmalern; sie heiratet den aus Bornholm stammenden Michael Ancher. Trotz solider künstlerischer Ausbildung hat sie als Frau einen schweren Stand in der von Männern dominierten Künstlerwelt und spielt gesellschaftlich eher die Rolle der bescheidenen Frau und Mutter, die nebenbei malt. Viele ihrer impressionistischen Werke – und sie ist für ihre Zeit wahrlich moderner als ihr sehr viel konservativer malender Mann – werden erst Jahre nach ihrem Tode entdeckt.

Krøyer und seine Kollegen lassen manches Bild bei den Brøndums, mal als Geschenk, mal zur Begleichung einer Rechnung. Vor allem der Speisesaal des Hotels hängt schließlich voll. Bei einer Renovierung Anfang dieses Jahrhunderts wurden die Gemälde zu einem großen Ganzen arrangiert und in die Wandpaneele eingefügt, darunter auch P. S. Krøyers künstlerisch wohl

man von einem Provinzmuseum erwartet. Das Museum wurde 1908 noch unter Beteiligung von P. S. Krøyer und Michael Ancher – beide stehen neben dem Eingang in Bronze gegossen – gegründet und bezog 1928 das Gebäude neben Brøndums Hotel. Skagen begnügt sich heute aber nicht mit diesem einen

›Sommerabend am Strand von Skagen‹, Gemälde von P. S. Krøyer, 1893 (Skagen Museum)

bedeutendstes Werk ›Ved Frokost‹ von 1883: Eine Gruppe Malerkollegen sitzt zusammen mit dem Hotelier Degn Brøndum beim *Frokost*, dem kleinen dänischen Mittagessen. 1946 wurde der Raum komplett in das Skagen Museum überführt. Dessen Sammlung muß man ein herausragendes Niveau bescheinigen, das weit über das hinausgeht, was

Museum: Zum öffentlich zugänglichen Nachlaß der Skagenmaler gehören der ehemalige Besitz von Michael und Anna Ancher, mit einer großen Sammlung von Gemälden des Malerpaares, sowie die Villa Pax, das Wohnhaus von Holger Drachmann, mit vielen Gegenständen, die an den Maler und Dichter erinnern.

korb auf seiner Spitze, in dem ein Feuer entzündet werden konnte.

An der Straße von der Stadt zu Dänemarks Nordzipfel Grenen steht der mit 50 m angeblich höchste dänische Leuchtturm **Grå Fyr** von 1858, auf dem zum ersten Mal 1948 elektrischer Strom Schiffen den Weg leuchtete. Das ›Graue Feuer‹ hat seinen Namen von seinem äußeren Mauerwerk. Wer sich die 210 Treppenstufen hinaufquält, bekommt zur Belohnung eine phantastische Aussicht auf Skagen und seine beiden Meere.

Bald ist dann das ›**Grenen Museum**‹ erreicht, das sich zeitgenössischer maritimer Kunst verschrieben hat, aber auch aktuelle Maler aus Skagen würdigt. Nahe dem Museum fahren die ›Sandwürmer‹ ab, Trecker-Busse, die durch die Dünen zur äußersten Spitze hinausfahren. Dorthin kommt man aber auch gut zu Fuß, vorbei am Dünengrab von Holger Drachmann; das Portal der Grabkammer wurde von P. S. Krøyer gestaltet (s. S. 269).

Das endgültige Ziel ist eine Sandzunge, die sich, von Strömungen ständig neu gestylt, mal mehr nach Osten, mal mehr nach Norden wendet, aber dabei immer weiter ins Meer hinaus Richtung Norwegen wächst: Grenen. Dieser geographische Superlativ hat eine ungeheure Anziehungskraft: Viele möchten nur einfach dort gewesen sein und an Dänemarks absolut nördlichster Stelle mit einem Bein im Skagerrak – Teil der Nordsee – und einem im Kattegat – Teil der Ostsee – stehen. Übrigens sollte man wirklich nur die Füße ins Wasser stellen, denn Baden ist wegen der Strömungen lebensgefährlich und auch strikt verboten. Wer hier Zeuge eines Herbststurms wird, muß besonders aufpassen, aber er erlebt dafür auch ein Naturschauspiel der Sonder-

klasse, wenn die Meere miteinander ringen.

Nach Grenen gibt es nur noch eine Richtung für die Weiterfahrt: Süden. Hat man Skagen schon wieder hinter sich gelassen, kann man sich im ›**Naturhistorisk Museum Skagen/Skagen Naturcenter**‹ 26, eingerichtet im alten Bahnhof Højen Station, über die gar nicht so lange zurückliegende Entstehung der Halbinsel und andere Naturthemen aus der Region informieren. Von hier aus werden auch regelmäßig Naturexkursionen angeboten.

In Hulsig passiert man die Zufahrt zur Wanderdüne **Råbjerg Mile** 27, eines der faszinierendsten Naturdenkmäler Dänemarks (s. S. 268). Weiter westlich erreicht man bei **Kandesterne** eine Zufahrt zu vielen Kilometern relativ einsamem Strand, von dem aus der Hinterhof der Wanderdüne, die karge Welt der Råbjerg Stene, am leichtesten zu erreichen ist.

Von der Hauptstraße Richtung Süden zweigt bald eine weitere Nebenstraße nach Westen zur **Råbjerg Kirke** 28 ab. Die turmlose Kirche, deren älteste Teile aus dem 13. Jh. stammen, liegt einsam in einem wildromantischen Heidegebiet südlich der Råbjerg Mile. Die Glocke, die in einem Glockenstuhl am Rande des Kirchhofs hängt, ist mindestens 100 Jahre älter als die Kirche selbst, und das deutet darauf hin, daß das jetzige Gotteshaus nicht das erste an dieser Stelle war. Im schlichten Inneren fallen Figuren eines spätgotischen Altarretabels auf, die heute an einer Seitenwand angebracht sind; oben rechts ist der heilige Rochus zu sehen, dem die Kirche im frühen Mittelalter geweiht war.

An der Straße 597, die im Hinterland parallel zur Küste verläuft, trifft man östlich Tuen auf das ›**Ørnereservat**‹ 29. Der Naturfotograf Frank Wenzel hat hier mit seiner Frau Irene ein Adlerreservat mit Falknerstation aufgebaut. Im Sommer wird ein- bis zweimal am Tag die hohe Kunst der Falknerei vorgeführt, und es sind Königs- und Seeadler beim Flug zu beobachten. Lobenswert sind die guten Erklärungen während der Vorführungen in deutscher Sprache. In einer angeschlossenen Ausstellung werden außergewöhnliche Fotos der Tiere gezeigt, die im Reservat schon gebrütet haben – in solcher Nähe zu Menschen ein höchst seltenes Ereignis.

Ein kleiner Schlenker führt weiter ins Landesinnere zur **Bindslev Kirke** 30 mit romanischen Wandmalereien, die deutlich auf byzantinische Vorbilder zurückgehen, und zum Herrensitz **Odden** 31. Hier sind vor allem Gemälde und Skizzen von J. F. Willumsen (1863–1957) zu sehen, einem der bedeutendsten dänischen Künstler des frühen 20. Jh.

Im benachbarten Dorf **Mygdal** ist eine der größten Bernsteinschleifereien Nordjütlands mit einer Verkaufsausstellung beheimatet. 3 km nördlich liegt **Uggerby** 32, Ausgangspunkt für Kanufahrten auf der Uggerby Å, ein beliebtes und einfaches Revier; Boote gibt es zu leihen.

Mangels Naturhäfen an der Westküste bekam **Hirtshals** 33 (s. S. 333) in den 20er Jahren einen künstlich angelegten Hafen, der 1966 großzügig erweitert wurde. Heute ist die Stadt, die auf einem alten Moränenplateau am Südwestende der Tannis Bugt liegt, ein wichtiger Brückenkopf für den Fährverkehr zwischen dem Kontinent und Norwegen sowie Heimathafen einer großen Fischereiflotte. Sehr gute Aussicht auf Stadt, Hafen und Meer bietet der *Leuchtturm* von 1862 am Südwestrand des Ortes: 35 m ist der Turm selbst hoch, der Boden, auf dem er steht, liegt 25 m über der Nordsee. Will man einmal

sehen, wie es darin aussieht, kann man sich in einem der interessantesten Museen Nordjütlands kundig machen: *Nordsømuseet*, ein meeresbiologisches Museum mit Aquarien und großem Robbenbecken. Wie man den Fischen einst zu Leibe rückte und wie die Fischer um die Jahrhundertwende lebten, zeigt das *Hirtshals Museum* im Zentrum, eingerichtet in einem alten Fischerhaus.

Ein Beleg für die große Bedeutung, die **Hjørring** 34 (s. S. 333), die Hauptstadt von Vendsyssel, schon im frühen Mittelalter – Stadtrechte ab 1243 – hatte, ist die ungewöhnliche Ansammlung von drei Kirchen aus romanischer Zeit in unmittelbarer Nachbarschaft zueinander. Zahlreiche Gebäude in der Umgebung der Kirchen, darunter die alte Probstei, sind von *Vendsyssels Historisk Museum* belegt, einem der bedeutendsten Regionalmuseen des Landes.

Das hohe künstlerische Niveau, das man in dänischen Provinzstädten finden kann, beweist der 1989 neu gestaltete *P. Nørskjærs Plads*: Moderne Geschäftshäuser und alte Fabrikgebäude umgeben einen Platz, der von einem faszinierenden Wasserspiel dominiert wird. Inmitten einer Gruppe meterhoher Figuren, afrikanischer Kunst nachempfunden, zeigt der Hauptbrunnen eine Szene aus der nordischen Mythologie. Verantwortlich für die künstlerische Gestaltung ist Bjørn Nørgaard, einer der umstrittensten zeitgenössischen Künstler Dänemarks. Was die moderne Kunst in der Region hervorgebracht hat, zeigt schließlich auch *Hjørring Kunstmuseet*.

Über **Sønderlev** mit seinem Bernsteinmuseum, in erster Linie eine kommerzielle Bernsteinschleiferei, gelangt man nach **Lønstrup** 35. Der traditionsreiche Badeort liegt in einer Senke, eingezwängt zwischen hohen Dünen, und besitzt nur einen bescheidenen, von

Die benachbarte Wanderdüne hat den Leuchtturm von Rubjerg Knude bald erreicht

Buhnen geschützten Vorstrand. Von einem Landeplatz, fotogen vor einer alten Rettungsstation gelegen, betreibt man mit kleinen Booten Strandfischerei.

Nördlich Lønstrup gibt es gute Strände und ein großes Ferienhausgebiet im Hinterland, während im Süden des Ortes einer der eindrucksvollsten Küstenabschnitte Nordjütlands beginnt, **Lønstrup Klint,** geformt aus einem Moränenhügel mit relativ harten Ton- und weicheren Sandschichten. Durch die unterschiedliche Erosionsgeschwindigkeit der beiden Materialien stark zerklüftet, ragen die eigentlichen Klippen bis zu 60 m über den schmalen Strand. Der Sand aus den steilen Wänden wird zu einem großen Teil nach oben geweht und hat dort als landschaftlichen Höhepunkt die Düne **Rubjerg Knude** 36 gebildet, mit einem Gipfel gut 90 m über dem Meeresspiegel.

Auf dem Weg dorthin fällt – so sie nicht inzwischen vom Meer oder den Ar-chäologen geholt wurde – die **Mårup Kirke** auf, eine kleine romanische Kirche. Sie wird seit 1926 nicht mehr als Gotteshaus genutzt und steht seitdem unter der Obhut des Nationalmuseums. Das sieht sich zum Handeln gezwungen: Wird die Kirche nicht versetzt, dann ist abzusehen, daß sie in ein paar Jahren abstürzt. Vor allem während der Herbststürme frißt sich die Nordsee immer weiter ins Land, beißt Meter für Meter von den Klippen. Die Abbruchkante nagt schon am alten Friedhof. Es ist, als wolle sich das Meer die sterblichen Reste derer holen, die es schon einmal in seinen nassen Fängen hatte: Vor der Mårup Kirke liegt der gigantische Anker der britischen Fregatte »Crescent«. In den Adventstagen 1808 strandete das Schiff in einem gewaltigen Schneesturm vor Lønstrup und riß fast 250 Menschen in den Tod. Die meisten wurden auf dem Friedhof begraben, der jetzt Stück für Stück ins Meer rutschen wird.

Schon von der Mårup Kirke aus sieht man weiter im Süden **Rubjerg Knude Fyr**, bei Westwind oft unter einem hellgelben Sandschleier. Der Leuchtturm, 23 m hoch, wurde Weihnachten 1900 auf der Spitze der Klippen in Dienst gestellt. Nicht einmal 70 Jahre später hatte sich eine Düne zwischen Meer und Leuchtturm aufgebaut – das Licht war von See aus nicht mehr zu sehen. 1968 wurde der Betrieb eingestellt und in den Gebäuden ein *Flugsandmuseum* eingerichtet. Das ist im wahrsten Sinne vom Thema seiner Ausstellung bedroht: Die Düne kommt immer näher und schon mehrfach war eine Schließung angekündigt, konnte jedoch immer im letzten Augenblick abgewendet werden. Irgendwann aber wird der Sand sogar den Leuchtturm überdecken.

Ein paar Kilometer weiter südlich beginnt wieder der breite, weiße Strand an der Jammerbugt. **Løkken** 37 (s. S. 348) ist hier eine Hochburg des Tourismus mit einem sehr jungen Publikum. Viele Gäste kommen aus den skandinavischen Ländern, und manchmal merkt man, daß sie die im Vergleich zu ihren Heimatländern deutlich freieren Alkoholgesetze Dänemarks ausnutzen.

Mehr als ein Dutzend Campingplätze in der Stadt und der näheren Umgebung, einige tausend Ferienhäuser sowie mehrere Ferienparkanlagen bieten eine große Übernachtungskapazität, und die Gäste wollen auch unterhalten sein: Viele Kneipen, Restaurants, Imbiß- und Burgerbuden, Cafés und Discos – in der Regel eher am unteren Ende der Preis- wie der Qualitätsskala – buhlen um Kundschaft.

Trotz alledem hat Løkken Charme und Idylle bewahrt. Da ist die lange Reihe der weiß gestrichenen Strandhäuser vor den Dünen, da ist neben der langen Mole der Landungsplatz, von dem aus noch eifrig die traditionelle Strandfischerei betrieben wird, und da ist ein paar Schritte landeinwärts das alte Fischerviertel. Markant ragt hier der runde Wasserturm aus den Dünen heraus, ebenso eine traditionelle Strandbake und ein Signalmast, von dem früher den heimkehrenden Booten die Strömungsverhältnisse am Ufer signalisiert wurden. In der alten Rettungsbootstation, wenige Meter nördlich der Mole, befaßt sich *Kystfiskerimuseet*, eine Abteilung des Løkken Museum, mit der Fischerei, eine weitere, im sog. *Johanne Grønbechs Hus*, hat vor allem den Schutenhandel zum Thema.

Östlich Løkken, an der Landstraße nach Vrå, liegt **Børglumkloster** 38. Ursprünglich ein Königshof der späten Wikingerzeit, wurde es im 12. Jh. Kloster und bald auch Bischofssitz. Hier residierte als letzter Purpurträger vor der Reformation Stygge Krumpen, einer der schillerndsten Diener Gottes, die Dänemark je erlebte. Mitte des 18. Jh. wurden die Gebäude als Adelssitz im Stil des Barock umgebaut. Auffällig ist nach wie vor die mächtige Klosterkirche, deren älteste Teile aus der romanischen Zeit stammen.

Das Hinterland der Jammerbugt ist eine der jütischen Hochburgen gotischer Kalkmalerei. In **Vrå** 39 wurden die Deckengewölbe um 1500 bemalt. Im Chor spiegelt eine Szene etwas von Sitte und Moral der Zeit wider: Ein alter Mann liegt auf dem Sterbebett, die Seele wird von einem Engel in den Himmel geführt. Gleich daneben verlustiert sich die junge Witwe mit ihrem Lover und beide wühlen schon mal in der geerbten Goldkiste herum. Gerade in besseren Kreisen waren rein wirtschaftliche Zweckehen mit sehr jungen Frauen und deutlich älteren Männern gang und gäbe, und daß die Frau einen altersgemäßen Liebha-

Durch die Brüsseler Netze geschlüpft – Strandfischerei

Was des Touristen Freud, ist des Fischers Leid: An den breiten und kilometerlangen Stränden Nordjütlands sind Häfen rar. Wer hier als Fischer überleben will, muß sich auf das mühsame Geschäft der Strandfischerei einlassen: Die Kutter werden an Stahlseilen ins Meer bzw. aufs Land gezogen. Nørre Vorupør, Lild Strand, Torup Strand, Slettestrand und Løkken sind Orte, in denen man diese Art der Fischerei, die früher typisch für die ganze Küste war, beobachten kann. Immerhin sind alle größeren Nord-seehäfen in Nordjütland erst in diesem Jahrhundert fertiggestellt worden: Thyborøn 1918, Hanstholm 1967, Hirtshals 1930 und Skagen 1907.

Einen Vorteil haben die Strandfischer aber: Sie sind, aus dem fernen Brüssel betrachtet, so kleine Fische, daß sie keiner Quotenregelung der EU unterliegen, also auch dann noch auslaufen können, wenn ihre Kollegen in Hanstholm oder Hirtshals die Kutter schon fest vertäuen müssen, weil die erlaubten Fangmengen eingebracht sind.

ber hatte, war mehr oder minder von der Gesellschaft akzeptiert.

Kinder dürften mit einer Sehenswürdigkeit bei Saltum sicher zu begeistern sein: **Fårup Aquapark & Sommerland** ist ein Freizeitpark, der älteste und meistbesuchte seiner Art in Dänemark. Hauptattraktion ist ein großes Spaßbad mit vielen Wasserrutschen – also Badezeug auf keinen Fall vergessen.

Blokhus 40 die letzte Station dieser Rundfahrt vor der Rückkehr nach Aalborg, markiert das Südende des massentouristischen Abschnitts der Jammerbugt, aber noch nicht das der Bucht selbst. Der Jammerbugt entlang liegen weiter nach Südwesten bis zum Bulbjerg noch einige kleinere Badeorte und -plätze mit schönen, meist autofreien Stränden. Darunter sind einige, von denen aus auch Strandfischerei betrieben wird.

Wer genug vom Strand hat, kann landeinwärts von Blokhus die Reste des **Store Vildmose** in Augenschein nehmen, der Sage nach ein Gebiet, in dem Elfen und Erlkönige ihren Spuk trieben. Seit den 20er Jahren wird Dänemarks einst größtes Moorgebiet kultiviert und ist auf einen kleinen Rest geschrumpft, der jetzt unter Naturschutz steht. Das natur- und kulturgeschichtliche ›Vildemosemuseet‹ in Brønderslev informiert über das Moor und die Geschichte seiner Kultivierung.

Mitten im Store Vildmose liegt an der Straße 559 von Blokhus nach Tylstrup der Luneborg Kro, in dem man eines der besten Restaurants in ganz Jütland findet.

Karge Küsten, altes Kulturland und eine große Insel nah am Meer: Thy und Mors

Diese Rundfahrt verbindet zwei recht gegensätzliche Landschaften: die wilde archaische Küste an der Nordsee und das sanfte ›maritime Binnenland‹ an den Ufern des Limfjord. Der bildet eine Meereswelt im Lande, ein Mekka für Wassersportler mit exzellenten Surf- und Segelrevieren.

Thy, die Region zwischen dem westlichen Teil des Limfjord und der Nordsee, ist erst in den letzten fünf bis sechs Jahrtausenden durch die Landhebung im Norden Jütlands aus einem Inselarchipel zu einem zusammenhängenden Stück Land geworden. Heute präsentiert Thy hinter seinen breiten Stränden eine karge Dünenlandschaft, darin eingestreut einsame Heideareale und schützende Strandforste.

Die Insel Mors – selten im Dänischen auch Morsø genannt – zeigt dagegen viel gutes Bauernland mitten im Limfjord, besitzt an seinen 155 Küstenkilometern aber auch eindrucksvolle Abschnitte, vor allem die geologisch ungewöhnlichen Molererde-Klippen im Norden.

Thy und Mors sind übrigens zwei Landschaften, deren Bewohner, die *Thyboer* und die *Morsingboer*, sich etwa so lieben wie die Fans von Schalke 04 und Borussia Dortmund. Man ist sich notgedrungen nah, erzählt aber auch gern böse Witze über die anderen.

Die Rundfahrt, mit Anknüpfungspunkten zu den Routenvorschlägen durch Nordjütland (s. S. 249ff.) und über die Halbinsel Salling (s. S. 314), läßt sich überall unterwegs in den Ferienhausge-

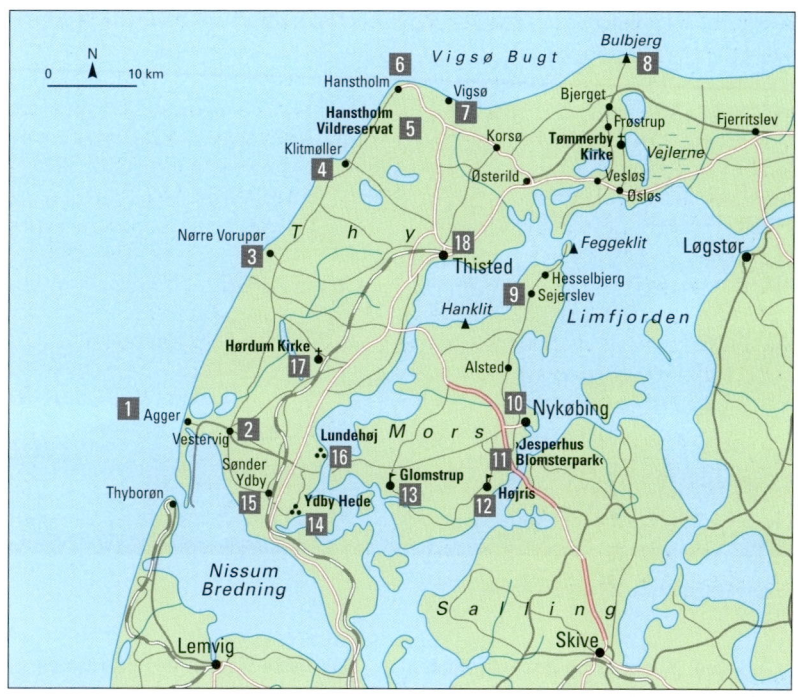

Thy und Mors

bieten entlang der Küsten beginnen, ist aber so konzipiert, daß sie nahtlos an die Route entlang der westjütischen Küste (s. S. 308) anschließt, wenn man den Thyborøn Kanal mit der Fähre überquert.

Zehn Minuten dauert diese Überfahrt von Thyborøn bis zum Südende der Halbinsel Agger Tange. Deichbauten haben hier Strandseen entstehen lassen, von der Hauptstraße aus hervorragend einzusehende Vogelparadiese.

Im Dorf **Agger** 1 erinnert die große Granitskulptur einer gewaltigen Welle, an eine der schwersten Sturmkatastrophen an diesem Küstenabschnitt: Aus heiterem Himmel überraschte am 21. 11. 1893 ein Orkan die meisten Fischer der Region in ihren kleinen Booten vor der Küste, 48 verloren ihr Leben. Diese Katastrophe war letztendlich ausschlaggebend für den Bau der Häfen an der nordjütischen Westküste.

Der kleine Ort **Vestervig** 2 nur 5 km ›landeinwärts‹ besaß im frühen Mittelalter ein reiches Augustinerkloster sowie den ersten und lange einzigen Bischofssitz Nordjütlands. Mit der Versandung der Nordseemündung des Limfjord Anfang des 12. Jh. verlor die Region an Bedeutung, und der Bischofssitz wurde 1130 nach Børglum bei Løkken (s. S. 274) verlegt. Geblieben aus der großen Zeit ist die heute mit 60 m Länge reichlich überproportioniert erscheinende Vestervig Kirke, Skandinaviens größte Dorfkirche und ursprünglich Nordflügel des Klosters.

Klitmøller ist ein beliebtes Surfrevier

Auf dem Kirchhof ist das von einer romantisch-tragischen Liebessaga umwobene Grab der Liden Kirsten aus der Zeit kurz nach der Epoche der Wikinger erhalten: Die Schwester von König Valdemar dem Großen (1157–82), war eine von ihrem Bruder ungewollte Liaison mit dem Grafen Buris Henriksen eingegangen, einem Gefolgsmann Valdemars bei dessen Zügen gegen die Wenden. Nach der Volkslegende wurde Liden Kirsten hingerichtet und ihr Geliebter Buris geblendet. Nahe ihrem Grab angekettet, vegetierte er noch elf Jahre dahin. Eine Untersuchung des Grabes im Jahr 1962 will den Beweis erbracht haben, daß die beiden hier wieder vereint wurden. Bis heute ist es Brauch, daß Paare, die in der Kirche heiraten, den Brautstrauß auf Liden Kirstens Grab legen, in der Hoffnung auf eine etwas glücklichere Beziehung, als sie der Königsschwester und ihrem Buris vergönnt war.

Das beste Kapital des Tourismus in Thy ist der breite, auf langen Strecken einsame Nordseestrand. Am Strand von **Nørre Vorupør** 3 – gesprochen nö(rr)eworboer – wird neben einer mächtigen Buhne noch Strandfischerei betrieben. Darüber informiert auch das *Fiskeri- og Redningsmuseet* im Gebäude einer alten Rettungsstation gleich neben dem Landungsplatz. Außerdem zeigt im Ort *Nordsø Akvariet*, was so in der Nordsee lebt – bzw. leben sollte.

An der weiten Bucht von **Klitmøller** 4 treffen sich im Sommer Surfer aus ganz Europa, die bei kräftigem Seewind ihren Sport mit Spitzenleistungen demonstrieren – eine Augenweide für Zuschauer. Naturliebhaber werden mehr Freude an dem ca. 5000 ha großen **Hanstholm Vildreservat** 5 haben, dem größten Natur- und Wildschutzgebiet im Lande. Dünen, Heide, Sümpfe und flache Strandseen bilden ein einzigartiges Refugium für Vögel sowie für eine vielfältige Flora. Das Gelände unterliegt strengen Zugangsbestimmungen, über die die umliegenden i-Büros aktuell informieren.

Der größte Teil des Ortes **Hanstholm** **6** (s. S. 331) thront auf einer Anhöhe, die schon aus dem Steinzeitmeer als Insel herausragte. Vor steilen Kalkklippen wurde 1967 ein Hafenbecken fertig, Heimat einer großen Fischereiflotte sowie Anlaufpunkt von Fährlinien nach Westnorwegen. Für ›fortgeschrittene‹ Hobbyangler werden von hier vor allem im April, Mai und Juni Kutterfahrten zum ›Gelben Riff‹ angeboten, Dänemarks – nach Ansicht einiger Insider gar Europas – bestem Hochseeangelrevier.

In und um Hanstholm – vor allem am nördlichen Stadtrand und bei der Küstensiedlung **Vigsø** **7** – bauten die deutschen Besatzungstruppen im Zweiten Weltkrieg eine Festung mit rund 300 Bunkern und 250 Geschützstellungen als Teil des sog. Atlantikwalls; die gesamte Ortsbevölkerung wurde seinerzeit zwangsevakuiert. Vier 38-cm-Kanonen sollten die Skagerrak-Einfahrt kontrollieren. Reste der größenwahnsinnigen Anlagen stehen überall in den Dünen und am Strand. Ein Teil ist in das ›Museumscenter Hanstholm‹ eingegangen, auch eine alte Munitionsbahn, mit der heute Touristen durch das Gelände gefahren werden.

Über dem Hafen ragt seit 1842 der Leuchtturm **Hanstholm Fyr** auf, einer der hellsten der Welt. In den alten Nebengebäuden des Leuchtturms ist die zweite große Abteilung des Museumszentrums eingezogen, Themen hier: Stadtgeschichte, Hafen, Schutenhandel mit Norwegen, Leuchtturmwesen.

25 km östlich von Hanstholm erhebt sich 47 m hoch der **Bulbjerg** **8**, Grenzmarke zwischen den zum Amt Viborg gehörenden Thy und dem zum Amt Nordjütland gehörenden Hanherred. Der Bulbjerg zeigt zur Nordsee eine eindrucksvolle Steilklippe, in der zahlreiche Vögel nisten; das Gelände ist Naturschutzgebiet. Von der Bulbjerg-Spitze hat man eine Top-Aussicht auf den Strand- und Dünengürtel der Vigsø Bugt im Westen und der Jammerbugt im Osten.

Die Rundfahrt folgt der Grenze zwischen Thy und Hanherred nach Süden. **Vejlerne**, abgedeichte, aber nur z.T. trockengelegte Reste eines alten Limfjordarms, bilden hier das gut 60 km^2 große Gelände eines der bedeutendsten Vogelreservate in Europa und sind nur auf wenigen öffentlichen Wegen am Rande zugänglich. Genauere Informationen liefert ein Naturinformationszentrum nahe der als Margeriten-Route gekennzeichneten Nebenstraße zwischen Frøstrup und Øsløs. Ein Gräberfeld aus der Wikingerzeit mit schiffsförmigen Steinsetzungen in der **Højstrup Mark**, romanische Bildreliefs an der Apsis der **Tømmerby Kirke** und das kleine **Kirsten Kjærs Museum** mit seinen sommerlichen Kunstausstellungen und Konzerten setzen neben die vielen Natureindrücke auch ein paar kulturelle Akzente.

Eine fünf Minuten kurze Fährfahrt über den Feggesund verbindet Thy mit der Nordspitze der **Insel Mors** (s. S. 349), mit 363 km^2 die siebtgrößte Insel Dänemarks und immerhin dreimal so groß wie Læsø oder Samsø. Inselfeeling will aber nicht so recht aufkommen, dafür ist Mors an vielen Stellen dem umliegenden Land zu nah. Neben den beiden Kurzfähren, über die diese Route führt, sorgen die moderne, 1730 m lange Brücke über den Salling Sund im Süden und die 400 m lange Klappbrücke von 1939 über den Vilsund im Norden für so reibungslose Verbindungen, daß viele Reisende auf dem Weg von Salling nach Thy gar nicht merken, daß sie eine Insel überqueren.

Feggeklit, die rund 25 m hohen Klippen gleich südlich des Anlegers, gehören zu den Molererde-Klippen, für die Mors berühmt ist. Mit diesem geologischen Phänomen befaßt sich das ›Molermuseum‹ am Ortsrand von **Sejerslev** 9. Es zeigt auch zahlreiche Fossilien, die sich in der Molererde finden, die vor rund 60 Mio. Jahren im älteren Tertiär aus abgestorbenen Algen auf dem Grund eines Urmeeres entstand und während der Eiszeiten an die Oberfläche gepreßt wurde. Am besten ist die durch feine Aschelagen urzeitlicher Vulkanausbrüche deutliche Schichtung der Molererde an der bis zu 61 m hohen Klippe Hanklit sichtbar, die ein paar Kilometer westlich aus dem Limfjord aufragt.

In der Inselhauptstadt **Nykøbing** 10 beherbergt das vom Johanniterorden im 14. Jh. aufgebaute Dueholm Kloster das *Morslands Historiske Museum*, ein großes Regionalmuseum mit verschiedenen Abteilungen zur Geschichte und Kultur der Insel. Außer diesem Klosterbau ist vom Nykøbing des Mittelalters aber nichts erhalten. Die Stadt erlebte mit der Industrialisierung in der zweiten Hälfte des 19. Jh. eine Boomzeit, vor allem dank der florierenden Eisenindustrie, an die ›Støberimuseet‹, das Gießereimuseum, erinnert.

Zu den populärsten Ausflugszielen in Jütland zählt ›**Jesperhus Blomsterpark**‹ 11, eine Mischung aus Spaßbad, Gartenshow, Terrarium, Vogel-, Schmetterlings- und Freizeitpark, südlich von Nykøbing direkt neben der Salling Sund Brücke gelegen. In der Nähe bemüht sich das zu einem romantischen und effektvollen Märchenschloß umgestylte Schlößchen **Højris** 12, einen Teil der Besucherströme von Jesperhus anzulocken. Auf kleinen Nebenstraßen, die sich durch reiches Ackerland schlängeln, trifft man im Südwesten von Mors schließlich auf einen weiteren Gutshof: **Glomstrup** 13. Seine Wurzeln lassen sich bis ins 14. Jh. zurückverfolgen, das Hauptgebäude ist aber von 1797. Auf dem Gut zeigt das volkskundliche Freilichtmuseum ›Morsø Frilands- og Børnemuseum‹ 14 ländliche Gebäude aus der Region sowie Ausstellungen mit Landwirtschaftsgeräten und Spielzeug.

Mit einer Kleinfähre über den Nees Sund geht es von Mors hinüber in den Süden von Thy. Diese Gegend war bis zum Beginn des Mittelalters, solange damals der Durchfluß zwischen Limfjord und Nordsee offen war, eine äußerst lebendige Region an einem der wichtigsten Verkehrswege des ersten dänischen Großreichs, das neben dem Kernland auch große Teile Ostenglands umfaßte.

Der Süden von Thy muß aber schon viel früher dicht besiedelt gewesen sein – darauf lassen viele Funde schließen: Rund um Ydby sind mehrere hundert bronzezeitliche Hügelgräber lokalisiert. Etwa 50 davon liegen nah beieinander und bilden den sogenannten Oldtidskirkegård, den Vorzeitfriedhof auf der **Ydby Hede** 14 am Nordufer des Skibsted Fjord. Auf dem sammelten sich zur Wikingerzeit regelmäßig Schiffskonvois vor der Überfahrt nach England.

Einen Zeitsprung erlebt man wenige Kilometer südwestlich in **Sønder Ydby** 15: Im ›Nordvestjysk Folkecenter for vedvarende Energi‹ können sich Besucher über die Nutzung alternativer Energien von Biogas bis Windkraft sowie über ökologischen Gartenbau informieren. Auf dem Gelände dokumentiert eine umfangreiche Sammlung verschiedener zur Stromgewinnung eingesetzter

Windmühlen diese Technologie von ihren Kindertagen an.

Wenige Kilometer westlich schließt sich bei **Vestervig** der Kreis dieser Rundfahrt durch Thy und über Morsø, die aber etwas ausgelassen hat: Thys Hauptstadt Thisted am Nordufer des Limfjord. Auf dem Weg dorthin passiert man nördlich von Hurup direkt neben der Straße 11 eines der größten und bekanntesten Kammergräber Jütlands aus der Jungsteinzeit, **Lundehøj** 16, mit einer knapp 7 m langen Haupt- und einer kleinen Seitenkammer. Ein weiteres Dokument der frühen dänischen Geschichte ist im Waffenhaus der **Hørdum Kirke** 17 zu sehen: ein Bildstein aus der heidnischen Wikingerzeit. Er zeigt Thors Fischzug, bei dem der in Bauernkreisen populäre Wetter- und Kriegsgott mit einem Ochsenkopf die Midgardschlange, mit der er im ewigen Kampf liegt, kö-

dert, sie aber wieder verliert, weil der feige Riese Hymir, der mit ihm im Boot sitzt, die Fangleine kappt – ein bekanntes Motiv der nordischen Mythologie.

Thisted 18, das Verwaltungs- und Einkaufszentrum von Thy, kann auf eine Geschichte seit der Steinzeit zurückblicken, bekam aber erst nach der Reformation die Stadtrechte. Großen Raum nimmt die Vor- und Frühgeschichte im Regionalmuseum ›Thisted Museum‹ ein, vor allem die Bronzezeit, außerdem gibt es ein Gedenkzimmer für den bekanntesten Sohn der Stadt, den Schriftsteller Jens Peter Jacobsen (1847–85). Sein literarisches Werk, das aufgrund seines frühen Todes nur aus den Romanen ›Maria Grubbe‹ (s. S. 147) und ›Niels Lyhne‹ sowie wenigen Novellen und Gedichten besteht, macht ihn zu einem der bedeutendsten europäischen Autoren seiner Epoche.

Südjütlands Wattenmeerküste

Der südliche Teil der Westküste Jütlands von der deutsch-dänischen Grenze bis zur Ho Bugt bei Esbjerg bildet den kleinsten Teil des europäischen Wattenmeeres, eines der ökologisch wertvollsten Gebiete der Erde. Drei Inseln liegen im dänischen Wattenmeer und bieten neben der Natur auch Traumstrände: das Massenziel Rømø, das einsame Kleinod Mandø und die Edelidylle Fanø.

Weite Strände, flaches Land: Durch den Westen Südjütlands

Rømø (s. S. 357), die nur ca. 800 feste Einwohner zählende Insel im Watten-

meer mit Europas breitesten Stränden – bis 4 km –, ist das touristische Zentrum an Südjütlands Nordseeküste: Etwa 1,2 Mio. Übernachtungen registriert die Fremdenverkehrsstatistik pro Jahr, hinzu kommen die vielen ungezählten Tagestouristen.

Rømøs wichtigstes Kapital beim Kampf um Gäste ist seit den Kindertagen des Inseltourismus um 1840 der Strand. Zwar hat sich das dänische Militär im Norden einen Teil als Sperrgebiet abgezwackt, aber der Rest bietet immer noch viel Ufer zum Baden, Weite für Spaziergänge und Raum für Flüge bunter Drachen – jeweils Anfang September findet ein Drachenfestival mit internationaler Beteiligung statt.

Große Teile des Strandes können befahren werden, was angesichts seiner Breite nicht einmal abwegig ist. Nur südwestlich von Lakolk ist ein Abschnitt am Ufer erklärtermaßen autofreie Zone. Weitgehend auto- und darüber hinaus auch textilfrei kann man den Rømø Südstrand erleben, da hier der Sand in Ufernähe so weich ist, daß kaum Fahrzeuge bis ans Wasser vordringen können. Hier im Süden ist auch ein Areal für Fahrten mit schnellen Strandseglern und Kitebuggys über den Sand vorgesehen, während Surfer direkt neben dem autofreien Strandabschnitt ihr Revier haben – diese Sportarten sind auf die ausgewiesenen Gebiete beschränkt.

Rømø ist trotz der touristischen Erschließung aber immer noch ein Naturparadies. Mit den Stränden nach Westen, den Dünen und den biologisch höchst interessanten Strandsümpfen in der zweiten Reihe, den Dünenwäldern und Heideflächen im Inselinneren und den Marschgebieten sowie dem Watt nach Osten vereint Rømø gleich mehrere typisch dänische Landschaften auf kleinstem Raum. Vor allem die Natur, aber auch Kulturgeschichte sind Themen im ›Naturcenter Tønnisgård‹ **1** gleich neben dem i-Büro der Insel. Parallel zu Ausstellungen veranstaltet das Zentrum rund ums Jahr auch Natur- und Kulturtouren auf der ganzen Insel, die meisten mit deutschsprachiger Führung; viele Aktivitäten sind auf die Bedürfnisse von Kindern eingestellt.

Natürlich fehlen nicht idyllische Häuser im friesischen Baustil. Schmuckstück ist ›Nationalmuseets Kommandørgård‹ in **Toftum 2**. Der reetgedeckte Kapitänshof entstand 1748 und blieb 200 Jahre fast ohne bauliche Veränderungen in Familienbesitz, ehe er dem Nationalmuseum vererbt wurde. Hier wird bald auch das Skelett von einem

jener 16 Pottwale ausgestellt, die im März 1996 auf Rømøs Strand gespült wurden, 12 bis 13 m lang und bis zu 25 t schwer. Nur einmal zuvor, 1723, ist in Europa eine vergleichbare Tiertragödie beobachtet worden: Meeresbiologen gehen davon aus, daß die Wale sich in das flache Wattgebiet, in dem ihr Orientierungssystem nicht funktioniert, verirrt hatten und an Streß gestorben waren.

Rømø und Wale – der Reichtum der Insel im 17., 18. und 19. Jh., den der Kommandørgård widerspiegelt, wurde mit dem Leben Tausender Wale bezahlt. Damals fuhren zahlreiche Männer von Rømø auf deutschen und holländischen Walfangschiffen vor Grönland und Spitzbergen. Wirtschaftliche Not, verursacht durch den Sandflug ab dem 16. Jh., hatte den traditionellen Ackerbau des Mittelalters auf Rømø zerstört und die Insulaner zu Seefahrern und Waljägern werden lassen. An diese Epoche erinnern auch ein auf den ersten Blick unscheinbarer Gartenzaun aus Walknochen in **Juvre 3**, gleich nördlich von Toftum, und die fein gearbeiteten Grabplatten für die Kapitäne auf dem Kirchhof von **Kirkeby 4**. Eine Zeitlang war es Mode, daß sich reiche Schiffsführer schon zu Lebzeiten solche repräsentativen Kommandørstene aus Holland mitbrachten, in die im Bedarfsfall nur noch das Todesdatum eingemeißelt werden mußte. In der Kirche selbst sind prächtige Votivschiffe zu sehen, die von solchen Kapitänen nach einem Gelöbnis in größter Seenot als Zeichen der Dankbarkeit für ihre Rettung gestiftet wurden.

Kinder sind vom Freizeitpark Rømø Sommer- & Badeland sowie von Danmarks mekaniske dukkemuseum, einem Museum für mechanisches Spielzeug, sicher eher begeistert; beide Familienattraktionen sind am Rande von **Havneby 5** im Süden der Insel zu finden. Vom

Südjütlands Wattenmeerküste

dortigen Hafen, der erst zwischen 1960 und 1964 vorrangig für die Fischerei gebaut wurde, verkehren regelmäßig Fähren nach List auf Sylt.

Rømø ist mit dem dänischen Festland durch den 9,2 km langen **Rømø-Damm** 6 verbunden, der 1938–48 gebaut wurde und während der Vogelzugzeiten im Frühjahr und Herbst als populärer Beobachtungsplatz dient. Am Rande kann man auch die künstliche Landgewinnung im Watt gut beobachten.

Am Westrand von Skærbæk, können Besucher des Erlebnisparks ›**Hjemsted Oldtidspark**‹ 7 die Eisenzeit (ca. 500 v. Chr. – ca. 500 n. Chr.) durch eigene Aktivitäten hautnah erleben: Fahrten in Einbaumbooten, Schießen mit Pfeil und Bogen, Herstellung zeittypischer Gerätschaften oder auch Kochen und Backen wie vor 2000 Jahren. Daneben können Nachbauten von Häusern der Eisenzeit und Funde, die hier gemacht wurden, in Augenschein genommen werden.

Sonne, Mond und Watt –
wie hängt das alles zusammen?

Flache Meeresabschnitte in Küstennähe, die bei Flut überspült werden und bei Ebbe trockenfallen, werden Watt genannt. Motor dieses amphibischen Lebensraums sind die Gezeiten. Nicht ganz 12 Std. 30 Min. dauert in unseren Breiten eine Tide, ein Gezeitenzyklus von Niedrigwasser zu Niedrigwasser. Anders gesagt: ca. 6 Std. 15 Min. nach dem niedrigsten ist der höchste Wasserstand erreicht, 6 Std. 15 Min. später wieder der niedrigste.

Den historischen Volksglauben von der Ursache für Ebbe und Flut hat der aus einem ursprünglich dänischen Adelsgeschlecht stammende Detlev von Liliencron (1844–1909) in seiner Ballade ›Trutz Blanke Hans‹ verarbeitet:

*Mitten im Ozean schläft bis zur
Stunde
Ein Ungeheuer, tief auf dem Grunde.
Sein Haupt ruht dicht vor Englands
Strand,
Die Schwanzflosse spielt bei Brasiliens Sand.
Es zieht, sechs Stunden, den Atem
nach innen
Und treibt ihn, sechs Stunden, wieder von hinnen.
Trutz, Blanke Hans.*

*Doch einmal in jedem Jahrhundert
entlassen
Die Kiemen gewaltige Wassermassen.
Dann holt das Untier tiefer Atem ein,*

*Und peitscht die Wellen und schläft
wieder ein.
Viel tausend Menschen im Nordland
ertrinken,
Viel reiche Länder und Städte versinken.
Trutz, Blanke Hans.*

Daß die Gezeiten nicht vom Atem eines Untieres, sondern vom Stand des Mondes abhängig sind, wußten im klassischen Altertum schon die Griechen, aber erst Newton erkannte: Tiden sind Massenbewegungen des Wassers in den Weltmeeren, die in erster Linie von der Schwerkraft des Mondes und in geringem Umfang von der der Sonne beeinflußt werden. Flut herrscht auf der dem Mond zugewandten Seite der Erde und – fliehkraftbedingt – auf der gegenüberliegenden Seite.

Der Wasseranstieg während einer Flut vom niedrigsten zum höchsten Stand, der Tidenhub, ist nicht überall gleich: Im Bereich des dänischen Wattenmeers beträgt er im Durchschnitt nur 1,5 bis 2 m. Schwankungen sind normal, da geographische Verhältnisse, astronomische Konstellationen und vor allem das aktuelle Wetter den Tidenhub verändern. So wird er bei Neu- und Vollmond, wenn Sonne, Mond und Erde in einer Linie aufgereiht sind, zu einer Springtide verstärkt und entsprechend zur Nipptide abgeschwächt, wenn bei Halbmond Sonne, und Mond in einem Winkel von 90° zueinander stehen. Katastrophale Folgen haben Springfluten, wenn sie von Orkanen gegen die Küste gedrückt werden – die Liste der Sturmflutjahre an der dänischen Küste ist lang. Die schlimmsten von ihnen sind an Sturmflutsäulen abzulesen. Meist steht ganz oben die legendäre ›Manntränke‹ von 1634, die in den damals noch dünner als heute besiedelten Küstengebieten Dänemarks rund 8000 Menschenleben forderte und große Teile der Küste neu gestaltete.

Der Wechsel von Ebbe und Flut sorgt für einen regelmäßigen Nährstoff- und Sauerstoffaustausch, der das Watt zu einem der fruchtbarsten Lebensräume der Erde macht. Plankton, Algen, Würmer, Kleinkrebse, Fische, Vögel und Robben leben hier wie im Paradies, und auch der Mensch profitiert am Ende der Nahrungskette vom Watt: Es gäbe kaum eine Nordseescholle oder eine Seezunge ohne dieses Biotop, das für beide Fischarten die Kinderstube darstellt, und auch Jungdorsche fressen sich hier bei Flut gern dick. Von elementarer Bedeutung ist das Wattenmeer für die europäische Vogelwelt, vor allem als Überwinterungsrevier sowie als Rast- und Proviantierungsplatz für Zugvögel. Im Frühjahr und Herbst machen hier jeweils rund 10 Millionen gefiederte Globetrotter Halt. Ohne das Watt wären etwa 50 Arten akut gefährdet oder würden aus Mitteleuropa verschwinden.

Auch der Seehund nutzt die speziellen Verhältnisse im Wattenmeer. Er sucht sich gern einen Hochsand, der auch bei Flut trocken bleibt. Hier kann er in Ruhe – die zu respektieren ist! – Junge großziehen, während Unmengen von Fischen auf dem Weg zwischen Meer und Watt direkt vor seiner Nase vorbeischwimmen.

Die Wasserbewegungen bei Ebbe und Flut sind mit starken Strömungen verbunden, am gefährlichsten in den Tiefs und den Prielen. Laien unterschätzen bei Wanderungen im Watt oder auf den Sandbänken um Rømø, Mandø und Fanø immer wieder die daraus resultierenden Gefahren – Tote gibt es fast in jedem Jahr.

I-Büros an der Küste halten Tidenkalender, dänisch *højvandskalender*, bereit, aus denen man die Uhrzeiten der höchsten Wasserstände ablesen kann. Die Angaben darin treffen aber immer nur lokal zu, da die Hochwasserwellen in der Nordsee von Süden nach Norden an der Küste entlanglaufen und durch Landmassen verzerrt werden. Ein Tidenkalender für Rømøs Südküste ist z. B. im Norden von Fanø unbrauchbar. Im dänischen Watt können sich zudem Weststürme weit draußen auf dem Meer als sehr tückisch erweisen, weil sie trotz guter Witterungsbedingungen an der Küste die Wasserstände unerwartet schnell und hoch steigen lassen. Vorsicht also bei allen Touren ins Watt und auf weit ins Meer ragende Sandbänke: Beachten Sie unbedingt örtliche Warnungen und informieren Sie sich im Zweifelsfall im nächstgelegenen i-Büro, ob Ihre geplante Tour gefahrlos möglich ist. Wie wichtig das ist, beweist ein tragischer Fall aus dem Frühjahr 1996: Zwischen Mandø und dem Festland fand ein deutscher Tourist den Tod, drei Mitreisende entkamen ihm nur knapp, als ihr Wagen auf dem Mandø-Ebbeweg von der Flut überrascht wurde. Am sichersten ist man auf geführten Touren oder im speziell ausgerüsteten Mandø-Bus (s. S. 290).

In den i-Büros können Sie sich auch über Naturschutzregeln, Sperrgebiete und Zugangsbeschränkungen informieren, denn das gesamte dänische Wattgebiet steht in mehr oder minder strenger Form unter Schutz.

Der Ort **Løgumkloster** 8 entstand um ein gleichnamiges, 1173 gegründetes Zisterzienserkloster. Von den umfangreichen Klostergebäuden des Mittelalters sind nur ein Teil des Ostflügels und die nach den Ordensregeln schlichte, aber doch imponierende Backsteinkirche erhalten, die zwischen Mitte des 13. und Mitte des 14. Jh. als Nordflügel gebaut wurde, gerade in der Zeit der Wende von der Romanik zur Gotik – entsprechend mischen sich die Stilarten.

Der nach Westen anschließende Renaissanceflügel stammt nicht mehr aus der Klosterzeit, die mit der Reformation endete, sondern entstand 1614 als herzogliches Jagdschloß. Heute beherbergt es ein Priesterseminar. Eine benachbarte Kirchenmusikschule unterrichtet die hohe Kunst des Glockenspiels. Von einem modernen Turm mit 49 Glocken von 16 bis 1800 kg Gewicht, klingelt, gongt und dröhnt es fünfmal täglich vom Computer gesteuert, an Wochenenden wird dagegen meist manuell angeschlagen.

Jeweils Mitte August findet das traditionelle Volksfest *Klostermærken* statt, eines der größten in Südjütland, eine Mischung aus Floh-, Vieh- und Jahrmarkt. Klostermærken ist auch das wichtigste Treffen der dänischen Schaustellerzunft.

Keine 5 km südwestlich von Løgumkloster durchquert die als Margeriten-Route markierte Nebenstraße Richtung Tønder den **Draved Skov** 9, ein lange von Mooren umringtes Waldgebiet, das heute als letzter Urwald Dänemarks gilt; Wanderwege sind markiert, Infomaterial mit Karten halten die umliegenden i-Büros bereit.

Bald sind die Niederungen der Tønder Marsk erreicht. Über Dänemarks größtes Marschgebiet schrieb 1922 der Heimatdichter Egeberg Jensen: »Schön ist das Land; kein Hindernis, verstellt den Blick«. Flach ist das Land hier auf jeden Fall, und so ist die wichtigste Stadt der Region schon von weitem zu sehen: Tønder.

Über das Zentrum von **Tønder** 10 (s. S. 363) ragt der achteckige Turm vom Ende des 16. Jh. entstandenen *Kristkirke,* der noch von einer ansonsten abgerissenen Vorgängerkirche stammt und lange als Seezeichen diente. Er besitzt knapp über den Turmuhren markante Luftlöcher: Hier sollen Stürme durchpfeifen, anstatt die Statik unter Druck zu bringen. Ein Seezeichen war bis Mitte des 16. Jh. nicht fehl am Platze, denn Tønder war bis dahin eine wichtige Hafenstadt. Erst als Deiche gebaut wurden, um die regelmäßigen Überschwemmungen bei Sturmfluten zu stoppen, versandete die Zufahrt vom Meer aus. Tønder blieb aber weiterhin Handels- und Versorgungsort der Region und erlebte schon im 17. Jh. wieder eine große Zeit mit der Spitzenklöppelei. Durch die Ausbeutung von bis zu 12 000 Heimarbeiterinnen – heute meist als idyllische Folklore dargestellt –, wurden die Händler von Tønder reich, deutlich abzulesen an den prächtigen Fassaden erhaltener Patriziervillen im Zentrum – Tønder gilt als Hochburg des bürgerlichen Barock. Nur selten erfährt man etwas von den Schattenseiten der Klöppelei, so von den schweren Rücken- und Augenschäden. Angesichts der prächtigen Häuser der Spitzenhändler, wie dem *Drøhses Hus* (1672) an der Storegade wenige Meter vom Marktplatz Torvet, sollte man daran denken, daß Mädchen schon ab sechs Jahren zu Hause am Klöppelschrein eingesetzt und nicht zur Schule geschickt wurden.

Eine Gasse mit Häusern der ärmeren Tønder-Familien ist die Uldgade. Typisch sind hier die Erker, in denen die

Frauen und Mädchen solange wie möglich das Tageslicht zum Klöppeln nutzen konnten. Die Boomzeit endete Anfang des 19. Jh., als auf den euopäischen Märkten maschinell produzierte Stoffe in Mode kamen.

1920 machte Tønder Furore, weil die Bevölkerung sich bei der Volksabstim-

Hauseingang in Tønder

mung über die nationale Zugehörigkeit Südjütlands (s. S. 210) mit großer Mehrheit für Deutschland entschied, aber in der gesamten Abstimmungszone doch klar überstimmt wurde. Heute profitieren die Einwohner von der Lage nördlich der Grenze, die Stadt lebt vom Grenzhandel mit all jenem, was Deutsche gern in Dänemark kaufen.

Mittelpunkt der Einkaufszone ist der Marktplatz Torvet. An seiner Südostecke kann man in ›Det Gamle Apotek‹ so richtig in den niedlichen Kleinigkeiten des dänischen Kunstgewerbes schwelgen,

darunter reichlich Weihnachtsschmuck, der hier auch im Hochsommer verkauft wird. Hinter all den Wühltischen und Warenständern sollte man aber das barocke Prachtportal, das die alte Apotheke zur Østergade hin ziert, nicht übersehen.

Am Marktplatz im alten Rathaus ist auch das örtliche i-Büro untergebracht. Ihm gegenüber gemahnt eine Staupe-Figur an die Einhaltung von Recht und Ordnung. Figuren dieser Art – in diesem Fall ein Vollstrecker mittelalterlicher Prügelstrafen in Gottorfer Uniform – waren früher in vielen Städten üblich. Das Vorbild des Herren hier ist im Original im *Tønder Museum* am Südrand des Zentrums zu bewundern. Das kulturhistorische Museum informiert über die Geschichte der Region sowie die Kunst der Spitzenklöppelei und ist für seine Fliesensammlung bekannt, die größte außerhalb der Niederlande. Im gleichen Gebäudekomplex ist *Sønderjyllands Kunstmuseum* untergebracht, in dem vor allem der dänische Surrealismus mit seinen Exponenten Wilhelm Freddie (1909–95) und Vilhelm Bjerke Petersen (1909–57) gewürdigt wird. Das langjährige Wahrzeichen des Museums, ein Wasserturm, beherbergt eine Ausstellung über das Lebenswerk des 1914 in Tønder geborenen Designers Hans J. Wegner. Der gelernte Tischler begründete mit zahlreichen international bekannt gewordenen Stuhlklassikern entscheidend den weltweiten Ruhm des dänischen Möbeldesigns.

Etwa 2 km westlich der Stadt in der Bauernschaft **Gallehus** wurden 1679 und 1734 zwei der bedeutendsten frühzeitlichen Funde in Dänemark gemacht: mit Tierdarstellungen und Runenzeichen verzierte Goldhörner (s. S. 19). 1802 wurden sie aus der Königlichen Kunstkammer in Kopenhagen gestohlen

und von einem Falschmünzer einge-
schmolzen. Denkmäler markieren heute
die Fundstelle in Gallehus.

Nur einen Katzensprung liegt das
›Hier-ist-die-Zeit-stehengeblieben-Dorf‹
Møgeltønder  entfernt. Hauptattraktion ist gleich am Ortseingang das Ba-
rockschloß *Schackenborg,* spätestens

Schloß Schackenborg in Møgeltønder

seit der Besitzer Prinz Joachim, die
Nummer zwei unter den dänischen
Thronfolgern, im November 1995 vor
den Augen der an blauem Blut interes-
sierten Weltpresse die aus Hongkong
stammende Investmentberaterin Alexandra Manley heiratete. Schackenborg
kam 1659 als Erblehen in den Besitz der
Familie Schack und fiel erst in den 80er
Jahren durch eine Schenkung an Prinz
Joachim. Der kann jetzt auf einem der
größten Güter Jütlands beweisen, ob er
eine gute Ausbildung genossen hat: Er
ist Diplom-Landwirt.

Das Schloß, Wohnsitz des populären
Paares, soll bald in neuem Glanz er-
strahlen, denn wie es in Dänemark bei
Hochzeiten von Königskindern üblich
ist, wurde im ganzen Land für ein ›Volks-
geschenk‹ gesammelt: Mehrere Millionen Kronen kamen für die Renovierung
der Gebäude, die Rekonstruktion der
Parkanlagen im barocken Stil und für
den Bau einer neuen Brücke über den
Burggraben zusammen.

Gleich hinter dem Schloß beginnt am
kulinarisch hoch angesehenen *Schak-
kenborg Slotskro* die lindengesäumte
Slotsgade. Reetgedeckte Friesenhäuser,
meist im 18. Jh. entstanden, säumen
rechts und links die kopfsteingepfla-
sterte Straße. Sie endet neben der ursprünglich romanischen Dorfkirche. Das
reiche Inventar dokumentiert ebenso
wie die prächtigen Wand- und Decken-
malereien ihre lange Geschichte als
Schloßkirche von Schackenborg – offiziell gehörte sie bis 1970 zum lehnsgräf-
lichen Besitz. Die 1898 recht frei restaurierten Kalkmalereien im Chor zeigen
gar Mitglieder der Schack-Familie zwischen den Heiligen, so den Grafen und
Auftraggeber mit Schlips und Kragen in
Begleitung von Moses. Der in der Gotik
angebaute Westturm diente vor der Ein-
deichung der Marschen auch als Seezeichen. Ungewöhnlich heute, aber beim
Einbau 1663 ganz normal: Die Turmuhr
besitzt nur einen Zeiger.

Weiter im Westen liegt **Højer**  als
idyllischer Vorposten gleich hinter den
Deichen. Der Ort ist alljährlich am zweiten Wochenende im September Schauplatz des überregional bekannten ›Fåre-
marked‹, eines bunten Volksfestes rund
um einen traditionellen Schafsmarkt.
Damit ist auch gleich einiges über die
Erwerbsstruktur der Region gesagt:
Landwirtschaft dominiert, Schafzucht
bildet einen Schwerpunkt. Das macht

sich auch kulinarisch bemerkbar: Marschlamm gilt als Delikatesse der Region.

Fast der gesamte Hausbestand im alten Teil Højers mit seinen reetgedeckten Höfen steht unter Denkmalschutz. Markant ragt aus der Mitte des Ortes seit 1857 Dänemarks größte *Mühle* im holländischen Stil hervor. Sie dient mitsamt ihrer Nebengebäude als Rahmen für Ausstellungen über das alte Müllerhandwerk sowie über die Marschlandschaft und ihre Natur: ›*Højer Mølle & Marsk Museum*‹.

Im Westen von Højer schirmen zwei Deiche die Marsch von der Nordsee ab. Der ältere von 1861 wird an der ›Højer Sluse‹ von der Vidå durchflossen, an deren Ufer im Schutz des Sperrwerks eine Fischersiedlung im Stil vergangener Tage bewahrt wird. Gut 1,5 km weiter muß die Vidå seit 1981 noch höhere Deiche passieren, ehe sich ihre Wassermassen ins Watt ergießen dürfen. Neben dem Sperrwerk **Vidå Slusen** 13, das die Flußmündung ins Meer reguliert und bei Gefahr verschließt, informiert ›*Tøndermarskens Naturcenter*‹ über die Bedeutung von Marsch und Watt für die Natur. Ein Thema ist der künstliche Salzwassersee, der südlich der Vidå hinter den Deichen liegt.

Auf der Fahrt nach Norden schwenkt die Straße 419 bald hinter Højer Richtung Küste, während die Margeriten-Route landeinwärts zur Ruine der **Trøjborg** 14 führt, die sich hinter Gräben und Wällen in einem kleinen Wäldchen versteckt. Was heute eher an eine Bühnenkulisse erinnert, entstand zur Blütezeit der Renaissance Ende des 16. Jh. als prächtiges vierflügeliges Wasserschloß. 1851 übernahm ein Bauer das Gut vor allem wegen der Ländereien. Mit dem Schloß konnte er nichts anfangen, und da sich niemand für dessen Erhalt stark machte,

ließ er es kurzerhand abreißen, soweit, bis beim Abtransport der Steine die alte Zugbrücke einbrach. Zurück blieben Fundamente und die Südmauer.

Die Straße 419 erreicht nahe der aus romanischer Zeit stammenden Kirche von **Hjerpsted** 15 die Küste und gibt den Blick über das Wattenmeer frei. Gut 6 km vor dem Ufer erkennt man einen Pfahlbau auf **Jordsand,** Dänemarks einziger Hallig, die im späten Mittelalter noch bewohnt war und zwei Höfe besaß, heute aber kaum mehr als eine Sandbank ist.

Kurz hinter dem Dorf Ballum führt die Straße von den sicheren Höhen der Geestinsel wieder in die Niederungen der Marschen und hinter die Deiche, die für etliche Kilometer den Blick von der Straße aufs Meer versperren. Dann schließt sich am Rømø-Damm der Kreis dieser Rundreise.

Vom Rømø-Damm bis Blåvands Huk

Diese Route schließt nahtlos an die vorangehend beschriebene Rundfahrt durch Südwestjütland an, ist aber selbstverständlich auch für sich ein tagesfüllender Ausflug.

Freunde von Kirchenkunst sollten einen Blick in die **Brøns Kirke** 16 werfen, Dänemarks zweitgrößte Dorfkirche. Das Schiff läßt noch den romanischen Stil der Bauzeit Anfang des 13. Jh. erkennen, der Turm stammt, wie so oft bei dänischen Landkirchen, aus der Spätgotik. Ungewöhnlich sind im Inneren die Kalkmalereien aus der Reformationszeit.

Bald hinter Rejsby zweigt die als Margeriten-Route markierte Nebenstraße nach **Vester Vedsted** 17 ab, Standort eines kleinen Informationszentrums über das Wattenmeer und Abfahrtsort des

›Mandøbus‹, ein ungewöhnliches Gespann mit einem hochachsigen Trecker und ein oder zwei mit Passagierkabinen ausgestatteten Anhängern.

Der Mandøbus, der für die 80 Bewohner Mandøs auch Postwagen und Schulbus ist, nutzt den bei Niedrigwasser trockenliegenden, bei Flut aber über-

In der jüngeren Vergangenheit hat Mandø ein wenig touristische Infrastruktur bekommen: Ein paar Ferienhäuser und Appartements auf Bauernhöfen, ein bescheidener Zeltplatz, der ›Mandø Kro‹ mit wenigen Zimmern und das Gemeindezentrum ›Mandøcenter‹ mit Imbiß, außerdem ein ›Mandø Museum‹ und

Auf der Insel Mandø

spülten Ebbeweg mitten durch das Watt zur Fahrt auf die 7,5 km² große **Insel Mandø** (s. S. 348). Schon diese Reise über den Meeresboden ist ein spannendes Erlebnis und einen Tagesausflug wert; die Abfahrtzeiten sind tideabhängig. Für Ortsunkundige mit normalen Fahrzeugen ist der Ebbeweg lebensgefährlich, eine Alternative bietet der etwas höher liegende Låningsvej, eine grobe Schotterpiste. Aber Vorsicht: Damit die 20-Minuten-Fahrt durch das flutgefährdete Gebiet nicht zur Reise in die Ewigkeit wird, unbedingt Auskünfte über die Befahrbarkeit des Låningsvej einholen, zum Beispiel beim Mandø-Brugs ✆ 75 44 51 02 oder im i-Büro von Ribe ✆ 75 42 15 00.

drei kleinere Ausstellungen, die sich mit Volkskunde, Geschichte und Natur der Insel befassen. Ein wichtiges Thema sind Sturmfluten, denn die begleiten Mandø seit seiner Geburt Ende des 14. Jh., als es bei einer solchen Katastrophe von Fanø abgetrennt wurde. Um das Dorf und das fruchtbare Marschland im Osten zu schützen, entstanden ab dem 19. Jh. immer höhere Deiche, zuletzt brachen sie 1981.

Zu den beeindruckendsten Erlebnissen an der gesamten dänischen Westküste gehören Fahrten mit treckergezogenen, offenen Wagen von Mandø aus auf den Hochsand **Koresand** 18. Der Kern dieser Sandwüste, die sich Richtung Rømø über 10 km weit ins Wattenmeer ausstreckt und größer als Mandø selbst ist, wird nur bei extremen Hochwassern ganz überspült, während das flache Sandwatt auf dem Weg dorthin regelmäßig bei Flut unter Wasser steht. Ganz im Südwesten des Koresand, am Rande des Juvredyb, befindet sich ein streng geschütztes Seehundreservat, aber auch an anderen Stellen sind die Chancen gut, Seehunde beobachten zu können.

Die alte Stadt in den Marschen: Ribe

■ (s. S. 354) Von welcher Seite man sich auch nähert, Ribe ist schon von weitem zu erkennen. Markant hebt sich die Silhouette der beiden ungleichen Domtürme aus den Marschen. Wer die Kleinstadt mit heute rund 8000 Einwohnern betritt, ahnt kaum, daß sie einst alle Voraussetzungen hatte, Großstadt zu werden: wichtige Handels- und Hafenstadt ab dem 8. Jh., Metropole der Wikingerzeit, Standort einer der ersten christlichen Kirchen im Norden 860, Bischofssitz ab 948, königliche Residenz ab dem 12. Jh.

Die Wikingerzeit ist in den letzten Jahrzehnten durch systematische Ausgrabungen insbesondere am Norduferr der Ribe Å, wo die erste Stadt lag, untersucht worden. Die Funde würdigt seit Mitte 1995 das Museum ›Ribes Vikinger‹. Nicht präsentiert, sondern nachgelebt wird die Epoche der Wikinger im ›Ribe Vikingecenter‹ südlich der Stadt auf Hof Lustrupholm. Hier soll mit zeittypischem Handwerkszeug und Material der Handelsplatz, aus dem sich Ribe entwickelte, wiederentstehen, gefüllt mit buntem Wikingerleben.

Im frühen 16. Jh. endete die Blütezeit, und von nun an ging es lange nur noch abwärts: Der königliche Hof beendete seine Reisetätigkeit, die ihn regelmäßig nach Ribe gebracht hatte, und wurde ganz am anderen Ende des Reiches, in Kopenhagen, seßhaft. Die Reformation setzte den Aktivitäten der katholischen Kirche ein Ende; immerhin gab es zuvor neun Klöster und 13 Kirchen in der Stadt. Die Versandung der Ribe Å erschwerte den Handel, brachte ihn schließlich fast zum Erliegen. Ein Stadtbrand 1580 sorgte noch einmal für eine rege Bautätigkeit, aus der viele der heutigen Häuser stammen, aber bald brachten der Dreißigjährige Krieg sowie Waffengänge mit Schweden erneut Tod, Zerstörung und Plünderungen. Während der großen ›Manntränke‹ 1634 langte schließlich der Blanke Hans nach der Stadt; rund sechs Meter über das normale Hochwasser stieg diese Jahrtausendflut und forderte viele Tote. Dann sank Ribe in einen Dornröschenschlaf, der wie ein gewaltiges Denkmalschutzprogramm wirkte – es gab weder Geld noch Bedarf für Neuerungen.

Zu allem Unglück ging 1864 durch den Krieg mit Preußen auch noch das Hinterland verloren. Die Stadt hatte nur im Norden noch eine Verbindung zu Dänemark, war aber im Süden und Osten von preußischem Gebiet und im Westen vom Meer umgeben.

Anfang dieses Jahrhunderts wurde Denkmalschutz dann Programm, ab 1958 ein behördlich verordnetes. Heute sind 110 Häuser im historischen Zentrum geschützt. Und um die Idylle abzurunden, nistet seit Jahren mittendrin regelmäßig ein Storchenpaar auf dem alten Rathaus.

Ein Stadtrundgang

Bequeme, feste Schuhe sind für diesen Rundgang über das oft holprige Kopfsteinpflaster der Altstadtgassen zu empfehlen. Der Rundgang beginnt am Bahnhof, in jenem Teil der Stadt nördlich der Ribe Å, in dem um das Jahr 700 alles begann. Über das, was dann folgte, informiert gleich gegenüber das schon erwähnte Museum ›Ribes Vikinger‹ **1**, das alle Tricks moderner Präsentation für ein multimediales Geschichtserleben nutzt: wenige Vitrinen, dafür lebensgroße Alltagsszenen in der Erlebnishalle; ein überdimensionaler, durch Berührung interaktiver Bildschirm, der den User z. B. auf eine Wikingerfahrt gehen oder mit Handwerkern plaudern läßt.

›Ribes Kunstmuseum‹ **2** präsentiert eine für die Provinz herausragende Sammlung mit Malerei von der ersten Hälfte des 19. bis zur Mitte des 20. Jh. Gut vertreten sind das sogenannte Goldene Zeitalter, die Porträtmalerei des 19. Jh. und die Skagenmaler (s. S. 268ff.).

Über Neder-, Mellem- und Overdammen wird die hier dreigeteilte Ribe Å überquert und der heute zwar älter wirkende, aber historisch jüngere Teil Ribes erreicht. Gleich am Südufer des Flusses breitet sich **Skibbroen** aus, die Schiffsbrücke, wie der alte Kai vor einer pittoresken Häuserfront heißt. Ein traditioneller Wattsegler, die »Johanne Dan«, kann in Augenschein genommen werden und informiert im Inneren über die Wattschiffahrt. Einen Hauch davon kann man auf dem Ausflugsdampfer erleben, der von hier die Ribe Å abwärts zur Schleusenanlage Kammerslusen fährt, wo sich der Fluß ins Watt ergießt.

Vorbei an der **Sturmflutsäule 3** mit Angaben über die schlimmsten Überschwemmungen, die die Stadt erdulden mußte, erreicht man die alten Wälle des im 17. Jh. abgerissenen Königsschlosses **Ribehus 4** – der Weg lohnt bei gutem Wetter für den Blick auf die Marschen. Auf den Wällen erinnert ein Denkmal an die vom Volk geliebte und bis heute in einem populären Lied be-

sungene Königin Dagmar, die 1205 in Ribe Valdemar Sejr heiratete und wenige Jahre später auf Ribehus starb. Einer Legende nach erbat sie sich nach der Hochzeitsnacht als Morgengabe die Abschaffung der Kettenhaft im Lande.

Der Weg zurück ins Zentrum sollte auf jeden Fall durch die **Fiskergade** führen. Hier und in den schmalen Seitengassen – *slipper* genannt – bilden viele der kleinen Fischerhäuser, die nach dem Stadtbrand 1580 entstanden sind, ein malerisches Viertel. Ebenfalls nach diesem Brand entstand der **Quedens Gård 5** als Kaufmannshof im Fachwerkstil. Heute beherbergt er ›Den Antikvariske Samling‹ mit Interieurs großbürgerlicher Herkunft.

Bevor der Dom erreicht ist, locken noch zwei Institutionen mit viel Atmosphäre zur Einkehr: Rechter Hand in einem rund 400 Jahre alten Fachwerkhaus erscheint das **Restaurant Weis' Stue 6** mit seiner uralten Einrichtung fast wie ein Museum. Gleiches gilt für das **Hotel Dagmar 7** mitsamt seinem Edelrestaurant auf der anderen Straßenseite. Es ist in einem Gebäude eingerichtet, das gleich nach dem Stadtbrand 1581 entstand, und damit Dänemarks ältestes Hotel. Aus der gleichen Zeit stammt der alte Kaufmannshof nebenan, in dem heute das i-Büro residiert.

Gegenüber dem kleinen Platz vor dem Hotel Dagmar und dem i-Büro ragt der Chor des **Doms 8** auf. Obwohl nach alten Quellen auf einer Anhöhe gebaut, scheint das ehrwürdige, fünfschiffige Gotteshaus in der Erde zu versinken, der Kirchenboden liegt gut 1,5 m tiefer als die umliegenden Straßen: Ribes Dom ist im Laufe seiner mehr als 800jährigen Geschichte in den weichen Marschboden gesunken, während die Stadt auf den Resten ihrer eigenen Vergangenheit immer höher wächst. Der

Blick vom Domturm über die Stadt Ribe

Untergrund hat dem Dom seit Baubeginn Mitte des 12. Jh. immer wieder arge Probleme bereitet. So wurde 1333 als Ersatz für einen zehn Jahre zuvor eingestürzten Vorgänger der heute das Äußere dominierende *Bürgerturm* fertig. 1593 verlor er die Spitze. Für einen Wiederaufbau besaß man nicht mehr die Mittel. Seitdem schließt der Turm aus rotem Backstein mit einer Plattform ab, heute der beste Aussichtspunkt im gesamten Marschgebiet. Auch der zweite Turm nach Süden hin ist ein Neubau, im romanischen Stil 1892–1904 entstanden.

Die ältesten Teile des Doms sind ein Dokument der frühen und guten Handelsbeziehungen Ribes nach Mitteleuropa: Er entstand im wesentlichen aus Eifeltuff- und Wesersandstein, und die Architektur folgt rheinischen Vorbildern.

Die lange erste Bauphase brachte dabei einen Stilmix aus Romanik und Gotik.

Von der Ausstattung aus Renaissance und Barock, die während einer Restaurierung Mitte des 19. Jh. arg gelichtet wurde, sind noch einige Grabplatten und Epitaphien sowie eine ansehnliche Kanzel von 1597 erhalten. Ein faszinierendes Beispiel für die tolerante dänische Art, sich mit Kunst und Kunstgeschichte auseinanderzusetzen, ist die Ausschmükkung der Chorapsis 1982–87 durch den CoBrA-Künstler Carl-Henning Pedersen. Seine sieben großen *Wandmosaiken,* die farbenfrohen, fabulierenden *Fresken* im Gewölbe und die fünf adäquaten *Glasfenster* sind der Beitrag des 20. Jh. zum Gesamtbild dieses altehrwürdigen Baus. Zunächst stieß Pedersens Werk, ja allein seine Berufung als Künstler für die Neugestaltung des

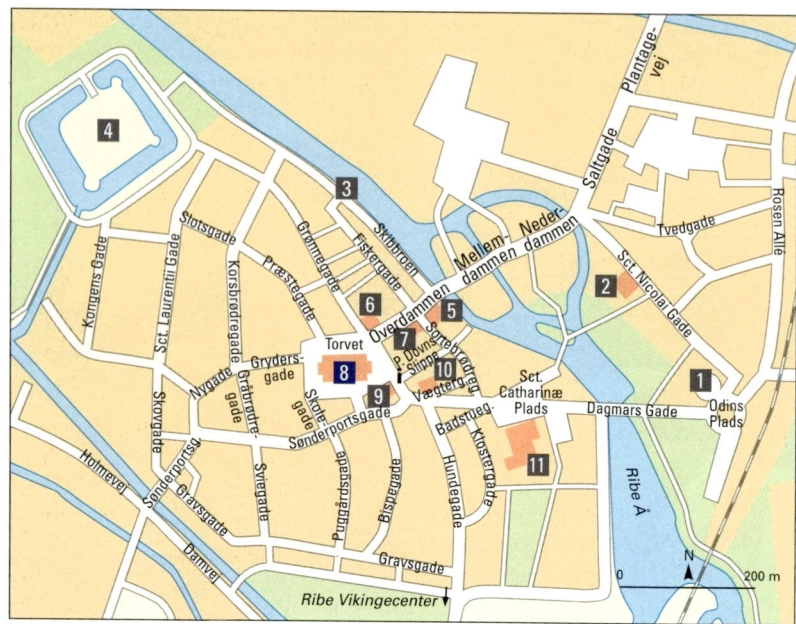

Ribe 1 ›Ribes Vikinger‹ 2 Kunstmuseum 3 Sturmflutsäule 4 Ribehus 5 Quedens Gård 6 Weis' Stue 7 Hotel Dagmar 8 Dom 9 Altes Rathaus 10 Legetøjsmuseum 11 Skt. Catharinæ Kirke og Kloster

Chors, nicht nur auf Zustimmung, sondern löste in konservativen Kreisen einen Aufschrei des Entsetzens aus.

Verläßt man den Dom, lohnt noch ein Gang zum *Südportal* des Querschiffes mit der sogenannten *Katzenkopftür,* benannt nach den bronzenen Türziehern aus dem 13. Jh., die an Löwenköpfe erinnern. Das Portal mit der sorgfältig aus Granit gehauenen Kreuzabnahme-Szene im Tympanon gehört zu den ältesten Details der Kirche, wahrscheinlich wurde es um 1175 fertig, gut 50 Jahre vor dem Hauptportal. Noch etwas jünger ist das dreieckige Sandsteinrelief über der Katzenkopftür mit einer biblischen Szene, in die nach gängiger Interpretation die Familie von Valdemar Sejr (reg. 1202–41) einbezogen ist. Der ge-

krönte Kopf unter der Maria mit dem Kreuz wäre demnach Valdemar selbst, neben ihm seine zweite Frau Berengaria und etwas tiefer die früh verstorbene Dagmar. Der junge Mann, der von Jesus an der Hand geführt wird, könnte dann Valdemar der Jüngere sein, der 1231 bei einem Jagdunfall zu Tode gekommene älteste Königssohn aus der Ehe mit Dagmar.

Das Viertel südlich des Doms mit Skolegade, Puggårdsgade und Sønderportsgade ist von ansehnlichen Fachwerk- und Backsteinbauten geprägt, in denen einst kirchliche Würdenträger, Kaufleute und Handwerker residierten. In diesem Teil der Stadt haben auch relativ viele Häuser den Stadtbrand von 1580 überstanden.

Von der Katzenkopftür des Doms nach Südosten blickt man gleich auf das **Hotel ›Den Gamle Arrest‹,** das auf eine lange Tradition als Beherbergungsbetrieb zurückblickt, nur war die Logis dabei nicht immer freiwillig: Bis 1989 war hier das städtische Gefängnis, und die meisten Zimmer sind in den geschmackvoll, aber nur geringfügig umgestalteten Zellen eingerichtet.

Gleich hinter dem Knast-Hotel ragt jener Giebel des **alten Rathauses** 9 auf, dessen Spitze sich seit ein paar Jahren ein Storchenpaar als Nistplatz ausgesucht hat. In dem 1496 entstandenen Gebäude tagt immer noch der Stadtrat, obwohl es hier schon etwas museal zugeht: Ein altes Schuldgefängnis mit einer Sammlung mittelalterlicher Waffen ist zu besichtigen.

Gegenüber dem Rathaus geht es im **Ribe Legetøjsmuseum** 10 weit weniger martialisch zu: Spielzeug und Puppen aus den letzten 150 Jahren füllen hier die Vitrinen.

Der Rundgang kehrt nun wieder zum Ausgangspunkt am Bahnhof zurück, aber nicht ohne unterwegs an dem zweiten großen Sakralkomplex Ribes aus dem Mittelalter vorbeizuführen: **Skt. Catharinæ Kirke og Kloster** 11. Die heutigen Gebäude entstanden im 15. Jh., nachdem die Vorgängerbauten des 1228 gegründeten Dominikanerklosters infolge der Bodenabsenkungen zusammengebrochen waren. Auch die jetzige Kirche konnte nur mit größter Mühe in den 70er Jahren vor diesem Schicksal bewahrt werden: Das gesamte Fundament wurde freigelegt, auf überdimensionale Wagenheber gesetzt und damit wieder geradegestellt. Durch die Kirche ist der Innenhof mit dem alten Kreuzgang zugänglich; die restlichen Gebäudeteile dienen heute als Altenwohnungen.

Viele Geschichten über die Häuser und ihre ehemaligen Bewohner erzählen – bisher leider nur auf Dänisch und Englisch – die Nachtwächter, die in ihren historischen Uniformen während der Sommermonate ein- bis zweimal am Abend ihre Rundgänge mit großem Touristengefolge machen; Start ist vor dem Restaurant Weis' Stue.

Die junge Konkurrentin am Meer: Esbjerg

■ (s. S. 326) Esbjerg entstand erst gegen Ende des 19. Jh. und lief binnen weniger Jahre dem altehrwürdigen Ribe den Rang als wichtigste Stadt im Südwesten ab. Ausschlaggebend war der verlorene Krieg 1864, der Dänemark den zollfreien Zugang zu Häfen weiter im Süden versperrte. Grådybet, das gut schiffbare Tief zwischen Fanøs Nordspitze und der Halbinsel Skallingen, brachte 1868 Esbjerg, damals ein Flekken zwischen den Dünen mit zwei Bauernhöfen, den Zuschlag. Es wurde Dänemarks neues Tor nach Westen, vor allem für den Export von Agrarprodukten zu den Industrieregionen der Britischen Inseln.

Heute ist Esbjerg mit ca. 80 000 Einwohnern Dänemarks fünftgrößte Stadt, hat einen wichtigen Exporthafen mit internationalen Fährverbindungen, ist Versorgungshafen für die dänische Öl- und Gasförderung in der Nordsee und besitzt eine große Fischereiflotte, die die manchmal nicht zu überriechende Fischindustrie beliefert. Für den Gestank sorgt vor allem die ökologisch bedenkliche, aber von dänischen Fischern intensiv betriebene Industriefischerei nach kleinen, für menschlichen Konsum uninteressanten Fischen, die zu Tierfutter verarbeitet werden.

Esbjerg 1 Auktionshallen 2 Feuerschiff »Horns Rev« 3 Wasserturm 4 Esbjergs Kunstforenings Samling 5 Esbjerg Museum 6 Fiskeri- og Søfartsmuseet 7 ›Mennesker ved Havet‹

Geruchsfrei und garantiert fangfrisch ist das Meeresgetier, das montags- bis freitagsmorgens jeweils ab 7 Uhr in den gigantischen **Auktionshallen** 1 am Südrand des Fischereihafens umgeschlagen wird; Zuschauen bei diesem hektischen Spektakel ist möglich. Spezielle Auktionen, bei denen auch Touristen mitbieten können, werden in der Saison durchgeführt, Termine nennt das i-Büro in der Stadt.

Das Hafenbecken direkt vor dem Stadtzentrum nutzen die Fährreedereien. Neben dem Anleger der Fanø-Fähre liegt das laut Stadtwerbung älteste Holzfeuerschiff der Welt **»Horns Rev«** 2 fest vertäut als Museumsschiff.

Richtung Zentrum breitet sich über eine Anhöhe der Stadtpark, Bypark, aus. Aus ihm ragt Esbjergs Wahrzeichen hervor, ein imposanter **Wasserturm** 3, der 1896–97 mit architektonischen Anleihen beim mittelalterlichen Nassauer Haus in Nürnberg gebaut wurde und heute als Aussichtsturm dient. Gleich nebenan, im Haus der ›**Esbjergs Kunstforenings Samling**‹ **4**, ist die dänische Kunst ab dem Modernen Durchbruch der 20er Jahre bis hin zur jeweils aktuellen Gegenwartskunst Schwerpunkt der eigenen Sammlung wie der regelmäßigen Sonderausstellungen. Der benachbarte Neubau, das Esbjerger Musikhaus, ist eine Arbeit von Dänemarks Architekturstar Jørn Utzon.

Esbjergs Zentrum überrascht auf den ersten Blick, wenn man an das geringe Alter der Stadt denkt: Da stehen Bauten im Stil der Gotik, der Renaissance und des Barock – alles aber nur rund ein Jahrhundert alt. Da beim Bau der Stadt nach 1868 der Historismus en vogue war, konnten sich die Architekten aus der Stilvielfalt einiger Jahrhunderte Baukultur bedienen – am besten zu sehen rund um den zentralen Platz Torvet. Die junge Geschichte der Stadt wird im **Esbjerg Museum 5** aufgearbeitet, das darüber hinaus eine der umfangreichsten Bernsteinsammlungen im Lande besitzt.

Für einen Familienausflug mit Kindern eignet sich am besten das ›**Fiskeri- og Søfartsmuseet / Saltvandsakvariet i Esbjerg**‹ **6** am Nordrand der Stadt, nahe der Küstenstraße. Der Name sagt's schon: Fischerei und Seefahrt sind Themen in einer großen Bootshalle sowie in der Freiluftausstellung, zu der u. a. eine typische Küstenlandschaft mit Booten und Gerätschaften von Strandfischern gehört. In den Salzwasseraquarien tummelt sich ein bunter Querschnitt der Nordseefauna, und in einem großen Freiluftbecken leben Seehunde.

Auf Höhe des Museums direkt am Ufer ist eine der interessantesten, aber auch umstrittensten Sehenswürdigkei-

ten Jütlands plaziert: Die Skulpturengruppe ›**Mennesker ved Havet**‹ **7** – Menschen am Meer – von Svend Wiig Hansen (geb. 1922), einem der Großen der dänischen Gegenwartskunst. Vier gewaltige Männerskulpturen, jede neun Meter hoch und mehrere Tonnen schwer, starren auf die Gråcyb, die Tiefe nördlich Fanø, die als Fahrrinne zwischen Hafen und offenen Meer den Lebensnerv Esbjergs bildet. Die Gleichheit der vier Figuren, ihre kaum strukturierte Oberfläche, ihre monumentale Größe – Punkte, an denen sich Mißfallen artikuliert, gibt es. Aber ist Kunst nicht immer auch Geschmackssache?

Idylle im Watt: Abstecher nach Fanø

Esbjerg wie ein Wellenbrecher vorgelagert ist die Ferieninsel Fanø (s. S. 327), mit der Fähre fast rund um die Uhr dank einer im Watt ausgebaggerten Fahrrinne in nur 12 Minuten zu erreichen.

Die nördlichste der Inseln des europäischen Wattenmeers ist ein Naturparadies aus Dünen, Strandwäldern und Heideflächen. Der Weststrand, 15 km lang und an einigen Stellen mehrere tausend Meter breit, ist ein Eldorado für Baderatten, Strandwanderer und Drachenfans, deren internationale Elite sich hier jedes Jahr an einem Wochenende Mitte Juni zu einem der größten europäischen Drachenfestivals trifft.

Die Chancen, bei langen Spaziergängen Bernstein am Strand zu finden, sind gut. Damit man nicht auch den Tod findet, sollte man immer die Warnungen beachten: Im Süden wird die bei Niedrigwasser verlockende Sandbank mit dem Namen Galgerev bei jeder Flut mehr als einen Meter hoch überspült, wobei das aufkommende Wasser zuerst den Weg zum Hauptstrand zurück abschneidet.

Surfer, Strandsegler und Kitebuggypiloten kommen natürlich auf den weiten Sandflächen auch auf ihre Kosten, müssen sich aber auf ein ausgewiesenes Areal im mittleren Strandbereich beschränken. Übrigens jagten in den 20er Jahren Autopioniere auf Fanøs Strand Geschwindigkeitsweltrekorden nach, ehe amerikanische Salzseen diese Funktion übernahmen; heute darf der Strand zwischen Fanø Bad und einer Zufahrt westlich von Sønderho nur im Schrittempo befahren werden.

Im Hinterland des mittleren Strandabschnitts erstreckt sich eine naturbelassene, waldreiche Dünenlandschaft. Schöne Spazierwege findet man rund um den Aussichtspunkt auf dem 21 m hohen Pælebjerg. An der Albue Bucht, auf der anderen Inselseite zum Wattenmeer hin, kann man noch ›Vogelkojen‹ sehen, die früher zur Wildentenjagd benutzt wurden. Die Enten, die hier heute in die Fallen gehen, brauchen aber nichts mehr zu fürchten, sie werden nur von Vogelwarten beringt.

Die beiden eigentlichen Orte Fanøs, vor allem das romantische **Sønderho** im Süden, erzählen viel über die Blütezeit der Insel im 18. und 19. Jh., als es hier von erfolgreichen Skippern, Reedern und Schiffbauern wimmelte. Viele der reetgedeckten Langhäuser entstanden in dieser Zeit, rund 70 stehen unter Denkmalschutz, denn seit 1928 kümmert sich eine rührige Stiftung erfolgreich um den Erhalt. Meist über Türen und Fenstern sieht man an einigen der Häuser einen charakteristischen Fries in den Farben Grün, Weiß und Schwarz – Geburt, Leben und Tod symbolisierend.

Zu den alten Häusern von Sønderho gehören auch der für seine kulinarischen Genüsse berühmte und seit 1722 königlich privilegierte Sønderho Kro sowie in der Gasse Østerland ›Hannes Hus‹ aus der zweiten Hälfte des 18. Jh. In dem über fast 200 Jahre langsam gewachsenen, aber nie grundlegend veränderten Skipperhaus zeigt eine volkskundliche Sammlung etwas von den Lebensbedingungen im 19. Jh. Die namengebende Hanne Sørensen, die hier lange lebte, teilte schon als junge Frau ein Schicksal mit vielen Geschlechtsgenossinnen, die den Preis des Reichtums von Sønderho zahlen mußten: Ihr Mann kam von einer Islandfahrt nicht zurück, das Schiff blieb verschollen. Damit wenigstens die Gewässer vor der eigenen Insel etwas sicherer waren, wurde 1889 eine der für Dänemarks Westküste typischen Rettungsstationen am Dünenweg zum Weststrand gebaut, heute Museum.

Mit dem Bau des Hafens in Esbjerg Ende des 19. Jh. verfiel Sønderho in seinen Schönheitsschlaf. **Nordby,** Esbjerg gleich gegenüber, wurde schnell die wichtigere Stadt, heute leben hier 2800 Einwohner. Trotzdem findet man auch hier idyllische Ecken mit den langen reetgedeckten Häusern, die für die Insel typisch sind.

Die Seefahrt der Männer und den Alltag der Frauen auf der Insel beleuchtet nahe dem Fähranleger in Nordby die Schifffahrts- und Trachtensammlung ›Fanø Skibsfarts- og Dragtsamling‹. Brauchtumspflege – Trachten, Volkstanz und -musik – spielt auf Fanø eine Rolle wie sonst kaum irgendwo in Dänemark.

In Nordby begann 1860 das Kapitel Tourismus, als dort ein Badehotel eröffnet wurde. Bald zog es die Urlauber an den Nordseestrand, Fanø Vesterhavsbad – heute kurz Fanø Bad – entwickelte sich binnen kurzer Zeit zu einem mondänen, in ganz Europa bekannten Seebad, in dem Besuche von König Christian IX.

und seiner Familie fürs Image sorgten. Einen besseren Werbeträger konnte man sich nicht wünschen, denn Christian galt im Volksmund als ›Europas Schwiegervater‹. Ein Sohn saß auf dem griechischen Thron, ein Enkel auf dem norwegischen, seine älteste Tochter war mit Edward VII. von England und seine zweitälteste mit Zar Alexander III. verheiratet.

Was dem einen recht ist, ist dem anderen aber heute schon zu viel: Neun Campingplätze, ca. 2500 Ferienhäuser, zwei Ferienpark-Appartementanlagen und ein paar kleinere Hotels auf 55 km² locken viele Gäste, und damit die auch im Winter kommen, versprechen inzwischen zwei Spaßbäder tropische Badefreuden rund ums Jahr, eines in Fanø Bad und eines an Rindby Strand. Aber trotz alledem wirkt Fanø nicht so überlaufen wie Rømø, dafür sorgt schon die Fähre als Regulativ.

Skallingen und Blåvands Huk

Über Esbjergs Badeort Hjerting folgt man weiter der Beschilderung der Margeriten-Route bis **Oksbøl.** Das Städtchen ist der Hauptort – inklusive zentralem i-Büro – für eines der größten Ferienhausgebiete Dänemarks mit den Küstensiedlungen Oksby, Blåvand, Vejers Strand, Grærup Strand und Børsmose.

Die *Ål Kirke* am Nordrand von Oksbøl entstand schon im frühen 12. Jh. ähnlich wie der Dom von Ribe und rund 40 andere Kirchen in Westjütland aus rheinischem Tuffstein. Berühmt ist die Kirche für ihre Kalkmalereien, vor allem für das Fragment eines Frieses an der Nordwand mit Szenen eines heftig tobenden Reiterkampfes.

Von 1945 bis Dezember 1948 war Oksbøl Standort des mit fast 4 km² Fläche größten Lagers für deutsche Flüchtlinge auf dänischem Boden. Hier waren bis zu 38 000 Menschen interniert, die sich aber weitgehend selbständig verwalten konnten. Von der ehemaligen Barackenstadt sind vor allem Reste von Verwaltungs- und Gemeinschaftsbauten erhalten, so das Krankenhaus, das heute Jugendherberge ist. Weitere Erinnerungen an diese Epoche zeigt das örtliche Museum ›Blåvandshuk Egnsmuseum‹. Gegen Kriegsende kamen einige hunderttausend Flüchtlinge nach Dänemark, die vor allem aus den deutschen Ostgebieten über die Ostsee evakuiert worden waren.

Dänemarks westlichster Landpunkt, **Blåvands Huk** wird von einem viereckigen Leuchtturm markiert, der hier seit dem Jahr 1900 gut 40 m aus den Dünen aufragt und bestiegen werden kann. Er warnt mit seinem 50 km weit reichendem Licht vor einer der gefährlichsten Sandbänke der Nordsee, dem Horn Rev, das sich 40 km ins Meer hinausstreckt und unter Seeleuten als ›Teufels Horn‹ verschrien ist. Im September und Oktober gilt die Umgebung von Blåvands Huk als einer der besten Plätze in Dänemark, um den Vogelzug aus arktischen Gebieten gen Süden zu beobachten. Mehr über die Natur kann man direkt neben dem Leuchtturm im ›Blåvand Naturcenter‹ erfahren.

Im wald- und heidereichen Hinterland der Küste sind große Areale militärisches Sperrgebiet, und einige alte Dörfer bilden nur noch die gespenstische Kulisse für Übungen dänischer Soldaten. Die halten sich jedoch in der Hauptreisezeit vornehm zurück. An die Expansionsgelüste deutscher Militärs erinnern am Rande der Nebenstraße von Blåvand nach Ho das Bunkermuseum

Tirpitz-stillingen: Die Kanonenstellung sollte als Teil des Atlantikwalls die Hafenzufahrt von Esbjerg sichern.

Südlich der Linie Blåvands Huk – Ho liegt vor dem nördlichsten Ausläufer des europäischen Wattenmeers, Ho Bugt, wie ein Schutzkeil die Halbinsel Skallinge. Sie entstand erst nach der legendären ›Manntränke‹ von 1634 und verändert sich bis heute ständig. Vor rund 100 Jahren war Skallingen nur ein Hochsand, und seit kaum mehr als einem halben Jahrhundert haben Pflanzen von ihr Besitz ergriffen. Im Westen Strände und Dünen, liegt nach Osten ein streng geschütztes Wattgebiet mit der kleinen Insel Langli, das sich ohne Einfluß des Menschen entwickeln soll. Hier gelten strenge Zugangsregeln, über die die i-Büros der Umgebung informieren.

Das mittlere Westjütland

Immer auf Ausgleich bedacht: Die Haffküste

Im Norden schließt an das Wattenmeer ein Küstentyp an, den Geographen ›Ausgleichsküste‹ nennen. Meeresströmungen haben hier eine durch Buchten stark zergliederte Küste zu einem weich geschwungenen Band aus Sand und Kies ausgeglichen, das sich von Blåvands Huk bis Thyborøn an der Limfjordmündung erstreckt und sich weiter im Norden an der Küste von Thy und Nordjütland fortsetzt.

Die drei großen Buchten Westjütlands waren einst Deltas eiszeitlicher Schmelzwasserflüsse. Sandbänke schoben sich davor, ragten irgendwann aus dem Wasser und wuchsen zu Nehrungen mit hohen Dünen, nirgendwo so ausgeprägt wie an Holmsland Klit. So entstanden die Haffs Ringkøbing Fjord und Nissum Fjord, die beide aber nur noch mit künstlicher Hilfe existieren: Sperrwerke regulieren den Wasseraustausch, und Saugbagger verhindern ein Versanden. Dafür konnte die Natur am Stadil Fjord mit seinem Ableger Vest Stadil Fjord die Trennung vom Meer zu einem Süßwasser-Strandsee vollenden, lange bevor der Mensch eingriff.

Der größte Teil dieses Küstenabschnitts und weite Gebiete in seinem Hinterland werden vom Verwaltungsbezirk Ringkøbing Amt eingenommen, flächenmäßig groß – fast 5000 km², etwa doppelt so groß wie der Staat Luxemburg – aber der am dünnsten besiedelte aller dänischen *amter* – knapp 60 Einwohner pro km². In einem ist das Ringkøbing Amt aber Spitze: Nirgendwo sonst in Europa stammt soviel Strom aus umgewandelter Windenergie, und entsprechend sind die Minikraftwerke mit ihren großen Flügeln längst landschaftsprägend.

Ausgangspunkt dieser Route entlang der Haffküste ist die Kleinstadt **Varde 1** (s. S. 363), nördlich von Esbjerg. Varde entstand im frühen Mittelalter um einen Flußübergang und bekam schon Mitte des 15. Jh. seine Stadtrechte. Das alte Varde, das bei einem Stadtbrand 1821 weitgehend zerstört wurde, kann man heute als 1 : 10 Nachbildung in der ›Varde Miniby‹ im Park Arnbjerganlægget besichtigen. Im Original sind nur wenige Bürgerhäuser aus dem späten

Das mittlere Westjütland

18. Jh. am Marktplatz Torvet und in der Storegade sehenswert, und am Ufer der Varde Å sind ein paar malerische Ecken bewahrt. Martialisches zeigt das *Artillerimuseum* am Vestervold: Die Welt der Kanonen, Kanoniere und Kanonenkugeln ist hier Ausstellungsthema.

Varde ist Einkaufsstadt und dank des Vergnügungsparks ›Fårup Sommerlandet i Varde‹ auch ein populäres Familienausflugsziel für eines der größten dänischen Sommerhausgebiete, das sich entlang der Küste von Blåvands Huk bis Nymindegab erstreckt.

Ferienhausmetropole inklusive tropisch angehauchtem Badeland ist in diesem Küstenabschnitt der Badeort **Henne Strand** 2, in der Sommersaison fest in der Hand deutscher Urlauber – Dänisch ist dann hier Fremdsprache.

Hinter Strand und Dünen breiten sich seit 1878 systematisch gegen den Sandflug angepflanzte und heute von markierten Wanderwegen durchzogene Strandwälder aus, Kærgård Klitplantage im Süden von Henne Strand und Blåbjerg Klitplantage im Norden. Von einem viel älteren Vorgängerwald zeugen eigenartige Büsche in beiden Forsten: Eichen wurden hier vor Jahrhunderten meterhoch unter Flugsand begraben, ließen sich davon aber nicht gänzlich unterkriegen: An mehreren Stellen wachsen die Kronen der alten Bäume wie Gestrüpp aus den Dünen. Vor allem im Frühjahr, wenn die Eichen ausschlagen, erkennt man Zusammenhänge, da jeder Baum zu einem anderen Zeitpunkt seine ersten Blätter ausbringt. So konnte nachgewiesen werden, daß bis zu 160 selbständig wirkende Büsche und Mini-Eichen an ein und derselben Wurzel hängen.

Die Düne **Blåbjerg** 3, mit 64 m die höchste im Lande, bietet einen der besten Aussichtsplätze entlang der gesam-
ten Westküste. Zwischen den Strandwäldern und dem ewig anrollenden Meer zieht sich ein Dünengürtel mit einem schönen, breiten Vorstrand an der Küste entlang.

Zwischen Hovstrup Strand, bekannt für sein FKK-Gelände, und Nymindegab Strand stößt man in den Dünen auf die Reste des alten Gezeitenstroms Nymindestrømmen, bis 1845 die natürliche Verbindung zwischen Nordsee und Ringkøbing Fjord. Dieser Durchfluß war in den beiden Jahrhunderten zuvor von weit nördlich Nymindegab fast 20 km nach Süden gewandert und hatte sich dabei von einer kurzen, schiffbaren Fjordmündung zu einem langen, flachen und immer mehr versandenden Gewässer gewandelt. Erst dabei bildete sich nördlich von Nymindegab im Fjord die Halbinsel **Tipperne** 4 mit Marschwiesen, Heideflächen und ein paar Dünen. Sie steht komplett unter Naturschutz und ist als Vogelreservat nur eingeschränkt zugänglich. Auf dem Gelände befinden sich eine Forschungsstation und am Südrand ein Vogelbeobachtungsturm.

Geschützt sind natürlich auch die Wasserflächen um Tipperne sowie um die Insel Klægebanke im Ostteil des Fjords. Dies sollten vor allem Surfer und Segler beachten; der Ringkøbing Fjord ist ein beliebtes Wassersportrevier: Die Winde der Nordsee sind hier zu erleben und zu nutzen, ohne ihre mächtigen Wellen ertragen zu müssen. Eine Surferhochburg ist zum Beispiel die südöstliche Fjordküste zwischen Bork Havn und Skaven Strand.

Zur Sicherung des Schiffsverkehrs zwischen Nordsee und Fjord, und auch um den Fjord als Salzwassergebiet zu erhalten, versuchte man ab Mitte des 19. Jh. immer wieder künstliche Durchbrüche durch die Dünen zu schaffen,

Das 33-Kilometer-Museum

Der Kreativität dänischer Museumsleute scheinen keine Grenzen gesetzt, das beweist das ›Skjern–Egvad Museum‹. Mehrere kleine, für sich genommen eher unscheinbare Abteilungen entlang eines 33 km langen, ehemaligen Viehtreiberweges – Drivvejen – am Südostufer des Ringkøbing Fjord arbeiten eng zusammen; Fahrräder eignen sich hier am besten für einen Museumsbesuch.

Der alte **Fahl Kro** 5 nordöstlich von Nymindegab ist ein Zentrum der Aktivitäten: Ausstellungen befassen sich mit Themen aus Volkskunde und Natur, im Wikingerlager kann man backen oder schmieden lernen, und hier starten Naturführungen sowie Fahrten mit Segel-, Fischer- und Wikingerbooten. Am anderen Ende des Drivvejen liegt nördlich von Skjern die **Bundsbæk Mølle** 6, eine alte, funktionierende Wassermühle.

Was es entlang der Strecke sowie auf kleinen Abstechern zu sehen oder auch aktiv zu tun gibt, wird jedes Jahr in einer Broschüre zusammengefaßt, die es in nahegelegenen i-Büros und bei den Museumsstationen unter dem Titel »Vestjyllands Ökomuseum« gibt.

zuerst im Süden bei **Nymindegab** 7, wo sie immer wieder versandeten. Vom hochgelegenen Nymindegab Kro hat man eine gute Aussicht über die Dünenlandschaft, die damals ohne großes Gerät durchgraben werden mußte, sowie auf den alten Nymindestrøm. Dort wo die Straße 181 seine Reste quert, erinnern flache, reetgedeckte Köderhütten an die Saisonlager, die Anfang des 19. Jh. regelmäßig Nebenerwerbsfischer aus dem Hinterland zur Fangsaison bezogen. Köderhütten heißen übrigens so, weil hier die Fangleinen mit Ködern besetzt wurden, ehe man hinausfuhr.

Ab Nymindegab verläuft die Küstenstraße 181 über die 35 km lange und maximal 3 km breite Dünennehrung **Holmsland Klit** 8, Höhepunkt der dänischen Haffküste. Im Westen brandet die Nordsee an einen breiten, sandigen Strand vor bis zu 30 m hohen Dünen, im Osten enden flache Marschwiesen am Ufer des Ringkøbing Fjord. Dazwischen erstrecken sich Heideflächen, bebaut mit unzähligen Ferienhäusern.

Wie die Bessergestellten der Region in vergangenen Tagen lebten, kann man im Heimatmuseum **Abelines Gård** 9 nachvollziehen, der 1854–1871 als Hof eines Strandvogtes entstand – ein für Westjütland typischer, reetgedeckter Vierkanthof.

Ein unregulierter künstlicher Durchbruch durch Holmsland Klit auf Höhe

Fischer in Hvide Sande

des heutigen Hvide Sande Kanals geriet 1910 außer Kontrolle, verbreitete sich dramatisch und mußte mit großem Aufwand wieder zugeschüttet werden. Dies ließ die Erkenntnis reifen, daß nur ein kontrollierter Durchbruch dauerhaften Erfolg versprach. So entstand 1931 die erste Anlage mit Sperrwerk und Schleuse, um die herum sich binnen weniger Jahrzehnte das 3000-Einwohner-Städtchen **Hvide Sande** 🔟 (s. S. 335) mit dem bedeutendsten Fischereihafen zwischen Esbjerg und Thyborøn entwickelte. Über 300 Fischereifahrzeuge von den offenen Booten der Nebenerwerbsfischer bis zum Hochseetrawler sind hier beheimatet, ihnen stehen beiderseits von Sperrwerk und Schleusen sowohl ein Fjord- als auch ein Nordseehafen zur Verfügung.

Vom Leuchtturm **Nørre Lyngvig Fyr** 🔟, der wenige Kilometer nördlich von Hvide Sande unübersehbar 38 m über die Dünen oder, anders gemessen, fast 50 m über den Meeresspiegel aufragt kann man den Aufbau von Holmsland Klit gut erkennen: Strand, Dünen, Heide,

Marschwiesen und dazwischen Ferienhäuser, Ferienhäuser, Ferienhäuser.

Daß in Dänemark fast jede Hobbysammlung zum Museum werden kann, belegt das ›Elvis Presley Museum‹ am Nordsøvej in **Søndervig** 🔢. Zwei Fans des ›King of Rock & Roll‹ haben hier allerlei Relikte – vor allem Plattenhüllen – und Reliquien – Elvis' persönliche Bibel, ein Konzerthemd – zusammengetragen.

Søndervig ist Servicezentrum der Ferienhausregion im Norden von Holmsland Klit; mangels Bevölkerung haben hier aber nur wenige Läden und Lokale außerhalb der Saison geöffnet. Im Sommer pulsiert dafür das Leben, zumal hier ein vielgenutzter Zugang durch die Dünen zum Strand besteht.

Dort stößt man neben viel Sand auch immer wieder auf Bunkerreste des Atlantikwalls, mit dem Hitlerdeutschland eine – nie geplante – Invasion der Alliierten in Dänemark verhindern wollte. Auf eine große, relativ gut erhaltene Anlage der Wehrmacht – eine Radar- und eine Geschützstellung – stößt man bei **Hovvig** 🔢.

Fischauktion in Hvide Sande

Frühaufsteher können um 7 Uhr eine Fischauktion in den Hallen auf der Südseite des Hvide Sande Kanal erleben, ein spannendes Ritual: der Singsang des Auktionators, das peitschende Geräusch, wenn sein Stock auf die ersteigerte Partie heruntersaust und dem Troß der Händler signalisiert: es geht weiter zu den nächsten Kästen.

Kaum hat sich die Menschentraube vorwärtsgeschoben, werden die Kisten zu den mit laufenden Kühlungen vor der Halle wartenden LKW gebracht. Das helle Motorengeräusch der Gabelstapler, die diesen Job verrichten, mischt sich mit dem Stimmengewirr der Aufkäufer, die per Handy mit ihren Zentralen in Kontakt stehen und mit moderner Kommunikation allmorgendlich die Auktionen von Esbjerg bis Skagen zu einem großen Markt vernetzen. Ein Zuschauer erkennt kaum, wie geboten wird: Augenzwinkern, Zigarrenwippen, Kopfkratzen oder war es nur ein schneller Blick über einen Brillenrand in die Augen des Auktionators? Selbst hält man am besten die Hände tief in den Taschen. Denn was will man mit zehn Kästen fangfrischem Dorsch in der Miniküche eines Ferienhauses?

Da versucht man sich besser an den Molen und Seitenbefestigungen des Hvide Sande Kanals. Hier sind beliebte Standplätze für Sport- und Hobbyangler. Sie stellen besonders gern Heringen und Meerforellen nach, die regelmäßig zwischen Meer und Fjord wandern, aber auch einen kräftigen Dorsch wird niemand verachten, wenn er anbeißt. Über die Profifischerei und die Fische, die sie aus dem Meer holt, kann man sich in den Aquarien und Ausstellungen im ›Fiskeriets Hus‹, dem Haus der Fischerei, informieren.

Befestigungen neuerer Art sollen ein paar Kilometer nördlich verhindern, daß das Meer durch die Dünen bricht: **Husby Klit**  war Anfang der 90er Jahre während harter Winter-Sturmfluten kurz vor einem großen Durchbruch. Einen guten Überblick kann man sich von der Seebake aus verschaffen, die unübersehbar auf einer hohen Düne gleich neben der Straße thront. Im Hinterland, östlich der Küstenstraße liegen der Vest Stadil Fjord und der größere Stadil Fjord. Diese Strandseen bildeten einst eine Fläche und waren wie der Ringkøbing Fjord im Süden eine eigenständige Bucht, die aber schon lange vom Meer abgeschnitten ist. Rundherum wurden durch künstliches Absenken des Wasserspiegels große Landgebiete gewonnen. Die Felder und Wiesen sind heute wichtige Rastplätze während der Vogelzüge im Frühjahr und Herbst.

Gleich nördlich stößt man auf einige gut erhaltene Strandhöfe, darunter der 1875 entstandene Museumshof **Strandgården** 15 knapp 10 km nördlich von Søndervig. Bis weit in unser Jahrhundert hinein betrieben die Bewohner etwas Landwirtschaft im Hinterland, etwas Fischerei vom Strand aus und besserten ihren Lebensunterhalt durch das Sammeln von Strandgut auf. Das Museum Strandgården präsentiert eine volkskundliche Sammlung über dieses Leben in den Dünen.

Auf den nächsten Kilometern gen Norden lohnen Abstecher ins Hinterland, wenn man alte Kirchen mag. Schmuckstück der **Stadil Kirke** 16 ist ein aus romanischer Zeit stammender Goldaltar. So werden die aus vergoldeten Kupferplatten gehämmerten Relieftafeln genannt, die neben den Kalkmalereien als Highlights dänischer Kirchenkunst gelten. In der Stadil Kirche ist die Tafel in einen Altaraufsatz aus der Renaissance integriert.

Die ältesten Teile der **Vedersø Kirke** 17 stammen ebenfalls aus romanischer Zeit, so auch das Tympanon über der Nordtür, das – stimmen die aktuellen Deutungen – eine Christusfigur und ein heidnisches Fruchtbarkeitssymbol in seinem Relief vereint und damit als ›Kompromiß zwischen Heidentum und Christentum‹ gilt. Die Vedersø Kirke wäre aber sicher eine von vielen unbekannten Landkirchen geblieben, wäre nicht 1924 Kaj Munk dort Pfarrer geworden. Der als Dramatiker bekannte Munk machte in den Jahren der deutschen Besatzung auch auf der Kanzel keinen Hehl aus seiner Gesinnung, die sich gegen die Besatzer richtete, aber ebenso gegen jene seiner Landsleute, die mit ihnen zusammenarbeiteten und Geschäfte machten, und das waren beim Bau der Befestigungsanlagen an der Küste nicht

wenige. Zu einem Symbol nationaler Bedeutung wurde Munk und mit ihm Vedersø dann durch die Umstände seines Todes: Am Abend des 4. Januar 1944 holten ihn Gestapo-Schergen aus dem Pfarramt in Vedersø und am nächsten Tag wurde seine Leiche in einem Wald bei Silkeborg gefunden. Wahrscheinlich geht der Mord auf eine Anordnung Hitlers an seine Statthalter in Dänemark zurück, jeden Tod eines Deutschen oder eines seiner Helfer durch Attentate des dänischen Widerstandes mit einem Fememord an einem bekannten Dänen zu beantworten. Kaj Munk ist auf dem Friedhof neben dem Chor seiner Kirche in Vedersø beigesetzt.

Die **Staby Kirke** 18 ist für herausragende romanische Steinmetzarbeiten an den Außenwänden der Apsis berühmt: Zwei Kleeblattfenster, die Öffnungen mit einem Perlenrand versehen, wurden sauber aus jeweils einem Steinquader herausgeschlagen, und in die Kapitelle der umgebenden Blendarkade sind Männerköpfe und Tierfratzen gemeißelt. Weitere Reliefs sowie Kalkmalereien verschiedener Epochen sind im Inneren der Kirche zu bewundern.

Der flache Nissum Fjord wird durch den schmalen, 14 km langen Dünenstreifen Bøvling Klit von der Nordsee getrennt, der zum Teil mit Deichen verstärkt ist. Der gute Hafen, auch Standort eines Seenotrettungskreuzers, hat die kleine Gemeinde **Torsminde** 19 entstehen lassen, in der inzwischen rund 600 Menschen leben, vornehmlich von der Fischerei; eine Auktion findet werktags um 7 Uhr für die Profihändler statt, für Touristen im Sommer an einigen Samstagen um 10 Uhr.

In den Dünen gleich nördlich der Hafeneinfahrt gewährt das *Strandingsmuseum St. George* erschütternde Einblicke in die Gefährlichkeit der däni-

Der Leuchtturm von Bovbjerg Klint

schen Westküste. Der Meeresgrund vor der Küste Jütlands ist einer der größten Schiffsfriedhöfe der Welt, regelrecht gepflastert mit Wracks. Von der »St. George«, einem britischen Linienschiff, das in nur 10 m Tiefe knapp 1 km vor der Küste liegt, wurden Mitte der 80er Jahre große Mengen Material geborgen, die heute den Grundstock des Museums bilden. Die »St. George« war leicht beschädigt auf dem Weg nach England, als sie zusammen mit der sie begleitenden »Defence« von einem Orkan auf die Sandbänke vor Torsminde gedrückt wurde; dort zerschlugen die tobenden Wellen beide Schiffe. Das Unglück, das sich an den Weihnachtstagen 1811 abspielte, war die größte Schiffskatastrophe an diesem Abschnitt der Küste: 1391 Seeleute kamen ums Leben, viele fast noch Kinder, wie die Besatzungslisten im Museum zeigen. Nur 18 erreichten lebend das Ufer. Nach der Havarie wurden noch tagelang Leichen an die Küste gespült und an Ort und Stelle in den Dünen begraben, die den Namen ›Dødemandsbjergene‹ bekamen, Berge

der toten Männer. Eine Gedenkstätte in den Dünen etwa 2 km südlich von Torsminde erinnert an das Unglück.

Einige Kilometer nördlich des flachen Landes rund um den Nissum Fjord wechselt die Szenerie zur eindrucksvollsten Küstenpartie Westjütlands: Die knapp über 40 m hohe Lehmklippen **Bovbjerg Klint** 20 bei Ferring sind geologisch gesehen ein ›Anschnitt‹ jener Moränenkette, bis zu der Jütland während der letzten Eiszeit unter Gletschern begraben war. Das Meer fraß sich allein zwischen 1825 und 1875 etwa 160 m landeinwärts, bis ein weiteres Vordringen der Nordsee durch gewaltige Buhnen verhindert wurde, zwischen denen sich heute ein schöner, sandiger Vorstrand ausbreitet.

Über der höchsten Stelle der Klippen, gleich neben einem bronzezeitlichen Grabhügel, ragt der 26 m hohe Leuchtturm Bovbjerg Fyr auf. Der Turm und seine Nebengebäude zeigen sich in einem ungewöhnlichen Bordeauxrot: Schon lange vor seinem Bau 1877 war die nahe **Ferring Kirke** 21 über den

Klippen Seezeichen, und da sie weißgestrichen ist, mußte der neue Turm eine andere Farbe bekommen, um Verwechslungen zu vermeiden.

Nicht weit von der Kirche, auf deren Friedhof markante weiße Zäune die Gräber gegen den fast immer wehenden Westwind abschirmen sollen, liegt das *Jens Søndergaard Museum* nah am Klippenrand, eingerichtet im ehemaligen Sommerhaus des Malers. Jens Søndergaard (1895–1957) hat wie kein anderer die rauhe Welt der Westküste zu Motiven für seine Bilder gemacht. Er verbrachte viele Sommer in Bovbjerg, das von Ende des 19. bis in die 50er Jahre des 20. Jh. ein kleiner Künstlertreff war.

Der Thyborøn Kanal entstand erst während einer Sturmflut 1862, wurde wenige Jahre später für die Schiffahrt vertieft und um die Jahrhundertwende mit Molen und Buhnen gesichert, von denen die mächtigste auf der Nordseite bei Agger Tange 800 m ins Meer ragt. Ab 1915 entstanden der Hafen und bald der Ort **Thyborøn** 22 (s. S. 362), der inzwischen rund 3000 Einwohner zählt. Die meisten von ihnen leben in irgendeiner Form von der Fischindustrie: Etwa 180 Kutter sind hier registriert, oft kommen aber noch Boote aus anderen Landesteilen hinzu. Sie beliefern ein paar fischverarbeitende Betriebe, darunter leider auch eine der größten und kaum zu überriechenden Fischmehlfabriken des Landes, und natürlich eine allmorgendliche Auktion – Beginn 7 Uhr, wer nicht stört, darf gern zuschauen.

Bei soviel Fisch und Fischerei wundert es nicht, daß sich ein Museum mit dem Thema befaßt, eingerichtet in der alten Auktionshalle von 1928, einem langgestreckten, roten Bau am Rande des ältesten Hafenbeckens, des Nordre Inderhavn: Das *Thyborøn Fiskeri- og Redningsmuseum* befaßt sich über die Fischerei hinaus mit der Seenotrettung vor der dänischen Westküste; Thyborøn ist traditionsreicher Standort eines Rettungskreuzers.

Das Wahrzeichen des Hafens liegt nicht weit vom örtlichen i-Büro auf einer Verkehrsinsel: der imposante Anker der »Alexander Newskij«. Das russische Marineschiff strandete 1868 südlich von Thyborøn und brachte mit seiner reichen Ausstattung den Menschen der Umgebung ein gutes Zubrot, zumal fast alle Besatzungsmitglieder gerettet wurden, darunter ein Zarensohn.

Während der deutschen Besatzung wurde Thyborøn zu einer Festung des Atlantikwalls ausgebaut. Den Hintergrund der ›Festung Thyborøn‹ versucht ein *Bunkermuseum* zu erhellen, das in einem der Betonkolosse eingerichtet ist. Dort bekommt man eine Broschüre zu einem ›Bunkerpfad‹, der zu exemplarischen der ehemals insgesamt 106 Bauten führt, die jedem mit klarem Verstand den Größenwahn dieses Projektes vor Augen führt.

Nach dieser Begegnung mit der dunkelsten Periode der deutsch-dänischen Beziehungen wirkt es fast wie eine Erlösung, daß der Rundgang am Klitvej endet, ganz in der Nähe des *Sneglehus,* des Schneckenhauses. Hier hat Alfred Pedersen, ein Thyborøner Original, aus

Detail am ›Schneckenhaus‹ in Thyborøn

seinem Häuschen hinter den Dünen einen kleinen Palast gezaubert, mit Türmchen und Mäuerchen und Außenwänden, die über und über verziert sind mit Muscheln und anderen Dingen, die das Meer anspült.

Vom Meer zu Heide, Kalk und Kunst – eine Rundfahrt durchs Hinterland

Diese Rundfahrt führt durch eine einst weitgehend trostlose, unwirtliche, ja menschenfeindliche Heidelandschaft ins Hinterland der Haffküste. Nach dem Krieg 1864 und dem damit verbundenen Landverlust wurde die Heide bis auf kleine Reste in einem patriotischen Kraftakt kultiviert: Was draußen verloren wurde, müsse drinnen gewonnen werden – so die Losung. Herning, Viborg und Holstebro sind heute drei Provinzstädte, die wie so oft in Dänemark mit ihrem Kulturangebot überraschen.

Die Kreuzung der Straßen 181 und 15 am Rande von Søndervig ist ein wichtiger Verkehrsknotenpunkt zwischen den Ferienhausgebieten entlang der Küste und dem Hinterland. Auf dem Weg von hier nach Ringkøbing liegt einsam am Fjordufer die romanische **Gammel Sogn Kirke** 23 mit Fragmenten von Kalkmalereien, die schon um 1170 gemalt wurden, und damit zu den ganz frühen Beispielen dieser Kunst gehören.

Das Wohl und Wehe der Stadt **Ringkøbing** 24 (s. S. 355) war lange vom Zugang zum Meer abhängig: Sie profitierte von der Versandung der Limfjordmündung zum Ende der Wikingerzeit, weil es plötzlich der einzige schiffbare dänische Nordseehafen nördlich des Wattenmeeres war, und es litt, als die Mündung des eigenen Fjords Anfang des 19. Jh. versandete. Erst der Bau des Hvide Sande

Kanals 1931 rettete Ringkøbing als Hafenstadt und Werftstandort.

Der Hafen ist heute ein Zentrum der Fjordfischerei, sogar mit einer kleinen Auktion. *Helt,* ein Fisch aus der Familie der Lachse, den es nur hier im brackigen Fjordwasser gibt, ist die Spezialität der Räuchereien und Restaurants von Ringkøbing.

Im Zentrum sind zahlreiche Häuser aus der Zeit ab dem frühen 17. Jh. erhalten, das älteste – von 1600 – ist das heutige *Hotel Ringkøbing* am Marktplatz. Die kleinen Häuser entlang der malerischen Gassen Richtung Hafen stammen meist aus dem 18. und frühen 19. Jh. Im i-Büro neben der Kirche mit dem etwas schief erscheinenden Turm – er ist oben breiter als unten – erhalten Sie eine Broschüre mit Vorschlägen für einen Stadtrundgang. Falls Sie keine Lust haben, auf eigene Faust loszuziehen, dann können Sie Ringkøbing an Sommerabenden auch im Gefolge eines Nachtwächters bei dessen Rundgang erkunden.

Schöne Wander- und Radwege führen am Ringkøbing Fjord entlang von der Stadt nach Westen bis zum Badeort Søndervig und nach Südosten bis Velling. Dort ist am Fjordufer Dänemarks größter Windenergiepark unübersehbar ›**Velling Mærsk og Tændpibe**‹ 25. Einhundert Kleinkraftwerke halten hier ihre Rotorblätter in den Wind und produzieren pro Jahr etwa 28 Gigawattstunden Strom, das entspricht knapp einem Drittel des Verbrauchs in der gesamten Kommune Ringkøbing, zu der auch der Industriestandort Lem gehört. Dort hängen sehr viele Arbeitsplätze an der Windenergie, nicht nur weil der Strom von dort kommt, sondern auch weil hier der weltgrößte Windkraftanlagenhersteller ›Vestas‹ zu Hause ist.

Etwas kleinere Rotorblätter kann man am Flughafen von **Stavning** 26 bewundern: *Dansk Veteranflysamling* belegt hier einen Hangar mit über 30 Flugzeug-Oldtimern – die meisten flugtüchtig, darunter eine Hornet Moth von 1935.

Ein Kleinod birgt die Kirche von **Ølstrup** 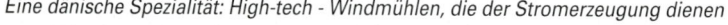, etwas nördlich der Hauptstraße: Als man hier Anfang des Jahrhunderts gerade ein neues Altarbild benötigte, traf es sich gut, daß des Probstes Nichte einen jungen, noch unbekannten Maler geheiratet hatte, und da Beziehungen damals wie heute wichtig waren, bekam er den Auftrag: Emil Hansen hieß er und wurde später unter dem Namen seiner Geburtsgemeinde Nolde weltberühmt. 360,67 Kronen inklusive Spesen zahlte die Gemeinde damals für den Nolde mit dem Titel ›Christus in Emmaus‹.

Die Textilindustrie- und Messestadt **Herning** (s. S. 332) zählt mit knapp 30 000 Einwohner zu Dänemarks mittleren Provinzstädten, besitzt aber im Vorort Birk eine ›Kunstzeile‹, die jeder Großstadt gut zu Gesicht stehen würde. Das *Carl-Henning Pedersen og Else Alfelts Museum* würdigt das Künstlerehepaar,

das der Gruppe CoBrA (s. S. 240f.) zugeordnet wird. Der Komplex besteht aus einem Rundbau, der an eine Wasserburg erinnert, und einer 1993 angebauten Pyramide, beide sind mit großflächigen Keramikarbeiten von C.-H. Pedersen verziert. Noch beeindruckender ist sein 220 m langer und bis zu 5 m hohe Keramikfries ›Spiel der Phantasie um das Rad des Lebens‹ im Innenhof des benachbarten *Kunstmuseums.* Es besitzt eine kleine, aber ausgezeichnete Sammlung dänischer und internationaler moderner Kunst.

Das spiralförmige Gebäude des Kunstmuseums entstand 1965–66 als Hemdenfabrik im Rahmen eines engagierten Gesamtkonzeptes, in dem Landschaftsgestaltung und Architektur verwoben wurden. Dazu gehört auch ein großer, kreisrunder Skulpturenpark hinter dem Museum sowie weitere architektonisch interessante Bauten.

Viborg (s. S. 364) ist eine der ältesten Städte Dänemarks und war lange die größte Jütlands mit Bischofssitz (ab 1065) und einem überregional bedeu-

Eine dänische Spezialität: High-tech - Windmühlen, die der Stromerzeugung dienen

Vom Winde verstromt

Überall in Dänemark, vor allem aber entlang der jütischen Westküste, gehören High-tech-Windmühlen zum Landschaftsbild; fast viertausend gibt es im ganzen Land. Sie sind längst nicht mehr unumstritten, vor allem wegen optischer und akustischer Belästigungen der Menschen, die in ihrer Nachbarschaft leben.

Die Windkraftanlagen produzieren Strom, sobald ein Lüftchen weht. Bei Sturm stehen die Flügel allerdings still: Drehen sie sich nämlich zu schnell, wird die Fliehkraft für die Lager ein Problem. Bei Windgeschwindigkeiten ab 25 m/sec schalten sich die Minikraftwerke automatisch ab, und die Rotoren werden angehalten. Am effektivsten laufen die Kleinstkraftwerke bei Windstärke 7 (ca. 14–15 m/sec).

Die Windräder sind nur der offensichtlichste Teil eines Energiekonzeptes, das eine intensive Nutzung erneuerbarer Energien vorsieht, so daß sie bis zum Jahr 2000 einen Marktanteil von 12 Prozent haben. Zum Konzept gehört ferner, daß fossile Energieträger so optimal wie in kaum einem anderen Land der Welt genutzt werden. Fast alle konventionellen Verbrennungskraftwerke liefern gleichzeitig Fernwärme an umliegende Haushalte und Betriebe; Anfang des kommenden Jahrtausends sollen so 60 Prozent des Wärmebedarfs im Lande gedeckt werden. Verbrannt werden nicht nur Kohle und Erdöl, sondern zunehmend in dezentralen Kleinkraftwerken auch Stroh, Holz und Biogas. Mit letzterem wird auch ein wichtiger Beitrag zur Reduzierung des Gülleproblems bei extensiver Viehhaltung geleistet.

Von diesem Energiekonzept profitiert Dänemark mehrfach: Die Luftverschmutzung wird verringert, man braucht kaum noch Rohstoffe zu importieren, sondern kann mit den eigenen Öl- und Gasreserven besser haushalten und ist zudem bei Windkraftwerken – Weltmarktanteil ca. 60 Prozent – und anderen alternativen Energieanlagen ein führendes Exportland geworden.

tenden Thing, einem Gerichtstreffen. Mit der Reformation war der Höhenflug Viborgs dann zu Ende, und große Brände – zuletzt 1726 – vernichteten viele der alten Bauten. Der mächtige *Dom* mit seinen charakteristischen Zwillingstürmen zeigt sich so perfekt in romanischem Baustil wie keine andere Kirche des Nordens, besitzt aber einen Schönheitsfehler: Er ist nur ein Nachbau, 1864–79 an der Stelle des ursprünglichen Domes aus dem 12. Jh. entstanden. Auch das Inventar stammt weitgehend aus dem 19. und 20. Jh., nur die Krypta ist original aus romanischer Zeit. Die Fresken des Doms sind ein Monumentalwerk von Joakim Skovgaard (1856–1933), einem bekannten Kirchenmaler. Skovgaard stammte aus einer angesehenen Künstlerfamilie, der gleich neben dem Dom im alten Rathaus das *Skovgaard Museum* gewidmet ist.

Viborg hatte aber nicht nur als Kirchenstadt Bedeutung, sondern auch politisch: Vom frühen 11. Jh. bis zur Einführung des Erbkönigreichs Mitte des 17. Jh. huldigte die Ständeversammlung, das jütische Landsting, in der Stadt den Königen. Neben dem Dom erinnert das *Kongehyldningsmonument* (Königshuldigungsdenkmal) an diese Zeit; es zeigt Margrete I. mit ihrem Neffen Erik von Pommern.

Westlich von Viborg nahe der Straße 16 Richtung Holstebro wird seit der Wikingerzeit Kalk abgebaut. Bekannt sind zwei Gruben mit Gängen von ca. 100 km Länge, die bis auf eine Tiefe von 70 m in den Boden getrieben sind. Wahrscheinlich wurde die kleinere, heute zugängliche **Daugbjerg Kalkgrube** 30 um 950 n. Chr. abgeteuft. Die alten Grubengänge werden von Tausenden von Fledermäusen bewohnt. Ihr Leben und die Legenden, die sich darum ranken, werden auf Infotafeln in den Gängen der Daugbjerg Grube vorgestellt. Drinnen liegt die Temperatur konstant bei 8° C, zusammen mit einer hohen Luftfeuchtigkeit das ideale Klima zum Reifen des dänischen Höhlenkäses, ein Exportschlager auch nach Deutschland. Der Käse reift vornehmlich in der Mønsted Kalkgrube, deren Gänge sogar von LKW befahren werden können.

Südlich Daugbjerg ist ein sehr ursprüngliches Heidegebiet erhalten. Von 1864 bis heute wurden fast 90 Prozent der einst rund 1 Mio. Hektar Heideland –

ein Drittel Jütlands! – urbargemacht. An diese Leistung sowie an das ursprüngliche Aussehen Jütlands gleichermaßen erinnern der Gedenkpark ›**Kongenshus Mindepark**‹ 31 und das angeschlossene Heidemuseum. Wenn im September die Erica blüht, ist ein Besuch hier besonders romantisch. Ein früherer Versuch, hier aus Ödland Weiden und Äcker zu zaubern, führte 1759 eine Gruppe deutscher Emigranten aus dem Hessischen in die Region. Da sie angeblich die Kartoffel mit nach Dänemark brachten, werden ihre Nachkommen bis heute *kartoffeltysker,* ›Kartoffeldeutsche‹, genannt.

Holstebro 32 (s. S. 334) zeigt sich im Zentrum modern und setzt mit großem finanziellem Aufwand auf moderne Kunst. So entsteht am Kongreß- und Kulturzentrum der Stadt ein Skulpturenpark, zu dem Künstler aus aller Welt Werke beisteuern. Aber auch das, was schon auf Straßen und Plätzen steht, kann sich sehen lassen: So ist eine der dürren Damen des Schweizers Alberto Giacometti, der gutmeinende Jüten aus Mitleid – oder als spezielle Form von Kunstkritik – auch schon mal ein Stullenpaket vor die Füße gelegt haben, am alten Rathaus zu sehen: ›Frau auf dem Wagen‹ heißt das Werk. Direkt gegenüber im Foyer des Hotel Schaumburg sitzt auf einem Stein eine bekannte Dänin: Die Kleine Meerjungfrau, eine von Edvard Eriksen, der auch das Kopenhagener Original modellierte, geschaffene Replik. Holstebros i-Büro hält eine Broschüre mit einem Rundgangvorschlag zu den Kunstwerken in der Stadt bereit.

Im *Holstebro Kunstmuseum* am Herningvej bietet sich eine spannende Kombination moderner Malerei und Grafik mit Ethno-Kunst aus fremden Kulturen. Wer für große Kunst keinen Sinn hat, wird vielleicht im *Kleinkunstmuseum* fündig. Um aber kein Mißverständnis aufkommen zu lassen: Kleinkunst meint hier Mini-Kunstwerke und Miniaturen, viel mehr würde in das winzige Bomhuset, das ehemaligen Stadtzollhaus, auch nicht hineinpassen.

Am östlichen Stadtrand, direkt an der Umgehungsstraße 16, können Nachteulen auch nach Einbruch der Dunkelheit noch Kunst konsumieren: Am Sendemasten eines regionalen Fernsehsenders leuchtet dann die erste permanente Laserskulptur der Welt auf: ›Kaos Tempel‹ von Frithioff Johansen.

Skive 🎠 (s. S. 359) ist das Tor zur Halbinsel Salling und gilt gleichzeitig als deren Hauptstadt. Das kulturhistorische ›Skive Museum‹ besitzt den größten dänischen Bernsteinschatz aus der Jungsteinzeit, der offiziell aus 13001 Perlen besteht. Das hat zwar lange niemand mehr gezählt, aber augenzwinkernd bestätigt jeder Verantwortliche im Museum die Zahl. Unter gleichem Dach zeigt das ›Skive Kunstmuseum‹ vor allem

expressive Kunst, darunter viel Landschaftsmalerei.

Die geologische höchst interessante **Insel Fur** vor der Nordspitze der Halbinsel Salling ist mit einer Fähre ab Branden rund um die Uhr in wenigen Minuten zu erreichen. Die Nordküste dieser Insel besteht aus einer imposanten Steilküste mit phantastischen Aussichten über den Fjord. Hügel und Klippen bestehen aus gefalteten Molerschichten, die mit Ascheablagerungen durchsetzt sind.

Molererde – sonst auch auf der Insel Mors (s. S. 279f.) zu sehen – entstand vor rund 50–60 Mio. Jahren auf dem Grund eines Urmeeres durch Ablagerungen kleinster Algen. Die in den Klippen deutlich erkennbaren Ascheschichten stammen von Ausbrüchen damals im Bereich des heutigen Skagerrak aktiver Vulkane. Lange sah man die schwarzen Aschestreifen als kohledurchsetzten Sand an, und einige Löcher in den Klippen erinnern an Versuche, die dahinter vermutete richtige Kohle zu finden. Ei-

Steilküste auf der Insel Fur

Die Burg Spøttrup

nige rote Vorsprünge bestehen aus eisenhaltiger Erde.

Über die außergewöhnliche Geologie der Insel informiert das *Fur Museum* im Inselort **Nederby.** Dort sind auch zahlreiche Versteinerungen zu sehen, die in der Molererde gefunden wurden.

Nahe Rødding stößt man, einen Katzensprung vom Ostufer der Halbinsel Salling entfernt, auf eine kompakte mittelalterliche Burg mit doppelten Wallgräben: **Spøttrup** 34. Sie wurde ursprünglich für den Bischof von Viborg errichtet, aber auch die Schießscharten, die er einbauen ließ, verhinderten die Reformation im Lande nicht, durch die die Burg dann in die Hände der Krone kam. Der heute nur spärlich möblierte Bau spricht in hohem Maße die Phantasie an: schummerige Gewölberäume, enge Gänge und Wendeltreppen – und eine Menge Gespenster, wenn man all den Sagen Glauben schenkt, die sich um die Gemäuer ranken. Östlich der

Wälle breitet sich zwischen hohen Bäumen ein schöner Kräuter- und Rosengarten aus, den man bei einem Besuch nicht übersehen sollte.

Nahe Vinderup hat die **Sahl Kirke** 35 noch deutlich romanische Züge, Anbauten aus späteren Zeiten sind äußerlich gut erkennbar, da weiß gekalkt. Aus romanischer Zeit – etwa von 1220 – stammt auch der Goldaltar im Inneren. Der besteht zwar nur aus vergoldetem, zu einem figurenreichen Relief gehämmerten und mit Bergkristall verzierten Kupferblech, ist aber doch Höhepunkt sakraler Kunst in Jütland. Der Altar in Sahl ist der besterhaltene von einst mehr als 20 solcher Altäre in jütischen Kirchen, von denen die meisten in Museen stehen.

Wenige Kilometer weiter östlich ist ›**Hjerl Hede**‹ 36 ein volkskundliches und vorgeschichtliches Freilichtmuseum in bester Tradition der sogenannten ›lebenden Museen‹: Wissenschaftler und interessierte Laien leben und arbeiten hier in der dörflichen Atmosphäre der Zeit vom 16. bis zum Ende des 19. Jh. sowie in einer Siedlung aus der Steinzeit. Sie tragen zeittypische Kleidung, arbeiten mit entsprechenden Geräten und versuchen sich damit in den Handwerkskünsten der jeweiligen Epoche. Außerdem bringen kleine Theaterspiele im Heimatbühnenstil, für die das ganze Dorf die Kulisse bildet, in der Hauptsaison regelmäßig den Alltag der ›gelebten‹ Zeiten nahe.

Struer 37 (s. S. 360) ist eine kleine Industriestadt, aus der ein Lifestyle-Produkt stammt, das in San Francisco ebenso begehrt ist wie in Sydney, London oder Hamburg: HiFi-Geräte von Bang & Olufsen. 1925 gründeten Peter Bang (1900–57) und sein Studienfreund Svend Olufsen (1897–1949) auf Svends Familienbesitz vor den Toren von Struer eine Radiofabrik, und noch heute besitzen Nachkommen der Gründer eine qualifizierte Aktienmehrheit am Unternehmen. 1929 brachte B & O erstmals ein Gerät auf den Markt, das neben Technik auch auf Design setzte: ›Femlamperen‹, der Fünflamper. Und Design ist bis heute Markenzeichen der Produkte aus Struer.

Ganz auf Mini macht **Venø** 38. Die Insel, die nordöstlich von Struer in den Limfjord hineinragt, ist über Dänemarks kürzeste Fährroute zu erreichen, und im Inseldorf steht Dänemarks kleinste Kirche, gern benutzt als Hochzeitskapelle, denn da wirkt auch der kleinste Freundeskreis wie eine große Gesellschaft.

Lemvig 39 (s. S. 347), die Stadt mit der markanten Zwiebelturmkirche, schmiegt sich um eine Ausbuchtung des Limfjord, von der sie den Namen hat: Lem Vig. Das Städtchen hat das Mittelalter praktisch verschlafen, ins Abseits geraten durch die Versandung des Limfjord. Erst als der im 19. Jh. wieder eine schiffbare Öffnung nach Westen

Leben wie in der Steinzeit im Freilichtmuseum Hjerl Hede

Schlicht und funktional – Dänisches Design

Made in Denmark‹ ist ein Güte-siegel für funktionale und qua-litativ hochwertige Gebrauchs-güter. Die erfolgreiche Rezeptur entstand in der ersten Hälfte dieses Jahrhunderts, als solche Gegenstände zu Produkten industrieller Massenfertigung wurden. Damals spezialisierten sich dänische Hersteller auf Produkte, die einerseits einfach zu fertigen waren, andererseits ganz auf ihre Gebrauchsfunktion zugeschnitten wurden; Verzierungen fielen einfach weg. Und siehe da: Die Ergebnisse trafen den Geschmack der Zeit.

Die klaren Linien und das Bekenntnis zum Funktionalismus entstanden zum Teil aus Sachzwängen. Diese Entwicklung traf auf die Tradition, daß die Unternehmen Künstler, Architekten und schließlich Designer an der Gestaltung ihrer Produkte beteiligten. Vorreiter dabei war die Königliche Porzellanmanufaktur, die seit ihrer Gründung 1775 Wettbewerbe ausschreibt und insbesondere junge Künstler auffordert, neue Ideen für ihre Porzellanserien zu entwickeln. Später ließen auch die Manufaktur Bing & Grøndahl (gegr. 1853), die Silberschmiede des Georg Jensen (gegr. 1904) und Holmgaards Glasværk (gegr. 1825) – heute alle unter dem Dach ›Royal Copenhagen‹ vereint – ihre Produkte von Künstler gestalten.

Viele Formgeber waren branchenübergreifend tätig und konnten so allgemeine Trends bestimmen, allen voran das Multitalent Arne Jacobsen (1902–71), der als vom Funktionalismus geprägter Architekt Weltruhm erlangte. Er entwarf 1960 ein noch heute futuristisch anmutendes Besteck und revolutionierte 1951 mit einem dünnbeinigen Stahlrohrstuhl, dessen Sitz und Lehne aus einem durchgehenden Stück Sperrholz gepreßt wurden, eine ganze Branche: Der Stuhl, wegen der taillierten Form des Sitz-Lehnen-Elementes und der dünnen Beine ›Ameise‹ genannt, konnte problemlos in Massen hergestellt werden und markiert damit den Einstieg in die industrialisierte Möbelproduktion. Seit Ende der 80er Jahre wird er in moderner Farbgebung neu aufgelegt – ein absoluter Klassiker.

Wie weit das Feld der Kreativen gespannt ist, von denen dänisches Design Ideen bezieht, zeigt auch Poul Henningsen (1894–1967). Er schrieb Kabarettprogramme, war Zeitschriftenredakteur und scharfer Zeitkritiker, er entwarf als Architekt Villen und Industriebauten und als Designer Industriegüter. Sein ganz großer Wurf aber wurden Lampen, oder in seinem Fall treffender: Beleuchtungskörper. Henningsen berücksichtigte als erster konsequent die Lichtreflexe, die für die Form der Lampenschirme entscheidend sind, um das Licht in eine gewünschte Richtung zu werfen, und auch um dessen natürliche Farbwerte zu korrigieren. Seine Beleuchtungsphilosophie forderte darüber hinaus, den direkten Blick auf die Lichtquelle zu verhindern und die Übergänge von direkt zu indirekt beleuchteten Flächen fließend zu gestalten. Dies ließ sich mit einem Schirm nicht bewerkstelligen, und so zeichnen sich die PH-Lampen, wie seine Produkte überall heißen, immer durch mehrere Reflektorelemente aus.

Bis heute findet man fast überall, wo Lampen verkauft werden, auch die von Poul Henningsen im Sortiment, obwohl sie in ihrer Grundform bereits aus den 20er Jahren stammen. Sie wurden zwar immer wieder weiterentwickelt und auch mal in neuem Material hergestellt, aber die Form veränderte sich kaum. Eigentlich typisch für dänisches Design: Nicht die kurzlebige Momententwicklung steht im Vordergrund, man sucht vielmehr bewährte Produkte in Form und Farbe zu perfektionieren.

Daß auch bei dieser Arbeitsweise oft ungewöhnlich Innovatives entsteht, beweist immer wieder der HiFi-Geräte-Hersteller Bang & Olufsen, dessen Name in der Welt wie kein anderer für modernes dänisches Industriedesign steht. Ob im Museum of Modern Art in New York oder im Kunstindustriemuseum von Kopenhagen – dort, wo modernes Design in musealem Rahmen gezeigt wird, fehlen auch B & O Geräte nie. Herausragende Technik integriert in schlankes Design vereint klare Eleganz des Gerätes mit Klang- und Bilderlebnissen der Spitzenklasse. Das Design folgt dabei bewußt der Funktion. Soweit möglich, wird auf Knöpfe, Tasten, Hebel oder flackernde Lichter verzichtet. Mit diesem Konzept konnte B & O trotz deutlich höherer Preise auf dem Weltmarkt in einer Zeit überleben, in der weitaus größere europäische Hersteller reihenweise das Handtuch warfen.

Irene Reinhardt

bekam und die Stadt zudem ans Eisenbahnnetz angeschlossen wurde, konnte der gute Naturhafen endlich wieder zur Geltung kommen und es ging rapide aufwärts. So ist das Lemvig von heute vor allem eine Stadt der letzten eineinhalb Jahrhunderte.

Am Westufer der Lem Vig kann man bis hinaus auf die Halbinsel Gjellerodde einen langen Spaziergang durch unser Sonnensystem machen: Am *Planetstien* sind die Planeten als Bronzeskulpturen aufgestellt. Damit der Weg nicht zu lang wird, ist alles im Maßstab 1 : 1 Milliarde gehalten, da entspricht ein Meter an der Lem Vig einer Million Kilometer im Weltraum. Die Sonne steht am Vesterbjerg, ein paar Schritte westlich des örtlichen Heimatmuseums, bis zum Merkur (58 m), zur Venus (108 m), zur Erde (150 m) und zum Mars (228 m) sind die Entfernungen kurz, auch noch zu Ceres, dem Planetoiden, der für den Asteroidengürtel zwischen Mars und Jupiter steht. Ein kleiner Spaziergang ist es schon zu Jupiter (knapp 800 m), Saturn (1,4 km) und Uranus (2,9 km), und eine stramme Wander- oder eine Radtour erfordern Vorstöße zu Neptun (4,5 km) und Pluto, dessen elliptische Bahn an drei Standorten dokumentiert wird. Die entfernteste der Plutoskulpturen steht rund 12 km Wegstrecke von der Sonne entfernt. Im i-Büro von Lemvig gibt es einen Lageplan für die Reise ins All.

Gleich hinter Lemvig ist die Straße 181 erreicht, Westjütlands Küstenstraße, und damit auch die oben beschriebene Route von Varde nach Thyborøn (s. S. 300ff.).

Information

Unterkunft

Sehenswert

Restaurants

Einkaufen

Aktivitäten

Nachtleben

Veranstaltungen

Bahn

Bus

Fähre

Flug

Serviceteil

Serviceteil

So nutzen Sie den Serviceteil richtig

▼ Das erste Kapitel, **Adressen und Tips von Ort zu Ort**, listet die im Reiseteil beschriebenen Orte in alphabetischer Reihenfolge auf. Zu jedem Ort finden Sie hier Empfehlungen für Unterkünfte und Restaurants sowie Hinweise zu den Öffnungszeiten von Museen und anderen Sehenswürdigkeiten, zu Festen, Unterhaltungsangeboten etc. Piktogramme helfen Ihnen bei der raschen Orientierung.

▼ Die **Reiseinformationen von A bis Z** bieten von A wie ›Anreise‹ bis Z wie ›Zeit‹ eine Fülle an nützlichen Hinweisen – Antworten auf Fragen, die sich vor und während der Reise stellen.

Inhalt

Adressen und Tips von Ort zu Ort

Wie in den skandinavischen Sprachen üblich, stehen die Buchstaben Æ, Ø und Å (= Aa) am Ende des Alphabetes, noch hinter Z.

i-Büros: Zum Unterschied zwischen Turistbureau und Turistinformation s. S. 370.

Abkürzungen für die Regierungsbezirke (sg. *amt,* pl. *amter*)
Lage s. Karte rechts

BoA – Bornholms Amt, Bornholm
FrA – Frederiksborg Amt, Nordseeland
FrK – Frederiksberg kommune, Ostseeland
FyA – Fyns Amt), Fünen und Inseln
KøA – Københavns Amt, Ostseeland
KøK – Københavns kommune, Ostseeland
NoA – Nordjyllands Amt, Nordjütland
RbA – Ribe Amt, Westjütland
RnA – Ringkøbing Amt, Westjütland
RoA – Roskilde Amt, Ostseeland
StA – Storstrøms Amt, Südseeland, Lolland, Falster und Møn
SøA – Sønderjyllands Amt, Südjütland
VbA – Viborg Amt, Zentraljütland
VjA – Vejle Amt, Ostjütland
VsA – Vestsjællands Amt, Westseland
ÅrA – Århus Amt, Ostjütland

Zur besseren Übersicht sind Inseln, auch solche mit mehreren kleinen Orten, zusammengefaßt, ausgenommen die großen Inseln Seeland, Fünen, Lolland und Falster. Darüber hinaus finden Sie unter Kopenhagen Adressen und Tips aus dem ganzen Hauptstadtbereich.

Insel Anholt (ÅrA)

Information: Turistinformation, Østervej 14, 8592 Anholt, ✆ 86 31 91 33; vermittelt u. a. die ca. 60 Ferienhäuser auf der Insel.

Verkehrsverbindungen: Fähre ab Grenaa (2 Std. 45 Min.) 1–2× tgl., ✆ 86 32 36 00. Achtung: PKW-Reservierungen nur unter Vorbehalt, Festbuchungen nur für PKW von Behinderten und Inselbewohnern.

Assens (FyA)

(inkl. 5620 Glamsbjerg)

Information: Turistbureau, Ladegårdsgade 1, 5610 Assens, ✆ 64 71 20 31, Fax 64 71 49 39.

Aktivitäten: Oldtimersegeltörns (s. S. 177f.); Details beim i-Büro erfragen.

 Sehenswürdigkeiten: Willemoesgaardens Mindestuer, Østergade 36, ✆ 64 71 11 90; Mai Sa, So, Juni–Aug. Di–So 10.30–12 u. 14–17 Uhr.
Vestfynshjemstavnsgård (Heimatmuseumshof Westfünen), Klaregade 23, Gummerup, 5620 Glamsbjerg, ✆ 64 72 16 00; April–Sept. u. dänische Herbstferien tgl. 10–17 Uhr.

Auning (ÅrA)

→ Randers

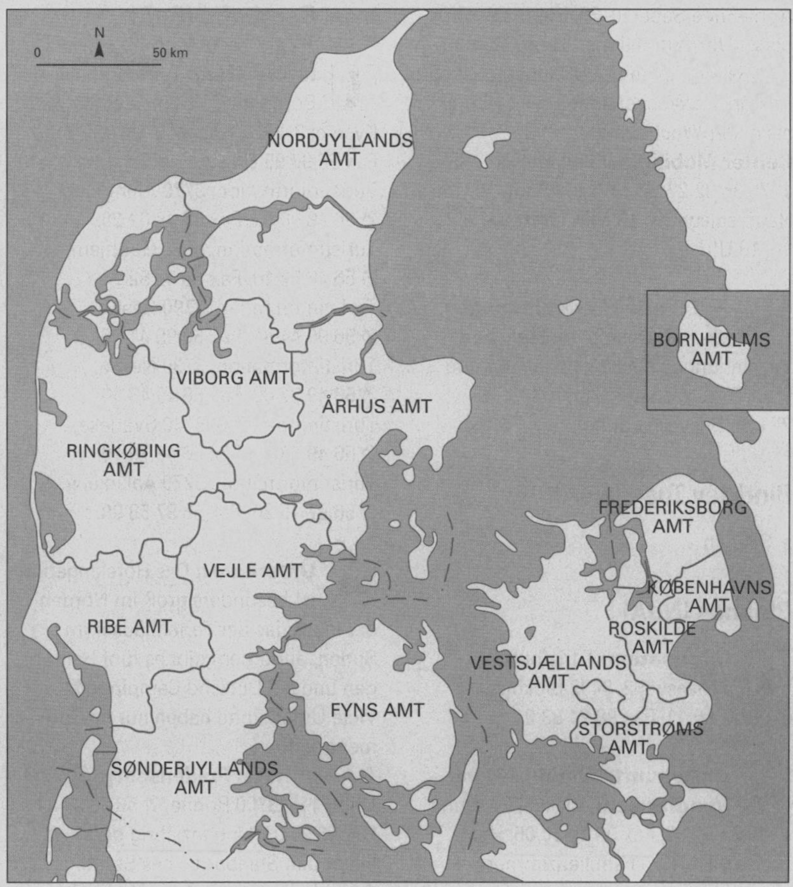

Regierungsbezirke in Dänemark

Billund (RbA)

 Information: Turistbureau, Ved LEGOLAND Parken, 7190 Billund, ✆ 75 33 19 26, Fax 75 35 31 79.

 Unterkunft: ****–*****Hotel Legoland,** Åstvej 10, ✆ 75 33 12 44, Fax 75 35 38 10; familiengerechtes Hotel des LEGOLAND Parks.

*****Motel Svanen,** Nordmarksvej 8, ✆ 75 33 28 33, Fax 75 35 35 15; nur we-

nige hundert Meter vom LEGOLAND Park entfernt.

***Billund Vandrerhjem,** Ellehammers Alle, ✆ 75 33 27 77, Fax 75 33 28 77; Mitte der 90er eröffnete Top-Herberge, auch nur 250 m vom LEGOLAND Park entfernt.

Sehenswürdigkeiten: LEGOLAND Park, Åstvej 1, ✆ 75 33 13 33; Ende März/Anfang

April–Ende Sept. 10–20, Hauptsaison bis 21 Uhr; Attraktionen zum Teil nur bis 18 Uhr; Tip: In der Urlaubszeit ist es im Park an Wochenenden meist leerer als in der Wochenmitte.

Center Mobilium, Ellehammers Alle, ✆ 75 35 32 22; April–Ende Sept. 10–16, Hauptsaison bis 19 Uhr, sonst Sa, So 10–16 Uhr.

Verkehrsverbindungen: Flughafen mit täglichen Verbindungen nach Kopenhagen und Frankfurt. Nächster Bahnhof Vejle 27 km (Busverbindung).

Bindslev Tuen (NoA)

s. Skagen

Blokhus (NoA)

Information: Turistbureau, Støvesvej 2, 9492 Blokhus, ✆ 98 24 85 11, Fax 98 24 83 01.

Unterkunft: *Blokhus-Hune Vandrerhjem,** Kiekvej 26, Hune, ✆ 98 24 91 80, Fax 98 20 90 05; Herberge mit vielen Familienzimmern.

Restaurant: Luneborg Kro, Luneborgvej 310, 9382 Tylstrup (ca. 15 km landeinwärts) ✆ 98 26 51 00; einer der Beweise, daß Kroer immer für kulinarische Überraschungen gut sind; besitzt auch einige Zimmer.

Sehenswertes: Fårup Aquapark & Sommerland, Pirupvej 147, 9493 Saltum, ✆ 98 88 16 00; Mitte Mai–Ende Aug. tgl. ab 10 Uhr, je nach Saison bis 18, 19 oder 20 Uhr.

Insel Bornholm (BoA)

Information: Turistbureau, Bornholms Velkomstcenter, Ndr. Kystvej 3, 3700 Rønne, ✆ 56 95 95 00, Fax 56 95 95 68.
Turistinformation, 3770 Allinge, ✆ 56 48 00 01, Fax 56 48 02 26.
Turistinformation, 3760 Gudhjem, ✆ 56 48 52 10, Fax 56 48 52 74.
Turistinformation, 3790 Hasle, ✆ 56 96 44 81, Fax 56 96 41 06.
Turistinformation, 3730 Neksø, ✆ 56 49 32 00, Fax 56 49 43 10.
Turistinformation, 3740 Svaneke, ✆ 56 49 63 50, Fax 56 49 70 10.
Turistinformation, 3270 Aakirkeby, ✆ 56 97 45 20, Fax 56 97 58 90.

Unterkunft: Das Hotelangebot ist besonders groß im Norden der Insel, das der Ferienhäuser im Süden, außerdem gibt es fünf Herbergen und ein Dutzend Campingplätze. Viele Unterkünfte haben nur im Sommer geöffnet!
–*Hotel Fredensborg,** Strandvejen 116, 3700 Rønne, ✆ 56 95 44 44, Fax 56 95 03 14; ganzjährig geöffnet, bietet den Standard eines Stadthotels der gehobenen Klasse in Verbindung mit einer naturschönen Lage auf einer Ferieninsel.
–*Balka Strand,** Boulevarden 9A, 3730 Neksø-Balka, ✆ 56 49 21 50, Fax 56 49 36 99; ganzjährig geöffnetes Strandhotel; auch Ferienapartments.
***Hotel Frihaven,** Tejnvej 80, 3770 Allinge-Sandkås, ✆ 56 48 04 25, Fax 56 48 16 65; Øko-Hotel nahe der Badebucht von Sandkås; auch Ferienapartments.
Hotel Nordland, Strandpromenaden 5, 3770 Allinge-Sandvig, ✆ 56 48 03 01, Fax 56 48 22 01; familiäres Hotel der alten Schule direkt am

kleinen Hafen von Sandvig, nur wenige Meter von Bornholms schönster Badebucht entfernt.

**Byskriversgården, Løsebækgade 3, 3770 Allinge, ✆ 56 48 08 86, Fax 56 48 18 86; alter ›Stadtschreiberhof‹ am Rande von Allinge, direkt am Meer.

*Jugendherberge Svaneke, Reberbanevej 9, 3740 Svaneke, ✆ 56 49 62 42, Fax 56 49 73 83; moderne Herberge nahe der kleinen Badebucht von Svaneke mit vielen Familienzimmern.

Restaurants: De 5 Stâuerne (im Hotel Fredensborg), Strandvejen 116, 3700 Rønne, ✆ 56 95 44 44; der mehrfach ausgezeichnete Chefkoch Claus Seest Dam geht bei seiner Suche nach den perfekten Rohwaren so weit, daß er Geflügel und andere Fleischlieferanten sowie Gemüse im eigenen Betrieb nach ökologischen Grundsätzen züchtet bzw. anbaut; was er daraus zaubert, ist beste dänische Kochkunst.
Le Port, Vang 81, 3790 Hasle, ✆ 56 96 92 01; eine gute Küche mit hervorragenden Fischgerichten und eine Traumaussicht über die Ostsee garantieren das Speiseerlebnis auf der Insel.

Einkaufen: Kampeløkken, Havnegade 45, 3770 Allinge; kooperative Verkaufsausstellung einer großen Gruppe von Keramik- und Glaskünstlern.
Bente Hammer, Nyker Hovedgade 32, Nyker, 3700 Rønne; Verkaufsausstellung und Atelier der bekannten Textildesignerin.

Aktivitäten: Ausflüge auf die Ertholmene Inseln im Sommer tgl. ab Allinge, Gudhjem und Svaneke, ✆ 56 48 51 76.
Busrundfahrten ab Rønne und ab Nord-

bornholm; Information und Buchung bei den i-Büros, den Hotels und speziell für Fahrten ab Nordbornholm: Rejse-Service Bornholm, Lindeplads 2, 3770 Allinge, ✆ 56 48 05 34. Günstige Ausflugskarten (Tourpakke) zu verschiedenen Sehenswürdigkeiten bieten die Bornholmer Verkehrsbetriebe BAT (= Bornholms Amts Trafikselskab).

Sehenswürdigkeiten: Bornholms Kunstmuseum, Helligdommen, Rø, ✆ 56 48 43 86; April–Okt. tgl. 10–17, Nov.–März Di, Do, So 13–17 Uhr.
Bornholms Museum, Sct. Mortensgade 28, Rønne, ✆ 56 95 07 35; Mai–Sept. Mo–Sa, sonst Di, Do, Sa 10–17 Uhr.
Brændesgårdshaven (Vergnügungspark mit Spaßbad), Ibsker bei Svaneke, ✆ 56 49 60 76, Mai–Sept. tgl. 10–18, Hauptsaison bis 20 Uhr.

Verkehrsverbindungen: Anreise von Deutschland aus s. S. 368. Weitere Fährverbindungen von Kopenhagen (6–7 Std.). Auf der Insel gut entwickeltes Busnetz, dort bringen Mehrfachkarten (RaBATkort) sowie Tages- und Wochenkarten (1-dags kort/7-dages kort) Vergünstigungen.

Brørup (RbA)

Restaurant: Herregårdskelderen im Schloßkeller von Sønderskov, Sønderskovgårdsvej 2, 6650 Brørup, ✆ 75 38 38 45; sehr viel Atmosphäre und eine adäquat gute Küche.

Sehenswürdigkeit: Museet på Sønderskov, Sønderskovgårdsvej 2, 6650 Brørup, ✆ 75 38 38 66; Di–Fr 10–16 Uhr, Sa–So 14–17 Uhr.

Christiansfeld (SøA)

 Information: Turistbureau, Kongensgade 5, 6070 Christiansfeld, ✆ 74 56 16 30, Fax 74 56 32 18.

 Unterkunft: *Brødreminghedens Hotel, Lindegade 25, ✆ 74 56 17 10; traditonsreiche, einfache Herberge der Herrnhuter Gemeine.

 Einkaufen: Spezialität der örtlichen Bäckereien ist Honigkuchen in allen vorstellbaren Variationen.

 Sehenswürdigkeit: Brødremenighedens Museum, Nørregade 16, ✆ 74 56 25 73; Juni–Aug. Di–So 14–17 Uhr.

Dronningmølle (FrA)

s. Gilleleje

Ebeltoft (ÅrA)

 Information: Turistbureau, Torvet 9, 8400 Ebeltoft, ✆ 86 34 14 00, Fax 86 34 05 28.

 Unterkunft: ****Ebeltoft Strand, Ndr. Strandvej 3, ✆ 86 34 33 00, Fax 86 34 46 36; moderne Hotelanlage an der Küste nicht weit vom Zentrum.
De 7 Øer, Øerkrogvej 2, ✆ 86 34 00 00, Fax 86 34 09 99; sehr schön angelegter Ferienpark auf sieben Inseln im Kattegat (Apartments; auch zu buchen über deutsche Ferienhausvermittler).

 Restaurant: Mellem Jyder, Juulsbakke 3, ✆ 86 34 11 23; romantisch, durch und durch dänisch und gut.

 Sehenswürdigkeiten: Fregatte »Jylland«, Strandvejen 4, ✆ 86 34 10 99; tgl. 10–16 Uhr, Hauptsaison 9–19 Uhr.
Glasmuseum, Strandvejen 8, ✆ 86 34 17 99; tgl. 10–17, Hauptsaison bis 19 Uhr.

 Fährverbindung: Fährhafen südlich der Stadt mit Verbindung nach Sjællands Odde (Seeland).

Esbjerg (RbA)

 Information: Turistbureau, Skolegade 33, 6700 Esbjerg, ✆ 75 12 55 99, Fax 75 12 27 67.

 Unterkunft: ***Britannia, Torvet, ✆ 75 13 01 11, Fax 75 45 20 85; modernes und etwas gesichtsloses Stadthotel, aber zentral und ordentlich.
***Scandic Olympic, Strandbygade 3, ✆ 75 18 11 88, Fax 75 18 11 08; Business-class-Hotel im Zentrum.

 Sehenswürdigkeiten: Esbjerg Kunstmuseum (Esbjerg Kunstforenings Samling), Havnegade 20, ✆ 75 13 02 11; tgl. 10–16 Uhr.
Esbjerg Museum/Vestjyllands Ravmuseum (Westjütlands Bernsteinmuseum), Torvegade 45, ✆ 75 12 78 11; tgl. 10–16 Uhr, Sept.–Mai Mo geschlossen.
Fiskeri- og Søfartsmuseet/Saltvandsakvariet i Esbjerg, Tarphagevej, ✆ 75 15 06 66; tgl. 10–16 Uhr, Mitte Mai–Juni u. Sept. bis 18 Uhr, Juli–Aug. bis 20 Uhr.
Vandtårnet, der Wasserturm, Havnegade 20, kann bestiegen werden Juni–Mitte Sept. tgl., sonst Sa, So 10–16 Uhr.

 **Verkehrsverbindungen:** Wichtigste Bahnstation für Südwestjütland. Flughafen 10 km. Fährverkehr mit England und Insel Fanø ganzjährig, mit Färöer-Inseln und Island im Sommer.

Fakse

s. Stevns

Insel Fanø (RbA)

 **Information:** Turistbureau, Havnepladsen, Nordby, 6720 Fanø, ✆ 75 16 26 00, Fax 75 16 29 03.

Unterkunft: Auf Fanø werden etwa 2200 Ferienhäuser u. a. über das i-Büro vermietet, außerdem stehen neun Campingplätze zur Verfügung.
****/*****Sønderho Kro, Kropladsen 11, ✆ 75 16 40 09, Fax 75 16 43 85; romantischer Kro am Südende der Insel mit wenigen, sehr exklusiven Zimmern (Relais & Châteaux-Hotel).
***Hotel Fanø Badeland, Strandvejen 52, ✆ 75 16 60 00, Fax 75 16 60 11; moderne Ferienanlage mit künstlichem Badeland, nur wenige Meter von einem der schönsten und breitesten Strände Europas entfernt; hauptsächlich Apartments.

Restaurants: Sønderho Kro (s. Unterkunft), edel und gut.
Krogården, Langelinie 11, Nordby, ✆ 75 16 20 52; solide Touristenküche.

Veranstaltungen: Drachenfestival jährlich im Juni. Im Juli und August Klassik-Konzertreihe ›Fanø Musikfestival‹ in der Nordby Kirke und Gitarren-Konzertreihe in der Sønderho Kirke. Tickets im i-Büro.

 Sehenswürdigkeiten: Fanø Skibsfart- og Dragtsamling (Schiffahrts- und Trachtensammlung), Hovedgade 28, Nordby, ✆ 75 16 22 72; Mo–Sa 10–12, Mai–Sept. tgl. auch 14–17 Uhr.
Fanø Museum, Skolevej, Nordby, ✆ 75 16 61 37; Juni Mo–Fr 10–13, Juli–Mitte Aug. Mo–Fr 10–12 u. 14–17, Sa 10–13, Mitte Aug.–Mitte Sept. Mo–Sa 10–13 Uhr.
Hannes Hus, Sønderho, ✆ 75 16 40 90; Ende Juni–Aug. tgl. 15–17 Uhr.

 Verkehrsverbindungen: Schiffsverbindungen Esbjerg–Nordby 1–2 × stdl. bedarfsorientiert (15 Min.). ✆ 75 13 45 00 u. 33 15 15 15.

Fredensborg (FrA)

Information: Fredensborg-Humlebæk Turistinformation, Jernbanegade 16, 3480 Fredensborg, ✆ 42 28 21 00, Fax 42 28 04 65.

 Unterkunft und Restaurant: ****Hotel Store **Kro,** Slotsgade 6, ✆ 42 29 00 47, Fax 42 28 45 61; von Frederik IV. 1728 für Gäste errichtet und immer noch vom Feinsten.

Sehenswürdigkeit: Fredensborg Slot (Frühjahrs- u. Herbstresidenz der Königin), ✆ 42 28 00 18; Innenräume nur Juli täglich 13–17 Uhr. Sehenswerte Parkanlagen ganzjährig.

Verkehrsverbindung: Privatbahn nach Hillerød und Helsingør, Tarifverbund Hauptstadtbereich.

Fredericia (VjA)

 Information: Turistbureau, Axeltorv, 7000 Fredericia, ✆ 75 92 13 77, Fax 75 93 03 77.

Unterkunft: ***–******Hotel Kronprinds Frederik,** Vestre Ringvej 96, ✆ 75 91 00 00, Fax 75 91 19 99; gutes Hotel am Rande des Zentrums in grüner Umgebung. ***Hotel Snoghøjgård,** Gl. Færgevej 2, Snoghøj, ✆ 75 94 22 25. Einfach, aber schön gelegen am Kleinen Belt. ***Fredericia Vandrerhjem,** Vestre Ringvej 98, ✆ 75 92 12 87, Fax 75 93 29 05; im Sommer 96 eröffnete Herberge mit Top-Ausstattung und 30 Familienzimmern.

Verkehrsverbindung: Bahnknotenpunkt der wichtigsten dänischen Nord-Süd- und Ost-West-Verbindungen.

Frederikshavn (NoA)

 Information: Turistbureau, Brotorvet 1, 9900 Frederikshavn, ✆ 98 42 32 66, Fax 98 42 12 99.

Unterkunft: *****Stena Hotel Frederikshavn,** Tordenskjoldsgade 14, ✆ 98 43 32 33, Fax 98 43 33 11; fast 700 Betten und ein Tropen-Spaßbad bietet dieses familienfreundliche Touristenhotel. ***Fladstrand Vandrerhjem,** Buhlhusvej 6–8, ✆ 98 42 14 75, Fax 98 42 65 22; Herberge mit zahlreichen Familienzimmern.

Aktivitäten: Zur Inselerkundung nach Læsø (Fahrräder mitnehmen!). Für Ornithologen ein Muß: Inselgruppe Hirsholmene.

 Sehenswürdigkeiten: Bangsbomuseum, Dronning Margrethesvej 1, ✆ 98 42 31 11; April–Okt. tgl., sonst Di–So 10–17 Uhr.
Bunkermuseum, Nordre Strandvej 19, ✆ 98 42 31 11; Mitte Mai–Ende Herbstferien tgl. 10–17 Uhr.
Frederikshavn Kunstmuseum og Exlibrissamling, Parallelvej 14, ✆ 98 43 16 63; Di–So 10–16 Uhr.
Krudttårnet, Havnepladsen 20, ✆ 98 43 19 19; April–Okt. tgl. 10–17 Uhr.

 **Verkehrsverbindungen:** Endstation der Hauptstrecke durch Jütland; Privatbahn nach Skagen. Mehrmals täglich konventionelle und Schnellfähren nach Göteborg, tgl. Fähren zu verschiedenen norwegischen Häfen und nach Læsø sowie dreimal pro Woche Postboot nach Hirsholm.

Frederikssund (FrA)

(inkl. 3630 Jægerspris)

 Information: Turistbureau, Jernbanegade 24, 3600 Frederikssund, ✆ 42 31 06 85, Fax 42 31 36 74.

 Sehenswürdigkeiten: Jægerspris Slot (Schloß), ✆ 47 53 10 04; April–Sept. Di–So, sonst nur So, Führungen 10, 11, 13, 14, 15, 16 Uhr.
J. F. Willumsens Museum, Jenriksvej 4, ✆ 42 31 07 73; tgl. 10–16 Uhr.

Verkehrsverbindung: S-Bahn-Verbindung mit Kopenhagen, Tarifverbund Hauptstadtbereich.

Frederiksværk (FrA)

 Information: Turistbureau, Nørregade 1, 3300 Frederiksværk, ✆ 42 12 30 01, Fax 42 12 30 22.

Sehenswürdigkeit: Krudtværksmuseet (Schießpulverwerk), Krudtværksalleen 1, ✆ 42 12 06 05; Juni–Mitte Sept. Di–So 12–16 Uhr.

Verkehrsverbindung: Privatbahn Hillerød–Hundested, Tarifverbund Hauptstadtbereich.

Faaborg (FyA)

(inkl. 5642 Millinge und Inseln Lyø, Avernakø, Bjørnø)

Information: Turistbureau, Havnegade 2, 5600 Faaborg, ✆ 62 61 07 07, Fax 62 61 33 37.

Unterkunft: ***Hotel Færgegaarden, Chr. IX's Vej 31, 5600 Faaborg, ✆ 62 61 11 15, Fax 62 61 11 95; gemütliches Hotel mit wenigen, aber schönen Zimmern am Hafen.
****Steensgaard Herregårdpension, Steensgård 4, 5600 Faaborg, ✆ 62 61 94 90; sehr individuelle Zimmer auf einem Gutshof aus dem 14. Jh.; inkl. hoteleigener Wiedergänger (s. S. 194).

Restaurants: Færgegaarden (s. Unterkunft); das Restaurant in dem kleinen Hotel fast unter Faaborgs Wahrzeichen, dem Glockenturm der Skt. Nicolai Kirke, fühlt sich der französisch inspirierten Küche dänischer Provenienz verpflichtet, die man auf Fünen

so vortrefflich erleben kann, hier sogar zu sehr angenehmen Preisen.
Falsled Kro, Assensvej 513, Faldsled, 5642 Millinge, ✆ 62 68 11 11; die Küche zählt zur Spitze der französisch geprägten Gastronomie in Dänemark: Die Rohwaren stammen, soweit möglich, aus der Umgebung, der Besitzer und Chefkoch aus den Vogesen; besitzt auch wenige, sehr individuelle Zimmer (*****), unbedingt vorbuchen.

 Sehenswürdigkeit: Faaborg Museum, Grønnegade 75, ✆ 62 61 06 45; tgl. 11–15, April, Mai u. Sept., Okt. 10–16, Juni–Aug. 10–17 Uhr.

 Verkehrsverbindungen: Fährverkehre zu den vorgelagerten Inseln Ærø (1 Std., bis 6 × tgl., ✆ 62 52 40 00), Avernakø und Lyø (30 bzw. 40 Min., bis 8 × tgl., ✆ 62 61 23 07).

Gedser (StA)

(inkl. 4873 Marielyst)

Information: Turistinformation, Stationsvejen 7, 4874 Gedser, ✆ 53 87 90 41, Fax 53 87 90 39. Turistbureau, 4873 Marielyst, ✆ 54 13 26 98, Fax 54 13 62 99.

Unterkunft: ***–****Hotel Nørrevang, Marielyst Strandvej 32, 4873 Væggerløse-Marielyst, ✆ 54 13 62 62, Fax 54 13 62 72; Badehotel in einem malerischen Fachwerkhaus mit ausgezeichnetem Restaurant, unweit von einem der besten Ostseestrände mitten in Falsters größtem Ferienhausgebiet.

 Verkehrsverbindungen: Bahnhof; Fähren nach Rostock.

Gilleleje (FrA)

(inkl. 3120 Dronningmølle)

ℹ️ Information: Turistbureau, Hovedgade 6, 3250 Gilleleje, ✆ 48 30 01 74, Fax 48 30 34 74.

🛏️ Unterkunft: Unterkunft hauptsächlich in Ferienhäusern, über i-Büro zu buchen.

🍴 Restaurant: Fyrkroen, Fyrvejen, Nakkehoved, ✆ 48 30 02 39; schon die Lage lohnt den Besuch; gleich nebenan der Leuchtturm von 1772, Sa und So großes *Frokost*-Buffet.

🚶 Aktivitäten: Angelfahrten ab Gilleleje.

👁️ Sehenswürdigkeiten: Munkeruphus, Munkerup Strandvej 78, Dronningmølle, ✆ 49 71 79 06; Mitte Juni–Anfang Sept. Di–So, sonst nur Wochenende 12–17 Uhr.
Rudolf Tegners Museum, Villingerø,. ✆ 49 71 91 77; April–Ende Herbstferien tgl. 9.30–17 Uhr.

🚆 Verkehrsverbindung: Bahnhof Privatbahn, Tarifverbund Hauptstadtbereich.

Give (VjA)

ℹ️ Information: Turistbureau, Allegade 12, 7323, Give, ✆ 75 73 51 41, Fax 75 73 59 20.

👁️ Sehenswürdigkeit: Zoo, Løveparkvej 3, 7323 Givskud, ✆ 75 73 02 22; Ostern–Ende Herbstferien ab 10 Uhr, je nach Saison bis 17, 18 oder 20 Uhr.

Givskud (VjA)

s. Give

Gram (SøA)

👁️ Sehenswürdigkeit: Midtsønderjyllands Museum Gram Slot, 6510 Gram, Slotsvej 54, ✆ 74 82 10 00; April–Okt. tgl. 10–17 Uhr.

Grenaa (ÅrA)

ℹ️ Information: Turistbureau, Torvet 1; 8500 Grenå; ✆ 86 32 12 00, Fax 86 32 70 28.

🛏️ Unterkunft: ***Stena Hotel Grenaa, Kystvej 32, ✆ 86 32 25 00, Fax 86 32 62 05; modernes, familienfreundliches Hotel in Strandnähe.
*Grenå Vandrerhjem, Ydesvej 4, ✆ 86 32 66 22, Fax 86 32 12 48; moderne Herberge mit vielen Familienzimmern.

🍴 Restaurant: Mejlgaard Herregårdspension & Slotskro, Meilgaardvej 7, 8585 Glesborg, ✆ 86 38 62 00; in den Wirtschaftsgebäuden von Gut Mejlgård; gute dänische Küche.

 Sehenswürdigkeiten: Djursland Museum og Dansk Fiskerimuseum, Søndergade 1, ✆ 86 32 48 00; Mo–Fr 10–16 Uhr, Sa–So 13–16 Uhr.
Kattegatcenter, Færgevej 4, ✆ 86 32 52 00; tgl. 10–16 Uhr, je nach Saison auch ab 9 und bis maximal 18 Uhr.

 **Verkehrsverbindungen:** Flughafen Århus-Thirstrup

25 km; täglich Schiffsverkehr nach Schweden (Halmstad und Varberg) und zur Insel Anholt.

Gråsten (SøA)

Information: Turistbureau, Kongevej 71, 6300 Gråsten,
✆ 74 65 09 55, Fax 74 65 35 13.

Haderslev (SøA)

Information: Turistbureau, Hønnørkajen 1, 6100 Haderslev,
✆ 74 52 55 50, Fax 74 53 46 67.

Unterkunft: ***Norden,** Storegade 55, ✆ 74 52 40 30, Fax 74 52 40 25; gutes Klasse-Hotel sehr zentral aber doch an einer Grünanlage mit See gelegen.
***Haderslev Vandrerhjem ›Erlevhus‹,** Erlevvej 34, ✆ 74 52 13 47, Fax 74 52 13 64; einfache Herberge, schön gelegen am Haderslev Dam mit 28 Familienzimmern.

Sehenswürdigkeit: Haderslev Museum, Dalgade 7,
✆ 74 52 75 66; Juni–Aug. Mo–Fr 10–17, Sa–So 12–17, sonst Di–So 13–16 Uhr.

Verkehrsverbindung: Flughafen Vojens 16 km.

Hanstholm (VbA)

Information: Turistbureau, Bytorvet 2, 7730 Hanstholm,
✆ 97 96 12 19, Fax 97 96 21 54.

Unterkunft: ***Golfhotel Hanstholm,** Byvej 2,
✆ 97 69 10 44, Fax 97 96 25 84; gehobener Komfort, einige Zimmer mit Meeresblick

*Hanstholm Sømandshjem** (Seemannsheim), Kai Lindbergsgade 71,
✆ 97 96 11 45, Fax 97 96 27 80; hier kann man Hafenatmosphäre hautnah erleben; einfache, aber saubere Unterkunft.

 **Sehenswürdigkeit: Museumscenter Hanstholm,** Tårnvej 23, und **Bunkermuseum,** Molevej,
✆ 97 96 17 36; tgl. 10–16, in der Saison bis 17 Uhr.

 Verkehrsverbindungen: Bahnhof in Thisted 20 km; Flughafen Thisted 8 km; Schiffsverkehr nach Norwegen (Stavanger, Bergen).

Helsingør (FrA)

Information: Turistbureau, Havnepladsen 3, 3000 Helsingør,
✆ 49 21 13 33, Fax 49 21 15 77.

Unterkunft: ****Danland i Helsingør – Hotel Marienlyst,** Ndr. Strandvej 3, ✆ 49 21 40 00, Fax 49 21 49 00; einst Inbegriff der Luxusgastronomie, heute Teil eines Ferienpark-Konzerns; besitzt ein Kasino.
_*Scanticon Borupgaard,** Nørrevej 80, 3070 Snekkersten,
✆ 42 22 03 33, Fax 42 22 03 99; ausgezeichnetes Hotel im Grünen am Rande eines Vororts von Helsingør; ein reetgedeckter Gutshof kontrastiert die modernen Hotelgebäude; sehr gute Küche.
_*Hotel Trouville,** Kystvej 20, 3100 Hornbæk (10 km westlich Helsingør), ✆ 42 20 22 00, Fax 42 20 18 27; modernes Hotel in bester Strandlage an Nordseelands Küste und mit dem Öko-Freibrief für Umweltfreundlichkeit ›Der Grüne Schlüssel‹ ausgezeichnet.

*Helsingør Vandrerhjem ›Villa Moltke‹, Ndr. Strandvej 24, ✆ 49 21 16 40, Fax 49 21 13 99; die Herberge liegt in einem ehemaligem Herrschaftshaus nah dem Øresund im Nordwesten der Stadt und bietet über 30 Familienzimmer.

 **Restaurants: Restaurant Café Jan Hurtigkarl & Co.,** Ndr. Strandvej 154, 3000 Helsingør-Ålsgårde, ✆ 42 10 90 03 (April–Okt.); Chefkoch und Namenspatron Jan Hurtigkarl zählt zu Dänemarks bekanntesten Spitzenköchen: frisch, solide und saisongerecht sind seine Maximen, und die realisiert er zu durchaus akzeptablen Preisen; dazu wird eine traumhafte Aussicht vom Garten des Lokals über das Meer bis zur schwedischen Küste geboten.
Le Port, Mørdrupvej 3, 3060 Espergade, ✆ 42 23 23 35; das Lokal in dem südlichen Vorort von Helsingør bietet vor allem Fisch in Vollendung.

Sehenswürdigkeiten: Danmarks Tekniske Museum (Technisches Museum), ✆ 42 22 26 11, Abt. für Wissenschaft und Technik, Ndr. Strandvej 23, Helsingør, tgl. 10–17 Uhr; Verkehrshalle, Ole Rømersvej 15, Mo–Fr 10–16 Uhr, Sa, So 10–17 Uhr.
Kronborg Slot (Schloß Kronborg), ✆ 49 21 30 78, und dort **Handels- og Søfartsmuseum** (Handels- und Seefahrtsmuseum), ✆ 49 21 06 85; Mai–Sept. tgl. 10.30–17 Uhr, April u. Okt. Di–So 11–16, sonst Di–So 11–15 Uhr.

Verkehrsverbindungen: Endstation der Küstenbahn von Kopenhagen, Tarifverbund Hauptstadtbereich; Schiffsverbindungen nach/mit Schweden mehrmals pro Stunde verschiedene Linien.

Herning (RnA)

 Information: Turistbureau, Bredgade 2, 7400 Herning, ✆ 97 12 44 22, Fax 97 12 48 05.

Unterkunft: ***Hotel Eyde, Torvet 1, ✆ 97 22 18 00, Fax 97 21 01 65; traditionsreiches Hotel – von 1893 – im Zentrum, mit guter Küche.
*Herning Vandrerhjem, Holingknuden 2, ✆ 97 12 31 44, Fax 97 21 61 69; die Herberge – von 1993 – besitzt 28 gut ausgestattete Familienzimmer.

 Sehenswürdigkeiten: Herning Kunstmuseum (✆ 97 12 10 33) und **Carl-Henning-Pedersen-und-Else-Alfelts-Museum** (✆ 97 22 10 79), Uldjydevej 3 (Vorort Birk); Mai–Okt. Di–Fr 12–17, Sa, So 10–17 Uhr, sonst Di–So 12–17 Uhr.

Verkehrsverbindungen: Bahnknotenpunkt mit Linien nach Fredericia, Struer und Århus.

Hillerød (FrA)

 Information: Turistbureau, Slotsgade 52, 3400 Hillerød, ✆ 42 26 28 52, Fax 42 26 28 06.
Sehenswürdigkeiten: Frederiksborg Slot, Schloß mit Nationalhistorischem Museum, ✆ 42 26 04 39; Mai–Sept. tgl. 10–17, April und Okt. tgl. 10–16, sonst tgl. 11–15 Uhr.
Æbelholt Kloster, Ruinen immer zugänglich, Museum Mai–Aug. Di–So 10–16, Sept. 13–16 Uhr, April u. Okt. Sa, So und Feiertage 13–16 Uhr.

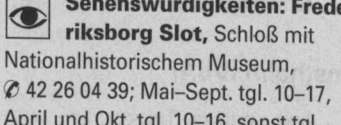 **Verkehrsverbindungen:** S-Bahn mehrmals stündlich ab

Kopenhagen, Tarifverbund Hauptstadtbereich.

Hirtshals (NoA)

 Information: Turistbureau,
Nørregade 40, 9850 Hirtshals,
✆ 98 94 22 20, Fax 98 94 58 20.

 Unterkunft: ***–****Skaga
Hotel, Willemoesvej 1,
✆ 98 94 55 00, Fax 98 94 55 55;
modernes, mit Fitnesseinrichtungen
gut ausgestattetes Hotel neben dem
Nordsømuseum.

 Aktivitäten: Angelfahrten mit
M/S »Michael Frank« Bu-
chung/Info ✆ 98 92 07 06.

 **Sehenswürdigkeiten: Nord-
sømuseet,** Willemoesvej,
✆ 98 94 48 44; tgl. 10–16, in der Saison
und an Wochenenden bis 17 oder 18
Uhr; Robbenfütterung 11 und 15 Uhr.
Hirtshals Museum, Sophus Thom-
sensgade 6, ✆ 98 94 34 24; Juni–Aug.
tgl. 10–16, sonst Mo–Do 10–16, Fr 10–13
Uhr.

 Verkehrsverbindungen:
Privatbahn nach Hjørring,
Schiffsverkehr nach Kristiansand und
Oslo in Norwegen.

Hjørring (NoA)

(inkl. Lønstrup)

 Information: Turistbureau,
Markedgade 9, 9800 Hjørring,
✆ 98 92 02 32, Fax 98 92 04 52;
Turistbureau, 9800 H. Lønstrup,
✆ 98 96 02 22, Fax 98 96 00 43.

 Unterkunft: ***Phønix,
Jernbanegade 6, ✆ 98 92 54 55,
Fax 98 90 10 37; zentral gelegenes Stad-
thotel.
*Hjørring Vandrerhjem, Thomas
Morildsvej 11, ✆ 98 92 67 00,
Fax 98 90 15 50; modern, mit vielen
Familienzimmern und einigen Hütten.

 **Sehenswürdigkeit: Hjørring
Kunstmuseum,** Brinck Seidlins
Gade 10, ✆ 98 92 41 33; Mitte
Juni–Mitte Sept. tgl. 10–17 Uhr, sonst
Di–So 11–16 Uhr.

 Verkehrsverbindungen:
Hauptstrecke Fredericia–Frederikshavn; Privatbahn nach Hirtshals.

Hobro (NoA)

 Information: Turistbureau,
Store Torv, 9500 Hobro,
✆ 98 52 56 66, Fax 98 52 34 66.

 Unterkunft: **Bramslevgaard
Herregårdspension,** Bramslev
Bakker 4, ✆ 98 51 20 30,
Fax 98 51 21 30; Pension auf einem
Gutshof in naturschöner Umgebung
westlich der Stadt.

 Sehenswürdigkeit: Fyrkat
(Wikinger-Center), Mitte
April–Ende Herbstferien tgl. 10–17 Uhr.
Die Außenanlagen können jederzeit be-
sichtigt werden.

Holbæk (VsA)

 Information: Turistbureau,
Jernbanepladsen 3,
4300 Holbæk, ✆ 53 43 11 31,
Fax 59 44 27 44.

Unterkunft: **–*****Strand-parken,** Kalundborgvej 58, 4300 Holbæk, ✆ 53 43 06 16, Fax 53 43 32 76; schön gelegenes Hotel in einem Strandpark am Rande des Zentrums.

 Verkehrsverbindungen: Schiffsverbindungen zur Isefjord-Insel Orø (30 Min.).

Holstebro (RnA)

 Information: Turistbureau, Brotorvet 3, 7500 Holstebro, ✆ 97 42 57 00, Fax 97 42 57 07.

 **Unterkunft und Restaurant:** ******Hotel Royal,** Sønderlandsgade 2–2a, ✆ 97 40 23 33, Fax 97 40 30 87; hypermodernes Kongreßhotel mit günstigen Sommerpreisen.
*****Hotel Schaumburg,** Nørregade 26, ✆ 97 42 31 11, Fax 97 42 72 82; geschmackvoll modernisiertes, traditionsreiches Hotel an der Fußgängerzone; im Foyer eine der wenigen von Edvard Eriksen selbst geschaffenen Repliken der Kopenhagener Meerjungfrau und direkt gegenüber dem Eingang ein echter Giacometti.

 Aktivitäten: Stadtrundgang zu den zahlreichen Kunstwerken in der Stadt, Wegbeschreibung im i-Büro.

 Sehenswürdigkeiten: Holstebro Kunstmuseum (✆ 97 42 45 18) und **Holstebro Museum** (✆ 97 42 29 33) Museumsvej 2; Juli u. Aug. Di–So 12–17 Uhr, sonst Di–Fr 12–16 Uhr, Sa, So und Feiertage 12–17 Uhr. Okt.–März zusätzlich Mi 19–21.30 Uhr.

Horsens (VjA)

(inkl. Insel Endelave)

 Information: Turistbureau, Søndergade 26, 8700 Horsens, ✆ 75 60 21 20, Fax 75 60 21 90. Turistinformation, Kongevejen 1, 8700 H.-Endelave, ✆ 75 68 91 00, Fax 75 68 91 40.

 Unterkunft: *****Skandic Hotel Bygholm Park,** Schuttesvej 6, ✆ 75 62 23 33, Fax 75 61 31 05; ein alter Herrensitz von 1775 zum Hotel umgebaut; die meisten der modernen Zimmer sind in den Wirtschaftsgebäuden, das Restaurant im Haupthaus untergebracht; traumhaft die Grünanlagen hinter dem Hotel.
*****Jørgensens Hotel**, Søndergade 17, ✆ 75 62 16 00, Fax 75 62 85 85; Wohnen in einer Sehenswürdigkeit, im Lichtenbergschen Palais von 1744 direkt an der Fußgängerzone im Herzen der Stadt.
***Endelave Gastgiveri og Kursuscenter**, Kongevejen 15, Endelave, ✆ 75 68 90 21; einfacher Inselgasthof.

 **Restaurant: Café Asbæk,** Tabaksgården 13, ✆ 75 61 39 00; ausgezeichnete *Frokost*-Gerichte.

 Sehenswürdigkeiten: Horsens Kunstmuseum, Carolinelundsvej 2, ✆ 75 61 13 11; Juli–Aug. Mo–Fr 10–16, Sa, So 10–17 Uhr, Rest des Jahres Di–Fr 11–16, Sa, So 11–17 Uhr.
Industrimuseet, (Arbeiter-, Handwerker- und Industriemuseum), Gasvej 17–19, ✆ 75 62 07 88; Juli–Aug. tgl. 10–16 Uhr, sonst Di–So 11–16 Uhr.

Verkehrsverbindung: Schiffsverkehr zu den Inseln Hjarnø und Endelave ab Snaptun.

Humlebæk (FrA)

 Information: Turistinformation, 3050 Humlebæk, ✆ und Fax 42 19 14 01.

 Restaurant: Gl. Humlebæk Kro, Ny Strandvej 24, ✆ 42 19 05 69; traditionsreicher Kro mit dänischer Küche gleich nördlich des Louisiana.

 Sehenswürdigkeit: Museum Louisiana, Gammel Strandvej 13, ✆ 49 19 07 19; tgl. 10–17 Uhr.

 Verkehrsverbindungen: S-Bahn ab/bis Kopenhagen oder Helsingør, Tarifverbund Hauptstadtregion.

Hundested (FrA)

 Information: Turistbureau, Nørregade 22, 3390 Hundested, ✆ 42 33 77 88, Fax 42 33 78 67.

 **Hotels und Restaurants:** ***Lynæs Kro,** Frederiksværkvej 6, ✆ und Fax 42 33 86 66; romantischer Kro mit guter Küche. ***Hundested Kro og Hotel,** Nørregade 10, ✆ 42 33 75 38, Fax 42 33 78 61; gemütliches Gasthaus in zentraler Lage, mit Fischrestaurant.

 Sehenswürdigkeit: Knud Rasmussens Hus, Knud Rasmussensvej 9, ✆ 42 33 71 61; Mitte April–Mitte Okt. 11–16, sonst 11–14.30 Uhr.

 Verkehrsverbindungen: Privatbahn ab/bis Hillerød, Tarifverbund Hauptstadtbereich.

Hvide Sande (RnA)

 Information: Turistbureau, Fiskeriets Hus, Nørregade 2B, 6960 Hvide Sande, ✆ 97 31 18 66, Fax 97 31 28 80.

 Unterkunft: Hauptsächlich Ferienhäuser, u. a. über i-Büro.

 Aktivitäten: Zwei Surfcenter mit Schule und Verleih: Hvide Sande Nord, ✆ 97 31 25 99, und Hvide Sande Syd, ✆ 97 31 28 99.

 Sehenswürdigkeit: Fiskeriets Hus (Haus der Fischerei), Nørregade 2B, ✆ 97 31 26 10; April–Okt. tgl., sonst Di–So 10–18 Uhr.

 Verkehrsverbindungen: Im Sommer Ausflugsdampferverbindung mit Ringkøbing.

Højer (SøA)

 Information: Turistinformation, Højer Mølle, 6280 Højer, ✆ 74 78 29 93, Fax 74 78 28 93.

 Unterkunft: **Rudbøl Grænsekro og Feriecenter, Rudbølvej 36, Rudbøl (südlich Højer), ✆ 74 73 82 58, Fax 74 73 82 63; nur 500 m von der Grenze zu Deutschland und schon mit aller dänischen Kro-Gastlichkeit; sehr zentral für das südliche Marschland (auch Ferienwohnungen).

Sehenswürdigkeiten: Højer Mølle Marksmuseum, Møllegade 13, ✆ 74 78 29 11; April–Okt. 10–16 Uhr.
Tøndermarskens Naturcenter, Ved Vidåslusen (am Vidå Sperrwerk), ✆ 74 78 92 22; April–Okt. tgl. 10–18 Uhr.

Jelling (VjA)

 Information: Turistinformation, Gormsgade 4, 7300 Jelling, ✆ 75 87 13 01, Fax 75 82 10 11.

 Unterkunft: *Jelling Kro, Gormsgade 16, ✆ 75 87 10 06, Fax 75 87 11 76; gemütlicher Kro – königlich privilegiert seit 1780 – nahe den historischen Sehenswürdigkeiten.

 Verkehrsverbindungen: Bahnhof; an allen Sonntagen im Juli und an den ersten Augustsonntagen Oldtimer-Dampfzug ab Vejle.

Jels (SøA)

 Aktivitäten: Jels Vikingespil (Wikingerspiele), c/o Turistbureau Jels, Jels Møllegade 5, 6630 Rødding-Jels, ✆ 74 55 21 10, Fax 74 55 32 77.

 Sehenswürdigkeit: Orion Planetarium, Søvej 36, 6630 Rødding-Jels, ✆ 74 55 24 00; Juli tgl. 10–17 Uhr, sonst Di–So 12–17 Uhr.

Kalundborg (VsA)

 Information: Turistbureau, Volden 12, 4400 Kalundborg, ✆ 53 51 09 15, Fax 53 51 22 15.

Unterkunft: ***Ole Lunds Gård, Krokodilgade 1–3,

✆ 53 51 01 65; liegt zentral an der Fußgängerzone.
***Kalundborg Vandrerhjem**, Stadion Alle 5, ✆ 59 56 13 66, Fax 59 56 46 26; neue ›Luxus‹-Herberge (1993 eröffnet) mit 28 sehr gut ausgestatteten Familienzimmern.

 Sehenswürdigkeit: Bispegården (historisches Ausstellungsgebäude), Adelgade 6, ✆ 53 51 69 76; tgl. 10–17 Uhr.

 Verkehrsverbindungen: Bahnhof mit Verbindungen nach Kopenhagen; Fähr- und Katamaranfährverbindungen nach Samsø und Århus.

Kerteminde (FyA)

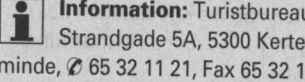 **Information:** Turistbureau, Strandgade 5A, 5300 Kerteminde, ✆ 65 32 11 21, Fax 65 32 18 17.

 Unterkunft: ***PAX, Klintevej 45, ✆ 65 32 30 26, Fax 65 32 40 26; wunderschön am Wasser gelegen; Zimmer in kleinen, freistehenden Einheiten im Studio-Stil.

***Kerteminde Vandrerhjem**, Skovvej 46, ✆ 65 32 39 29; komfortabel eingerichtet und sehr schön am Rande des Städtchens gelegene Herberge mit zahlreichen Familienzimmern.

 Sehenswürdigkeiten: Johannes Larsen Museet, Møllebakken, ✆ 65 32 37 32; Juni–Aug. tgl. 10–17 Uhr, März, April u. Sept., Okt. Di–So 10–16 Uhr, sonst Mi, Sa, So 11–16 Uhr.
Ladbyskibet, Vikingevej 123, ✆ 65 32 16 67; März–Okt. 10–16, Mai–Sept. bis 18 Uhr.

Fjord- & Bæltecentret, Margrethes Plads, ✆ 65 32 42 00; Saison 9–18 Uhr, sonst 10–16/17 Uhr.

Kolding (VjA)

ℹ️ Information: Turistbureau, Helligorsgade 18, 6000 Kolding, ✆ 75 53 21 00, Fax 75 53 48 38.

🛏️ Unterkunft: *******Koldingfjord**, Fjordvej 154, 6000 Kolding, ✆ 75 51 00 00; das luxuriös renovierte ehemalige Kindersanatorium findet man in traumhafter Lage direkt am Fjord, etwa 4 km vom Zentrum, aber nur 1 km vom Kunstmuseum Trapholt entfernt; sehr gutes Restaurant. Günstige Sommerpreise.
Kolding Byferie, Hospitalsgade 6, ✆ 75 54 18 00, Fax 75 54 18 02; architektonisch ungewöhnliche Ferienwohnungen nach dem Konzept ›Ferienhausurlaub in der Stadt‹; Mindestmietzeiten.

🍴 Restaurant: La Cocotte, im Scanticon, Skovbrynet 1, 6000 Kolding, ✆ 75 50 15 55; geschmackvoll eingerichtetes Restaurant der gehobenen Klasse im Hotel- und Konferenzzentrum Scanticon mit moderner, innovativer Küche und angemessenem Preis-Leistungs-Verhältnis.

👁 Sehenswürdigkeiten: Kunstmuseum Trapholt, Æblehaven 23, ✆ 75 54 24 22; Mai–Sept. tgl. 10–17 Uhr, sonst Mo–Fr 12–16 Uhr, Sa u. So 10–16 Uhr.
Museum på Koldinghus, ✆ 75 50 15 00; April–Sept. tgl. 10–17, sonst Mo–Fr 12–15, Sa u. So 10–15 Uhr.
Whisky U 356, Kaj 8, Kolding Hafen, ✆ 75 50 15 00.

 **Verkehrsverbindungen:** Bahnhof an der Strecke Flensburg–Fredericia, Flughafen Billund 38 km.

Kopenhagen (København) und Umgebung

inkl. 2920 Charlottenlund, 2791 Dragør, 1800–2000 Frederiksberg, 2900 Hellerup, 2840 Holte, 2970 Hørsholm, 2770 Kastrup, 2980 Kokkedal, 2800 Lyngby, 2990 Nivå, 2960 Rungsted Kyst (KøK, FrK, FrA, KøA); Kopenhagener Postleitzahlen sind wie in Deutschland von Straße zu Straße unterschiedlich, im Zentrum beginnen sie mit 1, in den Randbezirken mit 2.

ℹ️ Information: Turistbureau und Zimmervermittlung des Fremdenverkehrsamtes: Bernstoffsgade 1, 1577 København K (Bahnhofsseite des Tivoli). Information ✆ 33 11 13 25, Fax 33 93 49 69; Mai–1. Hälfte Sept. tgl. 9–19 Uhr, Juli–Aug. bis 23 Uhr; sonst Mo–Fr 9–17, Sa 9–14 Uhr; Zimmervermittlung ✆ 33 12 28 80, Fax 33 93 49 69; Mitte April–Mitte Sept. (Tivoli-Saison) tgl. 9–24 Uhr; sonst Mo–Fr 9–17, Sa 9–14 Uhr.

Das i-Büro bietet auch Busrundfahrten (immer ab der Lurenbläsersäule am Rathausplatz) und Stadtrundgänge (nur im Sommer), außerdem finden Sie hier ein Ticketbüro für Konzerte und andere Abendveranstaltungen: BilletNet, ✆ 33 15 76 27, Fax 33 93 49 69.

use it (= i-Büro und Zimmervermittlung für junge Besucher) Rådhusstræde 13, 1466 København K (im Kulturzentrum Huset), ✆ 33 15 65 18; Juni–Sept. tgl. 9–19 Uhr, sonst Mo–Fr 10–16 Uhr. Turistinformation, Lyngby Torv 5, 2800 Lyngby, ✆ 45 88 66 16, Fax 45 88 58 16. Unbedingt besorgen: »Copenhagen this week«, eine englischsprachige Gratis-Broschüre mit allen Infos und Adressen, die ein Tourist braucht; jeden Monat neu, inkl. Veranstaltungskalender, Stadtplänen und allen Museumsöffnungszeiten; gibt's in i-Büros und an Hotelrezeptionen; die deutsche Ausgabe »Stadtführer Kopenhagen« erscheint nur halbjährlich und ist nicht so aktuell.

Unterkunft: *******Hotel d'Angleterre**, Kongens Nytorv 34, 1050 København K, ☎ 33 12 00 95, Fax 33 12 11 18; das traditionsreichste Luxushotel des Landes hat in den letzten Jahren unter neuer Leitung ein paar moderne Impulse bekommen; die Brasserie im Erdgeschoß wurde von dem Keramikkünstler Bjørn Wiinblad gestaltet.

*******Radisson SAS Royal Hotel**, Hammerichsgade 1, 1611 København V, ☎ 33 14 14 12, Fax 33 14 14 21; luxuriöses Businesshotel, in den 60er Jahren von Arne Jacobsen bis ins Detail entworfen; Top-Restaurant im oberen Geschoß; in direkter Nachbarschaft von Tivoli und Hauptbahnhof.

****–*******Hotel Neptun**, Skt. Annæ Plads 14–20, 1250 København K, ☎ 33 13 89 00, Fax 33 14 12 50; mit Stilmöbeln exklusiv eingerichtetes Hotel nahe von Hafenpromenade und Nyhavn in ruhiger Umgebung; bietet auch Apartments (***-Angebote zu bestimmten Perioden).

****–*******Webers Hotel**, Vesterbrogade 11B, 1620 København V, ☎ 31 31 14 32, Fax 31 31 14 41; Traditionshotel mit gepflegten Zimmern; im Hotelviertel hinter dem Bahnhof eines der besten Häuser.

******Copenhagen Admiral Hotel**, Toldbodgade 24–28, 1253 København K, ☎ 33 11 82 82, Fax 33 32 55 42; das

Hotel in einem Hafenspeicher aus dem späten 18. Jh. ist eine Sehenswürdigkeit für sich, darin zu wohnen ein Erlebnis: Überall stößt man im Inneren auf die mächtige Balkenkonstruktion, und aus den Zimmern bietet sich entweder der Blick auf den Hafen oder auf Schloß Amalienborg.

–***Hotel City**, Peder Skramsgade 24, 1054 København K, ☎ 33 13 06 66, Fax 33 13 06 67; 1996 neu gestaltetes Stadthotel, zentral zu Nyhavn und Kongens Nytorv, aber doch ruhig gelegen.

*****Hotel Cosmopole**, Colbjørnsensgade 5–11, 1652 København V, ☎ 31 21 33 33, Fax 31 31 33 99; zentralgelegenes Touristenhotel, das zu einer Kette Kopenhagener Stadthotels gehört und somit bei voller Belegung leicht auf Betten in der Nachbarschaft zurückgreifen kann.

*****Gentofte Hotel**, Gentoftegade 29, 2820 Gentofte, ☎ 39 68 09 11, Fax 39 68 06 11; gemütliches Traditionshotel mit guten Zimmern in ruhiger Vorortlage, nur wenige Minuten von einer S-Bahn-Station mit guten Verbindungen ins Zentrum; Sommer und Wochenenden **-Preise; Golfpakete.

****Ibsens Hotel**, Vendersgade 23, 1363 København K, ☎ 33 13 19 13, Fax 33 13 19 16; von drei engagierten Frauen geführtes Etagenhotel, zentral, aber in ruhiger Lage nahe der ›Seen‹, mit sehr individuell eingerichteten Zimmern. Das beste, das man in dieser Preisgruppe in der Stadt bekommt!

****Hotel Cab Inn Copenhagen**, Danasvej 32–34, 1910 Frederiksberg, ☎ 31 21 04 00, Fax 31 21 74 09, und **Hotel Cab Inn Scandinavia**, 1900 Frederiksberg, Vodroffsvej 57, ☎ 35 36 11 11; Fax 35 36 11 14; Funktionalität steht über allem, dafür sind die beiden Discount-Hotels preiswert; trotz Adresse in Frederiksberg liegen sie noch in Gehentfernung zum Kopenhagener Zentrum.

*Københavns Vandrerhjem, Vejlandsallé 200, 2300 København S, ✆ 32 52 29 08, Fax 32 52 27 08; die größte Jugendherberge der Stadt ist mit ihren vielen Familienzimmern eine preiswerte Alternative zum Hotel und liegt verkehrsgünstig am Stadtrand mit guten Busverbindungen ins Zentrum.

Camping: 10 Plätze in Stadt und Umgebung, darunter stadtnah: Bellahøj Camping, Hvidkildevej, 2400 København NV, ✆ 31 10 13 32.

Restaurants: Das aktuelle Viergestirn der Michelin-gesternten Restaurants in Kopenhagen: **Kong Hans' Kælder**, Vingårdsstræde 6, ✆ 33 11 68 68; **Restaurationen**, Møntergade 19, ✆ 33 14 94 95; **Nouvelle**, Gammel Strand 34, ✆ 33 13 50 18; **Kommandanten**, Ny Adelsgade 7, ✆ 33 12 09 90.

Bananrepublikken A/S, Nørrebrogade 13, ✆ 31 39 79 21; lebendige Kulturkneipe im Caféhaus-Stil in Kopenhagens ›Kreuzberg‹ Nørrebro; die Küche bietet leckere Kleinigkeiten, die Bühne häufig Livemusik.

Bistro – DSB Restauranten, im Hauptbahnhof, ✆ 33 14 12 32; großes, nicht zu teures Buffet, auch gutes Frühstücksbuffet.

Den Gyldne Fortun, Ved Stranden 18 (nahe Amagertorv), ✆ 33 12 20 11; hochklassige Fischküche.

Escoffier, Dronningens Tværgade 43, ✆ 33 15 15 05; das Restaurant fühlt sich dem legendären französischen Kochgenie Escoffier (1846–1935) verpflichtet; die Gastroerlebnisse haben ihren Preis, sind ihn aber auch wert.

Gammel Mønt, Gammel Mønt 41, ✆ 33 15 10 60; schon das alte Fachwerkhaus aus den Jahren um 1735 mit seinen krummen und schiefen Türen und Fenstern ist ein Erlebnis für sich.

Guldanden, Sortedam Dossering 103, ✆ 31 42 66 06; man fühlt sich ein wenig an ein Ausflugslokal erinnert, wenn man in der großen Veranda sitzt, mit Blick auf die Seen, die Kopenhagens Zentrum zur ›Landseite‹ umringen; eine gute Küche und akzeptable Preise lohnen den Weg.

Ida Davidsen, Store Kongensdade 70 (nahe Kongens Nytorv), ✆ 33 91 36 55; *Frokost*-Restaurant mit großer *Smørrebrød*-Tradition (s. S. 40).

Kanalen, Wilders Plads 31, ✆ 32 95 13 30; schön gelegen mit Hafenblick im Stadtteil Christianshavn, romantisch in einem renovierten Haus aus dem 18. Jh., brillante Küche.

Kokkeriet, Kronprinsessegade 64, ✆ 33 15 27 77; intimes Restaurant der oberen Mittelklasse, französisch inspirierte Küche mit einem Blick auf die Küche Asiens; originell, innovativ und oft ausgebucht.

Krogs Fiskerestaurant, Gammel Strand 38 (nahe Amagertorv), ✆ 33 15 89 15; altehrwürdiges Fischrestaurant.

Peder Oxe, Gråbrødretorv 11, ✆ 33 11 00 77; am gemütlichsten Platz des Zentrums gelegen, ist das Restaurant mit dem blanken Dielenboden eine Kopenhagener Institution; in der ausgezeichneten dänischen Küche wird Fisch und Fleisch nach Marktlage verarbeitet, zu den meisten Gerichten gehört ein ordentliches Salatbuffet. Die Wartezeit auf einen Platz kann man sich in der mondänen Kellerbar vertreiben.

Petersborg, Bredgade 76 (nahe Kongens Nytorv), ✆ 33 12 50 16; eines der besten *Frokost*-Restaurants.

Pilegården, Pilestræde 44,
✆ 33 15 48 80; Mo–Sa bekommt man
hier ein ausgezeichnetes *Frokost*-Buffet
für umgerechnet nicht einmal 15 DM,
und das mitten in Kopenhagen.
Quatro Fontane, Gulbergsgade 3
(Nørrebro), ✆ 31 39 39 31; preiswertes
italienisches Restaurant, viel einheimi-
sches Publikum aus den umliegenden
Vierteln.
Shezan, Viktoriagade 22 (Ecke Istedgade, hinter dem Bahnhof),
✆ 31 24 78 88; besonders bei jüngeren
Kopenhagenern beliebtes pakistani-
sches Restaurant, preiswert, gut und
meist sehr scharf.
Spiseloppen, Bådmandsstræde 43,
✆ 31 57 95 58; die ausgezeichnete und
innovative Küche wird vom Hausbeset-
zermilieu des Freistaates Christiania
kontrastiert, wo sich das Lokal in einem
alten Depotgebäude versteckt. Den
Stoff für den After-Dinner-Joint gibt es
nebenan. Nicht artig, aber einzig.
Skt. Gertruds Kloster, Hauser Plads
32 (nahe Kultorvet), ✆ 33 14 66 30; Kel-
lerlokal mit historischem Outfit, gut,
aber auch sehr teuer.

Umgebung
Mikkelgaard, Rungsted Strandvej 302,
2980 Kokkedal, ✆ 45 76 63 13; populäre
Top-Gastronomie – mit entsprechenden
Preisen, aber auch entsprechender
Qualität – in einer Liliputburg am Ufer
des Øresund, nördlich von Rungsted.
Rådved Kro, Svenskevej 52, 2800
Lyngby, ✆ 42 80 61 62; traditionsreicher
Kro mit ausgezeichneter Küche am
Rande des Dyrehaven im Norden
Kopenhagens (auch mit öffentlichem
Verkehr – S-Bahn, Bus – zu erreichen).
Saison, Strandvejen 203, 2900 Helle-
rup, ✆ 39 62 48 42; Erwin Lauterbachs
Restaurant im Hellerup Parkhotel lohnt
auf jeden Fall den Weg aus der Stadt –

Eßgenüsse im Spiegel der Jahreszeiten, wie der Name es andeutet.
Sundkroen, Sundkrogsgade 15, 2100
København Ø, ✆ 31 29 44 56; Lunch-
Restaurant, unscheinbares Lokal neben
dem säulenbewehrten Designtempel
Paustians Hus (s. Einkaufen)., äußerlich
eher Hafenkneipe als Speiserestaurant
und innerlich eine Mischung aus bei-
dem. Hier kann man zwischen Ge-
schäftsleuten und Hafenarbeitern bei
einem kühlen Bier echte dänische *Frokost*-Tradition genießen – die Küche
schließt am frühen Abend.
Søllerød Kro, Søllerødvej 35, 2840
Holte, ✆ 42 80 25 05; der traditionsreiche, Michelin-gesternte Kro liegt idyllisch im Kopenhagener Whisky-Gürtel,
wo die der Qualität angemessenen
Preise gern gezahlt werden.

Nachtleben: Entlang Strøget, in
den Gassen und auf den Plätzen
rechts und links davon oder am Nyhavn
kann man immer eine lange Nacht erleben. Aber die Brückenviertel, die das
Zentrum umringen, haben längst ihr
eigenes Nachtleben mit gemütlichen
Kneipen und urigen Restaurants
entwickelt – origineller, ursprünglicher,
szeniger.
Christianshavn besitzt eine spannende Mischung aus Stadtteilkneipen,
wie die Hippie-Domäne **Wilder** (Wil-
dersgade 56), romantischen Gourmet-
Tempelchen wie **Kanalen** (s. Restaurants) sowie den Wirtshäusern und
Cafés von Christiania. Eine bekannte
Größe im Kopenhagener Kulturangebot ist dort **Musikloppen**, ein Mu-
siklokal, in dem häufig live gespielt
wird.
Østerbro lebt in den Abendstunden
rund um Trianglen und Lille Triangel
auf und besitzt mit **Kannonhallen** und
Krudttønden am Serridslevvej sowie

mit dem Musicaltheater **Østre Gasværk Teater** wichtige Spielstätten.

Eine stürmische Entwicklung hat in den 80ern Nørrebro durchgemacht, vor allem rund um den Blågårds Plads sowie um den Skt. Hans Torv. Mit **Bananrepublikken A/S** (Nørrebrogade 13), dem Café/Restaurant **Barcelona** (Fælledvej 21), dem **ca'feen funke** (Skt. Hans Torv), dem Café **Sebastopol** (Gulbergsgade 2), dem Kulturzentrum **Stengade 30** (Stengade 18) und dem Café/Spisehuset **Rust** (Gulbergsgade 8) – seinerzeit nach dem (W)irrflieger benannt – sind hier bewährte Stützen der Szene zu Hause. Sie alle sind nicht nur Café, Kneipe oder Restaurant, sondern auch ›Spillested‹ – Spielstätte– für die lebendige Kulturszene von Nørrebro.Vom Café im Namen sollte man keine falschen Vorstellungen über die Öffnungszeiten bekommen: Je nach Wochentag schließen die Kopenhagener Cafés zwischen 23 und 4 Uhr morgens. Ähnlich wie Nørrebro in den 80ern und frühen 90ern entwickelt sich jetzt Vesterbro. Als das Café der 90er gilt längst Café **Hackenbusch** (Vesterbrogade 124).

Wer einen Abend oder eine Nacht durch Øster-, Nørre- oder Vesterbro zieht, trifft sicher mehr Kopenhagener als irgendwo in der Innenstadt, z. B. in jenem ›urdänischen‹ Bierkeller **Vin og Ølgod** (Skindergade 45), in dem die Nachbarn, mit denen man auf Stühlen und Tischen tanzt, meist Norwegisch, Schwedisch oder Finnisch sprechen – falls sie es denn überhaupt noch artikulieren können. Im Zentrum pulsiert das Leben auf den ersten Metern der Vesterbrogade südlich des Rathausplatzes, wo sich irische Pubatmosphäre mit amerikanischer Kochkunst mischen, und jenseits des Rathausplatzes sind die Straßen und Gassen zwischen

Strøget, Gothersgade, Nørre Voldgade und Vester Voldgade in der Nacht am muntersten – Szenebezeichnungen wie ›Minenfeld‹, ›Todesrute‹ und ›Pissrinne‹ sprechen für sich. Hier sind die Oldie-Disco **Woodstock** (Vestergade 12), das 80er-Jahre-Café **Krasnapolsky** (Vestergade 10; Wochenende bis 6 Uhr morgens) und die Kellerkneipe **Universitetscafeen** (Fiolstræde 2), in dem die Zeit irgendwann in den 60ern oder frühen 70ern stehengeblieben ist, altbekannte Größen, an denen sich seit Jahren wenig geändert hat, während rundherum viele Kneipen mit jeder Mode Namen, Outfit und Speisekarte wechseln. Cajun und Australien sind z. B. 1996 ›in‹ (**Souls**; Vestergade 3; **The Australien Bar**, Vestergade 10, Keller).

Rund um den Gråbrødretorv sind so viele Kneipen und Restaurants, daß der ganze Platz im Sommer zu einem einzigen Straßenlokal wird. Ganz Wirtshaus im alten Stil und ein Literatentreff – das Verlagshaus Gyldendal liegt gegenüber – ist die **BoBiBar** (Klæreboderne 14). Um wenige Ecken ist man dann im Café **Sommersko** (Kronprinsensgade 6), dem Urhaus aller Kopenhagener Café-Kneipen. Bier aus aller Welt kann man hier ebenso trinken wie einen exzellenten Cappuccino, den man in Italien kaum besser bekommen dürfte, dazu gibt es Snacks, deftig oder süß. Das Café **Dan Turéll** (St. Regnegade 3–5) ist eine weitere populäre Café-Kneipe in französischem Stil, einst untrennbar mit dem 1993 verstorbenen Enfant Terrible der Kopenhagener Literaturszene Dan Turéll verbunden, heute ein Treff der Jungen und Schönen. Die fühlen sich auch im **Café Victor's** (Ny Østergade 8) wohl, zu dem auch ein Yuppie-Restaurant gehört, in dem man die Austern zum Dom Perignon (gute Jahrgänge ca. 1000 DKK) schlürfen kann.

Von hier ist es nicht weit zum Nyhavn, dessen Sonnenseite sich zu einer einzigen Theke entwickelt hat: Kneipe an Restaurant an Café an Kneipe usw. Hier merkt man an den Preisen, daß eher Touristen als Stammgäste einkehren – die Grenze zum Nepp wird manchmal überschritten.

Kopenhagens Ruhm als Jazz-Metropole hat mit dem Niedergang des Montmartre nach dem Tod des legendären Jazz-Papstes Kay Sørensen etwas gelitten, obwohl sich mit dem **Copenhagen Jazzhouse** (Niels Hemmingsensgade 10) ein solides Nachfolgeprojekt etabliert hat. **Finn Zieglers Hjørne** (Vodroffsvej 24) und das **Jazzhus Slukefter** (im Tivoli) sind ebenfalls Institutionen der Jazz-Szene, wie auch das **La Fontaine** (Kompagnistræde 11), in dem live oder vom Band täglich bis zum frühen Morgen Musik zu hören ist.

Einkaufen: Haupteinkaufszone sind Strøget, Købmagergade und Strædet (s. S. 51ff.). An Strøget besitzt das Edel-Kaufhaus Illum u. a. einen ›Louisiana Shop‹, in dem Plakate des Museums sowie Design-Souvenirs verkauft werden.
Paustian A/S, Kalkbrænderiløbskaj 2 (Industriegebiet Nordhafen), 2100 København, ✆ 31 18 45 11; der beste Querschnitt durch das dänische Möbeldesign, präsentiert in einem ungewöhnlichen Gebäude von Jørn Utzon.
Louise Poulsen, Nyhavn 11, 1001 København K, Designer-Lampen vom Feinsten, darunter natürlich die PH-Klassiker.
2. Wahl-Shop von ›Den Kgl. Porcelainsfabrik‹ Ecke Søndre Fasanvej/Smallegade, Mo–Fr 9.30–16.30, Sa 10–13 Uhr.

Aktivitäten: Stadtwanderungen (englischsprachige Führung) Mai–Aug. Mo–Sa 10.30 Uhr ab i-Büro. Alternative **Stadterkundungen mit dem Rad** unter Führung eines kundigen Guides bietet City Safari, ✆ 31 24 04 07 (ca. 75 DKK/2 Std.); individuelle Stadtrundfahrten auf ausgearbeiteten Routen mit detaillierten Beschreibungen von Bike Danmark (✆ 35 36 41 00, Fax 35 36 42 00), zu buchen u. a. über i-Büros oder die Fahrradverleiher, bei denen auch die Räder übernommen werden: Københavns Cykler im Hauptbahnhof (Bahnsteig 12; ✆ 33 33 86 13) oder Østerport Cykler in der S-Bahn Station Østerport (Oslo Plads 9, ✆ 33 33 85 13), Mo–Fr 8–18 und Sa 9–13 Uhr.
Kostenloser Fahrradverleih: ›Free City Bikes‹ – An ca. 125 Fahrradständern im Zentrum kann man – Prinzip Einkaufswagen – gegen eine 20-Kronen-Münze ein Fahrrad entnehmen und innerhalb des Zentrums benutzen. Stellt man es an einem Stand ab, erhält man die Münze zurück. Das System, das in den letzten Jahren Probleme bereitete, wird immer mehr verfeinert, u. a. gilt jetzt die Benutzung der Räder außerhalb des erlaubten Innenstadtbereichs (Pläne an jedem Stand) als Straftat!
Hafenrundfahrten: Konkurrierende Firmen auf ähnlichen Linien ab Gammel Strand und Nyhavn. Einige Boote können als Wasserbusse zum Besuch verschiedener Sehenswürdigkeiten mit einem preiswerten Tagesticket benutzt werden.

Sehenswürdigkeiten: Amalienborg (Schloß), Wachwechsel um 12 Uhr; großer bei Anwesenheit der Königin, sonst gibt es nur eine *light*-Version; zuvor Marsch der Garde durch die Innenstadt, Rosenborg Kaserne ab

11.30 Uhr. **Christian-VIII.-Palæ**
(Glücksburger-Museum);
✆ 33 12 21 86); tgl. 11–16 Uhr; Herbst
und Winter Mo geschl.

Arbejdermuseet (Arbeitermuseum),
Rømersgade 22, ✆ 33 12 01 52;
Juli–Okt. tgl. 10–17 Uhr, sonst Di–Fr
10–15 und Sa, So 11–16 Uhr.

Botanisk Have (Botanischer Garten),
Gothersgade/Østervoldgade,
✆ 35 32 22 40; Palmenhaus tgl. 10–15
Uhr, Freigelände tgl. ab 8.30 Uhr, je
nach Jahreszeit bis 16 oder 18 Uhr.

Carlsberg (Brauereibesichtigung mit
Produktprobe), am Elefantentor, Ny
Carlsbergvej 140, ✆ 33 27 13 14; Mo–Fr
11 und 14 Uhr.

Charlottenborg (Ausstellungsgebäude), Nyhavn 2, ✆ 33 13 40 22; während der Ausstellungen tgl. 10–17, Do
auch bis 19 Uhr.

Christiania, Führungen im Sommer
tgl. sonst Sa u. So 15 Uhr ab Eingang
Prinsessegade.

Christiansborg (Schloß, Parlament)
– Absalons Burg (Fundamente),
✆ 33 92 64 92; tgl. 9.30–15.30 Uhr;
Okt.–April Mo u. Sa geschl.
– Folketing (Parlament),
✆ 33 37 55 00; Führungen Juli/Aug. tgl.
außer Sa 10–16 Uhr jede volle Std.,
sonst nur So 10, 11, 13, 14, 15 u. 16 Uhr.
– Karretmuseum, Christiansborg Ridebane 12, ✆ 33 40 10 10; Mai–Sept.
Fr–So, sonst Sa, So 14–16 Uhr.
– Königliche Repräsentationsgemä-
cher, Führungen auf deutsch Juli–Aug.
11, 13 u. 15 Uhr.
– Teatermuseum, Christiansborg Ridebane 18, ✆ 33 11 51 76; Mi 14–16, Sa,
So 12–16 Uhr

Den Kongelige Afstøbningssamling
(Königliche Abgußsammlung), Toldbodgade 40 (Hafenpromenade),
✆ 33 91 21 26; Mi, Sa, So ab 1997 Di–So
13–17 Uhr.

Frihedsmuseum (Widerstandsmu-
seum), Churchillparken, ✆ 33 13 77 14;
Mai–Mitte Sept. Di–So 10–16, sonst
11–15 Uhr.

**Gammel Dok – Dansk Arkitektur
Center**, Strandgade 27B,
✆ 31 57 19 30; tgl. 10–17 Uhr.

**Guinness World of Records Mu-
seum**, Østergade 16, ✆ 33 32 31 31;
Juni–Aug. tgl. 10–22 Uhr, sonst 10–18
Uhr.

Hirschsprungske Samling, Den,
Stockholmsgade 20, ✆ 31 42 03 36; tgl.
außer Di 11–16, Mi auch bis 21 Uhr.

Kunstindustrimuseum, Bredgade 68,
✆ 33 14 94 52; Di–Sa 10–16, So 13–16
Uhr.

Københavns Bymuseum (Stadtmuseum), Vesterbrogade 59,
✆ 31 21 07 72; Mai–Sept. Di–So 10–16,
sonst Di–So 13–16 Uhr.

Louis Tussauds Wax Museum, H. C.
Andersen Boulevard 22, ✆ 33 11 89 00;
Mai–Mitte Sept. tgl. 10–23, sonst tgl.
10–18 Uhr.

Museum Erotica, Købmagergade 24,
✆ 33 12 03 11; Mai–Sept. 10–23, sonst
11–20 Uhr.

Nationalmuseum, Ny Vestergade 10,
✆ 33 13 44 11; Di–So 10–17 Uhr.

Nikolaj Kirke (Ausstellungsgebäude),
Nikolaj Plads, ✆ 33 93 16 26; tgl. 12–17
Uhr.

Ny Carlsberg Glyptotek, Dantes
Plads 7, ✆ 33 41 81 41; Mai–Aug. Di–So
10–16, sonst 10–15 Uhr.

Orlogsmuseet (Marinemuseum),
Overgaden oven Vandet 58 A,
✆ 31 54 63 63; Di–So 12–16 Uhr.

Ripley's Believe it or not Museum,
Rådhuspladsen 57, ✆ 33 91 89 91; tgl.
10–22 Uhr.

Rosenborg Slot (Schloß, Kronjuwe-
len), Østervoldgade 4A, ✆ 33 15 32 86;
April–Okt. tgl. 11–15, Juni–Aug. 10–16
Uhr, sonst kürzere Öffnungszeiten,

unterschiedlich für Schloß und Schatz-
kammer.
Rundetårn (Runder Turm),
Købmagergade 52A, ✆ 33 93 66 60,
Juni–Aug. tgl. 10–20 Uhr, sonst tgl.
10–17 Uhr, Di, Mi je nach Wetterlage
Observatorium 19–22 Uhr.
Statens Museum for Kunst (Natio-
nalgalerie), Sølvgade 48, ✆ 33 91 21 96;
1996 und ab Wiedereröffnung Sommer
1998 Di–So 10–16.30, Mi bis 21 Uhr.
1997 bis Sommer 1998 wegen Umbau
geschlossen.
Thorvaldsens Museum, Porthusgade
2, ✆ 33 32 15 32; tgl. außer Mo 10–17
Uhr.
Tivoli, Vesterbrogade 3 und andere
Eingänge, ✆ 33 15 10 01; Mai–Mitte
Sept. tgl. 11–24 Uhr.
Tivoli Museum, H. C. Andersen Boule-
vard 22, ✆ 33 15 10 01; Tivolisaison tgl.
10–22 Uhr, sonst Di–Fr 10–16 Uhr.
Tycho Brahe Planetarium, Gl. Kon-
gevej 10, ✆ 33 12 12 24; tgl. 10.30–21
Uhr.
Tøjhusmuseet (Zeughausmuseum),
Tøjhusgade 3, ✆ 33 11 60 37; Di–So
10–16 Uhr.
Zoo København, Roskildevej 32,
✆ 36 30 20 01; tgl. ab 9 Uhr, je nach
Jahreszeit bis 16, 17 oder 18 Uhr.
Umgebung
Amagermuseet, Hovedgaden 4 & 12,
St. Magleby, 2791 Dragør,
✆ 32 53 02 50; April–Sept. Di–So, sonst
Mi, So 12–16 Uhr.
**Arken – Museum for Modern
Kunst**, Skovvej 42, Ishøj Strandpark,
2635 Ishøj, Mai–Sept. Di–So 10–18,
sonst 10–17, Mi bis 22 Uhr.
Bakken, Dyrehavensbakken, 2930
Klampenborg, ✆ 39 63 73 00;
April–Aug. tgl. 14–24 Uhr.
**Bredemuseet (Nationalmuseum in
Brede)**, I. C. Modewegsvej, Brede, 2800
Lyngby, ✆ 45 85 34 75; (gemeinsame

Eintrittskarte mit Frilandsmuseet,
s. unten) April–Okt. tgl. außer Mo 10–17
Uhr, sonst Di–Fr 10–15, Sa u. So 12–17
Uhr.
Danmarks Akvarium, 2920 Charlot-
tenlund, ✆ 39 62 32 83; März–Okt. tgl.
10–18, sonst Mo–Fr 10–16, Sa, So 10–17
Uhr.
Dragør Museum, Havnepladsen 2–4,
2791 Dragør, ✆ 32 53 41 06; Mai–Sept.
Di–Fr 14–17, Sa, So 12–18 Uhr.
Experimentarium, Tuborg Havnevej
7, 2900 Hellerup, ✆ 39 27 33 33; Mo, Mi
u. Fr 9–18 Uhr, Di u. Do 9–21 Uhr, Sa u.
So 11–18 Uhr.
Frilandsmuseet, Freilichtmuseum
Sorgenfri, Kongevejen 100, 2800
Lyngby, ✆ 45 85 02 92; März–Sept. tgl.
außer Mo 10–17, sonst tgl. außer Mo
10–16 Uhr.
Gl. Holtegaard, Attemosevej 170, 2840
Holte, ✆ 46 80 63 63; Di–Fr 12–16, Sa,
So 12–17 Uhr.
Jagt- og Skovbrugsmuseet (Jagd-
und Forstmuseum), Folehavevej 15–17,
2970 Hørsholm, ✆ 42 86 05 72;
Feb.–Nov. Di–So 10–16 Uhr.
Karen Blixen Museum, Rungsted-
lund, Rungsted Kystevej 111, 2960
Rungsted Kyst, ✆ 42 57 10 57;
Mai–Sept. tgl. 10–17, sonst Mi–So
13–16 Uhr.
KTAS Telefonmuseum,, Svanemølle-
vej 112A, 2900 Hellerup,
✆ 33 99 40 50; Di, Mi 10–16, So 13–15
Uhr.
Louisiana s. Humlebæk.
Mindelunden i Ryvangen, Tuborgvej,
2900 Hellerup, ✆ 31 62 14 67; tgl. 10
Uhr bis ca. Einbruch der Dunkelheit.
Nivågårds Malerisamling, Gammel
Strandvej 2, 2990 Nivå, ✆ 42 24 10 17;
Di–Fr 12–16, Sa, So 11–17 Uhr.
Ordrupgaard, Vilvordevej 110, 2920
Charlottenlund, ✆ 39 64 11 83; Di–So
13–17 Uhr.

Sophienholm, Nybrovej 401, 2800 Lyngby, ✆ 45 88 40 07; während Ausstellungen Di–So 11–18 Uhr.

 Stadt-/Regionalverkehr: Dichtes Liniennetz Busse, S-Bahn, Privatbahnen mit häufiger Frequenz 5–0.30 Uhr und eingeschränkter Nachtbusverkehr 0.30–4.30 Uhr. In weiten Teilen Nord- und Ostseelands sind alle öffentlichen Verkehrsmittel zu einem Tarifverbund zusammengeschlossen. Von der Kattegatküste im Norden bis südlich Roskilde und Køge kann man bequem und preiswert mit einem Ticket reisen (10–35 DKK); Ermäßigungen durch Mehrfach- und Zeitkarten. Erhöhtes Fahrgeld für Schwarzfahrer 500 DKK.

Die ›Copenhagen Card‹ bietet freie Fahrt in allen Bussen und Bahnen im Hauptstadtbereich sowie freien oder ermäßigten Eintritt zu rund 60 Museen der Region und Rabatte bei Überfahrten nach Schweden (1, 2 oder 3 Tage für 140–295 DKK). Das Øresund Rundt Ticket erlaubt eine Rundreise Kopenhagen–Malmö–Helsingborg–Helsingør–Kopenhagen (max. 2 Tage, 125 DKK).

Fernverkehr: Verbindungen in alle Teile Dänemarks sowie nach Deutschland und in die skandinavischen Länder ab Hauptbahnhof. Richtung Süden und Westen halten alle Züge auch in Høje Tåstrup, Richtung Helsingør auch in Nørreport und Østerport; an den genannten Stationen Übergang auf S-Bahn. Ab 1998 enden zahlreiche Fernzüge am dann eröffneten Flughafenbahnhof.

 Flughafen: Kastrup Flughafenbus ca. 20 Min. ab Tivoliseite alle 10–15 Min.; ab 1998 auch Bahnanschluß. Taxi Innenstadt–Flughafen ca. 120 DKK.

 Schiff: Verschiedene Schnellboote ab Havnegade nach Malmö u. a. Pilen ✆ 33 32 12 60; Flyvebådene ✆ 33 12 80 88; nach Hven ✆ 33 14 13 54.

Taxi: Verschiedene Zentralen, u. a. København Taxa ✆ 31 35 35 35 oder Øbro Taxi ✆ 31 51 51 51.

Korsør (VsA)

(inkl. 4200 Slagelse, 4230 Skælskør)

Information: Turistbureau, Nygade 7, 4220 Korsør, ✆ 53 57 08 03, Fax 53 57 00 21; Turistbureau, Vestergade 1, 4230 Skælskør, ✆ 53 59 53 74, Fax 53 59 69 90; Turistbureau, 4200 Slagelse, ✆ 53 52 22 06, Fax 53 52 86 87.

Unterkunft: ***–***** **Tårnborg Parkhotel**, Ørnumvej 6, ✆ 58 35 01 10; Fax 58 35 01 20; das moderne, sehr gut ausgestattete Tagungs- und Golfhotel am grünen Rand der Stadt erinnert an eine barocke Schloßanlage.
*****Hotel Kong Frederik**, Idagårdsvej 3, 4200 Slagelse, ✆ 53 53 03 22, Fax 53 53 46 22; Stadthotel, günstig gelegen für Rundreisende.
***Korsør Vandrerhjem ›Svalegården‹**, Tovesvej 30 F, ✆ 53 57 10 22, Fax 58 35 68 70; gut ausgestattete Herberge mit 20 Familienzimmern, ebenfalls Golferangebote.

 Sehenswürdigkeiten: Korsør By og Overfartsmuseum, Søbatteriet, ✆ 53 57 47 55; Di–So 10–16 Uhr.
Storebælt Udstillingscenter, Storebæltvej 88 (neben dem Fähranle-

ger Halsskov; später neben der Maut-
stelle an der Brückenzufahrt),
✆ 58 35 01 00; Mai–Sept. 10–20, sonst
Di–So 10–17 Uhr.
Trelleborg (Wikingerburg mit Wikin-
germuseum), Trelleborg Allé, Hejninge,
4200 Slagelse, ✆ 53 54 95 06; tgl. 10–17
Uhr.

 **Verkehrsverbindungen:**
Bahnhof an der Hauptlinie
Kopenhagen–Jütland; Schiffsverbin-
dungen nach Fünen und Langeland.

Kruså (SøA)

 Information: Turistbureau,
Flensborgvej 11, 6340 Kruså, ✆
74 67 21 71, Fax 74 67 14 67.

 **Unterkunft/Restaurant:**
****Fakkelgaarden,
Fjordvejen 44, 6340 Kruså-Kollund,
✆ 74 67 83 00, Fax 74 67 83 63; das
Gebäude mit Traumblick auf die Flensburger Förde entstand 1934 als ›Grenz-
heim‹, mit dem Ziel, skandinavischen
Jugendlichen die dänisch-deutsche
Grenzlandproblematik näherzubringen,
in den frühen 90er Jahren wurde es für
zahlungskräftigere Gäste luxussaniert,
Top-Gastronomie der dänisch-französi-
schen Art.

 **Sehenswürdigkeit: Frøs-
levlejrens Museer,** Lejervejen,
✆ 74 67 36 26; die verschiedenen Ausstellungen haben unterschiedliche Öffnungszeiten, in der Regel sind aber alle
von Mai–Okt. tgl. 9–16 Uhr geöffnet.

Kværndrup (FyA)

 **Sehenswürdigkeit: Egeskov
Slot** (Schloß), Egeskovgade 18,
5772 Kværndrup, ✆ 62 27 10 16;

Mai–Sept. tgl. 10–17, Juni–Aug. auch
9–18 Uhr.

Køge (RoA)

 Information: Turistbureau,
Vestergade 1, 4600 Køge,
✆ 53 65 58 00, Fax 53 65 59 84.

 Unterkunft: ***–****Niels
Juel, Toldbodvej 20, 4600 Køge,
✆ 56 63 18 00; ein neues Hotel im Stil
eines alten Packhauses am Hafen in
zentraler Lage mit gutem Restaurant
›Quintus‹.

 Restaurant: Vallø Slotskro,
Slotsgade 1, neben Schloß Vallø
bei Køge, ✆ 56 26 70 20; man ißt ausgezeichnet und nicht überteuert in gedie-
gener Landhausatmosphäre mit Blick
auf Schloß Vallø.

 **Sehenswürdigkeiten:
Kunstmuseet Køge Skitse-
samling,** Nørregade 29, ✆ 56 63 34 34;
Di–So 11–17 Uhr.
Køge Museum, Nørregade 4,
✆ 53 65 02 62; Juni–Aug. tgl. 10–17,
sonst tgl. 14–17 Uhr.

 Verkehrsverbindungen: Bahnhof S- und Regionalbahn, Tarifverbund Hauptstadtbereich.

Insel Langeland (FyA)

(inkl. 5932 Humble, 5900 Rudkøbing,
5953 Tranekær und Insel Strynø)

 Information: Langeland Turist-
bureau, Torvet 5, 5900
Rudkøbing, ✆ 62 51 35 05,
Fax 62 51 32 35.

Unterkunft: ***Skudehavn, Havnegade 21, 5900 Rudkøbing, ✆ 62 51 46 00; Hotel- und Apartmentkomplex nahe dem Hafen im Hauptort von Langeland mit eigener Marina, Badeland und solidem Restaurant.
**Humble Hotel, Ristingevej 2, 5932 Humble, ✆ 62 57 11 34; Dorfhotel im Süden Langelands.

Restaurants: Tingstedet, Østergade 16, 5900 Rudkøbing, ✆ 62 51 22 44; der Innenhof eines alten Fachwerkhauses wandelt sich im Laufe des Tages vom urgemütlichen Café mit angeschlossenem Trödelladen zur quicklebendigen Musikkneipe – traumhaft bei schönem Wetter: die Küche ist ›alternativ‹, mit einer Stärke für leckere Kleinigkeiten.
Strynø Kro, Insel Strynø, ✆ 62 51 53 00; das ist der Kro mit dem Aal!

Aktivitäten: Angelfahrten mit verschiedenen Kuttern ab Spodsbjerg oder Lohals, u. a. ✆ 62 56 19 53 (Hansen Fiskeservice), ✆ 62 50 10 64 (H. C. Kuttercharter), ✆ 62 55 17 00 (Ole Dehn). Kulturelle Highlights in der Provinz bieten seit Jahren die hervorragend besetzten Klassikkonzerte in der Stoense Kirche im Norden von Langeland. Karten und Programm unter anderem über das i-Büro.

Sehenswürdigkeit: Skovsgård, Hennetved, Lindelse, ✆ 62 51 13 47; Mitte Mai–Sept. Mo–Fr 10–17, So 13–17 Uhr.
Tranekær Slotsmuseum und Tranekær Slotsmølle (Schloßmühle), Slotsgade, 5953 Tranekær, ✆ 62 51 13 47; Mitte Mai–Sept. Mo–Fr 10–17, So 13–17 Uhr

Verkehrsverbindungen: Fähren Rudkøbing–Strynø (35 Min., bis 9 × tgl., ✆ 62 51 53 12), Rudkøbing–Marstal auf Ærø (1 Std., bis 6 × tgl., ✆ 62 52 40 00), Spodsbjerg–Tårs (45 Min., 1–2 × stdl., ✆ 62 50 10 22 u. 53 93 13 03) und Bagenkop–Kiel (2 Std. 30 Min., in Deutschland ✆ 04 31-97 41 50, in DK 62 56 14 00).

Lejre (RoA)

s. Roskilde

Lemvig (RnA)

 Information: Turistbureau, Toldbodgade 4, 7620 Lemvig, ✆ 97 82 00 77, Fax 97 81 04 39.

Aktivitäten: Wanderung über den Planetenweg, Beschreibung beim i-Büro.

Lyngby (KøA)

s. Kopenhagen

Insel Læsø (NoA)

 Information: Turistinformation, Færgeterminalen, 9940 Vesterø Havn, ✆ 98 49 92 42, Fax 98 49 92 83.

Unterkunft: ***Nygaard, Østerbyvejen, 9940 Byrum, ✆ 98 49 16 66; rustikaler Gasthof im Inselhauptort Byrum.
*Læsø Vandrerhjem, Lærkevej 6, 9950 Vesterø Havn, ✆ 98 49 91 95, Fax 98 49 91 60, einzige Inselherberge nahe Fähranleger und Strand, mit vielen Familienzimmern.

Sehenswürdigkeit: Museums-gården, Museumsvej 3,
✆ 98 49 15 29; Ostern–Ende Herbst-ferien tgl 12–16 Uhr, Mitte Juni–Ende Aug. 10–17 Uhr.
Søfarts- og Fiskerimuseet (Fischerei und Seefahrt), Vesterø Havnegade 5,
✆ 98 49 94 97; Mitte Mai bis Ende Herbstferien tgl. 13–15 Uhr, Mitte Juni–Mitte Aug. 13–16 Uhr.

 Verkehrsverbindung: Fähren nach Frederikshavn (1 Std. 30 Min., bis 4 × tgl., ✆ 98 49 90 22 u. 98 42 29 49).

Løkken (NoA)

 **Information:** Turistbureau, 9480 Løkken, ✆ 98 99 10 09, Fax 98 99 11 59.

Camping: Dänemarks Camping-Metropole mit 12 Plätzen im Ort und der näheren Umgebung.

Nachtleben: Zwischen dem Zentrum und Strand findet man viel für den Geschmack des Publikums, das hier Urlaub macht.

Sehenswürdigkeit: Børglum Kloster og Kirke (Ex-Bischofs-sitz), Børglum, ✆ 98 99 42 81, Mai–Sept. tgl. 10–18 Uhr.
Løkken Museum, Nørregade 12,
✆ 98 99 18 47; Juni–Aug. Mo–Fr 10–16, So 14–17 Uhr.

Mandø (RbA)

Information: inkl. Buchung von Ferienhäusern und Camping über den örtlichen Lebensmittelladen Mandø Brugsforening, Mandø Byvej 1, 6760 Ribe-Mandø, ✆ 75 44 51 02.

 **Unterkunft/Restaurant:**
**Mandø Center, Vester-vej 1,✆ 75 44 53 54, Fax 75 44 53 58; modernes Insel-Center mit kleinem Re-staurant im Cafeteria-Stil, auch Zimmer.
*Mandø Kro, Mandø Byvej 26,
✆ 75 44 60 83, Fax 75 19 80 83; einfa-cher, aber gemütlicher Inselkro.

 Sehenswürdigkeit: Mandø-Huset (Inselmuseum), Sdr. Strandvej 6A; ca. 45 Min. vor Rückfahrt des Mandø Bus zum Festland. Ausstel-lung über Watt, Gezeiten und Sturmflu-ten im Mandø Center (s. Unterkunft).

 Verkehrsverbindung: Mandø Bus, Fahrplan tidenabhängig, Infos ✆ 75 44 51 07, 30 73 90 33.

Maribo (StA)

Information: Turistbureau, Det gamle Rådhus, Torvet, 4930 Ma-ribo, ✆ 53 88 04 96, Fax 53 88 01 96.

Unterkunft: ***–****Hotel Hvide Hus, Vestergade, 4930 Maribo, ✆ 53 88 10 11, Fax 53 88 05 22; das moderne Hotel liegt im Grünen di-rekt an den Seen von Maribo.

 Sehenswürdigkeit: Knuthen-borg Safaripark, 4941 Bandholm, ✆ 53 88 80 88; Mai–Ende Sept. und dä-nische Herbstferien 9–17 Uhr.

Verkehrsverbindungen: Bahn-hof Privatbahn; Oldtimerbahn im Sommer nach Bandholm.

Middelfart (FyA)

Information: Turistbureau, Havnegade 10, 5500 Middelfart, ✆ 64 41 17 88, Fax 64 41 17 88.

Unterkunft: *******Hindsgavl Slot,** Hindsgavl Alle 7, 5500 Middelfahrt, ✆ 64 41 88 00, Fax 64 41 88 11; Schloßhotel im Grünen nahe dem Kleinen Belt westlich der Stadt.

 Sehenswürdigkeiten: Keramikmuseet Grimmerhus, Kongebrovej 42, ✆ 62 41 47 98, Di–So 11–17 Uhr.
Middelfart Museum, Brogade 8, ✆ 64 41 47 41; Juni–Aug. tgl 11–17 Uhr.

 Verkehrsverbindungen: Bahnstation an der Hauptstrecke Seeland–Jütland.

Insel Mors (ViA)

(inkl. 7900 Nykøbing Mors)

Information: Turistbureau, Havnen 4, 7900 Nykøbing Mors, ✆ 97 72 04 88, Fax 97 72 55 82.

Unterkunft: *****Sallingsund Færgekro,** Sallingsundvej 104, ✆ 97 72 00 88, Fax 97 72 25 40; traditionsreicher Kro mit modernen Zimmern am alten Fährübergang, heute direkt an der modernen Brücke zum Festland.
***Nykøbing Mors Vandrerhjem,** Østerstrand, ✆ 97 72 06 17; die Herberge mit über 20 Familienzimmern liegt direkt am Ufer des Limfjord wunderschön auf einer Landzunge.

Sehenswürdigkeiten: Jesperhus (Blumen- und Freizeitpark), Legindvej 13, ✆ 97 72 37 01; Mai–Sept. tgl. 10–17, Hochsaison bis 20 Uhr.
Morsø Frilandmuseum, Glomstrup, Glomstrupvej 38, 7970 Redsted Mors, ✆ 97 76 22 12; Ende Juni–Anfang Aug.

tgl. 13–20 Uhr, Rest Aug. Mo–Fr 13–17 Uhr.
Molermuseum, Skarrehagevej 8, Hesselbjerg, ✆ 97 75 17 16; Mai–Okt. tgl. mindestens 10–16 Uhr.

 Verkehrsverbindungen: Kleinfähren nach Thy: Feggesund und Næssund (5 Min., halbstdl.).

Møgeltønder (SøA)

s. Tønder

Insel Møn (StA)

 Information: Turistbureau, Storegade 2, 4780 Stege, ✆ 55 81 44 11, Fax 55 81 48 46.

Unterkunft: ***–******Liselund Slot,** Langebjergvej 6, 4791 Borre, ✆ 55 81 20 81; Fax 55 81 21 91; die Anfang der 90er Jahre zum Hotel umgebaute ehemalige Herrschaftsvilla steht nur wenige Schritte vom einstigen königlichen Lustschloß Liselund entfernt in einer traumhaften Parklandschaft über den Kreideklippen von Møn – Schöner Wohnen im wahrsten Sinne.
****Præstekilde Kro & Hotel,** Klintevej 116, 4780 S.-Keldby, ✆ 55 81 34 43, Fax 55 81 36 34, zentral auf Møn, östlich von Stege gelegener, gut ausgestatteter Kro.
***Møns Klint Vandrerhjem,** Langebjergvej 1, 4791 Borre, ✆ 55 81 20 30, Fax 55 81 28 18; die einfache Herberge in einem ehemaligen Hotel liegt an der Zufahrt zu den Kreideklippen und besitzt 31 Familienzimmer.

 Verkehrsverbindung: Busverbindungen u. a. mit Vordingborg Bahnhof.

Nivå (FbA)

s. Kopenhagen

Nyborg (FyA)

Information: Turistbureau, Torvet 9, 5800 Nyborg, ✆ 65 31 02 80, Fax 65 31 03 80.

Unterkunft: *****Hotel Hesselet, Christianslundvej 119, 5800 Nyborg, ✆ 65 31 30 29, Fax 65 31 29 58; im Stil der 60er gebaut zählt das Hesselet zu Dänemarks besten Hotels, sehr elegant eingerichtet, direkt am Großen Belt gelegen, mit Blick auf die neue Brücke – hier wohnen gewöhnlich Staatsgäste.
***Hotel Nyborg Strand, Østersøvej 2, 5800 Nyborg, ✆ 65 31 31 31, 65 31 37 01; das Kongreßhotel mit viel moderner Kunst in den Räumen und den Außenanlagen liegt gleich nebenan, ebenfalls direkt am Großen Belt und versucht im Sommer seine Kapazitäten mit günstigen Angeboten zu füllen.
*Nyborg Vandrerhjem, Havnegade 28, 5800 Nyborg, ✆ 65 31 27 04, Fax 65 30 26 04; ein zum Aussichtsturm umgebauter Silo ist Markenzeichen dieser Jugendherberge, in der alle Zimmer Dusche und WC haben.

Restaurants: Das Restaurant im Hotel **Hesselet** (s. o.) hat Gourmet-Qualitäten.
Restaurant Hesselhuset, Skræddergyden 34, ✆ 65 31 24 48, gutbürgerliches Ausflugslokal in Strandnähe.

 Einkaufen: Herregården Hindemae, an Straße 315 bei 5540

Ullerslev (8 km westlich Nyborg nahe E 20), ✆ 65 35 22 05; Edel-Antiquitäten Shop in einem Gutshof von 1787, ganzjährig Di–So 11–17 Uhr (Nichtkäufer Eintritt!).

 **Sehenswürdigkeiten: Mads Lerches Gård,** Slotsgade 11, ✆ 65 31 02 07; März–Mai und Sept.–Okt. Di–So 10–15 Uhr, Juni–Aug. tgl. 10–17 Uhr.
Nyborg Slot, ✆ 65 31 02 07; März–Mai und Sept.–Okt. Di–So 10–15 Uhr, Juni–Aug. tgl. 10–17 Uhr.

 Verkehrsverbindungen: Bahnstation Hauptstrecke Kopenhagen–Jütland, Fährverbindungen nach Korsør (1 Std. 10 Min., 1 × stdl., ✆ 53 57 02 04) und nach Halsskov ab Knudshoved (1 Std., 1–2 × stdl., ✆ 33 15 15 15).

Nykøbing Falster (StA)

Information: Turistbureau, Østergågade 7, 4800 Nykøbing F, ✆ 54 85 13 03, Fax 54 85 10 05.

Unterkunft: ***Hotel Falster, Skovalléen, ✆ 54 85 93 93, Fax 54 82 21 99; modernes Hotel, verkehrsgünstig an der Ausfallstraße nach Norden gelegen.
*Nykøbing Vandrerhjem, Østre Allé 110, ✆ 54 85 66 99, Fax 54 82 32 42; Herberge im Grünen mit ca. 2 Dutzend Familienzimmern.

Restaurant: Czarens Hus, Langgade 2, 4800 Nykøbing F, ✆ 54 85 28 29; das Haus mit dem historischen Flair erlebte seinen größten Moment, als 1716 Zar Peter plötzlich in der Schankstube stand und Kost und Logis verlangte. Was er serviert bekam, ist

nicht überliefert, heute wird hier jeden-
falls gut, solide und dänisch gekocht.

 **Sehenswürdigkeit:
Middelaldercentret,** Ved Ham-
borgskoven, Sundby (Lolland-Ufer),
✆ 54 86 19 34; Mitte Mai–Sept. Di–So
10–16 Uhr.

 Verkehrsverbindungen: Bahnhof an der Vogelfluglinie Hamburg–Kopenhagen.

Nykøbing Sjælland (VsA)

s. Odsherred

Nysted (StA)

 Information: Turistbureau,
Adelgade 65, 4880 Nysted,
✆ 53 87 19 85, Fax 53 87 19 60.

 Sehenswürdigkeiten: Über
Öffnungszeiten des Wolfs-
zentrums und des Oldtimermuseums
sowie über mögliche Aktivitäten auf
Schloß Ålholm informiert das i-Büro.

Næstved (StA)

 Information: Turistbureau,
Det Gule Pakhus, Havnen 1,
4700 Næstved, ✆ 53 72 11 22,
Fax 53 72 16 67.

 Unterkunft: ***Hotel Kir-
stine, Købmagergade 20,
4700 Næstved, ✆ 55 77 47 00,
Fax 53 72 11 53; romantisches, gemütliches Hotel mit viel Atmosphäre im Zentrum.
***Mogenstrup Kro, Mogenstrup,
4700 Næstved, ✆ 53 76 11 30,
Fax 53 76 11 20; zum Hotel aufgestylter,

traditionsreicher Kro nahe der
E 45/E 55 (Abfahrt 39), sehr komfortabel
ausgestattet.

 Einkaufen: Glas-Shop – auch
preiswerte 2. Wahl – des ›Holmgaard‹-Glaswerks in Fensmark (nordöstlich Næstved); Mo–Do 9.30–13,
Fr 9.30–12 Uhr.

 Aktivitäten: Kanutouren auf
der Suså, Kanuverleih: **Suså Ka-
noudlejning,** Næsbyholm Allé 6, 4171
Glumsø, ✆ 53 64 61 44.

 **Sehenswürdigkeiten: Næst-
ved Museum Helligåndhuset,**
Ringstedgade 5, und **Næstved
Museum Boderne,** Sct. Peders
Kirkeplads, ✆ 55 77 08 11, Di–So 10–16
Uhr.
Gavnø Slot og Park, Schloß Gavnø,
✆ 53 80 02 00; Mai–Aug. tgl. 10–16 Uhr.

 Verkehrsverbindungen: Bahnhof an der Hauptstrecke Hamburg–Kopenhagen.

Odense (FyA)

(inkl. 5492 Vissenbjerg)

 Information: Turistbureau,
Rådhuset, 5000 Odense (Rat-
haus; Seite Vestergade), ✆ 66 12 75 20,
Fax 66 12 75 86.

 Unterkunft: ****Radisson
SAS H. C. Andersen, Claus
Bergs Gade 7, ✆ 66 14 78 00,
Fax 66 14 78 90; das moderne Kongreß-
hotel nahe dem idyllischen H. C.
Andersen Viertel besitzt das einzige
Kasino auf Fünen.
–*Odense Plaza Hotel, Østre
Stationsvej 24, ✆ 66 11 77 45,

Fax 66 14 41 45; das Traditionshotel mit gutem Restaurant liegt nahe Bahnhof, Schloß, Schloßpark und Kunsthalle; Freunde alter Technik sollten schon wegen des Aufzugs hier Quartier nehmen.

***Hotel Knudsen Gaard,** Hunderup-gade 2, 5230 Odense M, ✆ 66 11 42 13, Fax 65 91 15 13; am Südrand der Stadt in einem alten Herrensitz mit gutem Restaurant; Zimmer im Apartment-Stil in den Wirtschaftsgebäuden mit Zugang vom Hof.

***Scandic Hotel Odense,** Hvidkærvej 25, 5250 Odense SV, ✆ 66 17 66 66, Fax 66 17 25 53; das moderne Hotel liegt besonders verkehrsgünstig für die Erkundung der Insel Fünen am Südrand der Stadt in der Nähe der Autobahnabfahrt Odense SV.

*Odense Danhostel,** Kragsbergvej 121, 5230 Odense M, ✆ 45 66 13 04 25, Fax 65 91 28 63; die großzügig angelegte Top-Herberge ist in einem ehemaligen Herrensitz untergebracht.

⫙ Restaurants: Restaurant Marie Louise, Lottrups Gaard, Vestergade 70–72, ✆ 66 17 92 95 (Tischbestellung erforderlich; So und feiertags geschlossen); herausragende, französisch inspirierte Küche, in stilvollem Ambiente serviert – eines der besten dänischen Restaurants, in dem die Preise, für das, was geboten wird, durchaus günstig sind.

Brandt's Restaurant, Brandts Passage 35, ✆ 66 14 00 49; meist von jüngerem Publikum frequentiertes Restaurant mit ausgezeichneter Küche im Kulturzentrum Brandts Klædefabrik.

👁 Sehenswürdigkeiten: Brandts Klædefabrik, Brandts Passage, mit Kunsthallen (✆ 66 13 78 97), Museet

for Fotokunst (✆ 66 13 78 16), Danmarks Grafiske Museum/Pressemuseum (✆ 66 12 10 20), Tidens Samling (✆ 65 91 19 42); alle Di–So 10–17 Uhr, Juli–Aug. auch Mo.

Carl Nielsen Museum, Claus Bergs Gade 11, ✆ 66 13 13 72, tgl. 10–16 Uhr.

Den Fynske Landsby, Sejersskovvej 20, ✆ 66 13 13 72; April–Ende Herbstferien 10–17, Mitte Juni–Mitte Sept. bis 19 Uhr, sonst nur So 10–15 Uhr.

DSB Jernbanemuseum, Dannebrogs-gade 24, ✆ 66 13 66 30; tgl. 10–16 Uhr.

Egeskov Slot, s. Kværndrup.

Fyns Aquarium, Roldvej 53, 5492 Vissenbjerg; tgl. 10–18, Saison bis 19 Uhr.

Fyns Kunstmuseum, Jernbanegade 13, ✆ 66 12 12 72; tgl. 10–16 Uhr.

H. C. Andersens Barndomshjem, Munkemøllestræde 3–5, ✆ 66 13 13 72; tgl. 11–15 Uhr, Juni–Aug. 10–17 Uhr.

H. C. Andersen Hus, Hans Jensens Stræde 37–45, ✆ 66 13 13 72; tgl. 10–16 Uhr, Juni–Aug. 9–18 Uhr.

Museumscenter Hollufgård, ✆ 66 13 13 72; Mai–Okt. Di–So 10–17 Uhr.

Møntergården, Overgade 48, ✆ 66 13 13 72; tgl. 10–16 Uhr.

Terrariet Vissenbjerg, Kirke Helle 5, 5492 Vissenbjerg, ✆ 64 47 18 50; tgl. 10–16 Uhr, Sommer bis 18 Uhr.

🚆🛪 Verkehrsverbindungen: Odense liegt an der Autobahn- und Eisenbahnlinie Kopenhagen–Jütland; nach Fertigstellung der festen Verbindung über den Großen Belt wird die Bahn noch knapp 80 Minuten bis Kopenhagen brauchen, angestrebt sind Fahrzeiten von unter einer Stunde. Regionalbahn nach Svendborg, Busse in alle Orte auf Fünen sowie nach Tåsinge und Langeland. Flughafen 15 km nördlich.

Odsherred (Halbinsel) (VsA)

(inkl. 4500 Nykøbing Sjælland,
4534 Høvre, 4583 Sjællands Odde,
4573 Højby, 4592 Sejerø)

 Information: Turistbureau,
Team Odsherred, Svanestræde
9, 4500 Nykøbing S, ✆ 53 41 08 88,
Fax 59 93 00 24.

 Unterkunft: ******Dragsholm
Slot,** Dragsholmallé, 4534
Høvre, ✆ 59 65 33 00, Fax 59 65 30 33;
Alles da: romantische Atmosphäre,
guter Weinkeller, gute Zimmer, ein paar
Gespenster – man wohnt halt in einem
der ältesten Schlösser des Landes.
***Nykøbing Sjælland Vandrerhjem
›Anneberg‹,** Egebjergvej 162, 4500
Nykøbing S, ✆ 59 93 00 62; die Top-
Herberge mit 14 Familienzimmern in
einem renovierten Herrschaftshaus
liegt im Grünen und unweit vom
Strand.

**Restaurant: Den Gyldne
Hane,** Vestre Havnevej 34,
Havneby, 4583 Sjællands Odde,
✆ 53 42 63 86; ein Fischrestaurant in
dieser Qualität erwartet man kaum an
dem abgelegenen, kleinen Fischerhafen
an der Nordküste zur Halbinsel
Sjællands Odde: Geboten wird zu moderaten Preisen eine traditionsbewußte
Kochkunst der gehobenen Klasse und
Portionen, die auf keinen Fall diätge-
recht sind.

 Einkaufen: Räucherfisch in
Havneby.

 Verkehrsverbindungen:
Privatbahn von Holbæk
nach Nykøbing S. Fähre von Sjællands
Odde nach Ebeltoft (Schnellfähre 45

Min., ca. stdl., ✆ 59 32 32 32 u.
89 52 52 52).

Padborg (SøA)

s. Kruså

Præstø (StA)

 Information: Turistinformation,
4720 Præstø, ✆ 55 99 11 90,
Fax 55 99 17 04.

Randers (ÅrA)

(inkl. 8963 Auning; 8850 Bjerringbro)

Information: Turistbureau,
Tørvebryggen 12, 8900 Randers,
✆ 86 42 44 77, Fax 86 40 60 04.

Unterkunft: ***–*******Hotel
Randers,** Torvegade 1,
✆ 86 42 34 22, Fax 86 40 15 86; zentral
gelegenes Traditionshotel, nur wenige
Meter vom Rathaus entfernt.
*****Scandic Hotel Kongens Ege,**
Gl. Hadsundvej 2, ✆ 86 43 03 00,
Fax 86 43 22 73; verkehrsgünstig gelegenes, modernes Hotel für Geschäfts-
reisende, günstige Sommerpreise für
Touristen.
***Randers Vandrerhjem,** Gethersvej 1,
✆ 86 42 50 44, Fax 86 41 98 54; zentral
gelegene Herberge mit 30 Familienzimmern.

**Sehenswürdigkeiten: Kultur-
historisk Museum**
(✆ 86 42 86 55) und **Randers Kunstmuseum** (✆ 86 42 29 22) im Kulturhuset, Stemannsgade 2; Di–So 11–17 Uhr.
Randers Regnskov (Regenwald-Cen-
ter), Tørvebryggen, ✆ 86 40 69 33;
eröffnet Juni 1996, aktuelle Öffnungszeiten beim i-Büro erfragen.

Clausholm Slot, Voldum,
✆ 86 49 16 55; Mitte Juni–Aug. tgl. jede
Stunde von 11–17 Uhr Führungen.
Krakamaken (Naturkunst) an
Brusgård Produktionshøjskole,
Brusgårdsvej 25, ✆ 86 44 72 88; Park
geöffnet von Sonnenaufgang bis -un-
tergang.
Jysk Herregårdsmuseum (Jütlands
Herrensitzmuseum)/**Dansk Land-
brugsmuseum** (Dänisches Landwirtschaftsmuseum), Schloß Gammel
Estrup, Randersvej 2, 8963 Auning,
✆ 86 48 30 01; April–Sept. 10–17 Uhr;
sonst Di–So 11–15 Uhr.
El-museum (Elektro-Museum am
Tangesø), Bjerringbrovej 44, 8850 Bjer-
ringbro, ✆ 86 68 42 11; April–Okt. tgl.
10–17 Uhr.

🚆 **Verkehrsverbindungen:** Bahnhof an der Hauptstrecke
Süd–Nord-Jütland.

Ribe (RbA)

ℹ️ **Information:** Turistbureau, Torvet 3–5, 6760 Ribe, ✆ 75 42 15 00,
Fax 75 42 40 78.

🛏️ **Unterkunft:** ***–*****Hotel
Dagmar,** Torvet 1, ✆
75 42 00 33, Fax 75 42 36 52; Dänemarks ältestes Hotel bietet eine unnach-
ahmliche Atmosphäre in den romantischen Zimmern, die alle ganz individuell eingerichtet sind, sowie im
Restaurant, das zur gastronomischen
Oberklasse im Lande zählt.
–*Den Gamle Arrest** (der alte
Knast!), Torvet 11, ✆ 75 42 37 00,
Fax 75 42 37 22; einige Betten in geringfügig, aber sehr interessant umgestalteten Ex-Zellen und die Honeymoon-
Suite in der alten Direktorenwohnung;

das Ganze war wirklich noch bis 1989
Gefängnis.
Ribe Byferie, Damvej 24,
✆ 79 88 79 88, Fax 78 88 79 98; der
stadtnahe Ferienpark im Stil eines
kleinen Städtchens bietet sehr gut
ausgestattete Wohneinheiten; Mindest-
mietzeit!

🍴 **Restaurants: Weis' Stue,**
Torvet 2, ✆ 75 42 07 00; urge-
mütliches Restaurant in einem Fachwerkhaus von 1600.
Kammerslusen, Bjerrumvej 30,
✆ 75 42 07 96; populäres Ausflugslokal
hinter den Deichen, dort wo die Ribe Å
von einer Schleuse kontrolliert ins Meer
fließt; schönes Ziel einer Radtour oder
einer Fahrt mit dem Ausflugsdampfer
über die Ribe Å.

🚶 **Aktivitäten:** Nachtwächterrund-
gänge Mai bis Sept., tgl. 1–2 × in
den Abendstunden ab Weis' Stue.

👁️ **Sehenswürdigkeiten:**
Quedens Gård, Overdammen
10, ✆ 75 42 00 55; Juni–Aug. tgl. 10–17,
sonst Di–So 11/13–15 Uhr.
Ribe Kunstmuseum, Skt. Nicolai
Gade 10, ✆ 75 42 03 62; Mitte
Juni–Aug. tgl. 11–17 Uhr, sonst außer
Januar Di–Sa 13–16 Uhr, So 11–16 Uhr.
Ribes Vikinger (Museum für Wikin-
gerzeit und Mittelalter), Odins
Plads/Ved Banegården, ✆ 75 42 22 22;
April–Okt. tgl. 10–16 Uhr, Juni–Aug.
10–17 Uhr, sonst Di–So 10–16 Uhr.

🚆✈️ **Verkehrsverbindungen:**
Bahnstation an der Neben-
strecke Tønder–Esbjerg, Flughafen Esbjerg 30 km.

Ringkøbing (RnA)

 Information: Turistbureau, 6950 Ringkøbing, ✆ 97 32 00 31, Fax 97 32 49 00.

 Unterkunft/Restaurant: ***_****Fjordgården,** Vesterkær 28, ✆ 97 32 14 00, Fax 97 32 47 60; modernes Familienhotel, das besonders viel für Kinder bietet. **Den Gamle Toldbod,** Vester Strandsbjerg 1, ✆ 97 32 66 66; man merkt vor allem dem Fisch an, daß Hafen und Meer gleich nebenan sind; im Sommer empfiehlt es sich zu reservieren.

 Verkehrsverbindungen: Bahnhof an der Strecke Esbjerg–Struer; Schiffsverkehr im Sommer nach Hvide Sande.

Ringsted (VsA)

 Information: Turistinformation, Skt. Bendtsgade 10, 4100 Ringsted, ✆ 53 61 34 00, Fax 53 61 64 50.

 Unterkunft: ***_****Sørup Herregaard,** Sørupvej 26, ✆ 53 64 30 02, Fax 53 64 31 73; zu einem luxuriösen Hotel umgestalteter ehemaliger Herrensitz im Grünen, südlich der Stadt, mit ausgezeichnetem Restaurant. ***Scandic Ringsted,** Nørretorv 57, ✆ 53 61 93 00; modernes Businessclass-Hotel mit moderaten Sommerpreisen.

 Sehenswürdigkeit: Fantasy World, Eventyrvej, ✆ 53 61 19 30; 11. 2.–26. 2., 1. 4.–17. 9. und 7. 10.–30. 12. tgl. 10–17 Uhr.

Rold Skov (NoA) (Waldgebiet)

 Information: Turistbureau Jyllandsgade 1, 9520 Skørping, ✆ 98 39 22 22, Fax 98 39 19 49.

Unterkunft: ***Hotel Rold Stor Kro,** Vælderskoven 13, 9520 Skørping, ✆ 98 37 51 00, Fax 98 37 52 50; Kro mit guter Fitness-Ausstattung – auch Golfplatz – mitten im Grünen am Rande von Dänemarks größtem Waldgebiet.

 Sehenswürdigkeiten: Cirkusmuseet (Zirkusmuseum), Østerled 1, Rold, ✆ 98 51 05 55; April–Okt. tgl. 10–17 Uhr. **Thingbæk Kalkminer** (Kalkgrube mit Kunstausstellung), Rødemøllevej, 9520 Skørping, ✆ 98 37 51 12; 10–17 tgl. Mai–Aug., April, Sept., Okt. nur Sa, So und an Feiertagen.

Roskilde (RoA)

(inkl. 4320 Lejre und 4050 Skibby)

Information: Turistbureau, Gullandsstræde 15, 4000 Roskilde, ✆ 42 35 27 00, Fax 42 35 14 74.

Unterkunft: ***Hotel Prindsen,** Algade 12, 4000 Roskilde, ✆ 42 35 80 10, Fax 42 35 81 10; das elegante Hotel hat 300 Jahre Gastro-Tradition und liegt ganz zentral. ***Scandic,** Søndre Ringvej 33, 4000 Roskilde, ✆ 46 32 46 32, Fax 46 32 02 32; ein typisches Hotel für den Geschäftsreiseverkehr in verkehrsgünstiger Lage nahe der Autobahn; dank familienfreundlicher Sommerpreise aber auch als Touristenquartier kurz vor Kopenhagen geeignet.

***Roskilde Vandrerhjem ›Hør-
gården‹,** Hørhusene 61, ✆ 42 35 21 84,
Fax 46 32 66 90; die Herberge mit 21
Familienzimmern liegt am westlichen
Stadtrand.

 Aktivitäten: Schiffsausflüge
von Mai bis Sept. mit Oldtimer-
dampfer »S/S Skjelskør« (von 1915) ab
Roskilde Hafen (nahe Wikingerschiffshalle) auf dem Roskilde Fjord.

**Sehenswürdigkeiten: Palæ-
samlingerne** (Museum für
Kunst- und Kulturgeschichte), Palæet,
Stændertorvet 3, ✆ 42 35 78 80; Mitte
Mai–Mitte Sept. tgl. 11–16 Uhr, sonst
Sa, So 13–15 Uhr.
Roskilde Domkirke, Domkirkeplad-
sen, Okt.–März Mo–Fr 10–14.45 Uhr, Sa
11.30–14.45, So 12.30–15.45; April und
Sept. Mo–Fr 9–16.45 Uhr, Sa
11.30–16.45, So 12.30–16.45; Mai–Aug.
Mo–Sa 9–16.45 Uhr, So 12.30–16.45
Uhr.
Vikingeskibshallen (Wikingerschiffe),
Strandengen, April–Okt. tgl. 9–17 Uhr,
sonst tgl. 10–16 Uhr.

Außerhalb:
**Historisk-Archæologisk Forsøgs-
center,** Slangealleen 2, 4320 Lejre,
✆ 46 48 08 78; Mai–Sept. u. dän.
Herbstferien tgl. 10–16 Uhr, außerhalb
der Ferienzeiten Mo geschlossen.
Ledreborg (Schloß), Ledreborg Allé 2,
4320 Lejre, ✆ 46 48 00 38; Juni–Aug.
tgl. 11–16.30, sonst nur Wochenenden
ab 12 Uhr.
Selsø Slot (Schloß), Selsøvej, 4050
Skibby, ✆ 42 57 10 57; Mitte Juni–Mitte
Aug. tgl. 11-16.30 Uhr, sonst nur Wochenende ab 12 Uhr.

Veranstaltungen: Das Roskilde
Festival findet in der Regel Do

bis So am Wochenende mit dem ersten
Sonntag im Juli statt. Tickets kosten im
Vorverkauf ca. 180 DM für 4 Tage und
sind an vielen großen Vorverkaufs-
büros in Deutschland erhältlich. Info:
Roskilde Festival, Havsteensvej 9, 4000
Roskilde, in Deutschland
✆ 04 31/57 70 59.

 **Verkehrsverbindungen:**
Bahnhof, Tarifverbund
Hauptstadtbereich; Regionalflughafen
Roskilde Lufthavn 7 km westlich der
Stadt mit Taxiflügen und Kleinst-Airli-
nes.

Rungsted Kyst (FrA)

s. Kopenhagen

Ry (ÅrA)

Information: Turistbureau,
8680 Ry, ✆ 86 89 34 22,
Fax 86 89 35 52.

 Aktivitäten: Dampferfahrten
auf den Seen bei Silkeborg, Aufstieg zum Himmelbjerget.

Rødby/Rødbyhavn (StA)

Information: Turistbureau,
Vestergade 1, 4970 Rødby,
✆ 54 60 21 10, Fax 54 60 45 47; Turistinformation, Færgestationsvej 6, 4970
Rødbyhavn, ✆ 54 60 45 46.

 Unterkunft: **Lalandia
(Ferienzentrum), 4970 Rødby,
✆ 54 60 42 00, Fax 54 60 41 44; Nordeuropas größter Ferienpark liegt direkt
am Strand, bietet aber ganzjährig auch
tropische Badefreuden unter einer
Glaskuppel; einige der weit über
3000 Betten in mehr als 600 Wohnun-

gen und Apartments sind fast immer frei.

 Verkehrsverbindungen: Bahnhof Rødbyhavn; Fährverbindung nach Puttgarden (Deutschland) alle 30 Min. rund um die Uhr.

Rødvig (StA)

s. Stevns

Insel Rømø (SøA)

(inkl. 6780 Skærbæk)

 Information: Turistbureau, Havnebyvej 30, Tvismark, 6792 Rømø, ℐ 74 75 51 30, Fax 74 75 50 31.

 Unterkunft: Ferienhäuser vermittelt u. a. das i-Büro.

Einkaufen: Naturcentret Tønnisgård, Havnebyvej 30, Tvismark (neben i-Büro), ℐ 74 75 52 57; riesiges Programm mit Natur- und Kulturwanderungen, naturwissenschaftlichen Exkursionen für Kinder usw.

 Sehenswürdigkeiten: Nationalmuseets Kommandørgården, Juvrevej 60, ℐ 74 75 52 76; Mai–Sept. tgl. 10–18 Uhr, Okt. Di–So 10–15 Uhr.
Hjemsted Oldtidspark, Hjemstedvej 60, 6780 Skærbæk, ℐ 74 75 08 00; Mitte Juni–Mitte Aug. tgl. 10–19 Uhr, sonst 10–17 Uhr.

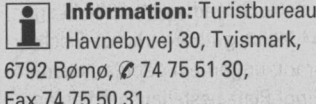 **Verkehrsverbindungen:** Bahnhof in Skærbæk auf dem Festland, dorthin Autobus; Schiffsverkehr Havneby/Südrømø–List/Sylt (55 Min., 12 × tgl.).

Insel Samsø (ÅrA)

 Information: Turistbureau, Langgade 32, 8305 S. Tranebjerg, ℐ 86 59 14 00, Fax 86 59 31 73.

Unterkunft: Alle großen Vermittler in Deutschland sowie Samsø Turistbureau (s. o.) haben jeweils einige der gut 400 Ferienhäuser der Insel in den Katalogen.Als mobile ›Ferienwohnungen‹ eingerichtete und von Pferden gezogene Planwagen vermietet: Samsø Prærievogne, ℐ 86 59 06 40; für die Hauptsaison ist eine frühzeitige Buchung empfehlenswert.
****Nordby Kro,** Hovedgaden 8, 8305 S. Nordby, ℐ 86 59 60 86; ländlicher Kro mit guter Küche.
***Samsø Vandrerhjem ›Klinten‹,** Klintevej 8, 8305 S. Ballen, ℐ 86 59 20 44, Fax 86 59 23 43; Herberge in einem Ex-Hotel direkt am Strand mit 23 Familienzimmern.

Sehenswürdigkeit: Samsø Museum, Museumsvej 10, 8305 Tranebjerg, ℐ 86 59 21 50.

 Verkehrsverbindungen: Schiffsverbindungen mit Kalundborg (2 Std., bis 3 × tgl., ℐ 33 15 15 15) und Hov (1 Std. 20 Min., bis 10 × tgl., ℐ 86 59 17 44).

Silkeborg (ÅrA)

Information: Turistbureau, Åhavevej 2A, 8600 Silkeborg, ℐ 86 82 19 11, Fax 86 81 09 83.

Unterkunft: *****Hotel Dania,** Torvet 5, ℐ 86 82 01 11, ℐ 86 80 20 04; zentral gelegenes Traditionshotel.

***Hotel Louisiana,** Christian VIII's Vej 7, ✆ 86 82 18 99, Fax 86 84 17 43; solides Stadthotel mit gutem Standard.

 **Aktivitäten:** Dampferfahrten auf der Seenplatte; Kanufahrten auf den Seen rund um Silkeborg. Kanu z. B. über **Silkeborg Kanocenter,** Åhave Allé 7, ✆ 86 60 30 03 (Mai–Okt.).

 Restaurant/Sehenswürdigkeit: Hotel- und Restaurantmuseum Ludvigslyst, Julsøvej 248, Svejbæk, ✆ 86 84 55 30; Mai–Sept. Di–So 10–22 Uhr.

 Sehenswürdigkeiten: AQUA – Ferskvands Akvarium & Museum, Vejlsøvej 55, ✆ 89 21 21 89; tgl. 10–16, Wochenenden und Hauptsaison auch bis 17 oder 18 Uhr.
Silkeborg Kunstmuseum, Gudenåvej 7–9, ✆ 86 82 53 88; April–Okt. Di–So 10–17 Uhr; sonst Di–Fr 12–16 Uhr und Sa, So und Feiertage 10–16 Uhr.
Silkeborg Museum, Hovedgårdsvej 7, ✆ 86 82 14 99; Mitte April–Mitte Okt. tgl. 10–17 Uhr, sonst Mi, Sa, So 12–16 Uhr.

Verkehrsverbindungen: Bahnhof an der Strecke Århus–Herning; Flughafen Karup 40 km.

Sjællands Odde (VsA)

s. Odsherred

Skagen (NoA)

(inkl. 9881 Bindslev Tuen)

Information: Turistbureau, Skt. Laurentii Vej 22, 9990 Skagen, ✆ 98 44 13 77, Fax 98 45 02 94.

 Unterkunft: ***Brøndums Hotel,** Anchersvej 3, ✆ 98 44 15 55, Fax 98 45 15 20; schon die Skagenmaler trafen sich hier und machten das Hotel zur Institution.
***Hotel Skagen,** Gl. Landevej 39, ✆ 98 44 22 33, Fax 98 44 21 34; weitläufiger Komplex am Südrand der Stadt in Dünennähe.
*Skagen Ny Vandrerhjem,** Rolighedsvej 2, ✆ 98 44 22 00, Fax 98 44 22 55; neue Herberge mit vielen, sehr gut ausgestatteten Familienzimmern.

 Restaurant: Bodilles Kro, Østre Strandvej 11, 9990 Skagen, ✆ 98 44 33 00; gutbürgerliches Fischrestaurant; ungemein populär, deshalb unbedingt Platz bestellen; am besten hält man sich an die aktuellen Tagesangebote – frischer geht's nur selbstgeangelt.

Sehenswürdigkeiten: Grenen Kunstmuseum, Grenen, ✆ 98 44 22 88; Mai–Sept. tgl. 10–16 Uhr, Juni–Aug. bis 18 Uhr.
Michael und Anna Anchers Hus und Saxilds Gaard, Markvej 2–4, ✆ 98 44 30 09; April u. Okt. tgl. 11–15 Uhr, Mai–Sept. tgl. 10–17 Uhr (Mitte Juni–Mitte Aug. bis 18 Uhr), sonst nur Sa u. So 11–15 Uhr.
Naturhistorisk Museum Skagen/ Skagen Naturcenter, Højen Station, Flagbakkevej 30, ✆ 98 45 07 06; Mai–Ende Herbstferien tgl. 11–16 Uhr, Juni–Mitte Aug. bis 17 Uhr.
Skagens Fortidsminder, P. K. Nielsenvej, ✆ 98 44 47 60; März, April u. Okt., Nov. Mo–Fr sowie Ostern und Herbstferien tgl. 10–16 Uhr, Mai–Sept. tgl. 10–17 Uhr.
Skagen Museum, Brøndumsvej 4, ✆ 98 44 64 44; Juni–Aug. tgl. 10–18; Mai

u. Sept. 10–17 Uhr, April u. Okt. Di–So 11–16 Uhr, Nov.–März Mi–Fr 13–16 Uhr, Sa 11–16 Uhr, So 11–15 Uhr, dänische Oster- und Herbstferien 10–17 Uhr. **Ørnereservatet** (Adlerwarte), Skagensvej 107, 9881 Bindslev Tuen, ✆ 98 93 20 31; April–Okt. von Monat zu Monat wechselnde Zahl von Vorführungen, maximal 2 × tgl.; genaue Daten werden in regionalen Touristenbroschüren veröffentlicht.

 Verkehrsverbindungen: Privatbahn nach Frederikshavn; Jet-Fähre nach Norwegen.

Skanderborg (ÅrA)

 **Information:** Turistbureau, Adelgade 105, 8660 Skanderborg, ✆ 86 52 21 36, Fax 86 52 13 53.

 Unterkunft: **Slotskroen, Adelgade 23, ✆ und Fax 86 52 00 12,; gutbürgerliches Familienhotel in renoviertem Kro. ***Skanderborg Vandrerhjem,** Dyrehaven 9, ✆ 86 52 06 73, Fax 86 51 13 34; Herberge am Rande des Skanderborg Sø mit 33 Familienzimmern.

 Verkehrsverbindungen: Bahnhof auf der Strecke Fredericia–Frederikshavn.

Skive (ViA)

 **Information:** Turistbureau, Østerbro 7, 7800 Skive, ✆ 97 52 32 66, Fax 97 52 88 31.

 Unterkunft: ***Hotel Gl. Skivehus, Sdr. Boulevard 1, ✆ 97 52 11 44, Fax 97 52 81 68; Provinzhotel mit gutem Standard.

 Sehenswürdigkeiten: Skive Kunstmuseum und **Skive Museum,** Havnevej 14, ✆ 97 52 69 33; Juni–Sept. Mo–Fr 11–17 Uhr, Sa u. So 14–17 Uhr, sonst tgl. Di–So 14–17 Uhr.

Skælskør (VsA)

s. Korsør

Skærbæk (SøA)

s. Rømø

Slagelse (VsA)

s. Korsør

Sorø

 Information: Turistbureau, 4180 Sorø, ✆ 57 82 10 12, Fax 57 82 10 13.

 Unterkunft: ***Sorø Storkro, Abildvej 1, ✆ 53 63 56 00, Fax 53 63 56 06; modernes Hotel unter gigantischem Reetdach. ****Postgaarden,** Storgade 27, ✆ 53 63 22 22, Fax 53 63 22 91; zentral gelegenes Haus mit langen Traditionen.

 Verkehrsverbindungen: Bahnhof.

Stege (StA)

s. Møn

Stevns (Halbinsel (StA)

(St. Heddinge, Højerup, Rødvig, Fakse Ladeplads, Fakse)

 Information: Turistinformation, Hovedgaden 33, 4654 Fakse

Ladeplads, ℰ 53 71 60 34, Fax
53 71 60 74; Turistinformation,
Østersøvej 6, 4673 Rødvig,
ℰ 53 70 64 64, Fax 53 70 72 64.

 Bahn: Privatbahn ab Køge, dort
Übergang auf Kopenhagener S-
Bahnnetz.

Struer (RnA)

(inkl. 7830 Vinderup)

 Information: Turistbureau,
Rådhuspladsen, 7600 Struer,
ℰ 97 85 07 95, Fax 97 84 05 11.

 Unterkunft: **–*****Struer
Grand Hotel,** Østergade 24,
ℰ 97 85 04 00, Fax 97 85 11 41; solides
Hotel mit kinderfreundlichem Service,
zentral gelegen.

**Sehenswürdigkeit:
Freilichtmuseum Hjerl Hede,**
Hjerl Hedevej 14, 7830 Vinderup,
ℰ 97 44 80 60; April–Okt. tgl. 9–17 Uhr,
Adventswochenenden 10–17 Uhr.

Verkehrsverbindungen: Bahn-
linien nach Århus, Fredericia und
Thisted.

Stubbekøbing (StA)

Information: Turistinformation,
Havnegade 9, 4760
Stubbekøbing, ℰ 53 84 13 04,
Fax 54 47 06 00.

Verkehrsverbindung: Schiffsverbindungen mit der Museums-
fähre nach Bogø.

Svendborg (FyA)

(inkl. Inseln Tåsinge, Drejø, Hjortø,
Skarø)

Information: Sydfyns Turistbureau, Centrumspladsen,
5700 Svendborg, ℰ 62 21 09 80,
Fax 62 22 05 53.

Unterkunft: ******Pension
Valdemars Slot,** Slotsalléen
100, Insel Tåsinge, 5700 Svendborg,
ℰ 62 22 59 00; Schloßpension auf
einem der schönsten Schlösser des
Landes.
*****Hotel Svendborg,** Centrumspladsen, ℰ 62 21 17 00, Fax 62 21 90 12;
zentral gelegenes Cityhotel.
****Missionshotel Stella Maris,**
Kogvedvænget 3, ℰ 62 21 38 91,
Fax 62 22 41 74; Missionshotel in einer
herrschaftlichen Villa direkt am Sund;
wer wegen Brecht in die Stadt kommt,
muß hier übernachten: Margarete
Steffin wohnte hier lange, und Brecht
arbeitete oft bei ihr; das Brecht-Haus
liegt gleich um die Ecke.
****Hotel Troense,** Strandgade 5–7,
5700 Svendborg-Troense,
ℰ 62 22 54 12; kleines Hotel mit Blick
auf den geschäftigen Sund.
***Svendborg Vandrerhjem,**
Vestergade 45, 5700 Svendborg,
ℰ 62 21 66 99, Fax 62 20 29 39; die
familienfreundliche Luxus-Jugend-
herberge, die maximal Vierbettzimmer
bietet, ist in einer ehemaligen Eisen-
gießerei von 1850 untergebracht.

**Restaurants: Restaurations-
skibet »Oranje«,** Jessens Mole
(Hafenkaj), ℰ 62 22 82 92; Segelboot als
Restaurantschiff am Binnenhafen; Fisch
vom Tage ist die Spezialität.
Svendborgsund, Havnepladsen 5,

✆ 62 21 07 19; solide dänische Familienküche, schöne Lage am Hafen.

Den grå dame, Valdemars Slot, Slotsalleen 100, 5700 Svendborg-Troense, ✆ 62 22 59 00; wo sonst auf der Welt kann man in den Kellergewölben unter einer Schloßkirche vorzüglich speisen?

 Einkaufen: Glasblæseriet, Sørupvej 95, ✆ 62 22 83 73; Glasbläserei mit Verkauf; Mai–Aug. Werkstatt Di–Fr 10–15 Uhr, Verkauf Di–Fr 10–17 Uhr, Sa u. So 12–16 Uhr; Sept.–April nur Verkauf Di–Fr 10–17 Uhr.

Aktivitäten: Schiffsausflüge mit **Oldtimer »M/S Helge«** ab Jessens Mole, ✆ 62 50 25 00; Mitte Mai bis 1. Woche Sept. 3–5 × tgl.; verschiedene Schiffsausflüge mit Oldtimerseglern, aktuelle Angebote im i-Büro erfragen.

Sehenswürdigkeiten: Anne Hvides Gård, Fruestræde 3, ✆ 62 21 02 61; Mai–Mitte Juni tgl. 10–16 Uhr, Mitte Juni–Ende Herbstferien tgl. 10–17 Uhr.
Svendborg & Omegns Museum Vibæltegård, Grubbemøllevej 13, ✆ 62 21 02 61; März–April tgl. 13–16 Uhr; Mai–Mitte Juni tgl. 10–16 Uhr; Mitte Juni–Ende Herbstferien tgl. 10–17 Uhr; sonst tgl. 13–16 Uhr.
Svendborgs Zoologiske Museum, Dronningemaen 30, ✆ 62 21 06 50; April–Sept. sowie Herbstferien tgl. 9–17 Uhr, sonst nur bis 16 Uhr.
Søfartssamlingerne i Troense, Strandgade 1, Troense, Mai–Sept. tgl. 10–17 Uhr, sonst Mo–Fr 10–17 Uhr u. Sa 9–12.
Valdemars Slot Herregårdsmuseum, Slotsalleen 100, Troense, ✆ 62 22 61 06; ab Ostern bis 1. 5. und 1.

10. bis Beginn Herbstferien Sa u. So 10–17, Mai–Sept. und Herbstferien tgl. 10–17 Uhr.
Bregninge Kirke (Aussichtsturm), Kirkebakken, Bregninge, ✆ 62 22 50 37; Mo–Sa 8–16 Uhr.
Tåsinge Skipperhjem og Folkemindesamling, Kirkebakken 1, Bregninge, ✆ 62 22 71 44; Mitte Mai–Aug. Mo–Fr 10–16, Sa u. So 10–17 Uhr, Hauptsaison tgl. bis 18 Uhr.

 Verkehrsverbindungen: Bahnverbindung mit Odense, Bus u. a. nach Tåsinge und Langeland, Fähren nach Skarø und Drejø (1 Std. 30 Min., bis 4 × tgl., ✆ 62 21 02 62), Hjortø (nur Personen u. Fahrräder) und Ærø (1 Std. 15 Min., bis 6 × tgl., ✆ 62 52 40 00).

Sæby (NjA)

 Information: Turistbureau, Krystaltorget 1, 9300 Sæby, ✆ 98 46 15 19, Fax 98 46 18 81.

Unterkunft: ******Dronninglund Hotel,** Slotsgade 8, 9330 Dronninglund, ✆ 98 84 33 00, Fax 98 84 34 13; romantisch-barockes Schloßhotel im Grünen.

Sønderborg (SøA)

 Information: Turistbureau, Rådhustorvet 7, 6400 Sønderborg, ✆ 74 42 35 55, Fax 74 42 57 47.

Unterkunft: Zahlreiche Ferienhäuser vor allem im Süden der Insel Als.
*****Scandic Sønderborg,** Rosengade, ✆ 74 42 19 00, Fax 74 42 19 50; gut aus-

gestattetes, zentral gelegenes Hotel am Ufer der Sønderborg Bucht, nicht weit vom Schloß.

 Sehenswürdigkeiten: Kunstmuseum på Sønderborg Slot, ✆ 74 42 25 39, Mai–Sept. tgl. 10–17 Uhr, April u. Okt. tgl. 10–16 Uhr, Nov.–März 13–16 Uhr.
Historiecenter Dybbøl Banke (Geschichtszentrum Düppler Schanzen), Dybbøl Banke 16, ✆ 74 42 25 39, April–Okt. 10–17 Uhr.

   Verkehrsverbindungen: Bahnhof; Flughafen 7 km; Schiffsverkehr: ›Butterfahrten‹ zu deutschen Häfen.

Thisted (NoA)

 Information: Turistbureau, 7700 Thisted, ✆ 97 92 19 00, Fax 97 92 56 04.

 Unterkunft: ******Hotel Limfjorden,** Simons Bakke 39, ✆ 97 92 40 11, Fax 97 91 06 66; traumhaft über dem Limfjord, etwas außerhalb der Stadt gelegen.

 Verkehrsverbindungen: Bahnlinie von Fredericia.

Thyborøn (RnA)

  Information: Havnegade 18, 7680 Thyborøn, ✆ 97 83 12 88, Fax 97 83 23 67.

Sehenswürdigkeiten: Festung Thyborøn/Bunkermuseum, Rundgang ab Havnegade; Start am Ausstellungsbunker nahe dem **Thyborøn Fiskeri- og Redningmuseum,** Havnegade, ✆ 97 83 25 03.

  Verkehrsverbindungen: Bahnstation Privatbahn ab Vemb; Schiffsverbindung über den Limfjord nach Agger Tange (10 Min., 1 × stdl ca. 7–23 Uhr).

Tisvildeleje (FrA)

 Information: Turistinformation, Bygade 20, 3220 Tisvildeleje, ✆ 42 30 74 51, Fax 48 79 63 66.

 Unterkunft: ***Tisvildeleje Vandrerhjem,** Bygmarken 30, ✆ 42 30 98 50, Fax 42 30 98 97; moderner Ferienpark, von dem ein Teil Herberge mit 40 Familienzimmern ist (Hütten).

 Verkehrsverbindungen: Bahnhof Privatbahn, Tarifverbund Hauptstadtbereich.

Torsminde (RnA)

Sehenswürdigkeiten: Strandingsmuseum Sct. George, Vesterhavsgade 1 E, ✆ 97 49 73 66, April–Okt. tgl. 11–17 Uhr, sonst Sa, So 13–16 Uhr.

Insel Tåsinge (FyA)

s. Svendborg

Tønder (SøA)

(inkl. Møgeltønder)

 Information: Turistbureau, Torvet 1, 6270 Tønder, ✆ 74 72 12 20, Fax 74 72 09 00.

 Unterkunft: *****Tønderhus,** Jomfruestien 1, 6270 Tønder,

☎ 74 72 22 22, Fax 74 72 05 92; gut ausgestattetes, zentral gelegenes Hotel mit
Kro-Standard (Dansk Kroferie).

🍴 **Restaurant: Schackenborg
Slotskro,** Slotsgaden 42, 6270
Møgeltønder, ☎ 74 73 83 83; der Kro,
der zum Schloß von Prinz Joachim und
seiner Alexandra gehört, ist als Gour-
met-Tempelchen bekannt.

🛍 **Einkaufen:** Die Möbelgeschäfte
der Stadt sind auf Direktexport
spezialisiert und liefern frei Haus überall in Deutschland.

👁 **Sehenswürdigkeit: Sønderjyllands Kunstmuseum,** Kongevej 55, ☎ 74 72 26 57; Mai–Okt. Di–So
10–17 Uhr, sonst Di–So 13–17 Uhr.

🚆 **Verkehrsverbindungen:** Bahnstation Regionalbahn nach
Esbjerg.

Varde (RbA)

(inkl. 6857 Blåvandshuk u. 6840 Oksbøl)

ℹ️ **Information:** Turistbureau, 6800
Varde, ☎ 75 22 32 22, Fax
75 22 05 58. Turistbureau, Vestergade
27, 6840 Oksbøl, ☎ 75 27 18 00,
Fax 75 27 25 52.

⛺ **Unterkunft: Hvidbjerg Strand
Camping,** Hvidbjerg Strandvej
27, 6857 Blåvand, ☎ 75 27 90 40, Fax
75 27 80 28; dank der Superlage direkt
hinter den Dünen und Ausstattung mit
Badeland, einer der beiden bisherigen
5-Sterne-Plätze des Landes.

 **Sehenswürdigkeiten: Varde
Artillerimuseum,** Vestervold
11, ☎ 75 22 08 77; tgl. 11–17 Uhr.

Varde Miniby, Arnbjerg,
☎ 75 22 32 22; Mitte Mai–Okt. 10–16/18
Uhr.
Tirpitz-Stillingen, Tane Hedevej, 6857
Blåvand, ☎ 75 27 84 27; tgl. 12–17 Uhr.
Blåvandshuk Egnsmuseum (u. a.
über Flüchtlingslager Oksbøl), Kirke-
gade 1, 6840 Oksbøl, ☎ 75 27 21 59;
Mitte Juni–Mitte Sept. sowie dänische
Herbstferien tgl., sonst nur So 14–17
Uhr.

Vejen (SøA)

👁 **Sehenswürdigkeit: Vejen
Kunstmuseum,** Østergade 4,
6600 Vejen, ☎ 75 36 04 82; Di–So 10–12
u. 14–17Uhr, Okt–März Di–Fr nur nachmittags.

Vejle (VjA)

ℹ️ **Information:** Turistbureau,
Søndergade 14, 7100 Vejle,
☎ 75 82 19 55, Fax 75 82 10 11.

🛏 **Unterkunft:** ******Munkebjerg,**
Munkebjergvej 125,
☎ 75 72 35 00, Fax 75 72 08 86; Tag-
ungshotel in Traumlage oberhalb des
Vejle Fjord, mit Kasino und dem dänischen Golfmuseum.

🚶 **Aktivitäten:** Oldtimerzug nach
Jelling.

👁 **Sehenswürdigkeit: Vejle
Kunstmuseum,** Flegborg 16,
☎ 75 72 31 99; Di–So 11–16 Uhr.

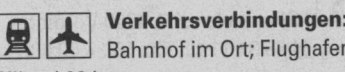 **Verkehrsverbindungen:**
Bahnhof im Ort; Flughafen:
Billund 28 km.

Viborg (ViA)

Information: Turistbureau, Nytorv 9, 8800 Viborg, ✆ 86 61 16 66, Fax 86 60 02 38.

Unterkunft: ***–*******Palads Hotel,** Skt. Mathias Gade 5, ✆ 86 62 37 00, Fax 86 62 40 46; das Hotel strahlt schon äußerlich Tradition aus und liegt sehr zentral, mit guter dänischer Küche.
–***Golf Hotel Viborg,** Randersvej 2, ✆ 86 61 02 22, Fax 86 61 31 71; modernes Sporthotel mit vielen Fitness-Einrichtungen an den Viborger Seen; günstige Sommerpreise.

Aktivitäten: Bootsfahrten auf den Viborger Seen Mitte Mai–Aug. Di–So; Info und Buchung über das i-Büro.

Sehenswürdigkeit: Skovgaard Museum, Domkirkestræde 2–4, ✆ 86 62 39 75; Mai–Sept. 10–12.30 und 13.30–17 Uhr, sonst 13.30–17 Uhr.

Verkehrsverbindungen: Bahnhof; Flughafen Karup 27 km.

Vissenbjerg (FyA)

s. Odense

Vordingborg (StA)

Information: Turistbureau, Glambæksvej 3, 4760 Vordingborg, ✆ 55 34 11 11, Fax 55 34 03 08.

  **Verkehrsverbindungen:** Bahnstation, Busverkehr nach Møn.

Insel Ærø (FyA)

Information: Turistinformation, Havnegade 5, 5960 Marstal, ✆ 62 53 19 60, Fax 62 53 30 35; Turistbureau, Torvet, 5970 Ærøskøbing, ✆ 62 52 13 00, Fax 62 52 14 36.

Unterkunft: *****Ærø Strand,** Egehovedvej 4, 5960 Marstal, ✆ 62 53 33 20, Fax 62 53 31 50; gut ausgestattetes, modernes Badehotel.
–***Hotel Ærøhus,** Vestergade 38, 5970 Ærøskøbing, ✆ 62 52 10 03, Fax 62 52 21 23; romantisches Traditionshotel am Rande der malerischen Altstadt.
***Dunkær Kro,** Dunkærvej 1, Dunkær, 5970 Ærøskøbing, ✆ 62 52 15 54; gemütlicher, einfacher Landkro mit deftiger, reichhaltiger Küche.

Restaurants: Mumm, Søndergade 12, 5970 Ærøskøbing, ✆ 62 52 12 12; das Restaurant in der Fußgängerzone bietet gute Fisch- und Steakgerichte, im Sommer schönes Gartenlokal.
Dunkær Kro (s. Unterkunft), solide Kro Küche, bei der ordentlich was auf den Teller kommt.

Sehenswürdigkeiten: Flaskeskibssamlingen (Flaschenschiffsammlung), Smedegade 22, 5970 Ærøskøbing, ✆ 62 52 29 51; Mai–Sept. tgl. 10–17 Uhr, sonst Mi, Do 13–17 und Fr–So 10–17 Uhr.
Jens Hansens Søfartsmuseum, Prinsensgade, 5960 Marstal, ✆ 62 53 23 31; Juni–Aug. tgl. 9–17, Mai–Sept. tgl. 10–16 und sonst Mo–Fr 10–16 Uhr.

Verkehrsverbindungen: Drei ganzjährig verkehrende Fährlinien ab Svendborg, Faaborg und

Rudkøbing (s. dort); mit einem Hin- und Rückfahrtticket können beliebige Überfahrten kombiniert werden. Außerdem Sommerroute ab Mommark (1 Std., bis 6 × tgl., ☎ 62 58 17 17).

Aabenraa (SøA)

Information: Turistbureau, H. P. Hanssens Gade 5, 6200 Åbenrå, ☎ 74 62 35 00, Fax 74 63 07 44.

Unterkunft: ***–******Hotel Europa,** H. P. Hansens Gade 10, ☎ 74 62 26 22, Fax 74 62 04 16; zentral gelegenes Traditionshotel mit altem und neuem Teil.

*****Sønder Hostrup Kro,** Østergade 21, Sønder Hostrup, ☎ 74 61 34 46, Fax 74 61 30 67; gediegene Kro-Atmosphäre; gute Küche.

Sehenswürdigkeit: Aabenraa Museum, H. P. Hansen Gade 33, ☎ 74 62 26 45; Juni–Aug. Di–So 10–16 Uhr, sonst Di–So 13–16 Uhr.

Aalborg (NoA)

Information: Turistbureau, Østerågade 8, 9000 Aalborg, ☎ 98 12 60 22, Fax 98 16 69 22.

Unterkunft: ***–*******Hotel Hvide Hus,** Vesterbro 2, ☎ 98 13 84 00, Fax 98 13 51 22; Kongreßhotel mit entsprechendem Standard, zwar direkt neben dem Kongreßcenter, aber in grüner Umgebung; nur wenige Minuten bis zum Kunstmuseum.
–****Hotel Scheelsminde,** Scheelsmindevej 35, 9100 Ålborg, ☎ 98 18 32 33, Fax 98 18 33 34; das

Hotel ist in einem alten Gutshof am östlichen Stadtrand untergebracht und bietet auch eine gute ›herrschaftliche‹ Küche.
******Chagall,** Vesterbro 36–38, ☎ 98 12 69 33, Fax 98 13 13 44; gepflegtes Stadthotel mit Hang zu künstlerischer Ausgestaltung – der Name deutet es ja an.
***Aalborg Vandrerhjem ›Fjordparken‹,** Skydebanevej 50, ☎ 98 11 60 44, Fax 98 12 47 11; ein modernes Gästehaus mit vielen, gut ausgestatteten Doppel- und Familienzimmern und etlichen Hütten; zwar einige Kilometer westlich des Zentrums, aber direkt am Limfjord und mit guter Busverbindung direkt vor der Tür.

Nachtleben/Restaurants: Auf jeden Fall muß man die Jomfrue Ane Gade einmal durchstreifen sowie an deren Enden einen Blick in Ved Stranden werfen. Wem es hier zu laut und schrill ist, findet um den C. W. Obel Plads ruhigere Lokale. Im Sommer wird auch draußen auf dem Platz serviert. Eine Institution ist **Fru Jensen** (Jomfrue Ane Gade 13, ☎ 98 16 98 99): Livemusik die ganze Nacht und dann am Samstag ab 11 Uhr ein spottbilliges Heringsbuffet für alle Kater der Stadt.

Restaurant: Penny Lane, Sankelmarksgade 9, ☎ 98 12 05 80; das Fischlokal liegt etwas abseits der lautesten Straßen, und das bekommt der Atmosphäre gut.

Sehenswürdigkeiten: Helligåndskloster, C. W. Obels Plads, Mitte Juni–Mitte Aug. Mo–Fr Führungen um 14 Uhr; Buchung über i-Büro.
Lindholm Høje Museet, Vendilavej 11, 9400 Nørresundby, ☎ 98 17 55 22;

Ostern–Ende Herbstferien tgl. 10–17 Uhr, sonst Di–So 10–16 Uhr.

Nordjyllands Kunstmuseum, Kong Christians Allé 50, ✆ 98 13 80 88; 10–17 Uhr, Juli, Aug. tgl., sonst Mo geschlossen.

Aalborg Marine Museum, Vestre Fjordvej 81, ✆ 98 11 78 03; Mai–Aug. tgl. 10–18, sonst 10–16 Uhr.

Aalborg Zoologisk Have, Mølleparkvej 63, ✆ 98 13 07 33; Mai–Aug. tgl. 9–18 Uhr, April u. Sept., Okt. 10–16 Uhr.

Aktivitäten: Mitte Juni bis Anfang Sept. verkehrt ein Oldtimer-Dampfzug ab Bahnhof Aalborg zum Grönlandhafen am Limfjord (So 14 Uhr).

Veranstaltungen: Zu Pfingsten wird Karneval gefeiert, Ende Juni Wikingerspiele auf Lindholm Høje.

Verkehrsverbindungen: Flughafen 6 km nördlich; Bahnhof an der Hauptstrecke Frederikshavn–Fredericia.

Århus (ÅrA)

Information: Turistbureau, Tourist Århus, Rådhuset (im Rathaus), 8000 Århus C, ✆ 86 12 16 00, Fax 86 12 95 90.

Unterkunft: ********Radisson SAS Scandinavien Hotel,** Margrethepladsen 1, ✆ 86 12 86 65, Fax 86 12 86 75; modernes Kongreßhotel direkt neben dem Musikhaus; Sommerpreise!

*******Hotel Royal,** Store Torv 4, ✆ 86 12 00 11, Fax 86 76 04 04; das traditionsreiche Luxushotel direkt neben dem Dom und in unmittelbarer Nähe

zum gemütlichsten Viertel der Stadt besitzt ein sehr auf Stil achtendes Casino.

*****Hotel Ritz,** Banegårdspladsen 12, ✆ 86 13 44 44, Fax 86 13 45 87; Stadthotel mit solidem Standard, zentral zwischen Bahnhof und Rathaus.

Restaurants: Restaurant Miro, Marstrandsgade 2, ✆ 86 13 87 00; klein aber fein, bietet das Miro perfekte Gastronomieerlebnisse – atmosphärisch wie kulinarisch; ganz oben unter den Restaurants in Jütland; reines Abendlokal.

Teater Bodega, Skolegade 7, ✆ 86 12 19 17; ›dansk‹ vom Keller bis zur Decke; ein Traditionslokal mit enger Verknüpfung zum benachbarten Theater.

Kulturgyngens Restaurant, Mejlgade 53, ✆ 86 19 22 55; das Restaurant im gleichnamigen Szene-Kulturzentrum ist für seine guten vegetarischen Gerichte bekannt – aber auch Fleischfreunde kommen recht preiswert zu interessanter Kost; Do–Sa sogar bis 2 Uhr nachts geöffnet.

Nachtleben: Munter überall im Latinerkvarter, edel im Kasino des Hotel Royal.

Sehenswürdigkeiten: Den Gamle By, Eugen Warmings Vej 2–6, ✆ 86 12 31 88; Juni–Aug. 9–18, Mai, Sept. 9–17, April, Okt., Nov. 10–16 Uhr, Jan.–März, Nov. 11–15 Uhr.

Forhistorisk Museum Moesgård, Moesgård Allé 20, 8270 Højbjerg, ✆ 86 27 24 33; Mai–Okt. tgl. 10–17, sonst Di–So 10–16 Uhr.

Kvindemuseet (das Frauenmuseum), Domkirkeplads 5, ✆ 86 13 61 44; Di–So 10–16 Uhr.

Købstadsmuseet Den Gamle By (Die alte Stadt), Eugen Warmings Vej 2–6,

✆ 86 12 31 88; tgl. 11–16 Uhr, je nach Saison auch ab 9 oder 10 und bis 17, 18 oder 19 Uhr.

Rådhuset (das Rathaus),
✆ 86 13 20 00; Ende Juni bis Mitte Sept. Führungen (Deutsch) inkl. Turmbesteigung tgl. 16 Uhr, nur Turmbesteigung in gleicher Periode tgl. 12 und 14 Uhr.

Steno-Museum, Danmarks Videnskabshistoriske Museum (Dänisches Wissenschaftshistorisches Museum): C. F. Møllers Allé 2, ✆ 86 42 39 75; Juli u. Aug. tgl. 10–17, sonst bis 16 Uhr, Nov.–April Mo geschlossen.

Århus Kunstbygning (Kunstgebäude)/Dansk Plakatmuseum, J. M. Mørksgade 13, ✆ 86 12 22 18; Di–So 10–17 Uhr.

Aarhus Kunstmuseum, Vennelystparken, ✆ 86 13 52 55; Di–So 10–17 Uhr.

Verkehrsverbindungen: Bahnknotenpunkt; Flughafen in Tirstrup, 45 (!) km entfernt, Flughafenbus ca. 70 Min.

Reiseinformationen von A bis Z

Anreise

...mit Auto und Fähre

Mit der Wahl des Ziels in Dänemark fällt eine Entscheidung über die Anreise: Muß man oder kann man übers Wasser´? Wohlgemerkt, die Alternativen heißen ›müssen‹ und ›können‹. Richtung Norden ist die E45 von der Grenze bei Flensburg bis Ålborg zur Autobahn ausgebaut. Bei Kolding zweigt die E20 nach Fünen ab, die demnächst über die Große-Belt-Brücke mit dem Autobahnnetz auf Seeland verbunden ist. Von diesen beiden Hauptverkehrsachsen führen gute Fernstraßen zu allen wichtigen Städten und Feriengebieten.

Jütland und Fünen sind also auf dem Landweg zu erreichen, aber in einem vom Meer umspülten Land wie Dänemark findet sich für Schiffsfans fast immer ein Weg, eine Fährüberfahrt in die Reise einzubauen.

Etliche Inseln sind aber nur auf dem Wasserweg zu erreichen, darunter so populäre Touristenziele wie Bornholm, Samsø, Fanø und Læsø. Und solange die feste Verbindung über den Großen Belt (s.S. 136) noch nicht fertig ist, kommt auch niemand um eine Fährfahrt herum, der die Inseln östlich des Großen Belt ansteuert: Lolland, Falster, Møn und Seeland mit der Hauptstadt Kopenhagen. Da aber auf der Brücke Mautgebühren etwa in Höhe der Fährpreise kassiert werden sollen, bleiben die Fähren zu diesen Inseln für die meisten West- und Ostdeutschen wohl auch weiterhin attraktiv, denn sie sparen viele Kilometer auf der Straße – Ausgangshäfen sind Puttgarden und Rostock (s. u.). Die Alternative Straße oder Schiff stellt sich schon heute bei der Anfahrt nach Langeland und Fünen mit Fähren ab Kiel und Gelting (s.u.).

Die Tarife richten sich bei den meisten Linien nach Saisonzeit (teure Hauptsaison Juni, Juli und August), nach dem Reisetag (Fr–So teurer als Mo–Do), nach Höhe (Grenze ca. 1,95–2,30 m) und Länge des Fahrzeugs bzw. Fahrzeuggespanns (Grenze meist 6 m). Die Zahl der Insassen ist kaum relevant: Fast alle Fährlinien bieten Pauschaltickets für ein Fahrzeug incl. Insassen (meist für maximal fünf). Zu beachten ist, daß mit Dachgepäckträgern nicht die jeweiligen Höhengrenzen überschritten werden, weil dies deutlich die Reisekosten erhöht.

Plätze bucht man in den meisten Fällen telefonisch und muß sich dabei nur eine Buchungsnummer merken – der Gang in ein Reisebüro ist nur in seltensten Fällen notwendig. Das Procedere an den Anlegern ist immer gleich. Meist reicht es, wenn man 15–30 Minuten vor der Abfahrt an Ort und Stelle ist, dort am Kassenhäuschen die Buchungsnummer nennt und zahlt. Dabei sollte man aber an den Hauptreisetagen – an Samstagen, dem traditionellen Ferienhauswechseltag – kalkulieren, daß es schon vor den Anlegern zu Staus kommen kann.

Rufnummern für Platzbestellung

– Plätze für Linien der den Eisenbahngesellschaften nahestehenden Reedereien (DSB / DFO / ScandLines) sind in Deutschland über große Bahnhöfe und die Fährcenter der DFO-Fähren (✆ 01 80/53 434 41 u. 0 43 71/86 51 11 Fax 01 80/5 34 34 42 u. 0 43 71/86 51 12) zu reservieren.

DSB-Bilplads – zentrale Platzreservierung für alle DSB Fährlinien in Kopenhagen ✆ 33 15 15 15. Bei Anrufen von Telefonzellen aus sollte man genug Kleingeld in der Tasche habe, da man oft lange in einer gebührenpflichtigen Warteschleife steht. Die Ansagen erfolgen in Dänisch. Es ist automatisches Reservieren mit Mehrfrequenztelefonen möglich. Drückt man nach der dänischen Ansage keine Ziffer, wird man automatisch zu einem Menschen durchgestellt.

Fährverbindungen von Mitteleuropa nach Dänemark:

– Sylt – Rømø (55 Min) bis 12x tgl.
in D ✆ 0 46 51/87 04 75
Fax 0 46 51/87 04 46
in DK ✆ 74 75 53 03
– Gelting – Fåborg (2 Std.) 2-4x tgl.
in D ✆ 0 46 43/7 93, Fax 0 6 43/13 19
in DK ✆ 62 61 15 00
Fax 62 61 15 42
– Kiel – Bagenkop (2 Std. 30 Min.)
in D ✆ 0431/974150,Fax 04 31/9 4515
in DK ✆ 62 56 14 00, Fax 62 56 19 59
– Puttgarden – Rødby (1 Std.) rund um die Uhr ca. alle 30 Min. und Rostock – Gedser (2 Std. 10 Min. oder Schnellfähre ca. 1 Std.) ca. alle 2 Std.; beide DSB / DFO zentrale Reservierung s. o.

Nach Bornholm

– Rostock – Rønne über Schweden und Travemünde – Rønne über Schweden (TT-Line + BornholmsTrafikken) mehrere Kombinationsmöglichkeiten pro Tag
in D ✆ 0 40/3 60 14 42–4 46
Fax 0 40/3 60 14 07
in DK ✆ 33 13 18 66
– Saßnitz – Rønne (DFO)
(3 Std. 30 Min.), Juni-Mitte Sept. 1–2 x tgl., sonst 3 x wö.
in D ✆ 01 80/5 34 34 43
u. 03 83 92/6 41 80
Fax 01 80/5 34 34 44 u. 03 83 92/6 42 00
in DK ✆ 56 48 00 01, Fax 56 48 02 26
– Mukran (bei Saßnitz) – Rønne (BornholmsTrafikken)
(3 Std. 30 Min.), Hochsaison 6 x wö. sonst 2-3 x wö.
in D ✆ 03 83 92/3 52 26
Fax 03 83 92/3 52 21
in DK ✆ 33 13 18 66

...mit Bahn, Bus und Flug

Mit der **Bahn** sind viele Orte in Jütland sowie auf Seeland von Hamburg direkt oder mit einmaligem Umsteigen zu erreichen, darunter Häfen, von denen Fähren nach Bornholm, Fanø, Læsø und Samsø ablegen.

Zwischen Hamburg und Kopenhagen verkehren auf der Vogelfluglinie bis zu ein Dutzend Direktzüge in jeder Richtung. Die Fahrtzeit beträgt inklusive Fährüberfahrt 5 Std. Tagsüber fahren EC-Züge im Zweistundentakt, nachts Schlaf- und Liegewagenzüge mit Kurswagen aus allen Teilen Europas. Fahrgäste können während der Fährpassagen im Zug bleiben (z.B. bei Nachtfahrten durchschlafen) oder aber die Restaurants, Duty-free-Shops und Außendecks des Schiffes frequentieren.

Von Hamburg über Flensburg verkehren täglich InterRegio-Züge nach Jütland, auch mit Anschlüssen nach Fünen. Jütlands wichtigster Eisenbahnknotenpunkt Fredericia ist in ca 4 Std. erreicht, Århus in 5 Std., und bis Frederikshavn ist man fast 8 Std. unterwegs.

Für Bahnreisen nach Dänemark bieten die beteiligten Bahnen immer wieder Sonderangebote, z.B. günstige 5-Tage-Tickets, Scanrail-Pass (Netzkarte für ganz Skandinavien) sowie Ergänzungstickets für die Bahn Card Senior.

Mit einem Knotenpunkt in Hamburg gibt es ab einigen deutschen Großstädten **Fernbus**verbindungen u.a. nach Kopenhagen sowie über Kolding, Århus, Randers und Aalborg nach Hirtshals. Die meisten internationalen Linien zwischen Deutschland und Dänemark betreibt Eurolines Scandinavia, ZOB Adenauerallee 78, 20097 Hamburg, ✆ 0 40/24 71 06; in DK ✆ 99 34 44 44 (Aalborg) oder 33 25 10 44 (Kopenhagen).

Abgesehen von einigen Saisonverbindungen nach Bornholm (ab Berlin, Düsseldorf und Hamburg) und wenigen Geschäftsreiseflügen nach Jütland (u.a. Frankfurt–Billund mit Mærsk Air) wird der **Flug**verkehr zwischen Mitteleuropa und Dänemark über Kopenhagens internationalen Flughafen Kastrup abgewickelt. Verbindungen gibt es ab allen größeren Flughäfen in Deutschland, der Schweiz und Österreich u.a. von der SAS sowie Swissair und Austrian Airlines. Durch die Liberalisierung des Luftverkehrs ändert sich das Angebot häufig. Gute Reisebüros informieren über Details.

Für das Umsteigen zwischen nationalen (s. S. 381) und internationalen Flügen in Kopenhagen sind ca. 45 Min. notwendig. Die Zollabfertigung erfolgt bei der Einreise in Kopenhagen, bei der Ausreise kann Gepäck auch von Provinzflughäfen ins Ausland durchgecheckt werden. Zwischen dem internationalen Terminal und dem für innerdänische Flüge – *indenrigsterminalen* – verkehrt ein kostenloser Shuttle Bus (ca 3 Min.).

Fluglinien: Mærsk Air, Stresemann Allee 41, 60596 Frankfurt, ✆ 0 69/63 20 25, Fax 0 69/63 15 35 18 Tel.-Buchung in Dänemark: Billund ✆ 75 33 22 44, Kopenhagen ✆ 32 31 45 45; SAS – Scandinavian Airlines System, Saonestr. 3, 60528 Frankfurt, ✆ 0 9 /66 55 81 11 Tel.-Buchung in Dänemark: ✆ 32 32 68 28 u. 32 32 68 48

Fahrradmitnahme: Ein Versand normaler Fahrräder per Bahn zu größeren dänischen Bahnhöfen ist möglich, die direkte Mitnahme eines Rades nur in wenigen internationalen Zügen von Hamburg nach Jütland.

Die Mitnahme auf Flügen ist der jeweiligen Airline rechtzeitig anzuzeigen und kostet z.B. bei Lufthansa und SAS 50 DM.

Ärztliche Versorgung

In jedem Ort gibt es einen oder mehrere Ärzte, die oft in einer kommunalen Gemeinschaftspraxis praktizieren (*Lægehus* = Arzthaus), in größeren Orten sind Krankenhäuser *(sygehus)* vorhanden. Gut ist auch das Netz der zahnärztlichen Versorgung. Landesdeckend gibt es ärztliche Notdienste, in deren Rahmen bei akuten Erkrankungen Hausbesuche gemacht werden. Deutlich geringer als in Deutschland ist die Zahl der Apotheken, die Versorgung ist aber ausreichend. Die meisten Medikamente gibt es nur auf Rezept und gegen hohe Eigenleistungen.

Notfallbehandlungen in Krankenhäusern sind kostenlos. Mit einigen Ausnahmen, u.a. bei Fachärzten, erhalten gesetzlich versicherte EU-Bürger gegen Vorlage des EU-Krankenscheins (E111), der bei den Krankenkasse erhältlich ist, kostenlose ärztliche Hilfe im gleichen Umfang wie gesetzlich versicherte Dänen. Das beinhaltet relativ hohe Eigenleistungen bei Zahnbehandlungen und Medikamenten. Gegen dieses Restrisiko kann man sich mit einer Auslandskrankenversicherung schützen. Es empfiehlt sich in jedem Fall, den aktuellen Versicherungsschutz bei der eigenen Krankenkasse oder -versicherung vor Reiseantritt zu erfragen.

Auskunft

Dänisches Fremdenverkehrsamt (für alle deutschsprachigen Länder), Postfach 10 13 29, 20008 Hamburg, ✆ 0 40/32 78 03, Fax 0 40/33 70 83 (kein Publikumsverkehr!). Ein 24-Std.-Ansagedienst des Fremdenverkehrsamtes (✆ 0 40 /32 27 89) informiert aktuell über Wetter und Verkehr.

Deutschsprachige Skandinavien-Infos mit Tips und Hinweisen auch zu Dänemark können im Internet über http://www.skandinavien.de angeklickt werden.

In Dänemark wird in autorisierte ›Touristenbüros‹ – in der folgenden Liste *Turistbureau* – und *Turistinformationen* unterschieden. Erstere müssen ganzjährig mindestens Mo–Sa während der normalen Geschäftszeiten geöffnet haben und über ganz Dänemark informieren können, Eine *Turistinformation* hat zwar oft ebenfalls ganzjährig geöffnet, muß es aber nur in der Hauptsaison sein, und braucht nur über den jeweiligen Lokalbereich zu informieren. Autorisierte Informationsstellen sind am weißen ›i‹ auf grünem Schild zu erkennen. Daneben gibt es weitere i-Büros, deren Leistungen aber keinen Mindestanforderungen unterliegen.

Detaillierte Anfragen – bei Bedarf auch nach Ferienhäusern oder Zimmern – richtet man an örtliche Touristenbüros in Dänemark; als Postanschrift reicht: Turistbureau, DK-Postleitzahl und Ortsname. Postleitzahlen wichtiger Orte s. Adressen und Tips von Ort zu Ort ab S. 322.

Autofahren

Wer zum ersten Mal von einer der Fähren auf dänische Straßen rollt oder von Schleswig-Holstein über die Grenze nach Sønderjylland wechselt, wird bald merken, daß der Verkehr nicht so hektisch wie auf bundesdeutschen Autobahnen ist; Drängler, die mit der Lichthupe spielen, um sich den Weg freizunötigen, sind fast unbekannt. Es geht geruhsamer zu, und der Verkehr ist nicht so dicht wie in Mitteleuropa. Und selbst das, was in der Rush-hour rund um Kopenhagen als Stau bezeichnet wird, läßt Berufsverkehrgeschädigte aus jeder bundesdeutschen Großstadt nur müde lächeln.

Das Fernstraßennetz ist großzügig ausgebaut, aber an den längst nicht so hochgerüsteten Sicherheitsvorkehrungen der Autobahnen – oft wenige oder kleine Leitplanken, oft kein Standstreifen – merkt man schnell, daß es nicht auf unbegrenzte Geschwindigkeiten ausgelegt ist. Tempo 50 in Ortschaften, Tempo 80 auf Landstraßen und Tempo 110 auf Autobahnen sind vorgeschrieben, und selbst Raser überschreiten selten eine Toleranzspanne von etwa + 20 km/h – was im Falle einer Radarfalle aber umgerechnet schon einige hundert Mark kostet. Die Polizei kassiert bei Ausländern übrigens direkt, wobei auch Eurocheques oder Kreditkarten akzeptiert werden.

Autofahrer haben auch eine Bummelstrecke: die Margeriten-Route, kenntlich gemacht durch Hinweisschilder, die die Blüte einer Margerite, Lieblingsblume von Königin Margrethe II., auf braunem Grund zeigen. Über mehr als 3500 km, unterteilt in fünf Teilstrecken, führt diese Touristenstrecke hauptsächlich auf Nebenstraßen zu rund tausend Sehenswürdigkeiten im Lande.

Einige Besonderheiten bei den **Verkehrsregeln:**
– Fahrlicht ist ganztägig vorgeschrieben.
– An Autobahnauffahrten gilt in der Regel das Reißverschlußverfahren.
– Eine Kette weißer Dreiecke auf der Fahrbahn an Kreuzungen signalisiert: Vorfahrt gewähren.
– Gelb bemalte Bordsteinkanten signalisieren Parkverbot. Wo zeitlich begrenztes Parken erlaubt ist, sind Parkscheiben notwendig, erhältlich in Banken (!), Tankstellen oder i-Büros.
– Alle Hauptstraßen und Autobahnen sowie deren Abfahrten sind konsequent mit Nummern gekennzeichnet, so daß eine Orientierung ausschließlich anhand dieser Nummern erfolgen kann, die aus allen guten Karten neueren Datums ersichtlich sind. Nicht ungewöhnlich ist es, daß verschiedene Straßen über eine Trasse verlaufen, so südlich von Kopenhagen die E20, E47 und E55. Bei Hinweisschildern zu Autobahnen und autobahnähnlichen Fernstraßen taucht oft ein Kleinbuchstabe als Zusatz auf, der die Richtung angibt (z.B. E47 s = Autobahn 47 in südliche Richtung; n = Nord, ø = Ost, v = West).

Tankstellen gibt es reichlich. Dort bekommt man fast nur noch unverbleite Kraftstoffe (92, 95 und 98 Oktan = Normal, Super, Super plus) sowie Diesel; das Preisniveau entspricht etwa dem in Deutschland, Diesel ist geringfügig teurer.

Pannenhilfe: Der dänische Automobilclub FDM unterhält keinen Pannendienst. Einige deutsche Automobilclubs, so der ADAC, kooperieren mit privaten Hilfsdiensten, Details dazu entnehmen Sie bitte aus den jeweiligen Schutzbriefen. Der private Rettungs- und Pannendienst Falck unterhält landesweit ein dichtes Netz von Stationen, die Rufnummern können jedem Telefonbuch entnommen werden.

Unfälle: Unfälle ausländischer Fahrzeuge müssen gemeldet werden an: Dansk Forening for International Motorkøretøjsforsikring (Verband der internationalen Kfz-Versicherer), Amaliegade 10, 1256 Kopenhagen K, ✆ 33 13 75 55, Fax 33 11 23 53.

Versicherungen: Empfehlenswert ist eine Autoservice-Versicherung, die die Pannenhilfe deckt, wenn das Auto liegenbleibt.

Leihwagen: Die internationalen Verleihfirmen Avis, budget, Europcar, Hertz usw. sind landesweit vertreten. außerdem gibt es einige lokale Vermieter. Die meisten Hotels und Ferienparks vermitteln Leihwagen zu günstigen Ferientarifen, wenn der Wagen am gleichen Ort geliehen und zurückgegeben wird. Die Vorausbuchung über Reiseveranstalter hat sich in der Vergangenheit oft als günstig erwiesen.

Behinderte

Behinderte (dänisch: *handicappede*) haben eine starke Lobby, und es wird umfangreich auf ihre Bedürfnisse eingegangen. Öffentliche Gebäude und Verkehrsmittel besitzen in der Regel Einrichtungen für Behinderte.
Bei der Benutzung von Fähren sollte man frühzeitig am Anleger sein und das einweisende Reedereipersonal nach einem Halteplatz in der Nähe eines Aufzugs sowie nach ausreichend Platz zum Aussteigen fragen.

Das dänische Fremdenverkehrsamt hält einen Sonderprospekt ›Reisen in Dänemark für Körperbehinderte‹ mit allen wichtigen Informationen und Adressen bereit, darunter Angaben zu rollstuhlgerechten Einrichtungen an Sehenswürdigkeiten.

Ferienhäuser sind zwar meist ebenerdig, aber nicht immer rollstuhlgerecht, gute Ferienhausvermittler halten Aufstellungen geeigneter Häuser bereit. Neuere Ferienparks und Hotels besitzen rollstuhlgerechte Wohneinheiten, auch zahlreiche Jugendherbergen des Dänischen Wandervereins sind wenigstens zum Teil behindertengerecht. Gängige Unterkunftsverzeichnisse, die über das dänische Fremdenverkehrsamt bezogen werden können, weisen entsprechende Häuser aus.

Eine durch und durch behindertengerecht gestaltete Ferienanlage ist Dronningens Ferieby bei Grenaa auf der Halbinsel Djursland. Informationen und Vermietung: Dronningens Ferieby, DK-8500 Grenå, ✆ 86 30 05 80, Fax 86 30 07 80

Diplomatische Vertretungen

...in Deutschland: Königlich Dänische Botschaft, Pfälzer Str. 14, 53111 Bonn, ✆ 02 28/72 99 10.
...in Österreich: Führichgasse 6, 1015 Wien, ✆ 02 22/ 5 12 79 04
...in der Schweiz: Thunstraße 95, 3006 Bern, ✆ 0 31 /44 50 11
Anschriften näherliegender Konsulate können in den genannten Botschaften erfragt werden.
...in Dänemark
Deutsche Botschaft, Stockholmsgade 57, 2100 Kopenhagen Ø, ✆ 35 26 16 22, Fax 35 26 71 05
Deutsches Generalkonsulat, Kystvej 18, 6200 Aabenraa, ✆ 74 62 14 64, Fax 74 62 94 66.
Österreichische Botschaft, Sølundvej 1, 2100 Kopenhagen Ø, ✆ 39 29 41 41, Fax 39 29 20 86
Schweizer Botschaft, Amaliegade 14, 1256 Kopenhagen K, ✆ 33 14 17 96, Fax 33 33 75 51

Einkaufen

Einkauf für den täglichen Bedarf

Es gibt in fast jedem Ort einen Supermarkt, und dicht ist auch das Netz der Bäckereien, die neben Backwaren noch Molkereiprodukte verkaufen. Viele Ferienparks und Campingplätze haben Miniläden oder Kioske mit umfangreichem Warenangebot und verlängerten Öffnungszeiten.

Das Preisniveau entspricht etwa dem deutschen, wobei einige Produktbereiche in Dänemark billiger sind, z.B.Tee, Kaffee, frischer Fisch, frisches heimisches Gemüse, einige teurer, z.B. Alkoholika, Zigaretten, Kosmetika, Früchte und Gemüse aus dem Import.

Immer lohnend für die preiswerte Bereicherung des Speiseplans sind die zahlreichen Verkaufsstände, die von Bauern oder Gartenbesitzern direkt an den Straßen aufgestellt werden. Angeboten wird, was gerade wächst. Die Stände sind meist unbeaufsichtigt, der Verkauf geht nach Treu und Glauben. Sie sollten bei Überlandfahrten dafür immer Kleingeld in der Tasche haben, denn Wechselkassen sind selten.

Souvenirs

Klassische Souvenirs stammen aus dem Hause Royal Copenhagen mit dem Porzellan der Königlich Kopenhagener Porzellanmanufaktur (s. S. 52), dem Silber von Georg Jensen und dem Glas von Holmegård. Zum Edelsten gehören auch die HiFi-Geräte von B&O und vor allem Klassiker des Möbeldesigns, die auch mit Lieferung frei Haus überall in Deutschland bis zu einem Drittel billiger als südlich der Grenze sind; viele Möbelgeschäfte in Südjütland haben sich auf solche Direktexporte spezialisiert. Populär und preiswert sind schlicht funktionale Haushaltsgeräte und Produkte der vielen freien Kunsthandwerker, angefangen von Kerzen über Keramik bis zu Studioglas.

Die Erstattung der 25% Mehrwertsteuer ist für Personen mit festem Wohnsitz innerhalb der EU nicht möglich, wohl aber noch für Schweizer. Über Details informieren alle Geschäfte, die den Service Tax Free For Tourists anbieten.

Einreisebestimmungen und Freimengen

Da Dänemark bisher nicht dem Schengener Abkommen beigetreten ist, müssen Staatsbürger der EU-Länder einen Personalausweis oder Reisepaß an der Grenze bereithalten, gleiches gilt für Schweizer. Nicht EU-Bürger mit Wohnsitz in den deutschsprachigen Ländern müssen Visabestimmungen entsprechend ihrer Staatsbürgerschaft beachten, für diesen Personenkreis gelten auch besondere Bestimmungen bei einer Transitanreise nach Bornholm über Schweden!

Hunde und Katzen, die mindestens einen und höchstens zwölf Monate vor dem Grenzübertritt nachweislich eines internationalen Impfausweises gegen Tollwut geimpft wurden, können ohne Probleme eingeführt werden, für zahlreiche andere Tiere benötigt man eine besondere Einfuhrerlaubnis des Veterinærdirektorat, Rolighedsvej 25, DK-1958-Frederiksberg C. Bei der Anreise nach Bornholm über Schweden sind die dort strengeren Einfuhrbestimmungen zu beachten.

Autofahrer aus den mitteleuropäischen Ländern benötigen einen gültigen nationalen Führerschein und den KFZ-Schein, ein grüner Versicherungsschein ist nicht mehr vorgeschrieben, hilft aber bei Unfällen, die Formalitäten zu vereinfachen.

Urlauber dürfen Dinge für den persönlichen Gebrauch unbeschränkt einführen. Nur noch für wenige Waren, die in einem EU-Land gekauft wurden, bestehen Obergrenzen für eine abgabenfreie Einfuhr: 1,5 l Hochprozentiges mit über 22% Alkohol und 300 Zigaretten oder 75 Zigarren oder 400 g Tabak. Enger sind die Grenzen für Waren aus Nicht-EU-Ländern oder einem Duty-free-Verkauf (Fähren!): 1 l Hochprozentiges oder 2 l mit weniger als 22%, 2 l Wein, 200 Zigaretten oder 50 Zigarren oder 250 g Tabak, 50 g Parfüm oder 250 ml Toilettenwasser; 0,5 kg Kaffee; 100 g Tee; andere Waren bis 350 DKK (ca. 90 DM).

Elektrizität

Die Stromspannung entspricht der in Mitteleuropa üblichen: 220 Volt Wechselstrom. Dänische Steckdosen sind immer mit einem Schalter gesichert, der meist direkt daneben oder darüber angebracht ist.

Essen und Trinken

Aus der typischen Essenfolge (s S. 40ff.) – mittags das kleine *frokost,* abends die Hauptmahlzeit – ergibt sich, daß in den Mittagsstunden vor allem in den Städten viele Restaurants preiswerte und leichte Tagesgerichte anbieten, abends dann erst Gerichte von der Hauptkarte. Lokale, die sich auf Buffets spezialisiert haben – egal ob es sich um das legendäre dänische, um ein gesundes Salatbuffet, um ein Pizza-Buffet oder ein griechisches Buffet handelt – verlangen dafür in Mittagsstunden oft weniger – 50–100 DKK – als am Abend –

ab 100 DKK. Mittags gibt es auch in vielen Lokalen, die am Abend keine Küche haben, sog. *Frokost*-Gerichte.

In kleineren Orten und auf dem Lande fragt man sich am besten nach dem Kro durch, dem traditionellen Landgasthof, meist ein gemütliches, häufig romantisch rustikales Restaurant. Doch sollte man das Objekt erst in Augenschein nehmen, am besten auch die Speisekarte: Einige der besten und teuersten Freßtempel sind Kroer, aber manchmal steht der Name Kro auch nur über einer einfachen Kneipe.

Zwei- bis Drei-Gänge-Menüs kosten in sog. Discount-Restaurants 60–80, in der Mittelklasse 150–200 DKK und in der gehobenen Gastronomie ab 300 DKK.

Auch Alkohol ist längst nicht mehr so teuer, wie manche Legenden vergangener Tage glauben machen: In der Provinz kostet in Kneipen, Restaurants oder Discos eine 0,33-l-Flasche normales Pilsner meist noch unter 20 DKK, und selbst im Zentrum Kopenhagens wird nur wenig mehr dafür kassiert; ein paar Kronen teurer sind die vielen Starkbiere, meist erkennbar am edel geschmückten Flaschenhals *(luxus øl / guld øl)*. In der gleichen Preisklasse wie ein Pilsner liegen auch die gängigen Schnäpse wie die Akvavits aus Aalborg. Ab 100 DKK bekommt man in Restaurants eine Flasche mit einem ordentlichen Tischwein, meist französischer Herkunft.

Fahrradfahren

Innerhalb Dänemarks gibt es ein vorbildlich gekennzeichnetes Fahrradroutennetz, die Hinweisschilder zeigen ein weißes Fahrradpiktogramm auf blauem Grund, meist mit Routennummer und

Kilometerangaben. Zehn nationale Fahrradrouten von etwa 3300 km Länge führen kreuz und quer durch das Land, ergänzt durch mehrere tausend Kilometer lokaler Routen. Möglichst werden autofreie Wege oder wenig befahrenen Nebenstraßen genutzt, nur selten stark befahrene Straßen. Für alle Landesteile liegen Beschreibungen der Fahrradrouten mit detaillierten Karten vor (s. S. 378).

Die dänischen Eisenbahnen transportieren normale Fahrräder in fast allen Zügen, ausgenommen in den IC3-Qualitätszügen. Besondere Regeln gelten für Spezialräder, Tandems und Fahrradanhänger. Die Bestimmungen und die Kosten variieren je nach Zugform erheblich; über die Details informiert ein deutschsprachiges Faltblatt der DSB, das auf allen Bahnhöfen erhältlich ist. Grundsätzlich ist die Mitnahme vom Platzangebot abhängig, eine Mitnahmegarantie gibt es nicht; Platzkarten für Fahrradplätze auf durchgehenden Zügen zwischen Jütland und Seeland sind zu empfehlen. Auch einige Busse nehmen Fahrräder mit. Bei Inlandsflügen kostet der Fahrradtransport ca. 150 DKK.

Ausgearbeitete Radtouren in verschiedenen Teilen Dänemarks mit vorgebuchten Unterkünften bietet: Bike Denmark, Åboulevard 1, 1635 Kopenhagen, ✆ 35 36 41 00, Fax 35 36 42 00.

Wichtig für Radfahrer:

– Radweg heißt *cykelsti* oder *cykelvej*.
– Ein Fahrradpiktogramm oder ein kleiner Strich über dem roten Balken eines Sackgassenschildes zeigt an, daß es am Ende eine Durchfahrt für Radfahrer gibt.
– Zum Linksabbiegen fährt man am rechten Fahrbahnrand über den Kreuzungsbereich und ordnet sich auf der andern Seite in den Querverkehr ein, wieder am rechten Fahrbahnrand. Es ist lebensgefährlich, sich in der Fahrbahnmitte oder auf Linksabbiegespuren einzuordnen, da dänische Autofahrer dies nicht gewohnt sind und dort keine Radfahrer erwarten!
– Durch Heben einer Hand zeigt man auf Radwegen nachfolgenden Radfahrern an, wenn man bremst oder anhalten will – das ist auf vielbefahrenen Wegen unerläßlich, um Auffahrunfälle zu vermeiden.

Feiertage und Feste

– Neujahr am **1.Januar**
– Osterurlauber erleben manchmal unliebsame Überraschungen, da die Geschäfte schon am **Gründonnerstag** geschlossen haben, außerdem **Karfreitag, Ostersonntag und Ostermontag**.
– Der *store bededag* (etwa Buß- und Bettag) macht den Dänen das vierte Wochenende nach Ostern zu einem langen: Der Freitag ist Feiertag.
– Am **1.Mai,** dem Tag der Arbeit, wird meist bis zum Mittag gearbeitet und anschließend zu Maikundgebungen der Parteien und Gewerkschaften marschiert. Dort gibt's neben politischen Reden viel Kultur.
– Der zweite Donnerstag vor Pfingsten ist **Christi Himmelfahrt**.
– **Pfingstsonntag und -montag** sind Feiertage, die zum Teil sehr ausgelassen begangen werden. Einige Städte versuchen sich sogar mit einem Karneval nach südamerikanischem Vorbild über die Pfingsttage. In Kopenhagen, wo Mitte der 80er noch Hunderttausende in den Straßen Samba tanzten oder wenigstens dabei zuschauten, ist der Karneval inzwischen zu einer Art

Stadtteilfest geschrumpft, besser sieht es noch in Aalborg aus.

Schon seit dem 19.Jh. besteht der Brauch, die Nacht auf Pfingsten durchzufeiern, um die Morgensonne tanzen zu sehen. Ursprünglich schaute man am Ostermorgen nach der aufgehenden Sonne, die aus Freude über Jesu Auferstehung am Himmel tanzt. Weil das Wetter aber Ostern meist nicht dazu einlädt, eine Nacht auf diesen Augenblick zu warten, verlegte man den Brauch ganz pragmatisch auf Pfingsten.

– Am **5.Juni** (mittags Geschäftsschluß) wird der Verfassungstag *(grundlovsdag)* gefeiert. An diesem Tag im Jahre 1849 hatte der damalige König Frederik VII. ein bürgerliches Grundgesetz unterschrieben.

– Am **23.Juni** feiern die Dänen *sankthansaften*, ohne daß dieser Tag ein gesetzlicher Feiertag wäre. Der eigentliche Skt.-Hans-Tag ist der 24. Juni. Ursprünglich feierte man den längsten Tag des Jahres – Mittsommer – am 21./22. Juni. In katholischen Zeiten wurde das heidnische Fest nicht einfach verboten, sondern durch das Fest Johannes des Täufers – dänisch: Sankt Hans – ersetzt. *Sankthansaften* wird mit Straßen- oder Nachbarschaftsfesten gefeiert. Meist marschiert man – allen voran die Kinder – mit einer Hexe aus Stroh zu einem vorbereiteten Holzstoß, die Hexe kommt obenauf, und das Ganze wird angesteckt. Dazu wird gesungen, darunter immer das Skt.-Hans-Lied. Eindrucksvoll ist es, *sankthansaften* am Meer zu erleben, wenn überall am Strand die Feuer lodern.

– Am **24.12.** haben die Geschäfte bis zum Mittag geöffnet. Der Heilige Abend wird meist im engen Familienkreis begangen. Zum traditionellen Festessen gehört neben Entenbraten mit süßen Bohnen, Rotkohl und Kartoffeln auch eine große Schüssel Reispudding, in der eine ganze Mandel versenkt ist. Wer sie in seiner Portion findet, bekommt neben den Weihnachtsgeschenken noch eine *mandelgave*, ein Mandelgeschenk. An den Weihnachtstagen, dem 25. und 26.12., kann ein neutraler Beobachter angesichts eines dänischen Weihnachtsbaumes nicht sicher sein, ob er einen christlichen Feiertag erlebt oder einen nationalen Gedenktag: rotweiße Fähnchen sind der beliebteste Baumschmuck.

– Am **31.12.** schließen die Geschäfte am Mittag. Der letzte Tag des Jahres heißt *nytårsaften*, Neujahrsabend. Zu einem dänischen *nytårsaften* gehört neben einem Dorsch als Hauptgericht ein mehrstöckiger *kransekage*, ein Kuchengebilde aus mehreren, übereinandergeschichteten, immer kleiner werdenden Ringen aus Marzipangebäck. Dieser Kuchenturm wird mit Knallbonbons verziert. Falls Sie in einem dänischen Ferienhaus *nytårsaften* landestypisch feiern wollen, dann sollten Sie den *kransekage* rechtzeitig beim nächsten Bäcker bestellen – pro Person einen Ring.

FKK

Ob man an Stränden nackt badet oder sich sonnt sollte man vor Ort entscheiden, mit Rücksicht auf die Strandnachbarn. Verboten ist das Nacktsein nicht ausdrücklich, es ist nur manchmal unangebracht. Ansonsten gilt für Männer und Frauen: Eine Badehose reicht.

Geld und Banken

Währung ist die Dänische Krone (DKK, früher DKr) die zur Deutschen Mark etwa im Verhältnis 1:4 steht und recht stabil ist (Kurs Mitte 1996: 1 DM = 3,90 DKK, 1 sFr = 4,79 DKK und 1 öS = 0,55 DKK.

Es gibt Banknoten zu 50, 100, 500 und 1000 DKK und Münzen zu 1, 2, 5, 10 und 20 DKK, sowie zu 25 und 50 Øre – bei Barzahlung werden andere Ørebeträge gerundet.

Geldwechseln ist in Banken (Mo–Fr 9.30–16 Uhr, Do bis 18 Uhr), Wechselstuben (ca. bis 22 Uhr) sowie in größeren Touristenbüros möglich. Wechselgebühren pro Tausch ca. 20–25 DKK. Ob Sie Bargeld in Dänemark oder schon zu Hause eintauschen, macht kaum einen Unterschied, nur sollten Sie in Dänemark wegen hoher Gebühren nicht zu häufig kleine Beträge wechseln. Bei allen Postämtern kann man Geld vom bundesdeutschen Postsparbuch abheben.

Kreditkarten (insbesondere Visa und Eurocard, seltener Diners und American Express) und in DKK ausgestellte Eurocheques (z.Zt. max. 1500 DKK) können vielerorts als Zahlungsmittel oder zur Bargeldbeschaffung verwendet werden. Geldautomaten mit deutschsprachigem Bedienungsmenue für ec- und einige Kreditkarten sind landesweit vorhanden (z.B. die roten KONTANTEN-Automaten).

Eurocheque- und Kreditkartenverlust: Bei Verlust oder Diebstahl sollten Sie sich in erster Linie an an die in Ihren Unterlagen genannte Nummer im Heimatland wenden, um Karte und Schecks sperren zu lassen. Notfallnummern in Dänemark: Eurocheque, Eurocard und Visa ✆ 44 89 25 00 (zum Sperren nach der dänischen/englischen Ansage 1 drücken); American Express ✆ 80 01 00 21; Diners Club ✆ 36 73 73 73.

Heiraten

In Dänemark läßt sich eine Heirat problemlos binnen 24 Stunden von der Idee in die Tat umsetzen, bei ganz Eiligen auch schneller. Nicht selten nutzen Urlauber diesen relativ formlosen, aber rechtsgültigen Weg in die Ehe. Voraussetzung ist, daß die Partner Pässe und Geburtsurkunden parat haben und nachweislich noch nicht verheiratet waren. Sind einer oder beide Partner geschieden, dauert die Prozedur etwas länger, weil die rechtmäßige Auflösung der Altehen geprüft werden muß.

Sind Sie heiratswillig, wenden Sie sich an das Rathaus der Gemeinde, in der Sie Urlaub machen, oder bitten das nächstliegende i-Büro einen Trauungstermin zu besorgen. Die Gebühr beträgt ca. 500 DKK. Übrigens traut in Dänemark entweder der Bürgermeister – in der Regel dort, wo Sie wollen – oder der Priester.

Zur standesamtlichen Anerkennung einer Lebensgemeinschaft gleichgeschlechtlicher Paare, die in Dänemark seit 1989 möglich ist, verlangt das Gesetz, daß wenigstens einer der Partner einen ständigen Wohnsitz im Lande hat.

Karten, Bücher

Bücher aus Dänemark, z.B. regionale Rad- oder Wanderführer und den jährlich erscheinenden dänischen Campingführer, verkauft auch im Versandhandel: Dänische Buchhandlung (Dansk Boghandel), Norderstr. 74, 24904 Flensburg ✆ 04 61/1 75 71 Fax 04 61/1 70 31. Karten und Routenbeschreibungen zum Dänischen Radwegenetz vertreibt in Deutschland der Fahrrad-Club ADFC, Postfach 10 77 47, 28077 Bremen, Fax 04 21/3 46 29 50

Kinder

Im Familienferienland Dänemark macht das Reisen mit Kindern keine Probleme. Spezielle Kinderportionen oder halbe Portionen in Restaurants sind üblich. Vielerorts sorgen i-Büros oder Ferienhausvermittler für Kinderunterhaltung während der Saison, zahlreiche Attraktionen, allen voran die ›Sommerland‹ genannten Freizeitparks und natürlich der LEGOLAND Park sind in erster Linie für Kinder da, und außerdem bekommen immer mehr Museen Kinderabteilungen (s. S. 69). Insbesondere bei Reisen in der Nebensaison empfiehlt es sich aber, Spiele und ähnliches selbst mitzubringen. Kindgerechte Angebote sind dann Mangelware.

Uneinheitlich sind die Regeln für Kinderermäßigungen: Mal zahlen 13jährige den vollen Preis, mal gehen 17jährige noch als Kinder durch. Faustregel: Je kindgerechter die Attraktion, desto niedriger die Altersgrenzen.

Klima und Reisezeit

Wer Silvester/Neujahr in Dänemark verbringt, sollte keinen Schnee erwarten, eher naßkaltes Wetter. Der Winter zieht meist erst Ende Januar ein und erstreckt sich über den Februar bis in den März hinein. Sind die Meere in strengen Wintern zugefroren – Ostsee und Limfjord, nie die Nordsee – dann hält sich Kälte sehr lange. Populäres Kriterium, von einem Eiswinter zu sprechen, ist, wenn man zu Fuß von Kopenhagen nach Malmö gelangen könnte – durchschnittlich alle 7 bis 8 Jahre ist das der Fall.
Nach der Statistik klettern die Temperaturen im Mai merklich, der Frühling kommt dann sehr schnell und ist kürzer als in Mitteleuropa. Heuschnupfen-

kranke sollten die gegenüber Mitteleuropa etwas verspäteten Vegetationsperioden berücksichtigen.
Der eigentliche Sommer reicht von Mitte / Ende Juni bis in den August hinein; Durchschnittstemperaturen von über 20° C und Spitzentemperaturen von über 30° C sind dann üblich. Die Wassertemperatur erreicht in guten Sommern über 20° C.

In Jütland herrscht meist ein wechselhaftes Meeresklima, während der Osten nicht selten unter den Einfluß des stabileren Kontinentalklimas gerät. Um Ostern und in den Herbstferien ist ein Dänemarkurlaub ein spannendes Spiel in der Wetterlotterie mit guten Gewinnchancen für kühle, aber schöne Tage.

Soweit Museen, Attraktionen, Lokale und Campingplätze in Touristenregionen nicht ganzjährig geöffnet haben, so beginnen sie die Saison in der Regel Anfang Mai oder um Pfingsten, wenige schon Ostern. Der Saisonstart ist manchmal auch davon abhängig, ob die großen Feiertage früh oder spät liegen. Saisonende ist Mitte bis Ende September oder mit Ende der dänischen Herbstferien in der dritten Oktoberwoche.

Wer außer schönen Spaziergängen am Meer auch gern ausgehen oder Kultur erleben möchte, sollte bei der Standortwahl für einen Nebensaisonurlaub die Nähe einer größeren Stadt suchen. Günstig für die Kombination Natur und Kultur sind rund ums Jahr die Ferienhausgebiete in Nordseeland mit Kopenhagen im Hinterland sowie Nordfünen mit Odense, Mols und der mittlere Teil Djurslands sowie der mittlere Teil der jütischen Ostseeküste mit Århus und Kolding, Osthimmerland und der nördliche Teil der Ostseeküste vom Limfjord bis Sæby mit Ålborg.

Kulturaustausch

Deutsch-dänische Gesellschaften sprechen Menschen an, die sich eingehender mit Dänemark und seiner Kultur befassen. Adressen solcher Vereine in Ihrer Nähe nennt: Dänisches Kulturinstitut, Pelikanstr. 7, 30177 Hannover, ✆ 05 11/6 96 50 05, Fax 05 11/69 50 08

Medien

Deutschsprachige Zeitungen sind meist am Erscheinungstag überall erhältlich, deutsche Radiostationen (z.B. der NDR) in der südlichen Hälfte Dänemarks auf UKW gut zu empfangen, im Rest des Landes auf der Mittel- und Kurzwelle. Viele Ferienparks und Hotels speisen deutschsprachige Satellitenkanäle in ihre Hausanlagen, und viele Ferienhäuser der höheren Preisklassen haben eigene Empfangsschüssel, auf die meist in den Katalogen hingewiesen wird. In südlichen Landesteilen sind deutsche Fernsehsender auch über Antenne zu empfangen.

Fußballergebnisse und Ligatabellen aus dem Ausland bringen die meisten dänischen Tageszeitungen sehr ausführlich auf den Sportseiten ihrer Montagsausgaben.

Deutschsprachige Zeitungen und Zeitschriften gibt es z.T. am Erscheinungstag, wer etwas warten kann, hat ein breiteres Angebot. In Südjütland erscheint die Tageszeitung »Nordschleswiger« der deutschen Minderheit in deutscher Sprache und ist an Kiosken erhältlich. Sie enthält auch einen überregionalen Teil mit vielen Nachrichten aus Deutschland.

Direkt an Urlauber wenden sich werbefinanzierte Touristenzeitungen, in der Regel zweisprachig deutsch / dänisch

und mit viele praktische Informationen sowie Hinweisen auf regionale Sehenswürdigkeiten. In einigen Urlaubsregionen senden auch Lokalfunkstationen Touristenprogramme mit Veranstaltungshinweisen und Tips in deutscher Sprache; Frequenzen und Sendezeiten nennen die i-Büros.

Notfälle

Notruf: Landesweit ✆ 112 (aus Telefonzellen ohne Münzeinwurf)

Öffentliche Verkehrsmittel

Der öffentliche Verkehr ist hervorragend. Jahrzehntelang haben dänische Regierungen frei vom Lobbydruck einer eigenen Autoindustrie den Kollektivverkehr gegenüber dem Individualverkehr gefördert – sogar die Öffnung der Bahnlinie über den Großen Belt vor Freigabe der Autobahnverbindung ist eine politisch gewollte Entscheidung, um dem Schienenverkehr einen Vorsprung vor der Konkurrenz Straße zu geben.

Im überregionalen Verkehr zwischen den Landesteilen konkurrieren Fernbusse mit Dumpingpreisen gegen die Bahn und diverse Airlines. Die Hauptstrecke des innerdänischen Bahnverkehrs verbindet Jütland und Seeland über Fünen. Hier verkehren tagsüber Züge in dichter Folge, bis zur Fertigstellung der festen Verbindung über den Großen Belt noch mit Zugverladung auf Fähren. Alle Züge von Kopenhagen über den Großen Belt nach Jütland sind platzkartenpflichtig und können, falls sie ausgebucht sind, ohne Platzkarte nicht benutzt werden. Die meisten Regionalzüge haben nur die zweite Klasse.

Die Bahnpreise richten sich nach einem Zonensystem, das auch einige Fährlinien der DSB-Reederei einschließt. Sondertarife verbilligen das Bahnfahren Di, Mi, Do und Sa außer um Feiertage herum (Billigtage!). Außerdem ist das Bahnfahren für Kinder, Senioren (ab 65 Jahren), Minigruppen und Inhaber einer Jugendrabattkarte günstiger als für den normalen Erwachsenen.

Bahnen, Regionalbusse und in der Regel auch Fähren verkehren mit gut aufeinander abgestimmten Fahrplänen bis aufs platte Land hinaus im Zeittakt – auf Hauptstrecken und in Ballungsgebieten mehrmals stündlich.

Großräumige Verkehrsverbünde mit einfachen und preiswerten Tarifstrukturen machen Ausflüge mit öffentlichen Verkehrsmitteln attraktiv. Touristenzeitkarten zum Besuch von Sehenswürdigkeiten mit Bahnen und Bussen gibt in Kopenhagen, Odense und Århus (s. Adressenund Tips von Ort zu Ort ab S. 322). Gerade die großen Städte sind mit dem öffentlichen Verkehr am besten zu erkunden, zumal Parkplätze dort knapp und teuer sind: mit bis zu 20 DKK pro Stunde (Mo–Fr 8–18, Sa 8–14 Uhr) müssen Parkscheinautomaten gefüttert werden, Knöllchen kosten ca. 400 DKK.

Unbestritten finden sich Regionen, insbesondere an der Westküste, wo man ohne fahrbaren Untersatz Einschränkungen hinnehmen muß. Gut kommt man aber ohne Auto auf den kleineren Inseln inklusive Bornholm aus oder in den Badeorten an Kattegat und Øresund nördlich von Kopenhagen.

Ein sternförmiges Flugnetz verbindet Kopenhagen mit rund einem Dutzend Provinzflughäfen, darunter Rønne auf Bornholm sowie Aalborg, Århus/Tirstrup, Billund, Esbjerg und Sønderborg in Jütland. Eine Liberalisierung des Inlandsflugverkehrs Ende 1995 hat zu einem deutlichen Anstieg der Flugfrequenzen geführt, aber auch zu häufigen Veränderungen. Die Flugzeiten betragen 40–60 Minuten und die Flugpreise sind günstig dank ganzjährig gültiger Sondertarife mit Auflagen (Mindestaufenthalt, Beschränkungen beim Umbuchen), Stand-by-Tickets für unter 26- und über 60-jährige und speziellen Preisen in den Ferienzeiten, in denen kaum Geschäftsreiseverkehr stattfindet. Fragen Sie bei Interesse im nächstliegenden i-Büro oder in einem Reisebüro, vielleicht gibt es gerade Billigstangebote, die auch aus den Ferienhausgebieten Jütlands einen Familienausflug nach Kopenhagen per Jet erschwinglich machen.

Öffnungszeiten

Kernöffnungszeiten eines liberalen Ladenschlußgesetzes sind Mo–Fr 10–17.30, Sa bis 14 Uhr. Öffnungszeiten bis 20 Uhr, meist Do und Fr, sind möglich, auch der lange Samstag ist in Städten bekannt. Bäckereien, Kioske mit umfangreichem Warenangebot oder Läden in Fremdenverkehrsregionen haben oft bis in die Nachtstunden sowie an Sonntagen geöffnet. Ein gutes Warenangebot bieten ferner Minimärkte einiger Tankstellen sowie vieler Campingplätze und Ferienparks. Banköffnungszeiten s. Geld und Banken, Postämter s. Post

Post

Porto für Briefe und Postkarten ins europäische Ausland beträgt einheitlich 3,75 DKK in der gängigen Beförderungsklasse (A = Prioritaire). Kernöffnungszeiten der Postämter: Mo–Fr 10–17 Uhr, Sa 10–12 Uhr.

Sprache

Schreibweisen und Alphabet

Æ/æ, ø/Ø und Å/å, die Spezialitäten im dänischen Alphabet, haben ihren Platz noch hinter dem XYZ. Das Å/å entspricht dem Aa/aa, wird aber bei Orts- und Eigennamen nicht einheitlich verwendet, so heißt es manchmal Åbenrå oder Ålborg, meist aber Aabenraa und Aalborg. Das W heißt im Dänischen ›Doppel-V‹ und wird im Alphabet nicht eigenständig, sondern zusammen mit dem V geführt: wichtig bei der Suche in Straßenregistern und Telefonbüchern. Außerdem werden Umlaute, die in Fremdwörtern oder fremdsprachigen Eigennamen auftauchen, in ungewohnter Weise zugeordnet: Ä/ä zu Æ/æ, Ö/ö zu Ø/ø und Ü/ü zu Y/y.

Die Dänen sind bei der **Aussprache** Weltmeister im Verschlucken von Silben und im Zusammenziehen von Wörtern. In Sprechanleitungen ist denn auch oft etwas von flüchtigen Lauten zu lesen (in der folgenden Wort- und Floskelliste bei den in Klammern gesetzten Aussprachehilfen durch ^{hoch}gestellte Buchstaben wiedergegeben). Versuchen Sie sie so gut wie möglich zu verschlucken, ohne sie ganz zu vergessen. Außerdem ist zu beachten, daß anders als in Mitteleuropa das ›S‹ fast nur stimmlos gesprochen wird. Die ungewohnten Buchstaben sind dagegen kaum ein Problem: æ / Æ wird wie Ä ausgesprochen (zum Beispiel im Ortsnamen Næstved wie in Nächte), ø/ø wie Ö (z. B. im dänischen øl [Bier] wie im deutschen Öl, nur kürzer) und å/Å wie ein offenes O: Aalborg und Aarhus also nicht mit einem Anfangslaut wie z.B. Aachen, sondern *Olbor^g* und *O^rhus* mit einem Anfangslaut wie bei Oldenburg.

Ein paar Worte Dänisch

Anrede

Du/Sie   du/De (du/di)

Gebräuchlich ist das ›du‹, selten bei sehr förmlichen Anlässen wird das ›De‹ benutzt. Verwenden Dänen im Deutschen das Du, so ist das Gewohnheit, nicht aber Respektlosigkeit oder Zeichen einer Verbrüderung.

Gängige Abkürzungen

DEM	DM, Deutsche Mark
Sct., Skt.	Sankt
St.	Store (Groß-)

Für den Umgang

Guten Tag	god dag *(goda^g)*
Guten Tag (lässig)	davs *(daus)*
Auf Wiedersehen	farvel *(fawell)*

Unterwegs

ensrettet	Einbahnstraße
adgang / gennemkørsel forbudt	Ein-/Durchfahrt verboten
spærret	gesperrt
(nach) rechts	(til) højre *(teheure)*
(nach) links	(til) venstre *(tewänstre)*
Wann fährt der Bus / Zug nach ...?	Hvornår kører bussen/toget til ...? *(wo^rno^r kö^{er} bussen/to^get te...?)*
Wo fährt der Bus ab?	Hvor går bussen fra? *(wo^r go^r bussen fra?)*
Ich möchte in ... aussteigen	Jeg vil gerne stige af i ...*(ja will gerne st ⁱ^e au i ...)*
køreplan	Fahrplan
afgang / ankomst	Abfahrt/Ankunft
fra / til	ab/an
søndag	Sonntag
mandag	Montag
tirsdag	Dienstag
onsdag	Mittwoch

torsdag	Donnerstag
fredag	Freitag
lørdag	Samstag
daglig (undtagen...)	täglich (außer ...)
hverdage (und-tagen lørdage)	werktags (außer samstags)
søn- og helligdage	Sonn- und Feiertage
bilplads	PKW-Platz (auf Fähren)
pladsbillet kræves	platzkartenpflichtig

Im Hotel/Restaurant

alt optaget	alles voll
lukket / åbent	geschlossen/geöffnet
til leje	zu mieten
(ikke)ryger	(Nicht)raucher
Haben Sie ein Ein-zel-/Doppelzimmer?	Har De et enkelt/doppeltværelse?
	(har di et enkelt/dobbeltwärelse?)

Telefonieren

Münz- und Kartentelefone sind zahlreich, deutschsprachige Bedienungsanweisungen in der Regel vorhanden. Die meisten Münzgeräte verarbeiten sämtliche gängigen Münzen. Telefonkarten gibt es bei der Post, in vielen Kiosken und in Läden der Telefongesellschaften. Vorsicht bei Geräten in Hotels, Lokalen und auf Campingplätzen. Dort sind bei Münzgeräten die Gesprächskosten meist höher als bei öffentlichen Fernsprechern. Unter den vielen verschiedenen Gerätetypen, auf die man stoßen kann, gibt es einige, in die man erst nach Zustandekommen der Verbindung Geld einwerfen sollte, da sie die vollen Gebühren – gegebenenfalls auch für Auslandsgespräche – ab dem Einwurf rechnen, also auch schon während des Wählens und solange das Freizeichen ertönt.

Man kann sich in Telefonzellen anrufen lassen, die Nummer steht meist auf der Bedienungsanleitung oder dem Gerät. Auslandsgespräche sind von allen Telefonen möglich.

Anrufe nach Dänemark: aus Deutschland, der Schweiz und Österreich: 00 + 45 + achtzifferige Rufnummer. Innerhalb Dänemarks gibt es keine Ortsvorwahlen, es ist immer die ganze Nummer zu wählen, egal ob Sie von Bornholm ein Gespräch nach Jütland führen oder im Nachbarhaus anrufen.

Anrufe von Dänemark: 00 + Kennzahl des gewünschten Landes (Deutschland 49, Schweiz 41, Österreich 43) + Ortsnetzkennzahl ohne die Anfangs-0 + Teilnehmernummer.

Anrufe bei der Auskunft, *nummeroplysning*, sind teuer (7 DKK Grundgebühr + Zeit): Inland: 118; Ausland: 113.

Die meisten Mobiltelefone mit GSM- oder NMT-Standard können ohne Formalitäten benutzt werden. In Zweifelsfällen erfragen Sie Details dazu bei Ihrem Netzbetreiber.

Trinkgeld

Trinkgeld ist keine Pflicht, kann aber für guten Service gegeben werden, so wie man es von zu Hause gewohnt ist.

Unterkunft

Anschriften von einzelnen Unterkünften s. Adressen und Tips von Ort zu Ort ab S. 322.

Zwar gilt das Ferienhaus unter deutschen Dänemarkurlaubern als die Unterkunftsform schlechthin im Lande – gut 75% schlafen dort –, aber bei genauem Hinsehen gibt es eine ganze Reihe Alternativen, von Luxushotels, die mit günstigen Sommerangeboten gerade Familien locken, bis zu alternativen Zeltlagern für Schwule und Lesben.

Mehrere Hotelketten und Zusammen-
schlüsse von Beherbergungsbetrieben
verkaufen über angeschlossene Häuser
und gute Reisebüros in Mitteleuropa
Übernachtungsschecks und Hotelpässe
(Dansk Kro Ferie: Kro-Schecks; Dansk
Familie Hoteller: Familienschecks; Best
Western Hotel Cheque; ProSkandinavia
Hotelscheck; Scandinavien Bonus Pass,
Scandic Hotels Holiday Card). Schecks
und Pässe verhelfen zu Preisvorteilen
gegenüber dem Normalpreis, sind aber
meist nur zu Zeiten gültig, in denen die
Hotels auch mit anderen Sonderange-
boten vor Ort ihre Kapazitäten füllen
wollen. Es lohnt sich auf keinen Fall, für
alle Urlaubstage Schecks schon vor
Reisebeginn zu kaufen, das macht zu
unflexibel. Über Angebote und Kondi-
tionen informiert das Dänische Fremdenverkehrsamt in seinem jährlich erscheinenden Hotelverzeichnis.

Zur Orientierung ein **Preisspiegel**
für verschiedene Unterkünfte. Die ange-
gebenen Ca.-Preise in DKK gelten pro
Doppelzimmer mit Frühstück (Stand
1996).

	Kopenhagen	sonst. DK
Privatzi.	300-400	
Fam.-zi. in JH		
(o. Frühst.)	250-350	
Hotelzimmer		
* Kategorie	bis 500	bis 400
** Kategorie	500-700	400-600
*** Kategorie	700-950	600-850
**** Kategorie	950-1300	850-1100
***** Kategorie	1300	ab 1100

Bauernhöfe

Es gibt zahlreiche Angebote für Ferien auf dem Bauernhof, sowohl als
Pensionsurlaub mit Verpflegung als
auch zur Selbstversorgung in Appartements. Informationen über das Däni-

sche Fremdenverkehrsamt oder über:
Landsforeningen for Landboturisme,
Lerbakken 7, 8410-Rønde, ✆ 86 37 39
00 und Fax 86 37 35 50; Bondegårdsfe-
rie, c/o Horsens Turistbureau, Søndergade 26, 8700 Horsens, ✆ 75 62 38 22
und Fax 75 62 61 51

Camping

Ca. 550 Campingplätze – davon knapp
ein Viertel Ganzjahresplätze – sind vom
dänischen Campingrat anerkannt und
in fünf Kategorien eingeteilt von *-Plät-
zen mit Minimalstandard bis ***-Plät-
zen mit sehr gutem Standard, den vier-
ten und fünften Stern gibt's für die Kür,
z.B. ein ganzjährig nutzbares Tropen-
bad, Tennisplätze oder eine Top-Lage
direkt hinter den Dünen. Einrichtung für
Campingwagen und Wohnmobile
haben die meisten Plätze. Im Durchschnitt zahlt ein Erwachsener etwa
10–15 DM pro Nacht, Kinder die Hälfte.

Gut 80% der Plätze vermieten inzwischen nach norwegischem Vorbild
auch Hütten. Der Standard reicht dabei
von Dach über dem Kopf und sonst
nichts bis zur 2-Zimmer-Minivilla mit
voll eingerichteter Küche und
Meerblick, nur bei den sanitären Anlagen muß man immer die Gemein-
schaftseinrichtungen des Platzes benutzen. Hütten kosten je nach Standard
50–100 DM/Nacht.
Grundsätzlich wird ein Campingpaß
verlangt, der – soweit nicht vorhanden
– auf allen Plätzen gegen eine geringe
Gebühr (z.Zt. 48 DKK) erworben werden
kann.

In der Hochsaison ist in attraktiven
Touristenregionen eine Platzvorbestel-
lung notwendig.

Das Dänische Fremdenverkehrsamt
hält immer umfangreiches Material
zum Thema Camping bereit, u.a. Listen

aller Plätze. Deren detaillierte Beschreibung bietet aber nur der jährlich erscheinende Führer ›Camping Danmark‹, der auf allen dänischen Campingplätzen sowie in guten Buchhandlungen (s.S. 378) für 70 DKK zu kaufen ist. Weitere Informationen: Campingrådet, Hesseløgade 16, DK-2100 Kopenhagen Ø, ✆ 39 27 88 44, Fax 39 27 80 44. Der größte Zusammenschluß privater Campingplatzbetreiber mit eigenem ausführlichen Katalog, der über 300 Plätze beschreibt, ist: DK-Camp, Vestergade 37 C, DK-7100 Vejle, ✆ 75 82 49 55, Fax 75 82 45 77.

Freies Zelten ist nicht erlaubt. Unerwünscht – oft sogar verboten – ist es, ein Zelt oder einen Wohnwagen auf dem Gelände von gemieteten Ferienhäusern aufzustellen.

Ferienhäuser

Von etwa 200 000 Ferienhäuser im Lande werden etwa 45 000 regelmäßig vermietet. Ein Teil wird direkt vermietet. Solche sind – so man sie durch Aushang oder Mundpropaganda findet – billiger zu haben als durch professionelle Dritte vermittelte. Bei Reklamationen ist es aber sehr schwer, Ansprüche geltend zu machen. Die Position des Verbrauchers ist besser, bucht er über einen professionellen Vermittler. Davon gibt es zwei Typen:
– Zahlreiche kleinere Vermittler, darunter viele i-Büros, sind in Dänemark lokal oder regional tätig, gelegentlich in Zusammenarbeit mit deutschen Reisebüros und Veranstaltern. Ein Zusammenschluß von 12 großen Regionalbüros arbeitet mit einem Informationskontor in Deutschland: Urlaubsring Dänemark, Wittenbruchplatz 17, 40627 Düsseldorf, ✆ 02 11/25 38 01, Fax 02 11/20 33 47.

– Mehrere große Vermittler bieten in ihren Katalogen jeweils einige Tausend Häuser oder Wohnungen aller Preis- und Komfortklassen an. Die Kataloge der Branchenriesen DanCenter, dansommer, NOVASOL und Wolters liegen in guten Reisebüros aus, und dort kann die Verfügbarkeit der Häuser jederzeit über die gängigen Reservierungssysteme abgefragt werden. Ist ein Haus belegt, nennt der Computer umgehend adäquaten Ersatz.

Achten Sie darauf, daß Sie den in der EU vorgeschriebenen Sicherungsschein ausgehändigt bekommen, der Sie vor Folgen einer Veranstalterpleite schützt. Ferienhäuser gibt es vom gemütlichen, aber einfachen und nur im Sommer nutzbaren Holzhaus mit minimalem Komfort bis zu winterfesten Kleinpalästen, die mit allem Erdenklichen ausgestattet sind, bis hin zu Satelliten-TV, Video, Fax und Telefon. Dusche, WC und Küche, meist mit Elektroherd und Kühlschrank sind immer vorhanden. Sauna und Whirlpool zählen fast zum Standard, der hauseigene Hallenpool ist keine Seltenheit mehr.

Stauraum im allgemeinen und Schränke im besonderen sind keine Stärken dänischer Ferienhäuser und auch die Betten sind selbst in den luxuriösen Häusern meist einfach, schmal und oft kurz, zum Teil Jugendzimmergröße. Von der Angabe über die maximal im Haus zulässige Personenzahl kann nicht automatisch auf die Zahl gleichwertiger Betten für Erwachsene geschlossen werden. Mitgerechnet sind häufig Schlafsofas in Durchgangs- oder Wohnzimmern sowie Schlafkojen, die nur für Kinder geeignet sind. Aufschlußreich ist auf jeden Fall das Studium der in den Katalogen abgedruckten Grundrisse. Nicht zulässig ist es, ein Ferienhaus über die maximale Belegungszahl hinaus zu nutzen oder auf dem Grundstück weitere Personen campieren zu lassen.

Nach Ausstattung aber auch nach der Reisezeit und der Lage variieren die Mietpreise. In der absoluten Nebensaison ist ein einfaches Haus für 4 Personen ohne direkten Strandzugang schon für 200 DM pro Woche zu bekommen, während man für ein sehr gut ausgestattetes Luxushaus in der Spitzensaison leicht 3000–4000 DM zahlt.

Ein paar Grundregeln:
– Die teuersten Perioden sind der Juli und der frühe August sowie über Weihnachten und Neujahr. Von September bis Anfang Juni, ausgenommen über Ostern wohnt man dann ganz preiswert; je nach Vermieter gibt es bis zu sieben verschiedene Preis-Phasen: Manchmal spart eine Woche Verschiebung schon etliche hundert Mark.
- Die großen Vermittler ködern am Anfang oder Ende einer Preisperiode oft mit Angeboten wie 3-Wochen-zum-2-Wochen-Preis oder 2-Wochen-zum-10-Tage-Preis.
– In der Regel wird wochenweise mit dem Samstag als Wechseltag vermietet, in der Nebensaison sind die Vermieter flexibler.
– In der Nebensaison liegen die Mietpreise bei 25–45% der Hauptsaisonpreise, dafür fallen dann hohe Nebenkosten an.
– Energiekosten – meist nur Strom, da fast überall elektrisch geheizt wird – sind nicht in den Mietpreisen enthalten und werden meistl nach Verbrauch abgerechnet. Bei herbst- oder winterlichen Außentemperaturen können in einem gut ausgestatteten Luxushaus mit Pool gut 500–700 DM/Woche anfallen. Holz oder Briketts für Kamine oder Kaminöfen gibt es in allen Ferienhaus-

gebieten beim Kaufmann oder Kiosk.
– Je nach Standard der Häuser ist spätestens bei der Ankunft eine Kaution von bis zu 400 DM zu hinterlegen. Davon wird im Zweifelsfall auch eine Endreinigung abgerechnet, die je nach Ausstattung des Hauses zwischen 90 und 170 DM kostet.

Haustiere dürfen nicht grundsätzlich in jedes Ferienhaus. Ein guter Katalog sollte unmißverständlich darüber Auskunft geben, ob ein Tier mitgebracht werden darf oder nicht. In Zweifelsfällen sollte man vor dem Buchen unbedingt beim Vermieter anfragen, wenn man ein Tier mitnehmen will. Ein Tierverbot ist unbedingt zu beachten, da die entsprechenden Häuser gezielt für Allergiker angeboten werden.

Ferienparks

Vor allem jüngere Familien und alleinreisende Paare haben die vielerorts in Strandnähe und jetzt auch in zwei attraktiven Provinzstädten – Kolding (s. S. 337) und Ribe (s. S. 355) – entstandenen Ferienparkanlangen mit Appartements oder wie Reihenhaussiedlungen zusammenstehenden Häusern als Alternative zum Ferienhaus entdeckt: Sie sind bei gleichem Komfort etwas preiswerter, bieten aber gute Fitness-Einrichtungen, oft auch moderne Spaßbäder und sind bei den Mietzeiten flexibler – es muß nicht immer eine ganze Woche sein.

Alle großen Ferienhausvermittler haben inzwischen solche Anlagen in den Katalogen und diese können somit über jedes gute Reisebüro gebucht werden. Soweit die Ferienparks ganzjährig geöffnet haben, locken sie außerhalb der Saison mit sehr günstigen Angeboten.

Hotels und Kroer

Das Hotelangebot reicht von einfachen Landgasthäusern bis zu Luxushotels. Vor allem Stadthotels der gehobenen Klasse bieten in der Sommerzeit, in der ihnen der Geschäftsreiseverkehr fehlt, ihre Zimmer zu Sonderpreisen an. Ein gutes Doppelzimmer mit Bad/WC in einem Stadthotel der gehobenen Klasse ist dann inkl. Frühstück schon für umgerechnet 150 bis 175 DM zu bekommen; in Kopenhagen für 200 bis 250 DM; sehr preiswert ist die Unterbringung mitreisender Kinder. Hotelketten mit entsprechenden Angeboten sind Best Western Hotels, Scandic Hotels und Scanticon-Hotels.

Eine Reihe von Schlössern und Herrensitzen werden als romantische Schloßhotels genutzt. Mehr als ein Dutzend von ihnen arbeitet zusammen als: Dansk Slotte og Herregårde, Annasvej 9, DK-2900 Hellerup, ✆ 39 40 02 77, Fax 39 40 11 77.

Preisgünstig sind Missionshotels, Seemannsheime und Discounthotels wie die Cab Inns, der Standard variiert aber.

Vor allem entlang der Landstraßen und in kleineren Orten gibt es ca. 450 Kroer (Einzahl Kro), von denen sich 113 ›kongeligt privilegerede Kroer‹ nennen dürfen (s.S.138). Kroer sind seit Jahrhunderten auf durchreisende Gäste eingestellt und bieten ideale Möglichkeiten für Rundreisende. Wer eine Kro-Rundfahrt macht, kann sicher sein, in jedem Haus eine individuelle Note zu finden, eine Qualitätsgarantie ist die Bezeichnung Kro aber nicht, sie ist in keiner Weise geschützt!

Ca. 90 Häuser haben sich zu Dansk Kroferie zusammengeschlossen und bieten ein eigenes Schecksystem: Dansk Kroferie, Vejlebej 16, DK-8700

Horsens, ✆ 75 64 87 00, Fax 75 64 87 20.

Andere Unterkünfte

Insellager (Ø-lejr)

Aus den 70ern stammt die Idee, auf kleineren Inseln preiswerte Zeltlager zu bestimmten Themen zu veranstalten (z.B. Musik und Tanz, Massage und Phantasiereise, Seidenmalerei) oder damit bestimmte Personengruppen ansprechen. Dabei ist ›Eltern mit Kindern‹ noch sehr weit gefaßt, während ›Schwule, Lesben‹ oder ein Thema wie ›Dominanz, Unterwerfung und Fetischismus‹ den Kreis etwas einschränkt. Geschlafen und gekocht wird in Gemeinschaftszelten; ein einwöchiger Aufenthalt für einen Erwachsenen kostet im Durchschnitt etwa 250 DM. Informationen: Ø-lejr kontoret, Vendersgade 8, DK-1363 København K, ✆ 33 11 55 81.

Jugendangebote

In einigen größeren Städten – zuletzt nur Kopenhagen und Århus – gibt es unter der Bezeichnung Sleep-In während der Hauptreisezeit preiswerte Angebote für Jugendliche und junge Erwachsene, die bereit sind, auf besonderen Komfort zu verzichten. Übernachtet wird meist in Mehrbettzimmern oder Schlafsälen und nicht immer nach Geschlechtern getrennt. Aktuelle Adressen nennen die lokalen i-Büros. Jugendherbergen heißen in Dänemark Vandrerhjem, Wandererherbergen (siehe dort), und stehen allen Altersgruppen offen.

Pferdewagen

Präriewagen, einem rollenden Einfachferienhaus ähnlich, werden von gutmütigen Gäulen durch anmutige Landschaften gezogen – auch so kann man in Dänemark Freien machen. Informationen und Prospekte über: Region Südfünen Tel. 62 23 18 25, Insel Samsø Tel. 89 59 06 40

Privatzimmer

Zimmer in kleinen Privatpensionen nach dem Prinzip des britischen Bed & Breakfast werden von lokalen i-Büros vermittelt, insbesondere in größeren Städten. Sie kosten inklusive Frühstück meist nicht einmal die Hälfte eines Hotelzimmers mit vergleichbarem Komfort.

Wandererherbergen

Die dänischen Pendants zu unseren Jugendherbergen zeichnen sich durch sehr guten Service, komfortable Ausstattung und ein geringes Maß an Reglementierungen aus. Sie haben in vielen Orten – zum Verdruß der Hotels – längst die Rolle der preiswerten Familienpension übernommen. Viele besitzen Zweibett- oder Familienzimmer, oft mit Dusche/WC auf dem Zimmer. Zwar gibt es grundsätzlich gut ausgestattete Selbstkocherküchen, aber in den meisten Häusern werden auch Mahlzeiten angeboten, bei denen das Preis-Leistungsverhältnis eigentlich immer stimmt (Frühstück bis ca. 40 DKK, Mittagessen bis ca. 60 DKK). Die Übernachtung kostet ca. 60-100 DKK je nach Standard. Für Mitglieder eines internationalen Jugendherbergsverbandes (IYHA-Jugendherbergsausweis) gibt es Ermäßigungen.

Kostenloses Herbergsverzeichnis über das Dänische Fremdenverkehrsamt oder über: Landsforeningen Danmarks Vandrerhjem, Vesterbrogade 39, 1620 København V, ✆ 31 31 36 12, Fax 31 31 36 26.

Wohnungstausch

Etwas für flexible Menschen ist der Wohnungstausch: Sie wohnen im Haus einer dänischen Familie, die wohnt derweil in Ihrem. Kosten in Höhe von 150 DM fallen nur bei erfolgreicher Vermittlung an. Informationen: Haney's Bolig Bytte (Mitglied im IHEA), Tulipanlunden 2, DK-4593 Eskebjerg ✆ 59 29 16 30, Fax 59 29 16 66, e-mail: haney@nn.apc.org.

Urlaubsaktivitäten

Angeln

Zum Angeln ist überall eine Lizenz (25 DKK/Tag, 75 DKK/Woche, 100 DKK im Jahr; Jugendliche unter 18 und Senioren über 67 Jahren frei) notwendig, die an Postämtern und in vielen Touristenbüros oder bei Veranstaltern von Angeltouren erworben werden kann. Wo private Angelrechte bestehen, sind zusätzliche Angelscheine notwendig.

Das dänische Fremdenverkehrsamt publiziert regelmäßig Material zum Thema Angeln, das auch alle Schutzbestimmungen sowie Ausgangshäfen für Hochseeangelfahrten nennt.

Baden

Wo Baden grundsätzlich verboten ist, wird dies durch Schilder deutlich angezeigt. An bewachten Stränden zeigen Flaggen, ob Baden erlaubt ist oder nicht (rot = Baden verboten, gelb = gefährlich, grün = erlaubt). Beachten Sie folgende Vorsichtsmaßregeln:
– Nie allein schwimmen
– Auch bei ruhigem Wasser immer Grund unter den Füßen haben.
– Unterschätzen Sie nie die Wucht einer Welle. Wenn Sie umgerissen werden, sollten Sie sofort wieder auf die Beine kommen können.

– Schwimmen Sie nie, wenn kräftiger Wind vom Land in Richtung auf das offene Meer weht, oder bei Ebbe.

– Luftmatratzen, kleinere Schlauchboote und Schwimmringe gehören nicht aufs Meer, schon gar nicht mit Nichtschwimmern. Schwimmen Sie nie abtreibenden Gegenständen nach. Passen Sie gerade in diesem Punkt auf Kinder auf.

– An der Nordseeküste gibt es fast überall drei Sandbanksysteme vor dem Ufer. Schwimmen Sie nie über das zweite hinaus.

Golf

Über 120 Plätze, davon gut 70 in Jütland, locken mit günstigen Green fees (ca. 60 und 250 DKK/Tag). Auch wo die Preise volkstümlich und die Umgangsformen locker sind, wird auf ein gewisses Maß an Etikette bei der Kleidung Wert gelegt.

Einige Hotels bieten Pauschalangebote mit Übernachtung incl. Green fee. Nähere Informationen in den umfangreichen Golf-Broschüren, die über das dänische Fremdenverkehrsamt bezogen werden können.

Kanufahren

Populäre Reviere sind die Suså auf Seeland (s. S. 154) und die Gudenå in Jütland, zu der auch die Seen bei Silkeborg (s. S. 242) gezählt werden. Das dortige i-Büro informiert über Kanuverleiher sowie über Pauschalangebote und über aktuelle Naturschutzbestimmungen, die das Kanufahren zeitweise einschränken: Turistbureau, DK-8600 Silkeborg, ✆ 86 82 19 11, Fax 86 81 09 83.

Reiten

Viele Bauern- und spezielle Reiterhöfe bieten Mietpferde für ca. 80 DKK/Stunde oder 200 DKK/Tag pro Tag. Adressen können beim Dänischen Fremdenverkehrsamt angefordert werden.

Segeln und Surfen

Rund 600 Häfen, darunter etwa 200 spezielle Marinas, sowie zahlreiche Ankerplätze in Buchten und Fjorden machen Dänemark zu einem Mekka für Segler. Eine formale Legitimation, ein Sportboot zu führen, wird nicht verlangt, doch sollte jeder Segler schon zur eigenen Sicherheit das nötige Know how mitbringen.

Grob kann man die dänischen Reviere in drei Kategorien einteilen:

– Geschützte Seegebiete in Fjorden und Buchten für Jollen und ähnliche Boote sind gut geeignet für Gelegenheitssegler mit geringer Erfahrung auf Meeresgewässern.

– Teilweise geschützte Seegebiete in den Sunden zwischen den Ostseeinseln erfordern Segelerfahrung und Navigationskenntnissen und mindestens einen soliden Küstenkreuzer.

– Ungeschützte Seegebiete vor der Nordseeküste, im Skagerrak, Kattegat und auf dem direkten Weg nach Bornholm erfordern erfahrene Mannschaften, gute Navigationskenntnisse und seegängige Yachten.

Gut 40 Surfschulen bieten Anfängern ihre Dienste an (ca. 100 DKK pro Kursstunde), Gerät kann vielerorts geliehen werden.

Wassersportler sollten Naturschutzbestimmungen sowie die Grenzen von Vogel- oder Robbenschutzgebieten kennen, da Mißachtung hart bestraft wird. Das Dänische Fremdenverkehrsamt publiziert regelmäßig umfangreiches Material zu Wassersportthemen, in dem auch Adressen von Jachtcharterern und Surfschulen genannt werden.

Tauchen

Tauchen wird zunehmend populärer, vor allem am Kattegat und am Kleinen Belt, und damit entsteht auch langsam eine Tauchsportinfrastruktur. Infos: Dansk Sportsdykkerforbund, Idrættens Hus, 2605 Brøndby, ✆ 42 45 55 55, Fax 42 45 62 45.

Tennis

Die Gebühren pro Stunde liegen zwischen 50 DKK für Freiluft- und 100 DKK für Hallenplätze. Tennisplätze gehören bei vielen größeren Hotels und Ferienparks zur Ausstattung.

Wandern

Wanderwege sind in vielen Wäldern und Dünengebieten gekennzeichnet, Broschüren mit Karten für diese Wege halten umliegende i-Büros bereit. Zunehmend werden auch Langstreckenwanderwege markiert, z.B. entlang verschiedener Küstenabschnitte der Nordsee, in naturschönen Gebieten Mitteljütlands, rund um Bornholm oder am Isefjord in Nordwest-Seeland.

Veranstaltungen

Die im folgenden genannten Termine von Festivals, Festspielen, Konzerten und Wikingermärkten beziehen sich auf Erfahrungswerte. Aktuelle Daten erfahren Sie bei den zuständigen Touristenbüros oder beim Dänischen Fremdenverkehrsamt (s. Auskunft).
Während der Tivoli-Saison Ende April–Mitte Sept.: klassische Musik und Ballett in der Tivoli-Konzert-Halle in Kopenhagen.
1. Wochenende Mai: Wikingermarkt im

Ribe Vikingecenter Lustrupholm bei Ribe.
Anfang Juni–Ende Aug.: jeden Samstag 5-øren-Konzerte (Rockmusik) im Amager Strandpark bei Kopenhagen.
Juni–Aug./Sept.: vielerorts Orgelkonzerte, so auch in der Klosterkirche von Sorø.
1. Hälfte Juni: Wikingerschauspiel im Wikingerhaus von Fyrkat, am letzten Juniwochenende Wikingermarkt und -spiele am Gräberfeld Lindholm Høje bei Aalborg.
Wochenende um den Monatswechsel Juni/Juli: Festivals in Roskilde und Midtfyn bei Ringe auf Fünen (Rockmusik) und in Skagen (Folkmusik)
Ende Juni/ Anfang Juli Wikingerspiele in Jels (Südjütland) und Frederikssund (Seeland).
1. Junihälfte: Copenhagen Jazz Festivals in Clubs und auf Plätzen der Hauptstadt.
2. Juliwochenende: Markt in Burg Trelleborg, Ende Juli Treffen der ›Wikinger‹ aus dem ganzen Norden am Ufer der Århus Bugt nahe dem Vorgeschichtlichen Museum Moesgård.
1. Hälfte Juli–1. Hälfte Aug.: Bornholm Musik Festivals mit Kammerkonzerten in Kirchen der Insel.
Mitte Aug.: Skanderborg Festival mit Rock und Blues.
Ende Aug.: Festival mit internationaler Folkmusik in Tønder.
Anfang Sept.: Århus Festwoche mit beachtlichenr musikalischer Bandbreite von Klassik über Kleinkunst, Jazz, Theater bis zu Rock.

Zeit

Dänemark benutzt rund ums Jahr die gleiche Zeit wie die deutschsprachigen Länder (MEZ, MSZ).

Zitat- und Bildnachweis

Abbildungen:

Archiv für Kunst und Geschichte, Berlin
S. 18, 19, 25, 26. 167, 168, 270

Marianne Bongartz, Köln   S. 176, 188

Udo Haafke, Ratingen   S. 4 unten, 6
oben, 9, 65, 69, 93, 98 rechts, 118,
135, 139, 154, 237, 238, 240, 243, 244,
246, 257

Gerold Jung, Ottobrunn   S. 203,
264/65

Petra Juling, Bonn   S. 41, 90, 153

Hans Klüche, Bielefeld – fotografiert mit
Kameras und Objektiven von
PENTAX – Titelbild und alle übrigen
Abbildungen im Text

Siegfried Konnowski, Hamburg   S. 10,
147, 149

Ulf Müller-Moewes, Königswinter
S. 5 oben, 42, 151, 186, 304

Werner Richner, Saarlouis   S. 198

Fulvio Zanettini, Köln   Umschlagklappe hinten, Umschlagrückseite,
S. 2 oben, 4 oben u. unten, 6, 37, 54,
73, 76, 79, 82

Literaturnachweis:

Das Gedicht »Über die Bezeichnung
Emigranten« auf S. 185 wurde entnommen aus: Bertolt Brecht, Gesammelte
Werke, Band IV, © Suhrkamp Verlag
Frankfurt am Main 1967, S. 718. Der Ab-
druck erfolgt mit freundlicher Geneh-
migung des Suhrkamp Verlages, Frankfurt am Main.

Das Zitat auf S. 160 entstammt: Henrik Pontoppidan, Reisebilder aus Dänemark, Kopenhagen 1890.

Das Zitat auf S. 162 entstammt:
H. Chr. Andersen, Märchen, 1. Band,
München, 4. Aufl. 1981.

Karten und Pläne:

Berndtson und Berndtson,
Fürstenfeldbruck

Mein herzlicher Dank gilt den Mitarbeitern des dänischen Fremdenverkehrsamtes in Hamburg, insbesondere Annette Schlosser, Alverich von der Decken, H. C. Hansen und Jørgen Hansen, des weiteren Silke Bangsgaard und ihrem Dänemark Tourist Service in Düsseldorf sowie dem Presse- und Kulturattaché der Königlich Dänischen Botschaft in Bonn, Dr. Bernd Kretschmer. Für Hilfe und Unterstützung bei den Recherchen besonderer Dank an Rainer Faßbinder von der Deutschen Bahn AG, an die Deutsche Fährgesellschaft Ostsee, an Best Western Hotels Dänemark, Scandic Hotels Dänemark, Scanticon Hotels, B&O Dänemark, DanSommer, Novasol, Kolding Byferie und Ribe Byferie. Dank auch an PENTAX Deutschland, deren Kameras und Objektive mir seit Jahren in allen Lebens- und Wetterlagen hervorragende Dienste geleistet haben. Sollte ich jemanden vergessen haben, so sei er oder sie sicher, daß ich ihm oder ihr von Herzen danke.

Ein ganz lieber Dank an Sophia, die mit viel Geduld die Arbeit an diesem Buch begleitet hat und ohne deren Hilfe es kaum so schnell realisiert worden wäre.

Register

Personen- und Sachregister

Ortsregister

Titelbild: Ferienhaus in Westjütland
Umschlaginnenklappe: Nyhavn, Kopenhagen
Umschlagrückseite: Straßenmusiker in Kopenhagen

Allen, die mich nehmen, wie ich bin.

Über den Autor: Hans Klüche, geboren 1955 in Ibbenbüren/Westf., lebte und arbeitete nach dem Studium der Publizistik und Skandinavistik einige Jahre als freier Auslandskorrespondent für den Hörfunk und eine Nachrichtenagentur in Kopenhagen. Als Reisejournalist und -fotograf ist er dem Norden bis heute treu geblieben und hat als Autor, Bearbeiter und Lektor an zahlreichen Reiseführern und Bildbänden über Dänemark, Norwegen und Island mitgearbeitet.

Impressum

400

Fremde Kulturen kennenlernen und gastfreundlichen Menschen begegnen – wie sehr genießen wir das auf Reisen. Zu Hause bei uns jedoch wird mancher Ausländer von einer kleinen Minderheit beschimpft, bedroht und sogar mißhandelt. Alle, die in fremden Ländern Gastrecht genossen haben, tragen hier besondere Verantwortung. Deshalb: Lassen Sie uns gemeinsam für die Würde des Menschen einstehen.

Verlagsleitung und Mitarbeiter des DuMont Buchverlages

Die Deutsche Bibliothek – CIP-Einheitsaufnahme

Klüche, Hans:
Dänemark / Hans Klüche. – Köln : DuMont, 1996
  (Richtig reisen)
  ISBN 3-7701-3768-X

© 1996 DuMont Buchverlag
Alle Rechte vorbehalten
Satz und Druck: Rasch, Bramsche
Buchbinderische Verarbeitung: Bramscher Buchbinder Betriebe

Printed in Germany   ISBN 3-7701-3768-X

Volker Remy

Wie man Aufträge angelt und mit Fischen spricht ...

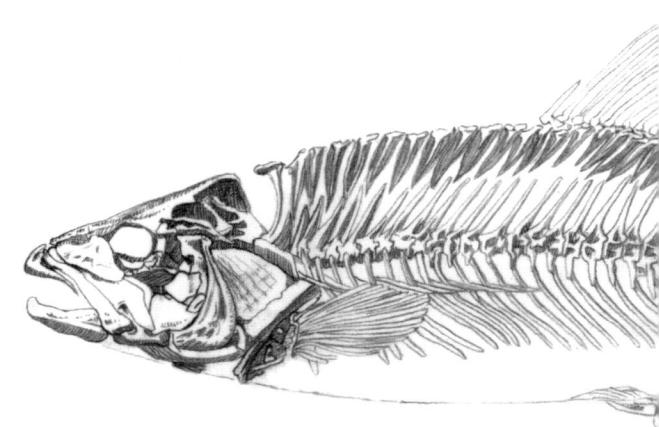

© Graco Verlag Berlin 2007
1. Auflage

ISBN 3-00-020109-2
ISBN 978-3-00-020109-7

Lektorat: Herbert Zoth
Satz: Sascha Domröse, GracoundSpinner
Titelbild und Illustrationen: Der schöne Rob
Druck: Pinguin Druck Berlin

Im Text wurde aus rein pragmatischen Gründen meist die männliche Sprachform gewählt, um den Lesefluss von unnötigen Stockungen freizuhalten. Das werden mir meine Leserinnen nachsehen, so hoffe ich.